U0909441

印度与印度洋

基于中国地缘政治视角

张文木／著

中国社会科学出版社

图书在版编目（CIP）数据

印度与印度洋——基于中国地缘政治视角 / 张文木著.— 北京：中国社会科学出版社，2015.1

ISBN 978—7—5161—5110—5

Ⅰ. ①印… Ⅱ. ①张… Ⅲ. ①印度—历史—研究 Ⅳ. ①K351.07

中国版本图书馆CIP数据核字（2014）第272556号

出 版 人　赵剑英
责任编辑　王　斌
责任校对　鲁　鹏
责任印制　李寡寡

出　　版　中国社会科学出版社
社　　址　北京鼓楼西大街甲158号（邮编 100720）
网　　址　http：//www.csspw.cn
　　　　　中文域名：中国社科网　010-64070619
发 行 部　010-84083685
门 市 部　010-84029450
经　　销　新华书店及其他书店

印　　刷　北京君升印刷有限公司
装　　订　廊坊市广阳区广增装订厂
版　　次　2015年1月第1版
印　　次　2015年1月第1次印刷

开　　本　787×1092　1/16
印　　张　32
插　　页　4
字　　数　492千字
定　　价　65.00元

凡购买中国社会科学出版社图书，如有质量问题请与本社联系调换
电话：010-84083683

自 序

嘤其鸣矣，求其友声

我对地区问题的研究最早从南亚开始，研究南亚就不能不研究印度和印度洋。当时比较早阅读到并印象深刻的是印度共和国海权理论的奠基者潘尼迦（Kavalam Madhava Panikkar，1895～1963年）在第二次世界大战结束的1945年出版的《印度和印度洋——略论海权对印度历史的影响》（*India and The Indian Ocean An Essay on The Inflence of Sea Power on Indian History*）和尼赫鲁在1946年出版的《印度的发现》（*The Discovery of India*）。读了这两本书，也就理解了尼赫鲁书中"要么做一个有声有色的大国，要么就销声匿迹。中间地位不能引动我。我也不相信任何中间地位是可能的"这句广为流传并有各种解读的名言中所包含的对未来印度深深的忧虑——当然也包含着印度对中国的戒备。

但是，随着研究的深入，我进一步发现，潘尼迦海权理论与尼赫鲁的担忧源于西方海权理论及其对印度的地缘政治安排。这两位具有远见卓识的政治家与西方海权理论奠基人马汉和西方陆权理论奠基人物麦金德生活在同一时代，他们的祖国印度又长期受到英国的殖民压迫，这样的经历使他们天然地戴上在当时很是时髦的西方地缘政治视镜来看待世界及印度与周边国家尤其是与中国的关系，即使几千年来，中国和印度之间更多的只是文化交流而少有武力占领遑论民族殖民的经验。

事实上，中国不同于那些远离印度洋的西方海权国家。西方海权国家因远道而来，他们在印度洋只能靠占领系列岛屿而存在，目前我们能读到的海权理论提供的都是这样的所谓"岛屿链"的视角。但中国是位于印度洋北岸的最大的国家，换言之，太平洋和印度洋就是环绕中国东南两面的邻海和近海。象中国这样的国家有的是时间等待，也有足够的时间从容地在印度洋推行自己的外交政策，因而用不着在此地区扩张领土，它完全可以用与印度洋沿岸国家和平交流的方式在这一地区扩大自己的影响力——当年玄奘、郑和等都是顺着这一规律和平地将中国的影响力通过“一带一路”传送到印度和印度洋的。中国人与印度人一样，也受到近代西方殖民主义的侵害，因此，中国人在观察印度洋问题时不应陷入西方海权理论的窠臼，而应以“反潮流”的勇气摆脱西方地缘政治的思维惯性，采用符合中国地缘政治特点的中国视角，围绕实现“两个一百年”的伟大目标[①]来研究和制定中国的印度洋政策。

另外，研究中我还发现，历史上真正能对中国大西南安全产生重大压力的方向——因为喜马拉雅山的屏护及中国在几乎陡直的喜马拉雅山地中所处的居高临下的地势——较少地来自南方印度洋，而更多地来自东北亚。比如清兵入关、日本从东北入侵及中国人民解放军拿下东北、挥师过江后国民党在大西南的纵深布局等都促成了大西南的战略地位及其相关通道的战略需求陡升；而60年代初的中印关系的紧张和冲突以及中国六七十年代的“三线建设”，又不能不是美国对新中国东部越逼越近的海上封锁继而介入越南内战[②]以及中苏“珍宝岛”冲突后的联动结果。

从隋朝至明朝再到民国的颠覆国家的力量一直都是沿着这条线越推越大的。1937年3月，毛泽东在《祭黄帝陵文》中说：“琉台不守，三韩[③]为墟。”[④]笔者理解这是说琉球、台湾和朝鲜半岛的齿唇依存的关系；但1895年日本在“甲午海战”后窃取中国台湾、1910年全面占领朝鲜、1937年发动全面侵华战争的诸事件所展示的连贯逻辑同样表明：“三韩”不保，中原为墟。朝鲜半岛是中国——当然也是俄国——东方安全的重要屏障：此门洞开，且不论由此可能造成的中国东北动乱及其对中国工农业经济的

---

① 即“在中国共产党成立一百年时全面建成小康社会”，“在新中国成立一百年时建成富强民主文明和谐的社会主义现代化国家。”参见胡锦涛《坚定不移沿着中国特色社会主义道路前进 为全面建成小康社会而奋斗——在中国共产党第十八次全国代表大会上的报告（2012年11月8日）》，http://www.xj.xinhuanet.com/2012-11/19/c_113722546.htm。

② 1961年，越南战争爆发，美国与其仆从国组成联军，介入这场战争。

③ “三韩”是指公元前2世纪末至公元4世纪左右存在于朝鲜半岛南部三个部落联盟即马韩、辰韩和弁韩，后亦指朝鲜半岛。

④ 《名人名家抗战诗词选（1932年5月～1945年9月）》，《党的文献》2005年，第5期。

影响，仅从地缘政治及近现代历史经验看，更会直接威胁中国京畿重地，并对中国的整体稳定造成重大冲击。只有朝鲜半岛稳住了，我们的大东北方可无忧；反之，东北亚的任何动荡都会很快传导到北京中枢，北京动则全局动，全局动则西南重。所以毛泽东当时特别看重明成祖把国都立在北京的经验，说他“不怕蒙古人的铁骑，是个有胆识的人”[①]，这是因为他特别重视“关外问题”。关外问题即全国问题，全国问题很快便会转化为西南问题。明乎此，我们就理解了毛泽东20世纪40年代说“我们绝不学李自成”、50年代初“抗美援朝”及60年代强调“三线建设”举措乃至1962年对印自卫反击战之间的战略关联。用毛泽东的话说就是：“北京出了问题，只要有攀枝花就解决问题了。”[②]从这个视角观察，中国东北通道乃至朝鲜与西南通道乃至缅甸，对于中国全局稳定具有紧密的战略联动的意义，对于从全国一盘棋的角度整体地认识和把握中国国防及周边外交政策，具有理论和实践意义。1953年6月13日，毛泽东在中南海颐年堂接见从抗美援朝前线回国即被调派到云南工作的秦基伟，告诉他：“调你到云南工作。云南是我国的西南大门，处于重要的战略位置。”[③]

古今霸权国家来到印度洋便进入衰落期的教训告诉我们：在印度洋地区争强好胜的结果都是不好的，独吞世界从而独控印度洋的想法不仅不切实际，而且对中国和对印度都是非常有害的，只有分享才是守福之道。持久聚积中国影响力并以和平的方式向印度洋持续纵深辐射，应当是中国印度洋政策的基本特征。中国坚守这样的理念和基于这种理念的政策就会帮助印度洋国家减轻“要么做一个有声有色的大国，要么就销声匿迹”的紧张感，我们也不会在印度洋不恰当地透支我们的国力并由此保持中国国内政治经济在21世纪下半叶的持续发展。

---

① 1951年4月毛泽东在游十三陵时赞扬说，明成祖“敢在北京建城，敢把自己的陵墓放在这里，不怕蒙古人的铁骑，是个有胆识的人”。见盛巽昌、欧薇薇、盛仰红编著《毛泽东这样学习历史，这样评点历史》，人民出版社2005年版，第103页。

② 中共中央文献研究室编：《毛泽东年谱（1949～1976）》第5卷，中央文献出版社2013年版，第355页。

③ 中共中央文献研究室编：《毛泽东年谱（1949～1976）》第2卷，中央文献出版社2013年版，第113页。

今天的中国“比历史上任何时期都更接近中华民族伟大复兴的目标”[①]，中国在不远的将来亦将步入世界大国的行列。步入世界大国行列的国家，就不能不关注印度洋并制定出相符本国国情并体现本国特点的印度洋政策。本书最后一章以“两个一百年”为节点，以2049年为限，提出中国未来印度洋政策构想。这个政策可分近期、中期和远期三步。近期目标配合第一个一百年即“在中国共产党成立一百年时全面建成小康社会”任务，中期目标配合国家在实现第一个百年目标后向第二个百年目标即“在新中国成立一百年时建成富强民主文明和谐的社会主义现代化国家”的目标过渡，远期目标则服务于党的第二个一百年任务的实现。时间节止点为2049年；在前两阶段即近期和中期的政策特点可以用“深挖洞”来概括的话，那下一步即远期的政策特点则可用“不称霸”来概括。其总体战略布局可用“三点一面”来涵盖。

与潘尼迦当年为印度写作《印度与印度洋——略论海权对印度历史的影响》时的考虑一样，上述思考促使我考虑写一本从中国人的地缘政治视角看待印度与印度洋的著作。这个想法得到云南省印度洋研究会的支持，由此陆陆续续出了一批成果，最终以近期完成的《印度洋与中国政策——目标2049》报告收官并作为云南省印度洋研究会重点课题成果集结出版。需要说明的是，本书有意与潘尼迦的书同名，其副标题的不同选择意在表明，这是一本既不同于西方也不同于印度视角的中国学者关于印度及印度洋问题的研究著作，其成果也可看作中国学者站在中国地缘政治立场对印度海权奠基学者潘尼迦先生的思想在半个世纪后的呼应和回应。

“嘤其鸣矣，求其友声。”[②]同出幽谷的鸟儿都能寻求同类的友谊，从近代西方殖民主义压迫获得解放不久的中国和印度，兄弟无远[③]。

印地—秦尼巴依巴依！[④]

---

① 习近平在参观《复兴之路》展览时的讲话，见《习近平总书记系列重要讲话读本》，http://cpc.people.com.cn/n/2014/0703/c83083-25232910.html。

② 《诗经·小雅·伐木》。

③ 这句出自《诗经·小雅·伐木》“伐木于阪，酾酒有衍。笾豆有践，兄弟无远”句，意译就是：伐木就在山坡边，滤酒清清快斟满。行行笾豆盛珍馐，兄弟叙谈莫疏远。

④ “印地—秦尼巴依巴依”是印地语“印中两国是兄弟”的音译。

目　录

第一章　印度国家发展及其潜力评估
——与中国比较[①]

新世纪伊始，印度及印度和中国比较研究似乎成了国际国内的热门话题。[②]西方学者吉尔伯特·艾蒂安专著《世纪竞争：中国和印度》，影响较大。[③]美国国家情报委员会（NIC）也发布报告称，印度可能取代中国成为世界经济发展的“火车头”。[④]印度人也一扫尼赫鲁时期的忧虑，直称“20世纪属于西方，中国在21世纪想成为世界的领导，但本世纪未来的岁月属于我们印度”。[⑤]从中国方面看，对印度的关注反映了中国人对中国发展道路的深层考虑，同时研究和准确地评估印度的潜力和未来发展，正确地借鉴印度的经验，对坚定走有中国特色的社会主义道路，是有益的。

导语　国家成长与生命成长遵循同一规律

在一次采访中，我曾说：“中印之争实际上是制度之争。”[⑥]这招来批

---

① 本研究报告受国家软科学研究计划资助，2005年完成。

② “印度经济十年难追中国龙象之争在欧美学界升温”，http://www.chinesenewsnet.com/gb/MainNews/SocDigest/Economy/2005_3_10_21_25_2_166.html。

③ [瑞士]吉尔伯特·艾蒂安（Gilbert Etienne）著，许铁兵：《世纪竞争：中国和印度》（*China-Inde Le match du sidcle*），刘军译，新华出版社2000年版。

④ “印度经济潜力还未完全显现 或取代中国火车头”，http://www.zaobao.com.sg/special/newspapers/2005/02/homeway070205.html。

⑤ 2001年3月5日印度内政部长阿德瓦尼在安达曼群岛首府布莱尔港视察时讲话。http://www.people.com.cn/GB/guoji/22/85/20010306/409546.html。

⑥ 赵忆宁：“冷眼静观印度民主”，http://www.nanfangdaily.com.cn/jj/20040527/jd/200405260022.asp。

评。[①] 批评反倒使我就这个问题深入研究。此后一年多的时间里，我阅读了不少文献，查阅了大量数据，最后得出的结论仍是："中印之争实际上是制度之争。"有首歌的歌词说"一句话，一辈子"，友情如此，学术亦然。我想我对我的学术命题，是要终生负责的。

从结构比较到制度比较，是我进行中印比较研究的切入点，而促成这样的想法是我曾经历的一件小事。那天我到医院取体检结果，在我前面的是一位坐轮椅车的残疾人。等取到结果，我发现这位坐在轮椅车的先生的各项化验结果与我的大体相同，有一些比我的还要好。出医院大门时，我回视踯躅于后面的这位残疾人，心中自问，如果仅凭这些化验数据而不看人的身体结构，难道可以说明这位残疾人比我更健康、更有发展潜力吗？如果不可以，那目前国家发展研究中流行的主要依靠年度的GDP或GNP指数及外贸数量、外汇存量等"最新数据"比较的方法，就一定存在着大误区。国家发展研究，如果不从结构差异比较入手，而仅从表面经济指数差异比较入手，就一定得不出准确的结论。

事实上，国家的成长与生命的成长遵循同一规律。[②]由于土地改革的不彻底性，印度独立后在其重新建立的资源配置的初始"胚胎"中就留下了制约未来国家成长的"病根"。病源既有英国殖民政治的先天因素，更有独立后社会改造不彻底的后天因素。这使印度未来的发展可以有良好的GNP或GDP指数，但这种发展却不会对社会生产有良性的利润反哺。结果是国家经济的"造血机能"即生产者主体因 "营养"反哺不足而陷入"贫血"乃至"供血"动力萎缩境地。最终只有靠外来"供血"来维持其表现为GNP的经济增长，这种增长可以增加就业却不能同比增加国民收入，其原因是由增

① 参见"走向救赎：中国城乡二元结构的转型——两个局外人的对谈录之十"，http://www.tylf.net/show_topic.asp?num=829。

② "政治体也犹如人体那样，自从它一诞生起就开始在死亡了，它本身之内就包含着使它自己灭亡的原因。但是这两者却都能具有一种或多或少是茁壮的、而又适于使本身在或长或短的时间内得以自保的组织。人体的组织是大自然的作品；国家的组织则是人工的作品。延长自己的生命这件事并不取决于人；但是赋给国家以它所可能具有的最好的组织，从而使它的生命得以尽可能地延长，这件事可就要取决于人了。体制最好的国家也要灭亡的，但比起别的国家来要迟一些，假如没有意外的偶然事件促使它夭折的话。"[法]卢梭著，何兆武译：《社会契约论》，商务印书馆2003年版，第112—113页。

长带来的利润中的相当部分在流通领域乃至生产领域被大量截流：或用于食利或用于腐败或用于非生产性金融投机，还有一部分国民利润在与海外投资者和海外市场形成的利润逆循环中，为居于高势能的资本中心国家所吸收并转化为这些国家的国民财富。最后只有少量国民财富通过政府包办即公共开支的渠道被用于保障国家经济生产主体，同时也应当是支撑民族市场的主体即多数劳动者的自身简单再生产条件。这种通过财政开支支撑的劳动者最低生活条件仅有保证社会政治稳定的作用，但却没有培育、深化和能够拉动民族市场的作用。同等的消费支出，在印度有相当部分为政府包办拉动——这与中国计划经济时期的居民消费模式相似。由于缺乏购买力，居于人口近半数的穷人消费实际已失去了拉动和培养印度民族生产力的作用。与印度不同的是，中国计划经济时期的由国家包办的低消费为国家建设积累了巨额资金并据此实现了中国国民经济体系的结构性改造，通过这种改造中国彻底消除了庞大的利用私有权截流国民财富的寄生阶层。而在印度国民经济改造的结果反倒加强了大地主和大资本家而不是国家的力量。除主权独立外，中间人大量截流生产利润和国民财富的社会结构，与殖民地时期相比，印度并没有发生变化。在因大量的贫穷人口导致的民族市场萎缩的同时，原来殖民地时期通过外贸顺差完成的印度国民财富向英国资本中心国转移的利润逆循环流程，在印度独立后，则通过贸易逆差再扳出来。半个多世纪中只有两个年度的外贸少量顺差的记录表明，外贸长期且日益扩张的贸易逆差成了印度国民财富国际化的转移的稳定路径。这个路径的存在与扩大的程度又与印度民族市场的萎缩程度为正比。而民族市场的萎缩又导致印度陷入所有第三世界国家同样陷入的发展陷阱之中，即每年度包括印度教育、IT等在内的各行业在获得骄人的增长数据的同时，国民经济的生产环节却没有保持持续增长的利润反哺。没有持续上升的人民购买力，其结果是在国内少数富人和国际资本对印度年度利润的截流和财富大规模瓜分中，国民经济不仅没有获得增长性发展；相反，却在萎缩性“增长”中还透支了本国的未来发展潜力。印度与中国五十多年发展所产生的差距原因就在于此。

在进行印度和中国比较研究中，我的另一收获是对“民族市场”的概念有了更深入的认识。

长期以来，学者对“民族市场”的概念有不同的理解，一般认为“民族市场”概念应是以“国内市场”概念为基础的。但“国内市场”却是由特定范围的基尼系数变化规定的。即基尼系数越接近“0”的数值范围，国内市场就越充分；相反，则就说明国内市场的萎缩：萎缩的程度与基尼系数接近“1”的程度为正比。假设基尼系数为“1”，这时国内市场就失去了公众消费；而没有公众消费，“国内市场”的概念就失去了意义。可见，仅凭“国内市场”概念还不能支撑“民族市场”概念。由此笔者引出“人民市场”的概念。人民是占国家公民多数劳动者群体，是国内公众消费的主体成分。只有人民消费，从而人民购买力的存在和发展，才有国内市场的存在和发展。由此依次推论的概念逻辑是：只有以“人民市场”为前提，“国内市场”才可能是“民族市场”的前提。由此笔者进一步认为，资本主义市场经济与社会主义市场经济的差别不在于“民族市场”，也不在于“国内市场”，而在于“人民市场”。“人民市场”是“社会主义市场”概念形成的核心环节，也是社会主义市场与资本主义市场的本质区别。资本主义市场是以基尼系数最大化为前提的。不同的只是具有资本优势的西方国家利用资本全球化实现了日益扩大的国内基尼系数的国际化转移。它们在长期的殖民掠夺中确立了优势资本的地位，并利用其优势地位在资本全球化中从南方国家获得源源不断返还到本国的超额利润，以此降低国内的基尼系数，并由此保障了国内中产阶层的增长和资本增值的并行发展。其结果是资本主义市场经济的恶果片面地被转移到南方国家：在北方国家国内市场一天天好起来的同时，南方国家的国内市场则一天天地烂下去。历史表明：国内基尼系数最大化的极限是激烈的阶级革命国内化，国际基尼系数最大化的极限则是“恐怖主义”全球化。当前日益扩大的南北差距便是基尼系数国际化的外观形式。

通过对印度的研究，我对国有制企业的作用有了新的认识。与印度的情况一样，国企在我国遭到批评的重要理由是“经营不善”或“效益不佳”。但与私营企业不同的是，国企不仅要有利润指标要求，更重要的是它还要承担社会公平的指标。而后一指标的实现则需要相当的隐形成本支出。这往往使国企在单一的利润指标前与私人企业比失去了竞争力。国企当“保姆”，私企挣利润。这不仅是印度，也是所有国家的国企在与只有硬性的效益责任而无硬性的社会公平责任的私企竞争中连连惨败的根本原因。因此仅仅用绝对利润指标来比较国营和私营企业效益，是不合理的。因为国营企业创造的不直接表现为利润效益的社会公平环境，即使从纯经济学角度来分析，其贡献也是巨大的。

没有比较就没有鉴别，比较应从结构而非表象入手。我们先从印度的经济结构及其与中国的比较开始我们的讨论。

一 从中心到外围：印度国家发展近代中断及其原因

与中国大体相同，印度拥有古老的历史与国家经济发展的天然条件，来自西北部的雅利安人（Aryan）部落在公元前1500年征服这里；他们与当地人的结合创造了古典吠陀文化（Vedic culture）。此后，阿拉伯人在公元8世纪再次征服了这块土地，随后是12世纪到来的土耳其人以及15世纪末到达此地的欧洲商人。印度在历史上的孔雀王朝时期（公元前324～前151），曾是北起喜马拉雅山，南到迈索尔，东抵阿萨姆河西界，西达兴都库什山的南亚大国；中世纪莫卧尔王朝时期（1526～1857），印度的版图曾再次接近这一规模。英国统治印度期间，英国以印度为中心，使自己在亚洲的势力伸展到北至阿富汗和中国西藏部分地区，南至印度洋，东至东南亚的范围。独立后的印度，主要由三部分组成：北部的喜马拉雅山区、中央平原以及南部的德干高原。与巴基斯坦、中国、尼泊尔、不丹、缅甸和孟加拉国为邻，濒临孟加拉湾和阿拉伯海。海岸线长5560公里。多条河流发源于或流经印度。印度属热带季风气候，气温变化较大，气温因海拔高度不同而异。漫长的海岸线有利于商业的发展，而广大的国土面积和热带季风气候适于农业发展。2001年印度土地面积为29732万公顷，而耕地面积为16175万公顷，占印度土地面积的54.4%。而同期中国耕地面积仅占土地面积的13.5%。[①]

印度是在世界四大文明古国中其古文明形态保留时间仅次于中国的国

① 据《国际统计年鉴》（2004）第30页提供的数据计算。

家。生发于四大文明古国并泛延于整个古代世界的农业全球化[①]曾使中国和印度成为古代世界的超级大国和文明中心。但是当历史进入19世纪时，这两个国家却迅速衰落并在半个世纪之后，就从农业世界的中心国家逐渐进入资本世界的边缘和外围国家。从1600年到印度独立的1947年间大多数时间里，英国发展的各项指标，除人均GDP外，均不如印度。1857年英国镇压印度民族大起义并在印度建立直接统治之后，英国对印度的掠夺程度急剧扩大。[②]此外，英国对印度的殖民统治使印度劳动者处于殖民统治和封建主的超度盘剥的生产关系之中。其中非劳动者占据国民收入的相当大的部分。不仅如此，与莫卧儿王朝时期相比，在非生产阶层中还有被强行介入的宗主国派驻殖民地的官员。他们瓜分了5%的国民收入。而为社会提供财富的生产领域的劳动者，则在国民收入分配中得到较低的

---

① 笔者认为："全球化"并非工业社会的专利。在此之前，人类历史刚经历过以四大文明古国为辐射源的农业全球化过程。在这个过程中，居于强势地位的农业国家和民族最终或征服或同化了其他非农业国家和民族，由此使自然农业生产方式在世界范围居于优势和主体地位，其中农业霸权国家依其高于其他国家和民族的农业资源（土地、人口、技术等）在其创造的贡赋体系中，吸吮其他弱势国家的资源。其他民族也曾对这种农业全球化浪潮进行过和平或暴力的抵制，这种抵制也曾对世界形成巨大的冲击，比如公元10世纪中亚游牧匈奴人对欧洲及大月氏人和13世纪游牧蒙古人对欧亚大陆农业民族及其王朝国家的冲击，其结果是征服者被被征服者所征服，这些非农业征服民族无一例外地被农业全球化的浪潮所溶化。参见张文木著《世界地缘政治中的中国国家安全利益分析》，中国社会科学出版社2012年版，第66页。关于"农业全球化"的讨论，还可参阅彼德·A.考克莱尼斯（Peter A. Coclanis）"来自过去的教训——历史语境下的农业全球化"，北京大学世界现代化进程研究中心主编，《现代化研究》第3辑，商务印书馆2005年版。

② 1600～1947年印度与英国的宏观经济比较

	1600	1700	1757	1857	1947
人均GDP（1990年国际元）					
印度	550	550	540	520	618
英国	974	1250	1424	2717	6361
人口（1000人）					
印度	135000	165000	185000	227000	414000
英国	6170	8565	13180	28187	49519
GDP（百万　1990年国际元）					
印度	74250	90750	99900	118040	255852
英国	6007	10709	18768	76584	314969

资料来源：[英]安格斯·麦迪森（Angus Maddison）著：《世界经济千年史》，伍晓鹰、许宪春、施发启译，北京大学出版社2003年版，第105页。

份额。[①]值得说明的是，上述财富分配只是税后分配，而税收更是英国剥夺印度国民财富的重要部分。英国在印度的无度行政开支、英国对缅甸和阿富汗战争的费用、1873年以后印度货币贬值和国内开支方面增加的负担，都得由印度人民来偿付。[②]主要税收包括土地税、货物税、盐税、印花税和鸦

① 印度在英国统治末期的社会结构

占劳动力的百分比	经济形式	占税后国民收入的百分比
18	非乡村经济	44
0.05	英国官员和军人 英国资本家、种植园主 商人、银行家和管理人员	5
0.95	大邦王子 大地主和贾吉尔达 印度资本家、商人 管理人员 印度新兴职业阶层	9
17	小商贩、小业主、传统职业者 政府部分的办事员和体力劳动者 士兵、铁路工人、产业工人 城镇艺人、仆人、清洁工人、低级清理工人	37
75	乡村经济	54
9	乡村食利者、农村放款人 小地主、国王土地承租人	20
20	自营业主、受保护的佃农	18
29	自由佃农、收益分成的佃农、乡村艺人和仆人	12
17	无地劳动者和清洁工人	4
7	部落经济	2

资料来源：[英]安格斯·麦迪森（Angus Maddison）著：《世界经济千年史》，伍晓鹰、许宪春、施发启译，北京大学出版社2003年版，第104页。

② 20世纪20年代初，印度国防开支占国民总开支与总收入的比例高于英国、澳大利亚、加拿大、南非、西班牙、法国、意大利、美国、日本。如表所示：

国别	总收入（百万）	总支出（百万）	国防开支（百万）	国防开支占总支出（%）	国防开支占总收入（%）
印度（卢比）	1332.2	1423.9	919.0	70.7	63.8
英国（英镑）	1426.9	1195.4	642.0	45.0	53.7
澳大利亚（英镑）	61.78	64.6	31.20	50.0	48.3
加拿大（英镑）	89.38	74.19	17.9	20.0	24.2
南非（英镑）	29.67	25.69	13.4	45.2	52.2
西班牙（比塞塔）	1976.66	2550.79	450.36	22.8	17.6
法国（法郎）	22450.9	24932.0	5027.0	22.4	20.0
意大利（里尔）	17603.0	20454.8	3553.77	20.0	17.3
美国（美元）	3345.18	3143.41	1201.44	35.9	38.2
日本（日元）	1319.20	1399.29	646.40	49.0	46.2

资料来源：[印]K.T.沙和K.H.坎巴塔：《印度的财富和纳税能力》，伦敦和孟买，1924年版，第267页，转引自[美]斯塔夫里亚诺斯著《全球分裂：第三世界的历史进程》（上），迟越、王红生等译，商务印书馆1993年版，第242页。

片税，除鸦片税外，其余税收均落到印度各阶级头上。其中土地赋税是主要的财政收入来源，它增加了农业生产者的负担。[①]以孟加拉的土地税为例，在莫卧尔帝国时期，该省区的土地税只占全省年收入的40%～48%，而在1795年，东印度公司征收的土地税竟占该省区收入的85%，造成印度对英国的大量欠款。[②]

不仅如此，英国还以宗主国的名义从殖民地印度攫夺相当部分的财富，下表是1868～1930年间从印度白白流向英国的劳动财富。

英国从印度“攫夺”的财富（1868～1930）

年份	印度出口顺差占其国内生产净值的比（%）	印度出口顺差占英国国内生产净值的比重（%）
1868～1872	1.0	1.3
1911～1915	1.3	1.2
1926～1930	0.9	0.9

资料来源：[英]安格斯·麦迪森（Angus Maddison）著：《世界经济千年史》，伍晓鹰、许宪春、施发启译，北京大学出版社2003年版，第80页。

安格斯·麦迪森（Angus Maddison）认为上面的资料“可以大致了解到作为接受外国统治的后果，即印度资源流入到英国的情况。从1868年到20世纪30年代，印度的资源流出量大约占其国民收入的0.9%到1.3%，也就是说约1/5的印度净储蓄被转移到了英国，本来这笔储蓄可以用于进口资本品”。[③]印度经济学家达拜·瑙罗吉在他的论文《印度的贫困》（1876）中将英国从印度攫取财富的途径分为两个方面：“第一是欧洲官员将他们的存款汇往国外，还有英国人为支付在英国本土和印度的各种需要而在英国所作的开支，如在英国国内所付的退休金和工资；第二是非官方欧洲人的汇款。”这意味着印度的出口必须比它的进口多得多，以便满足经济流耗的要求。[④]印度出口物资都是粮食和农业原料。“为了实现商品账户上出

① [印]鲁达尔·达特、K.P.M.桑达拉姆著：《印度经济》（上），雷启准等译，四川大学出版社1994年版，第40页。

② 四川大学南亚研究所：《印度经济》，人民出版社1982年版，第10页。

③ [英]安格斯·麦迪森（Angus Maddison）著：《世界经济千年史》，伍晓鹰、许宪春、施发启译，北京大学出版社2003年版，第104页。

④ [印]鲁达尔·达特、K.P.M.桑达拉姆著：《印度经济》（上），雷启准等译，四川大学出版社1994年版，第56页。

超，即使在饥荒年粮食出口也必须维持在原有水平。”①这也可从1853年马克思其研究印度的文章中引用的数据得到进一步印证：

> 设在英国的印度管理机关要吞掉印度纯收入的3%，每年的内债利息和股票红利占14%，这两项一共占17%。除了这些每年由印度汇到英国的款项之外，在印度的支出中约有2/3即它的收入的56%作为军事费用，而公共工程的支出则不超过总收入的2.25%，或者说，在孟加拉地方收入中占1%，在阿格拉占7.75%，在旁遮普占0.125%，在马德拉占0.5%，在孟买1%。这是东印度公司自己公布的官方数字。另一方面，整个收入中将近2/5来自土地，1/7左右来自鸦片，1/9多来自盐。这些收入来源一共占全部进项的85%。②

1899～1907年曾任印度总督的冠松勋爵也不得不承认“没有印度就没有大英帝国”③。

在殖民经济和封建经济的双重盘剥下，尽管印度经济的GDP在独立前的近百年间（1857～1947）有了较大的发展，④但印度的人均收入在百年间增长率仅为0.5%，几乎停滞。⑤印度经济因发展而不发展：较快发展的结果则是为英国资本快速提供高额剩余价值，而非快速反哺印度社会的基础性劳动。这严重阻碍了印度民族资本的原始积累并中断了印度民族资本自主形

① [印]鲁达尔·达特、K.P.M.桑达拉姆著：《印度经济》（上），雷启准等译，四川大学出版社1994年版，第40页。

② 马克思：“战争问题。—议会动态。—印度”（1854年7月），《马克思恩格斯全集》第12卷，人民出版社1898年版，第240页。

③ 转引自周一良、吴于廑主编《世界通史》（近代部分 上册），人民出版社1962年版，第262页。

④ 参见前表“1600～1947年印度与英国的宏观经济比较”。

⑤ 1860～1950年间印度人均收入增长率

时间	增长率（%）
1860～1885	·1.1
1885～1905	-0.3
1905～1925	1.3
1925～1950	-0.1
1860～1945	0.5

资料来源：[印]鲁达尔·达特、K.P.M.桑达拉姆著：《印度经济》（上），雷启准等译，四川大学出版社1994年版，第61页。

成过程。印度成了为英国资本家和印度封建主提供“营养”的奶牛。其结果是居于人口多数的劳动者并不能因其提供较多的劳动产品而得到合理即维持其生存与发展的“营养”持续反哺。印度社会基础因此持续萎缩。已进入工业文明的英国对仍处农业文明的印度的统治，在破坏旧世界的同时并没有给印度带来一个新世界，马克思说得好：

> 印度失掉了它的旧世界而没有获得一个新世界，这就使它的居民现在所遭受的灾难具有一种特殊的悲惨的色彩，并且使不列颠统治下的印度斯坦同自己的全部古代传统，同自己的全部历史，断绝了联系。①

至于造成这种历史现象的原因，马克思一语中的：

> 英国资产阶级看来将被迫在印度实行的一切，既不会给人民群众带来自由，也不会根本改善他们的社会状况，因为这两者都不仅仅决定于生产力的发展，而且还决定于生产力是否归人民所有。②

近代中国与印度有着相似的经历和命运。“19世纪之前，中国比欧洲或亚洲任何一个国家都要强大。从5世纪到14世纪，它较早发展起来的技术和以精英为基础的统治所创造的收入都要高于欧洲的水平”，“1820年，中国的GDP比西欧和其衍生国的总和还要高出将近30%。”但从19世纪40年代到20世纪40年代的100年间，中国经济迅速衰落：“到1950年的人均GDP不到中国在1820年水平的3/4。”③其间中国经济形成了半殖民地和半封建的畸型结构：外国在华资本控制了中国与近现代产业相联系的绝大部分投资。1936年，外国产业资本占中国产业资本的57.2%，其中在东北

---

① 马克思：“不列颠在印度的统治”，《马克思恩格斯选集》第2卷，人民出版社1972年版，第64页。

② 马克思：“不列颠在印度统治的未来结果”，《马克思恩格斯选集》第2卷，人民出版社1972年版，第73页。

③ [英]安格斯·麦迪森（Angus Maddison）著：《世界经济千年史》，伍晓鹰、许宪春、施发启译，北京大学出版社2003年版，第109、110页。

占84.6%。[①]他们垄断和控制了中国生铁产量的96.8%，煤产量的65.7%，发电量的77.1%，棉花产量的64%，卷烟产量的58%（1935），铁路里程的90.7%。[②]1937年日本发动全面对华战争，并对中国经济资源进行直接的军事掠夺。到1938年日本占有中国土地的1/3，农业生产能力的40%，工业生产能力的92%。[③]抗日战争胜利后，国民党官僚资本大大加强。到1949年新中国诞生前夕，以与西方资本有千丝万缕联系的蒋宋孔陈四大家族为主的官僚资本已控制全国银行的70%、产业资本的80%，并控制了全部铁路、公路、航空运输和43%以上的轮船吨位。据新中国建立初期的清产核资统计，全国国营和公私合营企业资产原值191.6亿元，其中大部分为没收和接管的原国民党官僚资本的资产；而1948年中国12.3万户民族工业资产净值仅20.08亿元。[④]国民党战败逃到台湾之前，通过扩大财政赤字进一步掠夺国民财产，

---

① 1936～1948年中国资本估值（单位：万元）

	1936年		1947～1948年国统区（1936年币值）
	关内	东北	
资本总额	2014543	565844	1424518
产业资本	554593	444463	654992
商业资本	500295	60932	382348
金融资本	957156	38783	387178
其他	2499	21666	—
外国在华企业资本	501174	426667	111650
产业资本	195924	375834	73414
商业资本	119295	18932	15348
金融资本	183456	10235	22888
其他	2499	21666	—
官僚资本	765625	47647*	767079
产业资本	198925	23529	420097
商业资本	3000	—	3000
金融资本	563700	24118	344000
民族资本	747744	91530	545789
产业资本	159744	45100	161499
商业资本	378000	42000	364000
金融资本	210000	4430	20290

*指“满洲国资本”，其产业资本未包括由“南满”铁道会社托管财产14.706亿元。资料来源：董志凯主编：《1949～1952年中国经济分析》，中国社会科学出版社1996年版，第24页。

② 董志凯主编：《1949～1952年中国经济分析》，中国社会科学出版社1996年版，第23页。

③ 董志凯主编：《1949～1952年中国经济分析》，中国社会科学出版社1996年版，第39页。

④ 同上书，第29页。注：文中“元”所指币种不详。

1948年的最后4个月，国民政府的财政赤字高达78%。[①]中国经济在帝国主义、封建主义和官僚资本主义三重盘剥下已失去了民族资本独立增值和民族市场良性发展的条件。而国际资本、国内官僚资本和封建地主对中国经济超度压榨又使中国的民族资本长期处于持续萎缩状态。生产关系阻碍生产力增长，成了中国和印度两国悲剧性命运相同的方面。而社会革命，即反对殖民压迫和争取独立主权的民族革命及反封建的民主革命，便成了印度和中国生产力解放和发展的共同和唯一出路。

值得说明的是，尽管印度和中国经历了相同的历史命运，但比较而言，在两国获得民族革命成功之前，双方经济发展还有明显的差异。1820年印度和中国在世界GNP分布中分别占15.7%和32.4%，到1952年，印度为3.8%，仍低于中国的5.2%；1820年印度和中国经济发展水平分别为1110亿和2286亿国际元（1990），1952年分别为2266亿和 3057亿国际元（1990），中国远高于印度。[②]但在GNP和人均GNP增长率及主要工业品产量方面，中国则不及印度。1820年至1952年，印度和中国GNP每年平均复合增长率分别为0.54%和0.22%；同期人均GNP每年平均复合增长率分别为0.10%和-0.08%。[③]1948年，在原煤、发电、钢材、生铁、水泥、硫酸等产量方

① 董志凯主编：《1949～1952年中国经济分析》，中国社会科学出版社1996年版，第40页。

② 印度和中国在世界GNP总值分布中的地位及经济发展水平比较（1700～1952）

1700～1952年印度和中国在世界GNP总值分布中的地位（单位:%）				
	1700年	1820年	1890年	1952年
印度	22.6	15.7	11.0	3.8
中国	23.1	32.4	13.2	5.2

1700～1952年印度和中国经济水平比较（单位:1990年10亿国际元）			
	1700年	1820年	1952年
印度	81.2	111.0	226.6
中国	82.8	228.6	305.7

资料来源：[英]安格斯·麦迪森（Angus Maddison）著：《中国经济的长远未来》，楚序平、吴湘松译，新华出版社1999年版，第56—57页。

③ 中国和印度GNP及人均GNP的增长率（1700～1952）

	中国和印度GNP增长率（单位:%）		中国和印度人均GNP的增长率（单位:%）	
	1700～1820	1820～1952	1700～1820	1820～1952
中国	0.85	0.22	0.00	-0.08
印度	0.26	0.54	0.00	0.10

表中数据为每年复合增长率。

资料来源：[英]安格斯·麦迪森（Angus Maddison）著：《中国经济的长远未来》，楚序平、吴湘松译，新华出版社1999年版，第58页。

面，印度均高于中国。[①]这些数据表明：殖民地和半殖民地时期的印度尽管在经济GNP总量和经济发展水平上落后于中国，但在发展综合潜力方面，印度领先于中国。了解这一点，对于理解后来印度又远远为中国甩在后面的原因，是有益的。

二　印度独立：低成本却先天不足的政治革命

革命是为了解放和发展生产力，但印度独立革命并没有使其获得预期的经济成就。究其原因是印度以尼赫鲁为领导的国大党所代表的地主资产阶级，尤其是大地主和大资产阶级的利益，这种利益使作为生产者多数的印度人民不能成为自己产品的直接市场，从而缩小了印度民族资本形成和民族市场形成的条件。因此，已取得胜利的革命并没有在印度造成解放和发展生产力的充分条件。这是与中国1949年革命本质不同并由此造成两国未来发展不同速度的根本原因。但如果要进一步深入了解这一原因产生的背景，则不能不从比较这两个国家的民族革命和以土地改革为主的民主革

---

① 1949年中国和印度主要工业产品产量比较

产品	单位	中国	印度	
		产量	产量	为中国的倍数
纱	万吨	32.7	62.0	1.90
布	亿米	18.9	34.6	1.83
原盐	万吨	229.0	202.0	0.68
糖	万吨	20.0	118.0	5.9
卷烟	万箱	160.0	44.0	0.28
原煤	亿吨	0.32	0.32	1
发电量	亿度	43.0	49.0	1.14
钢	万吨	15.8	137.0	8.67
生铁	万吨	25.0	164.0	6.56
水泥	万吨	66.0	214.0	3.24
硫酸	万吨	4.0	10.0	2.5
纯碱	万吨	8.8	1.8	0.20
烧碱	万吨	1.5	0.6	0.40

资料来源：《中国统计年鉴（1983）》；《国外经济统计资料（1949～1978）》。参见董志凯主编《1949～1952年中国经济分析》，中国社会科学出版社1996年版，第22页。

命所造成的不同“社会的经济结构以及由经济结构所制约的社会的文化发展”[①]来考察。

与欧美国家相同而与中国不同的，是印度的民族民主革命是资产阶级领导的因而是反映资本家和地主利益的革命，但与欧美国家不同而又与中国革命相同的，又是印度和中国的民族民主革命发生在世界资本主义下落期和世界社会主义革命的上升期。英国资产阶级革命是波及世界的工业全球化浪潮的最初的政治动力。工业革命在大不列颠登陆并取得胜利后，就反转影响欧洲大陆并对欧洲的封建体制造成解构性冲击。这引发了19世纪初的拿破仑战争和19世纪40年代的欧洲大革命。这场革命唤醒了欧洲大陆、美洲大陆和日本等国，并使其在抵御近代资本全球化的冲击中完成本国国家资本主义的转型：19世纪60至70年代德国俾斯麦完成国家统一、俄国完成农奴制改革、美国实现统一的国家主权和统一的民族市场、日本明治维新完成从封建主义向国家资本主义的转型。与此同时，在中世纪农业全球化浪潮中雄居超级大国地位的印度、中国等，反滑入附庸于西方资本中心的外围地区：它们不仅没有跟上这场国家转型的浪潮——这大概是由于他们超稳定社会结构和超强的国际地位反使其不易随环境改变而变革，而且还在这个浪潮中不断受到来自英国及完成国家近代化转型的国家的打击。19世纪40年代到50年代英国实现了对印度的征服和对中国战争的胜利。这使印度和中国被迫进入殖民地和半殖民地历史进程并由此在这两个国家出现了最初的无产阶级。这又反过来为印度和中国的未来不同的发展道路埋下了伏笔。

尼赫鲁与中国政治家的分野并不在认识而在于解决问题的道路选择。时任印度国大党主席的尼赫鲁对英国殖民经济在印度的恶果也有深刻的认识。早在1944年他就在《印度的发现》一书中说：“那些为英国统治最久的印度地方也就是今天最贫穷的地方。实在可以画一种统计图表来表示英国统治时间的久暂与贫穷逐渐增长二者之间的密切关系。”[②]但在解决印度殖民经济的道路上，尼赫鲁更倾向于阶级合作而非阶级斗争继而无产阶级专政的道路。

---

① “权利永远不能超出社会的经济结构以及由经济结构所制约的社会的文化发展”。马克思：“哥达纲领批判”，《马克思恩格斯选集》第3卷，人民出版社1972年版，第12页。

② [印]贾瓦拉哈尔·尼赫鲁（Jawaharlal Nehru）：《印度的发现》（*The Discovery of India*），世界知识出版社1956年版，第384页。

20世纪初印度与中国的民族资产阶级和工农运动均有较大发展，世界出现了代表工农利益的苏联社会主义国家。在这个历史的十字路口上，印度的完全殖民地地位和中国的半殖民地地位使两国革命道路发生了分野：英国对印度的完全的和强有力的控制不仅使印度的工农运动没有形成独立的和强大的政治力量，而且还使印度的民族资产阶级——在英国殖民统治和当地封建力量的双重压力下——变得更加软弱，以至“非暴力不合作”成了印度人民争取独立的最高形式。中国的半殖民地地位反使中国成了国际资本链条中的“薄弱环节”[①]。20年代末与中国共产党在民族、民主主义旗帜下分野的国民党背叛工农利益并迅速倒向西方国际资本，蜕变为代表买办势力的政治派别。国民党政府在国内通过牺牲工农利益，在国际通过向资本强国让渡国家利益方式，换取中国经济的快速发展。[②]与日本明治维新后的国家发展道路截然相反，蒋介石时期的中国是亚洲地区较早选择拉美发展道路的主权国家，其结果是民族资本大规模衰落[③]，财政赤字持

① “帝国主义战线的链条通常一定要在它最薄弱的环节被突破，但是无论如何不一定要在资本主义比较发达，无产者占百分之多少、农民占百分之多少等等的地方被突破。”斯大林：“论列宁主义基础”，《斯大林选集》（上卷），人民出版社1979年版，第207页。

② 1890～1933年中国国内生产总值的增长水平，人口和人均国内生产总值

年份	1890年	1913年	1933年
国内生产总值指数（1913年=100）	85.1	100.0	120.0
国内生产总值水平（1987年百万元）	146441	172148	206283
国内生产总值水平（1990年百万国际元）	205304	241344	289200
人口（千人）	380000	437140	500000
人均国内生产总值（1990年国际美元）	540	552	578

资料来源：[英]安格斯·麦迪森：《中国经济的长远未来》，第260页。

③ 1948年中国民族资本主义工业处境进一步恶化。实行金圆券时，民族资产阶级先是被迫缴出金、银、外汇，接着又被迫按限价抛售物资，损失惨重。在物价不断狂涨的条件下，不仅货物脱手后再也买不回下一个生产过程所必需的原材料，就连记账、核算都无法进行。于是，民族资本主义工业几乎全部瘫痪，仅存的资金也被资本家抽了出去抢购物资，或进行金融投资。1949年，中国工业的生产量与历史上最高年产量相比，煤减少了一半以上，铁与钢减少了80%以上，棉织品减少1/4以上，总的来说，平均减产将近一半。参见况浩林 编著《简明中国近代经济史》，中央民族大学出版社1989年版，第373页。

续飙升[①]，农民、工人和中小资产阶级大规模破产。[②]与后来印度的发展道路相比，蒋介石时期的中国发展道路是拉美道路在东亚的较早版本，而印度尼赫鲁时期的经济则几乎是中国蒋介石时期的道路在南亚大陆的另存形式。

拉美道路的本质是用牺牲本国工农利益和向资本中心国家让渡民族利益的方式来发展本国经济，其结果一般都是工农在日益严重的贫困中开展阶级斗争：斗争的规模和激烈程度与该国拉美化的程度为正比。蒋介石时期国家经济拉美化的结果是从另一面为代表中国农工利益的中国共产党取

① 1937～1943年国民党政府财政赤字

年度	财政赤字（亿元）	赤字占支出的比例（%）
1937	15.32	73.05
1938	8.72	74.63
1939	22.79	76.12
1940	38.73	71.88
1941	88.21	88.19
1942	192.51	71.35
1943	419.43	68.05

资料来源：况浩林编著：《简明中国近代经济史》，中央民族大学出版社1989年版，第347页。

② 1919～1929年间中国农村两极分化加剧。下表是广东新会的各类农户的变化，该表反映出农村两极分化加剧的趋势。表中9亩以下和160亩以上的农户增长了，而处于中间的10～39亩和40～159亩的农户减少了。

时期	户别（%）				
	合计	9亩以下	10～39亩	40～159亩	160亩
1919	100	53.6	32.5	13.7	0.2
1921	100	58.1	28.6	13.1	0.2
1926	100	57.3	31.9	10.3	0.5
1929	100	59.4	28.5	11.6	0.5

资料来源：况浩林编著：《简明中国近代经济史》，中央民族大学出版社1989年版，第227页。

1928年至1933年中国部分地区的阶级构成。下表说明在1928～1933年间中国地主、富农、中农普遍减少而贫雇农大幅度增长，也就是说农民大规模破产的实际情况。（总户数=100%）

地区	地主		富农		中农		贫雇农		其他	
	1928	1933	1928	1933	1928	1933	1928	1933	1928	1933
陕西渭南	1.5	1.4	7.4	6.4	32.9	26.3	55.9	62.7	2.4	3.2
河南许昌	1.1	1.1	4.7	5.0	21.2	17.0	64.2	68.1	8.8	8.7
江苏盐城	—	0.6	17.8	15.9	37.6	38.3	35.7	37.6	8.9	7.6
浙江龙游	6.6	7.2	6.6	6.0	24.9	17.9	50.5	56.9	11.4	12.0
广东番禺	2.6	2.9	9.3	8.8	17.3	16.0	49.2	51.5	21.6	20.7

资料来源：况浩林编著：《简明中国近代经济史》，中央民族大学出版社1989年版，第345页。

代国民党统治作了政治准备。与印度相反，国际资本对中国松散、间接和多元控制又使代表中国工农利益的中国共产党在1949年取得全国政权成为可能。从印度后来的发展后果看，中国共产党取代蒋介石国民党政权，不仅仅是中国近现代史上一个具有历史转折意义的大事变，它更是中国历史的大幸运。与印度相比，这种幸运更多的是由于中国较先品尝了拉美模式必然造成的国家不幸。正是这种不幸才使中国人更为坚定地选择了代表中国占人口多数的工农利益的中国共产党，只有有了代表工农利益的政权，中国才能进行比较彻底的土地改革，并由此形成统一的国家经济和民族市场。从这个意义上说，1949年中国革命是20世纪40年代末期发生于东亚的集美国独立战争和南北战争双重意义为一体的伟大历史事变。与美国两次革命不同的是，中国共产党领导的工农革命使美国百年内完成的社会革命在中国几十年内得到完成，其效益可以从毛泽东时期和邓小平时期中国崛起并初步实现国家经济现代化转型与美国相比的时间差及与印度后来发展相比的速度差上得到证明。

马克思和列宁曾对印度和中国的社会主义革命胜利抱有大希望。马克思在《波斯和中国》、《不列颠在印度统治的未来结果》等文章中乐观地预言：

> 过不了多少年，我们就会看到世界上最古老的帝国作垂死的挣扎，同时我们也会看到整个亚洲新纪元的曙光。①

列宁则在晚期口授的日记中也认为：

> 斗争的结局归根到底取决于这一点：俄国、印度、中国等构成世界人口的绝大多数。正是这大多数的人口，最近几年来也非常迅速地卷入争取自身解放的斗争中，所以在这个意义上讲来，世界斗争的最终解决将会如何，是不能有丝毫怀疑的。在这个意义上讲来，社会主义的最后胜利是完全和绝对有保证的。②

---

① 《马克思恩格斯选集》第2卷，人民出版社1972年版，第21—22页。

② 《列宁选集》第4卷，人民出版社1960年版，第710页。

但历史发展的结果是，除了俄国、中国外，发生在印度的工农革命并未导致反映印度工农利益的党而是为英国有意扶持的更多地反映有产者利益的国大党成为执政党。造成这种历史差异的原因在于英国对印度形成的百年牢固和有效的殖民统治，这使印度在发轫于英国的全球性的资本链条中没有像俄国和中国那样成为其“薄弱环节”。在俄国和中国革命中，工农政党逐步登上历史舞台并上升为执政党。在印度，英国用血腥暴力肢解、镇压工农运动的同时却有意容忍无伤大雅的甘地领导的“非暴力不合作”运动，有意扶持反映大地主和大资本家利益的国大党。其结果是“二战”结束后，反映印度地主和资产阶级利益的国大党被英国推上主要执政党的地位。[①]1947年8月14日印度独立，新政府共14名阁员，国大党占8名，非国大党占6名，共产党被排除在外。1951年年底印度共和国成立后首届联邦人民院和立法院大选。大选后国大党在人民院和立法院中占总席位分别为74.4%和68.4%。[②]这时的印度国家政权成了地道的“管理整个资产阶级的共同事务的委员会”。[③]

与中国高成本的政治革命结果正好相反的是，印度独立，这场低成本的政治革命注定要使国家未来发展付出高成本的代价。对此，就连资产阶级的政治家罗斯福也看得清楚。1943年11月28日，美国总统罗斯福在德黑兰会议上就印度问题对斯大林说：

> 议会制政体对印度是不适合的，最好的解决办法是在印度创立某种类似苏维埃的制度，从下面开始，而不是从上面开始，也许这

---

① 印度民族运动领导人M.K.甘地在回答英国记者费晓提问时，直截了当承认国大党的经费“实际上全部”来自印度的富翁。美国作家弗兰克尔在她的著作中披露了塔塔、比尔拉财团对国大党提供资金的情况。比尔拉财团首脑C.D.比尔拉同甘地、尼赫鲁和巴特尔等国大党领袖人物之间的密切关系更是路人皆知。独立前C.D.比尔拉在国大党同英国殖民当局的政治交易中，实际上充当掮客的角色。参见孙培均等著《印度垄断财团》，时事出版社1984年版，第42—43页。

② 林承节著：《印度独立后的政治经济社会发展史》，昆仑出版社2003年版，第4—5页，78—79页。

③ “现代的国家政权不过是管理整个资产阶级的共同事务的委员会罢了。”马克思、恩格斯：“共产党宣言”，《马克思恩格斯选集》第1卷，人民出版社1972年版，第253页。

就是苏维埃制度。[①]

斯大林回答说：

从下面开始——这意味着走革命的路。[②]

罗斯福与斯大林是代表两个极端对立的政治阵营的政治领袖，但对当时处于英国统治下的印度问题的要害却得出相同即印度缺少自下而上的彻底革命的结论，这的确发人深思。

三　土地改革：国家发展奠基中最大的政治“豆腐渣”工程

自然资源天然供给量和贮存量的绝对有限性，决定生产劳动是人类生存与发展的绝对手段。而人类生产劳动形成的绝对条件就是劳动力与生产资料的绝对结合。这有自然结合与强力结合的方式。财产私有制度出现后，强力结合便是人类历史常见的方式。比如历史上的罗马人对地中海的征服、蒙古人对亚洲和欧洲部分地区的征服、克伦威尔对爱尔兰人的征服、欧洲人对印第安人的征服、英国人对印度人的征服等都是这强力结合的历史形式。一部分人通过垄断生产资料形成对另一部分人的劳动成果的无偿占有并由此形成对这部分人的政治统治，这就使劳动力与生产资料从人类早期的绝对的自然结合变为相对的人为强力结合，并由此在生产者与生产资料占有者之间以及不同的生产资料占有者之间形成复杂的财富占有关系。[③]

但是，所有权并不是社会财富本身，而只是社会财富的占有形式。所

① “斯大林与罗斯福的会谈记录”（1943年11月28日），沈志华主编：《苏联历史档案选编》第17卷，社会科学文献出版社2002年版，第404页。

② “斯大林与罗斯福的会谈记录”（1943年11月28日），沈志华主编：《苏联历史档案选编》第17卷，社会科学文献出版社2002年版，第404页。

③ “在历史进程中，掠夺者都认为需要通过他们自己硬性规定的法律，来赋予他们凭暴力得到的原始权利以某种社会稳定性。”马克思：《马克思恩格斯选集》第2卷，人民出版社1972年版，第451页。

有权并不创造价值，因此也不是财富的源泉。在特定的历史时期私人所有权却可以刺激劳动者个体的能动性及其私人积累财富的积极性，但如果构成社会劳动基础的生产者的劳动成果被不同的私有者“截流”数量过于巨大从而使劳动者得不到合理反哺时，社会劳动也就开始萎缩。萎缩的程度与财产占有者对生产者劳动成果的“截流”数量为正比。

研究国家发展及相应国力的关键不在于研究其GDP或GNP的指数表现，而在于研究其利润的归宿及其对社会劳动者的反哺程度。马克思说：“生产直接是消费，消费直接是生产。”[①]劳动者也是消费者，他既是产品生产者，又是实现自己产品的基本消费群体。从这个意义上看：人民是国家的主体，不仅仅因为人民是国家生产的主体，同时他们更是国家消费的主体。只有社会产品反哺社会劳动者即人民的时候，这个社会的发展才是良性的和可持续的。当国家经济持续增长而这种增长成果却不能合理地反哺生产者，甚至不能维持生产者自身的生存延续，社会财富又越来越多地集中于没有多少消费潜力的少数人手中，这时的国家发展就失去了可持续发展的动力，接踵而至的就是社会危机。这时生产力就会提出变革生产关系的要求。前面提到的印度和中国的民族民主革命，就是基于这个原因发生的。

土地是人类生存的第一资源，生产关系的最初版本就是人地关系。[②]因而也是古今形成生产关系进而形成阶级关系的原生酵母，更是现代资本形成的原生酵母。大凡国家改造和社会改革，多以土地改革为起始。因此，与基因链的优劣决定生命发育的终极结果一样，国家土地改革的后果，也就命定了国家肌体发展，尤其是传统农业大国肌体发展的终极潜力。印度与中国民族革命成功后第一基础性的国家改造工程就是土地改革，其结果

---

① “生产直接是消费，消费直接是生产。每一方直接是它的对方。可是同时在两者之间存在着一种媒介运动。生产媒介着消费，它创造出消费的材料，没有生产，消费就没有对象。但是消费也媒介着生产，因为正是消费替产品创造了主体，产品对这个主体才是产品。产品在消费中才得到最后完成。一条铁路，如果没有通车、不被磨损、不被消费，它只是可能性的铁路，不是现实的铁路。没有生产，就没有消费，但是，没有消费，也就没有生产，因为如果这样，生产就没有目的。”马克思：“‘政治经济学批判’导言”，《马克思恩格斯选集》第2卷，人民出版社1972年版，第93—94页。

② “人地关系紧张是土地制度变迁的重要前提。”温铁军著：《中国农村基本经济制度研究》，中国经济出版社2000年版，第74页。

差异则奠定了两国发展速度及其潜力的差异。

如果将土地革命分为民主革命与社会主义革命两阶段的话，印度的土改不仅没有社会主义土改内容，也没有像中国那样的彻底的民主改革的内容。独立之初印度国大党认识到从英国人那里继承下来的封建土地关系是独立前印度农业陷入慢性危机的主要原因。为此，根据1948年12月全国邦税务部长会议的决定和国大党土改委员会1949年的报告建议，各邦开始按照中央确定的废除柴明达尔中间人制度等原则，制定本邦土改法律。1953年中央政府建立了中央土改委员会，由计划委员会成员和内务部长、粮食部长组成，作为土改指导机构。土地改革有两个主要目的：一是消除土地所有制结构中阻碍农业生产的因素；二是使作为生产资料的土地直接与劳动者结合，创造条件使农业经济实现高效高产。土改内容包括三方面，分两阶段实施。

一是废除柴明达尔等中间人制度。独立前印度存在三种土地租佃制度：柴明达尔租佃制、马哈瓦尔租佃制和莱特瓦尔租佃制。在柴明达尔等土地租佃制度下，代为殖民政府收税的柴明达尔等实际上成了在外地主，对租佃土地的耕种者进行残酷剥削。在殖民政府收取的农业税收和柴明达尔等从事收税的管理费外，柴明达尔等在外地主还随意提高租金，加强对佃农的剥削。印度政府通过废除这种中间人制度使耕种土地的农民直接与土地联系，并直接向政府交税。在独立后长达30年的时间里，印度政府从地主手中买地共花去67亿卢比，约将577万公顷土地分给无地或少地的农民。[①]

二是改革租佃制度。“高额地租是印度土地结构的共同特征”。[②]英国统治时期土地租佃不仅在印度农业中十分普遍，而且除公开租佃外，印度农村中还盛行非正式或口头租佃。土地供给是确定的，而人口和贫困人口却与日俱增，佃农受到地主持续提高的地租剥削，而且租期极不稳定。手工业的衰落，进一步加重了劳动者对土地的依赖，从而加重了租金剥削。从1953年起各邦政府通过了系列有关“租佃改革”的法案，其主要内容是“公平租金”和“保障租佃关系”。独立后印度政府在土地改革过程中实

① 文富德著：《印度经济发展、改革与前景》，巴蜀书社2003年版，第229—230页。

② [印]鲁达尔·达特、K.P.M.桑达拉姆著：《印度经济》（下），雷启准等译，四川大学出版社1994年版，第58页。

行了租佃制改革，具体措施包括固定租金、保障租佃，并授予部分佃农的永佃权等。根据各邦的具体情况，各邦政府规定的租金占农业收入的比例有所不同，大体保持在农业收入的1/3到1/6。同时，为了方便农民交租，还决定把过去长期实行的实物地租改为货币地租。为了保障土地租期，印度政府还规定，允许地主以自耕名义收回土地，但重新收回土地时必须为佃户保留维持生活所需最低面积的土地，且不能驱逐佃户。此外，第三个五年计划期间，政府也要求佃农购买土地，使佃户直接与国家发生关系。这也是土改第一阶段的内容。

三是实行土地持有最高限额制度，这是土改第二阶段的内容。国大党政府在1959年1月那格浦年会上通过了实行“土地限额”的决议，要求各邦政府在当年年底前制定出相应法案令。1961年年底印度政府宣布各邦实行土地持有最高限额的法律，规定超出限额以外的土地，由国家交给村评议会，并由村评议会分给无地少地的农民或农业合作社耕种。此举意在限制大地主对土地的垄断。1971年8月，印度中央土改委员会又确定调整最高限额。以5口之家为一个分配单位，规定最高限额为最好的土地10英亩到最劣的土地54英亩之间。1975年7月1日，印度政府宣布了二十点经济纲领，提出土地最高限额制，并要求加快对超额土地的分配和登记注册工作。1977年人民党上台，要求加快土改步伐，通过调查，改革土地法上的弊病和漏洞。规定每户农民最低土地持有限额为2.5英亩。

土地改革是印度民族革命成功后，实现民主革命的基础工程。就其深度、广度及革命的彻底性而言，印度土改的效果与中国比简直是判若泥云。究其原因还在于各自革命的领导权性质存在的本质差异。与中国20世纪20年代蒋介石国民党注意到但无法解决农工问题的原因相似，尼赫鲁国大党也看到了彻底的土地革命对于印度的未来具有关键的意义。①但是，由

① 1936年4月印度国大党在勒克瑙召开的第四十届年会上提出了一项土地纲领，认为“国家最重要和最紧迫的问题是农民惊人的贫穷、失业和债务，这些基本上是由于过时的和压迫的地权制度和田赋制度，而近几年来农产品价格的大幅度下跌又加剧了这个问题。这个问题的最终解决必然包括清除英帝国主义的剥削、彻底改变地权和田赋制度，以及国家承认有向农村失业群众提供工作的义务。” 1945年9月、11月，国大党国家计划委员会先后开会讨论土地问题，还提出具有社会主义性质的“组织合作社”和“取消国家和实际耕种者之间各类中间人地主”的土改方针，指出：“必须组织合作社来耕种开垦的荒地和由国家征收的其他土地，并

于国大党本身所代表的是大地主大资本家利益，以及由大地主大资本家阶级占据的议会席位形成的对尼赫鲁政府的制约，这使国大党政府即使有再好的政治设计，也无法实现。与中国国民党蒋介石政权由于基础是建立在封建官僚买办的支持之上，即使早就认识到土地问题的重要性也无法在中国大陆进行彻底有效的土地革命的道理一样，印度国大党推行土地改革30余年，最终不得不以“具有雷鸣般的热情”开始，而以“没精打采”的结局告终。[①]

尽管如此，印度的土地改革还是在相当程度上解放了农业生产力。从1951～1952年度到1978～1979年度，印度农业生产年平均增长2.8%，是从1900～1901年度到1949～1950年度平均增长的3.5倍。[②]60年代以来，印度开展“绿色革命”运动，印度粮食播种面积从1950～1951年度的9730万公顷，到2000～2001年度的11980万公顷，增长了23.1%；到70年代粮食就基本上达到自给。[③]但是，在生产关系变革的方面，“除了废除了柴明达尔以外，就全国而论，其他各项实际上并未认真执行”。[④]而正是这方面的失败，不仅使印度的土改成果大打折扣，而且还由此铸定了印度在后来半个多世纪中落后于中国的历史命运。

独立初期，不到农村人口15%的地主、富农却占有85%的土地，其中不到人口2%的大地主，却占全部土地的70%；而占农村人口85%以上的贫苦农民仅占15%的土地。其中占农村25%的农户却无立锥之地。土改后，这种土地集中在极少数大地主手里的情况有所缓和。如下表所示：

在各地鼓励组织其他形式的合作农业；不承认国家和耕种者之间的各种中间人地主，他们的各种权利以及土地财产所有权被付与必要的令人满意的偿金以后由国家征收；在现有田赋制度不变的情况下，对来自土地的高收入征收累进税，对实际的小耕种者适当减轻田赋负担。”转引自黄思骏著《印度土地制度研究》，中国社会科学出版社1998年版，第281、284页。

① “土地改革计划开始具有雷鸣般的热情，但是，这个热情的活力很快就消失了，土地改革的执行变成了没精打采的事情。”[印]鲁达尔·达特、K.P.M.桑达拉姆著：《印度经济》（下），雷启准等译，四川大学出版社1994年版，第69页。

② 四川大学南亚研究所：《印度经济》，人民出版社1982年版，第33页。。

③ 文富德著：《印度经济发展、改革与前景》，巴蜀书社2003年版，第79—80页。

④ 四川大学南亚研究所：《印度经济》，人民出版社1982年版，第33、40页。

印度经营占有者数量和经营面积（1970～1986）

类别	数量（万）		面积（万公顷）	
	1970～1971	1985～1986	1970～1971	1985～1986
边际占有（1公顷以下）	3600（51）	5700（58）	1500（9）	2200（13）
小占有者（1～4公顷）	2400（34）	3100（32）	4900（30）	6200（38）
中等占有者（4～10公顷）	800（11）	800（8）	4800（30）	4700（29）
大占有者（10公顷以上）	300（4）	200（2）	5000（31）	3300（20）
总计	7100（100）	9800（100）	1620（100）	1640（100）
注：括号内的数字是各栏占总数百分比				

资料来源：转引自[印]鲁达尔·达特、K.P.M.桑达拉姆著《印度经济》（下），雷启准等译，四川大学出版社1994年版，第77页。

上面提供的数据可分三类。第一类是同类人数比例增长远远高于相应的土地面积比例的增长。这主要表现在边际农类中。土地持有者数量从1970～1971年度的7100万增加到1985～1986年度的9800万，大约增长了38%，而经营面积仅大约从1.62亿公顷增加到1.64亿公顷，增加了1.2%。土地面积增长远远低于土地持有人的数量的增长。其间持有1公顷以下的边际占有者从51%增长到58%，增加7%。而其持有土地面积从9%增加到13%，只增加了4%。持有土地增长低于边际农的数量增长。这表明，占农业人口1/2以上的“这类耕种者土地少，继续生活在贫困线以下”，而“印度农民贫困化的加重表明边际农或接近无地劳动者的数量正在扩大”。[①]

第二类是同类人数比例降低的同时，所持土地面积比例却大规模增加。这主要表现在小土地占有者类中。在土改中受惠最大的是占地1～4公顷的小土地持有人。这部分人数占土地持有人的1/3强。在1970～1985年间，小土地持有人在总土地持有人数中从34%下降到32%，而所持有土地则从30%增长到了38%。这说明土改使地权大规模地向小地主转移。

第三类人数与所持土地面积比例同时减少。这主要表现在占地4～10公顷之间的中等占有者与占地10公顷以上的大土地占有者类别中。中等占有者人数在这15年间，从11.2%下降到8%，占有土地面积则从31%下降到29%。

① [印]鲁达尔·达特、K.P.M.桑达拉姆著：《印度经济》（下），雷启准等译，四川大学出版社1994年版，第77页。

大占有者人数则从4%下降到2%，而所占土地面积也从31%下降到20%。

土地改革的上述结果基本也就确立了独立后印度的农业生产关系金字塔结构：

1985～1986年度，占土地持有人数2%的大地主占据着印度的20%的土地。占土地持有人数8%的中等地主则占着29%的土地。二者之和则是占10%的土地持有人却拥有49%的土地。另一方面，占持有地人数58%的人，却只有13%的土地。如果算上持有地条件大大改善的小占有者，占持有地人数90%的人，只拥有51%的耕地。即使如此，印度的土改方案在许多方面只是法律上的原则规定，在各地执行方面不仅差异很大，而且还受到不同程度的抵制。"对于诸如极高的地租额、农业雇工（主要为受歧视迫害的贱民）、极端落后的契约工和高利贷剥削等方面的问题，却在土地改革中没有触及"。[①]

下表反映的是1961年到1971年间印度农村地区财产分配比例。

1961～1971年印度农村地区财产分配比例

人口组别	所占财产百分比	
	1961年	1971年
下层30%人口	2.5	2.0
其中最底层10%人口	0.1	0.1
中间层40%人口	18.5	16.1
上层30%人口	79.0	81.9
其中最上层10%人口	51.4	51.0

资料来源：《第六个五年计划》第8页。转引自[印]鲁达尔·达特、K.P.M.桑达拉姆著《印度经济》（上），雷启准等译，四川大学出版社1994年版，第625页。

我们看到，截至1971年，81.9%的财产掌握在30%的上层大地主手中，而占70%的中下层只掌握着18.1%以下的财产。也就是说，印度农业创造的国民财富的主要部分为上层少数人所截流，而真正生产者同时也是生产产品的最大需求者即中下层农业劳动者，则得不到合适的利润反哺。这说

① 四川大学南亚研究所：《印度经济》，人民出版社1982年版，第41页。

明，印度土地改革仍是一场排除殖民经济代理人后，印度富人之间的财富再分配，而印度人民并未成为这场革命受益的主体。除了柴明达尔中间人被废除外，其余则与英国殖民地时期的社会结构没有本质差别。卡尔·马克思一语中的，他说："过去一切阶级在争得统治之后，总是使整个社会服从于它们发财致富的条件，企图以此来巩固它们已经获得的生活地位。"①印度国大党领导并取得胜利的民族革命的结果就是这样。

生产的主体不能成为消费的主体，而消费的主体却不是生产的主体，这两个主体严重错位，是整个第三世界，也是印度国家经济因发展而不能发展的根本原因。印度民族革命后所实行的民主革命并未解决因社会生产成果不能反哺生产者及由此造成的生产力萎缩的问题。土改后，广大农民的贫困化程度不仅没有减轻，反而长期保留下来。

中小农民阶层在世界历史上永是一个最不稳定，因而是必然要发生两极分化的阶层。印度土地改革后，农业生产力在缓慢上升的同时，农村家庭债务总额也在逐年上升。印度储备银行在1951年和1971年进行了3次农村债务调查，全国抽样调查组织1981年进行的全国第37次抽样调查表明，在1961年到1981年的20年间，估计农村债务已从195.4亿卢比上升到619.3亿卢比。农村债务1961～1971年10年间增长97%，1971～1981年也增长60%。耕种者的债务增长比率比非耕种者的债务增长更快。如下表所示：

印度主要家庭未偿还农村债务总额

	农村债务（亿卢比）			增长（%）	
	1961	1971	1981	1961～1971	1971～1981
耕种者	167.0（85）	337.4 （88）	573.7 （93）	102	71
非耕种者	28.4（15）	47.4 （12）	45.6 （7）	66	-13
总计	195.4	384.8	619.3	97	60
	（100）	（100）	（100）		

注：括号内的数字是各栏占总数百分比

资料来源：转引自[印]鲁达尔·达特、K.P.M.桑达拉姆著《印度经济》（下），雷启准等译，四川大学出版社1994年版，第140页。

① 马克思、恩格斯："共产党宣言"，《马克思恩格斯选集》第1卷，人民出版社1972年版，第262页。

值得说明的是，1961～1981年的20年中，“非耕种者的债务是负增长率，似乎与现实不符。根据这个事实就只能解释：抽样调查没有考虑高利贷者和地主提供的大量现金和实物贷款，这些是作为债务劳役被迫劳动”。[①]但耕种者债务比例20年中从85%上升到93%，而同期非耕种者的债务比例从15%下降到7%的数据，至少反映了印度农业劳动的主体部分长期得不到其劳动成果反哺，以至使劳动难以为继的现实。

更为可怕的是，在印度耕种者的借贷结构中，高利贷是农民借款的主要来源。如下表所示：

耕种者从不同机构的借贷（%）

		1951～1952	1961～1962	1971	1981
1. 非组织（小计）		92.7	81.3	68.3	36.8
（1）	高利贷者	69.7	49.2	36.1	16.1
（2）	商人	5.5	8.8	8.4	3.2
（3）	亲戚朋友	14.2	8.8	13.1	8.7
（4）	地主和其他	3.3	14.5	10.7	8.8
2. 组织借贷		7.3	18.7	31.7	63.2
（5）	政府	3.1	15.5	7.1	3.9
（6）	合作社	3.3	2.6	22.0	29.9
（7）	商业银行	0.9	0.6	2.6	29.4
总计　（1+2项）		100	100	100	100

资料来源：转引自[印]鲁达尔·达特、K.P.M.桑达拉姆著《印度经济》（下），雷启准等译，四川大学出版社1994年版，第98页。

从1951到1971年的20年中，高利贷在耕种者借贷总额中的比例在各种借贷来源中一直居于绝对主体地位。从1971～1981年的10年中，由于国家合作社和商业银行的金融支持力度大幅提高，造成高利贷借款比例迅速

① [印]鲁达尔·达特、K.P.M.桑达拉姆著：《印度经济》（下），雷启准等译，四川大学出版社1994年版，第140页。

下降。“但是，由于种种原因，乡村高利贷者至今还占优势。”[①]小农由于缺乏偿还能力，缺乏贷款信誉，不能大规模应用新技术，当然也就不能从自己的生产中获得较大的收益。信贷组织特别是合作社面临的主要问题是过期未还贷款。过期未还贷款率，合作社大约是40%～42%，地区农行是47%。而借款未还的多是无助小农，这迫使一些金融机构贷款倾向大农。由于大农具有良好的偿还能力，合作社和商业银行事实上更愿意向大农提供比如6%～10%的低息贷款，这迫使小农必须从高利贷或其他非组织的资金市场按12%～75%的利息借钱。[②]其结果导致日益严重的小农破产和两极分化现象的产生。这也是印度一些地区比如比哈尔、西孟加拉、奥里萨和安得拉邦等农民暴动延绵不绝的直接原因。

导致土地改革失败的最主要的原因，在于国大党所依赖的阶级基础本身就是土地改革的对象。因此在改革中他们为自己留下了许多变相保存，甚至增值其财产的余地。例如各邦法律规定柴明达尔可保留“自营地”，而对“自营”的概念的解释又极为宽泛。北方邦1950年制定的废除柴明达尔法4年后才生效，给了柴明达尔足够的时间通过驱逐佃农扩大允许保留的“自营地”。这导致一度出现柴明达尔夺佃高潮。北方邦柴明达尔拥有土地3300万英亩，以“自营地”名义保留了约700万英亩。结果改革后这些柴明达尔摇身一变又成了大地主。这些拥有500英亩、700英亩乃至1000英亩的大地主并不少见，原柴明达尔制下的次佃农、分成农和农业雇工依然受剥削。在租佃改革方面，国大党遇到的阻力比废除柴明达尔制还要强劲。因为这不仅损害了大地主的利益，而且还损害了中小地主甚至富农的利益。他们在国大党中、各邦立法院和政府中把持着各种权力。他们利用法律的不同解释拖延改革进程。有些邦给土地出租者留下充足的逃避法律规定的时间。有的地主对佃农的佃田频繁调换。更普遍的情况是地主纷纷以自耕名义夺佃，或逼使佃户“自愿”退佃，使要求地主收回出租土地要有限制的规定形同虚设。比如海德拉巴实行土改后，原来的佃农中有2.6% 农户被合法夺佃，22.1% 被非法夺佃，17.5%“自愿”退还佃耕地，三者共达

① [印]鲁达尔·达特、K.P.M.桑达拉姆著：《印度经济》（下），雷启准等译，四川大学出版社1994年版，第99页。

② 同上书，第105、183页。

42.2%，只有12%农户购买了佃耕地，剩下的农户保留了原来的佃耕地，得到了多少不同的佃权。在孟买，1947~1953年，佃农中有近20%的农户失去佃耕地。大量佃农在地主夺佃的威胁下，为保住佃耕地，不得不接受更恶劣的佃耕条件。①土地最高限额的改革除了遭到大地主的反对外，在法律规定的条款中也留有他们可钻的漏洞。比如法令对甘蔗农场、果园、牧地等实行豁免，有的邦将最高限额设的范围过大，结果使最高限额法令颁布后国家很少获得用于分给无地农的土地。②M .L .丹特瓦拉教授对土地改革的总体评价是："印度大体上已经颁布了土地改革，在不久的将来这些考虑是正确的方向，然而由于执行不力，实际结果一点也不满意。"③

农业改革的失败最终导致印度农业长期处于萎缩性增长状态。如下表所示：

独立后印度主要作物耕种面积增长（万公顷）

作物种类		作物耕种面积增长			年均增长率（%）	
		1949～1950	1964～1965	1990～1991	1949～1965	1967～1991
1	全部粮食作物	9900	11800	12800	1.4	0.2
	水稻	3000	3600	4300	1.3	0.6
	小麦	1000	1300	2400	2.7	2.0
	粗粮	3900	4400	3700	0.9	-1.0
	豆类	2000	2400	2400	1.9	0.3
2	全部经济作物	2300	3300	3900	2.5	0.4
	油籽	1000	1500	2400	2.6	0.3
	甘蔗	150	260	370	2.5	-0.4
	棉花	490	840	740	3.3	1.5
	马铃薯	20	40	90	4.4	3.6
全部作物		12200	19100	16700	1.6	0.3

资料来源：转引自[印]鲁达尔·达特、K.P.M.桑达拉姆著《印度经济》（下），雷启准等译，四川大学出版社1994年版，第7页。

① 林承节著：《印度独立后的政治经济社会发展史》，昆仑出版社2003年版，第93—99页。

② 如安得拉邦的上下限为27～324英亩；拉贾斯坦为27～216英亩。

③ [印]鲁达尔·达特、K.P.M.桑达拉姆著：《印度经济》（下），雷启准等译，四川大学出版社1994年版，第69页。

独立以来主要作物产量的增长

作物种类		作物产量			年均增长率（%）	
		1949～1950	1964～1965	1990～1991	1949～1965	1967～1991
1	全部粮食（万吨）	5500	8900	17600	3.2	2.9
	稻米（万吨 ）	2400	3900	7500	3.5	2.6
	小麦（万吨）	600	1200	3500	4.0	5.3
	粗粮（万吨）	1700	2500	3200	2.2	0.4
	豆类（万吨）	800	1200	1400	1.4	0.7
2	经济作物	—	—	—	3.5	2.6
	油籽（万吨）	500	900	1800	3.3	2.1
	甘蔗（万吨）	5000	12200	2400	4.3	4.3
	棉花（万包）*	300	600	1000	4.6	1.8
	马铃薯（万吨）	200	400	1500	4.3	6.7
全部作物		—	—	—	3.1	2.6

*每包170公斤

资料来源：转引自[印]鲁达尔·达特、K.P.M.桑达拉姆著《印度经济》（下），雷启准等译，四川大学出版社1994年版，第11页。

1956～1996年印度农业（含林业、渔业）实际复合增长率（%）

1955～1956	2.85
1960～1961	3.21
1970～1971	5.10
1980～1981	0.80
1985～1986	2.91
1990～1991	4.12
1995～1996	2.95

按1980～1981年价格计算

资料来源：*Statistical Profile of India 1999*, Deep & Deep Publication PVT.Ltd.,New Delhi,p.5.

我们看到，独立后印度农业从耕地面积，主要作物及增长率方面均处于萎缩性增长状况。对此，印度尼赫鲁曾试图选择用社会主义方式解决反哺劳动者的问题，他一再强调，农业若没有很大改善，工业化就得不到足够的原料和商品粮的供应。而如果农民收入低，粮价高，就会造成购买力低下，市场狭小。粮食进口要大量占用国家有限的外汇，以致没有足够的外汇购买发展重工业基础工业必需的设备和原材料。工业发展的全部计划能否实现，取决于农业生产率能否大大提高。1954年7月，国大党全印委员会通过《计划发展》决议，其中提到要逐步指导国家经济发展成“社会主义经济”。1955年1月国大党阿瓦迪尼年会根据尼赫鲁的提议，通过了《关于建立社会主义类型的决议》。其结果是他的良好愿望遇到党内大地主大资本家阶层的激烈反对，以致他连中间偏左的路线也难以推行。

印度独立革命，使印度在获得了独立的国家主权的同时，也留下了旧时代的庞大的私有产权；而印度的土改不仅没有铲除这寄生于生产流通和分配领域的私有产权反而还变相保留甚至新增了私有产权。这种低成本的革命却使印度在国家现代化之初就面临着几乎是不可承受的制度成本。这种由庞大的私有产权关系结织而成的非生产性巨额成本，是未来印度国家低效发展的总根源。孟子说“上下交征利而国危矣”[①]，而印度在独立之初就将国家经济建立在“上下交征利”的基础之上，这对印度未来的影响几乎是毁灭性的。

看到印度不彻底的土地改革所造成的恶果，我们就会对马克思在《共产党宣言》中将“对所有权和资产阶级生产关系实行强制性干涉”作为发展生产力的“必不可少”手段的指示有更深切的认识。马克思写道：

> 无产阶级将利用自己的政治统治，一步一步地夺取资产阶级的全部资本，把一切生产工具集中在国家即组织成为统治阶级的无产阶级手里，并且尽可能快地增加生产力的总量。要做到这一点，当然首先必须对所有权和资产阶级生产关系实行强制性的干涉，采取这样一些措施，这些措施在经济上似乎是不够充分的和没有力量的，但是在运动进程中它们会越出本身，而且作为变革全部生产方式的手段是必不可少的。这些措施在不同的国家里当然会是不同的。[②]

同此，我们也就更能体会出毛泽东同志于20世纪50年代在中共党内

---

① “交征”：相互争夺。引自《孟子·梁惠王上》。

② 《马克思恩格斯选集》第1卷，人民出版社1972年版，第272页。

关于农村社会主义改造道路那场大争论（值得注意的是，同期印度国大党内也在进行着关于道路问题的激烈争论）中所坚持的快速推进集体化的决策，对中国未来发展所具有的生死存亡的意义。当时毛泽东批评那些提出“确保私有财产”和“四大自由”的人们，“言不及义，好行小惠，难矣哉”。[①]与同期中国比较，尼赫鲁的土改行了小惠而失了大义，[②]其结果不幸让毛泽东言中，印度后来的资本主义发展道路确是一条“也可增产，但时间要长，而且是痛苦的道路”。[③]

中国共产党领导的土地改革所依靠的是贫雇农和下中农，团结中农，走集体经济的道路，用阶级斗争的方式打破任何地主阶级恢复封建剥削生产关系的企图。“到1952年年底，除一部分少数民族地区及台湾省外，全国广大新解放区的土地改革已基本完成。”[④]1956年中国基本上完成了对农业的社会主义改造，参加农业生产合作社的农户占总农户的96.3%。农村中的封建剥削关系基本消灭。随着工商业社会主义改造的完成，整个社会的生产关系只剩下最简单的全民和集体两种所有制。依靠复杂的产权关系寄生于社会生产之间阻碍社会劳动成果直接反哺社会劳动者的产权交易费用基本消除，农民债务更是不复存在。在彻底废除劳动与劳动成果之间的剥削环节后，劳动成果得以直接反哺劳动者和用于国家基本建设的安排。1952年中国农业集体积累总额为15亿元[⑤]，其中生产性积累为11亿元而非生

---

① “关于农业互助合作社的两次谈话”，《毛泽东选集》第5卷，人民出版社1977年版，第120页。

② 经济学家普纳布·巴丹说：印度经济低增长源于不合理的政治经济结构。国家对工业资本家阶级、富农阶级和白领工人在内的自由职业阶级安抚政策的结果是“越来越多的资金用去满足占统治地位的有产阶级的各方面的需要，在此同时，资金也就耗尽了”；巴丹指出“最重要的、渗透经济各方面的因素是三个有产阶级工业资本家、富农和自由职业阶层的冲突。结果形成了用以满足统治联盟中各伙伴利益的补贴和优惠制度，致使用于资本积累的资金被吞蚀，非发展费用无限制地继续增加”。（《印度经济》（下），第281、284页）

③ “关于农业互助合作社的两次谈话”，《毛泽东选集》第5卷，人民出版社1977年版，第117页。

④ 董志凯主编：《1949～1952年中国经济分析》，中国社会科学出版社1996年版，第80页。

⑤ 国家统计局国民经济平衡统计司编：《国民收入统计资料汇编1949～1985》，中国统计出版社1987年版，第29页。

产性积累为4亿元。[①]到1985年增长到325亿元[②]，其中生产性积累和非生产性积累分别为297亿元和28亿元。[③]1953年至1985年间中国农村集体及其他所有制经济积累总额年平均增长速度为8.1%。[④]农村集体经济及其他所有制生产性积累总额指数，[⑤]1953年为80%，其中生产性积累和非生产性积累分别为81.8%和75%，到1985年已增长为1312.2%，其中生产性和非生产性积累分别为1936.2%和411.4%。[⑥]

这种为印度尼赫鲁渴望但又做不到的生产性积累远高于非生产性积累的社会生产条件，只有中国这样彻底废除了庞大的寄生于生产、流通、交换、分配领域的产权关系的国家才能实现。在国际资本包围的情况下，对刚获得独立的殖民地和半殖民地国家而言，只有高积累，才可能有切实和可持续的经济增长。中国50年来农业成就如下表所示：

中国农业生产、劳动生产率、农民消费水平年均增长速度（1953～1985）

年份	年平均增长速度（%）			
	农业总产值	农业净产值	农业劳动生产率（按总产值计算）	农民消费水平
1953～1978	3.2	2.2	1.2	1.8
1979～1985	10.1	8.0	8.9	9.6
1953～1985	4.7	3.4	2.8	3.4

资料来源：国家统计局国民经济平衡统计司编：《国民收入统计资料汇编1949～1985》，中国统计出版社1987年版，第54页。

这里需要说明的是，中国农业在这一时期提供的剩余产品，有相当一部分通过价格“剪刀差”转为国家基础建设的原始积累。也不能否认在

① 国家统计局国民经济平衡统计司编：《国民收入统计资料汇编1949～1985》，中国统计出版社1987年版，第41页。

② 同上书，第29页。

③ 同上书，第41页。

④ 按可比价格计算。资料来源：国家统计局国民经济平衡统计司编：《国民收入统计资料汇编1949～1985》，中国统计出版社1987年版，第31页。

⑤ 按可比价格计算，以1952年为100。

⑥ 国家统计局国民经济平衡统计司编：《国民收入统计资料汇编1949～1985》，中国统计出版社1987年版，第44页。

"极左"的时期，农民的消费几乎处于近似管制性状态。但由于国家切断了流通和分配中的私有权寄生因素，农业剩余产品只在掌握土地所有权的国家与劳动者农民集体两大领域交换和分配。但无论如何，农业在工业化初期为国家提供了剩余产品因消除了产前产后的中间产权多次分配因素，其制度成本大幅度减少，这使得同等农业产值，在中国对工业化的贡献率要远远大于印度。

四　印度工业与民族市场日益脱节及其后果

印度土改的失败对印度未来发展的影响是深远的。它对印度经济造成的最大损害是它从根本上摧毁了印度形成人民市场的任何可能，从而使印度几乎永远失去了形成强大的国内市场继而民族市场对印度经济，尤其对其工业经济及其技术的拉动和孵化培育能力。本来就狭小的国内市场的持续萎缩，又迫使印度工业日益依赖国际市场，其利润因无法反哺国内社会劳动而被迫与海外市场形成于印度民族经济无益的体外"利润逆循环"机制。这反过来又在印度形成一个强大的代表国际资本利益的资本家阶层。其结果则是印度经济发展与其国民购买力脱钩，经济发展成果没有用于反哺印度民族自我发展，而是为西方国家资本所吸收。因发展而不发展，成了印度经济运行的基本特征。

尼赫鲁对这样的发展后果始料不及，因为他在一开始就试图避免这种结果。尼赫鲁的国家经济发展思想中有些目标与新中国成立初期，甚至与苏联初期提出的一些发展目标相似。印度的第一个五年计划还基本上是一个应急计划。在第一个五年计划结束之际，尼赫鲁已逐渐形成了他的经济发展思想。这就是通过优先发展重工业和实行进口替代方针，迅速将以生产消费资料为主的印度工业结构改变为门类齐全的重工业、轻工业均衡的工业结构，建立完整的工业体系，保证工业的高速增长；大力发展国营工业，使之尽快占据国民经济制高点，在比重上逐渐超过私营资本，成为社会主义类型社会的坚强的物质基础。[①]这个思想成了后来印度第二、第三个

① 林承节著：《印度独立后的政治经济社会发展史》，昆仑出版社2003年版，第159页。

五年计划的基础。

在尼赫鲁的工业化思想指导下，印度政府制定了一系列促进工业发展的政策措施。印度政府通过赎买的方法把大型私营企业变成公营企业。利用财政投资和外国援助等方式，建立了一大批新的公营企业。建立了包括原子、电子、航空、航天等高新技术工业在内的门类齐全，而且比较完善的工业体系。从1953年到1980年工业生产获得相应增长。如下表所示：

印度工业主要部门总产值、生产年平均增长率

部门	1978年工业总产值（亿卢比）	工业生产年平均增长率（%）		
		1953～1960	1961～1970	1971～1980
工业部门总计	4523	7.3	5.8	4.1
采矿业	157	6.1	3.9	4.1
制造业	4065	7.2	5.4	3.8
电煤气和水	300	—	—	—

资料来源：《国际经济和社会统计资料1950～1982》，中国财政经济出版社1985年版，第127页。

但是，与中国工业发展道路正好相反，印度工业化的过程最终成了印度具有买办性质的大资本家实力增强并掌握国家经济命脉的过程。1956年工业政策决议规定重工业部门只能由政府建立新企业，但因政府财政困难只得允许私人在其中一些部门建立新企业，对现有的私营重工业原来作出的10年国有化的规定被搁置；政府承担起兴建有利于私营企业发展而私人企业又无力兴建的重工业和基础设施任务；进口替代战略和严格限制进口为私营企业提供了需求和广阔的国内市场和优惠的税收、信贷政策。私营企业的发展虽然在经营领域和兴建新企业方面受到了限制，但在这个限制的框架内也受到多方面的支持与鼓励。这使私营企业特别是独立时已经形成的垄断资本的发展，有了有史以来未曾有过的好环境。大资本家们利用这个机会置产兴业，结果在独立后10多年时间里经济实力有明显的增强。像塔塔财团、比尔拉财团这样的实力最雄厚的财团到60年代初生产能力更为扩大，控制了更多经济部门，财富的积累扶摇直上。塔塔财团1954～1959年进行了增产100万吨钢的扩建计划，1957年生产了全国钢产量的70%。50年代又建立了4个发电厂，50年代末其所属公司与外资建立合作关系的有56家。1951～1958年以塔塔为首的印度最大的4个财团所控制的公司股本从10.586亿卢比上升到17.086亿卢比。同期内在全部私营公司股本总额中所占比重从17.9%上升到22.34%。其中塔塔财团1951年总资产为11.6亿卢比，到1966年增至50.54亿卢比。同一时期比尔拉财团的总资产也由10.4亿卢比激增到29.3亿卢比。一批原来属于二流的财团如萨胡贾因、瓦尔昌财团、马法特拉尔财团等，到1964年都成了拥有总资产4亿至7亿卢比的大财团。原来的小财团如基洛斯卡财团、马亨德拉财团等原来只不过一两千万卢比的资产，到1964年居然也都拥有总资产1亿至2亿卢比，60年代初各地区又出现了数以百计的新生的小财团。①

1960年8月22日，尼赫鲁在人民院中提出了这样一个问题：印度“一五”、“二五”计划期间国民收入增加的42%，这些增长的收入都到哪里去了？为此，1960年10月他指定一个以马哈拉诺比斯为首的委员会，要求调查印度社会经济活动所造成的“财富和生产手段集中的程度”。1964年2月，委员会提出的报告，指出：“计划经济的执行造成了印度工业中大公司的增长。公营机构如工业金融公司、国家工业发展公司等提供的贷款促使印度工业中私营部分，特别是那些大公司的增长。”②1964年4月印度政府再次指定一个以最高法院法官K.C.达斯·古普塔为首的垄断调查委员会，次年10月委员会提出报告并得出结论：70家印度最大的垄断财团（其中包括16家外资控制的垄断财团）在工业垄断中起了重要的作用。这70家垄断财团共垄断588种产品，占调查的产品总数（1298种）的45.1%。其中占首位的是塔塔财团，其次是比尔拉财团，再次是帝国化学工业公司（英资控制）、萨拉巴伊财团等。委员会通过对2259家印度主要公司的所有权分析，初步确定了印度经济中带有垄断性的83个企业集团。又把其中总资产超过5000万卢比的75个集团列为印度最大的垄断财团。这75家财团总共控制了1536家公司，其全部资产为260.595亿卢比，全部实收资本约为

---

① 以上资料取自林承节著《印度独立后的政治经济社会发展史》，昆仑出版社2003年版，第202—203页。

② 印度教育部：《印度国际报告》第3卷“经济结构和活动”，第502—521页。转引自孙培均等著《印度垄断财团》，时事出版社1984年12月版，第44—45页。

64.632亿卢比。它们在印度25661家全部私营公司总产（555.15亿卢比）中占46.94%，在实收资本总额（146.54亿卢比）中占44.1%。[①]最后委员会得出结论指出印度政府为国家迅速建立工业化制订的计划经济“被证明是导致（经济）进一步集中的一个令人信服的因素”。[②]私人垄断经济的发展，导致社会劳动成果日益为私人企业所截流甚至垄断。下表数据集中反映了这一点。

1950～1982年印度公私营部门各在国内净产值中的百分比（%）

部门	1950～1951	1960～1961	1970～1971	1981～1982
1. 公共行政和国防	4.5	4	7	9.6
2. 公营部门企业	3	6.6	7.5	15.3
3. 整个公营部门（1+2）	7.5	10.6	24.9	24.9
4. 私营部门	92.5	89.4	85.5	75.1

资料来源：印度中央统计局：《国家财政统计》（1970～1971年至1984～1985年和1990年）。转引自[印]鲁达尔·达特、K.P.M.桑达拉姆著《印度经济》（上），雷启准等译，四川大学出版社1994年版，第327页。

上表表明，印度独立后的30多年间，尽管国营企业产值增长很快，但私营企业仍是社会生产利润的主要截流者。下表则从国内总储蓄和国内总资本形成中的份额变化继续说明这一点：

印度公私营部门在国内总储蓄和国内总资本形成中的份额（计划经济平均数）

五年计划（1951～1990）	计划期间平均值（单位：亿卢比）			占总储蓄百分比		按市场价格计算占国民生产总值百分比		
	公营	私营	总计	公营	私营	公营	私营	总计
国内总储蓄								
“一五”（51～56）	16.9	87.4	104.3	17%	83%	1.7%	8.7%	10.4%
“二五”（56～61）	27.3	136.8	164.1	16%	84%	2%	10.4%	12.4%
“三五”（61～66）	67.9	218.5	286.4	24%	76%	3.4%	10.9%	14.3%
年度（66～69）	73.1	383.8	456.9	16%	84%	2.4%	12.5%	14.9%

① 资料来源：孙培均等：《印度垄断财团》，时事出版社1984年12月版，第45—46页。

② 《垄断调查委员会1965年报告》，转引自孙培均等著《印度垄断财团》，时事出版社1984年12月版，第47页。

“四五”（69～74）	134.1	657.9	792	17%	83%	3%	14.4%	17.4%
“五五”（74～79）	383.0	1418.2	1819.2	21%	79%	4.6%	17%	21.6%
“六五”（80～85）	660.9	3006.2	3667.1	18%	82%	3.6%	16.5%	20.1%
“七五”（85～90）	781.5	6262.0	7043.5	11%	59%	2.3%	18.1%	20.4%
国内总资本构成								
“一五”（51～56）	35.8	72.4	108.2	33%	67%	3.5%	7.2%	10.7%
“二五”（56～61）	87.1	115.4	202.5	43%	57%	6.6%	8.8%	15.4%
“三五”（61～66）	168.7	166.2	334.9	50%	50%	8.4%	8.3%	16.7%
年度（66～69）	221.2	308.4	529.6	42%	58%	7.2%	10.7%	17.3%
“四五”（69～74）	332.4	495.7	828.1	40%	60%	7.2%	10.9%	18.1%
“五五”（74～79）	779.1	979.9	1759.0	45%	55%	9.5%	11.7%	21.2%
“六五”（80～85）	2012.2	1916.5	3928.7	51%	49%	11.1%	10.5%	21.6%
“七五”（85～90）	3686.8	4179.4	7866.2	47%	53%	10.7%	12.1%	22.8%

资料来源：根据印度中央统计局的《全国财务统计新辑》1988年2月号。转引自[印]鲁达尔·达特、K.P.M.桑达拉姆著《印度经济》（上），雷启准等译，四川大学出版社1994年版，第329—330页。

从1951年至1990年40年间，尽管国营部门国内总储蓄有很大的发展，但私营部门一直占据着绝对的优势；在国内总资本构成中也占据着相当的优势。也就是说，是私人经济占据着国民财富的主体。而“印度私营部门的祸根在于，它有一部分人是由高利贷者变成的企业家，这些人只将工业发展视为赚钱的手段，其他一切都不顾”。①

国家对工业化发展控制不足不仅导致国家对私人资本的依赖，同时也不可避免地导致对国际资本的依赖。这在对印度每年生产的国民财富在反哺劳动者之前，在地主、资本家之外又增加了一个外来的财富截流者。

1973～1974年间，在印度外国公司有540个（其中英国公司319个，占外国公司总数的59%；其次是美国公司88个），外国公司资产为179.1亿卢比，1978～1979年多国公司减少到358个，但外国公司资产却增长到240.1亿卢比。与1973～1974年比公司减少了66%，而资产却增长了74.6%。如下表所示：

① 转引自[印]鲁达尔·达特、K.P.M.桑达拉姆著《印度经济》（上），雷启准等译，四川大学出版社1994年版，第341页。

在印度多国公司分公司

公司所在国	公司数量		公司资产（亿卢比）	
	1973～1974	1978～1979	1973～1974	1978～1979
英国	319	189	123.9	165.9
美国	88	64	38.1	53.5
日本	21	17	2.4	6.4
法国	8	7	2.3	5.1
荷兰	6	5	2.6	2.4
南斯拉夫	3	3	5.3	0.5
其他	95	73	4.5	1.3
总计	540	358	179.1	240.1

资料来源：《公司新闻评论》，1980年6月号。转引自[印]鲁达尔・达特、K.P.M.桑达拉姆著《印度经济》（上），雷启准等译，四川大学出版社1994年版，第575页。

1973～1974年度和1978～1979年度在农业、矿业、加工制造、建筑、公用事业、商业、贸易、金融及服务等领域中，外国公司投资在商业贸易和金融领域最为集中，如下表所示：

在印度的多国公司分公司的产业分布

产业	公司数量		资产（亿卢比）	
	1973～1974	1978～1979	1973～1974	1978～1979
农业及相关活动	115	85	22.3	22.7
矿业和采石业	7	7	3.7	3.5
加工和制造业	80	47	22.0	15.1
建筑和公用事业	32	21	4.6	10.2
商业、贸易和金融	154	68	123.1	183.8
交通、通信和仓储	39	35	0.4	0.6
服务	113	95	2.9	4.2
总计	540	35.8	179.0	240.1

资料来源：《公司新闻与评论》。转引自[印]鲁达尔・达特、K.P.M.桑达拉姆著《印度经济》（上），雷启准等译，四川大学出版社1994年版，第575页。

表中商业贸易和金融业中外国资产所占比例最高：1973～1974年度为69%，1978～1979年度进一步上升为77%。而加工制造业则从12.3%下降到6.3%，这说明国际资本在印度的投资多属投机而非生产性质，他们对改善印度工业技术没有兴趣。下面的数据进一步说明这一点。

印度私人公司向国外汇款（亿卢比）

年份	利润、股息、利息	专利权和技术费	总计
1960～1961	1.14 （48.5%）	1.21 （51.5%）	2.35 （100%）
1970～1971	6.94 （72.8%）	2.59 （27.2%）	9.53 （100%）
1977～1978	10.09 （67.9%）	4.77 （32.1%）	14.86 （100%）
1979～1980	9.30 （70.1%）	3.96 （29.9%）	13.27 （100%）
括号内为所占汇款总额的百分比			

资料来源：[印]P.莫霍南·皮莱的《印度技术依赖的变化趋势》，特里凡得琅研究中心主编的《劳动报》193卷。转引自[印]鲁达尔·达特、K.P.M.桑达拉姆著《印度经济》（上册），雷启准等译，四川大学出版社1994年版，第579页。

表中在“利润、股息、利息”和“专利权和技术费”两项汇款中，从1960年到1980年，专利权和技术费的汇款数额从51.5%下落到29.9%；而利润、股息和利息的汇款则从48.5%增长到70.1%。这说明在印度的国际投资更多地是一种食利性而非生产性投资。这种情况80年代以后有所改变，但到90年代末国际投资又迅速从技术密集型领域退出。如下表所示：

在印度外国直接投资总额的产业分布（1980～1997）

产业分布	1980年5月	1990年5月	1991～1997年
	投资总额（亿卢比）	投资总额（亿卢比）	投资总额（亿卢比）
种植业	3.85（4.1）	26.50（9.8）	49.01（0.33）
矿业	0.78（0.8）	0.80（0.3）	155.76（1.06）
石油和电力	3.68（3.9）	0.30（0.1）	4239.05（28.91）
制造业（1～8）	81.16（87.0）	229.80（84.7）	5451.35（38.28）
1. 食品和饮料	3.91（4.2）	16.20（6.0）	757.48（5.17）
2. 纺织品	3.20（3.4）	9.20（3.4）	237.00（1.62）
3. 机器和机械工具	7.10（7.6）	35.40（13.1）	328.30（2.24）
4. 运输设备	5.15（5.5）	28.20（10.4）	710.82（4.84）
5. 金属和金属产品	11.87（12.7）	14.10（5.2）	732.25（6.08）
6. 电气和电子产品	9.75（10.4）	29.50（10.9）	790.72（5.44）
7. 化学和附属产品	30.18（32.3）	76.90（28.4）	1007.59（6.88）
8. 其他制成品	10.00（10.7）	20.30（7.5）	880.89（6.01）
服务业	3.85（4.1）	14.00（5.1）	4590.86（31.32）
总计	93.32（100.0）	271.40（100.0）	14662.18（100.0）
括号数为占外国直接投资总额的百分比			

资料来源：1985年、1993年《印度储备银行公报》；1997年12月《印度投资中心新闻通讯》。转引自文富德、陈继东编著《世界贸易组织与印度经济发展》，巴蜀书社2003年版，第381页。

从1980年起，在印度的外国投资大幅向制造业集中。1980年，制造业占投资总额的87%，而服务业为4.1%；到1990年制造业略降到84.7%，服务业略升到5.1%；在1991年至1997年间，制造业领域国外投资却猛跌至38.28%。而在技术成本较低的服务业中，国外投资则接近制造业为31.32%。值得注意的是，即使是技术密集的制造业领域，从80年代到90年代末，外资直接投资下降幅度最大的是化学和附属产品，从32.3%下降到6.88%；其次是金属和金属产品，从12.7%下降到6.08%；机器和机械工具，从7.6%下降到2.24%；电气和电子产品，从10.4%下降到5.44%；其他制成品，从10.7%下降到6.01%。近20年中唯有技术成本较低而利润较大的食品和饮料产业外资投资保持上扬，从4.2%上升到5.17%。这说明，80年代之后，外资逐渐从技术密集产业领域转向低附加值的产业：技术密集的程度与外资退出的程度大体成正比。

尼赫鲁在其任内的经济发展中放纵私人资本的结果是使其成为国家经济活动中的主导力量，但印度政府并未能由此得到相应的财政回报。

私人经济在财富增加的同时，国家由其得到的税收却呈累退状态。印度税收有三大来源，即所得税、财产税及商品税。前两种属于直接税的主要税种，后一种为间接税的主要税种。

1951～1952年度，对收入及财产的征税占各邦税收总额的47%；商品税占各邦税收总额的53%。但到1992年度，直接税下降到总额的17%，商品税则上升到总额的83%。[①]直接税涉及大资本家的利益，而商品税则涉及百姓生活。印度对个人所得税实行累进税制。其目的在于减轻人民负担，缩小两极分化。但印度的税收结构变化表明，印度政府在大资本面前步步后退，而不得不将财政负担转嫁到中低收入阶层和一般劳动人民身上。其结果只

① 印度各邦政府国库账中各种税收及其比重（单位：亿卢比）

税种	1950～1951	占各邦税收总额比重（%）	1991～1992（预算）	占各邦税收总额比重（%）
所得税	6.0	20	537.0	10
财产税	7.0	27	343.0	7
商品税	15.0	53	4259.0	83
税收总额	28.0	100	5139.0	100

资料来源：[印]鲁达尔·达特、K.P.M.桑达拉姆著：《印度经济》（下），雷启准等译，四川大学出版社1994年版，第729页。

能是社会两极分化日益加深，国家财政赤字日益扩大，国家干预经济的能力日益萎缩，政府对社会公正所作的承诺日益失去信用。国家税收的累进制度最终蜕变为对中小阶层增加负担的制度。

没有人民支持的政府是软弱的，没有人民消费力的国家经济是不可持续的。片面生产力的提高并不是国家力量提高的标志，而不受控制的私人经济则必然导致国家生产力的片面发展。只有国家生产力与消费力同步提升的全面生产力才是国家力量的提高。在绝对市场经济条件下，资本不断增值成了企业可持续发展的基本条件，而资本增值的前提离不开其产品的市场实现率。这样商品与市场的关系便成了利润实现程度及资本增值的关键。私营企业以利润为绝对目的的特性对国家生产力的片面发展可能是有利的，但对国家全面生产力即生产与市场统一的生产力发展则是不利的。在私人资本为主体的生产关系中，为了利润，生产绝对要压低消费；而失去了有效的消费，生产就失去了有效市场；而失去了有效市场，生产就失去可持续发展的动力。“生产直接是消费，消费直接是生产”。[①]而消费的主体就是国家全体劳动者为主体的公民或人民[②]，从这个意义上说，全面的生产力，就应当是掌握在人民手中的生产力；人民是国家最大的消费群体，所以人民市场，从而统一的国内市场和民族市场，则是国家生产力可持续发展的动力源泉和生长基础。

印度土地改革的失败，对印度的未来造成的致命性的损害在于它弱化了工业发展的根基即民族市场。民族市场的基础是国家的人民市场。由于国内国际私有权在生产、交换、分配、消费领域的层层截流，使作为生产

① 马克思：“‘政治经济学批判’导言”，《马克思恩格斯选集》第2卷，人民出版社1972年版，第93—94页。

② 这里笔者有意识将“公民”与“人民”作出区别。前者是法权的划分，在国家宪法中公民不分阶级或阶层而只依纳税人身份的划分。后者是国家公民中基本多数的主体性划分。比如在第三世界国家中，工人农民是公民的主体，而在西方资本主义发达国家中，中产阶级则是公民的主体。从这个意义上说，人民是公民的主体部分。而社会主义市场经济，就应当是以人民生产和消费为出发点和服务目的市场经济，首先是服务于人民利益而非利润的市场经济。1942年毛泽东在延安文艺座谈会讲话上说：“为什么人的问题，是一个根本的问题，原则的问题。”（《毛泽东选集》第2卷，人民出版社1991年版，第857页）在今天，“为什么人的问题”也应当是中国市场经济建设的根本问题和原则问题，是旗帜问题和道路问题。走独立自主的发展道路，就得依靠人民，服务于人民；而走拉美式发展道路，则要以牺牲人民和国家的利益，换取国家的附庸国的地位和少数人的利益。

主体的全体劳动者在为社会提供财富的同时却得不到相应的反哺。其结果便是日益增长和高比例的贫困人口在印度的长期存在。

1973～1974年印度计划委员会把农村和城市的贫困线分别定为每月49.1卢比和56.6卢比。世界银行采用由全国抽样调查和印度统计局确定的贫困比例的评估方法。由此1977～1978年度的贫困线标准是农村为55.2卢比，城市为68.6卢比。1983年农村为89卢比，城市为112.2卢比。世界银行还将低于贫困线75%的水平确定为极度贫困的标准。据此计算出1970～1988年印度贫困和特困人数及比例。如下表所示：

1970～1988年印度贫困人口数及所占比例

	贫困人口数（亿）			贫困人口比例（%）		
贫困线以下	1970年	1973年	1988年	1970年	1973年	1988年
农村	2.368	2.521	2.522	53	44.9	41.7
城市	0.505	0.647	0.701	45.5	36.4	33.6
全印度	2.873	3.117	3.223	52.4	42.5	39.6
极度贫困线以下						
农村	1.346	1.281	1.236	30.1	22.8	20.4
城市	0.284	0.315	0.329	25.6	17.7	15.8
全印度	1.630	1.596	1.565	29.8	21.8	19.2
总人口	5.476	7.332	8.137	100	100	100

资料来源：世界银行研究报告：《印度：贫困就业和社会福利》（1989）。转引自[印]鲁达尔·达特、K.P.M.桑达拉姆著《印度经济》（上），雷启准等译，四川大学出版社1994年版，第615页。

我们看到即使到1988年，也就是印度“七五”计划即将结束之际，印度全国仍有40%的贫困人口，有19.2%的特困人口。从1970年到1988年印度贫困和特困人口比例下降，但同时绝对贫困和特困人口数量却在上升。即使到1999～2000年，印度低于国家贫困线人口所占比重为28.6%（中国为4.6%），印度日均消费1国际元以下的人口所占比重仍达34.7%，（中国2001年为16.6%）,日均消费2国际元以下的人口所占比重79.9%（中国2001年为46.7%）。[①]

这样高比例的贫困人口无论如何也不能支撑印度工业扩张的可持续

① 中国国家统计局：《国际统计年鉴》（2004），中国统计出版社2004年版，第203页。

性。数据表明，1960～1961年度，印度社会底层的50%的农村人口和城市人口仅占农村工业消费品总额的19%和21%，而20%的农村和城市上层富人却占农村工业消费品总额的55%和54%。1973～1974年度，这种比例仍无改变：农村底层的50%人口占工业消费品的21%，城市底层50%的人口占工业消费品的20%；而只占人口20%的农村富人和城市富人却各占工业消费品的53%和54%。[①]失去人民消费从而失去国内购买力的直接后果是印度工业失去可持续发展的动力支撑。这可从下表1950年到1985年30多年间印度三大产业净产值增长的情况中得到反映。

按生产要素成本计算的国内净产值的增长率（按1970～1971年度价格计算）

部门	国民净产值的年增长率（%）		
	1950～1951 至1960～1961	1960～1961 至1976～1977	1970～1971 至1984～1985
第一产业	3.0	1.6	1.8
农业	2.9	1.5	2.9
林业	2.3	4.6	4.0
渔业	5.5	4.4	5.7
矿业与采石业	5.8	4.8	1.8
第二产业	5.4	5.0	4.2
制造业	5.7	4.8	4.5
建筑业	4.3	4.5	2.2
电气、供气与供水	10.9	10.1	7.6
第三产业	5.9	4.6	4.8
贸易交通运输	5.4	4.9	5.1
公共管理与防务	4.9	7.2	9.2
其他服务行业	3.2	1.9	6.8
总计:国内净产值	3.8	3.2	3.7

资料来源：根据印度中央统计局白皮书《1970～1971年度至1976～1977年度国民核算统计》（1979年1月）和印度储备银行《1985～1986年度货币与财政报告》编制。转引自[印]鲁达尔・达特、K.P.M.桑达拉姆著《印度经济》（上），雷启准等译，四川大学出版社1994年版，第72页。

我们看到30多年间，印度工业增长率持续下降，这与第一产业农业萎缩性增长的进程是一致的。这里应当注意的是，在这30多年中，印度制造

① [印]鲁达尔・达特、K.P. M.桑达拉姆著：《印度经济》（下），雷启准等译，四川大学出版社1994年版，第277页。

业增长率下降的速度快于第三产业。第二产业中制造业增长率持续递减。这说明印度工业增长率的提高不是靠工业技术和生产领域而是靠非生产性的服务领域和流通服务领域拉动，因此其间的GDP的提高，并不表明印度工业在这30年间的进步。下面的材料进一步证明了这个判断。

1950～1990年印度按生产要素成本计算的国内净产值分布情况
（按1980～1981年度价格计算）

部门	百分比分布			
	1950～1951	1970～1971	1980～1981	1989～1990
I第一产业	58.3	47.8	41.2	35.2
农业	50.1	41.8	36.4	31.5
林业	6.4	4.3	2.8	2.4
渔业	0.7	0.7	0.9	2.4
矿业与采石业	1.1	1.3	1.3	1.3
II第二产业	15.5	21.2	23.0	25.5
制造业	11.4	15.3	17.0	20.0
建筑业	3.4	5.2	5.2	4.3
电气、供气与供水	0.3	0.7	0.8	1.2
III第三产业	26.6	31.0	35.8	39.3
贸易交通运输	10.7	13.8	16.4	—
金融与房地产	7.3	7.3	8.4	—
社会服务和劳务	8.6	9.9	11.0	—
总计（I+II+III）	100.0	100.0	100.0	100.0

资料来源：根据《国民核算统计》（1990）、《1980～1981年度至1985～1986年度国民核算统计新系列》（1988年2月）和CSO《快速估算值》（1991）编制。转引自[印]鲁达尔·达特、K.P.M. 桑达拉姆著《印度经济》（上），雷启准等译，四川大学出版社1994年版，第70页。

上表反映了印度独立后40多年经济发展的重要特点，即产值增长主要集中在流通领域。第三产业产值比重由26.6%增至39.3%，高于前两个产业。其中贸易交通运输领域的产值比重由1950～1951年度的10.7%增至1980～1981年度16.4%，社会服务由8.6% 上升到11%。金融与房地产由7.3% 增长到8.4%。而40年间农业产值比重由58%下降到35.2%，而工业仅从15.5%增至25.5%。这说明印度产业泡沫化倾向日益严重。

过于庞大的私有产权加上泡沫化经济，导致国家发展成本及其对货币的需求无谓增大，这反过来又拖累了国家经济发展。“二五”计划公营部门投资的资金来源预定：25%靠国家财政收入结余，25%靠发行公债和储蓄筹集，其余50%计划依靠财政赤字和外援解决。但在具体实施中，有些指标难以落实。公营部分计划投入的资金特别是外汇不能完全落实。由于进口粮食需要外汇，计划执行不到3年，就爆发了外汇危机。英镑存款动用了80%，外汇储备从74.6亿卢比下降到14.2亿卢比。政府只得压缩投资，严格控制进口。其次，在实施计划的过程中政府筹集的资金也不能落实（主要是原来估计的税收落空，政府不得不增加财政赤字并争取外援）。“二五”计划以前的8年中，印度接受外援48亿卢比，“二五”期间猛增256亿卢比。外援以美援为主。外援在公营部门总支出中所占比重由“一五”的9.6%上升到22.48%，由于压缩进口，结果钢铁、重型机器、化肥、重型电机、水泥等许多产品的产量指标都未能完成。社会两极分化进一步加重。“三五”期间从国外筹款239亿卢比，占公营部分总支出的约28%。到1966年印度的外债达250亿卢比。尼赫鲁不无遗憾地说：“计划的执行帮助了富人而没有使穷人受益。”[①]前五个五年计划（1951～1979）设想的总支出为6980亿卢比，第六个五年计划（1980～1985）打算投资9750亿卢比，但实际投资在11000亿卢比以上。这迫使印度政府长期实行财政赤字政策。[②]对此，学者们看得明白，经济学家普纳布·巴丹说：

> 印度经济低增长源于不合理的政治经济结构。国家对工业资本家阶级、富农阶级和白领工人在内的自由职业阶级安抚政策的结果是“越来越多的资金用去满足占统治地位的有产阶级的各方面的需要，在此同时，资金也就耗尽了”；巴丹指出“最重要的、渗透经济各方面的因素是三个有产阶级工业资本家、富农和自由职业阶层的冲突。结果形成了用以满足统治联盟中各伙伴利益的补贴和优惠制度，致使用于资本积累的资金被吞蚀，非发展费用无限制地继续增加”。[③]

印度裔1998年诺贝尔经济学奖得主阿马蒂亚·森（Amatya Sen）也一言

---

① 林承节著：《印度独立后的政治经济社会发展史》，昆仑出版社2003年版，第161、167、168、171页。

② 参见[印]鲁达尔·达特、K.P. M.桑达拉姆著：《印度经济》（下），雷启准等译，四川大学出版社1994年版，第586页。

③ 参见[印]鲁达尔·达特、K.P.M.桑达拉姆著：《印度经济》（下），雷启准等译，四川大学出版社1994年版，第281、284页。

中的，他说：

印度的失败是在分配上而不是在增长上。①

分配问题说到底还是生产关系问题。印度低成本的政治革命和独立之初不彻底的所有制改革造成了印度后来不得不付出的几乎是天价的国家发展。

与此形成鲜明对比的是中国工业的发展。由于中国土地改革的成功，农业为中国工业经济增长提供了强大支撑动力。如下表所示：

中国农业在国民经济中的地位（%）

年份	农业劳动者占社会劳动者的比重	农业总产值占社会总产值的比重	农业净产值占国民收入的比重	以农产品为原料的工业产值占轻工业总产值的比重[1]	农副产品及其加工品占出口额的比重[2]
“一五”时期	81.3	38.2	50.6	83.5	75.0
“二五”时期	69.0	23.9	36.9	76.5	71.5
1963～1965年	82.1	31.7	47.2	73.3	67.9
“三五”时期	81.4	30.8	45.2	68.7	75.6
“四五”时期	78.5	25.7	39.6	70.9	68.0
“五五”时期	73.7	24.4	38.4	68.8	55.9
“六五”时期	68.9	28.1	43.0	68.9	43.0

[1]按不变价格的总产值计算。

[2]按外贸部门业务数字计算。

资料来源：国家统计局国民经济平衡统计司编：《国民收入统计资料汇编1949～1985》，中国统计出版社1987年版，第75页。

我们看到中国从“一五”到“六五”期间，尽管农业在国民经济中的地位在普遍下降，但其对工业的增长仍起着“半边天”的作用。以农产品为原料的工业产值占轻工业总产值的比重从“一五”到“六五”期间一直保持在65%以上。

其次，由于废除了私有制度，中国农业对工业的贡献还通过特殊的“剪刀差”形式表现出来。这从国家内部解决了中国工业化初期阶段不可回避，而印度国家发展始终不能解决的“原始积累”难题。

① 转引自[印]鲁达尔・达特、K.P.M.桑达拉姆著：《印度经济》（下），雷启准等译，四川大学出版社1994年版，第277页。

据测算，中国农业部门每创造100元的价值，通过剪刀差转移到工商业部门的价值量，1957年是23元，1978年是25.5元。1979年粮食统购价格提高20%，超购部分提价20%，超购加价从20%提高到50%。综合价格一次提高幅度达49%。即使这样，农业转移出去的价值量仍为10元。另据国务院农村发展研究中心1986年的推算，1953～1978年计划经济25年间，工农业产品价格剪刀差总额估计在6000亿～8000亿元。而改革开放前的1978年，国家工业固定资产总计不过9000多亿元。[①]学术界可能对这些数据有不同的估计，但“中国的国家工业化的资本原始积累主要源于农业”[②]的判断离事实应不会太远。

正是由于中国实现了社会主义公有制，中国才有可能在城乡之间实行这种特殊的价值转移形式，这种形式又使中国政府有可能在不依赖国际和国内私人资本的条件下拥有充足的资金投资工业和国家基本建设，并由此创造出世界工业发展史上的中国奇迹。如下表所示：

中国基建投资中农、轻、重投资比例（单位：亿元）

年份	基建投资	农业投资	轻工业投资	重工业投资	占基建投资的比例（%）		
					农业	轻工业	重工业
“一五”时期	588	41.8	37.5	212.7	7.1	6.4	36.1
“二五”时期	1206	135.7	76.6	651.7	11.3	6.4	54.0
1963～1965年	422	74.5	16.5	193.7	17.7	3.9	45.9
“三五”时期	976	104.3	42.6	498.9	10.7	4.4	51.1
“四五”时期	1764	173.1	103.0	874.9	9.8	5.8	49.6
“五五”时期	2342	246.1	156.3	1075.5	10.5	6.7	45.9
“六五”时期	3410	172.8	234.5	1312.5	5.1	6.9	38.5

国家统计局国民经济平衡统计司编：《国民收入统计资料汇编1949～1985》，中国统计出版社1987年版，第72页。

我们看到，从“一五”到“六五”，工业基建投资一直是以高于农业基建投资的倍数的规模上进行，这如果没有通过价格剪刀差从农业转移到工业上的资金，中国工业的这种扩张式的投资是不可能实现的。即使这样，中国以农产品为原料的工业产值占轻工业总产值的比重一直保持在65%以上，这可以算是历史上工业化进程中的奇迹了。这个过程，可能是痛苦

① 温铁军著：《中国农村基本经济制度研究》，中国经济出版社2000年版，第177页。

② 同上。

的，但从长远国民经济结构改造的效果看，却是值得的。1953年毛泽东同志对此事前有一个比较客观的估计。他说："资本主义道路，也可增产，但时间要长，而且是痛苦的道路。我们不搞资本主义，这是定了的。"①比较印度工业道路漫长低效的历程，我们会清楚地看出，中国当时提速社会主义改造和建设进程的选择显然是正确的，这对中国未来的历史发展作用是关键性的。②如下表所示：

---

① "关于农业互助合作的两次谈话"，《毛泽东选集》第5卷，人民出版社1977年版，第117页。

② 20世纪50年代，既是印度和中国选择国家发展道路的重要的历史时期，也是两国分道扬镳的时期。1955年毛泽东同志在"关于农业合作化问题"的讲话中，清楚地表达了他拒绝走资本主义道路，坚持并加速农业社会主义改造的想法。他说：

苏联建成社会主义的伟大历史经验，鼓舞着我国人民，它使得我国人民对于在我国建成社会主义充满了信心。可是，就在这个国际经验问题上，也存在着不同的看法。有些同志不赞成我党中央关于我国农业合作化的步骤应当和我国的社会主义工业化的步骤相适应的方针，而这种方针，曾经在苏联证明是正确的。他们认为在工业化的问题上可以采取现在规定的速度，而在农业合作化的问题上则不必同工业化的步骤相适应，而应当采取特别迟缓的速度。这就忽视了苏联的经验。这些同志不知道社会主义工业化是不能离开农业合作化而孤立地去进行的。首先，大家知道，我国的商品粮食和工业原料的生产水平，现在是很低的，而国家对于这些物资的需要却是一年一年地增大，这是一个尖锐的矛盾。如果我们不能在大约三个五年计划的时期内基本上解决农业合作化的问题，即农业由使用畜力农具的小规模的经营跃进到使用机器的大规模的经营，包括由国家组织的使用机器的大规模的移民垦荒在内（三个五年计划期内，准备垦荒四亿亩至五亿亩），我们就不能解决年年增长的商品粮食和工业原料的需要同现时主要农作物一般产量很低之间的矛盾，我们的社会主义工业化事业就会遇到绝大的困难，我们就不可能完成社会主义工业化。这个问题，苏联在建设社会主义的过程中是曾经遇到了的，苏联是用有计划地领导和发展农业合作化的方法解决了，我们也只有用这个方法才能解决它。其次，我们的一些同志也没有把这样两件事联系起来想一想，即:社会主义工业化的一个最重要的部门——重工业，它的拖拉机的生产，它的其他农业机器的生产，它的化学肥料的生产，它的供农业使用的现代运输工具的生产，它的供农业使用的煤油和电力的生产等等，所有这些，只有在农业已经形成了合作化的大规模经营的基础上才有使用的可能，或者才能大量地使用。我们现在不但正在进行关于社会制度方面的由私有制到公有制的革命，而且正在进行技术方面的由手工业生产到大规模现代化机器生产的革命，而这两种革命是结合在一起的。在农业方面，在我国的条件下（在资本主义国家内是使农业资本主义化），则必须先有合作化，然后才能使用大机器。由此可见，我们对于工业和农业、社会主义的工业化和社会主义的农业改造这样两件事，决不可以分割起来和互相孤立起来去看，决不可以只强调一方面，减弱另一方面。苏联的经验，在这个问题上也给我们指出了方向，我们的有些同志却没有注意，他们老是孤立地互不联系地去看这些问题。其次，我们的一些同志也没有把这样两件事联系起来想一想，即:为了完成国家工业化和农业技术改造所需要的大量资金，其中有一个相当大的部分是要从农业方面积累起来的。这除了直接的农业税以外，就是发展为农民所需要的大量生活资料的轻工业的生

中国、印度工业生产年平均增长速度（%）

国别	1971～1980	1981～1985	1971～1985	1991～1994
世界总计	4.1	1.9	3.3	0.6
中国	9.1	10.7	9.7	23.9
印度	4.1	6.3	4.8	3.5

资料来源：1971～1980年、1981～1985年、1971～1985年三期数据来源：《世界经济统计简编》（1987），东方出版社1990年版，第90页。1991～1994年数据来源：世界经济年鉴编辑委员会编辑：《世界经济年鉴》1996年卷，中国社会科学出版社1997年版，第660页。

中国、印度工业生产指数比较（1985～2002）

地区和国家	1985	1990	1991	1992	1993	1994	1999	2000	2002
世界总计	109.7	125.7	122.5	122.4	122.8	122.7	113.6	121.2	120.3
中国	176	358	411	524	671	846	148.0	162.5	194.3
印度	142	209	213	221	223	240	125.6	131.9	143.2
1998～1994年数据1980年=100；1999～2002年数据1995年=100									

资料来源：世界经济年鉴编辑委员会编辑：《世界经济年鉴》1995年、1996年卷，中国社会科学出版社1997年版，第660页。中国国家统计局：《国际统计年鉴》（2004），中国统计出版社2004年版，第239页。

我们曾在本报告第一部分根据印度和中国1820～1952年的一系列经济发展数据得出“殖民地和半殖民地时期的印度尽管在经济GNP总量和经济发展水平上落后于中国，但在发展潜力方面，印度领先于中国”的判断，但由于印度土地改革的失败和工业领域私人资本的壮大发展，印度在相对摆脱了封建的和殖民主义生产关系对生产力的束缚后，其生产力又再一次步入新的具有浓重买办色彩的国家资本主义陷阱。生产关系再次束缚生产

产，拿这些东西去同农民的商品粮食和轻工业原料相交换，既满足了农民和国家两方面的物资需要，又为国家积累了资金。而轻工业的大规模的发展不但需要重工业的发展，也需要农业的发展。因为大规模的轻工业的发展，不是在小农经济的基础上所能实现的，它有待于大规模的农业，而在我国就是社会主义的合作化的农业。因为只有这种农业，才能够使农民有比较现在不知大到多少倍的购买力。这种经验，苏联也已经提供给我们了，我们的有些同志却没有注意。他们老是站在资产阶级、富农或者具有资本主义自发倾向的富裕中农的立场上替较少的人打主意，而没有站在工人阶级的立场上替整个国家和全体人民打主意。（“关于农业合作化问题”，《毛泽东选集》第5卷，人民出版社1977年版，第181—182页。）

鉴于印度发展的后果，现在看来，毛泽东当时坚持社会主义道路，提速社会主义改造进度的决策是正确的和富有战略远见的。可以说，中国未来伟大的国运由此奠定。

力，致使印度在独立之初就没有将相对于中国的发展优势和看好的潜力发挥出来，并使印度在与中国竞争中迅速落后于中国。

对此，印裔1998年诺贝尔经济学奖得主阿马蒂亚·森有过公正的评价，他认为：

> “随着东亚和东南亚经济的高速经济进步得到更充分的分析，人们越来越清楚地认识到，并非仅仅是经济开放——以及更大程度地依赖国内和国际贸易——导致了这些经济经历如此快速的经济经济转变。积极的社会变革——包括土地改革、教育和识字普及、更好的医疗保健服务——也为发展奠定了基础。”“中国的这种社会变革是在什么时候、如何发生的？这些社会变革的高潮是在改革前，即在1979年之前——实际上很多是发生在毛泽东政策的活跃时期。”①

父亲为孙中山同盟会会员，曾在蒋介石国民党部队中长期服役并于1964年获美国密西根大学历史学博士学位的黄仁宇先生②在其著作中对中国共产党土改政策也有相同的评价。他说：

> 我们对“阶级斗争”无信心，但仍不得不承认中共之土地改革在中国长期革命之过程中产生了“杠杆作用”。纵使计口授田之原则只能用作创始，不能持久，因此发动之群众运动即已使中国农村脱离传

① 阿玛蒂亚·森著：《以自由看待发展》，任赜、于真译，中国人民大学出版社2002年版，第259页。另外，新中国的经济文化迅速发展主要成就在安格斯·麦迪森写的《中国经济的长远未来》中也有全面客观的介绍。

② 黄仁宇，1918年生于湖南长沙。其父黄震白曾为同盟会会员，从小受有家传爱国情操的影响。1936年入天津南开大学电机工程系，1938年肄业。抗战开始，在长沙《抗战日报》工作，1940年入成都中央军官学校，为16期第一总队学员。毕业后，任陆军第十四师排长及代理连长。1943年加入驻印军，任新一军上尉参谋。1944年5月曾在缅甸密支那负伤，获陆海空军一等奖章。抗战结束，任第三方面及东北保安司令长官司令部少校参谋。1946年参加全国考试后，获保送入美国陆军参谋大学；1947年毕业后曾任国防部参谋。1950年以中国驻日代表团少校团员的身份退伍。再度赴美后，于密歇根大学攻读历史，1964年获博士学位。曾在南伊利诺大学任教，1968～1980年任纽约州立大学新帕尔兹分校教授，又曾任哥伦比亚大学访问副教授及哈佛大学东亚研究所研究员。2000年1月8日病逝于纽约，享年82岁。

> 统由上至下指派之典型。农户欠债，土地小块经营，劳力无法输出，亦无处使用之陧杌亦一扫而空。中国自1949年至1979年30年间，由农业剩余存积之资本据估计值6000亿元（1979年价格），为邓小平主持经济改革之成本，至今中国仍为一个农产出超之国家。[①]

阿马蒂亚·森及黄仁宇都是对自己祖国有深厚感情、在政治上对共产党有偏见、在经济学和历史学领域的意见又比较客观的学者，因此，他们对中国共产党的土改政策评价在进行印、中比较研究中有重要的参考价值。

五 原小则鲜[②]：竭泽而渔的国家财政

携带着大量私有权而诞生的国家，如果没有国家对私人资本的有力控制和巨量的高额国际利润回流以补偿国内随发展而不断扩大的两极分化及由此产生的社会问题，那么私有权对这个新兴国家而言，就不会是动力，而是国家发展的包袱。英国、美国乃至日本都是沿着前一条路线发展起来的，而印度及拉美许多国家走的则是后一条发展路线。诚如毛泽东所言，这条路线“也可增产，但时间要长，而且是痛苦的道路”。[③]在前类私有制国家中，私人资本在刺激国家经济发展的同时，也给国家带来了社会分化，而这又由海外经济政治的扩张带来的大规模利润回流而得到补偿。[④]在后类像印度这样的私有制国家中，私有资本刺激了国家经济的同时，却没有能力反哺由此产生的日益分化和萎缩的社会与民族市场。结果只有以牺

---

① [美]黄仁宇著：《从大历史的角度读蒋介石日记》，中国社会科学出版社1998年版，第419页。

② “周书曰：‘农不出则乏其食，工不出则乏其事，商不出则三宝绝，虞不出则财匮少，财匮少而山泽不辟矣。’此四者，民所衣食之原也。原大则饶，原小则鲜，上则富国，下则富家。”司马迁：《史记·货殖列传序》。

③ “关于农业互助合作的两次谈话”，《毛泽东选集》第5卷，人民出版社1977年版，第117页。

④ “美国的储蓄与消费之间的缺口是靠外资流入来填补的，这表现为美国经常项逆差与资本项顺差之间的对等关系，即美国必须从国外筹得足够的款项才能满足国内日益扩大的消费。”王建：“美元霸权的终结与保卫美元的战争——无可挽救的美元危机”，http://www.yannan.cn/data/detail.php?id=6120。

牲劳动者的利益，从而牺牲民族市场的方式，与前类国家的资本结合并成为前类国家的附庸。

苏联、中国则是沿着限制，乃至消灭私人资本并由国家控制经济力量的社会主义道路获得快速和独立自主发展的。在这类国家中，国家通过平均消费的方式，将国民财富不经任何产权分流而直接转为工业化初期急需的“原始积累”。与苏联解体的结果不同的是，中国是在保持着国家对经济和社会控制的前提下，既避免了拉美道路又避免重蹈苏联覆辙并获得经济持续发展的。[①]

与欧美国家和苏联、中国这两类国家发展道路不同而与拉美一些国家的发展道路相同，印度取得民族革命成功后却在民主革命问题上却步不前，除一些宣言式的民主设计外，在生产关系领域中又造就了一个庞大且主导国家经济的私人资本集团。一方面私人资本创造的生产力巨大扩张，另一方面日益萎缩的人民购买力使人民日益失去市场主体地位。在政府巨大财政开支的保护下人民生活守着最低的消费底线，主动的人民购买能力异化为被动的政府采购能力——这就是外国商人进入印度如不经过政府采购便会一无所获的真正原因。这与美国居民最终消费快于政府最终消费，日本、西欧等主要国家两种消费大体同步增降的模式完全不同。[②]

① 对此邓小平同志看得明白，他说“国家的主权和安全要始终放在第一位”。“整个帝国主义西方世界企图使社会主义各国都放弃社会主义道路，最终纳入国际垄断资本的统治，纳入资本主义的轨道。现在我们要顶住这股逆流，旗帜鲜明。因为如果我们不坚持社会主义，最终发展起来也不过成为一个附庸国，而且就连想要发展起来也不容易。现在国际市场已经被占得满满的，打进去都很不容易。只有社会主义才能救中国，只有社会主义才能发展中国。”（《邓小平文选》第3卷，人民出版社1993年版，第347、311页）

② 1961～1980年印度及西方主要国家私人和政府最终消费年均增长率（%）

国家	时期	私人最终消费	政府最终消费
印度	1961～1970	3.4	—
	1971～1980	2.9	5.7
美国	1961～1970	4.4	4.1
	1971～1980	3.3	1.8
日本	1961～1970	9.0	6.2
	1971～1980	4.5	4.6
联邦德国	1961～1970	4.6	4.1
	1971～1980	3.0	3.6
英国	1961～1970	2.4	2.2
	1971～1980	1.8	2.4
法国	1961～1970	5.3	4.0
	1971～1980	4.3	3.2

资料来源：《国际经济和社会统计资料》（1950～1982），中国财政经济出版社1985年版，第33页。

1960～1980年，印度私人最终消费占国内生产总值比重从80%下降为69%，而同期政府最终消费则从7%增长为10%。[①]1971～1980年，印度政府最终消费年均增长率为5.7%，而同期印度私人最终消费年均增长率为2.9%。[②]1990～2002年，印度政府最终消费增长了368%，而居民最终消费则增长了311%。[③]由此可以解释为什么印度贫困人口在持续增长的同时，印度消费支出也在增长的原因。政府用日益增长的财政支出包养了数量日益扩大的贫困人口。与私人企业不同，政府主管的国有企业，不仅要有利润指标要求，更重要地是它还要承担社会公平指标的要求。而后一指标的实现则需要相当的隐形成本支出，这往往使国有企业在单一的利润指标前与私人企业比失去了竞争力。这不仅是印度，也是所有国家的国家企业在与只有硬性的效益责任而无硬性的社会公平责任的私人企业竞争中连连惨败的根本原因。印度经济学家鲁达尔·达特和K.P.M.桑达拉姆对国营经济的评价公平且有价值：

> 如果把私营部门企业的这种财务状况同中央政府企业的相比，结论是显而易见的：私营部门企业只比公营企业好一点。如果我们意识到这样一个事实，即私营部门企业只有一个目标“最大利润”，而公营部门企业还必须满足许多目标并受到许多制约，就更是如此了。[④]

1990～2002年印度及西方主要国家居民最终消费与政府最终消费增长率（%）

国家	时期	居民最终消费	政府最终消费
印度	1990～2002	311	368
美国	1990～2002	90.6	65
日本	1990～2002	22.2	51.8
德国	1990～2002	58.2	48.1
英国	1990～2002	86.6	72
法国	1990～2002	49.2	61.5

按当年价格计算

资料来源：中国国家统计局：《国际统计年鉴》（2004）；英国数据根据中国国家统计局：《国际统计年鉴》（2003）计算整理。

① 《国际经济和社会统计资料》（1950～1982），中国财政经济出版社1985年版，第31页。

② 同上书，第33页。

③ 按当年价格计算，参见中国国家统计局《国际统计年鉴》（2004），中国统计出版社2004年版，第96页。

④ 参见[印]鲁达尔·达特、K.P.M.桑达拉姆著《印度经济》（上），雷启准等译，四川大学出版社1994年版，第398页。

笔者认为，这两位经济学家的见解，对评价中国国有企业的经营效益也是有益的。国有企业担负着社会公平的责任，这本身就需要更大的隐形成本支出，因此仅仅用单一和绝对利润指标来比较国营和私营的经营效益，是不合理的。因为国有企业创造的不直接表现为利润效益的社会环境，即使从纯经济学角度来分析，其贡献也是巨大的。

印度国企的所谓“经营不善”，[①]也导致国企天然承担社会公平责任的能力丧失。在印度这样的私有权主导的社会中，这又迫使政府必须为社会公平承担起越来越大的——这与国企破产率为正比——财政支出并为此对货币产生越来越大的需求，在满足社会公平的前提下以调动其他社会资源。资金的不足又反过来迫使政府被迫实行规模越来越大的财政扩张政策。结果政府成了私人资本之外的日益旺盛的社会对货币需求的总代理和庞大的穷人群体的总“保姆”。

印度财政支出分为经常账户支出和资本账户支出两个部分。前者包括国防、行政支出、有形资产的保养和维修支出、折旧费等纯消费性支出；资本账户下的支出有债务款、贷款的还本付息、更新改造等增值性支出。印度中央政府财政支出显示的数据结构表明，印度政府的财政支出中主要部分还是非资本性支出。如下表所示：

---

① 印度公营和私营部门投资利润率比较（1980～1990）

年度	投资（亿卢比）		毛利（亿卢比）		毛利占投资的比例（%）	
	中央政府企业	私营部门抽样企业	中央政府企业	私营部门抽样企业	中央政府企业	私营部门企业
1980～1981	3274.4	1783.7	141.8	220.3	4.3	12.3
1981～1982	4070.4	2122.4	265.4	238.2	6.5	11.2
1982～1983	5051.8	2518.4	346.5	246.9	6.9	9.8
1983～1984	5936.6	3016.2	356.5	284.7	6.0	9.4
1984～1985	7010.4	3470.2	462.8	333.6	6.6	9.6
（1980～1981至1984～1985年的平均投资利润率）					6.1	10.5
1985～1986	8063.9	3981.0	528.7	380.1	6.6	9.5
1986～1987	9881.8	4676.2	652.1	384.0	6.6	8.2
1987～1988	11235.1	5135.3	694.0	416.9	6.2	8.1
1988～1989	13288.6	6520.4	857.2	611.7	6.5	9.4
1989～1990	16243.4	6461.0	1062.3	728.4	6.5	11.3
（1985～1986年至1989～1990年的平均投资利润率）					6.5	9.3

资料来源：印度经济监控中心：《印度的公营企业》，1991年5月。转引自[印]鲁达尔·达特、K.P.M.桑达拉姆著《印度经济》（上），雷启准等译，四川大学出版社1994年版，第398页。

印度政府经常支出、资本支出及其占支出总额的比例 （单位：亿卢比）

时间	经常支出	资本支出	经常支出/支出总额 （%）	资本支出/支出总额 （%）
1950～1951	35.0	18.0	66.0	33.9
1970～1971	318.0	249.0	56.1	43.9
1979～1980	1191.6	587.1	67.0	33.0
“六五”	9850.2	5679.0	63.4	36.6
“七五”	23927.4	11658.7	67.2	32.8
1990～1991	7351.6	3178.2	69.8	30.2
1991～1992	8229.2	2912.2	73.9	26.1
1992～1993	9270.2	2991.6	75.6	24.4
1993～1994	10816.9	3368.4	76.3	23.7
1994～1995	12290.2	3937.0	75.7	24.3
1995～1996	13632.8	3582.3	79.2	20.8

1950～1951年度、1970～1971年度的数据引自[印]鲁达尔·达特、K.P.M.桑达拉姆著：《印度经济》（下册），雷启准等译，四川大学出版社1994年版，第722页，并根据相关数据计算得出。其余资料来源：RBI各项公告；中央政府预算备忘录（RBI银行）。转引自中国财政部“财政制度国际比较”课题组编著《印度财政制度》，中国财政经济出版社1999年版，第55页。

上表可见印度中央财政中经常支出占据着绝对主体地位，大大超过资本支出。值得注意的是，印度在工业化建设之初就面临巨大的非赢利性的财政支出，这种支出竟占1950～1951年度的66%，而赢利性支出则占33.9%。这巨大的支出多用于消化社会与私有产权间的巨大摩擦并由此成了国家的财政包袱。如果说这只是建国之初国家不得不面临的暂时现象，那这也不算什么，问题是这种情况在印度后来的发展中反而有增无减。经常支出从80年代后期占总支出的67%上升到90年代下半期的79%，而同期资本支出则从33%下降到20.8%。这说明政府财政促进国家发展的功能萎缩，政府近成一个入不敷出的赤字消费机构。

造成这种情况的重要原因在于具有资本扩大再生能力的私人大资本企业，却不是国家税收的大户，而资本扩大能力有限的中小经营者却承担着日益沉重的纳税压力。

印度的税收（1950～2003） （单位：亿卢比）

年度	直接税	间接税	税收总额	税收总额占GDP总值的百分比（%）
1950～1951	23.0	43.0	66.0	6
1960～1961	42.0	104.0	146.0	10
1970～1971	110.0	359.0	460.0	14
1980～1981	369.0	1610.0	1979.0	17
1990～1991	1102.4	4515.8	5757.6	10.1
2000～2001	6919.7	11868.1	18706.0	9.0
2001～2002	6919.7	11612.5	18706.0	8.2
2002～2003	8308.0	13128.4	21626.6	8.8

资料来源：1950～1981年数据参见[印]鲁达尔·达特、K.P.M.桑达拉姆著《印度经济》（下册），雷启准等译，四川大学出版社1994年版，第739页；1990～1991年度至2002～2003年度数据来源参见印度财政部网页：Economic Survey，http://indiabudget.nic.in/es2003-04/chapt2004/chap23.pdf。

印度税收有三大来源即所得税、财产税及商品税。前两种属于直接税的主要税种，后一种为间接税的主要税种。直接税涉及大资本家的利益，而商品税则涉及百姓生活。纳税的主要部分由本应是赢利最多且有支付能力的大资本家阶层暗转为支付能力日益萎缩的中小经营者和一般劳动者，其结果必然是财政缺口愈来愈大，持续增加内外债务就成了不可回避的选择。①如下表所示：

印度中央政府的公共债务及其占GDP比重（1950～2003）（亿卢比；%）

	1950～1951	1980～1981	1990～1991	2000～2001	2001～2002	2002～2003
内债	202.0	4845.1	28303.3	110259.6	129486.2	149958.9
占总额（%）	99	81	90	94	94.8	96.2
外债	3.0	1129.8	3152.5	6594.5	7154.6	5961.2
占总额（%）	1.5	1.9	10	5.6	5.2	3.8
公债总额	205.0	5974.9	31455.8	116854.1	136640.8	155920.1
各项债务占GDP比重（%）						
内债	—	35.6	49.8	52.8	56.7	60.7
外债	—	8.3	5.5	3.2	3.1	2.4
公债总额	—	43.9	52.7	55.9	59.9	63.1

1950～1951年数据来源：转引自[印]鲁达尔·达特、K.P.M.桑达拉姆著《印度经济》（下），雷启准等译，四川大学出版社1994年版，第741页。

其余各年度数据来源：印度财政部网页：Economic Survey，http://indiabudget.nic.in/es97-98/chap21.pdf，http://indiabudget.nic.in/es2003-04/chapt2004/chap23.pdf。

① “印度政府外债规模的增长与其收支难以平衡相关”。中国财政部“财政制度国际比较”课题组编著：《印度财政制度》，中国财政经济出版社1999年版，第99页。

印度独立之初经济建设立足于国内，政府债务以内债为主，到2001～2002年度外债持续上升，与1980～1981年度比，外债总额增加了5.3倍，比1950～1951年度增加了2384.9倍。但这并不能解决印度政府的财政困境。更令人吃惊的是，在外债大规模增长的同时，内债则以更大的规模扩张。2003年印度政府内债是1980～1981年度的31倍，是1950～1951年度的742倍。以至在2002～2003年度政府债务总额竟占当年GDP的63.1%，在外债大幅增长的同时，其中内债仍占GDP的60.7%。这样的内债规模，在印度这样的发展中国家中，如果没有劳动者多数被迫大规模出让（减少）国民收入和政府不断向有产者让渡特权则不能解决。

印度政府债务持续居高难下的后果又进一步导致财政赤字的持续扩大。政府采取赤字财政的主要目的在于能够获得用于实现五年计划的必要资源。当仅靠税收和国民借款不足以弥补赤字时，缺口部分就靠借债弥补。如债务仍不能满足政府的财政需要，扩大财政赤字就成了必然的选择。如下表所示：

印度的财政赤字（1955～2003）（亿卢比）

1955年	1960年	1965年	1970年	1971年	1972年
35.1	64.9	123.6	135.5	160.0	217.6
1973年	1974年	1975年	1977年	1978年	1980年
169.8	246.4	348	412	535	930
1980～1981	1990～1991	1991～1992	1992～1993	1994～1995	1995～1996
773.3（5.7）	4463.2（8.3）	4017.3（5.7）	6025.7（7.4）	5770.5（6.1）	4601.0（5.8）
1996～1997	1997～1998	1999～2000	2000～2001	2001～2002	2002～2003
6226.6（5.0）	3760.6（6.6）	10471.6（5.4）	11881.6（5.7）	14095.5（6.2）	13130.6（5.3）
括号内为该年赤字占GDP比例					

资料来源：1955～1980年数据：《国际经济和社会统计资料》（1950～1982），中国财政经济出版社1985年版，第393页。

1980～2003年数据：印度财政部网页:Economic Survey，http://indiabudget.nic.in/es96-97/TAB21A.HTM，http://indiabudget.nic.in/es2003-04/chapt2004/chap22.pdf，http://indiabudget.nic.in/es2003-04/chapt2004/chap21.pdf。

从上表可以看出，印度财政赤字基本上主导和推动着印度的财政预算，其规模越来越大。印度政府支出预算的增长速度快于GDP的增速，而且在GDP中的份额呈上升趋势。在1950～1951年度的以现行价格衡量的GDP中，全部支出仅占GDP的5.66%，到“七五”时，财政支出总额已占GDP的20.64%。[①]财政赤字占GDP的比例从1980年到2003年间，一直在5～6个百分点上下浮动。

但是，赤字财政并不是创造国民财富，而只是透支国民资源的手段。当赤字财政走得太远时，就要破坏支撑国家财政的经济基础。

财政赤字导致通货膨胀，通胀引起价格上涨和货币购买力下降，如下表所示：

印度货币购买力变化趋势（1950～1982）

年份	消费物价指数（1975=100）	消费物价上涨率（%）	货币购买力	
			年下降率（%）	相当于1950年币值数
1950～1960	25.5～31.2	2.0	2.0	0.817
1960～1970	31.2～57.9	6.4	6.0	0.440
1970～1975	57.9～100	11.5	10.3	0.395
1976	92.2	-7.8	-8.4	0.428
1977	100.0	8.5	7.8	0.395
1978	102.5	2.5	2.4	0.386
1979	109.0	6.3	5.9	0.363
1980	121.5	11.5	10.3	0.326
1981	137.3	13.0	11.5	0.288
1982	148.1	7.9	7.3	0.267

资料来源：《国际经济和社会统计资料》（1950～1982），中国财政经济出版社1985年版，第404页。

通胀使政府陷于两难：通胀结果又推动生产成本上升。如果要阻止价格上升，这又会反过来使投资赢利和投资热情同时降低。在因贫困人口巨大而使国内市场日益萎缩从而投资机会日益减少的第三世界国家中，政府财政赤字长期高居不下的后果，只能是导致政治的频频“地震”；政府频

① 中国财政部“财政制度国际比较”课题组编著：《印度财政制度》，中国财政经济出版社1999年版，第53—54页。

频更替又加剧了每届政府竭泽而渔的财政扩张政策。

与印度比较，中国生产关系成功改造大大强化了政府控制和利用财政的能力。从1950年到1980年30年间，中国财政收支大体保持盈余状态，财政赤字扩张只是在开放，尤其是中国进入市场经济之后才出现其增长高居不下的势头。[①]与印度政府最终消费快于居民最终消费的情况相似，从1950

① 中国全国财政收支总额（1950～1998）

年份	财政收入（亿元）	财政支出（亿元）	收支差额（亿元）
1950	62.17	68.05	-5.88
1951	124.96	122.07	2.89
1952	173.94	172.07	1.87
1953	213.24	219.21	-5.91
1954	245.17	244.11	1.06
1955	249.27	262.73	-13.46
1956	280.19	298.52	-18.33
1957	303.20	295.95	7.25
1958	379.62	400.36	-20.74
1959	487.12	543.17	-56.05
1960	572.29	643.68	-71.39
1961	356.06	356.09	-0.03
1962	313.55	294.88	18.67
1963	342.25	332.05	10.20
1964	399.54	393.79	5.75
1965	473.32	459.97	13.35
1966	558.71	537.65	21.06
1967	419.36	439.84	-20.48
1968	361.25	357.84	3.41
1969	526.76	525.86	0.90
1970	662.90	649.41	13.49
1971	744.73	732.17	12.56
1972	766.56	765.86	0.70
1973	809.67	808.78	0.89
1974	783.14	790.25	-7.11
1975	815.61	820.88	-5.27
1976	776.58	806.20	-29.62
1977	874.46	843.53	30.93
1978	1132.26	1122.09	10.17
1979	1146.38	1281.79	-135.41
1980	1159.93	1228.83	-68.90
1985	2004.82	2004.25	0.57
1990	2937.10	3083.59	-146.49
1995	6242.20	6823.72	-581.52
1998	9875.95	10798.18	-922.23

资料来源：中国国家统计局国民经济综合司编：《新中国五十年统计资料汇编》，中国统计出版社1999年版，第8页。

年到1980年，中国居民最终消费增长了4.12倍，政府最终消费则增长了6.09倍。但从1981年到1998年，中国居民最终消费增长了13.2倍，同期政府最终消费增长了12.5倍。[①]这说明，中国政府财政计划经济时期包办居民基本消费的功能正在减少。由于印度国民财富不能反哺多数劳动者致使印度庞大的贫困人口数量长期存在的现实，包办穷人基本消费是印度政府至今抛不下的沉重的财政包袱。不仅如此，中国财政与印度财政有本质区别的是，由于新中国成立以来生产关系中的私人产权关系的基本消失，中国的财政，即使在赤字扩张的情况下，支出的主要部分都集中流向生产领域即在印度财政项目中被称作的“资本支出”领域。数据显示，在新中国成立之初的国民经济恢复和社会主义改造期间，国家财政并没有在生产资料交易领域作出过多的支出，直到1980年前，政府的债务支出也在绝大多数年份被控制在相当低的比例。[②]从财政税收方面看，中国税收的主要来源是工商税、增值税，而企业所得税在相当的时间内也是比较低的。与印度不同的是，中国的企业主要是以国有企业为主，企业利润几乎为国家全额所得并直接用于其他部门的基础建设。但从2001年开始，中国企业所得税大幅增长，

---

① 根据中国国家统计局国民经济综合司编《新中国五十年统计资料汇编》，中国统计出版社1999年版，第6页提供的数据计算。

② 中国全国财政主要支出项目（1950～1998）（单位：亿元）

年份	1950	1960	1970	1980	1990	1998
财政支出	68.05	643.68	649.41	1228.83	3083.59	10798.18
A类（相当于印度资本支出项目）						
国内基本建设支出	12.50	354.45	298.36	346.36	547.39	1387.74
增拨企业流动资金	—	67.47	31.23	36.71	10.90	42.36
挖潜改造资金和科技三项费用	—	2.55	14.78	80.45	153.91	641.18
地质勘探费	—	10.25	8.76	22.57	36.19	83.13
工业交通商业部门事业费	—	19.58	6.58	22.85	46.93	121.56
支农生产支出和各项农业事业费	1.99	33.73	15.91	82.12	221.76	626.02
债务支出	0.03	10.93	—	28.58	190.40	2352.92
B类（相当于印度经常支出项目）						
文教科学卫生事业费	5.02	50.46	43.65	156.26	617.29	2154.38
抚恤和社会福利救济费	—	7.94	6.53	20.31	55.04	171.26
国防费	28.01	58.00	145.26	193.84	290.31	934.70
行政管理费	—	27.98	25.27	66.79	303.10	1326.77
价格补贴支出	—	—	—	117.71	380.80	712.12

资料来源：中国国家统计局国民经济综合司编：《新中国五十年统计资料汇编》，中国统计出版社1999年版，第8、10、11页。

成为仅次于增值税的纳税大户，这可能是中国大幅进行国企改革的结果。①

中国和印度所有这些差别的产生，都应从新中国成立之初所有制改造比较彻底的历史经验中寻找答案。只有在彻底的生产关系改造的前提下，才能产生具有强大宏观调控能力的政府，而只有具有宏观调控能力的政府，有限的国家资源才有可能达到最有效的配置。

六 外资外贸：印度国家利润外向逆循环的重要通道

行文至此，有人会问，毕竟印度每年GDP都在增长，难道这不是发展？

接着这个问题，我们需要进一步追问的是：国民财富在增长的同时，为什么印度的贫穷却没有相应下降，印度发展了半个世纪为什么穷人队伍仍如此庞大。那么，我们不得不在半个世纪后再次追问1960年尼赫鲁曾经提问过的老问题："这些增长的收入都到哪里去了？"②

---

① 改革开放前中国全国税收收入（1950～1975）

	1950	1960	1970	1975
合计	48.98	203.65	281.20	402.77
工商税收	23.63	160.61	242.22	358.32
关税	3.56	6.00	7.00	15.00
农业各税	19.10	28.04	31.98	29.45
国有企业所得税	—	—	—	—
集体企业所得税	—	—	—	—
建筑税	—	—	—	—
烧油特别税	—	—	—	—
盐税	2.69	9.00	10.15	10.34

资料来源：中国国家统计局国民经济综合司编：《新中国五十年统计资料汇编》，中国统计出版社1999年版，第10页。

改革开放以来的中国各项税收（1980～2003）

年份	合计						
		增值税	企业所得税	营业税	消费税	关税	农业各税
1980	571.70	—	—	—	—	33.53	27.67
1990	2821.86	400.00	716.00	515.75	—	159.01	87.86
1995	6038.04	2602.33	878.44	865.56	541.48	291.83	278.09
2000	12581.51	4553.17	999.63	1868.78	858.29	750.48	465.31
2002	17636.45	6178.39	3082.79	2450.33	1046.32	704.27	717.85
2003	20017.31	7236.54	2919.51	2844.45	1182.26	923.13	871.77

资料来源：《中国统计年鉴》（2004），中国统计出版社2004年版，第292页。

② 孙培均等：《印度垄断财团》，时事出版社1984年12月版，第44页。

上面我们研究了印度经济结构及相应的分配结构。我们看到除了农业、工业再生产必要的积累，及由政府包办穷人最低微的生存保障及包括国防在内的公共支出外，印度还有相当部分的年增利润通过不对称的对外贸易及其与资本中心国家形成的单向反哺即资本中心国绝对受益的交换流向西方发达国家。印度庞大的贫困人口长期存在而导致国内市场持续萎缩，这又迫使印度大资本寻求并依赖海外市场和国际资本，其结果在印度国家经济体上，外接了一个与资本中心国的利润逆循环即利润外哺型管道。而推动这个利润逆循环流程的主要是外资贸易等部门。

资本全球化进程将世界分为资本中心与资本外围两大部分。处于资本外围的国家，如果要想获得独立自主的发展，如果不想像苏联、中国等社会主义国家那样在彻底消除私有制后暂时退出世界资本体系并在相对封闭的环境中获得发展，那它就不得不面对现代化起始阶段资金和外汇短缺的致命困难。而解决这个问题的方法，一是简化产权结构，降低产品价格中的产权交易成本，在降低国内消费并扩大出口的同时，限制消费品的进口，由此稳定地增加外汇收入和相应的购买并消化国外技术产品的能力。但这只有在产权结构较为简单的公有制为主体的国家中才能较容易实现。苏联、中国等国家就是沿着这条路在世界资本体系之外与资本中心国家进行交换的。这种方法的优点是国家经济不易对国际资本产生绝对依赖并由此为国际资本所控制。这就是毛泽东所说的“我们希望有外援，但是我们不能依赖它”。[①]另一条道路就是，由于保留了庞大的私有产权并由此降低了社会革命的成本，与此相应的代价就是增大了发展成本。庞大的私有产权纠纷需要巨量的货币供应来化解，其结果就必然导致对国际金融的依赖，国家经济由此也容易陷入债务和国际收支赤字的双重陷阱。如果国内民族市场狭小并持续萎缩，这时国家经济就必然从对国际资本的相对依赖转化为对国际资本绝对依赖及由此必然产生的以国际资本为主要获利方的利润逆循环关系。在这种关系中，国家的发展成了不发展的原因。拉丁美洲的大部分国家被迫走上了这条道路并由此与西方资本形成了长期的利润逆循环关系。与英国、美国及苏联、中国等国家不同，印度在现代化起始阶段选择了低成本的革命及由此产生的高成本的发展道路，与想走社会主

① 《毛泽东选集》第3卷，人民出版社1991年6月版，第1016页。

义道路的尼赫鲁的愿望相悖的是，印度竟也没能逃出拉美道路的命运。

印度独立之初接受外援意在弥补国内储蓄不足、提供外汇和增加技术进口。随投资率的上升，外汇开支增加并很快超出国家财政能力。从1972～1973年度以来，印度面临严重的外汇危机，由此争取外援就成了制约国家发展的问题。如果外援利用得不好，那它就很容易转化为外债问题。下表反映了印度20多年间外援流入量及还本付息情况。

印度70至80年代外援流入量及还本付息情况（单位：亿卢比）

年度	外援总额	还本付息	本息与外援总额之比（%）	净外援流入量	净外援与外援总额之比（%）
1969～1970	83.7	38.3	45.8	45.4	54.2
1970～1971	78.0	45.0	57.7	33.0	42.3
1971～1972	82.1	46.1	56.2	36.0	43.8
1972～1973	60.5	49.6	82	10.9	18.0
1973～1974	79.4	52.0	65.5	27.5	34.5
1974～1975	93.1	57.6	61.9	35.5	38.1
1975～1976	145.7	67.9	46.6	77.8	53.4
1976～1977	124.8	71.5	57.3	53.3	42.7
1977～1978	107.6	82.1	76.3	25.5	23.7
1978～1979	109.4	88.7	81.1	20.7	18.9
1979～1980	135.3	80.1	59.2	55.2	40.8
1980～1981	216.2	80.4	37.2	135.8	62.8
1984～1985	235.4	117.6	50	117.8	50.0
1985～1986	293.8	137.6	46.8	157.2	53.5
1986～1987	359.6	202.9	56.4	156.7	43.6
1987～1988	503.2	262.3	52.1	240.9	47.9
1988～1989	529.1	294.6	55.7	234.5	44.3
1984～1985至1989～1990	2269.9	1265.2	55.7	1004.7	44.3

1969～1979年资料来源：《印度储备银行公报》有关各年增刊。转引自四川大学南亚研究所编《印度经济》，人民出版社1982年版，第211页。

1979～1989年资料来源：印度政府《经济调查（1991～1992）》编制，转引自[印]鲁达尔·达特、K.P.M.桑达拉姆著《印度经济》（上），雷启准等译，四川大学出版社1994年版，第603页。

上表表明，外援对印度而言日益成为债务包袱：表中所列18个年度中，还本付息数额超过外援总额一半的竟有14个年度。1972～1973年度、1978～1979年度本息竟占外援总额的80%以上。这样带来的后果是净外援的同比减少。从1969年到1989年间，印度净外援流入的总额在增长的同时，其在外援总额中的比例却在下降，从54.2%降为44.3%。其中有1/3强的外债是以利息的形式偿还的。这说明印度国家经济已陷入以债还债的债务“利润逆循环”惯性运动之中。下表显示这种情况在20世纪90年代以后持续恶化。

印度1990～2003年度外援流入量及偿还情况（单位：亿卢比）

年度	外援总额	偿还总额	偿还总额与外援总额之比（%）	外援净流入量	净流入量与外援总额之比（%）
1990～1991	3525.9	2392.1	68	1133.8	32.2
1996～1997	11916.9	7313.6	61.4	4603.3	38.6
1997～1998	13164.4	9754.2	74.1	3410.2	25.9
1998～1999	12422.2	9249.2	74.5	3173.0	25.5
1999～2000	15598.3	11763.1	75.4	3835.2	24.6
2000～2001	23602.7	18536.6	78.5	5066.1	21.5
2001～2002	20740.6	15515.2	74.8	5225.4	25.1
2002～2003	21321.0	16908.0	79.3	4413.0	20.7

资料来源：印度财政部网页：Economic Survey 2003～2004，http://indiabudget.nic.in/es2003～04/chapt2004/tab64.pdf。

我们看到从1990～1991年度到2002～2003年度期间，外资流入印度已表现出绝对“利润逆循环”特征。其间，用于还债的总额从占外援总额的68%，猛增到79.3%；净流入量与外援总额之比在同期内从32%狂落至20.7%。这说明印度每年从海外得到的外援已失去了积极的援助作用并日益异化为消极的债务负担。在日益增长的外援数额中，可资有效利用的部分只有约25%。其余约75%则以利息或其他形式返流援助或投资国。如下表所示：

印度的外债清偿（亿卢比）

年份	分期偿还		支付利息		还本付息	
	数量	%	数量	%	数量	%
前三个五年计划（1951～1966）	37.1	54	31.5	46	68.6	100
三个年度计划（1966～1969）	60.7	62	37.6	38	98.3	100
“四五”计划（1969～1974）	158.4	65	86.1	35	244.5	100
“五五”计划（1974～1978）	194.3	67	94.6	33	288.9	100
1978～1979至1984～1985年度	394.3	61	247.2	39	640.6	100
1985～1986至1989～1990年度	1708.9	58	1209.9	42	2918.8	100

资料来源：印度政府：《经济调查（1988～1989）》。转引自[印]鲁达尔·达特、K.P.M.桑达拉姆著《印度经济》（上），雷启准等译，四川大学出版社1994年版，第599页。

上表表明，印度现代化从一开始就在背负国际资本的高额剥削中前行，而几乎占债务一半的而又不能拖延的利息偿还使印度所得外援的作用大打折扣。利息数额的增大是由于印度对高利息的商业贷款需求所致。

印度的外债（1984～1991）（亿卢比）

	1984～1985	1989～1990	1990～1991
A. 中长期外援			
政府援助	2400.4（67.2）	5409.5（67.5）	6631.4（66）
非政府援助	75.8（2.1）	176.3（2.2）	227.3（2.3）
商业借贷	643.1（18.0）	2191.2（27.3）	2670.6（26.6）
国际货币基金贷款（IMF）	455.0（12.6）	236.3（3.0）	513.2（5.1）
中长期外援总计	3572.5（100）	8013.2（100）	10042.5（100）
B. 非印度居民存款	284.7	1783.1	2197.6
总计（A+B）	3857.2	9796.3	12240.1
括号里的数字系占中长期债务总额的百分比			

资料来源：印度政府：《经济调查（1991～1992）》。转引自[印]鲁达尔·达特、K.P.M.桑达拉姆著《印度经济》（上），雷启准等译，四川大学出版社1994年版，第600页。

从1984～1991年，印度得到的国外政府贷款从占贷款总额67.2%下降到66%。而商业贷款则从18%上升到26.6%。这种状况在1991～2003年间并未好转。如下表所示：

印度主要外债（1991～2003）（亿卢比）

年份	政府援助	非政府援助	商业借贷	国际货币基金（IMF）
1991	6149.4	627.0	1972.7	513.2
1992	10415.8	1170.7	3571.1	893.4
1995	13518.8	1836.2	4091.5	1354.5
1996	14254.7	2136.6	4764.2	815.2
1997	14391.6	2404.1	5145.4	471.4
1998	56563.6	2837.0	6708.6	262.2
1999	17163.7	3234.9	8901.9	121.8
2000	18124.1	3516.9	8696.3	11.3
2001	1880.6	3493.6	11293.8	0
2002	19432.5	3607.0	11345.1	0
2003	18997.0	3269.3	10716.5	0

根据印度财政部提供的数据计算。参见印度财政部网页：Economic Survey 2003～2004，http://indiabudget.nic.in/es2003-04/chapt2004/tab84.pdf。

我们看到，从1991年到2003年，印度从国家间政府借贷的中长期外债，在原有基础上增长了2.1倍，没有优惠条件的非政府外债翻番增长到4.2倍，商业借贷也同样增长到4.4倍。而后两项恰恰是没有优惠条件和高利息的债务。值得注意的是，印度核试后，从IMF流入印度的借贷突然中断，这迫使印度的商业借贷总额大幅上升。这说明当政治上受到国际压力时，印度对国际依赖反倒更深，更加不能自拔，而不是更加独立自主。

现在让我们再来看看印度的对外贸易。

印度的外贸也是推动印度国家对外“利润逆循环”的领域。如果说，在英国殖民地时期，印度外贸是通过巨大的顺差来反哺宗主国英国的。这时印度必须通过顺差来平衡印度对英国单方的转移支出，包括英国在印度的文武官员的工资和年金、英镑借款的利息和英国在印度的资本投资的红利。独立之后，由于印度土改的失败，印度农业在落后的生产关系的束缚下持续萎缩，农业生产的下降又限制了工业的市场。其结果是印度在从西方大量进口工业品的同时，其出口因工业生产力受到日益萎缩的国内市场的限制而不能吸收西方技术，从而使印度出口长期保持在以低附加值初级产品为主的水平，其结果是对外贸易长期保持居高不下的赤字，而国际贸易地位日降。如下表所示：

印度的对外贸易（1949～2003）（亿卢比）

年度	出口	进口	贸易差额
1949～1950	48.5	61.7	-13.2
“一五”时期			
1950～1951	60.6	60.8	-2.0
1951～1952	71.6	89.0	-17.4
1952～1953	57.8	70.2	-12.4
1953～1954	53.1	61.0	-7.9
1954～1955	59.3	70.0	-10.7
1955～1956	60.9	77.4	-16.5
“二五”时期			
1956～1957	60.5	84.1	-23.6
1957～1958	56.1	103.6	-47.7
1958～1959	58.1	90.6	-32.5
1959～1960	64.0	96.1	-32.1
1960～1961	64.2	112.2	-48.0
“三五”时期			
1961～1962	66.0	109.0	-43.0
1962～1963	68.5	113.1	-44.6
1963～1964	79.3	122.3	-43.0
1964～1965	81.6	134.9	-53.3
1965～1966	81.0	140.9	-59.9
年度计划期间			
1966～1967	115.7	207.8	-92.1
1967～1968	119.9	200.8	-80.9
1968～1969	135.8	190.9	-55.1

续表

年度	出口	进口	贸易差额
“四五”时期			
1969～1970	141.3	158.2	-16.9
1970～1971	153.5	163.4	-9.9
1971～1972	160.8	182.5	-21.7
1972～1973	197.1	186.7	10.4
1973～1974	252.3	295.5	-43.2
“五五”时期			
1974～1975	332.9	451.9	-119.0
1975～1976	403.6	526.5	-122.9
1976～1977	514.2	507.4	6.8
1977～1978	540.8	602.0	-61.2
1978～1979	572.6	681.1	-108.5
“六五”时期			
1979～1980	641.8	914.3	-272.5
1980～1981	671.1	1254.9	-583.6
1981～1982	780.6	1360.8	-580.2
1982～1983	880.3	1429.3	-549.0
1983～1984	9771.1	1583.1	-606.0
1984～1985	1174.4	1713.4	-539.0
“七五”时期			
1985～1986	1089.5	1965.8	-876.3
1986～1987	1245.2	2009.6	-764.4
1987～1988	1567.4	222.4	-657.0
1988～1989	2023.2	2823.5	-800.3
1989～1990	2765.8	3532.8	-767.0
年度计划期间			
1990～1991	3255.3	4319.8	-1064.5
1991～1992	4404.1	4785.1	-381.0
“八五”时期			
1992～1993	5368.8	6337.5	-968.7
1993～1994	6975.1	7310.1	-335.0
1994～1995	8267.4	8997.1	-7297
1995～1996	10635.3	12267.8	-1632.5

续表

年度	出口	进口	贸易差额
1996～1997	11881.7	13892.0	-2010.3
“九五”时期及“十五”初期			
1997～1998	13010.0	15417.6	-2407.6
1998～1999	13975.2	17833.2	-3858.0
1999～2000	15956.1	21523.6	-5567.5
2000～2001	20357.1	23087.3	-2730.2
2001～2002	22901.8	24520.0	-3618.2
2002～2003	255137	29720.6	-4206.9

资料来源：印度财政部网页：Economic Survey 2003～2004，http://indiabudget.nic.in/es2003-04/chapt2004/tab71.pdf。

我们看到，印度在独立后不久就陷入外贸逆差之中，这导致国家急需的外汇出现短缺。1966年印度实行年度计划，并于6月将卢比贬值36.5%，以刺激出口。同时政府还宣布59个行业实行自由进口政策，但情形并未好转。从1965～1967年间，贸易逆差从59.9亿卢比上升到92.1亿卢比。1968～1969年度，农业丰收，谷物进口减少，贸易赤字大幅下降，1972～1973年度印度出现独立以来首次的10.4亿卢比的贸易顺差。1976～1977年度出现仅6.8亿卢比的外贸顺差。“五五”计划的最后一个年度（1978～1979），国际石油危机的出现使印度贸易赤字上升，这迫使印度政府向国际货币基金申请巨额贷款。但贸易状况持续恶化。此后印度贸易逆差便一发不可收拾。从“六五”第一年度的272.5卢比飙升到2002～2003年度的4206.9亿卢比。

值得特别指出的是，从1950年的独立之初至2003年的53年的漫长历史中，印度国家外贸竟只有两个年度的顺差，这在世界大国经济发展史中也算得上是一个“奇迹”！这无论如何已不能用“积极的扩张性财政政策”得到合理解释。

长期的外贸逆差严重损坏了印度的贸易条件，其出口在国际上的比重从1948～1949年度的2.2%下降到1976～1977年度的0.6%，这还不如印度独立当年的2.2%。[①]如果以1968～1969年度为100，印度的贸易条件也严重下降。如下表所示：

① 参见四川大学南亚研究所编《印度经济》，人民出版社1982年版，第179页。

印度的贸易条件（1968～1969年度=100）

年度	出口单位价值	进口单位价值	贸易条件
1970～1971	106	100	106
1971～1972	108	93	116
1972～1973	120	97	124
1973～1974	146	138	106
1974～1975	183	239	77
1975～1976	197	280	70
1976～1977	210	272	77
1977～1978	236	249	95
1978～1979	235	257	92

资料来源：印度储备银行：《印度经济主要指标》1975、1977、1979年。转引自四川大学南亚研究所编《印度经济》，人民出版社1982年版，第182页。

巨大的贸易逆差最终导致印度同期经常项目赤字持续扩大。如下表所示：

1950～1999年印度经常项目收支情况（单位：亿卢比）

年份	贸易赤字	无形收支净额*	经常项目收支平衡
“一五”时期	-54.2	50	-4.2
“二五”时期	-233.9	61.4	-172.5
“三五”时期	-238.2	43.1	195.1
年度计划时期	-206.7	5.2	-201.5
“四五”时期	-156.4	166.4	10.0
“五五”时期	-317.9	622.1	308.2
“六五”时期	-3045.6	1907.2	-1138.4
“七五”时期	-5420.4	1589.1	-3831.3
1990～1991	-1693.3	-43.3	-1736.6
1996～1997	-5256.1	3627.9	-1628.2
1997～1998	-5780.5	3692.2	-2088.3
1998～1999	-5547.8	3868.9	-1678.9

*无形收支主要由旅游收入、投资收入和国外侨民汇款三部分构成

资料来源：“一五”至“七五”数据转引自[印]鲁达尔·达特、K.P.M.桑达拉姆著《印度经济》（下），雷启准等译，四川大学出版社1994年版，第508页。

1990～1991年度至1998～1999年度数据参见印度财政部网页：Economic Survey 2003～2004，http://indiabudget.nic.in/es2003-04/chapt2004/tab62.pdf。

导致印度长期国际贸易从而国际收支巨大赤字的原因，与其说是政策性的，不如说是结构性的。与国家财政赤字的作用一样，在特定的时期，尤其是在国家现代化初期需要大规模引进国际先进技术，利用后发优势实现国家跨越式发展时期，外贸逆差对国家发展是有利的。但如果这种现象贯穿着国家经济发展的整个进程，那就不是一般政策性调整问题而是结构性调整问题。经济结构，如果是产业结构问题，这种问题可以通过改革解决；如果是生产关系铸定的骨骼性结构问题，这种问题是在国家建设之初就已形成，在国家成长起来之后，除非发生社会革命，就不可改变。结构决定效益，也天定了国家发展模式。印度的财政赤字、国际收支赤字及贸易逆差的长期存在和持续扩增，与拥有巨大市场潜力，并且在国际市场上拥有巨大份额的英美国家存在的同类现象不同：在英美国家，由于他们拥有巨大的市场条件，他们的赤字和贸易逆差可以使来年的生产规模得到扩张并使国民财富在市场中形成扩大再生产的资本。而印度则不同。印度在前两个五年计划中大量进口，但却没有在后几个五年计划中转化为资本及相应的生产力，也没有由技术应用和创新而形成出口替代。对此，我们可以从印度的主要进口商品和出口商品的结构中得到明确的认识。

1951～1991年间年均主要进口商品（单位：亿卢比）

项目	1951～1961	1961～1966	1966～1969	1969～1974	1974～1980	1980～1985	1985～1990	1990～1991
粮食	14.1	24.1	40.0	19.6	54.8	37.4	51.6	18.2
机器（含机车）	19.1	47.2	51.8	48.4	107.8	251.5	641.5	761.2
矿物油	7.7	8.5	9.0	22.6	206.3	526.4	449.8	1081.6
金属（有色非有色）	9.3	17.2	18.5	30.9	64.7	144.8	245.0	351.7
化学、药品	4.4	5.5	12.6	11.3	25.4	66.0	186.8	275.7
肥料	—	2.8	12.1	9.6	43.8	9.8	111.4	176.6
珍珠和宝石	—	—	—	—	24.4	73.0	240.5	373.8

资料来源：《印度储备银行公报》和印度储备银行《货币和金融报告》（1990～1991年度），转引自[印]鲁达尔·达特、K.P.M.桑达拉姆著《印度经济》（下），雷启淮等译，四川大学出版社1994年版，第485页。

我们看到，印度30年间进口产品增长量最大的是印度短缺的石油产品和技术含量较高的机器类产品。前者与20世纪的70年代末和80年代初的石油危机和90年代初的海湾战争有关，后者则与印度对西方的技术依赖有关。而印度技术对西方技术依赖的原因又在于由于农业的萎缩而导致的印度民族市场的萎缩，而民族市场的萎缩又导致引进的新技术缺乏消化、实验和创新的国内基地。在印度工业没有多少国际市场的条件下，长期依赖西方就成了必然选择的技术发展路线。对西方技术的依赖必然形成来自西方的高附加值进口产品与印度低附加值的出口产品交换及必然出现其间的外贸“剪刀差”现象。如下表所示：

1960～1992年印度主要商品出口额（单位：亿卢比）

类别	1960～1961	1970～1971	1980～1981	1985～1986	1986～1987	1987～1988	1990～1992
咖啡	0.2	2.5	21.4	26.5	29.7	26.3	25.2
茶叶	19.5	14.8	42.6	62.6	57.7	59.2	107.0
麻纱及其制品	21.3	19.0	33.0	26.2	24.4	24.3	29.8
棉纱及其制品	9.1	7.5	27.7	57.4	63.7	106.4	210.0
皮革及其制品	0.9	7.2	33.7	77.0	92.2	114.9	256.6
铁矿石	2.7	11.7	30.3	57.9	54.7	54.3	104.9
烟草	2.5	3.3	14.1	17.0	18.5	13.5	26.3
工程机械	1.3	13.0	72.7	95.4	113.3	143.3	387.7
腰果	3.0	5.2	14.0	22.5	32.8	30.7	44.7
成衣	—	0.9	37.8	106.7	133.1	179.2	401.2
手工艺品	—	7.0	89.4	188.1	254.8	325.3	616.7
鱼及其制品	0.7	3.1	21.3	40.9	53.9	52.5	96.0

资料来源：《印度国际收支》（1948～1949年度至1961～1962年度），《印度储备银行》和《经济调查》（1991～1992年度），转引自[印]鲁达尔·达特、K.P.M.桑达拉姆著《印度经济》（下），雷启准等译，四川大学出版社1994年版，第489页。

我们看到，从20世纪60年代到90年代初印度出口额最大的依次为手工艺品、成衣、工程机械、皮革棉纱及其制品、茶叶等项。手工制品包括珠宝、化工产品、工程机械和钢铁。其中出口的主要部分是珠宝。“1985～1986年度至1989～1990年度，珠宝年均出口额为317.7亿卢比，结果最大的单项出口商品是手工艺品。在1990～1991年度手工艺品出口达616.7亿卢比，其中宝石和珠宝就占524.7亿卢比。”[①]这种情况直到整个90年代并没有改变。2000年印度出口商品价值总额为15956.1亿卢比，其中，农业品总值为2501.6亿卢比，手工艺品为12753.2亿卢比，其中轻纺工业品最大宗为4017.8亿卢比，占手工艺品的价值总额的31.5%；其次就是珠宝出口，为3271.6亿卢比，占手工艺品价值总额的25.7%，其次才是技术含量较高的机器及运输设备，为2225.1亿卢比，占手工艺品价值总额的17.4%。[②]

这说明印度出口工业品技术含量较低，低附加值的工业品出口与印度高附加值的工业品进口局面正好形成一个价值剪刀差。而印度的国际收支逆差的持续扩大和长期存在，便是这种国际“剪刀差”的直接后果。如果说，中国在计划经济时期的工业农业之间的“剪刀差”是为了国家基本建设的原始积累，而印度与西方国家之间长期保持着这种“剪刀差”则是印度对西方贸易间“利润逆循环”即在表面平等交换的过程中印度向西方提供超额利润的重要形式。中国国内“剪刀差”的结果是国家为进行工业化实现快速资金积累，而印度的对外贸易“剪刀差”的结果则是在利润逆循环中反哺资本中心国家，并使本国在经济基础即国内市场在日益萎缩中失去可持续发展的潜力。长期研究印度问题的中国学者孙培钧、华碧云、张敏秋、高鲲在合著的《印度的垄断财团》一书中正确指出了印度经济结构性的矛盾所在：

> 由于农业发展速度十分缓慢，更由于农村中封建半封建剥削依然存在，广大劳动人民，尤其是占人口大多数的贫苦农民处于半饥饿状态下，社会购买力极端低下，工业品市场非常狭小，致使工业生产能

---

① 转引自[印]鲁达尔·达特、K.P.M.桑达拉姆著《印度经济》（下），雷启准等译，四川大学出版社1994年版，第491页。

② 印度财政部网页：Economic Survey 2003～2004，http://indiabudget.nic.in/es2003-04/chapt2004/tab73.pdf。

力大量闲置，设备开工率严重不足。日积月累，政府的财政困难日趋严重，外汇危机频频发生。面对工农业生产比例失调、工业生产能力与国内有效购买力脱节以及财政亏空与外汇赤字的错综形势，印度政府不得不向国外寻找商品和资本输出场所。[①]

现在人们在谈到印度的国家发展潜力时，往往列出一大串印度近年来骄人的GDP增长速度，并以此证明“在21世纪前半期，印度将成为世界经济大国还是可能的”。[②]

但仅仅是GDP增长并不能说明问题。如果增长并不能有效地转化为国民收入和国民财富，那这样的GDP就对国家的发展，除了维持就业外，就可能反而不利了。这里应当特别指出的是，我们这里指出的“国民收入”和“国民财富”不是一般意义上的收入和财富，而是属于本国公民而非他国公民，属于本国而非他国的财富。 国民收入与国民财富，首先是“国民的”而非“国际的”。其标志就是这种由国家全体国民生产的财富首先是反哺国家和全体国民而不是反哺世界其他国家和他们的国民。仅从这个意义上，我们才能说国家的GDP增长是有意义的。以此为标准，印度的GDP增长很难说是积极意义上的国家发展和国民财富的增长。

与几乎是和印度同时起步的中国作比较，我们会对上述结论有更深刻的认识。由于中国经济结构改造从远比印度深刻的生产关系改造入手，这使得中国比较彻底地消灭了在半殖民地时期，因过多的利润截流而使国内市场萎缩的私有制生产关系。使生产与消费直接统一并在政府有力的宏观调控下协调发展。生产只有在可持续消费力的支持下才会有可持续发展的潜力。而只有可持续发展的生产力支撑，国家外贸才可以摆脱与西方发达国家交换中的“剪刀差”和“利润逆循环”命运。从1950年到2003年共计53年间，中国只有19年的外贸逆差。它们分别集中在1950～1955年、1960年、1975～1976年、1978～1981年 、1984～1989年和1993年间。而这些

① 孙培钧、华碧云、张敏秋、高鲲合著：《印度的垄断财团》，时事出版社1984年版，第276页。

② 文富德著：《印度经济发展、改革与前景》，巴蜀书社2003年版，第362页。

年中国大多处于经济转型或调整期，这期间的财政扩张政策是可能理解的。与印度的需求一样，新中国成立之初，现代化正处起步阶段需要大量引进国际先进技术。其次是1977～1980年，此时中国改革开放进程启动，中国需要扩大进口。发生在这两个时段的贸易逆差有利于中国经济。从1984～1989年中国经济出现泡沫化现象，这一时期的外贸逆差加重了国民经济泡沫化程度，并在1989年引起社会动荡。与印度不同的是，中国政府拥有较强的宏观调控能力，这使中国能在1990年迅速调整国家投资政策并于次年消除外贸逆差并在未来年份保持有史以来最高的顺差额。①

---

① 1950～2003年中国进出口贸易总额（人民币：亿元）

年份	进出口总额	出口总额	进口总额	差额	年份	进出口总额	出口总额	进口总额	差额
1950	41.5	20.2	21.3	-1.1	1977	272.5	139.7	132.8	6.9
1951	59.5	24.2	35.3	-11.1	1978	355.0	167.6	187.4	-19.8
1952	64.6	27.1	37.5	-10.4	1979	454.6	211.7	242.9	-31.2
1953	80.9	34.8	46.1	-11.3	1980	570.0	271.2	298.8	-27.6
1954	84.7	40.0	44.7	-4.7	1981	735.3	367.6	367.7	-0.1
1955	109.8	48.7	61.1	-12.4	1982	771.3	413.8	357.5	56.3
1956	108.7	55.7	53.0	2.7	1983	860.1	438.3	421.8	16.5
1957	104.5	54.5	50.0	4.5	1984	1201.0	580.5	620.5	- 40.0
1958	128.7	67.0	61.7	5.3	1985	2066.7	808.9	1257.8	- 448.9
1959	149.3	78.1	71.2	6.9	1986	2580.4	1082.1	1498.3	- 416.2
1960	128.4	63.3	65.1	-1.8	1987	3084.2	1470.0	1614.2	- 144.2
1961	90.7	47.7	43.0	4.7	1988	3821.8	1766.7	2055.1	- 288.4
1962	80.9	47.1	33.8	13.3	1989	4155.9	1956.0	2199.9	- 243.9
1963	85.7	50.0	35.7	14.3	1990	5560.1	2985.8	2574.3	411.5
1964	97.5	55.4	42.1	13.3	1991	7225.8	3827.1	3398.7	428.4
1965	118.4	63.1	55.3	7.8	1992	9119.6	4676.3	4443.3	233.0
1966	127.1	66.0	61.1	4.9	1993	11271.0	5284.8	5986.2	-701.4
1967	112.2	58.8	53.4	5.4	1994	20381.9	10421.8	9960.1	461.7
1968	108.5	57.6	50.9	6.7	1995	23499.9	12451.8	11048.1	1403.7
1969	107.0	59.8	47.2	12.6	1996	24133.8	12576.4	11557.4	1019.0
1970	112.9	56.8	56.1	0.7	1997	26967.2	15160.7	11806.5	3354.2
1971	120.9	68.5	52.4	16.1	1998	26854.1	15231.7	11622.4	3609.3
1972	146.9	82.9	64.0	18.9	1999	29896.2	16159.8	13736.4	2423.4
1973	220.5	116.9	103.6	13.3	2000	39273.2	20634.4	18638.8	1995.6
1974	292.2	13.4	152.8	-13.4	2001	42183.6	22024.4	20159.2	1865.2
1975	290.4	143.0	147.4	-4.4	2002	51378.2	26947.9	24430.3	2517.6
1976	264.1	134.8	129.3	5.5	2003	70483.5	36287.9	34195.6	2092.3

资料来源：中国国家统计局国民经济综合司编：《新中国五十年统计资料汇编》，中国统计出版社1999年版，第60页；《中国统计年鉴》（2004），中国统计出版社2004年版，第713页。

在进出口商品结构方面，中国出口商品技术含量上升较快。根据中国海关历年进口商品分类金额，初级产品进口小于工业制成品进口。在初级产品中进口量较大的是非食用原料类和矿物燃料、润滑油及有关原料类。在工业制成品中，进口额较大的是机械及运输设备类。在同期出口商品中，增长最快的是工业制成品：从1980年到2003年初级产品出口，从91.14亿美元，增长到348.12亿美元，增长了2.82倍，而同期工业制成品出口则从90.05亿美元增长到4034.16亿美元，增长了43.80倍。这说明中国大体已实现了从初级产品出口转向工业制成品的出口。但与印度相似的是，中国出口的各项工业制成品中，杂项制品始终处于出口的"龙头"地位。而工业制成品进口中的"龙头"地位，则由技术含量较大的机械及运输设备长期独占。[①]这说明中国工业制成品出口中的技术含量较同类进口产品低，还是

① 1980～2003年中国全国海关年出口主要商品及其金额 （亿美元）

年份	总额	初级产品		工业制成品	
			食用及主要供食用的活动物		杂项制品
1980	181.19	91.14	29.85	90.05	28.36
1981	220.07	102.48	29.24	117.59	37.25
1982	223.21	100.50	29.08	122.71	37.05
1983	222.26	96.20	28.53	126.06	38.04
1984	261.39	119.34	32.32	142.05	46.97
1985	273.50	138.28	38.03	135.22	34.86
1986	309.42	112.72	44.48	196.70	49.48
1987	394.37	132.31	47.81	262.06	62.73
1988	475.16	144.06	58.90	331.10	82.68
1989	525.38	150.78	61.45	374.60	107.55
1990	620.91	158.86	66.09	462.05	126.86
1991	718.43	161.45	72.26	556.98	166.20
1992	849.40	170.04	83.09	679.36	342.34
1993	917.44	166.66	83.99	750.78	387.81
1994	1210.06	197.08	100.15	1012.98	499.37
1995	1487.80	214.85	99.54	1272.95	545.48
1996	1510.48	219.25	102.31	1291.23	564.24
1997	1827.68	239.30	110.54	1588.38	704.67
1998	1837.57	206.00	106.19	1631.57	702.20
1999	1949.31	199.41	104.58	1749.90	725.10
2000	2492.03	254.60	122.82	2237.43	862.78
2001	2660.98	263.38	127.77	2397.60	871.10
2002	3255.96	285.40	146.21	2970.56	1011.53
2003	4382.28	348.12	175.31	4034.16	1260.88

资料来源：1980～1998年数据参见中国国家统计局国民经济综合司编《新中国五十年统计资料汇编》，中国统计出版社1999年版，第61页；1999～2003年数据参见中国国家统计局编《中国统计年鉴》（2004），中国统计出版社2004年版，第715页。

处在以资源换技术的地位。这种外贸利润“剪刀差”现象在第三世界国家普遍存在。但中国并没有像同期印度那样形成对西方技术愈卷愈深的绝对依赖关系，而是合理地处在进口替代向出口替代的转型的进程之中。中国这种转型的初步实现，不能不归因于20世纪50年代比较成功的生产关系改造，从而独立自主的国民经济体系的建立和国内市场的有效开发。而生产关系的彻底改造是印度与中国在半个世纪之中产生差距的关键原因。

七　印度IT：依附于国际资本中心的外围产业

从20世纪90年代始，印度以信息技术为龙头的高科技产业发展很

1980～2003年中国全国海关年进口主要商品及其金额（亿美元）

年份	总额	初级产品		工业制成品	
			非食用原料		机械及运输设备
1980	200.17	69.59	35.54	130.58	51. 19
1981	220.15	80.44	40.27	139.71	58. 66
1982	192.85	76.34	30.12	116.71	32. 04
1983	213.90	58.08	24.59	155.82	39. 88
1984	274.10	52.08	25.42	222.02	72. 45
1985	422.52	52.89	32.36	369.63	162. 39
1986	429.04	56.49	31.43	372.55	167. 81
1987	432.16	69.15	33.21	363.01	146. 07
1988	552.75	100.68	50.90	452.07	166. 97
1989	591.40	117.54	48.35	473.86	182. 07
1990	533.45	98.53	41.07	434.92	168. 45
1991	637.90	108.34	50.03	529.57	196. 01
1992	805.85	132.55	57.75	673.30	131. 12
1993	1039.59	142.10	54.38	897.49	450. 23
1994	1156.14	164.86	74.37	991.28	514. 67
1995	1320.84	244.17	101.59	1076.67	526. 42
1996	1388.33	254.41	106.98	1133.92	547. 63
1997	1423.70	286.20	120.06	1137.50	527. 74
1998	1401.66	229.52	107.16	1171.24	567. 68
1999	1656.99	268.46	127.40	1388.53	694.53
2000	2250.94	467.39	200.03	1783.55	919.31
2001	2435.53	457.43	221.27	1978.10	1070.15
2002	2951.70	492.71	227.36	2458.99	1370.10
2003	4127.60	727.63	341.24	3399.96	1928.26

资料来源：1980～1998年数据参见中国国家统计局国民经济综合司编《新中国五十年统计资料汇编》，中国统计出版社1999年版，第62页；1999～2003年数据参见中国国家统计局编《中国统计年鉴》（2004），中国统计出版社2004年版，第716页。

快。1970～1971年度，印度信息技术产业的产值不足17.3亿卢比，[①]到2002～2003年度猛增为9700亿卢比。如下表所示：

印度IT产值增长基本情况（1997～2003）（亿卢比）

项目	1997～1998	1998～1999	1999～2000	2000～2001	2001～2002	2002～2003
日用电子产品	760.0	920.0	1120.0	1155.0	1270.0	1380.0
工业用电子设备	315.0	330.0	375.0	400.0	450.0	555.0
计算机	280.0	230.0	250.0	340.0	355.0	425.0
传媒设备	325.0	440.0	400.0	450.0	450.0	480.0
战略电子产品	90.0	130.0	145.0	175.0	180.0	250.0
配件	440.0	475.0	520.0	550.0	570.0	660.0
小计（硬件）	2210.0	2525.0	2810.0	3070.0	3275.0	3750.0
出口软件	650.0	1094.0	1715.0	2835.0	3650.0	4610.0
内销软件	347.0	495.0	720.0	940.0	1087.4	1340.0
总计	3207.0	4114.0	5245.0	6845.0	8012.4	9700.0

资料来源：ELECTRONICS AND COMPUTER SOFTWARE EXPORT PROMOTION COUNCIL（ESP）2002～2003年度、2003～2004年度报告，http://www.elitexindia.com/annualreport2002～03.pdf，http://www.elitexindia.com/annualreport2003－04.pdf。

由上表看到，1997～2003年间，2002～2003年度印度IT产值比1997～1998年增长了2.02倍，总额中软件出口在原有基础上增长了6.1倍，而软件内销量才增长2.9倍。附加值较高的战略性电子产品增长最慢，只在原有基础上增长了1.8倍。占产值总额主体部分的是附加值较低的日用电子产品，增长了0.82倍。这说明印度IT业增长是靠海外市场拉动，而且推动IT出口的产品主要是低附加值产品。印度IT产业的这种依附性的特点，在下表中表现得更为明显。

---

① 张双鼓等编著：《印度科技与教育发展》，人民教育出版社2003年版，第38页。

印度电子产品出口情况（亿卢比）

项目	1997～1998	1998～1999	1999～2000	2000～2001	2001～2002	2002～2003
日用电子产品	60.0	40.0	30.0	64.8	70.0	45.0
工业用电子	20.0	16.0	20.0	50.0	95.0	140.0
计算机	125.0	40.0	24.0	1.250	180.0	55.0
传媒设备	10.0	7.0	5.0	55.0	15.0	50.0
战略性电子产品	1.0	1.0	1.0	—	—	—
配件	84.0	76.0	60.0	184.0	220.0	240.0
小计（硬件）	300.0	180.0	140.0	478.8	580.0	560.0
出口软件	650.0	1094.0	1715.0	2835.0	3650.0	4610.0
总计	950.0	1274.0	1855.0	3313.8	4230.0	5170.0

资料来源：ELECTRONICS AND COMPUTER SOFTWARE EXPORT PROMOTION COUNCIL（ESP）2002～2003年度、2003～2004年度报告，http://www.elitexindia.com/annualreport2002-03.pdf，http://www.elitexindia.com/annualreport2003-04.pdf。

上表表明，近年迅猛发展的印度IT产业并不是由印度民族经济自主推动而是由国际，尤其是由资本中心国家的经济需求拉动的。在上面所有出口项目中，西方从印度进口需求最小的是战略性IT产品，需求量最大的则集中于低附加值的配件型产品。从1997～1998年度到1999～2000年度，印度战略IT产品出口竟只有1亿卢比，而从2000～2001年度至2002～2003年度，战略性IT产品竟没有数据。是没有统计，还是西方对印度不再有此类产品的进口需求，我们不得而知。但这至少表明，国际资本中心国对印度IT产品的需求对提高印度IT产业的技术，尤其是有利于巩固国家安全的核心技术的进步，不会有太大的帮助。而造成IT产业这种依附性发展的原因又在于长期处于萎缩状态的印度民族市场，40%左右的贫困人口大大限制了IT产品国内市场的购买力和IT技术的国内培育和开发条件。这可从与自主型的中国IT产业的比较中看出。

中国没有被称作IT大国，是由于中国IT产业没有像印度那样过度依赖海外市场。1990年到2002年印度千人中拥有计算机从0.3台增长到7.2台，同期中国从0.4台增长到27.2台。①没有国内硬件消费的支撑，软件消费就不可能有国内市场。2000年，笔者曾在印度尼赫鲁大学做访问学者，到财务处交费时，

① 中国国家统计局：《国际统计年鉴》（2004），统计出版社2004年版，第207页。

只见财务报表从地面一直堆到房顶，半个房子堆的都是账本。整个大厅没有一台电脑。我到该校国际政治系，只有一台386型的电脑，还经常不工作。我等一个电子邮件往往要等一两个小时，打字员用的打字机跟英国工业革命时候的差不多，工作起来响声很大：整个行政大楼都是这声音，跟工厂一样。这种情况说明它国内IT产业缺乏国内市场支持。中国IT产业由于有相对强劲的国内市场支撑，中国的IT技术也有了相对好的培育开发条件。这最终导致印度与中国在国际高科技竞争中大幅拉开距离。如下表所示：

印度和中国高技术产品出口额占制成品出口额的比重（1990～2002）　（%）

国家	1990	1999	2000	2001	2002
印度	2.4	4.3	5.0	5.4	4.8
中国	—	16.8	18.6	20.6	23.3

资料来源：中国国家统计局：《国际统计年鉴》（2004），中国统计出版社2004年版，第349页。

IT人才是IT产业的核心。从某种意义说，IT人才培育也是IT产业的一部分，这在印度是一个发展较好的部门。但由于印度民族市场吸收人才的产业潜力有限，这两大部门实际上也成了向海外资本提供人才“产品”的新部门。与印度经济快速发展与其外向利润逆循环流速同步的现象一致，印度教育与IT业较快发展与人才失业和流失海外的数量也同步增长。1978年印度科技人员失业人数从1978年的23.7万上升到29.07万。其占全印度科技人员总数的比例分别为12.2%和14.9%。印度大专院校毕业生的失业人数1980年为29.07万，1985年年初为24.41万，分别占参加经济活动的高校毕业生总数的14.9%和9.9%。1978～1979年度印度大学生失业人数为69.55万。1982年升为142.65万，失业率为10.2%和15%。[①]印度虽然培养了大量的科技人才，但外流现象十分严重。20世纪70年代有78%的留学生在美国定居，80年代印度理工学院计算机、航空机械和应用研究专业的毕业生80%到美国深造。截至1990年印度在国外谋生的科学家和熟练工人有41万，其中知名度高的科技人才有3000人。据估计，2000年外流科技人员约54万。[②]据《美国商业部2000年数字经济》报告，过去10年，每年H1B签

① 文富德：《印度经济发展的经验与教训》，四川大学出版社1994年版，第127页。

② “直击印度软件业：突破外包向价值链上游进发”，http://finance.tom.com/1001/1003/200393-20850.html。

证[①]的平均60%左右是颁发给信息工业技术的劳动力。美国信息学会统计报告说，从20世纪70年代中期到2002年，几乎每年颁发的H1B签证的一半都被印度人领走。[②]印度软件业产值中63%都是来自美国的订单，高度依赖美国经济。印度的软件出口到100个国家和地区，其中60%以上出口到美国。印度有软件公司近3000多家，从业人员达40多万，在美国硅谷的高科技公司工作的印度裔美国人多达30万人，硅谷40%的网络公司创始人是印度移民，在海外工作的印度软件工程师多达10万人。[③]

印度IT教育发展最快，报考IT专业的生源如潮，究其原因并不是印度国内对IT的需求很大，而是资本中心国家IT产业快速增长牵动了印度知识分子出国需求倾向。在印度知识界，学有所成的最荣耀的光环是出国定居，尤其是能在欧美国家定居。对一般百姓而言，家里有人拿到美国的绿卡是很自豪和高兴的事。[④]

如果将教育比作产业，与外贸赤字长期居高不下的原因一样，造成印度外向教育培养的“人才赤字”即国家人才大量出国而返回较少的原因是国内人才市场有效需求不足；与产品总要寻求市场一样，教育产品即国家人才不能为国内市场吸收，如果不考虑主观自觉因素，就必然会流向其他国家，尤其是资本中心国家。国内人才市场的有效需求是由国内经济有效增长的程度拉动，而国内经济有效增长又由国内市场有效购买力的增长拉动。在印度，由于国内有效购买力的萎缩，必然导致印度经济领域的主要部门即工业、农业、科技、外贸，乃至教育等产业对国际市场，尤其是对资本中心国家的市场形成日益严重的依赖关系。这最终使印度国家从经济基础到意识形态——尽管印度政府力图避免——不可避免地向资本中心国倾斜。这种倾斜又使所谓的“印度民主制度”不仅没有成为解放生产力的手段反而成为越来越多的

---

① H1B签证为非移民签证，通常是给持F签证的留学生，在美国大学毕业取得学位后，留在美国实习，由雇主出具Labor Condition Certificate劳工证明，有效期3年，可续期3年。当局给这些人合法身份在美国居留，可由劳工证明转办绿卡移民身份。

② 张双鼓等编著：《印度科技与教育发展》，人民教育出版社2003年版，第256页。

③ “直击印度软件业：突破外包向价值链上游进发”，http://finance.tom.com/1001/1003/200393-20850.html。

④ 笔者在2000年曾在印度做访问学者，曾在一小餐馆就餐，那天女老板高兴得不得了，说她儿子拿到美国绿卡了。出国和当国家公务员是印度多数大学生的愿望。

政府不作为，尤其是在重大问题上不作为的借口。[①]

---

① 大凡在国家发展的重大问题上，印度政府以“民主”为借口推卸不作为责任的表现尤其突出。1947年，面临国家即将分裂的危局，尼赫鲁将责任推卸给“民主”。他慷慨激昂地说：

“数代以来，我们梦想着一个自由、独立和统一的印度并为之而奋斗。建议允许某些地区分离出去，如果他们真想那样的话。在考虑这一事情的时候，我们任何人都会感到痛苦。然而，我深信，如果从更广大的角度来看，我们的决定是正确的”。“我们为之努力的统一的印度不是一个强制和强迫的、而是自由民族自由自愿的联盟。”“我们必须明白，无论现在还是将来，政治目的不能通过暴力的方式达到！”（转引自谌焕义著《英国工党与印巴分治》，社会科学文献出版社2004年版，第298—299页。）

甘地对国大党之所以接受印度分治的原因解释更加干脆，1947年6月9日即在印度即将分裂的前夕，他说：

他们作为国家的代表，不能违背公众的意愿。他们的权力来自人民。（转引自谌焕义著《英国工党与印巴分治》，社会科学文献出版社2004年版，第301页。）

不管印度国大党如何以“民主”推卸国家分裂的责任，印度事实上是分裂了，印度至今没有一个政党为此负责。

战争是包括国家制度在内的国家综合力量潜力和效率的最集中的体现。印度近现代史凡三百余年，其中对外实施的对英国、中国和巴基斯坦的国家战争中，只有在对巴基斯坦作战中取得优势和胜利。究其原因在于近代史中印度的绝对分封的封建民主制度被英国的工业资本主义民主制度所打败，而现代史中印度的绝对的资本主义民主制度又被毛泽东的新民主主义和社会主义民主制度所打败。“有恒产者有恒心”。（“孟子·滕文公上”，见刘俊田等译注《四书全译》，贵州人民出版社1988年版，第442页）中国人民对毛泽东中国的认同是中国进行的彻底的土地改革的直接结果。1959年，毛泽东向德意志民主共和国的朋友介绍了西藏民主改革的基本情况。他说：

全部藏族人口不是一百二十万，而是三百万。一百二十万在西藏，一百八十万分布在川西、甘南、云南及青海北部。这一百八十万人中也有过叛乱，我们进行了平叛，现在已经基本上解决了问题。外国人武装了藏族反动统治者，很多喇嘛庙都曾经是叛乱者的根据地。现在在这一百八十万藏民聚居的地区建立了党组织，进行了土地改革，解放了农奴，建立了农业生产合作社。过去喇嘛不参加生产，现在百分之九十的喇嘛都参加生产了。人民组织了武装自卫队。

现在西藏问题好解决了，第一步是民主革命，把农奴主的土地分给农奴，第二步再组织合作社。六万农奴主中约有一万人逃到印度了，其余没有走的可分为左、中、右三派，我们将根据他们不同的政治态度来区别对待。对有些人，还要看他们究竟如何，我们可以在斗争中观察他们。总之，我们要争取多数人，使他们赞成改革。

我们在西藏的农村和城市中建立了党组织。藏族人民很好，很勤劳，和人民解放军一起同叛乱分子斗争，很快就能组织起来。我们已培养了近万名藏族干部。过去十年中，我们培养了青年藏族干部，他们学了汉语。在西藏工作的汉族的干部也学了藏语。在西藏，马列主义者和劳动者可以合作，而且合作得很好。

（毛泽东：“关于西藏问题和台湾问题（1959年5月10日）”，《毛泽东文集》第八卷，人民出版社1999年版，第61—62页）

1962年中印冲突中，中方参加和支援自卫反击战的是得到土地的农民子弟和不希望达赖集团回来的翻身农奴。印方则是国家发饷的军人和雇佣兵，双方交手后印军迅速败阵的原因显然不仅仅是军队作战力量的差异，其实还应有制度力量的差异。从这个意义上说，1962年中印之战是制度之战，继而论之，半个世纪的中印之争也是制度之争。从印度方面看，1962年，印度的“民主制度”是导致政府在战争中“不作为”的根源。从10月战争开始到11月停火，在中方摧枯拉朽的攻势前后，印方一直处于议会激烈的争论、埋怨、推诿和相互指责之中。这种“民主扯皮”使尼

八　分析方法、理论归纳与评估结论

“权利永远不能超出社会的经济结构以及由经济结构所制约的社会的文化发展。”①

造成国家经济萎缩性发展及其相应的贫困增长的原因，不在于国家GDP总量而在于决定国民财富分配的所有制结构。对此，18世纪法国启蒙主义思想家卢梭有过一段很精彩的论述。他说：

> 在全世界的一切政府中，公家都是只消费而不生产的。那末，他们所消费的资料从何而来？那就来自其成员的劳动。正是个人的剩余，才提供了公家的所需。由此可见，唯有当人类劳动的收获超过了他们自身的需要时，政治状态才能够存在。
>
> 另一方面，各种政府的性质也不一样，它们的胃口也有大有小；而且这些不同还要基于另一条原则，即公共赋税距离它们的来源愈远，则负担就愈重。衡量这种担负，决不能只根据税收的数量，而是要根据税收转回到原纳税人的手里时所必须经历的路程。如果这一流转过程既简捷而又规定得好，那么，无论人民纳税是多少，都是无关紧要的；人民总会是富足的，财政状况总会是良好的。反之，无论人民所缴纳的有多么少；但是，如果连这一点点也永不再回到人民手里的话，那么由于不断的缴纳，人民不久就会枯竭；于是国家就永远不

赫鲁不能作出任何集中力量的措施。英迪拉·甘地是这种“不作为状态”的见证人，她上台后鉴于其父的失败教训，全力集中权力，赢得了1972年对巴基斯坦战争的胜利并在肢解巴的胜利中改变了印度的地缘态势。但她在推行的国内政策如计划生育、削减贫困计划等政策中又为印度“民主制度”中的“不作为”惰性所拖垮。英迪拉·甘地执政期间大部分精力用于国大党改组和党派间无效扯皮。1998年印度核试成功。这是印度政府自独立以来采取的最有“作为”且成功的政治举动，但据报道在核试之前，此事只有印度人民党三个核心人物知道。可见印度政治家对印度“民主制度”中的“不作为”惰性对印度国家利益造成的负面影响深有了解。

① 马克思：“哥达纲领批判”，《马克思恩格斯选集》第 3 卷，人民出版社1972年版，第12页。

会富足，人民就永远都是贫困的。[①]

印度裔诺贝尔经济学奖得主阿马蒂亚·森在其各种著作中不仅表明了同样的观点，并为此提出一套分析贫困的方法。他在《贫困与饥荒》（*Poverty and Famines —— An Essay on Entitlement and Deprivation*）一书中写道：

> 除非一个人自愿挨饿，我们可以说，饥饿现象基本上是人类关于食物所有权的反映。因此要说明饥饿现象，就必须深入研究所有权结构。
>
> 所有权关系是权利关系（entitlement relation）之一。要理解饥饿，我们就必须首先理解权利体系，并把饥饿问题放在权利体系中加以分析。这一方法既可更一般地应用于贫困分析，也可更具体地应用于饥饿分析。[②]
>
> 人们总是使用食物供给方法，它已经造成了灾难性的政策失败。权利方法则强调不同阶层的人们对粮食的支配和控制能力。这种能力表现为社会中的权利关系，而权利关系又决定于法律、经济、政治等的社会特性。[③]
>
> 本著作所使用的权利方法具有一般性，而且，我认为，在饥饿和贫困的分析中，这一方法也是不可回避的。如果说它看上去有些奇怪的话，也是因为我们传统的思维模式在作怪，即只考虑到实际中存在着什么东西，而不考虑谁在控制着这些东西。[④]

阿马蒂亚·森没有从生产产品供应总量而是从对生产产品的所有权结构构成的国民权利结构来剖析贫困产生的原因。他用大量的饥荒案例说明饥荒并非由粮食短缺而是由于需求与消费的分离。有需求的人没有消费的支付能力，而有支付能力消费的人则没有与其占有产品的等量消费需求。由私人占有权造成多数人消费权利的失败而非供给不足，是贫困产生的根

---

① [法]卢梭著：《社会契约论》，何兆武译，商务印书馆2003年版，第100—101页。

② 阿玛蒂亚·森著：《贫困与饥荒》，王宇、王文玉译，商务印书馆2001年版，第5—6页。

③ 同上书，第198页。

④ 同上书，第14页。

本原因。阿马蒂亚·森用中国的例子对自己的结论作出反证。他说：

> 社会主义国家——如中国——在人均食物数量没有明显增加的条件下消灭了饥饿。这是先消灭饥饿，尔后增加人均食物数量的一个典型。饥饿的消失反映了权利制度（entitilement system）的变迁，社会保障系统的建立以及——更为重要地——通过就业保障制度来保证人们能够挣到足以避免饥饿的工资。[①]

中国消灭饥饿的前提是消灭了庞大的剥削阶级，阿马蒂亚·森没有明确地点出这个问题，但他认为中国的上述成就的根源应当从包括土改在内的毛泽东的成就去寻找。他在《以自由看待发展》（*Development as Freedom*）一书中认为：

> 随着东亚和东南亚经济的高速经济进步得到更充分的分析，人们越来越清楚地认识到，并非仅仅是经济开放——以及更大程度地依赖国内和国际贸易——导致了这些经济经历如此快速的经济转变。积极的社会变革——包括土地改革、教育和识字的普及、更好的医疗保健服务——也为发展奠定了基础。我们在这里观察的，不是经济改革的社会后果，而是社会改革的经济后果。市场经济在这样的社会发展基础上繁荣起来，就像印度最近认识到的那样，缺乏社会发展会阻碍经济发展。
>
> 中国的这种社会变革是在什么时候、如何发生的？这些社会变革的高潮是在改革前，即在1979年之前——实际上很多是发生在毛泽东政策的活跃时期。毛泽东是有意识地为市场经济和资本主义的扩展建立基础的吗（他事实上成功地做到了这一点）？这个假设是很难接受的。但是毛泽东的土地改革、普及识字、扩大公共医疗保健等政策，对改革后的经济增长起了非常有益的作用。改革后的中国受益于改革前中国所取得的成果的程度，应该得到更多的承认。[②]

阿马蒂亚·森对毛泽东时期的经济成就的观点是他深入研究得出并至

---

① 阿玛蒂亚·森著：《贫困与饥荒》，王宇、王文玉译，商务印书馆2001年版，第13页。

② [印]阿玛蒂亚·森著：《以自由看待发展》，任赜、于真译，中国人民大学出版社2002年版，第259—260页。

今不变的。这可以从2005年2月17日他在香港的一次讲演中对中国现行医疗卫生管理体制提出的一些批评性看法中得到反证。报道说：

几千年来，世界各国从中国学到的东西比任何其他国家都要多，特别是在过去的20多年，中国的经济改革提高了很多人的收入，使大量人口摆脱贫困，从而为全球贫困人口的减少作出了巨大的贡献，但是，这位经济学家也表示，中国经济改革中的一些做法并不都是好的，特别是在公共卫生领域。他说："在中国进行极具想象力、而且非常成功地增加了个人收入的经济改革的同时，在给人们提供医疗保健服务方面出现了一些放松，医疗保健突然之间成为个人的事情，中国从一个加拿大式的医疗保健系统转向类似美国的系统。在这种情况下，这并不一定是一个进步。"阿马蒂亚·森说，其实，中国在改革开放之前，在教育和医疗服务上的一些做法是非常值得借鉴的。他说："事实是，作为一个贫穷国家，中国把基础教育以及基本的医疗服务扩大到一个难以想象的水平，在当时处于全球领先地位。尽管赤脚医生等做法后来受到批评，但是医疗服务在全国的覆盖度是相当惊人的。"阿马蒂亚·森说："我认为，医疗服务的削弱付出了代价。提供医疗服务正是全世界从中国改革开放之前所学到的一些主要的经验。作为中国的崇拜者，我提出的是友好的批评。如果我把自己置于给中国提供建议这样一个不现实的位置，我想说的是，必须审视整个医疗保健的问题。中国是世界上个人必须自己购买疫苗的少数国家之一。"这位经济学家还指出，在中国90年代的改革中，除了医疗服务被削弱以外，贫困人口的减少也比80年代缓慢，与此同时，贫富差距却急剧扩大。不过，他说，这些问题所得到的关注比向社会提供医疗服务的问题要多。①

尽管阿马蒂亚·森本人是一个自由主义者，但他在其著作中已接近得出贫困是一个需要政治手段介入才能解决问题的结论。尽管阿马蒂亚·森不仅

① "诺贝尔奖得主谈中国医疗保险问题"，http://www.peacehall.com/news/gb/finance/2005/02/200502190001.shtml。

对中国革命乃至对革命本身，持有许多自由主义成见，[①]但他从所有权结构及其社会改造的后果追溯中国成就产生的原因的方法是正确的，由此得出的结论也是接近事实的。尽管阿马蒂亚·森在其著作中回避了印度贫困及印度与中国深层比较问题，但从其分析国家贫困问题的方法中，也可读出印度在与中国长达半个世纪的发展比较中落伍的原因在于由两国不同的土地改革模式产生的不同的所有权结构及由此派生的社会权利结构的结论。

建立在价值与使用价值对立基础上的资本使人类的天然消费资本化。国民消费资本化的过程必然是国家资源透支性利用和国民生活贫困化的过程。当资本对国民消费形成绝对主导时，如没有海外利润的大量回流和补偿，国民生产主体即劳动者的贫困化也就达到极端并迫使资本再生产因国内市场狭小而转向海外，以便在更大的即国际的范围汲取高额利润。为了保持高额利润，处于资本中心的国家必须通过经济政治手段使处于资本外围的国家发展及其成果成为反哺资本中心国家的要素。换言之，将资本外围国家的国民财富转移为资本中心国家的资本积累和国民财富，是资本全球化的本质。

与资本全球化进程相伴前进的是第三世界贫困化过程。

在这个过程中，一些国家在不同时期，积极利用经济全球化带来的资金、技术、市场等有利条件以提高国家独立生产能力并由此减少了对国际资本的被动依赖，使国内市场成为真正的国家主导而非国际资本主导的市场，国民财富成为反哺本国大多数国民而非反哺国际资本中心国家的手

① 福利经济学两大基本定理，第一基本定理假设：完全竞争下的任何一般均衡状态都是帕累托最优。第二基本定理说，给定任何一个帕累托最优的资源配置，必定存在资源禀赋的初始配置，使得从这一初始配置出发所实现的一般均衡的资源配置，恰好就是给定的那个帕累托最优。第二定理认为无成本的转移资源，进行再分配，可以基于效率最大化处理资源配置问题。一般的历史经验是，资源的无成本，或低成本转移几乎没有例外是在政治革命的条件下实现的。从这个意义上说，马克思所说的“革命是历史的火车头”是有道理的。

对于这一问题，阿玛蒂亚·森持有回避却又不能回避的矛盾心态，他在《伦理学与经济学》（*On Ethics & Economics*）一书中说：“‘福利经济学第二基本定理’的实际应用还要求资源再分配在政治上的可行性，而这一资源再分配是实现社会最优状态所必须的。再者，即便必要的财富转移总量可以被计算出来，并且在经济上也是可行的，但在像财产所有权的剧烈变革这类具有根本性的问题时，政治的可行性仍至关重要。为市场机制辩护的保守主义经济学家们常常祈求于‘福利经济学第二基本定理’，由于这一定理的应用意味着，在市场机制发挥作用之前，必须首先进行生产资料所有权的转移，因此这一定理只有在作为某种‘革命手册’时才有可能具有实际用途。”参见[印]阿玛蒂亚·森著《伦理学与经济学》，王宇、王文玉译，商务印书馆2000年版，第41页。

段。历史上拿破仑时期的法国，俾斯麦时期的德国，华盛顿、林肯时期的美国，乃至明治维新时期的日本都是沿着这条道路崛起的。[①]

还有另一些国家，在参与资本全球化的同时，却失去了国家经济政治的独立性，其生产因国内资金、市场和技术长期短缺而被迫与国际资本和国际市场形成绝对依赖关系，其国民财富最终异化为国际资本的另存形式。这种经济增长是靠自耗和透支国内人力、市场和矿物质资源并持续向国际资本大量让利来实现的。市场和技术掌握在他国手里的国家，就不得不通过对外大量“供血”以换回市场和技术，其结果，就正如拉丁美洲那“被切开的血管”[②]，尽管国家“身体”在增长，但只能是萎缩性增长，其内在的营养增加只能使自身成为一架更好的“血液”外供机器。但如因营养反哺贫乏而使造血机能萎缩，以至无血可供，这时对西方资本而言，这个国家就失去了剥削的价值。近代史中，非洲和拉丁美洲中的多数国家就在这条道路上陷入贫困、荒芜以至被西方所抛弃；现代史上，殖民地、半殖民地时期的中国也是在这条路上衰落下去而又在社会主义的道路上崛起。印度独立后则一直在这条路上进行着没有希望的滑行。1954年9月30日，印度政府总理尼赫鲁的妻子、印度国会议员乌玛·尼赫鲁在与毛泽东会谈时说：“他们（西方人——笔者注）使我们处于饥饿状态，但是他们又不把我们逼得饿死，因为那样人

---

① M.M.波斯坦、H.J.哈巴库克主编《剑桥经济史》对亚洲19世纪下半叶和20世纪上半叶的印度、中国和日本三国发展有客观的比较和分析：“直到19世纪末，在制造业生产规模上印度还远远领先于日本，这主要归因于印度棉麻工业的早期发展。新世纪的第一个10年中，印日之间的差距在缩小，大约1910年后日本就开始领先。从此以后日本的发展比印度快得多。大约1937年，日本制造工业指数为550，印度为240（两国均以1913年为基年），此时日本的工业产量是印度的近3倍。”“中日工业发展的一个主要的不同之处在于日本工业的发展主要依靠本地民族企业的发展，而中国直到1937年，大多数规模较大的工业企业或者是外商独资的，或者是外国企业参与的，包括一些广泛涉足金融、商业和工业的综合性企业，这对于中国现代工业的区位有深远的影响。”“尽管从表面上看，西方对印度的经济冲击的后果与中国和日本相似，但两者之间存在着根本的不同。如我们所看到的，日本是在一个目标明确的政府的领导下，在19世纪的第三个25年开始了经济生活的现代化进程，而且其工业很快就发展壮大起来。”M.M.波斯坦、H.J.哈巴库克主编：《剑桥经济史》（第六卷）（*The Cambridge Economic History of Europe*），王春法译，经济科学出版社2002年第1版，第827、822、821页。

② ［乌拉圭］爱德华多·加莱亚诺著：《拉丁美洲被切开的血管》，王玫等译，人民文学出版社2001年版。

民就要起来革命。因此，他们使我们处在半死不活的状态。”[①]

最充分的市场只能是扎根于人民的市场，因为只有人民市场才可能是生产和消费最直接结合的市场。而只有充分的市场，才可能是民族经济发展的充分前提。20世纪40年代末，印度获得独立主权，在印度政府有愿望但没有能力建构像中国那样解决生产与消费直接结合及由此产生的强大的民族市场形成的前提。在印度，生产与市场是分离的：GDP在增长的同时，社会贫困也在扩大。结果大量利润被中间人层层截流从而使国民消费异化为少数人的消费。人民作为国家基本劳动群体在为社会生产的同时却得不到国民财富的相应反哺，而大部分国民财富却为占人口10%乃至5%的少数富人和国际资本层层瓜分。印度裔诺贝尔经济学奖得主阿马蒂亚·森对中国革命有许多偏见，但对印度的问题却能一语中的。他说：增长率下降不是探求的正题，印度的失败是在分配上而不是在增长上。[②]

决定国家发展效果和潜力的并不应当是表现出来的GDP或GNP直观指数，而应当是背后支撑这些指数的利润流向。由于印度土地改革失败致使在流通和分配领域滞留大量的利用私有权食利的阶层，这个阶层又在印度议会中拥有相当的席位，这使他们处于“上下交征利”[③]状态中的既得利益得到政治上的保障。政府在“票数”面前，永是“弱势群体”。其结果是印度独立以来几乎所有有利于国家和广大底层群众的重大决策，比如尼赫鲁提出的社会主义思想和相关加强国家控制宏观经济力量、削减剥削阶层、消除贫困等决策，以及英迪拉·甘地及其后继人拉吉夫·甘地在其执政期间不惜用激进的另组国大党的方式贯彻尼赫鲁的社会公平思想、在经济领域全力推行带有社会主义色彩的限制富人的政策，在议会中几乎全被搁浅或在执行中被虚化。在印度决定国家命运的不是占多数工农的利益而是代表地主、民族资本家和买办资本家利益的议员、阁员乃至被各利益集团操纵的选票。

国家发展也是主权国家的一种国际权利。这种权利的性质在印度独立

---

① 参见中共中央文献研究室编《毛泽东年谱（1949～1976）》第2卷，中央文献出版社2013年版，第290页。

② 转引自[印]鲁达尔·达特、K.P.M.桑达拉姆著《印度经济》（下），雷启准等译，四川大学出版社1994年版，第276页。

③ “孟子·梁惠王上”，见刘俊田等译注《四书全译》，贵州人民出版社1988年版，第341页。

之初就由国大党内代表大地主和资本大财团利益的集团所铸的社会结构所规定。而这个结构又规定了表现为国民财富的年度生产利润在分配领域为拥有私有权的地主、资本家、国际资本及官僚买办阶层所瓜分程度。而每次经济大发展带给国家的不是生产主体的大反哺而是这些阶层更大的利润瓜分。鉴于资金短缺及政府财政对国内国际财团的依赖，印度政府对经济的宏观调控能力除了空洞的社会保障目标外，几乎无所作为。由于国民财富不能反哺生产者，占人口多数的生产者失去进入中产阶层的可能，国内市场也就失去了占人口多数的人民购买力的支持而陷入萎缩性增长状态。国内市场的萎缩不仅制约了国内购买力的增长，它同时又迫使拥有巨大生产能力的印度资本财团寻求海外市场，并不得不最终形成对西方资金和技术的绝对依赖关系。

由于印度在土改中没有触动土地大私有者阶层，在后来的几个五年计划中又扩大和巩固了大资本家阶层和买办阶层，这些阶层构成的所有权结构截流了生产利润，这大大削弱了社会产品对社会劳动的反哺、社会购买力对民族市场支撑以及由此二者推动的国家经济的可持续性发展的能力。从这个意义上与中国50多年发展比较，印度和中国之间存在差距不在于发展本身，而在于由建国初就铸定的不同的可持续发展的基础。

列宁说“任何社会制度，只有在一定阶级的财政支持下才会产生”。[①] 印度的社会制度是由资本家与地主阶层提供的财政支撑的，这样的制度自然要反哺他们而不是反哺人民。而没有人民及由人民购买力支撑的民族市场，国家发展的可持续潜力就会日益萎缩并最终导致本来高于中国的发展潜力，在独立50多年后反大大落后于中国历史结果。根据安格斯·麦迪森统计，1913～1952年间，中国人均国民生产总值的年均复合增长率为-0.1%，而印度为-0.3%。从1952年起，印度迅速被中国甩在后面。1952～1978年间，中国人均国民生产总值的年均复合增长率为2.3%，而印度为1.7%。此间，中国实行压低国民消费，控制外贸，集中财力进行基本建设。这为中国奠定了支持未来中国可持续发展的独立自主的国民经济体系。改革开放后中印差距再次拉大。1978～1995年间，中国人均国民生产

① 列宁：“论合作制”，《列宁选集》第4卷，人民出版社1960年版，第683页。

总值的年均复合增长率为6.0%，而印度为2.8%。①

如果我们再将研究视野从18世纪初扩大到20世纪末近300年的大历史时段，全方位地来考察和比较印度与中国的国家发展变迁轨迹，就会进一步发现，彻底的政治革命在国家发展进程中所起“历史的火车头”②作用。

1700～1995年印度与中国经济水平比较

年份	印度	中国
国民生产总值［单位：1990年10亿“国际元”（dollars）］		
1700年	81.2	82.8
1820年	111.0	228.6
1952年	226.6	305.7
1978年	630.8	935.9
1995年	1437.0	3196.3
人口总数（单位：百万）		
1700年	153	138
1820年	209	381
1952年	372	569
1978年	649	956
1995年	917	1205
人均国民生产总值［单位：1990年10亿“国际元”（dollars）］		
1700年	531	600
1820年	531	600

① 1913～1995年印度与中国业绩增长比较（年均复合增长率）（%）

国家	人均国民生产总值			人口		
	1913～1952	1952～1978	1978～1995	1913～1982	1952～1978	1978～1995
印度	-0.3	1.7	2.8	1.0	2.2	2.1
中国	-0.1	2.3	6.0	0.7	2.0	1.4

资料来源：[英]安格斯·麦迪森（Angrus Madison）：《中国经济的长远未来》（*Chinese Economic Performance in the Long Run*），楚序平、吴湘松译，新华出版社1999年版，第89页。

② “革命是历史的火车头”，马克思：“1848年至1850年的法兰西阶级斗争”，《马克思恩格斯选集》第1卷，人民出版社1972年版，第474页。

续表

年份	印度	中国
1952年	609	537
1978年	972	979
1995年	1568	2653
在世界国民生产总值中的地位（单位：%）		
1700年	22.6	23.1
1820年	15.7	32.4
1890年	11.0	13.2
1952年	3.8	5.2
1978年	3.4	5.0
1995年	4.6	10.9
国民生产总值的增长率（每年平均复合增长率）（单位：%）		
1700～1820年	0.26	0.85
1820～1952年	0.54	0.22
1952～1978年	4.02	4.40
1978～1995年	4.63	7.49
人均国民生产总值的增长率（每年平均复合增长率）（单位：%）		
1700～1820年	0.00	0.00
1820～1952年	0.10	-0.08
1952～1978年	1.81	2.34
1978～1995年	2.53	6.04

资料来源：根据[英]安格斯·麦迪森（Angrus Madison）著《中国经济的长远未来》（*Chinese Economic Performance in the Long Run*）（楚序平、吴湘松译，新华出版社1999年版），第57—58页数据整理。

国家的成长与生命的成长遵循着同一规律。从上表“国民总产值”、“人均国民总产值”、“在世界国民总产值中的地位”、“国民总产值增长率”、“人均国民总产值增长率”五个方面对1700～1995年间印度与中国的发展进程作大历史比较，不难看出，从1952年是中国与印度在上述五个方面的差距全面拉开的第一个关节点。这一年中国土地改革基本完成并开始向社会主义所有制过渡，而在印度马拉松式且没有结果的印度土地改革才刚起步。正是发生在建国之初的不同的社会改造结构造成的不同的资源“初始配置”模式，铸定了印度——相对于中国而言——先天不足的“经济胚胎”，这种“经济胚胎”的先天的和致命的病因在于国家经济基础即民族市场在其中得不到充足的利润反哺，并因此不能形成充足的支撑经济发展的购买力。正是由尼赫鲁土改“豆腐渣”工程在印度国家生命体中注入的先天特性的“病因”，致使印度在半个世纪的发展落伍于中国。而这一点也是全球化进程中两种发展即自主型模式和依附型模式产生的基石性原因。英国、美国与苏联、中国是前一种自主型模式的范本，拉美诸国及印度则是后一种模式的范本。历史表明，拉美模式对大国的发展而言，是一条“因发展而不能发展”，因而是没有前途的发展模式，而印度在独立之初恰好就不幸地选择了这样一种发展模式。

生存和发展是现代主权国家在国际社会中天然享有的民主权利。如果说，1952年至中国改革开放前，是中国为独立自主的发展道路建立完整的国民经济体系的时期——这一时期也可视为新中国在国际上为其争取生存权利的时期，那么，改革开放以后，中国更是在毛泽东建立的门类比较齐全的国民经济体系之上再次大发展时期——这一时期也可视为新中国在国际上为其争取发展权的时期。从上表1978～1995年的各项数据的比较中，我们也会看到在这一时期印度再次被中国大幅抛在后面。印度两次落伍，究其原因，正是印度独立以来建立的社会经济结构（即主流话语中的“社会制度”）导致了当代印度国家发展权利的失败。印裔诺贝尔经济学奖得主阿马蒂亚·森关于第三世界国家“权利失败”问题的结论应验了马克思的那句名言：“权利永远不能超出社会的经济结构以及由经济结构所制约的社会的文化发展”[①]；而苏联、中国的社会主义制度在促进本国经济发展中的巨大作用更进一步证明了马克思的重要发现，那就是：“公社的真正秘密就在于：它实质上是工人阶级的政府，是生产者阶级同占有者阶级斗争的结果，是终于发现的，可以使劳动在经济上获得解放的政治形式。”[②]

---

① 马克思：“哥达纲领批判”，《马克思恩格斯选集》第3卷，人民出版社1972年版，第12页。

② 马克思：“法兰西内战”，《马克思恩格斯选集》第2卷，人民出版社1972年版，第378页。

值得指出的是，中共“十六大”之后，中国经济开始出现强劲的国家“反哺农业”的政策走向[①]，如果这个政策得到有力贯彻实施，可以预见，印度发展自1952年、1978年后，将再破落伍底线。

根据上述对印度结构式的考察和深入的理论分析，笔者对印度的未来国家发展潜力评估得出下列结论：

1. 英国在印度的殖民统治断送了印度中世纪文明的发展进程，却没有给印度人带来自主型的——相对于拉美式的——资本主义的近代发展进程。在生产分配领域，英国人在没有消灭旧的封建阶级的条件下，又给印度送来了新的国民财富的截流者即殖民统治官员。印度独立后尽管废除了服务于殖民统治的柴明达尔制度，但却变相保留了其他封建地租食利者阶层，并在此之外又新增了民族资本家阶层。在国内市场日益萎缩的条件下，资本家及新兴有产阶层中新增出了为国际资本服务的买办阶层。这些阶层队伍如此庞大以致他们利用私有权瓜分印度年度利润之后，社会生产者主体即劳动者阶层所得无几。由此而言，除了主权归属不同，印度独立后所建立的只不过是殖民地时期的金字塔利润分配结构的变形。这种结构既断送了印度在第二次世界大战后进入苏联、中国等国家自主型社会主义道路的可能，也断送了印度在全球化时代进入英美等西方国家自主型资本主义道路的可能。经过50多年的痛苦挣扎性选择，当代印度实际上已不情愿和半推半就地滑入依附于国际资本的拉美式的发展惯性之中。印度已成为拉美模式在亚洲的另存形式。

2. 印度独立以来形成的社会结构既阻碍了生产力可持续性发展，也削弱了印度国家发展的可持续潜力。如果将印度的国家发展潜力分为表现为存量的自然资源潜力和表现为变量的高效利用这些资源的能力潜力，与中国比较，印度的国家发展潜力只具有自然资源存量优势，而缺乏高效利用这些资源的国家能力的变量优势。中国相对于印度的发展优势主要体现在后一方面。由于中国拥有良好的运用其自然资源的政治经济结构及由此产生的高效

---

① 温家宝总理在十届全国人大三次会议举行记者招待会上说：“我们对中国农村的改革和发展是有长远考虑的，这可以划分为两个阶段：第一个阶段，就是实行家庭承包经营的基本经济制度，给农民生产经营的自主权，极大地解放了农村的生产力。第二个阶段，就是实行城市支持农村、工业反哺农业的方针，对农民‘多予、少取、放活’。我们现在开始进入了第二个阶段。”参见“总理提穷人经济学称没农村现代化就没全国现代化”，http://cn.news.yahoo.com/050314/355/29w69.html。

能力，在可见的将来印度要赢得相对于中国的发展优势是不可能的。

3. 但上述两点结论的确定是有条件的，即只在当代中国已确定的社会主义制度参照系和当代印度已确定拉美模式的坐标系中，上述对印度的评估结论才是成立的。由此，我们进一步推导出的结论是：鉴于印度自然资源尚未大规模开发，并对中国保持着相当的后发优势①，如果未来中国发展自觉或不自觉地走上具有拉美特征的印度发展道路，并由此形成拉美式的社会经济结构，那么，中国的发展将会落伍于印度。

4. 最后，对印度的国家发展潜力的评估不能不考虑印度议会体制对印度未来的影响。这一点使目前“印度热”中的所谓“自由派”人士甚为乐观②，而笔者的评估结论则是非常悲观的。从“减震”的角度考虑，尼赫鲁留给印度的“民主体制”不仅使政府失去效能，同时也使“人民革命”失去效能。这正如英国殖民统治留给印度的“议会体制”既瓦解了印度知识分子，也瓦解了印度劳动者的反英民族革命的后果一样。印度这种体制的

① 这里需说明的是，我们平常只注意中国国土陆地面积大于印度，但没有注意到印度的土地大部分都适于居住和耕种，印度居民可以比较均衡地散居于印度各地。而中国则有近1/3的土地面积位于青藏高原高寒地带。这些地带人类生存条件差，可耕地和居民人口主要集中在中国东中部地区。不仅如此，中国在城市化快速推进主要集中于中东部地区，耕地面积锐减的同时，人口也在增长，这更加重了耕地资源的短缺。2001年中国耕地面积仅占土地面积13.5%，而同期印度则达54.4%（据《国际统计年鉴》（2004）第30页提供的数据计算）。2000年笔者从印度北方德里到印度最南端喀拉拉邦考察，一路上，城市少见十几层高楼，农村则少见像中国这么密集的村庄。

② 美国国家情报委员会（NIC）日前发布报告称，印度具备的经济潜力不逊于中国，从长远来说，其可能取代中国成为世界经济发展的“火车头”。据悉，在美国几乎所有的大型咨询和情报机构背后都有NIC的影子，其中也包括美国中央情报局。在日前发布的报告中，NIC承认了中国眼下的绝对经济优势。NIC指出，根据两国GDP（国内生产总值）和吸引外商投资的数据来看，在经济上，印度同中国还不可同日而语。仅从近几年来说，印度的累计增长率就落后了中国20%。NIC同时指出，一批专家在接受其访谈时均指出，印度的经济潜力还未完全显现，一旦充分发挥，印度将取代中国成为全球发展最快的经济体。同时，报告认为，印度的资本市场继承了其前宗主国英国的一套成熟体系，在高科技领域拥有一大批拥有全球竞争力的优秀公司，而中国经济目前最大的隐忧正是其“危机四伏”的金融体系，经济也严重依赖外商投资，缺乏一批有核心优势的本土公司。报告最后也“直言不讳”地指出了印度的一些问题。NIC认为，相比印度能够取得的经济增长速度，其目前的增长速度至少要低2～3个百分点。此外，印度的地方政府官僚习气还很严重，营商环境不甚乐观。这使得国际投资者对于这个潜力巨大的国家仍然心存犹疑，处于观望姿态，从而使印度在外商直接投资（FDI）上大大落后于中国。同时，印度的政党斗争过于激烈，使得政府无法一以贯之执行一个稳定的经济政策。(资料来源：“印度经济潜力还未完全显现 或取代中国火车头”，“《印度时报》比较两国：印度有对华优势”，http://world.people.com.cn/GB/41219/3632639.html。

“减震”作用既留给了印度政府解决问题的时间，同时也增加了印度政府解决问题的难度。[①]从这个意义上说，如无“猛药”根治，议会制度的“减震”作用，对具有结构性危机的印度国家所产生的后果，不会是迅速崩溃，而只能是缓慢衰落，乃至——鉴于印度所处的非常敏感的世界海权地缘中心位置——瓦解[②]，并且是在印度人不知不觉中瓦解。

印度，英国在退出世界之前抛在南亚的“雾都孤儿”[③]，自被英国皇室抛弃后，既不断进行“民主”整容，也送给西方大量“彩礼”，但被甩在资本外围的印度始终没有——恐怕将来也不会——得到西方的“爱情”。

---

① 2000年间笔者去印度进行考察，看到印度政府许多重大有益的政策，即使是极简单的事情如计划生育、汽车排气标准、增减工资福利、街道摆摊等，都在一次次讨论和游行中不了了之。相反1998年印度核试验的决策，据悉，却是在只有极少数政治家知道的情况下成功实现的。

② “而根据20世纪英国对印政策的经验，从宗教和地理上分裂印度将是21世纪的世界霸主的最有可能的选择。如果说当年英国人肢解的是印度西北部的话，那么，将来世界霸权国家则最有可能从印度南部下手。从地缘战略需求看，对世界霸权国家最有利的是将印度的版图限制在北纬15度以北即泰米尔纳德邦以北地区，将印度的有效国力限制在北纬20度以北即孟买以北，尤其是东北部地区。印度在世界霸权国家的全球战略中的地位仅限于用它阻止中国力量进入印度洋及从西南方向拖住中国向太平洋及南中国海发展。”张文木著：《世界地缘政治中的中国国家安全利益分析》，中国社会科学出版社2012年版，第125页。

③ 《雾都孤儿》是狄更斯（1812～1870）的第二部长篇小说，说的是一个不知来历的年轻孕妇昏倒在街上，人们把她送进了贫民收容院，第二天，她生下一个男孩后死去，这个孤儿被取名Oliver twist。十年后Oliver twist成了棺材店的学徒。他不堪虐待，逃到雾都伦敦。小小的孤儿在逆境中挣扎，幸而他由于本性善良而得到了善良的人们帮助，他一次次化险为夷，终于能和爱他的亲人团聚，他神秘的出身也真相大白，最终获得了爱情与幸福。

第二章　印度洋与印度国家安全

一　世界地缘政治体系中心区域的大国政治

——兼论印度与中国安全合作的战略互补意义[①]

印度和中国是在亚洲政治中占有举足轻重地位，从而也是对世界政治有重要影响的国家。每当历史出现重大变动从而世界秩序发生重组的时候，印度和中国合作的话题都为对时代有重要影响的政治家提了出来。十月革命后，列宁曾寄希望于印度、中国等呼应俄国的社会主义革命的胜利，他说："斗争的结局归根到底取决于这一点：俄国、印度、中国等构成世界人口的绝大多数。"[②]1988年，也就在世界秩序将因苏联解体发生重组的前夕，邓小平在会见印度总理拉吉·甘地时说："中印两国不发展起来就不是亚洲世纪。真正的亚太世纪或亚洲世纪，是要等到中国、印度和其他一些邻国发展起来，才算到来。"至于如何达到目标，邓小平同志说："只要有高度的智慧和战略的胆识，就一定可以完成。"[③]2008年以来世界金融危机对世界现存秩序再次产生重大冲击，历史再次将印度和中国战略合作的重要性提了出来，这需要中印两国政治家"高度的智慧和战略的胆识"来把握住这难得的历史契机。笔者试着从世界地缘政治体系及印度在其中的特殊位势来分析印度发展面临的安全风险，以及印度、中国安全合作尤其是海上安全合作的战略互补意义。

---

① 本文刊发于《太平洋学报》2010年第3期。

② "宁肯少些，但要好些"，《列宁选集》第4卷，人民出版社1960年版，第710页。

③ 邓小平："以和平共处五项原则为准则建立国际新秩序"（1988年12月21日），《邓小平文选》第3卷，人民出版社1993年版，第282页。

（一）资源是地缘政治及其制权理论演绎的逻辑原点

地缘政治，并不仅是与土地相关的学说，但却是从土地中诞生的学说。这么说有两层意思：一是生活资源是地缘政治学说演绎的逻辑原点；二是地缘政治学说本质上是关于人类生活，因而是扎根于土地而不是扎根天国星空中的学说。围绕生活资源，人类对地理的控制手段经过如下阶段的演变。

1. 制陆权

人类生产最初是要解决人类最基本的问题即吃饭问题，因此农业就成了人类生产最初的基础产业。这样土地，特别是农业耕地，就成了当时关乎人类生存的第一资源。自然经济条件下，土地资源的占有量及使用这种资源的人力即农业人口总量是决定国家力量的主要因素。中世纪时国家土地总量决定人口总量，人口总量决定国家地租和赋税总量。应征参军是中世纪农民向国家交纳贡赋的形式之一，因此，地广意味着人多，人多意味着财源（贡赋）多和兵源多，兵多粮多则意味着王朝或国家强盛。这样便出现了以攻城略地为目的的制陆权学说。中世纪对世界政治产生重大影响的国家，几乎都是拥有强大制陆权的国家。中国是中世纪具有世界影响力的大国，也是当时世界文明的重心之一，其地缘政治学说中的陆权理论和实践也相应比较发达。“武经七书”[①]为中国古代选拔将领考试内容之一，而制陆权则是其中的绝对主题。

2. 制海权

但是工业革命出现以后，人类的生存方式和获取财富的生产方式发生了变化。过去是以简单扩大再生产保障生存，现在则是以内含扩大再生产以保障生存，这时的生存已是发展意义上的生存。在工业革命出现后，发展成了决定国家兴衰的“硬道理”[②]。这时是价值而非使用价值，是资本而

---

① “武经七书”是宋神宗元丰年间（1078～1085）选编颁行的武学必读的七部兵书，它包括《孙子》、《司马法》、《尉缭子》、《六韬》、《吴子》、《三略》和《唐李问对》。南宋高宗时，“武经七书”为选拔将领考试内容之一。

② “要注意经济稳定、协调地发展，但稳定和协调也是相对的，不是绝对的。发展才是硬道理。”邓小平：“在武昌、深圳、珠海、上海等地的谈话要点”，《邓小平文选》第3卷，人民出版社1993年版，第377页。

非货币成了主导人类生产的目标；于是无限利润而非有限的实物贡赋，储量巨大的矿产资源而非有限的农业耕地等，就成了资本主义工业化时代国家发展的基础和国家之间竞争的目标。拿破仑对此有清醒的认识，他说：“以前对于财产只有一种说法，就是土地的占有；但是现在兴起了一种新型的财产，这就是工业。”[①]以利润为目的的资本主义工业发展需要动力、科技和资源，在这种情况下，仅靠地租所获显然没有竞争力。结果是像英国小说作家哈代（Thomas Hardy，1840～1928）在《苔丝》（1891）中所描写的那样：农民总竞争不过工人，地主总竞争不过资本家，其原因是工业品技术含量高于农业品。这样便出现了人类经济活动重心从农业向工业转移，而暴力也成了这种转移的重要助推力。18和19世纪，英国的纺织品质量远不如印度，英国在征服印度的同时，也把印度的纺织业用暴力人为地摧毁。在一百多年的时间里，印度就由一个富饶的东方大国迅速衰落。[②]1813年前，印度大体上是出口贸易国家，可到19世纪中叶，印度已经变成英国工业的主要国外销售市场。1850年，英国对印度输出总价值已达802.4万英镑，其中棉织品一项即有522万英镑，占英国对外出口总值的1/8，占棉纺织品对外输出的1/4。在棉纺织业成为英国经济命脉的同时，印度也成为英国纺织业的命脉。[③]这说明世界性的财富转移或国家经济安全利益的维护，本质上不是靠贸易谈判而是靠暴力实现的，有些学人只告诉南方国家要靠勤劳致富，但历史的经验则是，致富更要靠政治，靠军事国防。19世纪印度和中国的财富向西方转移，都是从西方列强对这两个国家的军事胜利开始的。有趣的是，中国文字“钱”那双“戈”叠架的造型所表达的含意与这个判断正好吻合。

---

① 转引自[德] 弗里德里希·李斯特著《政治经济学的国民体系》，陈万煦译，商务印书馆1983年版，第69页。

② 马克思在“不列颠在印度的统治”一文中指出：“不列颠侵略者打碎了印度的手织机，毁掉了它的手纺车。英国起先是把印度的棉织品挤出了欧洲市场，然后是向印度斯坦输入棉纱，最后就使这个棉织品的祖国充满了英国的棉织品。从1818年到1836年，大不列颠向印度输出的棉纱增长的比例是1∶5200。在1824年，输入印度的英国细棉布不过100万码，而到1837年就超过了6400万码。但是在同一时期，达卡的人口却从15万人减少到2万人。”见《马克思恩格斯选集》第2卷，人民出版社1972年版，第65页。

③ 周一良、吴于廑主编：《世界通史》（近代部分·上册），人民出版社1972年版，第230—231页；关于英国这一时期对印度的暴力掠夺可参阅同引书第225—233页。

全球化是资本的本性，正是资本才使世界被纳入一个体系，才实现了“历史向世界历史的转变”[①]。因此，资本全球化并不是近些年才出现的，而是随资本诞生而出现的。而贯穿其中的则是不变的暴力征服。在18和19世纪，资本主义的暴力表现为赤裸裸地对殖民地的掠夺，而到20世纪，即使在殖民地国家独立之后，西方仍是通过暴力（比较典型的是20世纪末的海湾战争、科索沃战争以及21世纪初的阿富汗战争、伊拉克战争等）为资本在其全球化进程中的优势地位开辟道路，迫使“南方国家”为“北方国家”提供廉价原料和市场。这时的世界矛盾仍是中心和外围的矛盾。与以往不同的只是，原先隐藏于商品内部的价值和使用价值、继而劳动和资本、工人和资本家的国内矛盾这时已外移为世界性的南北矛盾。邓小平对此一语中的，他说：“南北问题是核心问题。”[②]

这样，一国经济的发展，已走出国界并与世界市场和世界资源相互依存为一体。国家经济竞争力更多地表现为对世界市场和资源的拥有总量及其控制能力。而与世界联系的最方便的载体就是海洋，最简捷的途径就是海上通道。在资本全球化时代，谁拥有强大的海军并有效地控制海上通道，谁就在国际利益分割中居优势地位。因为与陆地相比，大海是各大陆板块之间最方便的通道，控制海洋就能够及时地让世界资源流向本国。这正如医生重视血液检验一样，医生可通过血液了解身体病因所在，也能通过血液以最短的时间将药效送到身体发病部位。英国和美国都是随其民族资本崛起而崛起的国家，它们的发展随海军向世界扩张并依靠海军控制了

① “世界历史”，黑格尔术语，是指一个建立在工商业基础上开放和相互联系的世界。工业文明以前的历史在他看来只是“历史”，即处于“非历史的、没有开发的精神”阶段的历史，是“非历史的历史”。他以非洲为例说：“我们对于阿非利加洲正确认识的，仍是那个‘非历史的、没有开发的精神’，它还包含在单纯自然的状态之内，可是在这里只能算做在世界历史的门限上面。”（参阅[德]黑格尔著《历史哲学》，王造时译，世纪出版社集团、上海书店出版社2001年版，第108、102页。）马克思借用黑格尔概念将前者向后者的转变称为“历史向世界历史的转变”。（《马克思恩格斯选集》，第1卷，人民出版社1972年版，第51页。）

② “现在世界上真正大的问题，带全球性的战略问题，一个是和平问题，一个是经济问题或者说发展问题。和平问题是东西问题，发展问题是南北问题。概括起来，就是东西南北四个字。南北问题是核心问题。”邓小平：“和平和发展是当代世界的两大问题”（1985年3月4日），《邓小平文选》第3卷，人民出版社1993年版，第105页。

世界。所以在资本全球化时代，制海权强大的国家往往也就是财富大国，这与自然经济时代陆权大国就是财富大国的道理一样。1588年英国击败海上霸主西班牙，此后它也就成了世界财富的中心。

改革开放以来，中国人日益意识到制海权对中国发展的重要性。今天中国经济的对外依存度已近一半，石油进口大部分都要通过海上运输。在这样的条件下，要我们不关心海洋是不可能。人的经济利益走向哪里，人的关心焦点就投向哪里。但利益并不是靠美丽的口头承诺而是靠枪杆子来保卫的。马克斯·韦伯说："部署一打舰只在一定时刻比掌握一打可以废止的贸易协定更有价值。"[①]伊拉克政府被美国颠覆后，原来伊拉克与一些国家签订的石油合同就作废了。既然是自由贸易，怎么能这样呢？但历史的事实是，贸易首先随炮舰而非随合同同行。任何一个贸易大国同时也都是海上力量大国。海军更多的是一种威慑力量。航空母舰多用于威慑。有人说，在导弹时代航空母舰已失去了作用，那可不对。如果在世界的另一端出了大事，能用远程导弹来解决吗？当然不能，还得国家外交配之以航空母舰出面来化解问题。西方人历来都是这么处理问题的，我们要重视这方面的经验，不能太书生气。制海权问题即世界问题。今天中国经济已深深地卷入世界市场，我们已不是昔日种地的农民。我们有多一半的石油来自中东地区，庞大的贸易要依托海外市场，因此我们必然对海洋、对中国之外的世界予以充分的关注。

中国面临的上述问题，也是印度面临的问题，印度不仅对世界贸易，而且对中东的能源有着深深的依赖，更何况印度那位于世界海权心脏地带的地理位势和直插印度洋中心的地理版图，都迫使印度将海洋尤其是印度洋视为其国家安全的命门。

这里需要说明的是，从浅海向深海延伸，是20世纪50年代以来世界大国制海权实践的重要变化。第二次世界大战前，世界大国的制海能力还处在海水平面和浅水海域；第二次世界大战后，特别是20世纪80年代美苏争霸中，其制海深度已达300米至900米的深海领域。[②]这种变化与第二次世界

---

① [美] 戴维·比瑟姆：《马克斯·韦伯与现代政治理论》，浙江人民出版社1989年版，第46页。

② 如苏联时期建造的阿库拉级核动力攻击潜艇和A级核动力攻击潜艇下潜深度分别可达750米和900米。可参阅张序三主编《海军大辞典·潜艇》，上海辞书出版社1993年版，第599页。

大战后制空权向太空延伸的进程正好吻合。

3. 制空权

军事技术的发展带来的直接结果是战争攻防空间的拓展。机械动力的出现使制陆权和制海权的拓展已覆盖世界主要区域；第一次世界大战前后，飞机的出现使战争攻防出现新的即低空领域，这样，制空权成了决定战争成败的重要因素，战争样式由此也就从平面转向立体：制陆权、制海权和制空权成了支撑现代战争的三大支柱。在第二次世界大战中，德国、意大利和日本由于率先获得制空权而赢得战争初期的主动权。

这里也需要说明的是，随着微电子、计算机，特别是航天技术和人造卫星技术的迅速发展，以至到20世纪下半叶，信息成了一种可控并因此对人类生活有重大影响的资源。比如一颗静止通信卫星大约能够覆盖地球表面的40%，使覆盖区内的任何地面、海上、空中的地球站能同时相互通信。在赤道上空等间隔分布的三颗静止通信卫星可以实现除两极部分地区外的全球通信。这样制空权便进一步向太空领域延伸。争夺太空就成了控制信息资源，并通过控制信息资源获得国家在世界各种资源分配中的优势地位的关键。1957年10月4日，苏联发射了世界上第一颗人造地球卫星。中国于1970年4月24日发射了人造地球卫星“东方红1号”。2001年10月，美国航天咨询公司蒂尔集团发表报告统计，1957年至2001年约有5070颗人造卫星被成功送入轨道。[①]人造卫星技术导致全球定位系统（GPS）的出现。这在军事领域再次引起新的革命。它使导弹精确打击和精确拦截成为可能。1984年，美国总统里根批准实施“星球大战计划”，其目标是建立一个多层次、多手段的反弹道导弹的综合防御系统。1990年，美国“爱国者”导弹拦截系统在海湾战争中初获战果；2002年6月，美国退出“反导条约”并大幅度地调整美国太空政策。这说明，世界大国制空权实际已从低空转向太空。需要说明的是，这个过程与上述制海权向深海推进的进程相吻合，但不同步。自20世纪50年代以来，太空技术还是世界大国国防资源优先倾斜的领域。但这里应当提前预警的是，随着太空技术竞争日趋饱和，争夺信息资源的战场将进一步转向深海。

① “研究报告称在太空运行的人造卫星超过600颗”，http://tech.sina.com.cn/o/2001-10-03/86787.shtml。

（二）世界体系中的现代地缘政治及其特征

在展开下面讨论之前，有几个概念需要提前定义。在以下行文中，如果从海洋方面强调世界地缘政治体系中心区域，笔者多选用“印度洋及其北岸”的概念，如从陆地方面强调世界地缘政治体系的中心区域，则多选用“大中亚”或“中亚”概念。现在也有人用“大中东”概念[①]，鉴于这个概念包括的范围过于宽泛，因而不能准确地表示我们所要讨论的“世界地缘政治体系中心”的内容。

1.“一个中心，两个基本点”是现代世界地缘政治体系的基本特征

“一个中心，两个基本点”是世界地缘政治体系的基本特征：从陆地上说，它是一个以大中亚（整个中亚、南亚和中东地区）为中心，以欧洲大陆和亚洲大陆为两翼的构造；从海上说，它是一个以印度洋为中心，以太平洋及其两岸地区和大西洋及其两岸地区为两翼的构造。

从制陆权的角度看，大中亚是世界地缘政治体系的中心。麦金德（Sir Halford John Mackinder，1861～1947）认为这里也是世界地缘政治的轴心。从古代希腊的亚历山大（Alexander the Great，公元前356～前323年）到蒙古帖木儿（Timur–I–lang，1336～1405），再到苏联的勃列日涅夫，历史上凡是造成世界性扩张的陆上帝国多发轫或结束于大中亚地区。谁占领了中亚，谁就控制了世界：古罗马灭亡就与中亚民族迁移有关，而蒙古人征服欧亚大陆的关键是占据了作为世界地缘政治中心的大中亚地区。所以，欧亚大陆结合区域的大中亚是世界地缘政治体系的关键地带。除地理原因外，这一地区恰恰还是现代工业不可缺少的石油和天然气储藏量最丰富的地区。地缘政治与资源政治在大中亚地区的高度一致性，使中亚成了近现代世界性大国的必争之地。

从制海权的角度看，印度洋是世界地缘政治的海区中心。印度洋是世界级的海上交通要塞相对密集的海区，它西连曼德海峡，北衔霍尔木兹海峡，东接马六甲海峡，南面有莫桑比克海峡、南非好望角，都是国际大宗能源、矿产资源及粮食运输必经要道。位于印度洋北岸并被称为“亚洲命运的旋转门”的阿富汗一向是海陆大国争夺世界霸权“大规模汇合的地点

① 陆卓明：《世界经济地理结构》，中国物价出版社1995年版，第194页。

之一”。[①]

此外，南印度洋西岸的非洲地区储藏丰富的战略矿产资源进一步提高了印度洋在世界地缘政治体系中的地位。世界已知铬矿的96%在南非、津巴布韦；南非占世界石棉的1/10，黄金1/2，锰矿1/3，铀矿1/5，金刚石1/3。交通运输方面，欧洲国家所需的石油的80%、其他战略原料的70%，都是通过好望角海路运往欧洲的。而位于印度洋西北岸的波斯湾为世界最大石油产地和供应地，这里已探明石油储量占全世界总储量的一半以上，年产量占全世界总产量的1/3。所产石油，经霍尔木兹海峡运往世界各地，素有“石油宝库”之称。中东是最大的石油输出地区，所产石油75%用于出口；世界石油进口国主要是美国、西欧和日本， 2000年它们进口石油占世界各国进口总量的62.1%。其中，美国是世界第一大石油进口国。随着中国的发展，海湾地区对中国的战略利益日益重要，2001年，中国从海湾地区进口的原油份额高于世界其他地区，占原油进口总量的56.2%。中东是世界石油出口量最大的地区，约占世界总出口量的45%。[②]美国前总统尼克松在《真正的战争》一书中认为：“欧洲把基本能源从它自己的煤改为进口的石油，这一点大大改变了世界的地理政治结构。中东长期以来是亚洲、非洲和欧洲交界的十字路口。现在中东石油成了现代工业生命所必需的血液。波斯湾地区就是把这种血液输送出来的心脏。波斯湾附近的海路是输送维持生命的血液所要通过的咽喉。”

2. 地缘政治与资源政治的统一是现代地缘政治的本质特征

现代工业及其生产方式的出现对世界地缘政治理论产生了革命性的影响。如果说，以前的学者和政治家们是从争霸对手所在地理位置及军事和商

---

① [美] 尼克松著：《真正的战争》，常铮译，新华出版社1980年版，第11页。

② 2001年中国原油进口来源国家及份额（资料来源：国家海关总署）

进口地区	地区份额	国别（依次排列，未超过2%的不注明份额）
中东国家	56.2%	伊朗（18%）、沙特阿拉伯（14.6%）、阿曼（13.5%） 也门（3.8%）、科威特（2.4%）、卡塔尔（2.2%）、阿联酋、伊拉克
非洲国家	22.5%	苏丹（8.3%）、安哥拉（6.3%）、赤道几内亚（3.6%）、喀麦隆、尼日利亚、刚果、利比亚、加蓬
亚太地区	14.4%	越南（5.6%）、印度尼西亚（4.4%）、马来西亚、文莱、澳大利亚、泰国、巴布亚新几内亚、蒙古
欧洲中亚	6.9%	俄罗斯（2.9%）、挪威、哈萨克斯坦、英国

转引自刘新华、秦仪著“中国的石油安全及其战略选择”，载《现代国际关系》，2002年第12期。

业贸易的角度理解地缘政治利益重心所在的话，那么，随着20世纪太平洋地区大国的崛起及其对世界资源需求迅速扩大，战略家们日益注意到：在现代市场经济中，不仅市场决定生产，而且资源也决定生产。一国的实力不完全取决于该国的生产力总量，而决定于该国可绝对控制并能稳定地获取世界资源的总量；一国在全球政治中的胜负兴衰，不再单纯地决定于它所表现出的财富总量，而决定于保证这些财富不断得以产出从而使生产稳定、持续、健康发展的资源占有量；国家的失败，不再表现为国家财富的丧失，而表现为国家生产这些财富的生产力及支撑这种生产力的海外资源供应线路，特别是控制这些线路的军事力量的丧失。因此，这一时期的地缘政治不再仅仅是一个单纯争夺控制世界地理要道和控制世界市场的理论，它已深化为以控制世界资源为中心的理论。在他们的理论中，控制世界不再是以控制某一地区为前提和目标，而是以控制世界资源贮藏丰富和开发条件最好的地区为前提和目标；这时的地缘政治学说，已是一个随资源中心变化而变化的动态学说，而不再仅仅是“地理决定外交”的静态学说；特定时期人们对贮存于特定地区的特定资源的需求程度规定着世界地缘政治的重心所在，也就是说，这一时期的资源中心就是世界体系中的地缘政治的中心。如果说，以往的地缘政治是对手确定战略的话，那么，新的地缘政治逻辑则是，资源决定战略：谁控制了资源，谁就控制了世界。

资源价值与地缘价值在时间和空间上合二为一并以前者为主要矛盾的主要方面，是现代地缘政治理论的鲜明特色。在这新的视野中，印度洋和大中亚在世界地缘政治体系中的关键意义再次得到大国政治家的高度重视。大中亚和印度洋地区丰富的矿藏资源和海陆要道使其成为世界地缘政治的中心。地缘政治与资源政治的统一，是现代地缘政治学说的本质特征。

鉴于此，尼克松得出结论认为：“谁在波斯湾和中东控制着什么的问题，比以往任何时候更加是谁在世界上控制着什么这一问题的关键。”①

3. 中亚是世界地缘政治的中枢，也是世界霸权的坟墓

上面已经分析了世界地缘政治体系的基本概貌，现在我们将注意力集中在世界地缘政治体系的中心区域。

自从苏伊士运河开通并由此贯通印度洋与地中海之后，印度洋北岸地区

---

① [美]尼克松著：《真正的战争》，常铮译，新华出版社1980年版，第91—92页。

就成了大国地缘政治利益交汇最密集并飞蛾扑火般涌入的区域。历史经验表明，这一世界地缘政治资源最为丰富的地区，也是终结世界霸权的地区。

法国大革命时期，英法两国矛盾尖锐。为了打败英国，拿破仑不是直接进攻英国而是出兵埃及，并企图最终占领印度并控制印度洋，目的是从英国的大后方击败英国。拿破仑深知对英国这样的国家而言，从资本外围地区打击它比直接进攻其本土更能达到釜底抽薪的效果。[①]但拿破仑在其海军在地中海被英国纳尔逊的舰队打败后不得不放弃这个计划。拿破仑帝国之后，紧接着就是俄国跟英国的长达百年之久的“冷战”。他们从欧洲争霸开始，到阿富汗争霸结束。德国崛起后，英俄两国必须妥协以应付新的多极化形势，于1907年签了关于阿富汗利益分割的协议，英俄长达百年的“冷战”终于在中亚和平结束。第二次世界大战后，美苏争霸路线从大西洋和太平洋两翼开始，最后也在中亚阿富汗结束。这是19世纪俄国与英国的争霸路径在更大范围的重复。

历史表明，大国力量增值于地区性守成，消释于世界性扩张。而中亚在世界地缘体系中的轴心地位反使其往往成为大国争霸的终结点。这是因为，当大国力量触及中亚的时候，其国力透支性扩张也基本达到尽头。从古代罗马到当代美国，没有一个国家的国力可以长期独霸世界，更没有一个大国的军事力量可以长期独控中亚。这条经验告诉我们，地区性守成——这是俾斯麦在德国统一后始终坚持的外交原则，也应是中国未来外交遵循的基本策略。中国决不能走当年德国皇帝威廉二世在世界全方位扩张的道路。长期守成式地经营亚洲，才能使中国长期立于不败之地。毛泽东“深挖洞，广积粮，不称霸”的思想，邓小平的成为“中等发达国家”的目标，其中都贯穿着长期坚持地区性守成，不做超级大国的国策理念。美国小布什重蹈德国威廉二世的老路，冲进中亚，自封为世界霸主，从历

---

① “拿破仑曾经锋芒毕露地说过，在世界当前的情况下，任何国家要想采用自由贸易原则，必将一败涂地。就法国商业政策来说，他在这句话里所表现的政治智慧，超过了他同时代一切经济学家在他们著作中所表现的。这位伟大的天才，以前并没有研究过这些学说，却能明智地了解工业力量的性质与重要性，不能不叫人惊叹不置。他没有研究那些学说，这对于他，对于法国来说，真是一件好事。”［德］弗里德里希·李斯特著：《政治经济学的国民体系》，陈万煦译，商务印书馆1983年版，第69页。

史上看，这似乎还没有成功的先例。[①]

（三）印度洋及其北岸地区的地缘政治与印度未来安全

印度洋在世界海权体系的中心地位，尤其是印度洋北岸在世界资源政治中的中心地位使其成为近代以来世界霸权争夺的核心目标。在印度洋及其北岸地区有直接利害关系的大国是俄国、美国（第二次世界大战前是英国）和印度，他们之间是一种直接博弈的关系。欧洲和中国在这一地区的利害关系则属于间接博弈关系。

1. 印度洋北岸地区的大国地缘政治博弈

打通从中亚进入印度洋的战略通道，是自俄国彼得大帝以来所有俄国重要政治家的理想。彼得一世临终前在遗嘱中向后继者明确了他关于世界地缘政治的思想及争霸世界的战略目标："尽可能迫近君士坦丁和印度，谁统治那里，谁就将是世界真正的主宰。因此，不仅在土耳其，而且在波斯都要挑起连续的战争。在黑海边上建立船坞，在黑海边和波罗的海沿岸攫取小块土地，这对实现我们的计划是加倍必要的。在波斯衰败之际，突进到波斯湾，如有可能应重振古代与黎凡特（今中东和巴尔干南部）的贸易，推进到印度，它是世界的仓库。达到这一点，我们就不再需要英格兰的黄金了。"[②]

马汉曾从美国人的视角对俄国在印度洋的意图也有过分析，他说："不少人猜测俄国对印度也有野心。这如果是真的，那它就是从中间地带而不是两翼发起推进了。研究一下地图就可知道俄国在波斯的进展不仅会使它靠近海湾，也可能使它跨越阿富汗的山脉，如果暂不考虑阿富汗的艰辛环境和居民强悍性格所造成的困难。这样，俄国就能在阿富汗及其与北

---

① 2003年12月18日，俄罗斯总统普京举行电视现场直播的年度问答会，重申美国领导发动的伊拉克战争没有得到联合国批准，是不合理的。他说："我必须指出，在所有时代，大国、帝国总是因为一系列让其处境复杂化的问题而受到损害——这是一种无懈可击、不可一世、从不犯错的感觉。这种感觉总是伤害那些自称帝国的国家。我希望这种遭遇不会发生在我们的美国伙伴身上。""普京警告美国勿重蹈帝国衰亡覆辙"，http://www7.chinesenewsnet.com/gb/MainNews/Topics/2003_12_18_7_33_50_5.html。

② "彼得一世遗嘱"，转引自李际均著《军事战略思维》，军事科学出版社1988年版，第145页。

部地区的交通方面获取良好区位，从而便于进行针对印度的行动。”[①]

20世纪70年代末，勃列日涅夫在中亚发动了自斯大林时代以来最大胆和最直接的行动：直接出兵占领阿富汗。对此尼克松写道：“莫斯科已经打到离霍尔木兹海峡——西方石油咽喉上的战略性控制点——不到三百英里的地方。从阿富汗西南部的基地，米格战斗机能够飞到海峡，而在这以前，它们是飞不到这个地方的。”尼克松分析说：“整个西方联盟战略地位取决于可靠地获得波斯湾的原油。而这则需要我们成功地制止苏联为在这个地区获得占统治地位的影响所作的努力。”最后，尼克松呼吁美国政府“不仅必须作好准备，而且还必须使人们看到我们作好了准备。我们必须表示这种意志。我们还必须拥有可以使用的力量。我们在保卫我们在波斯湾的利益时可能冒有风险。可是，如果我们不去保卫这些利益，我们就会冒大得多的风险”。[②]

20世纪，大国在阿富汗的争霸并未随苏联解体而结束。在1999年波兰、匈牙利和捷克加入北约的同时，美国借科索沃战争成功地将其影响力首次嵌入俄国的传统势力范围——巴尔干半岛。2001年，美国借“9·11事件”将军事力量投入阿富汗。这样从西南两向堵死了俄国南下地中海和印度洋的陆上通道。在往后的若干年内，美国将通过整合中亚各种战略力量，逐渐消化在中亚已取得的地缘政治利益，以确保美国在印度洋北岸地区的制陆权和对印度洋的制海权。为此，布热津斯基1997年就开始为美国未来的地缘政治谋篇布局。关于中亚地区，他说：“美国的首要利益是帮助确保没有任何一个大国单独控制这一地缘政治空间，保证全世界都能不受阻拦地在财政上和经济上进入该地区。”针对遏制俄国南下的战略目标，布热津斯基将阿塞拜疆、乌兹别克斯坦和乌克兰列为该地区美国必须“给予最有力支持的国家”，并认为“这三个国家都是地缘政治的支轴”。[③]其中，处于中亚中心位置的乌兹别克斯坦则最具战略意义。2003年11月，布热津斯基在接受俄罗斯《独立报》访谈中，当问及在2003年年底是否有必要对20世纪90年代写的《大棋局》中的观点进行修改的问题时，

---

① [美]马汉著：《海权论》，萧伟中、梅然译，中国言实出版社1997年版，第231页。

② [美]尼克松著：《真正的战争》，常铮译，新华出版社1980年版，第108、115—116页。

③ 参见[美]兹比格纽·布热津斯基著《大棋局——美国的首要地位及其地缘战略》，中国国际问题研究所译，上海人民出版社1998年版，第197—198页。

他说：“我认为没有必要做大的原则性修改。显然，出现了新情况，事态发展有了新特点，这些不能不引起注意。”他再次强调“从战略的角度看，乌兹别克斯坦是中亚的一个关键国家”，“乌兹别克斯坦是这一地区最重要的国家，因此美国如此重视与它的关系”。[①]2003年11月，格鲁吉亚发生亲美政权更迭，中亚的西大门向西方彻底敞开。2008年8月8日，第29届奥运会在“同一个世界，同一个梦想”的主题下在北京开幕的时刻，格鲁吉亚在美国的支持下向南奥塞梯发起攻击，但遭到俄罗斯的有力遏止。

随着中国近年来的快速发展及对中东地区能源的需求的急速增加，中国对其在中亚地区的地缘政治利益倍加关注。随着中国西气东输工程已经完工，中国东中部地区经济发展就与中亚富油地区的稳定息息相关。1996年4月26日，中国、俄罗斯联邦、哈萨克斯坦、吉尔吉斯斯坦、塔吉克斯坦五国元首在上海举行首次会晤，建立“上海五国”会晤机制。2001年6月14—15日，中国、俄罗斯、哈萨克斯坦、吉尔吉斯斯坦、塔吉克斯坦和乌兹别克斯坦六国元首在上海签署了六国联合声明。无疑，今后中国将会在与中亚各国日益紧密的经济联系中扩大在中亚地区的地缘政治利益，保证中国西气东输管道西端能源的稳定供应。

2. 位于世界地缘政治体系中心位置的印度安全

如果说历史上中亚地区大国关系本质上是英国及其后继者美国与俄国的博弈关系，那么，在印度洋地区的大国关系，则更多地表现为英国及其后继者美国与印度的博弈关系。关于这一点，印度人的认识具有悲剧色彩。

自印度独立后，印度洋的制海权从英国手中转到美国手中，印度始终对其海上安全保持警觉。印度现代海权理论的奠基人潘尼迦（K.M. Panikkar）认为：

> 第二次世界大战结束后，美国成了至高无上的海军国。不错，它还没有能搞成世界海权国必备的一系列基地、油站、船坞等，但是从它在对日战争中所表现的海军联合作战规模之大，以及从它在海军建设中强调航空母舰的重要，都说明了美国海军可以远离基地作战，实际上是爱

---

① “布热津斯基寻找安全模式——华盛顿与塔什干的合作保证着中亚的稳定”，俄罗斯《独立报》2003年11月11日。

在哪里动手，就可以在哪里动手。它在太平洋上有珍珠港和马尼拉，又占领了从前日本手里的雅浦岛和关岛，真是不可一世。而对印度洋，美国战后确也搞了不少名堂。美国在阿拉伯、中东、巴林群岛的油权，表明了它同印度洋区域的联系正在大大增长。就是对伊朗的统一，阿富汗的建设，美国也是兴趣很浓。实际上，由于美国奉行到处“遏制”共产主义的政策，所以各国沿海，凡是共产主义可能插足的地方，此刻都成了对美国安全有关的地区。战后的世界形势给印度洋带来的对立局面如此，它很可能又一次把印度变成一个主要的战略性战场。①

更令人敬佩的是，潘尼迦发表上述见解的时间是中国和印度双边关系最吃紧的1962年。而潘尼迦能被任命为首任驻华大使，这不能不说与尼赫鲁本人对第二次世界大战后印度安全大战略的考虑有关。

印度独立后首任总理尼赫鲁在对印度共和国历史有深远影响的《印度的发现》一书中说：

印度以它现在所处的地位，是不能在世界上扮演二等角色的。要么就做一个有声有色的大国，要么就销声匿迹，中间地位不能引动我，我也不相信中间地位是可能的。②

这里需要提及的是，有些中国学者写文章将尼赫鲁这句名言当作印度首届领导人在南亚地区“推行强权政治”和“印度中心论”的霸权主义心态的表白③，其实，这是对尼赫鲁思想的误读。对于长期受英国文化教育，并对英国地缘政治学说有深刻理解的尼赫鲁而言，他在这句话中所表达的与其说是地区“强权主义”的野心，不如说是表达了他对存在于世界地缘政治体系中的中心海区并拥有巨大版图的印度能否长期完整存在的前途的

---

① [印]潘尼迦著：《印度和印度洋——略论海权对印度历史的影响》，德隆等译，世界知识出版社1965年版，第83—84页。

② Jawaharlal Nehru, *The Discovry of India*, Teen Murti House, 1999, p.56.

③ 姜兆鸿、杨平学著：《印度军事战略研究》，军事科学出版社1993年版，第106、133页。

不安和忧虑。①

印度的安全取决于印度洋的安全。1998年印度人民党竞选获胜，为了扭转日益恶化的安全困局，印度人民党政府日益重视印度洋安全。印度在成功拥有核武器的基础上，逐渐将国防资源向海上防务倾斜。据印度国防部年度报告：1996年到2000年的国防支出中，陆军军费支出年均递增15%；空军约9%；海军约18%。② 2000年之后，印度国防资源向南倾斜的趋势越发强劲。如下表所示：

1999～2008年印度国防费按部门支出及所占比例（亿美元）

年份	陆军	空军	海军	研发	其他
1999	53.18(52.3%)	23.14(22.7%)	14.76(14.5%)	4.39(4.32%)	6.29(6.2%)
2000	59.28(42.7%)	23.74(16.4%)	15.67(13.%)	6.44(4.6%)	33.82(25.0%)
2001	76.82(52.3%)	25.43(17.3%)	18.48(12.6%)	6.98(4.7%)	39.25(26.7%)
2002	74.35(51.4%)	24.92(17.2%)	18.14(12.5%)	6.96(4.8%)	20.24(14.1%)
2003	67.75(49.3%)	24.35(17.7%)	16.54(12.0%)	6.25(4.5%)	22.50(16.5%)
2004	70.16(45.3%)	29.98(19.3%)	21.95(14.1%)	7.44(4.7%)	25.58(16.6%)
2005	79.69(40.5%)	50.67(25.9%)	22.46(11.4%)	8.70(4.4%)	34.96(17.8%)
2006	92.86(42.0%)	52.95(24.1%)	33.46(15.2%)	12.30(5.6%)	29.23(13.1%)
2007	92.51(41.2%)	50.24(22.4%)	34.2(15.3%)	12.00(5.4%)	35.27(15.7%)
2008	113.98(39.8%)	68.30(23.8%)	43.64(15.2%)	15.01(5.2%)	45.78(16.0%)

备注：括号中的数据为各部门占国防总支出金额的比例。
来源：根据《中国国防经济》2009年第3期提供资料整理。

由上表可知，从1999年到2008年期间，印度陆军军费增长了114.7%，但在国防总支出中的比例却下降了23.9%，空军和海军军费增长了195.2%和195.7%，其在国防总支出中的比例却增长了114.7%。这说明印度核武器试验后，印度的国防安全重心及相应的国防资源加速地向印度洋倾斜。

造成印度军费投入这一变化的原因是冷战结束后日益恶化的印度的安

① 曾任印度总督的寇松称："没有印度就没有大英帝国。"转引自周一良、吴于廑著《世界通史・近代部分》（下册），人民出版社1962年版，第262页。关于尼赫鲁对印度洋海权对印度历史命运的认识，参见 Jawaharlal Nehru，*The Discovry of India*，Teen Murti House，1999，ch. Six，sec. "*The Indo-Afghans.South India.. Vijayangagar. Bagar Sea power*"，p.237.

② 据Indian Defence Yearbook 2001（Natraj Publishers，India）提供的数据计算整理。

全环境。这不仅由于印度经历了美国发起于印度洋的海湾战争（1991）、阿富汗战争（2001）和伊拉克战争（2003）及其毁灭性的后果，而且还由于印度海上防务力量与美国在印度洋的军事存在严重不对称的现实。印度在印度洋地区已建立了以印度本土为依托的东自安达曼—尼科巴群岛，西到拉克沙群岛的海上防务体系，但这个体系也遭到美国北从阿富汗、沙特阿拉伯，南到迪戈加西亚岛的海陆打击力量的纵向切割。尤其是美国在印度洋上的军事力量经过海湾战争、阿富汗战争和伊拉克战争的牵动，日益向印度大陆逼近收紧。

印度政治家注意到印度洋的制海权日益向美国人手里集中，而不是像20世纪70年代、80年代那样被分散在苏美两家手中。冷战时期，作为印度洋东西屏障的中南半岛和巴尔干半岛都在苏联人手里，印度因支持苏联在阿富汗和越南在柬埔寨的军事行动而与苏越形成准同盟关系。也正是在这样的大背景下，印度于70年代初才可能肢解巴基斯坦和吞并锡金。苏联解体后，印度洋西翼的巴尔干已脱离俄国的影响。在印度洋地区，美国不仅全面剥夺了俄罗斯在苏联时期的制海权，而且在一定程度上也获得了印度洋北岸的部分制陆权。“9·11”后，美国在印度洋面上对阿富汗和伊拉克实施的快速有效和毁灭性的军事打击，不能不在视印度洋为第一生命的印度领导人的心理上投下重重的阴影，并引起他们的强烈的外交反弹。

就在美国于2001年年底从印度洋上发起对阿富汗军事打击不久，印度海军参谋长马德维德拉·辛格海军上将于2002年1月19日在印度南部港口城市科钦表示，印度军队拥有可信的反击能力，其所能造成的破坏程度超出对方的想象。印度海军拥有的火力已超出“足够”的范围，能执行任何类型的作战任务。在回答印度海军是否已在军舰上装载了核武器时，他强调，任何奉行“不首先使用核武器”的国家都会确保拥有海陆空三位一体的“第二次打击”的核能力。2月8日，印度和俄罗斯签署一个涉及范围广泛的军事协议，为双方即将进行的数十亿美元的军火交易奠定基础。此前（2月6日）美国《世界网每日新闻》转载美国战略预测公司《印度扩展核能力》文章评论道：“印度的采购单清楚地反映了三个问题。第一，印度在集中发展海上能力。第二，它的战略计划范围已经扩大，并非专门针对巴基斯坦的威胁。第三，印度真正想成为一个核大国”，“它突出反映了新德里决心发展能够威慑南亚任何挑战的三位一体战略核力量，并使印度取得该地区霸权地位。这是印度防务决策的主要目标。”“9·11事件”后，与美国投兵于阿富汗的方向相反，印度却着手加强其在印度洋的防御力量。2001年9月18日，印度国防部宣布成立安达曼—尼科巴战略防御司令部，它与印度大陆西侧的海军及印度大陆的陆军相呼应，在空军的配合下形成强大的陆海空一体化的综合国防力量，并对美国在印度洋上的迪戈加西亚基地形成掎角攻势。

为了消除长期以来国防布局存在的南北掣肘的被动局面，将有限的国防资源集中用于确保印度洋安全，印度在成功核试验造成的国际震荡基本平息后，果断采取步骤，在缓和印巴冲突和改善对华关系方面迈开较大的步伐。

2003年4月，印度总理瓦杰帕伊在向巴基斯坦伸出“友谊之手”之后，于6月访问中国。双方签署了《中印关系原则和全面合作宣言》。在这份文件中，印度政府首次明确承认“西藏自治区是中华人民共和国领土的一部分”。这一承诺的意义在于，印度基本放弃了用分裂西藏的方式在印度北方建立中印缓冲区的安全战略。11月14日，中国和印度在上海附近海域举行有史以来第一次军事演习。2005年4月，温家宝总理访问印度，中印双方签署了解决边界问题的政治指导原则。这是双方建立边界问题特别代表会晤机制后取得的重要成果，标志着双方在朝着最终解决长期悬而未决的边界历史遗留问题迈出了重要的一步。双方确认要以和平友好方式，本着相互尊重、互相谅解的精神，一揽子解决边界问题。双方边界问题特别代表将继续进行会晤和磋商，努力争取早日解决边界问题。

2008年1月，印度总理访华。双方一致强调，中印不是竞争对手，而是合作伙伴，要做好邻居、好朋友、好伙伴。双方发表了关于21世纪的共同展望文件，文件高度凝聚了中印就当今国际形势、两国关系及两国关系中的一些问题达成的重要共识，它向世界发出了中印两国要相互支持，共同发展、共建和谐世界的积极信号。辛格总理强调印度将继续恪守一个中国政策，不支持“台独”，不支持台湾“加入联合国”。双方决定提高相互经贸投资的水平，加强在能源、科技、环境等领域的合作。双方对两国双边贸易的发展提出了更高目标，即到2010年，双边贸易额要达到600亿美元；双方同意要择机启动两国关于区域贸易安排的谈判。要设立中印交流基金，鼓励两国人员特别是青少年交往；将2010年确定为举办“印度年”、“中国年”的年份；还要加强两军的交往、防务对话，要在适当时候举行两军第二次反恐联合训练。双方也一致同意要进一步密切在国际和地区问题上的磋商与配合，共同应对传统和非传统安全领域的挑战。

3. 印度未来安全依赖于中国的发展

2003年6月印度总理瓦杰帕伊在北京大学演讲时，间接引用了邓小平的名言说：如果中印携手，21世纪必将是亚洲的世纪。[①]这句话婉转地表达了瓦杰帕伊对中印关系40多年曲折的看法，即如果中印之间还不能再次携手，21世纪仍不能成为亚洲的世纪。

这是一个重要判断，它不仅适用于启示今天，也适用于总结昨天。

1923年，列宁寄希望于印度、中国等东方国家，希望它们能呼应俄国的社会主义的胜利，他说：“斗争的结局归根到底取决于这一点：俄国、印度、中国等构成世界人口的绝大多数。”[②]印度独立和新中国成立后，中国、印度、苏联三国在20世纪50年代初有过一段蜜月时期，1950年中国抗美援朝更使中苏关系具有战略同盟的特点。 苏共二十大后，苏联实行机会主义外交。1957年赫鲁晓夫认为只要美苏“两个最强大的国家”达成协议，“世界局势就将大大好转”。1959年9月，赫鲁晓夫访问美国，两国首脑举行戴维营会谈。会谈被苏联概括为以苏美合作主导世界的“戴维营精神”。此后，苏联开始抛弃中苏同盟关系，1960年年初，苏联从政治和经济上全面与中国拉开距离。与此同时，印度在外交上转入“不结盟运动”。1962年，中印发生边境冲突，1969年，中苏发生边境军事冲突，至此，中国、苏联、印度三国自50年代以来的良性互动关系从高峰跌入低谷。70年代，苏联在中苏边界大兵压境，勃列日涅夫从世界范围向美国发起全面攻势。美国节节败退。印度乘机造成巴基斯坦与孟加拉的分离。1972年，美国总统尼克松访问中国请求与中国合作。此后中美之间形成反对苏联霸权的盟友关系，美国从亚太困境中由此得以抽身，全力反击苏联的扩张，最终导致苏联在阿富汗战争引发的国内危机中解体。苏联解体后，美国并未就此停步，开始从印度洋东西两侧全面回收苏联时期的地缘政治遗产，

---

① “印度总理瓦杰帕伊北大演讲 ”，http://www.pku.edu.cn/news/xiao_kan/newpaper/994/1-2.htm。

② “宁肯少些，但要好些”，《列宁选集》第4卷，人民出版社1960年版，第710页。

并在北约东扩的同时，在西太平洋地区再次拉起意在堵截中国的从日本经台湾地区到澳大利亚的环岛链条。其间，印度再次以反华为借口，成功核试并成为事实上的有核国家。这引起美国对其在印度洋制海权的担忧。新世纪伊始，小布什上台后立即挥师印度洋并向中亚发起一连串的战争。

现在，美国军事力量已压入印度洋北岸，而在俄国、中国、印度这三个远东最大的国家中，俄国已经随苏联解体而衰落；就像多米诺牌一样，整个压力已推向中国。为了孤立中国，美国在中亚驻军后又开始拉拢印度，这无疑对印度是个机遇：印度可以从其机会主义外交政策中获取更多的安全空间和安全资源。但可以肯定的是，如果中国像苏联一样倒下，接下来美国打击的对象只能是印度；而且，在尼赫鲁预见的“有声有色”和“销声匿迹”的两种结局中，印度很可能被迫接受后者。

丘吉尔曾将印度比喻为“英王皇冠上的那颗真正最为光亮而珍贵的宝石”。[①]西方人清楚世界地缘政治的中心在北印度洋。印度在其间又占据着关键位势。西方霸权国家明白占领印度，就占有了中亚资源和世界制海权的心脏。印度洋是地缘政治利益最密集的地方，是西方控制世界的关键海区，而只有像近代英国那样全面占领印度，才能彻底地控制世界资源和世界政治。从这个意义上来说，印度在未来面临的安全压力要比中国大得多。印度政治家现在跟美国打交道虽然有机会主义的成分，但其危险的处境他们也是非常清楚的。这一点我们可以从尼赫鲁写的《印度的发现》一书中体会出来。尼赫鲁在当时是对英国地缘政治思想理解比较深入的政治家，他知道印度生活在世界政治矛盾的火山口即世界海权的要害地区，所以他认为印度如果不能崛起为“有声有色”的大国，就必然要“销声匿迹”即面临被肢解的结局。

长时间以来，印度的国防总是在北方和南方之间徘徊。北方山区是古代印度的防务重心，而南方海区则是近代印度的防务重心。印度拥有核武器后，印度政治家们对北方安全的担忧已大为缓解，中印两个有核国家发生大战的可能性基本消失。这也是造成印度近几年来的国防投资迅速向海上倾斜的重要原因之一。印度政治家们已充分认识到未来印度国防的主要矛盾在海上。他们同时也可能意识到，中国的发展对印度的未来安全有正

① 转引自 Jawaharlal Nehru: *The Discovry of India*，Teen Murti House，1999，p.438.

面意义：如果中国真的垮下去，印度在印度洋面对的霸权压力将不可承受；西方绝对不允许有像印度这样一个有民族个性的核大国控制甚至存在于印度洋。鉴于印度洋安全压力的增大，核试验之后，尽管印度一些政府官员在不同的场合通过攻击中国为本国核试辩解，但迄今为止，印度却没有采取什么有实质性的挑衅中国的外交举动，更值得玩味的是，印度一方面明修“中国威胁”的栈道，另一方面，其国防重心却在往印度洋暗度陈仓。当核试产生的外交震荡过后，印度就采取措施改善与中国的关系。

4. 印度扩大在印度洋的作用有利于中国的发展

从中国方面看，印度在印度洋的发展有利于中国安全。印度越向印度洋发展，中国藏南边陲就越安全。同样，印度在印度洋的影响力越扩大，对美国世界霸权力量的牵制就越大。印度洋是西方的能源心脏，在全球战略中也是西方人优先考虑的目标。俄罗斯的对印政策的主线是扩大印度在印度洋上的作用：它将大量军事装备，特别是海上作战装备卖给印度，支持他们发展海上力量。印度有人说发展海军为了“遏制中国”，其实，这是在瞒天过海：要遏制中国，就直接到北方边界就行了，干吗要跑到印度洋上去遏制。如果印度能从印度洋上遏制中国，那就意味着它更可以遏制其他海洋大国，这当然要包括美国。如果印度从印度洋上发射的远程导弹能覆盖中国主要城市，那难道它就不会覆盖美国或其他西方国家的主要城市吗？历史经验表明，印度洋是印度未来安全所在；而21世纪初发生在印度洋北岸地区的由美国发动的几场战争更进一步表明，在印度洋面上：印度的真正对手已经主要是美国，而不是中国；对印度威胁最直接的就是美国以迪戈加西亚等基地为依托的军事存在。所以印度实力在印度洋上的任何发展首先触动的主要是美国及西方的利益而不主要是中国的利益。

值得说明的是，近年来，印度加强与越南的关系，有舰只进入中国南海的举动，被舆论认为印度有一个庞大的“印度洋控制战略”①。只要去过印度的人都不会怀疑，即使它有这样的想法，也无异于痴人说梦，因为在相当的时间内，印度根本不可能有相应的财力来支撑这样一个庞大的海洋战略。近现代史上，只有英国和美国这种垄断着世界资源的国家，才有

---

① 高天：“扬威南中国海印度海军西延东扩野心勃勃”，2001年3月13日《中国海洋报》，http://www.coi.gov.cn/oceannews/hyb996/411.htm。

能力实施这样的海洋战略。其次，如果印度真的实施了这样的战略，那印度首先威胁的更不是中国，而是美国及西方国家。中国南海的制海权目前在美国人手中，这里也是美国人的关键利益所在。报道中所列印度所要控制的“五大战略水道”，均触及美国至关重要的制海权利益，要实现这些目标，印度则需要有当年日本发动对美“太平洋战争”的财力、能力和胆量，目前来看这是不可想象的。尽管如此，印度急迫强化和扩大对印度洋制海范围的需求和努力，确是真实与合乎逻辑的。

我们应当注意，制海权是英美国家战略的命根子。苏联与美国矛盾的激化表面看是为中亚阿富汗，实则是为印度洋的制海权，因为在雅尔塔体系中，西方已向苏联让与了广大的陆上地缘政治空间；20世纪70和80年代，中美关系改善的前提是中国还没有向太平洋发展的迫切需求，而90年代后期以来中美矛盾升级，也是由于中国在台湾问题和资源进口及海外利益保护问题上对制海权，尤其是西太平洋的制海权的需求日益迫切。鉴于西方国家——如前所述——在世界海权心脏印度洋及其北岸地区与印度是一种直接博弈的关系，那么，可以肯定，不要说印度想有将其制海权“扩展到全球”的愿望，即使印度要想在北印度洋海区拥有真正有实效的制海权，它所面临的来自美国的压力决不会低于中国在台湾海峡和南中国南海区面临的同种压力，而这些海区对中印两国都具有生死攸关的意义。从这个意义上说，印度在印度洋上的扩展与中国的台海统一及在西太平洋主权海域的制海权扩展，对印度和中国均有积极的互补意义。

二　世界霸权与印度洋

——关于大国世界地缘战略的历史分析[①]

大国争霸世界的活动基于对世界地缘政治的基本认识。研究从拿破仑与英国争霸迄今两百多年的世界政治史不难发现：不管大国角逐世界霸权的“棋局”如何变化，但对弈者所用的“棋谱”及其最终控制印度洋的战略目标大体是相同的。

---

① 此部分内容刊发于《战略与管理》2001年第4期。

（一）控制印度洋：拿破仑争霸世界的首选目标

拿破仑战争是资本全球化以来法国与英国争夺世界霸权并由此开辟资本多极化历史进程的战争。1798年拿破仑在打败第一次反法联盟后，开始考虑取代英国世界霸权地位的战略。基于对世界地缘政治体系的认识，他向督政府建议在准备渡海对英作战的同时，出兵埃及，进而占领印度，掐断英国所依赖的从地中海到印度洋的贸易线，截断其来自印度的财源。[①]他认为：

"要在（印度）这样遥远的战场打胜仗，就必须有一个中途阵地作为进攻基地。埃及离土伦六百法里，离马拉巴尔（位于今印度果阿以南至科摩林角的海岸）一千五百法里，它正是这样一个进攻基地。法国如果能够在（埃及）这个国家里牢固站稳脚跟，那么它迟早会成为印度的主人。广大的东方贸易也会回到红海和地中海这条古道上来。这样，一方面，埃及会代替圣多明各和安的列斯群岛的地位；另一方面，它必然会成为征服印度的道路上的一个兵站"。[②]"牢固地占领（埃及）这个国家是远征印度整个计划的基础"。"出兵印度的日期一决定，一支包括十五艘主力舰、六艘巡洋舰和十五艘大运输舰的舰队，就应装载五千名兵士和大批粮食弹药从布列斯特出发"。[③]

拿破仑从欧洲的视角提出他的关于世界地缘政治战略。他说：

"埃及是非洲的一部分。它位于古代世界的中心，在地中海与印度洋之间，是与印度通商的天然的货物集散地"。[④]"如果亚历山大（埃及北方港口）的防御工事已经完成，那这个城市就会成为欧洲最强固的要塞之一"。据此就可以"把印度和欧洲置于自己控制之下，作为自己左右两臂的依靠了。如果只靠当地的条件就能决定城市的繁荣和大小，那么，亚历山大较之罗马、君士坦丁、巴黎、伦敦和阿姆

① 曾任印度总督的寇松称："没有印度就没有大英帝国。"转引自周一良、吴于廑《世界通史·近代部分》（下册），人民出版社1962年版，第262页。

② 《拿破仑文选·下卷》（陈太先译），商务印书馆1980年版，第175页。

③ 同上书，第176—177页。

④ 同上书，第22页。

斯特丹等城市，在很大程度上更应该成为世界首都了”。“从开罗到印度和从巴荣讷到莫斯科是一样远的。六万大军乘五万头骆驼和一万匹马，带着五十天的干粮和六天的饮水，用四十天时间就可以走到幼发拉底河，再用四个月可以走到印度海岸，出现在渴望摆脱压迫的塞克教徒、马拉提人和印度斯坦半岛各民族中间”。“在占领埃及五十年以后，文明可能通过森纳尔、埃塞俄比亚、达福尔和费赞等地传播到非洲腹地去”。[①]“法国在西印度群岛的殖民地业已丧失，法国需要有能够抵得上美洲殖民地的新的大殖民地”。[②]

拿破仑为打开通往印度的道路，1807年与伊朗国王签订同盟条约：伊朗同意废除英伊同盟，对英宣战，派兵进攻印度并迫使阿富汗一同进攻印度；同意法国假道伊朗进攻印度、为法国供应粮食并为法军开放波斯湾一切港口。

（二）控制印度洋：19世纪末英俄在阿富汗狭路相逢

拿破仑战争失败之后，俄国一跃成了欧洲大陆的霸主，大国争霸世界的主角转移到英国和俄国之间，与此同时，脱离英国殖民统治获得独立的美国作为新兴的一极，也在大西洋的西岸悄悄崛起。

彼得一世和叶卡德琳娜统治时期（17世纪末到18世纪末），是一段对未来俄国具有奠基性意义的时期。彼得一世非常重视制海权对俄国未来的作用，他说：“凡是只有陆军的统治者，只能算有一只手，而同时还有海军的统治者，才算是双手俱全。”[③]1682年彼得一世即位，随后便开始为俄国争夺出海口的战争，通过历时21年的“北方战争”，俄国打败瑞典并于1721年与瑞典签订尼斯塔德和约，俄国获得北方出海口。[④]1762年叶卡德

① 《拿破仑文选·下卷》（陈太先译），商务印书馆1980年版，第39—41页。

② 同上书，第174页。

③ 转引自苏联海军元帅谢·格·戈尔什科夫（1910～1988年）著《国家的海上威力》，三联书店1977年版，第3页。

④ 谢·格·戈尔什科夫对此评价说：“确有根据地被认为是俄国海军创始人的彼得大帝清楚地了解这一点。俄罗斯人民正是在这支正规海军的帮助下英勇地进行了若干世纪的艰苦斗争。”谢·格·戈尔什科夫著：《国家的海上威力》，三联书店1977年版，第111页。

琳娜即位，继续彼得一世向世界扩张的事业，调兵南下，迫使土耳其签订库楚克·开纳吉条约（1774年）和雅西条约（1792年），俄据此占领阿速夫、刻赤等地，取得在黑海海峡自由航行的权利，获得土耳其对俄合并克里米亚（1783年）的承认，并将俄国疆土扩展到第涅伯河。

然而，当时沙俄对外战略的主要目标并不是大西洋，而是印度洋。1725年彼得一世临终前在遗嘱中向后继者明确了他关于世界地缘政治的思想及争霸世界的战略目标：

> 尽可能迫近君士坦丁和印度，谁统治那里，谁就将是世界真正的主宰。因此，不仅在土耳其，而且在波斯都要挑起连续的战争。在黑海边上建立船坞，在黑海边和波罗的海沿岸攫取小块土地，这对实现我们的计划是加倍必要的。在波斯衰败之际，突进到波斯湾，如有可能应重振古代与黎凡特（今中东和巴尔干南部）的贸易，推进到印度，它是世界的仓库。达到这一点，我们就不再需要英格兰的黄金了。①

俄国和英国在联合与拿破仑作战之初，就开始了争夺印度洋的斗争。为了打通通往印度洋的战略通道，1804年，俄国入侵伊朗。1807年5月伊朗国王与法国拿破仑签订同盟条约，伊朗同意对英宣战。7月，法国与俄国议和，法国停止援助伊朗。英国乘机恢复与伊朗谈判：1809年，伊朗与英国订立草约，同意和法国及与英国敌对的一切国家断绝关系；英国应允在伊朗对俄国交战期间对伊进行财政援助。同年，伊朗与土耳其缔结同盟，对俄作战。土耳其战败并于1812年与俄缔结和约。俄国在西线联合英国等国打败拿破仑后，便全力掉头南下并以绝对的优势迫使伊朗于1813年10月在古里斯坦与俄国订约议和，伊朗被迫割让格鲁吉亚等地区；给予俄国商人在伊朗的自由贸易权，关税定为5%；同意俄国独享在里海设置舰队的特权，伊朗则放弃在里海保有海军的权利。拿破仑失败后，英俄在北印度洋的矛盾迅速激化。

俄土和约与俄伊古里斯坦条约使俄国势力扩展到黑海和波斯湾地区，

---

① “彼得一世遗嘱”，转引自李际均《军事战略思维》，军事科学出版社1988年版，第145页。

对英国在北印度洋的海权利益构成严重威胁并迅速引起英国的反击。1814年11月，英国和伊朗签订条约，规定英国对伊俄划界有“仲裁权”；如伊朗和欧洲国家发生战争，英国将每年给伊15万英镑的支援，但其用途须经英国公使认可。如阿富汗对印度采取军事行动，伊朗即对阿富汗采取行动。伊朗获得英国的财政支持后，再次向俄国挑战。1826年7月，伊俄战争爆发，伊朗战败。1828年2月，伊朗与俄国签订土库曼恰伊条约，宣布放弃在南高加索的一切权力，偿付2000万卢布赔款，同意俄国在伊朗有种种政治经济特权。1837年10月至1838年8月，伊朗在俄国的支持下围攻赫拉特汗国，以弥补在高加索失去的利益。赫拉特是通往印度的要地，因而英国立即以武力相威胁，迫使伊朗撤兵；同时英国派代表到喀布尔要求与阿富汗缔结反俄国的同盟。阿富汗提出要收复被侵占的领土的要求，英国予以拒绝并出兵阿富汗。1856年10月，伊朗再次兵临赫拉特，英国向伊朗开战，1857年3月，英伊缔结和约，伊朗保证不再干涉赫拉特内政，一旦赫拉特与阿富汗冲突，即请求英国调停。

19世纪40年代，欧洲普遍爆发资产阶级革命并遭俄国沙皇的野蛮镇压，俄国在欧洲的地位进一步得到加强，与此同时，奥斯曼帝国已经衰落。俄国决定趁机夺取黑海海峡，将势力扩展到巴尔干半岛。1853年，俄国和土耳其爆发克里米亚战争，英国、法国和撒丁王国先后参加了对俄国作战。1856年俄国战败，战争双方在巴黎签订和约，俄国丧失在黑海驻扎舰队的权利，黑海沿岸的要塞全部拆除，比萨拉比亚南部的一块土地划给土耳其。1861年，俄国进行农奴制改革，经济开始向市场经济转轨，俄国对中亚的市场和资源需求增大的同时，对外扩张力度增大。1865年俄军攻下塔什干城，侵占了浩罕大部分土地。1867年俄国击败布哈拉，建立保护制度。沙皇以所占的草原地区和中亚诸汗国的土地，成立了一个直属陆军的土耳其斯坦省，此后便将目标直逼进入印度最后的屏障——阿富汗。

另一方面，英国从南方对俄南下的战略进行了有力的反制。到19世纪中期，英国基本上在印度建立起殖民统治。1839年和1878年英国两次出兵阿富汗，占领坎大哈，进逼喀布尔，迫使阿富汗承认其为英国的保护国。1877年至1881年俄国对土库曼进行军事征服。1884年，英国怂恿阿富汗艾米尔尽力扩张北部边界——今天苏联解体后在阿富汗北方出现的五个独联体国家帮助西方人更好地实现了这个愿望，俄挥师南下占领原属伊朗的梅尔夫。1885年，俄阿两军交火，阿富汗军队战败，俄军占领阿富汗班吉，此事几乎引发起英俄之间的战争。英国首相格莱斯顿向议会提出拨款1100万英镑的要求，并计划由黑海进攻俄国。俄政府闻讯迅速作出反应并获得德、奥及法国的支持，迫使英国妥协。1885年9月俄国和英国签订《伦敦议定书》，在牺牲阿富汗基础上达成划分阿富汗边界的原则。同年英国占领朝鲜巨文岛，准备一旦俄国向印度洋突进并由此引发英俄在中亚冲突，就在远东地区牵制俄国。这一策略后来为1902年1月30日英国和日本签订的同盟条约所代替。时任外交事务次官的英国保守党领袖之一的寇松（George Nathaniel Curzon，1859～1925年）说："阿富汗、里海以南的地区、波斯湾……对我说来是一局正在下的棋盘上的方格，这盘棋的赌注是世界统治。"[①]

与20世纪下半叶美苏争霸的演变进程十分相似。19世纪后半叶，当时的欧洲两大霸主英国和俄国的关系也是一种"冷战"关系：双方从西欧到巴尔干最后到印度洋北岸地区，进行激烈的地缘政治争夺，却没有发生一对一的直接军事冲突。这种局面一直维持到20世纪初，此时美国、德国、日本作为新兴的工业国家迅速崛起，这在相当程度上对英俄两国的霸主地位构成挑战并引起英俄的恐慌。1907年8月31日，英俄两国签订和解协约：协约将伊朗一分为三，北部属俄国势力范围，东南部属英国势力范围；俄国承认英国在阿富汗的势力，放弃了俄与阿的直接外交关系。双方表示不干涉西藏内政，承认西藏是中国领土的一部分，与西藏进行交涉必须通过中国政府。至此，自拿破仑战争后，英俄两国争霸世界的"冷战"，在通往北印度洋的道路枢纽即中亚阿富汗地区结束，俄国随后在第一次世界大战中衰落下去。

无独有偶，60多年后，美苏争霸世界的战略行动最终又在阿富汗狭路相逢，苏联被迫于1989年从阿富汗全部撤军，此后苏联解体和美苏冷战结束。1999年，西方军事突入巴尔干俄国传统地区，发动科索沃战争；2001年美国又军事介入阿富汗，此时的俄国已无力反制。

（三）会师印度洋：第二次世界大战中德国和日本的"最后使命"

在两次世界大战中，值得研究的是第二次世界大战及其结局。尽管这

---

① 王绳祖主编：《国际关系史·上册》，武汉大学出版社1983年版，第167—168页。

场战争的重点基本上在大西洋和太平洋地区，但随苏德战争爆发，德国和日本的战略目标最终锁定在印度洋。

1941年6月22日，德国入侵苏联。年底，日本偷袭珍珠港并迅速向南中国海推进，到1942年夏，先后占领新加坡、缅甸、菲律宾、印度尼西亚、关岛、威克岛、新几内亚一部分、阿留申群岛以及太平洋上其他许多岛屿。1940年9月4日，德国派高级官员施塔默尔去东京协调战后利益划分立场。日本近卫内阁草拟了日方的建议，互相承认欧洲和亚洲的"新秩序"；互相承认日本在远东、德国和意大利在欧洲和非洲的"生存范围"。日本的生存范围伸展到印度，日本决定使用武力达到它的目的。27日，日本、德国、意大利在相互承认各方势力范围的基础上在柏林签订三国条约。据曾任当时日本外务大臣的重光葵在狱中写的《昭和的动乱》一书中披露："关于对苏作战，他（希特勒）从政治观点出发，认为大军南侵，从乌克兰进攻高加索，将石油控制在手，可断绝英美从波斯湾方面对苏的援助，使德国的势力伸展到中亚细亚，再与印度方面的日军遥遥相对，取得联系。日本军部从缔结三国同盟以来，也是这样考虑的。日本海军在中途岛战败后，仍与陆军一起，电令在柏林的野村武官，劝希特勒调德军进攻高加索。"[①]

第二次世界大战中德日会师于北印度洋的计划在印度人写的著作中也得到证实。巴盖特·拉姆·泰勒瓦尔（Bhagat Ram Talwar）在回忆录中曾记录自己在阿富汗为争取德国支持其反英活动，与纳粹德国外交官的几次会谈。他写道：纳粹外交官员亲口告诉他"德国人显然并不想占领整个俄国领土，他们的战略只是想在占领部分俄国领土后，将在俄国的军事力量与中东的军事力量会合。我问他这是否意味着德国军队将从俄国进入伊朗和伊拉克进而会师中东地区。他说：'不错'。如果他们达到预期的目的，那世界上就没有什么力量阻挡他们去完成他们的最后使命"。"另一方面，鲁斯穆斯（Rusmus，另一德国外交官）正期待着德军在打败俄国，征服伊朗、伊拉克和阿富汗之后，直逼印度边界"。[②]

日德军力汇合于印度洋，被视海权为生命的英国首相丘吉尔视为会导

① 参见重光葵著《日本侵华内幕》，齐福霖等译，解放军出版社1987年版，第323页。

② 详见*The Talwars of Pathan Land and Subhas Chandra's Great Escape*，People's, Publishing House(P)Ltd, New Delhi，1976，p. 160−164。

致英美“在中东全部地位的崩溃”。1945年4月14日，丘吉尔在给罗斯福的电文中强调印度洋的“灾难局势”，认为：“日本已经感到可以派1/3的战舰和半数的航空母舰到印度洋，其结果是：（A）锡兰失守；（B）（日本）入侵印度东部，这将对我们的全部战争计划造成无法计量的后果，包括加尔各答的丢失和通过缅甸与中国的全部联系的断绝，这还是开始……没有理由不认为日本将控制西印度洋。结局将是我们在中东全部地位的崩溃。这不仅是由于我们到中东和印度的航线截断，还由于阿巴丹（伊朗）的石油供应线路被阻断，无石油我们就不能维持我们在印度洋地区的海上和陆地的地位。”①

不难发现，20世纪希特勒与英国在大西洋地区及日本与美国在太平洋地区争霸，几乎就是19世纪拿破仑争霸世界战略在欧洲和亚洲地区的重演：希特勒在大西洋及欧洲大陆与英国争霸，他由西向东，意在印度洋北岸地区。最后与拿破仑的命运一样，兵败俄罗斯。日本在太平洋及亚洲大陆与主要对手美国争夺霸权，由北向南，最后西进印度洋并由此强行确立排斥英美的“大东亚共荣圈”。与拿破仑、希特勒在俄罗斯的命运一样，日本军事力量也被拖垮在中国大陆。与拿破仑失败后的政治后果相似，德国和日本失败后，世界再次重复两霸“冷战”的历史，不同的只是19世纪英俄争霸在20世纪为美苏争霸所代替。

（四）控制印度洋：20世纪末美苏决战阿富汗

第二次世界大战后核武器的出现是一件其意义怎么估计也不为过的事件。由战争促进的热兵器更新到此已臻极限并开始自我否定，此后，建立在外层空间技术之上的有限战争就成了世界战争的主要形式。这使第二次世界大战后迄今竟没有爆发类似前两次规模的世界大战。然而，仅凭战争形式的变化并不能预言，和平与发展就成了“时代的主题”（或主旋律），因为现代战争是生发于私有制的资本运动所产生的不可避免的规律：有资本竞争，就会有资本全球化和资本多极化的矛盾；这种矛盾不可避免要产生民族国家因市场经济发展而造成的对世界市场和世界资源的日

---

① 转引自韩永利著《战时美国大战略与中国抗日战场：1941—1945年》，武汉大学出版社2003年版，第160—161页。

益增长的需求。只要这种需求持续增长而国际社会又不能保证对有限资源在民族国家间的计划和公平分配，那么，霸权与反霸权及由此产生的国家间的战争就是不可避免的。①

第二次世界大战后的形势与拿破仑失败后的国际形势一样又不一样。19世纪初拿破仑失败使欧洲大国力量失衡，造成沙俄帝国的崛起及与此相应的英国和俄国的争霸；20世纪40年代德国、日本和意大利的失败，再次

---

① 马克思在《哥达纲领批判》中将“集体财富的一切源泉都充分涌流”作为共产主义社会的标准之一。但是，财富是资源的转换形式，地球上的资源是不可能“充分涌流”而是在相当长的时期内极难替代或在短期内极难再生，因而是日益减少的。在市场经济主导的国家中，谁占有较多的世界资源，谁就有较快的发展和具有较强的实力；谁具有实力，在这个世界上才具有更多的发言权。较自然经济而言，市场经济是造就巨大生产能力并使人类屈服于这种能力的经济形式。市场经济使历史产生了资本全球化和资本多极化矛盾互动的进程，以及原来奉行计划经济的社会主义国家也转轨为市场经济并自觉参与这一进程的现象。现在的问题是，只要当今世界存在资本全球化和多极化的竞争，那么国际社会就不能避免霸权与反霸权的国家行为及其战争。列宁说“帝国主义就是战争”，确切地说，生发于私有制的资本就是战争。是资本造成人类对有限资源的无限制的利用和掠夺及由此而产生的战争。如果资本及其运动以及由此产生的霸权主义没有消失，战争就不能消失。如果仅用历史上是否再发生人类曾经历过的“世界大战”作为战争与和平的衡量标准，那么，在核时代，就与用人类是否会在同归于尽中彻底毁灭作为测量战争与和平的标准一样没有意义。可以说，自从核武器及微电子技术继而纳米技术出现后，类似前两次世界大战的无限战争形式将为准确打击和精确制导的有限战争形式所代替，后者将是未来战争的主要形式。但仅凭战争形式的改变并不能使我们轻率地作出“作为时代主题的和平，就是指不打世界大战”以及“世界早已进入和平与发展时代”的结论。（参见何方著“世界早已进入和平与发展时代”，载《世界经济与政治》，2000年第4期。）

另外，仅凭人类对和平与发展的愿望，而不是根据历史事实的变化，来判断现时代主题的方法也是不科学的。“二战”结束以来出现的和平与发展的历史“机遇”的事实前提，是建立在1972年美苏签订《反导条约》之上的《全面禁止核试验条约》、《核不扩散条约》、《禁止化学武器公约》、《禁止生物武器公约》等一系列文件及保证这些文件精神不被破坏的国际合作力量构成的和平保障体系。现在作为世界头号大国美国已退出《反导条约》并正在单方面地发展导弹防御体系。历史经验告诉我们：一旦保障大国战略稳定的条约体系遭到破坏，而国际社会又无力阻止这种破坏行为继续发生，那么这个时代也就随之解体。正如华约组织解体与北约东扩意味着雅尔塔体系在欧洲终结一样，目前美国退出1972年美苏签订并被俄国视为“全球战略稳定基石”的《限制反弹道导弹系统条约》并试图变相放弃相关的《全面禁止核试验条约》、《禁止生物武器公约》等，那么，自20世纪70年代出现，于80年代至90年代中期发展成熟的和平与发展的历史“机遇”（邓小平同志始终是这样表述的），将随美国NMD的有效建立（或事实建立）和大国战略平衡的破坏而终结。

造成俄国人以苏联名义称雄并与英国霸主地位的继承者美国争霸的政治形势。尽管霸主关系已由原来的英俄转为美苏，争霸的重心由原来的大西洋进一步扩大到太平洋，战争手段已由火炮转为核武器，但大国对弈的“棋谱”却没有多大的改变：两洋西东合围与反合围，继而争夺巴尔干和中南半岛，最后决战于北印度洋仍是这一时期美苏争霸的基本路径。

战后美苏争霸最先从欧洲开始。德国投降后，德国被美国、苏联、英国、法国分区占领，位于苏联占领区的大柏林市则由“盟国柏林城防司令部”属下四国军队管理。经过激烈的角逐，德国被分裂为东西两个部分。德国分裂是美苏霸主在西线妥协及其分赃的后果，双方通过此次及后来的几次“柏林危机”，大体锁定了各自在西欧的势力范围。西欧第一次柏林危机刚结束，美苏立即挥师远东地区。双方以北纬38度线为界将朝鲜一分为二。1949年10月1日，与苏联保持良好的政治合作关系的中国共产党在中国大陆建立中华人民共和国，12月16日毛泽东访问苏联。美国意识到它在远东地区的战略利益有可能因中苏联盟将大面积地丧失。1950年6月美国军事介入南北朝鲜冲突。10月中国志愿军开入朝鲜，与朝鲜军队联合作战。1953年7月26日，美国被迫于板门店在《关于朝鲜军事停战协定》上签字。与柏林危机的后果一样，美苏两霸通过朝鲜战争在东北亚锁定了各自的势力范围。1953年10月1日，美国与韩国在华盛顿签订《美韩共同防御条约》，1954年9月8日，美国同英国、法国、澳大利亚、新西兰、菲律宾、泰国和巴基斯坦在菲律宾签订旨在防止“共产党侵略”的《东南亚集体防务条约》，12月2日，美国同台湾当局签订《中美共同防御条约》。1955年总部设在泰国首都曼谷的东南亚条约组织成立。第一次柏林危机和朝鲜战争后，美苏两霸争夺世界的重心从西东两翼转向地中海及中东地区和南中国海及中南半岛，以填补英法旧殖民主义离开这一地区时留下的霸权真空。

英法在苏伊士运河有着巨大的地缘战略利益。1952年“七月革命”后，以纳赛尔为首的埃及新政府要求英国无条件撤出埃及。1954年，英埃签订了《关于苏伊士运河基地的协定》，规定全部英军在协定签订后20个月内撤出埃及。1956年10月29日，第二次中东战争爆发，以色列在英法支持下，出动大军分四路侵入埃及。31日，在所谓“调解”被埃及拒绝后，英法出动飞机对埃及开罗、亚历山大、塞得港、苏伊士等城市狂轰滥炸。11月1日，联大召开紧急会议，3日，联大以59票对5票的绝对优势通过立即停火和撤军的决议。在美苏强势要求下，12月22日，英法军队完全撤出埃及领土。1957年1月5日，美国提出被称为“艾森豪威尔主义”的战略，认为，第二次世界大战后中东地区英法力量受到削弱，无法维持原有的殖民统治，被迫撤出一些地区。美国应当填补英法走后留下的“政治真空地带”，“并将苏联的影响排除出这个地区”。[①]

1958年7月14日伊拉克发生革命，成立共和国。1959年伊拉克新政府宣布退出“巴格达条约组织”，转而对苏联采取友好政策，1959年3月，伊拉克与苏联签订了经济技术合作协定，苏联开始向伊提供大量经济和军事援助。苏联势力此后在伊拉克迅速扩展并在美国扶持的“巴格达条约”链条中撕开缺口。1958年年初，黎巴嫩国内发生有共产党积极参加的罢工罢市，5月罢工转向起义。7月15日下午，美国海军陆战队应黎巴嫩政府之邀在贝鲁特登陆。7月16日，苏联政府宣布，苏联陆军和空军在南高加索和土耳其斯坦举行军事演习。8月21日，联合国紧急特别会议通过阿拉伯十国提案，责成秘书长哈马舍尔德作出实际安排，迫使美国军队在11月实现撤军。在各方的压力下，美国于10月25日撤走军队，结束对黎巴嫩3个多月的军事占领。

20世纪六七十年代，是苏联从欧洲和亚洲西东两翼经中东地区和中南半岛逐渐向印度洋，特别是北印度洋地区，向美国世界霸权地位发起最凌厉攻势并连连得手的时期。

1962年爆发的古巴导弹危机及其结果，“刺激了苏联军方大规模发展军事力量的决心和信念”并“促使赫鲁晓夫政权垮台”。[②]1964年10月，勃列日涅夫上台并在全球范围对美国展开争霸攻势。与赫鲁晓夫不同的是，勃列日涅夫战略出击方向直奔主题，这就是：打通中亚，控制波斯湾，进军印度洋。

古巴导弹危机也促使美国加大军事介入全球事务的力度。60年代中期，美国策动南越政变并直接卷入战争。就在美国被拖在越南战场和中美关系即将改善之际，苏联影响迅速向印度推进。1971年7月9日基辛格访问中国并于15日发表公告宣布尼克松将于1972年访华；1971年8月8日至12

① [美]罗伯特·H. 费雷尔著：《艾森豪威尔日记》，陈子思等译，新华出版社1987年版，第438页。

② 邢广程：《苏联高层决策七十年·第三分册》，世界知识出版社1998年版，第403页。

日，苏联外长葛罗米柯访问印度，双方签订了为期20年的具有军事同盟性质的《和平友好条约》；1977年3月，印度国会大选，人民党德赛获胜组阁。印外交开始恢复不结盟特点。1980年1月，英甘地再度执政。2月12日至14日，葛罗米柯访印，向英甘地转交了一封勃列日涅夫的信，并与印外长讨论了阿富汗问题。4月16日，英甘地在访问坦桑尼亚期间，谈到阿富汗问题时说："我反对一切干涉"，"但只有其他国家停止谴责苏联，并向苏联保证它的利益不会受到威胁时"，"苏联才能撤军。"7月7日，印度宣布承认越南在柬埔寨扶持的韩桑林政权，这立即得到苏联的赞扬。

与南也门和埃塞俄比亚发展战略合作关系是70年代苏联实现印度洋战略的另一重要环节。如果说控制越南和印度意味着从东西两面控制马六甲海峡，而控制当时的南也门和埃塞俄比亚则意味着钳住了西方经曼德海峡和亚丁湾北上波斯湾的咽喉要道。

1967年11月30日，南也门人民共和国宣告成立（1970年11月改名为也门民主人民共和国）。12月2日，苏联即宣布承认，次日与之建交。1978年5月18日至22日，苏联国防部副部长兼海军司令戈尔什科夫访问南也门，据报道，双方签订了一项军事协定，规定在亚丁港等地建立海空基地、无线电联络中心和气象中心；一旦南也门遭到外来侵略，苏联将给予援助。10月23日至25日，南也门国家元首伊斯梅尔访苏，双方签订了为期20年的带有军事同盟性质的"友好合作条约"。1980年1月8日，南也门外交部发表声明称赞苏联在阿富汗的军事行动，这是阿拉伯国家中第一个出面支持苏联入侵阿富汗行为的国家。

埃塞俄比亚位于非洲东部，在厄立特里亚1993年独立之前，它曾是东接吉布提，南邻肯尼亚，西靠苏丹，北濒红海，与当时的南也门从北南两面共扼亚非欧三大洲咽喉的曼德海峡的非洲大国。

埃塞俄比亚是第一个和苏联建立外交关系的非洲国家。1943年4月21日两国建交。1974年2月，埃武装部队发动政变。1977年2月11日，门格斯图任埃临时军事行动委员会主席，宣布埃走社会主义道路，埃美关系恶化。5月4日至8日，门格斯图访苏，双方签署了经济技术、科学文化合作协定，领事公约以及《相互关系和合作原则宣言》。1978年，门格斯图第四次访苏，双方签订了为期20年的带有军事同盟色彩的埃苏友好合作条约。1980年1月8日，埃塞俄比亚外交部发表声明，支持苏联对阿富汗的入侵行动。

此后苏埃海军军事合作迅速加强。

获得在越南、印度、南也门、埃塞俄比亚等地区的战略优势后，苏联便开始向彼得大帝时开始俄国人一直追求的“进军印度洋”战略迈出最关键的一步，即出兵阿富汗。

1973年7月17日，达乌德发动军事政变推翻查希尔王朝，宣布成立阿富汗共和国，苏联第一个予以承认。1977年，达乌德颁布新宪法，决定推进“有指导的混合经济”的改革，在政治上有意与苏联拉开距离。1978年4月27日，阿富汗人民民主党（即共产党）主席塔拉基政变上台，苏联立即予以承认，认为这是阿“人民解放运动史上伟大转折点”。5月，塔斯社把阿富汗正式列入“社会主义大家庭”成员。12月4日至7日，塔拉基总理在外长阿明陪同下访问苏联，两国签订了为期20年的带有军事同盟性质的“友好睦邻合作条约”。1979年9月10日，塔拉基在参加哈瓦那第六次不结盟会议回国途经莫斯科，与勃列日涅夫举行会谈。勃列日涅夫再次表示将继续给予阿以“全面无私的援助”；“勃列日涅夫在单独会谈中，授意塔拉基在必要时可干掉阿明”[①]。9月14日，阿明先发制人，发动政变，击毙塔拉基，自任总统兼总理。苏阿关系迅速恶化。1979年12月27日晚，苏联军队开入阿富汗，对阿实行武装占领。喀布尔电台当晚宣布阿明已被击毙，卡尔迈勒被任命为阿人民民主党中央书记。28日，勃列日涅夫电贺卡尔迈勒“当选”为总书记和主席。31日，塔斯社称，在阿政府的请求下，苏向阿“派出了有限的军事人员”，其目的“仅仅是为了协助反击外来的武装干涉”。1980年3月6日，阿内阁通过决议，要求苏联军队无限期留驻阿富汗。3月15日，阿外长多斯访苏，双方就苏联军队“驻在阿富汗领土条件的实际问题”达成协议。4月4日，苏联最高苏维埃主席团批准所谓苏阿政府关于苏军“暂时留驻”阿富汗的条约。在先头部队控制喀布尔之后，苏军4个师约5万人随即跨过边界，从东、西两路沿阿富汗境内的战略公路长驱直入，在一周之内占领和控制其他大城市和主要交通干线。

1979年对美国来说可是祸不单行。[②]除了苏联出兵阿富汗和越南大举入

---

① 彭树智、黄杨文：《中东国家通史·阿富汗卷》，商务印书馆2000年版，第287页。

② “70年代末期我们在地缘政治上处于冬眠状态”。[美]尼克松著：《1999：不战而胜》，王观声等译，世界知识出版社1997年版，第304页。

侵柬埔寨外，伊朗于年初爆发了声势浩大的反美浪潮，亲美的巴列维王朝倒台。霍梅尼于2月回国组阁，成立伊斯兰共和国，美伊关系迅速恶化。至此，苏联在北印度洋地区精心编织的有利于苏联的从埃塞俄比亚至南也门到印度（继而到越南）的战略链环已链接完成。美国在从太平洋到印度洋的海权链条的北翼彻底崩溃。这时苏联的军事力量离霍尔木兹海峡仅距300英里的直线距离，再加上1978年年底因伊朗停止石油出口而引发的至今仍令西方人恐怖的（第二次）石油危机，这对曾从事核潜艇技术研究并对世界政治具有牧师般情怀的美国总统吉米·卡特说来，简直是当头棒喝。这种形势促使英国保守党撒切尔夫人和美国共和党里根这两位强势领导人上台。

1980年11月4日，里根当选为美国第49届总统；1982年11月10日勃列日涅夫逝世和1985年3月11日戈尔巴乔夫上台，这三件互不相关的事却使美国人绝处逢生。如果可以把里根看作美国的“勃列日涅夫”的话，那么，此时的戈尔巴乔夫则可以被看成苏联的“吉米·卡特”。里根上台前，美国全球战略被动局面已达到极点，这时，苏联只要在阿富汗最后念出“芝麻开门”这句让历史上任何一个霸主都会心颤的咒语，通往“世界的仓库”（《彼得一世遗嘱》）即印度洋的大门就会向俄国人敞开。

里根决定“重振国威”，推行以“实力求和平”的政策；戈尔巴乔夫上台后则认为“全人类的利益高于一切”，推行以和平求实力的“新思维”。戈尔巴乔夫无视以美国为首的西方国家倾其全力支持阿富汗游击队，英国出兵马尔维纳斯群岛（此岛亦称“福克兰群岛”，1982年4月），美国出兵格林纳达（1983年11月）和巴拿马（1989年11月）、空袭利比亚（1986年4月）、大规模介入海湾战争并对伊拉克实行军事打击和经济制裁（1991年1月）以及南斯拉夫解体（1991年4月）等一系列现实政治连锁变化的深刻含义，上台后不久就单方面宣布从阿富汗撤军（1986年7月）、终止《华沙条约》（1991年7月）、支持东西德统一、同意波罗的海三个加盟共和国脱离苏联，最终导致了苏联的解体。具有讽刺意味的是，戈尔巴乔夫的“善举”为俄国人换来的竟是北约东扩、北约轰炸南斯拉夫（1999年），竟是美日新防卫合作指针的签订和美国部署TMD计划以及新世纪初美国出兵阿富汗（2001年）和伊拉克（2003年）。即将跨过21世纪门槛的苏联人，却在阿富汗输掉了20世纪，就像刚踏入20世纪的俄国人曾在阿富汗失去了19世纪一样。

（五）大棋局[①]，老棋谱

大国争霸，犹如汹涌波涛，一个大国衰落并造成巨大的地缘政治真空后，便是另一个大国的崛起。历史就像由不断更替和转换的霸权连接着的链条，生生不息地从过去伸展向未来。

然而，不管大国争霸的历史条件多么不同，争霸战略如何诡谲多变，但它们对弈的地缘政治“棋谱”大体是不变的。通过读史可以发现，这个“棋谱”所反映的大体说来就是“一个中心，两个基本点”之间的地缘政治关系。一个中心，就是印度洋及其北岸地区，两个基本点，就是大西洋及其两岸地区与太平洋及其两岸地区。如果把英美这样的海洋国家比作“矛”，那么其争霸路径基本上就是：遏制两翼，围堵中亚，死保印度洋。如果把法国、德国、俄国这样的大陆国家比作“盾”，那么，其争霸路径则与海洋国家正奇相合，即两翼突破，决战中亚，拿下印度洋。不同的是，由于历史条件和战争手段不同，大国争霸“棋谱”中的“两翼”的概念也有差异；相同的是不管历史条件和争霸手段多么不同，双方争夺印度洋，尤其是争夺印度洋北岸的目标却是相同的。

在第一次世界大战之前，多极化浪潮尚未漫没到亚洲，因而大国及大国争霸的重心多集中在欧洲。拿破仑战争时期，英国的发展已与殖民地经济联系在一起。对英国来说，它遏制拿破仑法国从而控制世界的路径是，以英国为中心，联合俄国和确保地中海的海权，最终达到从北南两向钳制法国并绝对控制印度洋的目的。而拿破仑则是以法国为中心画圆，将英国赶出欧洲大陆；继而从南翼出兵地中海，占领埃及，扼住英国通往印度洋的航线，切断英国与海外市场和资源的联系，最终达到釜底抽薪击败英国的目的。拿破仑之后，英俄争霸。英国通过联合法德遏制俄国西进；控制巴尔干和中亚地区，围堵俄国南进以确保英国在地中海和印度洋的海权安全。俄国则以东欧为西线安全外围沿波罗的海、黑海方向突破英国遏制链环，决战中亚阿富汗以实现进军印度洋从而最终称霸世界的战略目标。

第二次世界大战是第一次世界大战更大规模即从大西洋扩展到太平洋的复制。但大国争霸的空间扩大并未改变双方对弈的“棋谱”和路径。从

---

① 此处借用布热津斯基《大棋局》书名，意指布氏棋局虽大，棋谱却是旧的。

大西洋地区看，英德双方争霸的路径几乎与19世纪英法及英俄争霸的路径相同；从太平洋地区看，美日争霸的线路几乎就是欧洲大国争霸路径在东方的复制：日本以日本岛为中心画圆，占领中国东部沿海地区后，先东袭珍珠港，继而南下占领菲律宾、英属马来亚、俾斯麦群岛、关岛、加里曼丹岛和苏拉威西岛，其目的首先是将美国赶出太平洋，这正如法国拿破仑的目的是将英国赶出欧洲大陆一样；然后夺取爪哇岛和苏门答腊岛以控制马六甲海峡东口；接着就是占领缅甸控制安达曼群岛和尼科巴群岛，从西面出口再锁死马六甲海峡，最终实现与来自欧洲的德国从东西两面分割印度洋的战略目标。从美国方面看，它与盟国也是从东南亚突破日本在太平洋建立的环型岛屿链条开始，继而进攻日本本土，从而恢复了从美国经太平洋进入印度洋的海上通道的安全。太平洋战争结束后，日本地缘政治空间退回到明治时期——不同的只是，苏联已占领日本北方四岛、美国占领冲绳岛和中国崛起，日本自此也就彻底失去了在亚太地区再次崛起为地区性大国的基本地缘政治条件。

第二次世界大战后，苏联与美国成了世界上最强大的国家，双方再次重复大国百年争霸的旧“棋谱”：从西欧的柏林危机开始，继而到远东的朝鲜战争，再到中南半岛和中东地区，最终为争夺印度洋双方在阿富汗一决胜负。这与19世纪英俄争霸的路径和结局大体吻合。阿富汗再次成了俄国人的“失乐园”。[①]

20世纪末，美国人看到了强大的苏联竟真的在眼前瞬间解体。但华盛顿也不相信眼泪。苏联解体后，美国人并不手软，乘胜追击。美国前总统安全顾问兹比格纽·布热津斯基在《大棋局——美国的首要地位及其地缘战略》一书中说：“一个扩大和民主的欧洲必须是一个没有尽头的历史进程，不应受在政治上任意涂抹的地理的限制。”[②]“9·11”后，美国一步到位，军事进入阿富汗。在取得阿富汗战争的胜利后，美国立即宣布退出《反导条约》。2003年美国又挥师伊拉克。世界为此哗然。

---

① 《失乐园》，英国作家约翰·弥尔顿（1608～1674年）写的关于夏娃与亚当因受撒旦引诱偷吃禁果被上帝逐出乐园的故事。

② [美]兹比格纽·布热津斯基著：《大棋局——美国的首要地位及其地缘战略》，中国国际问题研究所译，上海人民出版社1998年版，第156页。

不难发现，冷战后美国人面临的“棋局”虽大，但他们所用的“棋谱”却依然如故。

在中东和东欧地区，美国人通过海湾战争将军队长期插入世界石油的心脏即波斯湾地区；继而全面接收苏联遗产，通过扩大北约成员国的形式，将苏联的东欧卫星国变为西欧的卫星国并以武力打败南斯拉夫，实现对巴尔干的绝对控制。在波罗的海三国加入北约后——这是迟早的事，美国及其盟国也就北从波罗的海，南到巴尔干再次拉起有利于西方的遏制俄国的新“铁幕”。在远东地区，为了遏制中国和俄国，美国人再次拉起从日本到菲律宾的岛屿链条。在初步实现对俄国和中国两翼合围战略态势后，美国立即挥师中亚，并通过新世纪初发动的阿富汗战争和伊拉克战争将中亚地区牢牢地控制在自己手中。令美国人没有想到的是，与20世纪末苏联人栽在阿富汗的命运相似，21世纪初的伊拉克成了美国人的“滑铁卢”。

以史为鉴，可知得失。总结从拿破仑战争迄今两百多年世界霸权更迭史，不难发现，大国争霸，犹如下棋，不同的棋局用的却是同一个棋谱，这个棋谱围绕着的只有一个目标，那就是控制印度洋。现在美国人再一次来到印度洋，并将加固其在中亚中东的桥头堡阵地，以达到绝对控制印度洋的战略目的。美国是否可以达到目的，目前尚不得而知。但可以肯定的是，随着中国和印度在多极化进程中崛起及俄国的复苏，中国对台湾、南沙等岛屿的主权诉求、印度对印度洋安全利益的诉求以及在北约东扩的压迫下，俄国对中亚地缘安全利益的诉求将日益迫切，美国的世界霸权，将会在太平洋、印度洋和中亚地区遇到相当的——也可能最终是联合的——反制。

三　印度洋与印度国家安全

（一）“麦金德悖论”与英美霸权的衰落——基于中国视角的经验总结[①]

19世纪末，哈尔福德·麦金德（Halford J. Mackinder）的地缘政治学说在英国流行。1887年麦金德在英国皇家地理学会上宣读《地理学的范围和方法》，1904年又宣读《历史的地理枢纽》。前一篇论文在当时的英国

---

① 本文刊发于《国际关系学院学报》2012年第5期。

被认为是“英国地理学的一篇经典文献”，后一篇论文则于20世纪80年代初在美国与达尔文的《物种起源》、马尔萨斯的《人口论》、爱因斯坦的《相对论》、潘恩的《常识》等15种书并列，被称为改变世纪的“巨著”[①]。英国牛津大学还为麦金德专设为期5年、薪水丰厚的讲师席位并于1899年设立地理系，聘麦金德担任系主任。麦金德提出的地缘政治学说影响之大，由此可见一斑。但这种理论不仅没有挽救大英帝国，它还在随后的两次世界大战中被推向极端并加速大英帝国的衰亡。这个现象值得关注。

1. 世界扩张理论与实践之间存在着“麦金德悖论”

1919年，麦金德将其地缘政治学说的基础部分即“枢纽地区”的内容提炼为更富有冲击力的“心脏地带”的概念，并以简洁的短句做出如下概括：

谁统治东欧谁便控制了“心脏地带”；
谁统治了“心脏地带”，谁便控制了“世界岛”；
谁统治“世界岛”谁便控制了世界。[②]

麦金德这一经典表述，可以说是其地缘政治理论的经典的概括。

“英国的海上霸业是在拿破仑战争时期全部完成的。”[③]而英国实现海洋霸权的关键是对其“心脏地带”即印度洋的控制。19世纪初，英国乘拿破仑在欧洲大陆征战的时机，在印度洋大举扩张且大获其利：1798年，英国攻占锡兰（斯里兰卡），1806年占领荷兰人在好望角的据点，1814年从法国人手中夺回毛里求斯，1826年从荷兰那里获得马六甲。1824年，英国人占领新加坡，这“可说是替英国在印度洋上的霸业安下了一块基石”[④]。印度驻新中国首任大使卡瓦拉姆·潘尼迦（Kavalam Madhava Panikkar）评价说：“英国，维也纳条约以来印度洋上唯一的强国，现在牢牢掌握了印

---

① [英]哈·麦金德著：《历史的地理枢纽·译者前言》，林尔蔚、陈江译，商务印书馆2007年版。

② [英]哈·麦金德著，武原译：《民主的理想与现实》，商务印书馆1965年版，第134页。

③ [印]潘尼迦著：《印度和印度洋——略论海权对印度历史的影响》，德隆等译，世界知识出版社1965年版，第68页。

④ 同上。

度洋各处的战略要冲；得此海上凭借，它在印度的江山是坐稳了。从此英国就这样统治了整个印度洋。”[①]此后的印度洋，潘尼迦认为：“这就比别处更像是英国的一个内湖了。偌大的印度洋面，其他欧洲国家一点好处也沾不上手，就是在海洋附近的地方，亦复如此。”[②]

拿破仑·波拿巴（Napoléon Bonaparte）在圣赫勒拿岛流放期间，看到英国利用欧洲战争在印度洋的收获，对当年放弃征服埃及追悔莫及。他认为他应该留在东方，征服阿拉伯、印度，成为东方皇帝而不是西方的皇帝。他说：“如果我占领了阿克尔，我就可以进攻印度。谁统治埃及，谁就能够统治印度。”关于英国人在印度的统治，他说，如果他带着一小队人到印度去，就能把英国人赶跑。[③]

印度洋处于麦金德学说中“心脏地带”，英国前首相丘吉尔（Winston Leonard Spencer Churchill，1874～1965）把印度称为“英王皇冠上的那颗真正最为光亮而珍贵的宝石”。[④]根据葡萄牙人和荷兰人退出印度洋的经验，英国人明白，如果没有对印度次大陆的全面占领，英国已拥有的对印度洋的制海权是得不到持久巩固的。1757年，英国人发动普拉西战役，印度战败，英国占领孟加拉。拿破仑战争后，英国清除所有印度洋上的对手之后，便将目光瞄向整个印度次大陆。1857年，英国镇压了印度民族大起义并由此形成对印度的绝对统治。1858年英国取消东印度公司，改由英女王直接统治印度。

潘尼迦认为：“自从1805年法国舰队在特腊法耳加[⑤]被歼之后，在整个19世纪，英国是世界上唯一拥有制海权的国家，这是英国当之无愧称得起

---

① [印]潘尼迦著：《印度和印度洋——略论海权对印度历史的影响》，德隆等译，世界知识出版社1965年版，第68页。

② 同上书，第69页。

③ [苏联]叶·维·塔尔列著：《拿破仑传》，任田升等译，商务印书馆1976年版，第382页。

④ 转引自Jawaharlal Nehru，*The Discovery of India,* Teen Murti House，1999, p.438.

⑤ 又译“特拉法尔加”，19世纪初英国舰队与法国、西班牙混合舰队在西班牙特拉法尔加角（Cape Trafalgar）附近爆发海战。1805年秋，第三次反法同盟形成，拿破仑决定进军奥地利，于同年9月14日命令泊于加的斯港，由法国海军上将维尔纳夫指挥法、西混合舰队驶入地中海，进攻那不勒斯，以牵制同盟国在意大利的军队。10月21日，法西混合舰队与纳尔逊指挥的英国舰队遭遇。法西混合舰队战败，维尔纳夫被俘，英舰未有损失，但纳尔逊受伤。这次海战使英国取得了延续一个多世纪的海上霸权。

威镇四海的世纪。”[①]如果不算1757年普拉西战役后英国在印度洋上形成相对优势的时间，我们仅从拿破仑失败后的1815年的维也纳会议算起直至第二次世界大战结束的1945年英国开始退出世界霸主地位，英国对印度洋的绝对制海权的时间大约有一个半世纪之久，此间英国对印度洋的绝对制海权成了英国建立世界海权从而世界霸权的关键支柱，它是如此坚固以至英国在这一百多年间能够相继挫败俄国人、德国人乃至日本人向印度洋发起的全面进攻。而这样的“战绩”，美国至今也难以企及。

近代历史表明，只有一流国家才能获得对印度洋的制海权，而只有最终占领印度大陆的国家才能获得对印度洋的绝对制海权。从这个意义上说，印度洋是实现世界海权的“心脏地带”。比较此前的葡萄牙、西班牙、法国以及后来的美国等霸权国家，可以说英国是控制印度洋时间最长的帝国，其巅峰时期，印度洋俨然成为“英国的内湖”。理查德·米尔豪斯·尼克松（Richard Milhous Nixon）看得明白，他说：“英国不仅控制了海湾，而且还控制了从印度洋各个地区来到海湾的通道。印度洋各个地区包括新加坡、马来亚、缅甸、印度、锡兰、亚丁、苏伊士、肯尼亚、南非、澳大利亚、迪戈加西亚和印度洋的其他岛屿，这些地方在以前某个时候全是英国属地。波斯湾和波斯湾外面的印度洋都是‘英国的内湖’。”[②]

英国之所以能做到这一点，是因为英国对印度的百年占领；换言之，正是英国对印度的百年占领，才得以拥有其在印度洋上建立绝对制海权所需要的巨量的物资支持；同理，不能在印度洋内就地获得这巨量的物质资源支持，也是今天美国这样的海洋强国不能对印度洋形成“英国式”控制的原因。

但是，历史的辩证法是无情的。对印度洋的占领使大英帝国的扩张和随之而来的繁荣达到顶峰，接踵而至的就是英国转入——尽管速度很慢——衰落。第一次世界大战使英国的世界霸权受到重创，此后印度出现民族独立运动。第二次世界大战中，英国先经德、意、日法西斯在世界范围的合击，后又遭美、苏合谋及印度本土的民族独立运动的多重打击，最

---

① [印]潘尼迦著：《印度和印度洋——略论海权对印度历史的影响》，德隆等译，世界知识出版社1965年版，第69页。

② [美]尼克松著：《真正的战争》，常铮译，新华出版社1980年版，第92—93页。

终被逐出印度洋。1956年苏伊士运河危机，是英国向印度洋的最后告别。[①]似乎是历史的讽刺，就在麦金德对英国海洋实践做出如此经典的理论总结且因此誉满全球的时候，他却看到了帝国的黄昏。好在眼不见为净：1947年3月6日麦金德去世，同年8月15日印度和巴基斯坦分治，印度独立。

可能是历史没有在较短的时间内提供足够多的教训，麦金德的“心脏地带”理论与英国实践上存在的上述悖论现象不仅没有引起后人的警觉，相反，它在包括美国在内的后发强势国家中还得到激赏并被大规模地推向实践。如第二次世界大战期间的希特勒联手苏联击败欧洲，又回头与苏联冲突以争夺东欧和小亚细亚的政策[②]、“二战”后美国乔治·凯南（George Frost Kennan）的遏制理论[③]以及以“艾森豪威尔主义”[④]命名的与苏联抢占中东的政策、苏联勃列日涅夫时期在对“心脏地带”的两翼战略布局完成后向阿富汗实行最后一击的政策，特别是21世纪初小布什上台后直击阿富汗和伊拉克的政策，都有明显的麦氏“心脏地带”理论的烙印，这些政策的结果也无一例外地使实施它们的国家的国力因此透支并走向衰落。

第一次世界大战前后，列强之间多为市场而争夺；第二次世界大战前后，列强转入对资源的争夺。这时世界地缘政治发生的重大变化是资源政

① 关于这段历史，可参阅“世界霸权与印度洋——关于大国世界地缘战略的历史分析”，张文木著：《世界地缘政治中的中国国家安全利益分析》，中国社会科学出版社2012年版，第94—110页。

② 1940年11月25日，莫洛托夫邀请德国驻苏联大使舒伦堡，表示“苏联准备接受里宾特洛甫在柏林提出的德、意、日、苏四国关于实行政治合作和经济互助的公约”，其重要条件是要求德方“承认总方向面对波斯湾的巴统和巴库以南的地区为苏联领土意向的中心点”。沈志华主编：《苏联历史档案选编》第16卷，社会科学文献出版社2002年版，第166页。

③ 乔治·福斯特·凯南（George F. Kennan，1904～2005），美国“遏制”政策提议人。1946年2月22日，时任美国驻苏联使馆代办的乔治·凯南向国务院发回长达5542个英语单词的明码电报，这封电报被认为是导致美苏冷战的先声。在电报中凯南对苏联的内外政策进行了深入的分析，提出了对付苏联的长期战略。1947年7月7日，美国前驻苏使馆代办凯南化名“X”，在同年7月出版的《外交季刊》上发表《苏联行为的根源》一文，明确提出“遏制（containment）战略”并被美国政府所采纳。

④ 1957年1月5日，美国总统艾森豪威尔向国会提出《对中东政策特别咨文》。主要内容是：由国会授权总统动用2亿美元给中东国家以经济和军事援助；总统有权应这些国家的请求提供武力援助，只要这些国家面临“国际共产主义控制的任何国家的武装侵略”。特别咨文的基本原则被称为“艾森豪威尔主义”，成为美国在中东地区扩张势力的重要纲领，此后美国竭力利用英法两国地位削弱的时机“填补”中东地区出现的“力量真空”。

治与地缘政治在时间和空间上合二为一并以前者为主要矛盾的主要方面。在这新的地缘政治视野中，麦金德“心脏地带”理论被注入资源政治的内容，而作为世界现代工业动力基础的矿物资源分布相对比较集中的印度洋沿岸地带与麦金德的“心脏地带”又恰巧重合。这样，印度洋在世界地缘政治体系中的关键意义在战后进一步得到大国政治家的高度重视。曾在20世纪70年代初任美国总统的理查德·米尔豪斯·尼克松，更将麦金德“心脏地带”的理论注入资源政治的内容并使前者服从于后者。苏联出兵阿富汗不久，尼克松出版《真正的战争》，其中对阿富汗地缘政治位势的分析可视为美国中东中亚政策最到位的注脚。他写道：“波斯湾的战略重要意义今天集中于两个因素：它的位置和它的石油。军事力量和经济力量现在都有赖于石油。这个基本事实在20世纪最后这几十年里使波斯湾成了全球风暴的风眼。”①1988年，尼克松出版《1999：不战而胜》，再次强调美国必须在“心脏地带”遏制俄国人的极端重要性。他说：“我在1979年苏联入侵阿富汗后不久出版的《真正的战争》一书中把波斯湾称为西方的‘石油咽喉’。我曾写道，如果有朝一日苏联控制了波斯湾地区的石油资源，克里姆林宫就可以通过威胁扼杀以石油为动力的西方经济，来对西方进行讹诈。今天的情况仍然如此——至少在本世纪剩余的年月里，这种情况仍然将继续下去。”②

尼克松可能是罗斯福之后美国人中对麦金德地缘政治学理解最为深刻，同时也是在其误区中陷得最深的政治家：他认识并创造性地发展了麦金德的“心脏地带”学说，并使美元与黄金脱钩后迅速与石油挂钩，成为“石油美元”，他要求美国政府从国家生死存亡的高度牢牢控制“心脏地带”的主导权。可能是由于此时的美国继承大英帝国遗产不久，还没有更多的世界治理的经验，这使得尼克松——如果再往前说还有凯南的“遏制理论”——在将地缘政治理论推向深入的同时，也反使美国更深地陷进“麦金德悖论”的泥淖之中。尼克松呼吁美国政府：

> 今天，美国是唯一有能力在波斯湾保护西方利益的国家。亲西方的波斯湾国家都不够强大，无法承担这项工作。我们的欧洲盟国也都

① [美]尼克松著：《真正的战争》，常铮译，新华出版社1980年版，第88—89页。

② [美]尼克松著：《1999：不战而胜》，王观声等译，世界知识出版社1997年版，第127页。

无力或没有决心来完成这项任务。因此，我们必须站起来解决这一至关重要的问题，但是迄今为止，我们还未这样做。[①]

在外交战线上，我们一定不能够允许莫斯科在谈判桌上赢得在战场上得不到的东西。阿富汗不是一个像文化交流计划那样的小问题，不应该在首脑会晤中为了缓和气氛而把它放弃掉。它是一场重要冲突，将决定谁在美苏争夺中获胜。[②]

但是，理论上的推进并没有给美国带来外交实践上的进步。美国对印度洋的控制远没有达到当年英国那样的水平，但为了控制印度洋透支国力的速度却远超过当年的英国。

不错，与19世纪的英国一样，美国曾在中亚地区成功地阻止了苏联对阿富汗的占领，但美国没有由此形成当年英国那样对印度洋的有效和持久的控制。如果说，勃列日涅夫出兵阿富汗是苏联利用当时美国的颓势实现19世纪英俄冲突中没有实现的向印度洋冲刺的战略目标，那么，1991年和2001年布什父子俩[③]也是利用当时苏联的颓势及其解体后出现的机遇，试图在“心脏地带”实现“英国式”（即陆地占领）推进。美国在1999年的科索沃战争中拿下印度洋西侧的巴尔干半岛——这与当年苏联利用越南拿下印度洋东侧的中南半岛而后进军阿富汗的路径相似——并以此为小布什2001年发动阿富汗战争、实现对中亚的军事占领做了铺垫。老布什通过帮助科威特收复国土实现了军事力量在海湾地区的“英国式”部署，这为小布什在任期内大规模挥师中亚做了前沿铺垫。但不出意料的结果是，美国在伊拉克被搞得灰头土脸，随之而来的便是2008年美国的金融危机和从伊拉克的撤军。

2. “麦金德悖论”及其产生原因的历史分析

英国和美国当然还有俄国在中亚的多次失败的教训说明：麦金德的地缘政治理论是有缺陷的，其集中表现是其理论上的合理性与实践上的不可行性

---

① [美]尼克松著：《1999：不战而胜》，王观声等译，世界知识出版社1997年版，第131页。

② 同上书，第158页。

③ 即美国第41任总统乔治·布什（1989～1993）及其长子美国第43任总统乔治·沃克·布什（2001～2008）。

之间存在着严重的悖论。我们不妨将这种现象称为“麦金德悖论”。

造成这种悖论的原因，从实践上分析是由于世界上没有一个国家的国力，尤其是海权国家的国力可以支持其从本土扩张至麦金德“心脏地带”的战略目标，在理论上分析更是在国家战略能力和目标之间缺乏资源和运用资源经验的维度。“巧妇难为无米之炊”的古训，在不成熟的理论家或政治家那里得不到应有的重视。他们缺乏的并不是理论逻辑训练而是运用国家资源的经验积累，因此他们设计的目标往往超出资源许可范围，其结果无一不是陷在理论目标的合理性与其实践的不可行的悖论中不能自拔并最终走向失败。

资源的绝对有限性与发展的绝对无限性的矛盾，以及由此引导出的国家力量的绝对有限性和国家发展需求的绝对无限性的矛盾，是人类及其赖以生存的国家发展自始至终面临的基本矛盾。前一种矛盾决定了国家间的斗争贯穿人类发展进程的始终，不管这种斗争采取什么形式，它是人类文明进步的基本动力；后一种矛盾使国家在抗力接近的条件下有了强弱转化的空间。国际关系好比小孩子手中玩耍的橡皮圈，不管他翻出多少花样，它的伸展总有其资源允许的底线和极限。超越了极限，国家就会由强转衰；过了底线，国家主权就会受到伤害。如果橡皮筋的某一边被拉断，则意味着沿此扩张的国家因力量不支而失败，这轻则导致国际体系的局部重组，重则会导致“橡皮圈”即整个国际体系的崩盘。

国家为获利而扩张，也为过度扩张并由此透支财力而衰亡。造成这种规律性现象的原因是扩张规模如此之大以致需要更多的财力来巩固已有的扩张利益。保罗·肯尼迪说：

> 财富永远是加强军事力量的基础，而获利并保护财富又往往需要军事力量。然而，如果一个国家把过多的资源用于军事目的而不用于创造财富，那么，从长远看，就很可能导致该国国力的削弱。同样，如果一个国家在战略上过分扩张——如侵占大片领土或发动耗资巨大的战争——那么它就会冒这样的危险：为此耗费的巨资可能超过对外扩张所带来的潜在利益。16世纪西欧进步以来，大国体系中各领先国家——西班牙、荷兰、法国、英帝国和当今的美国等——的勃兴而后又衰落的历史说明，从长远看，生产能力获取收入的能力同军事力量

两者之间有很重要的相互关系。[1]

这从扩张中获利到失利之间的关节点，对世界霸权国家来说，就是麦金德所说的“心脏地带”。20世纪60年代，美国曾将其战线拉得太长，透支了国力并使国家出现衰迹，这才有了尼克松的调整及其后的中兴。苏联勃列日涅夫时期将战线拉向全世界，到戈尔巴乔夫时期来不及调整反导致苏联解体。国家扩张的原则是不能将国力“拉断”，这是极限；国力收缩的原则是不能缩得受到入侵，这是底线。只要找出这两点之间合理的比例关系，建立其上的理论和实践之间才能避免上述悖论。而要做到这一点，在相当的情况下，仅凭书本上的逻辑知识是不够的，它还需要实施政策的经验。但从历史所呈现给我们后人的经验看，迄今为止，还没有一个大国的扩张能越过麦金德的“心脏地带”；也就是说，每当世界霸权国家的扩张“皮筋”拉到这一地区，其扩张就开始出现逆转并陷入“悖论”怪圈之中。

从某种意义上说，战略哲学就是在战略力量使用上拿捏分寸的学问。关于此，早在250年前的卢梭就有经典的论述，他在《社会契约论》一书中说：“征服一个国家要比治理一个国家容易得多。有一根足够长的杠杆，人们只消用一个手指头便能够摇动全世界，可是要担负起全世界来，却非得有赫居里士[2]的肩膀不可了。”[3]据说拿破仑是卢梭的信徒，但拿破仑没把握好卢梭哲学的精髓，在其事业巅峰时入侵俄罗斯，要担负只有赫居里士才能担负的重担，结果失败了。第二次世界大战前罗斯福明白卢梭哲学的要义，他与斯大林合作，保证了美国在第二次世界大战后步入世界舞台中心。此后的大多数美国领导人的战略认识日益远离哲学境界，步拿破仑的后尘，要接过赫居里士肩上的重任，到处透支国家力量，最终导致它今天的衰落。与英国相比，美国，尤其是第二次世界大战以后成为世界霸权的美国，是外交理论最缺经验维度，因而最容易陷入“麦金德悖论”并更快衰落的国家。

---

① [美]保罗·肯尼迪著：《大国的兴衰》，蒋葆英译，经济出版社1998年版，第2页。

② 赫居里士（Hercule），亦译赫丘利。罗马神话中的大力神，即希腊神话中的赫拉克勒斯（Hercles）。

③ [法]让·雅克·卢梭著：《社会契约论》，何兆武译，商务印书馆2003年版，第125页。

美国接手英国世界霸权后不仅没有英国那样的物质条件，而且还没有当时英国所处的历史条件。由于有印度殖民地巨量资源的支撑，英国占领印度洋后出现的衰落的速度要比今天的美国慢得多。况且英国独控印度洋时，印度、埃及和中国的国运均处颓势，其国家内部也是动荡不止（比如印度民族冲突、中国的太平天国运动等），外部冲突加剧（比如中国和英国的两次鸦片战争、印度反抗英国殖民统治的大起义、埃及和奥斯曼帝国的埃土战争等），而英国正处鼎盛时期。1856年在克里米亚成功阻挡俄国南下争夺地中海后，英国即就挥师印度洋和太平洋，向同期的中国和印度这两个东方最大的国家同时开战并取得胜利。由此形成对印度洋的绝对控制权。第二次世界大战结束后，美国罗斯福总统为了打倒欧洲的世界霸权，释放出民族自决运动的浪潮。这场运动冲垮了欧洲殖民势力并建立起一系列独立的主权国家。但令美国人意料不到的是，经验老辣的英国人在被迫向美国移交霸权时，不动声色地大幅提升了美国掌控这个“心脏地带”的难度：英国借力打力，在印度洋地区释放出南亚最大的主权国家印度；在印度的东西两翼即亚洲和非洲还暗助中国[①]和埃及消耗美国。这样，美国独控“心脏地带”目标反成了消耗美国从而导致美国衰落的原因。

美国人在20世纪五六十年代投入了朝鲜战争和越南战争，这是美国试图通过陆战实现对这两个国家“英国式”占领的初试。虽然其扩张还没到“心脏地带”，而且美国还出动了远比19世纪英国更多的兵力，但结果却败得让美国人至今也不堪回首。一句话，20世纪下半叶，美国从英国手中接收过来的世界已失去了海洋国家赢得大陆战争的有利条件；而印度、巴基斯坦、朝鲜等国家拥有核打击能力后，情形就更是如此。

---

① 1949年10月6日，英国领事格拉汉奉命以“备忘录”的形式告知周恩来说“英国政府仔细研究了中英关系的漫长历史，提议通过领事代表立即建立‘非正式的关系’”。10月17日，杜鲁门与艾奇逊谈话时说：“英国人在这件事情上对我们做得不太地道。”（参阅“柯乐博致艾奇逊”（1949年10月11日）、“艾奇逊和杜鲁门谈话备忘录”（1949年10月17日），陶文钊主编：《美国对华政策文件集1949—1972》（第1卷上），世界知识出版社2003年版，第157、160页。）英国于1954年6月17日与中国建立代办级外交关系。英国的对华承认态度对一些欧洲国家及英联邦等国家产生影响。1949年年底和1950年先后有缅甸、巴基斯坦、锡兰、阿富汗、印度、印度尼西亚、越南等亚洲国家和挪威、丹麦、芬兰、瑞典、瑞士、列支敦士登等欧洲国家率先承认了中华人民共和国。

第二次世界大战后民族国家纷纷独立，这时的美国已无力对这些国家发动任何一场能实现“英国式”占领的陆地战争，而没有陆地的占领，就不可能有19世纪英国那样的对关键海域的绝对制海权及由此建立的海洋霸权；而没有“英国式”的绝对制海权，美国就不会获得稳定的海外资源回流及由此带来的国内政治的稳定。第二次世界大战结束之初的美国人明白这样的逻辑关系，它缺乏的只是在现实中连接起这些逻辑环节的能力和经验。

近代以来的历史经验表明，绝对的制陆权来自绝对的制海权，而绝对的制海权同样也来自绝对的制陆权；而没有陆战的胜利，海战的效果就会大打折扣。“从近三百年的历史来看，任何强国，只要掌握住绝对制海权，又有力量打得起陆战，就可以控制印度帝国，独占其贸易，剥削其无穷资源。”①潘尼迦的话可谓英国控制印度洋的经验之谈，而这样的经验似乎对后来的美国人，甚至对美国之后的可能的世界霸权国家来说，都成了天边那渐行渐远的彩云。

潘尼迦说的这些道理，美国人也不是不知道，更不是不愿去做，而是做不到。朝鲜战争后，美国人换了思路，试图通过地区集体结盟的形式替代“英国式”的直接占领：1950年10月17日，美国同泰国签订《军事援助协定》；1951年8月30日，美国与菲律宾签订《共同防御条约》；9月1日，美国与澳大利亚、新西兰签订《澳新美安全条约》；9月4日至8日，美国、英国、法国等48个国家在没有中国、苏联等战胜国参加的情况下单方面与日本签署了《对日和约》（即《旧金山和约》），与此同时，美日也签订了《日美安全条约》；1953年8月8日，美国与韩国签订《美韩共同防御条约》。1953年7月27日《朝鲜停战协定》签订后，美国对中国的封锁链条从单边扩大到广泛的多边集体条约，从中国东部延伸到中国西部。1954年9月8日，美国联合英国、法国、澳大利亚、新西兰、菲律宾、泰国和巴基斯坦签订《东南亚集体防务条约》；1954年12月2日，美国与台湾当局签订《共同防御条约》，1955年 2月，美国拼凑起所谓“巴格达条约组织”。当这些所谓“集体安全”链条建立起来后，令美国感到尴尬的是，面对一个个嗷嗷待哺的盟国，美国用于“维修”这一串串防务链条的代价不比直接占领更少，其效果对美国外交

① [印]潘尼迦著：《印度和印度洋——略论海权对印度历史的影响》，德隆等译，世界知识出版社1965年版，第81页。

来说——比如1955年的万隆会议——更是添乱。这又迫使美国重新回到“英国式”直接占领的思路，为此美国挑起越南战争并再次陷入其中不能自拔。尼克松上台后大幅收缩战线，暂时放弃了遏制中国的目标，压缩了美国为这些盟国承担的义务，这才使美国度过了战争失败带来的国家危机。

在古巴导弹危机中对苏联的胜利曾骄纵了美国挥师越南的万丈雄心；苏联的解体和美国在海湾战争中的胜利，再次燃起20世纪五六十年代美国政治普遍存在的“凯南式”冲动，21世纪初的美国人再次考虑如何才能扩大由这些胜利带来的红利。这时他们的目光再次转向麦金德的、甚至更早先的克劳塞维茨的经典陆权学说，认为如果没有对中东的直接陆地军事控制，中东石油利益对美国只能是若即若离并令人不安的雨后彩虹。

小布什上任前夕，时任美国陆军学院院长的罗伯特·斯格尔思（Robert H. Scales）明白直言，不管美国军事技术如何进步，但它终替代不了陆军占领的军事效果。他告诫：“在21世纪，我们国家军事战略的两根支柱将继续是前方存在和力量的投送。”[①]而“持续存在”的前提就是前沿的陆军部署即“直接控制陆地”。在总结美国面临的各种挑战后，斯格尔思写道：

> 虽然上述军事挑战的根源不同，种类不同，对美国利益的威胁程度也不同，但它们都有一个共同点：在每一种挑战中，战略胜利最终将要求直接控制陆地、人民和资源。与发展中国家对抗时，战争目的很可能是领土的控制。在与第三世界的对抗中，则很可能是人口的控制。镇压恐怖分子和其他非政府挑战者将要求剥夺他们的政治、心理和物质支持。[②]
>
> 战争是意志的考验。最有把握使敌人意志崩溃的办法是控制他的领土。如果没有实际占领，战争只能仅仅是远距离的惩罚，是任何一个想要抵抗的国家都能无限期忍受的东西。[③]

---

① [美]罗伯特·斯格尔思著：《未来战争——美国陆军学院最新理论》（*Future Warfare: the Lastest Thoery About 21 Century War by U.S.Army War College*），薛国安、张金度译，国防大学出版社2001年版，第114页。

② [美]罗伯特·斯格尔思著：《未来战争——美国陆军学院最新理论》（*Future Warfare: the Lastest Thoery About 21 Century War by U.S.Army War College*），薛国安、张金度译，国防大学出版社2001年版，第36页。

③ 同上书，第84页。

最后，罗伯特·斯格尔思似乎是在为即将上任美国国防部长的拉姆斯菲尔德做政策规划，[①]他提醒美国政府：

> 如果在下个世纪很长的时间里，我们还要像一个军事大国那样有发展能力，我们必须极大地改进夺取和控制地面的能力。我们必须将速度和灵活性建造在我们的战争系统之中，使得在通过大片地域时能不受阻碍地机动。我们必须像我们现在精确和灵活地把炸弹投掷在远距离目标上一样，能将战斗部队精确和灵活地部署在关键地点。
>
> 如果我们有能力将部队部署在广大地区，而且还能在敌人最脆弱和最虚弱时迅速地集中这些部队，那么我们就能在敌人自己的控制区域内将其打败。[②]

我们真的不知道时任美国国防部长的拉姆斯菲尔德是否了解到罗伯特·斯格尔思的意见，但从其在2001、2003年发动的阿富汗和伊拉克战争分析，美国在这两场战争中的作战目标已与海湾战争和科索沃战争有了本质的不同，即从海空打击转变为地面的纵深占领。如果读了罗伯特·斯格尔思的书后会发现拉氏指挥的美军在阿富汗和伊拉克的作战样式与斯格尔思的观点，尤其是与其“领土占有”的观点有相当的契合。

斯格尔思的军事观点是否正确呢？可以说，它在理论上和逻辑上是绝对正确的，但由于缺乏资源供给或资源运用的经验，其实践结果让美国很是难堪：拉姆斯菲尔德在伊拉克和阿富汗失败了。与此前的朝鲜战争继而越南战争中的麦克阿瑟和麦克纳马拉辞职的结果一样，拉氏在2006年辞职，此后美国陆军便从伊拉克的领土上退了出来。

逻辑正确的理论却在实践上不可行，继英国之后美国再次遭遇到“麦

---

① 罗伯特·斯格尔思曾在美国国防部历任作战与计划副参谋长办公室下属的战略计划和政策处处长、陆军参谋部助理主任、作战与计划副参谋长办公室下属的“沙漠风暴”行动专门研究小组主任和陆军部作战战备和动员司令部主任。

② [美]罗伯特·斯格尔思著：《未来战争——美国陆军学院最新理论》（*Future Warfare: the Lastest Thoery About 21 Century War by U.S.Army War College*），薛国安、张金度译，国防大学出版社2001年版，第83页。

金德悖论”的尴尬。

3.“麦金德悖论”反映了霸权国家不可克服的内在矛盾

“战争的伟力之最深厚的根源，存在于民众之中。”[①]事实上，霸权国家推行世界扩张政策的真正阻力来自世界被压迫的民族和人民，而技术，尤其是高技术可以解决一部分矛盾，但解决不了一切矛盾，尤其是压迫者与被压迫者的矛盾；而当推行扩张政策的国家开始与世界人民为敌的时候，这个矛盾基本就是无解。经验上看，英美海权国家的扩张在达到印度洋之前，它们与扩张地区的矛盾依其国力尚有调整的余地，但当它们进入印度洋及其北岸地区后，其一路所获的利益已使其与世界人民为敌。正因此，尼克松才说印度洋地区是“全球风暴的风眼”。[②]

深陷在技术拜物教的美国人大多不承认这个道理，他们认为一切皆可技术解决。一旦军事技术有了什么新突破，他们就开始想入非非，其战略制定也就容易脱离实际，其战略目标常常大到不与一切人为敌则不能罢休的地步。这时，美国从世界扩张带来的利益就日益不足以弥补其为巩固原有扩张成果所付出的代价。千夫所指，无疾而死，这样的战略是没有不失败的。

地缘政治，本质上反映的还是人地关系，也就是我们常说的“一方土地养一方人”的道理。人当然是在特定社会结构中的人，因此，特定的社会结构是影响地缘政治表现水平的深层次的内容，而地理环境则不过是不同社会结构的物质载体。同一地理环境，配之以不同的社会人群，其表现出的人地关系及由此产生的攻击或抵抗能量是完全不同的。

那么，麦金德的“心脏地带”是一种什么样的社会结构呢？

我们知道，麦金德的地缘政治理论是现代工业文明条件下的认识成果，但位于麦金德理论的“中枢”或“心脏”地带的中亚地区的社会结构还处于前工业化时代，整个社会细胞由社会化程度很低的松散部落群构成；与其相应，建立其上的政治结构多呈蜂窝状，局部的破坏不仅不影响它的整体，它自身还会迅速繁衍加以修补。这样的中亚地缘环境对现代工业国家的扩张而言就有了“百慕大三角”的特征。与当年英国在中亚的遭

① 毛泽东：《论持久战》，载《毛泽东选集》第2卷，人民出版社1991年版，第511页。

② [美]尼克松著：《真正的战争》，常铮译，新华出版社1980年版，第88—89页。

遇一样，美国目前在中亚真正的“敌人”既不是塔利班，也不是伊朗，而是中亚蜂窝状的社会结构：局部损失不影响整体，而且还能很快使这种损失得到自我修复。这样的社会结构就像一块大海绵，有多少外来资源都能被它吸干。这种蜂窝状社会包围却又不依赖大城市，是一种“农村包围城市”式的存在。部落居民不依赖城市商品生存，他们之间互不隶属，在任何地方都能战斗：一把铁铲，撒一些种子就能生长出粮食；有粮食就有人繁衍，“野火烧不尽，春风吹又生”：只要有人繁衍，就有战士，有战士，反侵略的战斗就不会终止。生活在这样的社会结构中的人群紧紧地镶嵌在当地以高原山地为主的地缘政治环境中，如果不能像对待印第安人那样将其全部灭绝，是很难用现代工业社会中产生的军事手段加以对付的。这就可以解释麦金德的“心脏地带”何以反成了埋葬世界征服者的“坟场”的原因。曾经横行世界的英国在19世纪三次侵入阿富汗，都败了；20世纪末期的苏联和21世纪初期的美国也是一样。尽管如此，吃尽了苦头的世界霸权国家及其地缘政治理论至今仍没有对此加以深刻解释，致使他们的扩张如飞蛾扑火，前赴后继，深陷中亚并使其国家或快或慢地走向衰落。

这是一种被马克思称作“亚细亚”[①]的社会结构，它不仅是中亚国家的基础，也曾是整个东方国家的基础。英国人在海上打败中国，可在中国三元里却败在中国老百姓手中。美国曾打败了已进入工业化时代的日本和德国，却打不败朝鲜和越南；曾拿下已进入现代工业水平的南斯拉夫，却至今也控制不了中亚。当它们轻率地进入中亚后，就仿佛来到中国黄河岸边，跳得越起劲，陷得就越快越深。

那么，美国人难道不明白其世界扩张给它带来的上述困境吗？倒也不是，明白人在美国还是有的。曾任陆军部长助理并参加过巴黎和会的沃尔特·李普曼（Walter Lippmann）就是美国人在“二战”后最不冷静时期的最冷静的战略思想家。1947年凯南在《外交季刊》上发表那篇著名的论文《苏联行为的根源》后不久，李普曼就在《纽约先驱论坛》

① “大体说来，亚细亚的、古代的、封建的和近代资产阶级的生产方式可以看做是社会经济形态演进的几个时代。”马克思：《政治经济学批判·序言》，《马克思恩格斯选集》第2卷，人民出版社1972年版，第83页。

上陆续发表文章批评凯南的“遏制”政策。李普曼认为，美国的政治、经济和军事力量不适宜于执行凯南的遏制战略。他认为，在美国现行宪法制度下，国务院不可能从国会取得“一张从国库领钱的空白支票和使用武装力量的绝对权力”，因而也无法做到“随时在全球不断转移的地点上使用‘对抗力量’”。而且，美国的经济是“没有划一组织和不受控制的”，国务院也不可能“规划和指挥进出口贸易”来推行“遏制政策”。在军事方面，李普曼也认为：“没有理由确信美国能够在一切个别的地点都集结‘坚定的对抗力量’。欧亚大陆是一块很大的地方，而美国军事力量尽管很大，但有一定的局限性，如果要使它得到有效的使用的话，就应该对这种局限性心中有数。我们生活在像岛屿一样的大陆上。我们同冲突地区之间远隔重洋。我们的人口相对较少，在战时就得把较大比例的人口用于生产、运输和维修那些构成我们军事力量的复杂的武器和机械。同俄国相比，美国缺乏足够的步兵后备队。我们的海军控制着海洋，我们拥有重要的进攻武器。但在欧亚大陆的内陆地区，像我们在希腊山区所领教的，可能有很多‘个别地点’，在那里只能使用步兵作为‘对抗力量’。”而美国却没有足够的能够占领这些地区的步兵力量，“美国军事力量的优点在于它的机动性，它的速度，它的射程和它的进攻威力。因此它并不是执行遏制外交政策的有效工具。它只能服务于一种以决战和解决问题为目标的政策”，而不适合服务于在这些地区实行长期陆军占领为目标的政策。[①]

李普曼进一步设想，如果美国一定要执行凯南设计的遏制政策，既然它不能依靠自己的步兵力量，那它只有采用扶持代理人及其联盟的政策，但这样的代价并不比直接出兵占领的代价低。李普曼说：如果美国没有力量直接出兵，那它就“只能依靠招募、津贴和支持一支由卫星国、附庸、仆从和傀儡所组成的杂牌军。因此，遏制政策的工具是处于苏联外围的那些无组织的、内部分裂的、软弱的或者混乱的民族、部族和派系联合体”。为了维持这个联合体，“美国就得对它打算去组织、去保护、去领导和去利用的这个联合体的全体成员的事务，进行不断的、复杂的干涉。我们海外的外交代表就得具有几乎万无一失的才能，能够正确而迅速地判断哪些人和哪些政党是可靠的遏制分子”以及“谁应被任命，谁应受津

---

① *Water Lippman: The Cold War*，转引自《战后世界历史长编》第1编第3分册，上海人民出版社1977年版，第69—70页。

贴，谁应给他涂脂抹粉，谁应得到青睐，谁应充当我们的仆从和我们的盟友”。这样，杜鲁门主义实际上“不可避免地意味着（美国）不断干涉所有那些号称在‘遏制’苏联的国家”。[①]但是，与苏联毗邻而又受美国控制的“卫星国和傀儡政府并不是用来建立攻不破的藩篱的好材料”。“它们显然是软弱的。而一个软弱的联盟并非一笔资产。它是一笔债务。”[②]最后，李普曼得出结论：美国力量是有限的，有限力量只能配之以有限目标，如按凯南的全球“遏制”战略制定政策，结果是“在俄国人远没有受挫之前，美国人自己倒很可能被X先生[③]的政策所挫败了”。[④]在约翰逊政府时期，他批评说：“事实上，他（约翰逊）的战争目标无限大：它担保整个亚洲的和平。这样的无限大目标，战争不可能以有限的手段去打赢。由于我们目标无限，我们必然会‘被击败（defeated）’。”[⑤]

李普曼的文章却在中国受到毛泽东的长期关注。据统计，从1949年到1972年间，新华社电讯稿中提到李普曼的约有350篇，其中全文转载李普曼观点的稿件就有百篇之多，引用比较集中的时间段是1956年至1958年。[⑥]1958年11月12日，李普曼在《纽约先驱论坛报》上发表《苏联的挑战》一文，认为西方的军事集团和基地包围政策不能遏止共产主义的发展。新华社《参考资料》第2512期刊载了这篇文章，毛泽东读了李普曼的这篇文章后，写下批语：“此件印发。值得一看。”[⑦]1959年3月4日，他在会见美国共产党中央书记杰克逊时说：

> 美帝国主义看来好像很强，实际上也是帝国主义中最强的，但也很弱。它的兵力分散得很薄，它在欧洲要驻兵，在亚洲也要驻兵，如此分散，到处都有，结果是到处不顶事。无论从军事、政治、经济方

---

① *Water Lippman: The Cold War*，转引自《战后世界历史长编》第1编第3分册，上海人民出版社1977年版，第70—71页。

② 同上书，第72页。

③ “X先生”，即凯南发表《苏联行为的根源》一文所用的笔名。

④ *Water Lippman: The Cold War*，转引自《战后世界历史长编》第1编第3分册，上海人民出版社1977年版，第78页。

⑤ [美]亨利·基辛格著：《大外交》，顾淑馨、林添贵译，海南出版社1998年版，第614页。

⑥ 宋石男：《伟大的旁观者：李普曼传》，中国友谊出版公司2012年版，第202页。

⑦ 《建国以来毛泽东文稿》第七册，中央文献出版社1992年版，第603页。

面来看，美国都是扩张得非常大的。它越扩张得大，力量就越分散，反对的人也越多，这样，事情就会向它的意愿的反面发展了。美国就好像一个用双手抱着一堆鸡蛋的人一样，鸡蛋堆的满满的，可是一动都动不得，稍一动鸡蛋就掉下来了。①

1968年11月17日，毛泽东在会见越南领导人范文同时鼓励说："美国有个记者叫李普曼，最近发表了一篇文章，说要提防再掉进一个陷阱。他说在越南已经掉进一个陷阱了，现在的问题是要想办法爬出这个陷阱。他还怕掉进别的陷阱里去。所以你们的事业是有希望的。"②

恩格斯说："任何民族当它还在压迫别的民族时，不能成为自由的民族。"③同样的道理，当一个民族还在压迫其他民族时，这个民族也不会成为一个头脑清楚的民族。一个民族的自由程度反映着它对客观世界所达到的认识高度。

英国曾是一个受欧洲大陆封建国家压迫和欺辱的岛国，也因此成为最有希望的岛国。当时欧洲中世纪许多先进的思想在英国落根并使之成为欧洲反封建教会势力的大本营。1846年英国发生了开辟世界近代史的资产阶级革命，它带动了法国等欧洲资产阶级运动的发展，加速了欧洲封建制度的衰落。18世纪英国完成了工业革命，巨大的生产力的出现改变了英国人的生存状态，市场和利润成了社会活动的中心，国家成了为资本开辟市场的机器，由此，向世界扩张，不断开辟新市场，就成了保持国家稳定的基本手段。这使得世界的不稳定就成了英国稳定的前提。英国的世界扩张产生了殖民地制度，殖民地制度让英国从世界得到丰厚的利润，同时也使英国与世界各民族的矛盾更加不可调和，以至战争成了促进英国工业发展的基本手段。当时有评论说英国"把大大超过其税

---

① 中共中央文献研究室编：《毛泽东年谱（1949～1976）》第3卷，中央文献出版社2013年版，第621页。

② 中共中央文献研究室编：《毛泽东年谱（1949～1976）》第6卷，中央文献出版社2013年版，第218页。

③ 马克思、恩格斯：《论波兰》，《马克思恩格斯选集》第1卷，人民出版社1972年版，第288页。

务收入的钱用于战争，这样一来它就把具有决定性优势的舰只和兵力投入同法国及其同盟国的战争，而没有这种优势，它先前所投入的人力物力便都付诸东流”[①]。战争使英国扩张为帝国，到19世纪末一般英国人都形成了这样的观念，即“英国分别是命中注定要统治其他国家的人民，英国是‘日不落帝国’”[②]；“帝国的感情是每一个英国人生而有之的。这是我们的世袭财产的一部分，和我们同生共死”[③]。19世纪60年代，印度已完全成为英国的殖民地，与此同时，英国自身的寄生性也更强了，“它越来越依赖世界的贡赋来维持生存”[④]。高额利润需要高成本的战争。德国铁血宰相俾斯麦看出这一点，1868年他在给友人的信中认为英国的殖民政策的“代价太大”[⑤]。

英国的这种扩张“多动症”是由其自身内在矛盾造成的。19世纪末英国与欧洲主要国家的殖民地争夺范围已扩至全球，并为此于20世纪初发生了第一次世界大战。此后英国迅速衰落，其霸权地位在第二次世界大战后为美国所取代。英国历史学家帕姆·杜德说：“英国收支亏空的问题并不是从第二次世界大战之后才开始的，而是在第二次世界大战以前十年发展起来的。”[⑥]当时对外战争是造成英国财政亏空的主要原因。

在地缘政治实践方面，美国是英国后来却没有居上的学生。第二次世界大战后，进入资本主义垄断阶段的美国人从一个受欧洲压迫的民族转变为压迫世界的民族，此后的美国便沿着当年英国称霸世界的路径，将其整个生存都建立在对世界资源，尤其是对中东石油资源的变相掠夺的基础之上。

与英国不同的只是，在敛财方面，美国更具金融寡头垄断的特征，因而其外交更具扩张和自毁合一的特性。

---

① 转引自[美]保罗·肯尼迪（Paol Kennedy）著《大国的兴衰——1500～2000年的经济变迁与军事冲突》，王保存等译，求实出版社1988年版，第96—97页。

② [英]帕姆·杜德（R. Palme Dutt）著：《英国和英帝国危机》*(The Crisis of Britain and the British Empire)*，苏仲颜等译，世界知识出版社1954年版，第8—9页。

③ 同上书，第8页。

④ 同上书，第68页。

⑤ 同上书，第60页。

⑥ 同上书，第68页。

美国军火部门曾在两次世界大战和随后的冷战中立下汗马功劳并因此在美国政治中——通过其代理人——具有相当的发言权[①]。尼克松为了使美国摆脱越战困境，让美元与黄金脱钩。从此美元——不同于当年英镑依托英国生产力和世界市场增值的方式——跳过劳动产品和实体经济而直接与世界资源（主要是其中的大宗消费品即能源）挂钩并以此为后盾。这大大刺激了美国能源部门的扩张，这种扩张又迅速得到军工和金融部门的呼应和支持，从而形成"军工—能源—金融"三位一体的经济推动复合体。在军工、能源部门的支持下金融与劳动产品相脱钩，其结果是在美国体外接了一个非全球扩张而不能生存且不能由政府控制的国家"心脏起搏器"。其工作流程是：军事扩张推动军工和能源的国际垄断和扩张，能源的国际垄断和扩张又带动金融的国际垄断和扩张，由此建立起美元在世界上的强势地位又从世界范围给美国带回巨大的利润以弥补财政收入和由此产生的社会繁荣和稳定。如此反过来逆推也就是：美国社会的繁荣和稳定依靠美元在世界的垄断地位，美元的垄断地位依靠能源垄断地位及由此保证的世界能源交易以美元结算。由于美国生存不以国家实体经济为基础，这迫使美国必须死保世界大宗资源消费品即能源交易以美元结算，而能达此目的的主要手段只能是战争。在这三者中，只要有一个断环，尤其是军事扩张的断环，美国就会出现多米诺反应，直至国内社会动荡。2007～2009年间，美国提出从伊拉克撤军，其间美国国防支出占美国联邦财政总支出的20%左右，而同期军费支出却

---

① "实际上，美国军工企业在华盛顿极有影响。根据Open Secrets.org近期报告，2006年，国会151名议员在军工企业中的投资，总计达到1.955亿美元。主要的军工企业都参与到2008年大选中。洛克希德·马丁公司捐赠了261万美元的竞选经费，其中49%捐赠给民主党，51%捐赠给共和党；波音捐赠222.6万美元竞选经费，58%捐给了民主党；通用动力向两党捐赠了600万美元。在2008年，诺思–格鲁曼公司和美国雷神公司，分别花了2000万美元和600万美元的公关费用，以影响国会决策。特别值得一提的是，雷神副主席林恩——另一位保守主义者，还被奥巴马提名为国防部副部长。2009年2月11日，美国参院以93票赞成、4票反对的结果，批准了奥巴马对林恩的任命。"引自易强著《美国沉没》，人民日报出版社2009年版，第218页。

"发动两次伊拉克战争的布什父子都有深厚的财团支持背景，小布什的再次当选更是与他强力支持军工财团密切相关。2005年他计划军费支出4160亿美元，而庞大的军费开支是军工财团利润的来源。至于由各州选出的国会参众两院议员，他们的当选也和相关的支持密不可分。"引自杜文君著《美国战争经济论》，中国财政经济出版社2009年版，第154页。

占国防支出的96%左右。[①]这个比例大体反映了美国近十年的财政与国防以及国防与对外战争的关系。在这里，国防支出基本没有“浪费”，都用于军费了。这反映了对外战争与国家财政的关系：财政依赖华尔街金融，金融依赖军工部门和能源部门的国际垄断地位的扩张，而这一切则必须以对外战争拉动，战争胜利再返哺财政。战争成了国家财政增长的“推土机”，而成本越来越高的战争又进一步透支了国家财政，如此恶性循环。英美国家兴衰经验表明，当它们的战争“推土机”开到麦金德的“心脏地带”时，其战争成本就达到国家财政不能承受的极限，这时的战争收益已远不能弥补战争造成的财政透支，随之而来的就是国家的衰落。时至20世纪80年代，遏制战略的创始人凯南已认识到上述问题的严重性，他在一次讲演中向美国发出强烈的警告：

> 这种军事化不仅对我们的外交政策，而且对我们的整个社会都有严重影响。它造成我国国民经济的畸形发展，这一点我和许多人都越看越清楚了。每年我们都把国民收入的很大一部分用于生产并出口武器装备，保持庞大的武装力量和设施。这么搞的结果对我国的经济生产实力不会有好处，只不过使我们每年都不能把成百亿美元用作生产投资。这些年来，我们已被迫使自己习惯于这种情况。这个习惯已经达到我曾大胆称之为真正民族乖癖的程度。我们现在已经不可能在不出现严重后遗症的情况下把它甩掉。除了数以百万计的穿军服的人以外，还有成百万的人们已经习惯于从庞大的军事工业体系中谋得生计。数以千计的企业靠军工维持，更不用说那些工会和社区了。军工已经成了使我国经济极其不稳定的那些预算赤字的根源。在军需品的生产者和销售者与华盛顿购买者之间已经建立起复杂而极其有害的联系。换一句话说，由于我们在和平时期维持庞大的军事机构并向其他国家出售大批军火，成千上万的既得利益者业已形成，也就是说，我

---

① 2007年、2008年、2009年，美国联邦财政支出总计分别为27287亿美元、29826亿美元、35177亿美元，其中国防支出分别为5513亿美元、 6160亿美元、6610亿美元，国防部军费支出分别为5285亿美元、5946亿美元、6367亿美元。资料来源：世界经济年鉴编辑委员会编：《世界经济年鉴2010/2011》总第26卷，第191、194页。

们在冷战中造成一个庞大的既得利益集团。我们已经使自己依赖于这种可憎的行径。而且如今我们对它的依赖程度已经很深，以致可以毫无偏见地说：假如没有俄国人和他们那莫须有的邪恶作为我们黩武有理的根据，我们还会想出另一些敌手来代替他们。[①]

值得注意的是，与当年工业帝国主义的英国以战争扩大市场，以市场扩大推动国内生产的路子不同，而与高利贷帝国主义的法国相似，这些由战争开辟的巨额海外收益并没有进入美国的生产领域而是进入了消费领域，由此刺激了美国服务产业而非实体经济，使美国服务业的比重在美国生产结构中反客为主。据统计，目前在美国经济中，服务业在GDP中所占比重达70%左右，狭义上的制造业在美国GDP中所占比重由20世纪90年代中期的17%强降至目前的12%左右。[②]这使得美国由以往的实体经济为主体的社会结构不自觉地滑入一个以消费为主业的寄生性的社会结构，并且“没能找到一个合理的办法把维持庞大的武装力量所需要的工业和财政支持跟社会上其他事业联系起来”[③]。结果与古罗马灭亡的原因相似，大量或真实或虚拟的财富涌入美国的同时，也窒息了美国的实体经济和美国人的劳动精神。在罗马“一切生产劳动都是奴隶的事，不配自由人的罗马人来做”[④]，而在当今的美国大量的“自由人”却无工作可做，没有实体经济生产，美国只能听由金融家任意摆布，而金融家与吸血虫一样，需要的不是国家，而是供其吸血的附体。英国学者帕姆·杜德说：“注射美元也救治不了这一病症，因为它没有触到病根。相反地，倒使病情加重了，因为它人为地促进和保存了这一疾病的特有的征象——寄生的依存性，扩大了较为强大的美帝国主义的侵略和统治，准备了战争的根源，阻止了健康的

① [美]乔治·凯南著：《美国外交》（增订本），葵阳、南木、李活译，世界知识出版社1989年版，第136—137页。

② 世界经济年鉴编辑委员会编：《世界经济年鉴2010/2011》总第26卷，第191页。

③ [美]乔治·凯南著：《美国外交》（增订本），葵阳、南木、李活译，世界知识出版社1989年版，第140页。

④ 恩格斯：《家庭、私有制和国家的起源》，《马克思恩格斯选集》第4卷，人民出版社1972年版，第146页。

恢复。”[①]早在第一次世界大战期间列宁就点出了西方帝国主义国家的“死穴”，他在《帝国主义是资本主义的最高阶段》一书中说：

> 资本主义的一般特性，就是资本的占有同资本在生产中的运用相分离，货币资本同工业资本或生产资本相分离，全靠货币资本的收入为生的食利者同企业家和一切直接参与运用资本的人相分离。帝国主义，或者说金融资本的统治，是资本主义的最高阶段，这时候，这种分离达到了极大的程度。金融资本对其他一切形式的资本的优势，表明食利者和金融寡头占有统治地位，表明少数拥有金融“实力”的国家比其余一切国家都突出。[②]

与昨天的欧洲国家相比，列宁所指出的这些特征在今天的美国身上表现得更为典型。正是从这个意义上列宁说：“帝国主义是过渡的资本主义，或者更确切些说，是垂死的资本主义。”[③]

列宁这么说不能被庸俗地曲解成资本主义马上就要灭亡了。与理解马克思“资本主义私有制的丧钟就要响了”的思想一样，理解列宁关于帝国主义诸如“垂死的”、“寄生的”、“腐朽的”等概念，应首先从黑格尔“扬弃”的概念入手。发展，本质上是包含“扬弃”的历史运动。自列宁之后的世界资本主义已失去了自我扬弃（改造）的能力，近百年来，它只是在维持既有的存在方式：不断经历着同一种危机，面临着同一种矛盾，用同一种高代价的方式即危机加战争的方式解决矛盾。其间，只有技术更新和危机的重复，而没有存在方式的更新，其结果是它对世界的创新速度

---

① [英]帕姆·杜德（R. Palme Dutt）著：《英国和英帝国危机》（*The Crisis of Britain and the British Empire*），苏仲颜等译，世界知识出版社1954年版，第14页。

② 列宁：《帝国主义是资本主义的最高阶段》，《列宁选集》第2卷，人民出版社1960年版，第780页。

③ 同上书，第843页。当然列宁这么说不能被庸俗地曲解成资本主义马上就要灭亡了。与理解马克思“资本主义私有制的丧钟就要响了”的思想一样，理解列宁关于帝国主义诸如“垂死的”、“寄生的”、“腐朽的”等概念，应先手从黑格尔“扬弃”概念入手。发展，本质上是包含“扬弃”的历史运动。若从“扬弃”的视角观察，列宁所说的“帝国主义是资本主义的最高阶段”论断还是相当深刻的。

远赶不上其破坏的规模。目前的美国人民——用凯南的比喻就是——已“变成随军谋生的一大帮子流浪者，就像前几个世纪在欧洲尾随军队蹒跚的那些无业游民那样，指望在衣食相对富足的部队后面捡点儿洋落儿”[①]；至于在财政上离不开华尔街经济接济的美国政府，面对一个险象环生的世界，目前除了使用拳头，便一筹莫展。

4. 经验与教训

第二次世界大战后，尤其是尼克松将美元与黄金脱钩后，美国国内经济结构的上述变化影响到美国决策系统的变化，这时，决定美国外交政策的就不再是白宫政治家集团，而是为国家提供巨大财政资源的聚集于华尔街的能源、军火和金融财团。华尔街的利益需求而非国家民族利益的需求便成了美国政策的出发点。由此产生的必然逻辑是：美国军火能源和金融财团存在的前提是不断扩大的战争，不断扩大战争的结果是持续增加对手，对手增加的结果是以几何级的速度消耗美国的国力并使美国以同比的速度衰落。

现在的美国已被它追求的世界霸权的目标折磨得病入膏肓，它那非扩张就不能存在的社会结构使美国在“麦金德悖论”面前，明知不可为而必须为之。由此便可以解释美国“二战”后出现政治家上台为华尔街利润奔走、下台后又为白宫失误而后悔不迭的现象。

凯南是美国遏制战略从而冷战理论的开创人，当他看到美国被遏制战略拖垮后，在其晚年便对克林顿和奥尔布赖特的北约东扩政策持批评态度。在一次讲演中，凯南“以一个上了年纪的人”的身份告诫年轻的一代：“我们的国力还是有限的；为争取自由我们必须付出代价。我们要承认世界上有些问题我们是没有本领解决的，我们深深卷入其中既无益也于事无补；地球其他地区的难题只好在没有我们插手的情况下让人家自己去解决。”他认为美国的外交政策应尽量“谦虚一些，作为一个国家，我们要更现实地承认我们的局限性，在卷入远离我国海岸的复杂局面时要比最近几十年表现得克制一些。我请大家记住：各民族之间相处也像个人之间相处那样，身教重于言教。而今天美利坚合众国向全世界做出的榜样较之

---

① [美]乔治·凯南著：《美国外交》（增订本），葵阳、南木、李活译，世界知识出版社1989年版，第142页。

它能够做到也应当做到的相差太远了”[①]凯南这一思想显然不容于美国的决策层（实则不容于华尔街）。越到晚年，他的这一思想越清晰。1999年，凯南接受采访时，批评美国政府四处充当教师爷的做法“不过脑子，虚荣，讨人嫌”，并表示，美国人要避免对别国指手画脚，特别是对中国和俄罗斯。[②]2005年，也就在凯南去世当年的9月24日，奥尔布赖特在艾奥瓦州出席一个研讨会时发表措词严厉的声明，抨击布什的伊拉克政策，指出美国2003年入侵伊拉克“不仅没有赢得朋友，伊拉克战争毒化了美国与中东地区和穆斯林世界许多国家的关系”。在伊拉克问题上，美国“现在没有好的选择，坏日子也许还在前头”[③]。2010年10月12日，美国前国务卿赖斯承认，布什政府在“9·11”事件后犯了若干错误，她在新近出版的回忆录中，却对发动伊拉克战争决议缄默不评[④]。2011年2月25日，曾积极支持美军参与阿富汗、伊拉克战争的美国国防部长盖茨离任前夕在美国西点军校演讲时警告说：未来任何国防部长如果建议总统向亚洲、中东或非洲大规模派遣地面部队，“借用麦克阿瑟将军（General MacArthur）的委婉说法，‘都应该检查他的脑子是否正常’”。[⑤]

事实上，造成美国政治家上任后脑子不正常的并非他们的智力，而是他们必须服务的那个由“军工—能源—金融”三位一体集合而成的华尔街财团及由这个财团绑架了的美国政府。吃人的嘴软，拿人的手短。国家缺乏实体生产，美国政府只有屈服于可以为它提供大量海外利润的财团，并不得不为华尔街的利益采取世界扩张政策并受“麦金德悖论”的折磨。

---

① [美]乔治·凯南著：《美国外交》（增订本），葵阳、南木、李活译，世界知识出版社1989年版，第142页。

② 《乔治·凯南曾被誉为美国“最睿智”的人》，http://news.xinhuanet.com/world/2005-03/21/content_2724794.htm。

③ 《奥尔布赖特炮轰布什伊政策，坏日子也许还在前头》，http://cn.news.yahoo.com/050925/1057/2f6ba.html。

④ 《美前国务卿承认布什政府“9·11”后曾数次“犯错”》，http://www.chinanews.com.cn/gj/2010/10-14/2588427.shtml。

⑤ 《美国不想再当世界警察》，http://www.zaobao.com/wencui/2011/03/ft110307c.shtml。

5. 基于中国视角的经验总结

马克思说过："一个工业民族，当它一般地达到它的历史高峰的时候，也就达到了它的生产高峰。实际上，一个民族的工业高峰是在它还不是以既得利益为要务，而是以争取利益为要务的时候。在这一点上，美国人胜过英国人。"[①]光阴荏苒，历史的天空已是斗换星移。今天的美国已从"以争取利益为要务"的国家异化为"以既得利益为要务"的国家，其曾经有过的"工业高峰"已异化为"军火工业"的高峰。与此相应，今天的中国已走上"以争取利益为要务"的舞台，在这一点上，今天正处在"生产高峰"并即将由此进入"历史高峰"的中国已胜过了美国。当年英国的历史高峰已成为往事，今天美国的历史高峰也许不久就会成为只存在于好莱坞大片中的传说。今天对中国最为重要的是善于总结它们的经验和教训，为中国未来的可持续发展做好准备。

"往者不可谏，来者犹可追。"[②]英美国家兴衰经验总结起来，大体说来，有以下三点值得中国注意并引以为戒：

第一，大国崛起于地区性守成，消亡于世界性扩张。守成可以保持国家目标与国家财力之间的平衡，这种平衡是国家可持续发展的基本保证；而扩张则会迫使国力透支，透支反过来又会迫使国家继续扩张以弥补国力的不足，结果因目标过大而使国力进一步透支，直到衰落。1972年尼克松收缩战线，毛泽东在尼克松访华结束后在一个批示中告诫全党："深挖洞，广积粮，不称霸。"[③]毛泽东意在警示未来中国不要重犯美国式的国家目标与国家资源不匹配而导致国家衰落的错误。

第二，霸权主义是国家政治的死地。国际博弈遵循几何学"两边之和大于第三边"的原理；用国际政治专业术语说，就是一个国家不能和两个大国同时发生冲突。经验表明，世界上没有一个大国有力量可以与两个以上——遑论世界多数——的大国对抗。古罗马人开始只是为了自卫，先与北方的高卢人打仗，后又与南方迦太基人发生战争，取得辉煌胜利后继续

① 参阅马克思《〈政治经济学批判〉导言》，《马克思恩格斯选集》第2卷，人民出版社1972年版，第89页。

② 《论语·微子》。

③ 《毛泽东军事文集》第6卷，军事科学出版社、中央文献出版社1993年版，第408页。

向整个地中海国家进攻，结果导致罗马帝国整个灭亡；19世纪初，拿破仑与英国作战，取得辉煌的胜利，继而于1812年轻率深入俄国，其后三年便遭到失败；20世纪40年代，德国希特勒开始跟英国作对，赢得西欧，1941年正在得意之际挥师直奔俄国，其后又是三年便遭到失败；同期的日本开始与中国开战，初期取胜，1941年年底又与美国开战，其后还是三年失败；50年代在朝鲜战场上，美国与中国和苏联对阵，美国三年便败；60年代在越南战场上，美国还是与中国和苏联作对，结果时间是长了些，但也是败得没有面子。勃列日涅夫时期的苏联与中美作对，结果苏联很快败阵并于戈尔巴乔夫时期解体。自苏联解体后美国外交早已超过这个限度，小布什曾点名向多个所谓“邪恶轴心”国家叫板，如果有一点历史知识的人，都会知道这是老虎吃天，只能是耗尽虎力后一无所获。

1972年1月6日，毛泽东同周恩来、叶剑英谈外事工作时说：“其实这个公报[①]没把基本问题写上去。基本问题是，无论美国也好，中国也好，都不能两面作战。口头说两面、三面、四面、五面作战都可以，实际上就不能两面作战。”[②]送走尼克松后，7月24日，毛泽东在与周恩来、姬鹏飞、乔冠华等谈国际问题时，再次吩嘱：“在两个超级大国之间可以利用矛盾，就是我们的政策。两霸我们总要争取一霸，不两面作战。”[③]

第三，失去实体经济的大国必然导致世界扩张，世界扩张必须要与世界为敌，与世界为敌必然导致国家透支并由此衰落。因此，发展实体经济可使国家立于不败之地，而发展实体经济就不能脱离国内的劳动者，特别是其中工农业劳动者。资本是劳动的克星，在资本破坏劳动的进程中，目前资本主义国家已使自己陷入首鼠两端的困境：先是对本国劳动者的剥削以实现资本增值，结果导致国内革命；为了避免国内革命，资本便向外部扩张，通过外部剥削实现资本增值，以缓和国内矛盾，结果又激化了资本中心与资本外围的矛盾，导致“9·11”事件。这个模式搞不下去时，资本又将增值的压力返回国内，引起国内劳动向资本的反抗，人民发起“占领

① 指正在拟订中的《中美联合公报》。

② 中共中央文献研究室编：《毛泽东年谱（1949～1976）》第6卷，中央文献出版社2013年版，第422页。

③ 中共中央文献研究室编：《毛泽东年谱（1949～1976）》第6卷，中央文献出版社2013年版，第441页。

华尔街”运动。

这些西方大国在其世界治理过程中留下的几乎是血写的教训，对于已建立起社会主义市场经济的中国，要引以为戒，未来中国要在实践中形成既能高效利用资本而又能有效驾驭资本、有效保障国家劳动者主体地位的政治管理机制，并以此为人类文明做出较大的贡献。

（二）印度洋与印度国家安全

——麦金德“中枢地区”理论的批判性研究和制海权理论的新思考[①]

1. 尼赫鲁：印度“要么做一个有声有色的大国，要么就销声匿迹”

尽管尼赫鲁在政治上是一个蹩脚的实践者，但绝对是一个优秀的思想家，从某种意思上说也是一个优秀的预言家。就在世界反法西斯战争即将结束的1944年，身陷英国大牢中的尼赫鲁已预见到欧洲的霸权将不可避免地衰落，世界文明的中心将从西方向东方回归，他说：

> 当欧洲还在落后而常于黑暗时代的时候，亚洲代表着人类的进步精神已经有了一千年以上了。一个时代接着一个时代的辉煌文化在那里繁盛起来，文明和权势的伟大中心也成长了。约在五百年前，欧洲才得复兴，于是缓慢地向东西两方发展，一直经过了几个世纪才在权势上、财富上和文化上成为世界握有霸权的大陆。是不是这种演变有一种循环周律，而现在正是在逆转的过程中呢？[②]

尼赫鲁接着认为，取代欧洲的将是新的大国群落即美国、苏联、中国主导世界政治的格局，他说：

> 现在世界上各民族之中我觉得拥有这种活泼的潜在力的民族主要是三个——美国人、俄国人及中国人，这三个民族相提并论是古怪的！美国人虽然根本是旧大陆人，但已成为一个新的民族，无拘无

① 本文刊发于《印度洋经济体研究》，2014年第2期。

② [印]贾瓦拉哈尔·尼赫鲁（Jawaharlal Nehru）:《印度的发现》（*The Discovery of India*），世界知识出版社1956年版，第727页。

束，没有古老的种族的负担和复杂性，因此不难了解它们丰富的生活力。如加拿大人、澳大利亚人、新西兰人也是如此，它们都是毅然决然离开旧世界而到新环境中去求新生活的。

俄国人也不是新的民族，但它们对旧时代完全中断，像死了一样，它们史无前例地复活起来了。它们变为年轻而有惊人的强毅力及生命力。它们也在重新搜寻它们的老根，但是实际上它们是新民族、新种族和新文化。

俄国人的榜样启示我们一个民族如何能够返老还童，只要它肯付出相当的代价去在民众里开发被压抑的泉源。这一次的世界大战，虽然使人遭受恐怖和灾难，可是也许能使战后余生的其他民族也获得复兴。

中国和它们情形不同，中国人不是一个新种族，也没有经过像俄国那样从上至下惊天动地的转变。然而七年的残酷战争[①]无疑地也把它们改变了，这是势所必至的。中国所受战争的或其他更深的影响究竟至何程度，我不知道，或者二者兼而有之，但中国人的生活力使我感到惊奇。我不能想象这样一个赋有基本力量的民族还会没落下去的。[②]

值得说明的是，尼赫鲁关于文明向东方回归的判断与他前后的许多思想家的看法暗合。1913年列宁曾提出“落后的欧洲和先进的亚洲”[③]的命题；1993年美国学者塞缪尔·亨廷顿发表文章还对这种文明回归路径都说得很具体，他说：“几个世纪来全球权力先是从东向西，然后又反过来从西向东转移。”[④]在这种文明回归的进程中，有些人更是看好中国，比如尼克松就说：

---

① 此指中国的八年抗战，尼赫鲁写这些文字时是1944年，从1937年算起共七年。

② [印]贾瓦拉哈尔·尼赫鲁（Jawaharlal Nehru）：《印度的发现》（*The Discovery of India*），世界知识出版社1956年版，第56页。

③ 列宁：“落后的欧洲和先进的亚洲”，《列宁选集》第2卷，人民出版社1972年版，第449页。

④ [美]塞缪尔·亨廷顿著：《文明的冲突与世界秩序的重建》，周琪等译，新华出版社1999年版，第365—366页。

中国现在正在觉醒中，它可能不久就要感动世界。

富有异国情调，神秘莫测，令人神往——中国从远古时代起就一直使西方人浮想联翩。但是，连150年前预言过美国和俄国将成为世界上互相竞争的两大强国的先知德托克维尔，都不可能预见到，在20世纪的最后几十年能够决定世界力量对比，在21世纪可能成为世界上最强大国家的那个国家，将是中国。[①]

尼克松的看法与黑格尔的神似，黑格尔曾说过："假如我们从上述各国（即四大文明古国——笔者注）的国运来比较它们，那末，只有黄河、长江流过的那个中华帝国是世界上惟一持久的国家。"[②]

至于印度在战后的前景，尼赫鲁不仅持有谨慎——当时印度正酝酿着印巴分裂——乐观的态度，同时更有着巨大的担忧。他从乐观的角度提出自己对印度未来的构想：

在一个较长远的前景中，这些问题[③]就可能没有多大的重要性，在一些皮毛事件下面，更多而重要的力量可能在活动着。让我们暂时把当前的问题忘掉，并且向前瞻望一下吧，印度成为一个强有力而统一的国家，成为一个和它的邻邦密切联系着并在世界事务中发挥着重要作用的由许多自由单位组成的联邦而涌现在我们面前。它是那些拥有能够自立的丰富资源和能力的极少数国家之一。今天类似这样的国家大概只有美利坚合众国和苏联。大英帝国也可算在其中之一，如果把它帝国的资源与它本身的资源加在一起的话；但纵然这样，一个散布太广而内部感到不满的帝国终归是软弱的根源。中国和印度在潜在能力上可以作为那个集团的一员，这两个国家中每一个都是坚实而纯一的国家，都充满着天然财富、人力、技术和能力；的确，印度的潜在

① [美]尼克松著：《真正的战争》，常铮译，新华出版社1980年版，第151页。

② [德]黑格尔著：《历史哲学》，王造时译，上海世纪出版集团、上海书店出版社2001年版，第117页。

③ 指印巴分裂问题。

工业资源或许比较中国所有的还要多而且广，它用来交换它所需要的进口货的那些可以出口的商品也是如此。除了这四大国之外，其他国家，就个别来讲，没有一个具有这样实际或富有潜在力的地位。当然，大的联邦或国家集团也可能出现于欧洲或其他地方，并且形成若干庞大的多民族国家。

在将来，太平洋将要代替大西洋而成为全世界的神经中枢。印度虽然并非一个直接的太平洋国家，却不可避免地将要在那里发挥重要的影响。在印度洋地区，在东南亚一直到中亚细亚，印度也将要发展成为经济和政治活动的中心。在那个正将要迅速发展起来的世界一部分，它的地位在经济上和战略上是有重要性的。如果那些靠着印度洋而在印度两边的那些国家，例如伊朗、伊拉克、阿富汗、印度、锡兰、马来亚、暹罗、爪哇等等，有一个区域性的集团组织的话，那么，现今的少数民族问题就将消失，或者无论如何，都将在一个完全不同的观点上来加以考虑了。①

尼赫鲁的这一番远景是放在“让我们暂时把当前的问题忘掉”即挥之不去且即将发生的印巴分离的噩梦背景下提出的。因此，尼赫鲁心里明白，他这一番描述与其说是一个“远景”，不如说——如果处理不好眼下的“一些皮毛事件”——是一帘春梦。尼赫鲁想用苏联模式将这些印度洋北岸国家结成一个大联邦，但他却没有列宁、斯大林手中的力量——武力力量和工农支持——以实现他的远景目标，因而只能是自说自话。但同时尼赫鲁又欲罢不能，他明白印度“它的地位在经济上和战略上是有重要性的”，而这又无可避免地将印度推入哈姆莱特“生存，还是毁灭”②的悖论之中。从现实主义的角度看，他对印度的现实及其前景是十分忧虑的，他说：

印度以它现在所处的地位，是不能在世界上扮演二等角色的。要么做一个有声有色的大国，要么就销声匿迹。中间地位不能引动我。

---

① [印]贾瓦拉哈尔·尼赫鲁（Jawaharlal Nehru）：《印度的发现》（*The Discovery of India*），世界知识出版社1956年版，第711—712页。

② 出自[英]莎士比亚：《哈姆莱特》。

我也不相信任何中间地位是可能的。[①]

读到这段文字使人对尼赫鲁有了一种“念天地之悠悠，独怆然而涕下”[②]的感动。尽管尼赫鲁有诗人的情怀，但他毕竟不是诗人，他必须面对现实问题并对其作出理论解释。

2. 尼赫鲁对印度前途“两极”判断的地缘政治视角

尼赫鲁为印度作出的“要么做一个有声有色的大国，要么就销声匿迹”前途判断，在当时是说给要与印度分离的巴基斯坦人听的。他看到了印度可能拥有的“有声有色”的前景，但他更担忧的是印度可能出现的“销声匿迹”的危险。这是因为他明白，与苏联、美国、中国相比，他接手的国家历史包袱最重，不像美国人那样“无拘无束，没有古老的种族的负担和复杂性”，也不像俄国人和中国人那样经历了战争的洗礼而“变为年轻而有惊人的强毅力及生命力”；而他的国大党——由于是从英国人手中和平接管国家——用于解决这些历史问题的手段至少没有像苏联共产党、中国共产党那样有效，这是因为苏共、中共都有一支听命于党的武装力量。党没有军队，正如医生没有手术刀，其结果就是只能思考而不能行动。英国人给尼赫鲁留下的政权交接条件使他不可能作出苏联和同期中国式的政治选择，而只能选择“阶级合作”的道路。这样，在建国之初，这种低成本的革命自然要在未来的发展中付出高成本即“谁也动不了”的代价。面对国家即将分裂的可能，只有思想而无手段（武装力量）的尼赫鲁，恰如一个看到危险而又无力阻止、看到机遇又无力抓住的智者，其思其想不能不带有悲剧的色彩：面对国家分裂，手无寸铁的尼赫鲁不能不对印度“销声匿迹”的可能充满担忧和无奈。

从国际环境看，更使尼赫鲁担忧的还是印度的地缘政治环境。中世纪印度亡国的种因来自北方山地，而自从工业革命欧洲人征服大海后，印度的亡国种因就来自南方的印度洋——这与中国近代亡国的外部环境相似。尼赫鲁明白，近代印度北方问题只涉及领土远近，而南方海洋安全却关乎

---

① [印]贾瓦拉哈尔·尼赫鲁（Jawaharlal Nehru）：《印度的发现》（*The Discovery of India*），世界知识出版社1956年版，第57页。

② [唐]陈子昂：《登幽州台歌》。

印度的生死存亡。印度前外交部长贾斯万特·辛格（Jaswant Singh）在《印度的防务》一书说得明白：

> “印度历史的转折点并不是最终发生在陆地上的冲突”，“我们只需思考一下17和18世纪的一个重要失误，就可正确地评价印度洋和通向印度的海路的重要性。这个失误导致外国势力到达印度洋沿岸，最初是为了贸易，发展到后来就是为了征服”。“在这里，陆地上的胜利是紧随着海上的征服而来的”，“因此有必要承认，出现一个意义重大的战略转移，即陆路被海路所取代”。[①]

但让尼赫鲁最担心的还是印度在世界地缘政治中“峣峣者易缺”[②]的敏感地位。

曾留学于英国并对印度历史及英国人治理世界的技巧了然于胸的尼赫鲁明白，印度洋是世界地缘政治的海区中心。印度洋是世界级的海上交通要塞相对密集的海区，它西连曼德海峡东口，北衔霍尔木兹海峡，东接马六甲海峡西北出口，南面有莫桑比克海峡、南非好望角，都是国际大宗能源、矿产资源及粮食运输必经要道。因此，印度洋天然地成为世界海权和制海权的中心。而位于印度洋北岸并被称为“亚洲命运的旋转门”的阿富汗一向是海陆大国争夺世界霸权“大规模汇合的地点之一”[③]。

但是，没有利益，仅凭地理位置并不足以说明印度洋在世界制海权中的“中枢”地位。地缘政治即资源政治。只要我们看一眼世界地图就对此不难理解。地图中的国际边界曲折程度与所处地区的资源丰富程度成正比，而与资源的稀缺程度成反比。最直的国际边界都集中在沙漠地区。与其他大洋相比，印度洋周边国家还蕴藏着最丰富的资源。世界已知铬矿的96%在南非、津巴布韦。南非占世界石棉的1/10，黄金1/2，锰矿1/3，铀矿1/5，金刚石1/3。交通运输方面，欧洲国家所需的战略原料的70%，石油的80%都是通过印度洋的海路运往欧洲的。

---

① Jaswant Singh, *Defending India*, Macmillan Press Ltd, Britain, 1999, p.265.

② 范晔《后汉书·黄琼传》：“峣峣者易缺，皎皎者易污。”

③ [美]尼克松著：《真正的战争》，常铮译，新华出版社1980年版，第11页。

不仅如此，印度洋西北岸的波斯湾为世界最大石油产地和供应地，素有“石油宝库”之称。这里已探明石油储量占全世界总储量的一半以上，年产量占全世界总产量的1/3。所产石油，从霍尔木兹海峡经印度洋运往世界各地。中东是最大的石油输出地区，所产石油75%用于出口；世界石油进口地主要是美国、西欧和日本。2000年它们进口石油占世界各国进口总量的62.1%，其中，美国是世界第一大石油进口国。2001年，中国从海湾地区进口的原油份额高于世界其他地区，占原油进口总量的56.2%。中东是世界石油出口量最大的地区，约占世界总出口量的45%。①尼克松在《真正的战争》一书中将印度洋北岸的地缘政治地位提到“心脏”和“咽喉”的高度，他说：“欧洲把基本能源从它自己的煤改为进口的石油，这一点大大改变了世界的地理政治结构。中东长期以来是亚洲、非洲和欧洲交界的十字路口。现在中东石油成了现代工业生命所必需的血液。波斯湾地区就是把这种血液输送出来的心脏。波斯湾附近的海路是输送维持生命的血液所要通过的咽喉。”鉴于此，尼克松得出结论：“谁在波斯湾和中东控制着什么的问题，比以往任何时候更加是谁在世界上控制着什么这一问题的关键。”②

“地缘政治与资源政治的统一，是现代地缘政治学说的本质特征。”③而资源政治则是地缘政治的核心。极而言之，没有资源就没有地缘政治。如果说在中世纪农业时代，印度洋只不过是联系世界诸大洋中的一个地理环节，但到近代工业革命之后，波斯湾和非洲的丰富的战略资源使印度洋在诸大洋中的地位上升为世界资源政治的中心，这一特殊的因素又使拥有

---

① 2001年中国原油进口来源国家及份额（资料来源：国家海关总署）

进口地区	地区份额	国别（依次排列，未超过2%的不注明份额）
中东国家	56.2%	伊朗（18%）、沙特阿拉伯（14.6%）、阿曼（13.5%） 也门（3.8%）、科威特（2.4%）、卡塔尔（2.2%）、阿联酋、伊拉克
非洲国家	22.5%	苏丹（8.3%）、安哥拉（6.3%）、赤道几内亚（3.6%）、喀麦隆、尼日利亚、刚果、利比亚、加蓬
亚太地区	14.4%	越南（5.6%）、印度尼西亚（4.4%）、马来西亚、文莱、澳大利亚、泰国、巴布亚新几内亚、蒙古
欧洲中亚	6.9%	俄罗斯（2.9%）、挪威、哈萨克斯坦、英国

转引自刘新华、秦仪著“中国的石油安全及其战略选择”，载《现代国际关系》，2002年第12期。

② [美]尼克松著：《真正的战争》，常铮译，新华出版社1980年版，第91—92页。

③ 张文木著：《世界地缘政治中的中国国家安全利益分析》，中国社会科学出版社2012年版，第260页。

丰富的海陆要道的印度洋随之升级为大国必须控制的世界海权的中心。也就是说控制了印度洋，也就控制了世界的主要资源，控制了世界主要资源，也就控制了世界政治。但是，控制印度洋也就意味着要控制印度。司马迁说："天下熙熙，皆为利来；天下攘攘，皆为利往。"[①]地缘和资源这双重诱惑招致近代以来几乎所有的强国都将目光锁定在印度洋，并为控制印度洋进行决战。俄国彼得大帝就是从资源的角度看待印度洋的战略意义的，1725年彼得一世临终前在遗嘱中告诫后人：

> 尽可能迫近君士坦丁和印度，谁统治那里，谁就将是世界真正的主宰。因此，不仅在土耳其，而且在波斯都要挑起连续的战争。在黑海边上建立船坞，在黑海边和波罗的海沿岸攫取小块土地，这对实现我们的计划是加倍必要的。在波斯衰败之际，突进到波斯湾，如有可能应重振古代与黎凡特（今中东和巴尔干南部）的贸易，推进到印度，它是世界的仓库。达到这一点，我们就不再需要英格兰的黄金了。[②]

1498年5月，葡萄牙航海家瓦斯科·达·伽马率船队绕过好望角到达印度西海岸。此后葡萄牙、荷兰、法国商人接踵而至，并在印度沿岸建立据点。公元1600年，英国东印度公司成立并在英女王的支持下参与大国在印度洋的角逐。葡萄牙人于17世纪初叶，荷兰人于18世纪后半叶，相继放弃印度大陆。英国人便与欧洲大陆的最强对手法国在印度洋展开决战。英国人于1746～1761年间向法国在印殖民地开战，进行了三次战争，法国战败。拿破仑为了挽回法国在印度洋的利益，向英国宣战。1798年拿破仑在打败第一次反法联盟后，他向督政府建议在准备渡海对英作战的同时，出兵埃及，进而占领印度，掐断英国所依赖的从地中海到印度洋的贸易线，截断其来自印度的财源。[③]他认为"牢固地占领（埃及）这个国家是远征印

① 司马迁：《货殖列传》。

② "彼得一世遗嘱"，转引自李际均著《军事战略思维》，军事科学出版社1988年版，第145页。

③ 曾任印度总督的寇松称："没有印度就没有大英帝国。"转引自周一良、吴于廑主编《世界通史·近代部分》（下册），人民出版社1962年版，第262页。

度整个计划的基础”[1]。他说：

> 要在（印度）这样遥远的战场打胜仗，就必须有一个中途阵地作为进攻基地。埃及离土伦六百法里，离马拉巴尔（位于今印度果阿以南至科摩林角的海岸）一千五百法里，它正是这样一个进攻基地。法国如果能够在（埃及）这个国家里牢固站稳脚跟，那么它迟早会成为印度的主人。广大的东方贸易也会回到红海和地中海这条古道上来。这样，一方面，埃及会代替圣多明各和安的列斯群岛的地位；另一方面，它必然会成为征服印度的道路上的一个兵站。[2]

拿破仑从欧洲的视角提出他的以印度洋为中心的世界地缘政治战略。他说：

> “埃及是非洲的一部分。它位于古代世界的中心，在地中海与印度洋之间，是与印度通商的天然的货物集散地。”[3]“如果亚历山大（埃及北方港口）的防御工事已经完成，那这个城市就会成为欧洲最强固的要塞之一”。据此就可以“把印度和欧洲置于自己控制之下，作为自己左右两臂的依靠了。如果只靠当地的条件就能决定城市的繁荣和大小，那么，亚历山大较之罗马、君士坦丁、巴黎、伦敦和阿姆斯特丹等城市，在很大程度上更应该成为世界首都了。”“从开罗到印度和从巴荣讷（法国北部港口城市）到莫斯科是一样远的。六万大军乘五万头骆驼和一万匹马，带着五十天的干粮和六天的饮水，用四十天时间可以走到幼发拉底河，再用四个月可以走到印度海岸，出现在渴望摆脱压迫的塞克教徒、马拉提人和印度斯坦半岛各民族中间”。“在占领埃及五十年以后，文明可能通过森纳尔、埃塞俄比亚、达福尔和费赞等地传播到非洲腹地去。”[4]

---

① 《拿破仑文选·下卷》（陈太先译），商务印书馆1980年版，第176页。

② 同上书，第175页。

③ 同上书，第22页。

④ 同上书，第39—41页。

拿破仑为打开通往印度的道路，1807年与伊朗国王签订同盟条约：伊朗同意废除英伊同盟，对英宣战，派兵进攻印度并迫使阿富汗一同进攻印度；同意法国假道伊朗进攻印度、为法国供应粮食并为法军开放波斯湾一切港口。但法国在欧洲战场的失败，导致其征服印度的计划破产。

“英国的海上霸业是在拿破仑战争时期全部完成的。”[①]英国利用拿破仑在欧洲大陆的征战，攻占了锡兰（斯里兰卡），接收了荷兰人在好望角的据点，从法国人手中夺回毛里求斯，并从荷兰那里获得马六甲。1824年，英国人占领新加坡，这“可说是替英国在印度洋上的霸业安下了一块基石”。[②]印度驻新中国首任大使潘尼迦评价说：“英国，维也纳条约以来印度洋上唯一强国，现在牢牢掌握了印度洋各处的战略要冲；得此海上凭借，它在印度的江山是坐稳了。从此英国就这样统治了整个印度洋。”[③]此后的印度洋，潘尼迦认为“这就比别处更像是英国的一个内湖了。偌大的印度洋面，其他欧洲国家一点好处也沾不上手，就是在海洋附近的地方，亦复如此。”[④]

拿破仑在圣赫勒拿岛流放期间，看到英国利用欧洲战争在印度洋的收获，对当年放弃征服埃及追悔莫及。他认为他应该留在东方，征服阿拉伯、印度，成为东方皇帝而不是西方的皇帝。他说：“如果我占领了阿克尔，我就可以进攻印度。谁统治埃及，谁就能够统治印度。”关于英国人在印度的统治，他说，如果他带着一小队人到印度去，就能把英国人赶跑。[⑤]

但是，根据葡萄牙人和荷兰人退出印度洋的经验，英国人明白，如果没有对印度次大陆的全面占领，英国已拥有的对印度洋的制海权是得不到持久巩固的。拿破仑战争后，英国清除所有印度洋上的对手之后，便

① [印]潘尼迦著：《印度和印度洋——略论海权对印度历史的影响》，德隆等译，世界知识出版社1965年版，第68页。

② 同上。

③ 同上。

④ 同上书，第69页。

⑤ [苏联]叶·维·塔尔列著：《拿破仑传》，任田升等译，商务印书馆1976年版，第382页。

将目光瞄向整个印度次大陆。1757年，英国人发动普拉西战役，印度战败，英国占领孟加拉。1857年英国镇压了印度民族大起义并由此形成对印度的绝对统治。1858年英国取消东印度公司，改由英女王直接掌控对印度的统治。

潘尼迦认为："自从1805年法国舰队在特腊法耳加[①]被歼之后，在整个19世纪，英国是世界上唯一拥有制海权的国家，这是英国当之无愧称得起威镇四海的世纪。"[②]如果不算1757年普拉西战役后英国在印度洋上形成相对优势的时间，我们仅从拿破仑失败后的1815年的维也纳会议算起直至第二次世界大战结束的1945年英国开始退出世界霸坛，英国对印度洋的绝对制海权的时间大约有一个半世纪之久，此间英国对印度洋的绝对制海权成了英国世界海权从而世界霸权的关键支柱，它是如此坚固不可撼动以至英国在这一百多年间能够相继挫败俄国人、德国人乃至日本人向印度洋发起的全面进攻。而这样的"战绩"，即使美国人至今也是难以企及。

英国是先在德意法西斯合击，后又在美苏合谋下才被逐出印度洋的。1956年苏伊士运河危机，是英国最终告别印度洋的回光返照。[③]

英帝国的衰落与其失去在印度洋的制海权是同步发生的。近代史表明，只有一流国家才能获得对印度洋的制海权，而只有最终占领印度的国家才能获得对印度洋的绝对制海权。比较在此前葡萄牙、西班牙、法国等及后来的美国等霸权国家，可以说英国是控制印度洋时间最长的帝国，有百年之久，其巅峰时期，印度洋俨然成为"英国的内湖"。尼克松看得明

---

① 又译"特拉法尔加"，19世纪初英国舰队与法国、西班牙混合舰队在西班牙特拉法尔加角（Cape Trafalgar）附近海战。1805年秋，第三次反法同盟形成，拿破仑决定进军奥地利，于9月14日命令泊于加的斯港，由法国海军上将维尔纳夫指挥的法、西混合舰队驶入地中海，进攻那不勒斯，以牵制同盟国在意大利的军队。10月21日，法西混合舰队与纳尔逊指挥的英国舰队遭遇。法西混合舰队战败，维尔纳夫被俘，英舰未有损失，但纳尔逊受伤。这次海战使英国取得了延续一个多世纪的海上霸权。

② [印]潘尼迦著：《印度和印度洋——略论海权对印度历史的影响》，德隆等译，世界知识出版社1965年版，第69页。

③ 关于这段历史，可参阅"世界霸权与印度洋——关于大国世界地缘战略的历史分析"，张文木著：《世界地缘政治中的中国国家安全利益分析》，中国社会科学出版社2012年版，第94—110页。

白，他说：

谁在波斯湾和中东控制着什么的问题，比以往任何时候更加是谁在世界上控制着什么这一问题的关键。

英国早就看到这一情况到来了。在20世纪50年代初期，他们试图使美国相信，波斯湾问题“不仅具有经济意义，而且还具有高度的战略和政治意义”。英国人比美国人更易遭受攻击，因此，他们需要更清楚地认识这些问题，但他们也更有经验，在波斯湾尤其是如此，因此，他们能更加清楚地认识这些问题。

虽然世界上大部分地区一直到1973年发生阿拉伯石油禁运之后才知道波斯湾有一些小小的酋长国，但是英国的统治者们150年来一直在注意它们的事务的最微小的细节。

英国最初在19世纪初进入了海湾，以阻止海盗破坏他们的贸易。从那时起一直到20世纪70年代初期，英国军事力量维持了秩序，提供了保护，并解决了分布在海湾沿岸各个酋长国里的争端。

在整个海湾和阿拉伯半岛周围，英国一直居于至高无上的地位。在亚丁、阿曼、卡塔尔、巴林、科威特和阿拉伯联合酋长国这些通常叫作“海盗海岸”的酋长国里，英国是酋长们和世界其余地区之间的联系。他们用机智、彻底和强硬手腕来执行他们的任务。1934年，在一场保卫他们的亚丁港的运动中，英国人利用奉承、贿赂和周密策划的显示武力的做法，同现在叫作南也门的内陆的各位统治者缔结了不下1400项“和平条约”。正是在英国的保护伞下，巨大的跨国公司在它们寻找石油的努力中开始在这个地区进行勘探。

英国不仅控制了海湾，而且还控制了从印度洋各个地区来到海湾的通道。印度洋各个地区包括新加坡、马来亚、缅甸、印度、锡兰、亚丁、苏伊士、肯尼亚、南非、澳大利亚、迪戈加西亚和印度洋的其他岛屿，这些地方在以前某个时候全是英国属地。波斯湾和波斯湾外面的印度洋都是“英国的内湖”。

英国把它在波斯湾的势力一直保持到1971年。但是，英国在第二次世界大战以后分阶段地摆脱了它在“苏伊士以东”所负的责任，从而造成了一系列力量真空，这些真空由苏联人煽动的反英民族主义者填补了。[①]

之所以英国能做到这一点，是因为英国对印度的百年占领；换言之，正是英国对印度的百年占领，才得以拥有其在印度洋上建立绝对制海权所需要的巨量物质资源；同理，不能，尤其是不能在印度洋内就地获得这巨量的物质资源支持，也是今天美国这样的海洋强国不能形成对印度洋“英国式”即绝对控制的原因。

大英帝国的衰落使印度失去了大国的庇护，而国家独立又迫使印度必须独立地承担起印度国防的重担。尼赫鲁在接任之前曾冷静地思考着印度的命运，他从冷酷的历史经验中告诫他的人民：“印度以它现在所处的地位，是不能在世界上扮演二等角色的。要么做一个有声有色的大国，要么就销声匿迹。”

尼赫鲁将印度的未来命运与印度洋的战略地位联系在一起思考，有其特殊的理论视角和理论依据。

尼赫鲁在英国读书时受到当时流行于英国的经典地缘政治学说的熏陶。尼赫鲁出生于1889年，1905～1912年在英国留学。其间，哈·麦金德的地缘政治学说在英国流行。1887年麦金德在英国皇家地理学会上宣读《地理学的范围和方法》，1904年再宣读《历史的地理枢纽》，这两篇论文被认为是“英国地理学的一篇经典文献”[②]。英国牛津大学还为麦金德专设为期五年、薪水300英镑的讲师席位并于1899年设立地理系，聘麦金德担任系主任。麦金德提出的地缘政治学说的影响之大，由此可见一斑。尼赫鲁到英国读中学的时间是麦金德发表《历史地理的枢纽》论文的第二年，这篇论文发表后爆发了日俄战争，这更加强了麦金德地缘政治学说对英国乃至对世界的冲击力。麦金德学说与以往地理学的最大区别在于他从世界政治和世界体系的视角观察地理现象，从联系为一体的世界地理视角解释世界政治现象，并由此将地理学发展为融于世界体系中的地缘政治学。尼赫鲁对麦金德的“枢纽地区”学说及其“枢纽国家”的概念想必不会陌

① [美]尼克松著：《真正的战争》，常铮译，新华出版社1980年版，第92—93页。

② [英]哈·麦金德著：《历史的地理枢纽·译者前言》，林尔蔚、陈江译，商务印书馆2007年版。

生。麦金德在《历史的地理枢纽》这样总结他的理论：

> 当我们考虑对这个广阔的历史潮流所作的迅速回顾时，不是觉得明显地存在着某种地理关系的持续性吗？欧亚大陆上那一片广大的、船舶不能到达、但在古代却任凭骑马牧民纵横驰骋，而今天又即将布满铁路的地区，不是世界政治的一个枢纽区域吗？那里从古到今，一直拥有适合一种具有深远影响而又局限性质的军事和经济力量的机动性的各种条件。现在俄国取代了蒙古帝国。它对芬兰、斯堪的纳维亚、波兰、土耳其、波斯、印度和中国的压力取代了草原人的向外出击。在全世界，它占领了原由德国掌握的在欧洲的中心战略地位。除掉北方以外，它能向各方面出击，也能受到来自各方的攻击。它的现代铁路机动性的充分发展，只是一个时间问题而已。
>
> 枢纽以外地区，在一个巨大的内新月形地区中，有德国、奥地利、土耳其、印度和中国；在外新月形地区中，有英国、南非、澳大利亚、美国、加拿大和日本。在当前的力量对比的状况下，枢纽国家俄国与周围的国家不对等，有一个让法国来充当平衡物的位置。
>
> 枢纽国家向欧亚大陆边缘地区的扩张，使力量对比转过来对它有利，这将使它能够利用巨大的大陆资源来建立舰队，那时这个世界帝国也就在望了。如果德国与俄国结盟，这种情况就可能发生。因此，这样一种事态的威胁，必将推动法国与海上强国联盟，于是法国、意大利、埃及、印度和朝鲜就会成为这么多桥头堡，外部的海军可以从这些桥头堡支持陆上部队来迫使枢纽联盟也部署陆上部队，从而阻止他们集中全力去建立舰队。同这一情况相比，以前威灵顿在伊比利亚半岛战争中，利用托雷维德拉斯的海军基地所取得的成就，就是小规模的了。难道这不能够最终证明印度在大英帝国体系中的战略作用吗？①

与意大利、埃及、朝鲜，甚至中国等国比较，印度（当时印度和巴基

---

① [英]哈·麦金德著：《历史的地理枢纽》，林尔蔚、陈江译，商务印书馆2007年版，第67—69页。

斯坦尚未分裂）及南亚次大陆是海洋国家抵抗枢纽国家向海洋扩张的最近和最大的“桥头堡”，因而不仅是大陆“枢纽国家”而且也是海洋强国必须争夺的地区。对此，与麦金德同时代的海权理论创始人艾尔弗雷德·塞耶·马汉也从海权的角度得出与麦金德同样的结论，但比麦金德分析的更为细致。他在1900年写的《亚洲的问题》一文中说：

朝地图瞥一眼，我们马上就会注意到这么一个再显眼不过的事实：庞大的、浑然一体的俄罗斯帝国的领土从小亚细亚的顶部毫不间断地向东延伸并横亘日本的上端。在这样大的，没有任何政治障碍能阻止俄国集中它可调用的力量。在俄国境内，只有距离本身以及自然环境带来的阻碍可以限制力量运动的自由与充分程度。因此俄国拥有处于中心位置这个权力因素，另外俄国领土还像楔子一样伸进了中亚，而且在一翼受到了高加索山脉及俄国控制下的内陆里海的保护，另一翼则因从阿富汗向东北延伸至中国西部的山峦而得以加强，至今俄国还没有碰到什么来自中亚东翼的可怕危险。

俄国至今的领土推进是在一代人的时间内完成的。它在中亚的楔入点是在波斯与阿富汗之间，对此应想到，通过波斯更远地挺进至波斯湾对俄国来说具有诱人的便利条件。同样的活动也可在大陆的另一端进行，俄国在跨过满洲直抵旅顺港方面已取得较大进展。于是，在东西两端，俄国都表现出了无怨无悔热情，它的表现不是时有时无，而是轻松自如的。出于自然法则与种族本能，俄国正努力在地理上倚托东西两翼向南推进，而前进的中心地带就是阿富汗山地及多沙漠的东突厥斯坦与蒙古地区，即使有心，也不可能对上述地区之内的俄国行为及其在不同地段间的相互呼应进行干涉。就自然与政治境况而言，上述地带的漫长并非俄国的弱点，因为它的扩张中心并不能被击碎。如果确实要施加限制，也只能针对上述地带的侧翼或由此向内进行。[①]

印度由于距离和地形最适合于被用来对中亚发挥影响或对俄国扩张线的前沿采取行动。印度的陆上边境受阿富汗的山脉及喜马拉雅山的保护，其后翼也是无懈可击的，只要英国海军依然优势在握。这样印度实

① [美]马汉著：《海权论》，萧伟中、梅然译，中国言实出版社1997年版，第216—217页。

际上是一个前进基地，它可成为开往埃及或中国的远征军的初始或最终的出发地；作为开往其他任何方向上的更近地点更是不在话下。

本质上，印度对英国并不仅仅是一个基地的价值，它相对于中国与埃及的中心位置也适用于澳大利亚和好望角，这样，对于其他殖民地对英帝国联邦的支持，印度起着协助集中的作用。就印度与其他亚洲问题的相关性而言，它也不是毫无保障。获得缅甸使印度得以将边界向东推延，从而避开喜马拉雅山脉，打开了向长江上游地区及中国西部省份施以政治和商业影响的通道。在海上，这边的海峡殖民地和香港以及那边的亚丁和埃及像陆上据点一样发挥着巨大作用，有力支持了英国在东西两个方向上的海上经营。在广泛的意义上，这种经营是针对于亚洲分割地带，或者说是南北力量的争锋地带的侧翼。①

马汉从海权的角度认为，印度是俄国必然觊觎的战略目标。他说：

若俄国的地缘状况和要实现的目标的确如前所说，它的利益所在用一句话表达，就是寻求尽可能宽阔、开放的通向海洋的出口：东部的目标就是中国海岸；在西部则有两个方向，一是经波斯抵及波斯湾，另一是经黑海或小亚细亚涉足地中海。从来自俄国政府的信息：最近的历史以及俄国推进地带的天然状况——没有什么自然的障碍或民众的反抗能阻遏俄国——来看，上述计划是顺理成章的。而且，除了这些计划，不少人猜测俄国对印度有野心。如果这是真的，那它就是从中间地带而不是两翼发起推进了。研究一下地图就可知道俄国在波斯湾的进展不仅会使它靠近海湾，也可能使它跨越阿富汗的山脉，如果暂不考虑阿富汗的艰辛环境和居民强悍性格所造成的困难。这样，俄国就能在阿富汗及其与北部地区的交通方面获取良好的区位，而从便于进行针对印度的行动。②

马汉认为印度实际上是英国遏制俄国南下印度洋的“一个前进基地”，这话反过来说印度也是俄国南下印度洋必须控制的最关键的基地。

① [美]马汉著：《海权论》，萧伟中、梅然译，中国言实出版社1997年版，第217—219页。

② 同上书，第231页。

第一次世界大战后，苏联崛起，美国N.J.斯皮克曼[①]教授推进了马汉的学说，提出陆缘地带（亦称“边缘地带”）理论。1944年出版的《和平地理学》中，斯皮克曼认为麦金德过分夸大了欧亚大陆心脏地带的作用，实际上包围着心脏地带的外缘大陆地带如中国、印度、巴尔干、法国等拥有大量的人口、丰富的矿产资源和农业资源，而欧亚大陆的心脏地带（苏联）自然环境比较严酷，人口稀少，所以他认为主宰世界的关键地区不在心脏地带。他称这个内新月形地带为陆缘地带，认为陆权国家无法垄断欧亚大陆腹地，而陆缘地带国家如果联合起来，则可通过天然通道进入心脏地带。斯皮克曼将麦金德提出的那句战略名言改为：

谁支配着边缘地带，谁就能统治欧亚大陆；谁统治欧亚大陆，谁就能控制世界。[②]

斯皮克曼认为第二次世界大战时德国和日本的军事推进是想统一陆缘地带的尝试。斯皮克曼的陆缘理论反映了德国失败和苏联强大的事实，并为了适应美国凯南提出的“遏制”理论及战后美国夺取世界霸权政策提供的理论铺垫。斯皮克曼的理论比马汉的理论进一步提高了印度在世界地缘政治中的战略作用，这引起尼赫鲁的高度关注。

尼赫鲁就任总理后随即任命潘尼迦任印度第一任驻华大使的举动表明尼赫鲁欣赏潘尼迦对世界政治的洞察力及其对战后印度洋安全形势的判断。潘尼迦认为：

正是由于英国在印度大陆上的地位，才使英国得以享有印度洋的绝对制海权，才使它得以把势力伸张到太平洋上去的。[③]

认真研究一下印度历史上的各种力量，就可以毫不怀疑地认识

---

① 尼古拉斯·斯皮克曼（Nicholas John Spykman，1893～1943），荷兰裔美国人，地缘战略学家，国际关系学者，美国外交政策的古典现实主义的发起者之一，将东欧政治思想带入美国。曾在耶鲁大学国际研究所任职。他将教学重点放在地缘政治学。49岁死于癌症。

② 转引自程广中著《地缘战略论》，国防大学出版社1999年版，第45页。

③ [印]潘尼迦著：《印度和印度洋——略论海权对印度历史的影响》，德隆等译，世界知识出版社1965年版，第88页。

到：谁控制印度洋，谁就掌握了印度。[①]

从近三百年的历史来看，任何强国，只要掌握住绝对制海权，又有力量打得起陆战，就可以控制印度帝国，独占其贸易，剥削其无穷资源。[②]

潘尼迦注意到印度独立后，印度洋并不会因英国退出后而太平，他告诫尼赫鲁：

今后，如果印度再搞纯粹大陆观点的国防政策，那是瞎了眼。以往倒也确是并不需要什么别的政策，因为当时印度洋可算是一个禁区，或者不如说是一个英国的内湖。只要有大英舰队在，印度的安全就有了保障。而今天的情形可不一样了。印度已经自由了，如果印度在印度洋上的权利不能由印度自己来维护，这个自由可说一文不值。[③]

研究历史的人都很清楚，印度的安危系于印度洋。印度如果自己没有一个深谋远虑、行之有效的海洋政策，它在世界上的地位总不免是寄人篱下而软弱无力；谁控制了印度洋，印度的自由就只能听命于谁。因此，印度的前途如何，是同它会逐渐发展成为强大到何等程度的海权国，有密切联系的。[④]

潘尼迦在《印度与印度洋》这本著名的小册子中多次引用马汉的思想，因而他不能不对马汉下面的观点予以注意。马汉提醒美国政府说：

美国人仍需要接受并熟悉这样的事实，即美国已经不可改变地介入世界事务，它发表了门罗主义，接下来占领了一些岛屿——主要是菲律宾，在中国又具备了关键利益，因而美国人绝不能摆脱如利凡特或波斯湾入口的力量平衡这样的问题对于他们自身关联性。这些地区密切关系到美国的利益，至少现在是如此，因为美国要控制从大西洋海岸通往美

① [印]潘尼迦著：《印度和印度洋——略论海权对印度历史的影响》，德隆等译，世界知识出版社1965年版，第81页。

② 同上。

③ [印]潘尼迦著：《印度和印度洋——略论海权对印度历史的影响》，德隆等译，世界知识出版社1965年版，第87—88页。

④ 同上书，第89页。

国新获得的地区的最短路线——它经过红海，何况这条路线对英国和德国更具意义，而这两国对中国的政策相同从而有助于美国。[①]

印度建国后，潘尼迦也及时提醒尼赫鲁在英国退出印度洋之后，注意美国对印度洋的图谋：

第二次世界大战结束后，美国成了至高无上的海军国。不错，它还没有能搞成世界海权国必备的一系列基地、油站、船坞等，但是从它在对日战争中所表现的海军联合作战规模之大，以及从它在海军建设中强调航空母舰的重要，都说明了美国海军可以远离基地作战，实际上是爱在哪里动手，就可以在哪里动手。它在太平洋上有珍珠港和马尼拉，又占领了从前日本手里的雅浦岛和关岛，真是不可一世。而对印度洋，美国战后确也搞了不少名堂。美国在阿拉伯、中东、巴林群岛的油权，表明了它同印度洋区域的联系正在大大增长。就是对伊朗的统一，阿富汗的建设，美国也是兴趣很浓。实际上，由于美国奉行到处“遏制”共产主义的政策，所以各国沿海，凡是共产主义可能插足的地方，此刻都成了对美国安全有关的地区。战后的世界形势给印度洋带来的对立局面如此，它很可能又一次把印度变成一个主要的战略性战场。[②]

尼赫鲁与潘尼迦是成长于麦金德和马汉陆权和海权理论风靡及西方殖民扩张达到高峰时代的思想者，他们所受到的良好的西方教育使他们对麦金德、马汉、斯派克曼的理论，尤其是他们理论中关于印度次大陆的地缘政治意义的分析更是了然于胸，因而不可能不加重他们对印度独立后的国家安全的深深的忧虑，并作出“印度以它现在所处的地位，是不能在世界上扮演二等角色的。要么做一个有声有色的大国，要么就销声匿迹”的两难判断。实际上，在这两难判断中，尼赫鲁最担忧的是后者。鉴于古典地缘政治理论都将印度列入枢纽国家和海上强国为控制印度洋必须占据的

---

① [美]马汉著：《海权论》，萧伟中、梅然译，中国言实出版社1997年版，第236页。

② [印]潘尼迦著：《印度和印度洋——略论海权对印度历史的影响》，德隆等译，世界知识出版社1965年版，第83—84页。

“基地”国家，又鉴于英国一百多年中对印度洋形成的绝对制海权的实践前提就是对印度的占领的历史经验，尼赫鲁深知：印度如果不能将印度洋控制在自己手里，那么印度“销声匿迹”的未来恐怕就不是不可思议的。尼赫鲁说得非常肯定，他说：“中间地位不能引动我。我也不相信任何中间地位是可能的。”为此，软弱的尼赫鲁还是走了“中间路线”，他用麦金德的理论说明英美海洋国家与印度“结成联盟”的必要性。他说：

> 抱着征服世界迷梦的德国为恐惧被包围而感到困恼。苏联怕它的敌人的联合。英国的国策久已是以欧洲的均势为根据的，并且反对欧洲有任何具支配力量的强国。对于他人的恐惧总是有的，也就是那种恐惧才导致侵略和钩心斗角的阴谋。在这次大战后将要出现一个全新的局势，有两个支配世界的国家——美国和苏联——其余的都要远远地落后于他们，除非这些国家组成某种集团。而现在斯派克曼教授在他的遗言中告诉美国说就连他们都有受包围的危险。因此应该与处于大陆“边缘地”的国家结成联盟，无论如何他们不应阻止这“核心地”的国家（现在指的就是苏联）和边地国家联合在一起。①

显然，印度就是这个“边缘地”中的重要国家。尼赫鲁，这位后来不结盟运动的发起人，在其著作中暗示英美，要想遏制苏联，就不要忘记联盟印度。请求西方“联盟”而又拒绝西方涉足南亚内部事务，这种“两难”政策是软弱的尼赫鲁的必然选择。

3.“麦金德悖论”及其对印度国家安全的影响

但是，尼赫鲁作出这样的判断迄今已有半个多世纪了，其间，印度既没有成为一个“有声有色的大国”，也没有“销声匿迹”；当然，更没有像潘尼迦估计的为某一大国所控制。这是为什么呢？

这是因为英国在被迫退出印度时对印度洋周边国家的均势重新作了完全不同于19世纪的安排。英国人根据自己控制印度洋的成功经验，知道未来的美国，如果不能占领印度，就不能拥有对印度洋的绝对制海权。为此，英国

---

① [印]贾瓦拉哈尔·尼赫鲁（Jawaharlal Nehru）：《印度的发现》（*The Discovery of India*），世界知识出版社1956年版，第717页。

在离开南亚时给印度留下一个庞大版图以此使印度的国力底线足以抵御其他海上强国——比如美国——的直接占领，同时又留给印度一个破碎的社会结构以使印度的国力增长极限不足以达到对印度洋的绝对控制。

要理解这一点，我们需要了解印度被英国占领前后的历史状况。

英国人占领印度之前，南亚次大陆大部分时间里都处于割据战乱状态。公元8世纪，阿拉伯人开始入侵印度，引进了伊斯兰文化。11世纪，突厥人开始入侵北印，建立了德里苏丹国，后势力逐渐衰微，印度逐渐又进入了分裂的时代。德里苏丹国瓦解后，同样是来自中亚的突厥人在16世纪初建立了莫卧儿帝国，其统一版图几乎达到整个印度半岛，成为当时世界强国之一。

18世纪起莫卧儿帝国开始衰落。从1707年到1757年五十年间，共传十个皇帝，政令所及只有德里、阿格拉、克什米尔、信德、白沙瓦和喀布尔等北方地区。18世纪前半叶，印度又相继遭到来自北方伊朗、阿富汗封建主的入侵，后者于50年代征服旁遮普和克什米尔，并屡次进占德里。1761年印度马拉特军终为阿富汗击败，此后，印度就处于分裂局面。帝国中南部各省如敖德、孟加拉和海德拉巴的总督已成独立君主。位于印度半岛中部地区的马拉特人国家依然强大。马拉特封建主逐渐扩张，建立那格浦尔、瓜辽尔、因陀尔和巴罗达等国，并以浦那为首结成联盟。

英国人来到印度的时候，印度已处分崩离析的前夜。这为英国全面占领印度提供了难得的历史契机。1757年莫卧儿帝国和英国的东印度公司之间爆发了普拉西战役，印度因战败而逐步沦为英国的殖民地。1849年，英国东印度公司成功掌握了印度全境的统治权，只有少数地区由葡萄牙及法国统治。1857年，印度全境爆发了著名的印度民族大起义，反抗英国殖民者，遭英国人残酷镇压。此后印度统治权由英国东印度公司转为由英国女王直接统治，成立印度政府，并结束了名义上还存在的莫卧儿帝国。1877年，英国的维多利亚女王加冕为印度帝国的皇帝。1911年，印度帝国的首都也由加尔各答迁往德里。英国人完全实现了对印度的占领，并由此掌握了对印度洋长达一个多世纪的绝对制海权。

为了巩固其在印度的统治从而达到长期控制印度洋的目的，英国占领印度后在为英国利益保留印度大版图的同时，也尽可能地从地理结构、民族心理结构和社会结构上粉碎印度民族的凝聚力和统一性。

自1939年始，英国将其直接统治下的印度（称英属印度）分为13个省，其中包括缅甸。而印度王公统治的土邦却被分为约600多个——这几乎是黎塞留肢解德国以保障法国在欧洲大陆主导地位的手法的再版。据尼赫鲁在《印度的发现》一书中提供的材料介绍，“其中有15个可以认为是主要的土邦。最大的是海得拉巴、克什米尔、迈索尔、特拉凡哥尔、巴罗达、瓜略尔、印多尔、柯钦、斋浦尔、佐德浦尔、比加尼尔、波保尔与巴的亚拉。跟着就是许多中等土邦，最后是几百个很小的地区，有些在地图上并不比针尖大。这些小土邦的大多数是在加提雅瓦尔、西部印度与旁遮普”①，这种土邦在英国严密监督下存在着，占整个印度面积的2/5。英王统治下的印度虽然是一个由英国统治的庞大殖民地帝国，可是，印度其实是分为英属印度和土邦印度两部分，造成了奇特的国中之国的现象。

印度版图外观完整而内部破碎保证了英国统治地位的稳固。而这种内部破碎又是英国人统治印度的前提，这正如英国人统治印度是控制印度洋的前提一样。尼赫鲁写道：

> 这些土邦不唯在面积上大小悬殊，大的等于法国，小的几乎等于普通一个农人的所有地，而且在其他各方面上也是不相同的。②
>
> 这些土邦是怎样产生的呢？有些是很新的，是被英国人制造出来的；另外有些是莫卧儿皇帝的疆臣，得到英国人的准许继续为封建领袖；还有一些，其中特别是马拉塔族的首长，他们是为英国军队所战败然后被封为藩臣的。差不多所有这些土邦的起源都可以追溯到英国统治的初期；它们没有更古的历史了。③
>
> 这些土邦并不是密集在一块儿的，它们散布于全印度，就像岛屿一样被非土邦的地区包围着。他们中的极大多数甚至于连一种半独立的经济都不能完全维持；就连最大的土邦因为它们的地理位置的影响，若是得不到包围着的地区的充分合作，要想维持半独立的

① [印]贾瓦拉哈尔·尼赫鲁（Jawaharlal Nehru）：《印度的发现》（*The Discovery of India*），世界知识出版社1956年版，第399页。

② 同上。

③ 同上书，第402—403页。

经济也是几乎没有希望的。如果一个土邦与非土邦的印度发生任何经济上的冲突，用关税壁垒和其他经济制裁方法就能够很容易地使前者屈服。很显然地，在政治经济上甚至连其中最大的土邦也不能分开作为独立的实体来看待的。在这种情形下，它们将不能幸存，并且连印度的其余部分也要大蒙其害。它们将成为满布印度全国的敌对着的被包围的地区；如果它们依靠某些外力来保护的话，这外力本身就将成为对于一个自由印度的不断而严重的威胁。的确，要不是整个印度，连土邦也包括在内，在政治和经济上都在一个保护着这些土邦的有统治权的强国控制之下的话，这些土邦是不会苟延到今天的。[①]

英国占领印度方式的目的是实现和加强对印度洋及其北岸地区的直接控制，为此，英国既要统一并扩大印度版图，同时也不能因此强化印度的民族力量。在这个目标下，英国在印度用暴力打击和经济残暴掠夺的方式弱化了地方封建主的势力，并由此将印度半岛那多如牛毛的地方政治统一于英王麾下。为了长期占领印度的战略需要，英国同时又利用克伦威尔占领爱尔兰以及英国对付欧洲大陆国家的双重经验，大量保留印度土邦并在此基础上培养出具有封建买办特征的新的地主阶级。这大大弱化了印度的民族凝聚力。尼赫鲁在其著作中每每及此，其声讨都是滔滔不绝且痛心疾首。关于印度土邦对印度未来的危害，尼赫鲁揭露道：

这样构成的土邦甚至在19世纪也是违反时代的东西。在现代情况之下，人们不能想象印度被割裂成为几十个分别独立的个体。不仅会发生无穷无尽的冲突，而且一切有计划的经济上和文化上的进步都会成为不可能了。我们必须记住，当19世纪初期这些土邦刚刚形成并与东印度公司缔结条约的时候，欧洲正分为无数的小的公国。从那时起，许多次战争和革命改变了欧洲的面貌，而且今天还在改变之中；但是印度的面貌却因强加于它身上的外部压力而被固定下来和硬化

① [印]贾瓦拉哈尔·尼赫鲁（Jawaharlal Nehru）：《印度的发现》（*The Discovery of India*），世界知识出版社1956年版，第399—400页。

了，并且不容许有所改变。[①]

对印度社会更具破坏性的是，在土邦之外，英国还培养了一个效忠于英王的封建买办性质的地主阶级，这更加深了印度人间的隔阂，只有制造和加深印度民族内部的隔阂，才能阻止印度民族民主革命。尼赫鲁写道：

还有一种更直接的打击，那就是地主制度的采用，因而改变了土地所有权的整个概念；这个概念认为土地公社所共有，并不大在乎土地本身的共有，而在乎土地上产品的共有。本身代表着英国地主阶级的英国统治者们可能未曾充分理解这一点，而更可能的是为了他们自己的利益而有意在印度采用了某些与英国相仿佛的制度。最初他们指派包税的农民在短期内负责将所包收的田赋和税款呈缴政府。后来这些包税的农民就发展成为地主。农村公社对于土地和产品的一切控制权都被剥夺了；过去始终被认为是公社的主要利益和所关怀的东西，现在却变成新造成的地主的私产了。这就导致公社共同生活和集体性质的破灭，劳务上和职业上的合作制度就开始逐步地消灭了。[②]

这一类型的土地所有制之采用不仅仅是重大的经济改变，而且还有更深刻的影响，它打击了整个印度人对于合作性的集体社会组织的概念。一个新的阶级——地主出现了；这阶级乃是英国政府所一手造成的，因此在很大程度上它是与英国政府一致的。

英国人根据自己的模样制造出大地主来，主要是因为对付少数个人要比对人数庞大的农民更容易得多。目标就在于征收田赋的形式来聚集大量的金钱，愈多愈好，愈快愈好。如果一个地主未能如期缴纳出赋税，他立刻就被赶走，而由另一个人取而代之。他们并且认为制造出一个与英国人利害一致的阶级是必要的。在印度的英国官吏满怀着对于起义的恐怖，在他们的文件中曾屡次提到这一点。总督威廉·本丁克勋爵在1829年说道：“如果对于防止大规模的人民骚动

① [印]贾瓦拉哈尔·尼赫鲁（Jawaharlal Nehru）：《印度的发现》（*The Discovery of India*），世界知识出版社1956年版，第400页。

② 同上书，第394页。

或革命还缺乏保障的话，那末我应该说，那永久佃租制虽然在许多其他方面是失败了，但至少还有一种巨大的好处，因为，它已经制造了一个庞大的富有的地主集团——他们都是深切地关心着英国统治的持续，以便于他们对人民大众的彻底控制。”①

这些数量庞大且受到英国人保护的土邦和地主阶级，对印度未来造成最致命的后果是拖住印度的工业化后腿。尼赫鲁对此尤为愤怒并以相当的篇幅作了深刻的揭露：

东印度公司初期的主要业务——也正是该公司创办的目的——就是将印度的制成品、纺织品等和香料以及类似的货物从东方运到欧洲，那里对这些货品是有广大需要的。随英国工业技术的发展，一种新的工业资产阶级兴起了，要求着改变这政策。英国市场要对印度产品关门，而印度市场却要对英国制造品开放。受这新兴阶级所影响的英国议会开始对印度和东印度公司的工作感到更大的兴趣。首先是用立法程序排斥印度货物，不许输入英国，由于该公司垄断了印度的出口贸易，这种排斥也影响了其他的外国市场。跟着就用各种措施和征收内地税的办法来企图有力地限制和摧毁印度的工业，甚至妨碍了印度货物在国内的流通。然而同时英国货物却可以自由进口。印度的纺织工业崩溃了，影响了大量的织工和手工业者。在孟加拉和比哈尔，这过程是迅速的；在其他地方则随着英国统治和铁路建筑的扩张也逐渐展开起来了。在整个19世纪中这过程继续演进着，也摧毁了其他旧有的工业，如造船业、五金业、玻璃业、造纸业以及多种手工业。

当较陈旧的制造工业与新的工业技术相冲突的时候，在某种程度上，这情况是无可避免的。但政治与经济的压力使其加速起来，而且连把新技术应用到印度的尝试也不曾有过。的确，人们用尽各种企图就是要防止把新技术用于印度。这一来，印度的经济发展就受到阻

① [印]贾瓦拉哈尔·尼赫鲁（Jawaharlal Nehru）:《印度的发现》（*The Discovery of India*），世界知识出版社1956年版，第395—396页。

挠，新工业的成长也被制止了。新机器不能够输入到印度来。在印度造成了一种真空现象，只能用英国货物来填充。它造成失业和贫穷的迅速增加。现代殖民经济的标准类型被建立起来了，印度成为工业英国的农业殖民地，输出原料，为英国的工业品提供市场。[①]

尼赫鲁认为从农业向工业经济转型是世界经济发展的普遍规律，但印度的这种正常转型道路却为英国人中断了，不仅如此，西方国家在这次转型中的代价却是由东方国家为其埋单的。尼赫鲁继续写道：

印度越来越成为一个农业国了。在过去的世纪中，在每一个进步的国家中，都有一种人口从农业转移到工业、从农村转移到城市的现象；由于英国政策的结果，在印度这过程适得其反。数字是具有启发性和深长意义的。在19世纪的中叶据说有55%的人口依农业为生；近年来这比例被估为74%。这是战前的数字。虽然在大战期间，工业上雇用的人比较多，而在1941年的人口调查中，由于人口增加的关系，依农业为生的那些人数实际上又升高了。主要以牺牲小城市为代价而造成的少数大城市的成长很容易将肤浅的观察家引入迷途，而给他一种对于印度情况的错误观念。[②]

这就是印度人民可惊的贫穷的真正而基本的原因，而那是发源于比较近代的事情。造成这现象的其他助因的本身也是这贫穷、长年饥荒和营养不良所产生的后果——例如疾病和文盲。人口过多是不幸的，如有必要必须采取抑制措施；可是与许多工业化国家的人口密度比较起来，印度仍居有利地位。只有在农业占优势的社会里它才算过高；而在适当的经济制度之下，全部居民都能够从事生产，并应当能够增加国家财富的。事实上，人口密度较大的只有在类似孟加拉和恒河流域的特别地区才是如此；而若干广阔的地区却仍然人烟稀少。值得记住的是大不列颠的人口密度比较印度高出两倍以上。

---

① [印]贾瓦拉哈尔·尼赫鲁（Jawaharlal Nehru）:《印度的发现》（*The Discovery of India*），世界知识出版社1956年版，第387—388页。

② 同上书，第389页。

工业上的危机很迅速地就蔓延到乡村，变成永久性的农业危机。地权愈分愈小，田地分裂演变到了荒谬的程度。农业负债的重担日增，土地所有权往往转让到放债人手中。无田的贫农人数成百万地增加起来了。印度在工业资产阶级政权控制之下，而它的经济大部分却是资本主义前期的经济，还要减去资本主义前期经济的许多产生财富的因素。它变成了近代工业资本主义的消极代理人了，遭受着它的一切祸害，而几乎没有得到它的任何好处。

由一种前工业经济向工业资本主义经济的转变，是与巨大的困难相联系的，并且给人民大众带来了重大的灾难。在早年时节尤其是如此，当时没有为这样的转变或者减少它的有害的后果努力想过办法，而一切事情都留给个人自动处理。在这转变时期中，英国也有这样的困难，不过就整个说来，困难并不大，因为这转变很迅速，并且所造成的失业者不久也就为新兴的工业所吸收了。但这并不意味着人类所受灾难的代价是未偿付的。它的确已经偿付过，而且是全部由别人偿付的，尤其是由印度人用饥饿死亡和大批失业来偿付过的。可以说，西欧转变到工业主义的大部分代价，都是由经济被欧洲列强所统治着的印度、中国和其他殖民地国家所代付了的。①

尼赫鲁进而得出结论认为，英国人有计划地削弱印度工业化水平是出于一种战略考虑：

显然印度一直都拥有着发展工业所需要的丰富资源——管理和技术才能、熟练工人，甚至还有一些资金，尽管这资金继续不断的从印度外流出去。历史家蒙哥麦利·马丁（Montgomery Martin）在1840年向英国议会的一个调查委员会作证时说道：“印度是一个农业国，同样也是个工业国，要想将它降为农业国就是想降低它的文明水平。”那正是在印度的英国人所不断坚持着想要做的事情，他们成功的尺度就是在于他们在这里掌握独裁统治达一世纪半之后的现在印度的情

---

① [印]贾瓦拉哈尔·尼赫鲁（Jawaharlal Nehru）:《印度的发现》（*The Discovery of India*），世界知识出版社1956年版，第389—390页。

> 况。自从印度提出发展近代工业要求之后——我想这要求至少有一百年之久——英国人告诉我们说印度是一个特别适宜于农业的国家，谨守农业是对它有利的。工业发展可能会破坏平衡而有害于它的主要业务——农业。英国的工业家和经济学家对于印度农民所表示的关怀确实令人满意。鉴于这种情形以及在印度的英国政府所慷慨给与印度农业的亲切照料，人们只能够得出一种结论，那就是有些万能而恶毒的命运之神、有些超自然的力量阻碍了他们的善意和措施，而使得印度农民成为地球上最贫苦最可怜的人物之一。
>
> 任何人今天要在印度来反对工业发展是困难的；但是甚至到了今天，当任何广泛的和远大的计划被提出来的时候，我们的英国朋友就不断地提出劝告和警告说，一定不要忽视农业，并且它必须占第一位。好像稍微有一点点知识的印度人都会不顾或忽视农业，或者忘记农民似的！印度的农民比较任何其他的人更代表着印度，而印度的进步改良要依农民的进步改良为转移。但是我们农业上的危机虽然严重，它是与工业上的危机互相联系着，而且是从工业危机引起来的。两者不能够分开来单独处理，主要的是应该改正两者之间的不平衡。①

英国人对印度的摧毁最终表现在对印度人的自觉精神和自主意识的摧毁。英国人在印度有意扶持甘地告别革命即甘地的“非暴力不合作”意识和文化。英国在印度一批一批地杀人的同时却刻意扶持国大党中甘地的“非暴力不合作”的纲领，不仅如此，英国人还将其塑造为印度精神的“圣雄”。甘地的主张——与中国的清末武训②的主张一样——对英国用暴力维持的殖民统治，不要进行暴力抵抗。英国人在印度推广甘地的“非暴力不合作”意识，再结合它的传统文化的上述特点，将印度人的革命意识

---

① [印]贾瓦拉哈尔·尼赫鲁（Jawaharlal Nehru）：《印度的发现》（*The Discovery of India*），世界知识出版社1956年版，第390—391页。

② 武训（1838～1896），早年丧父，家境清贫，随母乞于市。20岁时当了乞丐。30岁时，在馆陶、堂邑、临清3县置地300余亩。光绪十四年（1888）后在各地创办义塾。清廷封其为“义学正”，赐给黄马褂和“乐善好施”匾额，准予建立牌坊。死后山东巡抚袁树勋奏准“宣付国史馆立传”，建忠义专祠。

彻底抹杀了，使印度文化成了告别革命的文化。甘地学说使被压迫者失去了对压迫者的反抗意识，对入侵者失去了民族自立的意识，使印度人最终失掉了民族独立的灵魂，而失去了独立的灵魂，印度也就失去了一切。所以马克思说“印度人失掉了他们的旧世界而没有获得一个新世界，这就使他们现在所遭受的灾难具有一种特殊的悲惨色彩”[①]；马克思还说“英国人在印度进行统治的历史，除破坏以外恐怕就没有别的什么内容了”[②]。尼赫鲁似乎也看出了甘地学说中的问题，他婉转地对其进行了批评，他写道：

> 战争的濒近印度，使得甘地大为不安。他的政策和非暴力的纲领与这个新发展不大容易配合得上。很明显，面临着一支侵略军队或是在双方的敌对军队之间，和平抵抗都是不可能实行的。采取消极的办法或是接受侵略也同样是不可能的。[③]

尼赫鲁回忆说甘地“他本人的同僚以及国民大会党的一般人士都拒绝把非暴力应用在这样的场合或用来代替对侵略的武装抵抗，最后他（甘地）对于他们有权去那样做的这一点终于同意了。但他仍然感到烦恼，因为就他自己而论，作为是个人，他是不能够参加任何暴力行动的。但他远比一个普通的人重要得多；不管他在民族主义运动中有没有任何正式的职位，他总占有着一种突出而有支配性的地位，他的言论对于大多数人民是有力量的。”[④]正因此，尼赫鲁试图对甘地学说的失误，尤其是甘地的“非暴力”学说以抽象肯定、具体否定的方式予以纠正，他写道：

> 甘地在各方面的影响深入了印度并且留下了它的痕迹。然而他之成为印度领袖当中的第一流和最突出的人物并非由于他的非暴力和经济的

① 马克思：“不列颠在印度的统治”，《马克思恩格斯选集》第2卷，人民出版社1972年版，第64页。

② 马克思：“不列颠在印度统治的未来结果”，《马克思恩格斯选集》第2卷，人民出版社1972年版，第73页。

③ [印]贾瓦拉哈尔·尼赫鲁（Jawaharlal Nehru）:《印度的发现》（*The Discovery of India*），世界知识出版社1956年版，第599页。

④ 同上。

> 理论。在极大多数的印度人眼中，他是决心要获得印度自由的、战斗性的民族主义的、拒绝屈服于傲慢的强权的和永不赞同牵连到民族耻辱的任何事情的那个象征。虽然在印度的很多人在百般事情上可能和他意见不同，虽然他们可能责难他或者甚至为了某些特殊的争点而与他分离，可是在印度的自由处于存亡关头而需要采取行动和斗争的时候，他们又会成群地向他奔来，并且把他看作他们的当然领袖。[①]

这就是说，甘地并不是因为“非暴力”的学说，而是因为他的反英姿态而成为人民前进的旗帜。至于甘地这面旗帜对印度进步的作用，尼赫鲁是有保留的，他说：“甘地对印度人思想影响在现今时代已经是意味深远的；它将在时间和形式上持久到如何程度，那只有到将来才能证明。”[②]事实上，尼赫鲁对甘地的“非暴力不合作”的学说是持谨慎批判态度的，按尼赫鲁的话说，“印度以它现在所处的地位，是不能在世界上扮演二等角色的。要么做一个有声有色的大国，要么就销声匿迹。中间地位不能引动我。我也不相信任何中间地位是可能的。”[③]尼赫鲁后半句话似乎是对甘地寻求印英和解的中间道路的否定。

甘地的道路似乎就是中国清末出现的“武训”式即乞求压迫者“良心发现”的方式实现救国道路在印度的翻版。中国毛泽东不能容忍《武训传》中宣扬的奴性精神，并对其进行无情批判。尼赫鲁也看出甘地学说中的奴性并对此进行了婉转批评，他号召人民：“我们必须把过去几代人中献媚和屈服于傲慢的外国政权所留下来的耻辱一扫而空。”[④]但面对甘地学说中的奴性精神，尼赫鲁则无能为力。尼赫鲁从英国人手中接受的只是只能以英人的意志行事的“总理”虚位，他就任总理后既无力进行所有制变革，也无力进行文化革命，这是因为尼赫鲁组阁时手中——与毛泽东领导的中国革命不同——没有一支听命于国大党而有的只是听命于英国人的武装力量，面对英国人分裂印度的“建议”，尼赫鲁更是一筹莫展，只能说

---

① [印]贾瓦拉哈尔·尼赫鲁（Jawaharlal Nehru）:《印度的发现》（*The Discovery of India*），世界知识出版社1956年版，第591页。

② 同上书，第390页。

③ 同上书，第57页。

④ 同上。

些无奈的空话，他说：

> 去接受一种分裂的原则，或者不如说是去接受一种不带强迫统一印度的原则，可能会使人们对于它的后果加以冷静而沉着的考虑，而这一来，就会认识到统一是对各方面都有益的。[①]
>
> 很明显，不管印度的未来可能怎样，纵然正式分裂，印度的各个部分还是不得不在许许多多方面彼此合作。就连那些独立国家也需要彼此合作，印度各省和因分裂而产生出来的那些地区尤其更须如此，因为它们彼此之间有着亲密的联系而必须团结一致，否则就会衰败、崩解和丧失自己。[②]
>
> 统一总比分裂好，但是一种强迫的统一是一桩虚伪而危险的事情，充满了爆发的可能性。统一必须是思想和情感上的统一，有同属于一家，共御外侮的精神。[③]

“统一而又不带强迫”，这是一种理论正确而在实践上极难实现的事。尼赫鲁也不是不明白这样的道理，他这样说只表明他面对国家分裂而又无力回天时的百般无奈。他很清楚：“如果印度被分裂为两个或更多的部分，那时想将那些主要的印度土邦并入印度就更加困难了，因为只有在分裂的情况下那些土邦才可以找出种种更多的理由来置身事外，并坚持它们的独裁政权不放，否则那些理由是找不出来的。”[④]

再比较同期的中国。1949年李宗仁要与中共划江而治，如果没有共产党“百万雄师过大江”，其后果，用后来李宗仁回忆录中的话说就是“中国就会陷入像今天的朝鲜、德国、老挝和越南同样悲惨的局面了”[⑤]。但是中国与同期的印度不同，在中国有一支听命于中国共产党的强大的人民军

---

① [印]贾瓦拉哈尔·尼赫鲁（Jawaharlal Nehru）:《印度的发现》（*The Discovery of India*），世界知识出版社1956年版，第700页。

② 同上书，第707页。

③ 同上书，第699页。

④ 同上书，第700—701页。

⑤ 李宗仁口述，唐德刚撰写：《李宗仁回忆录》，广西人民出版社1980年版，第949—950页。

队，而尼赫鲁国大党上台前还在搞“非暴力不合作”，不要说军队，就是必要的财力也不足。[①]所以毛泽东说的“没有一个人民的军队，便没有人民的一切”，实在是经验之谈。毛泽东根据中国革命的经验说：“对于这个问题，切不可只发空论。”[②]“批判的武器当然不能代替武器的批判，物质力量只能用物质力量来摧毁”，尼赫鲁手中既没有这种物质力量，又没有“理论一经掌握群众，也会变成物质力量”[③]的时间，他只有眼看着印度和巴基斯坦在1947年分裂为两国，与此同时，中国共产党却在与国际国内试图分裂中国的势力进行着顽强的斗争并于两年后实现中国统一。

就这样，英国人实现了在撤离南亚次大陆之前为紧箍印度发展制定的方案，这就是：印度发展的上线是永远不能让印度形成独控印度洋的能力。为此，英国人从根基上摧毁了印度的民族工业及其自主创新的能力；此外，英国还为印度保留了封建主义、殖民主义和资本主义时代的产权所有制，以及已经碎化了的意识形态，这从精神上破坏了印度的民族凝聚力，并使之在今后相当长的历史时期内——如无一场大换血式的革命——则无力恢复这种能力。对此，罗斯福和斯大林都看得明白，1943年在德黑兰会议上罗斯福对斯大林说：“议会制政体对印度是不适合的，最好的解决办法是在印度创立某种类似苏维埃的制度，从下面开始，而不是从上面开始，也许这个就是苏维埃制度。”此话一语双关，一方面罗斯福暗示斯大林，印度是苏联的势力范围；另一方面是说印度要建立自主创新制度没有革命是不行的。斯大林接过罗斯福的话说：“这意味着走革命道路。”[④]德黑兰会议上，在讨论打败希特勒后如何处置德国方案时，罗斯福与斯大林都认为：防止德国东山再起的关键是毁灭德国的重工业生产能力；只要

---

① 印度民族运动领导人M.K.甘地在回答英国记者费晓提问时，直截了当承认国大党的经费“实际上全部”来自印度的富翁。参见孙培均等著《印度垄断财团》，时事出版社1984年版，第42—43页。

② 毛泽东：“论联合政府”，《毛泽东选集》第3卷，人民出版社1991年版，第1074页。

③ 这里借用马克思的话。马克思说：“批判的武器当然不能代替武器的批判，物质力量只能用物质力量来摧毁；但是，理论一经掌握群众，也会变成物质力量。”马克思：“《黑格尔法哲学批判》导言”，《马克思恩格斯选集》第1卷，人民出版社1972年版，第9页。

④ “斯大林与罗斯福的会谈记录”（1943年11月28日），沈志华主编：《苏联历史档案选编》第17卷，社会科学文献出版社2002年版，第402—403页。

没有重工业生产，德国就永远没有发动战争的力量。罗斯福还说要把德国变成牧羊场。[①]牧羊场国家就是只提供原材料而无工业技术原创力的依附性国家，就是工业国家商品的倾销地。牧羊场的国家是没有竞争能力的。英国在被迫放弃在印度统治，离开南亚次大陆之前，已将印度变为一个“牧羊场”国家。

英国从内部摧毁印度的同时，英国人在退出印度洋之前，还要印度有能力考虑阻止其他海上强国在印度洋再次形成当年英国曾拥有过的那样的绝对制海权。为此，英国需要设计出新的印度洋力量均势，并使印度保持相对的制衡力量。英国不希望印度强大，但更不希望印度过于衰弱以致再次出现莫卧儿王朝后期的颓势并使其他海上强国——具体说就是美国——乘虚而入。这就规定了英国弱化印度的下线是不至让印度丧失牵制英国之后的其他海洋强国的能力——而这恰恰是海洋强国在印度洋形成绝对制海权的前提。第二次世界大战后，英国人给印度留下了大小刚够用于遏制而非驱逐其他海上强国的国家版图及在此基础上形成的相应武装力量。牵制的对象，南面海上当然是美国，北面陆地当然是苏联和中国。为此，1937年，英国将缅甸从印度划出，1948年在许诺印度独立的同时，也放手斯里兰卡独立并允许巴基斯坦与印度分离。前者中断了印度向印度洋四面扩张的可能，后者即印巴分离既从北方牵制印度南下势头又阻隔印度与俄罗斯联手形成更大的“中枢地区”并由此在印度洋形成绝对制海权。英国人的逻辑很简单：我要拿不到手，谁也甭想拿到手。这个“谁”不仅包括独立后的印度，还包括曾联手苏联扳倒大英帝国的美国。

印度就是这样在英国人搭建的新的地缘政治舞台上困难地开启自己的航程的。英国人留给印度的“牧羊场”式的经济结构使印度在相当长的历史阶段内失去了同期中国那样“有声有色”的前景；同样，英国留给印度的大版图又使印度在相当长的历史阶段内避免了“销声匿迹”的结局，更为重要的，这也是英国新的地缘政治板块设计中的核心目标，即大版图印

① 《罗斯福传》的作者加拿大籍的康拉德·布莱克曾对美国的“旨在德国清除纳粹余孽的解放其工业化的激进计划”的实质一语中的，他说：“实施这个计划等于把7000万德国人全都变成牧羊人，苹果园主和家禽饲养员。”[加拿大]康拉德·布莱克著：《罗斯福传》，张帆等译，中信出版社2005年版，第390页。

度存在，也对冲了美国经过劳师征远进驻并控制印度洋的能量。1944年还蹲在英国大牢中写书的尼赫鲁可能并没有意识到躲在幕后的英国人将他推向前台主演的竟是这样一场如此悲喜交织并令他百般无奈的历史大剧。

更令尼赫鲁没有意识到的是，英国人如此安排下的印度洋力量格局，使他用来解释印度未来命运的古典地缘政治学的“中枢地区”及“心脏地带”理论在战后陷入令人难堪的悖论状态。1919年，麦金德把他最初提出的“枢纽地区”概念提炼为更富有冲击力的“心脏地带”的概念，并以更简洁的短句作出如下概括：

> 谁统治东欧谁便控制了“心脏地带”；
> 谁统治了“心脏地带”谁便控制了“世界岛”；
> 谁统治“世界岛”谁便控制了世界。①

麦金德这一经典表述，可以说是对英帝国时代治理世界有效经验的理论总结，可惜的只是，这种总结只是在英帝国快要结束的时候才出现，来得毕竟太晚了。就在麦金德誉满全球的时候，他已看到了帝国的黄昏。好在眼不见为净：1947年3月6日，麦金德去世，同年8月15日，印度和巴基斯坦分治，印度独立。

似乎是凯南的理论忽悠美国历史的预演，麦金德的“心脏地带”理论在后发帝国主义国家中得到激赏。如第二次世界大战期间的希特勒联手苏联击败欧洲、又回头与苏联冲突以争夺东欧和小亚细亚的政策②，战后美国实行以“艾森豪威尔主义”③命名的与苏联抢占中东的政策，勃列日涅夫在

---

① [英] 哈·麦金德著，武原译：《民主的理想与现实》，商务印书馆1965年版，第134页。

② 1940年11月25日，莫洛托夫邀请德国驻苏联大使舒伦堡，表示“苏联准备接受里宾特洛甫在柏林提出的德、意、日、苏四国关于实行政治合作和经济互助的公约”，其重要条件是要求德方“承认总方向面对波斯湾的巴统和巴库以南的地区为苏联领土意向的中心点”。沈志华主编：《苏联历史档案选编》第16卷，社会科学文献出版社2002年版，第166页。

③ 1957年1月5日，美国总统艾森豪威尔向国会提出《对中东政策特别咨文》。主要内容是：由国会授权总统动用2亿美元给中东国家以经济和军事援助；总统有权应这些国家的请求提供武力援助，只要这些国家面临“国际共产主义控制的任何国家的武装侵略”。特别咨文的基本原则被称为“艾森豪威尔主义”，成为美国在中东地区扩张势力的重要纲领，此后美国竭力利用英法两国地位削弱的时机“填补”中东地区出现的“力量真空”。

对中枢地区的两翼地带战略布局完成后向阿富汗实行最后一击的政策以及小布什上台后直击阿富汗和伊拉克的政策，都有明显的麦氏“心脏地带”的痕迹。

资源政治与地缘政治在时间和空间上合二为一并以前者为主要矛盾的主要方面，是继麦金德古典地缘政治理论之后的现代地缘政治理论的鲜明特色。在这新的视野中，麦金德“心脏心带”理论被注入资源政治的内容，而作为世界现代工业动力基础的矿物资源分布地带与麦金德的“心脏地带”又恰巧重合。这样，印度洋在世界地缘政治体系中的关键意义再次得到大国政治家的高度重视。在这方面理论贡献最大的，是曾在20世纪70年代初任美国总统的理查德·尼克松。将地缘政治利益与资源政治利益紧密地结合并使前者服从于后者，是尼克松考虑全球战略时贯穿始终的思想方法。苏联出兵阿富汗不久，尼克松即出版《真正的战争》一书，其中对阿富汗地缘政治位势的分析可视作美国中东中亚政策最到位的脚注。他写道：

面积和得克萨斯州差不多的阿富汗虽然是贫穷的，土地是不毛的，但它早就是大国施展阴谋诡计的地方，其原因是和它通常被称作“亚洲命运的旋转门”一样的。阿富汗的西面是伊朗，南面是巴基斯坦，东面是中国，在北面与苏联有一千英里长的共同边界，它一向是帝国的大规模推进汇合的地点之一。

阿富汗在其整个历史上，一直是征服者的十字路口；亚历山大大帝、帖木儿，全都在谋求建立帝国时纵骑驰骋于阿富汗的土岗与沙丘之间。1952年我访问阿富汗国王时，他曾为我追述，正是在阿富汗，亚历山大大帝说，“我再没有要征服的世界了”。在19世纪，英国和俄国在整个中亚细亚交战，以争夺对这个大陆的控制权时，曾在阿富汗进行过基普林所谓的“大比赛”。英国人知道，阿富汗的崎岖的开伯尔山口是进入印度次大陆的大门，他们曾进行了两次残酷的战争，为的是不让俄国人控制它。今天，阿富汗是苏联扩张主义势力中的一个不祥的新阶段中的试验场。①

① [美]尼克松著：《真正的战争》，常铮译，新华出版社1980年版，第11—12页。

尼克松用比麦金德提供的更为鲜活的事实说明“心脏地带”是大国实现世界霸权的必争“命运之门”，他将控制资源作为麦金德单纯的地理控制的前提，认为控制世界资源是控制世界的前提。他写道：

对苏联来说，凡是妨害他们实现其最高统治权——他们的霸权——的人，都是敌人。苏联在第三次世界大战中的最后目标是它的主要对手美国。它的中间目标是西欧和日本。它在当前的目标是非洲、亚洲、中东和拉丁美洲那些脆弱和不稳定的地区，在这些地区里，它以相对小的风险和代价可以得到战略好处，使自己越来越处于一种能够控制世界资源和生命线的地位。

斯大林早在1921年就强调西方的资源很容易被切断。他说：“如果欧洲和美洲可以称作前线，那就应当把拥有原料、燃料、粮食和大量人力的非主权国家和殖民地看作是帝国主义的后方，帝国主义的后备力量。为了赢得一场战争，光在前线取得胜利不行，还必须使敌人的后方，使他的后备力量革命化。”最近，苏联主席列昂尼德·勃列日涅夫向索马里总统西亚德·巴雷（当时还是苏联的盟友）交心说，“我们的目的是控制西方所依靠的两大宝库——波斯湾的能源宝库以及中部和南部非洲的矿藏宝库”。

1988年，尼克松出版《1999：不战而战》，再次强调美国必须在“心脏地带”遏制俄国人的极端重要性。他说：

我在1979年苏联入侵阿富汗后不久出版的《真正的战争》一书中把波斯湾称为西方“石油咽喉”。我曾写道，如果有朝一日苏联控制了波斯湾地区的石油资源，克里姆林宫就可以通过威胁扼杀以石油为动力的西方经济，来对西方进行讹诈。今天的情况仍然如此——至少在本世纪剩余的年月里，这种情况仍然将继续下去。①

70年代末，克里姆林宫对海湾形成了钳形包围。一边从西南进行包抄。1978年苏联向埃塞俄比亚空运了2万名古巴士兵，以便一方面支

① [美]尼克松著：《1999：不战而胜》，王观声等译，世界知识出版社1997年版，第127页。

持埃塞俄比亚政府与索马里进行战争，一方面从沙特到红海对岸建立军事设施。那年晚些时候，亲苏集团在南也门夺得了政权，使苏联在阿拉伯半岛上有了一个滩头堡。不久，南也门公开向北也门发动军事进攻。恐怖主义分子以南也门为基地对沙特阿拉伯采取行动。游击队也以南也门为基地袭击阿曼的一个边界省份。钳形包围圈的另一边是从东北方向包抄。1978年在阿富汗一场军事政变使共产党上台。阿富汗共产党政府很快就与莫斯科签署了协议。当人民起义威胁要推翻共产党政权时，苏联侵占了这个国家。有了阿富汗的基地，苏联的战斗机、轰炸机便可以飞到霍尔木兹海峡。克里姆林宫领导人从两个方向同时推进，企图控制这一“石油咽喉”。①

事实上，尼克松已从世界稀缺资源分布和世界地理通道分布相结合的角度完善了麦金德的“心脏地带”的理论，尼克松呼吁美国政府必须担起与苏联争夺“心脏地区”的重担。他说：

今天，美国是唯一有能力在波斯湾保护西方利益的国家。亲西方的波斯湾国家都不够强大，无法承担这项工作。我们的欧洲盟国也都无力或没有决心来完成这项任务。因此，我们必须站起来解决这一至关重要的问题。②

在外交战线上，我们一定不能够允许莫斯科在谈判桌上赢得在战场上得不到的东西。阿富汗不是一个像文化交流计划那样的小问题，不应该在首脑会晤中为了缓和气氛而把它放弃掉。它是一场重要的冲突，将决定谁在美苏争夺中获胜。③

尼克松可能是罗斯福之后美国人中对地缘政治学理解最为深刻的政治家，他认识并创造性地发展了麦金德的“心脏地带”学说，并要求美国政府从国家生死存亡的高度牢牢控制这一地带的主导权。

---

① [美]尼克松著：《1999：不战而胜》，王观声等译，世界知识出版社1997年版，第130页。

② 同上书，第131页。

③ 同上书，第158页。

但不能不令人深思的问题是，在印度洋的历史上，只有英国——它独控印度洋的时间长达150多年——成功了；而在此后再没有一个国家——不管它是美国还是苏联——能对印度洋形成18世纪中叶到20世纪第二次世界大战之前英国那样的绝对控制。不错，美国阻止了苏联对阿富汗的占领，但美国也没有在印度洋制海权方面——除了迪戈加西亚基地外——达到当年英国那样的规模。如果说，勃列日涅夫出兵阿富汗是苏联利用美国颓势实现19世纪英俄冲突中没有实现的向印度洋冲刺的实际步骤，那么，1991年和2001年布什父子俩[①]也是利用苏联的颓势及其解体后出现的战略机遇，试图在“心脏地带”实现“英国式”（即陆地占领）推进。尽管美国在1998年发动科索沃战争，拿下印度洋西侧——这与当年苏联利用越南拿下印度洋东侧的中南半岛而后进军阿富汗的道理一样——并以此为小布什2001年发动阿富汗战争，实现对中亚的军事占领做了铺垫。老布什通过帮助科威特收复国土实现了军事力量在海湾地区的“英国式”部署。老布什的“成功”激起了小布什的万丈雄心并于任期内大规模挥师向中亚深入，其结果在伊拉克严重受挫，随之而来的便是2008年美国国力由此大幅衰落并陷入严重的经济危机。

美国在中亚的失败说明美国地缘政治理论是有缺陷的。

自从大英帝国退出历史舞台后，麦金德的古典地缘政治学所勾勒出的“心脏地带”就已成为地平线上那看似近在眼前实则遥不可及的美丽落日。笔者不妨将第二次世界大战后这种理论和实践之间出现的悖论现象称为“麦金德悖论”。这种现象产生的原因，是英国人退出麦金德“心脏地带”后留下的——当然也是美国的“民族自决”理论促成的——新的力量均势消耗了美国从太平洋东岸或太平洋西岸劳师征远进入印度洋的能量。这时，在印度洋的中心位置已立起了南亚最大的主权国家印度。更有甚者，在印度的东西两翼即亚洲和非洲已耸立起了中国和埃及这两个独立自主的大国。这更加大了美国独控“心脏地带”的难度。英国独控印度洋时，印度、埃及、中国的国运均处颓势，其国家内部也是动荡不止（比如印度民族大起义、中国的太平洋天国运动等），外部冲突加剧（比如中国和英国的两次鸦片战争、埃及和奥斯曼帝国的埃土战争等）。这时国力正

---

① 即美国第四十一任总统乔治·布什（1989～1993）及其长子，美国第四十三任总统乔治·沃克·布什（2001～2008）。

处上升阶段的英国尚能在远离本土的印度洋和太平洋上同时向东方两个最大的国家印度和中国发动并打赢了两场大规模的战争。可在第二次世界大战结束之后，美国罗斯福为了打倒欧洲，释放出民族自决的浪潮。民族解放运动将欧洲殖民势力逐出并建立独立的主权国家后，这些国家又成了美国实现“英国式”世界霸权的阻力。

摩擦力度决定前进速度，阻力决定动力。第二次世界大战后民族国家纷纷独立，这使美国已无力对这些国家发动任何一场像样的陆地战争，而没有陆战的胜利，就不可能在海外有“英国式”的占领；而没有“英国式”的占领，就不可能有19世纪英国那样的对关键海域的绝对制海权及由此建立的海洋霸权；而没有“英国式”的绝对制海权，依靠他国依附而存在的美国经济就不会有稳定的基础。为此，当时还是涉世未深的美国人在20世纪后半叶启动了朝鲜和越南战争，这是美国通过陆战实现对这两个国家“英国式”占领的初试。美国出动了远比19世纪英国更多的兵力，其结果却败得让美国人迄今也不堪回首。一句话，20世纪下半叶，美国从英国手中接收过来的世界已失去了在海洋国家赢得大陆战争的有利条件。而没有陆战的胜利，就不可能有绝对的海上霸权。“从近三百年的历史来看，任何强国，只要掌握住绝对制海权，又有力量打得起陆战，就可以控制印度帝国，独占其贸易，剥削其无穷资源。”①潘尼迦的话可谓英国控制印度洋的经验之谈，而这样的经验似乎对后来的美国人成明日黄花。

这些道理，美国人也不是不知道，更不是不愿去做，而是做不到。朝战越战爆发后，美国人试图通过结盟的形式替代英国式的直接占领：1950年10月17日，美国同泰国签订《军事援助协定》；1951年8月30日，美国与菲律宾签订《共同防御条约》；9月1日，美国与澳大利亚、新西兰签订《澳新美安全条约》；9月4日至8日，美国与包括日本在内49个国家单方面签署了《对日和约》（即《旧金山和约》），与此同时，美日也签订了《日美安全条约》；1953年8月8日，美国与韩国签订《美韩共同防御条约》。朝鲜停战协议签订后，美国对中国的封锁链条从单边扩大到广泛的多边集体条约，从中国东部延伸到中国西部。1954年9月8日，美国联合英国、法国、澳大利亚、

① [印]潘尼迦著：《印度和印度洋——略论海权对印度历史的影响》，德隆等译，世界知识出版社1965年版，第81页。

新西兰、菲律宾、泰国和巴基斯坦签订《东南亚集体防务条约》；1954年12月2日，美国与台湾当局签订《共同防御条约》，美国1955年2月主导所谓“巴格达条约组织”。但后来的事实证明，面对一个个嗷嗷待哺的盟国，美国用于“维修”这一串串防务链条的代价不比直接占领更少，其效果对美国海外安全更是添乱。为此，尼克松上台后几乎放弃了美国为这些盟国承担的义务并领导美国度过了战争失败带来的国家危机。

苏联的解体和美国在海湾战争中的胜利，再次骄纵了20世纪五六十年代美国政治普遍存在的“凯南式”轻率，21世纪初的美国人再次考虑如何才能扩大由这次胜利带来的红利。这时他们的目光再次转向古典陆权学说。他们认识到，没有对中东的直接军事控制，中东石油利益对美国只能是若即若离并令人不安的雨后彩虹。

那么，怎样才能实现对中东石油的绝对控制呢？大概是受到海湾战争胜利的鼓舞，这时美国的军事理论又有回到19世纪克劳塞维茨的古典陆权理论的趋势。在小布什上任前夕，时任美国陆军学院院长的罗伯特·斯格尔思（L.Scales）明白直言，不管美国军事技术如何进步，但它终替代不了陆军占领的军事效果，他认为：“在21世纪，我们国家军事战略的两根支柱将继续是前方存在和力量投送。”[①]而“持续存在”的前提就是前沿的陆军部署即“直接控制陆地”。在总结美国面临的各种挑战后，斯格尔思写道：

> 虽然上述军事挑战的根源不同，种类不同，对美国利益的威胁程度也不同，但它们都有一个共同点：在每一种挑战中，战略胜利最终将要求直接控制陆地、人民和资源。与发展中国家对抗时，战争目的很可能是领土的控制。在与第三世界的对抗中，则很可能是人口的控制。镇压恐怖分子和其他非政府挑战者将要求剥夺他们的政治、心理和物质支持。[②]
>
> 战争是意志的考验。最有把握使敌人意志崩溃的办法是控制他的

① [美]罗伯特·斯格尔思著：《未来战争——美国陆军学院最新理论》（*Future Warfare: the Lastest Thoery About 21 Century War by U.S.Army War College*），薛国安、张金度译，国防大学出版社2001年版，第114页。

② 同上书，第36页。

领土。如果没有实际占领，战争只能仅仅是远距离的惩罚，是任何一个想要抵抗的国家都能无限期忍受这种东西。[①]

最后，罗伯特·斯格尔思似乎是在为即将上任美国国防部长的拉姆斯菲尔德做政策谋划，[②]他提醒美国政府：

如果在下个世纪很长的时间里，我们还要像一个军事大国那样有发展能力，我们必须极大地改进夺取和控制地面的能力。我们必须将速度和灵活性建造在我们的战争系统之中，使得在通过大片地域时能不受阻碍地机动。我们必须像我们现在精确和灵活地把炸弹投掷在远距离目标上一样，能将战斗部队精确和灵活地部署在关键地点。

如果我们有能力将部队部署在广大地区，而且还能在敌人最脆弱和最虚弱时迅速地集中这些部队，那么我们就能在敌人自己的控制区域内将其打败。[③]

我们真的不知道拉姆斯菲尔德是否了解到罗伯特·斯格尔思的意见，但从其在2001、2003年发动的阿富汗和伊拉克战争分析，美国在这两场战争中的作战目标已与科索沃战争有了本质的不同，即从科索沃的海上打击转变为地面的纵深占领。如果读了罗伯特·斯格尔思的书后会发现拉氏指挥的美军在阿富汗和伊拉克的作战样式与斯格尔思的观点，尤其是与其"领土占有"的观点有相当的契合。

斯格尔思的军事观点是否正确呢？历史经验，尤其是英帝国时代欧洲

---

① [美]罗伯特·斯格尔思著：《未来战争——美国陆军学院最新理论》（*Future Warfare: the Lastest Thoery About 21 Century War by U.S.Army War College*），薛国安、张金度译，国防大学出版社2001年版，第84页。

② 罗伯特·斯格尔思曾在美国国防部任职四次，历任作战与计划副参谋长办公室下属的战略计划和政策处处长、陆军参谋部助理主任、作战与计划副参谋长办公室下属的"沙漠风暴"行动专门研究小组主任和陆军部作战战备和动员司令部主任。

③ [美]罗伯特·斯格尔思著：《未来战争——美国陆军学院最新理论》（*Future Warfare: the Lastest Thoery About 21 Century War by U.S.Army War College*），薛国安、张金度译，国防大学出版社2001年版，第83页。

世界霸权的经验证明斯格尔思的观点是绝对正确的。

但结果是拉姆斯菲尔德在伊拉克失败了——这将在阿富汗引发连锁反应。值得指出的是，如果考虑到此前的朝鲜战争、越南战争和海湾战争，小布什任内的阿富汗战争和伊拉克战争并不是美国试图实现“英国式占领”的唯一尝试，与当年朝战中的麦克阿瑟被解职、越战中的麦克纳马拉辞职后的结果一样，拉氏2006年辞职后，美国陆军便从占领他国的领土上退了出来

这是为什么呢?

这是因为斯格尔思的“领土占领”的军事观点，仅从纯军事角度看似“正确”的观点，在美国时代已只有理论价值而失去了实践的历史条件，这与麦金德“中枢地区”和“心脏地带”理论犹如只看得着却又抓不住的天边彩虹，虽然正确并且也有战略指导意义，但在美国时代已失去了落实的条件的情形一样。

如前所述，尽管麦金德理论宏大且逻辑合理，但在其理论和实践之间，还有其天然的悖论，即在麦金德“中枢”地区与斯派克曼所说的“陆缘”地区的交接带的中亚，尤其是其中处于关键位置的阿富汗地区，在实践上不仅仅是美国时代，更是古今历史上——从古代的亚历山大到现代的勃列日涅夫——陆权和海权国家趋之若鹜却从未能得手的地区。

这又是为什么呢?

这是由于麦金德的地缘政治理论是现在工业文明条件下的思想成果。但我们知道，中亚位于麦金德“中枢”或“心脏”地带，但其社会结构却处于工业化的边缘地带，整个社会细胞都是由松散的部落群构成；与其相应，建立其上的政治结构也呈蜂窝状：局部的破坏不仅不影响它的整体，它自身还会迅速繁衍加以弥补。这就使中亚地缘政治中有了大国政治的“百慕大三角”特征：所有的打入阿富汗的外族征服者都是有去无还。19世纪末在对阿富汗的数次征服战争失败后英国人意识到这一特征，但其地缘政治理论却至今仍没有对这一特征加以理论解释，以至21世纪初美国大军在此深陷不能自拔。

中亚地缘政治有点像中国黄河两岸的地质特征，松散的泥沙状，人在此作用的力量越大，陷入泥沙中的速度也就越快，不管人多少，在此都是有来无回。中国汪洋大海般的松散的自然经济存在曾使得历史上所有进入

中国的征服者，不是失败，就是被被征服者所征服。马克思以英国征服印度为例说："野蛮的征服者总是被那些他们所征服的民族的较高文明所征服，这是一条永恒的历史规律。"[①]而美国21世纪初在阿富汗、伊拉克——如果再考虑到20世纪60年代在越南——战争中的失败，则使这条规律发生了动摇。

美国目前在中东最大的"敌人"既不是塔利班，也不是伊朗的"核问题"，而是中亚的社会结构：蜂窝似的，像一块大海绵，有多少外来资源都能被它吸干，这使得麦金德画出的"心脏地带"反成了埋葬世界征服者的"坟场"。英国19世纪后期曾经三次进入阿富汗，都败了。败在哪儿？就在这种社会结构上。今天的美国也是如此。在这里美国大兵总不能一个一个山洞地找，找完山洞，还有无数多而又互不联系的部落，漫山遍野，都用精确导弹打，这显然是不行的。这种蜂窝状社会包围着大城市而又不依赖大城市，这种"农村包围城市"的现实，是决定中亚上层建筑的东西。部落不靠现代化的商品生存，他们互不隶属，在任何地方都能战斗：一把铁铲、一些种子就能生长出粮食；有粮食就有人繁衍，有人繁衍，就有战士，有战士，反侵略的战斗就不会终止。

这种被马克思称作"亚细亚生产方式"的社会结构不仅是中亚国家的基础，也是整个东方国家的基础。英国人在海上打败中国，可在中国三元里却败在中国老百姓手中。小布什轻率进了中亚后，就仿佛来到中国黄河岸边，越是跳得起劲，就在被笔者称为"麦金德悖论"中陷得越快越深。

恩格斯说："任何民族当它还在压迫别的民族时，不能成为自由的民族。"[②]第二次世界大战后，美国人为击败欧洲放纵出的民族自决权反成了美国实现世界霸权的障碍，大批独立国家的出现使美国无法支出建立"英国式"霸权的成本。21世纪初的美国在中亚再次遭遇越战噩梦。造成这样后果的原因是苏联解体以及在海湾战争、科索沃战争中轻而易举取得的胜利使美国战略学界产生了狂妄自大的"胜利病"。对此，美国陆军军事学院

---

① 马克思："不列颠在印度统治的未来结果"，《马克思恩格斯选集》第2卷，人民出版社1972年版，第70页。

② "马克思恩格斯：论波兰"，见《马克思恩格斯选集》第1卷，人民出版社1972年版，第288页。

军事历史研究所威廉逊·马雷教授在为斯格尔思《未来战略》一书写的序言中总结说：

> 海湾战争在美国战争史上是一特例。在那次战争中，军方领导人深深地担心，一旦开战他们的军队将蒙受巨大伤亡。结果，在一次闪击战役中美军挺进伊拉克，地面作战仅持续了不到100小时。但是，这种轻而易举的胜利很可能埋下了危险的种子。目前一些人认为，光靠技术优势和远距离打击能力就能使美军以极少的伤亡去进行决定性的战役，从而公开否定3000年积累起来的军事历史。这种虚幻的希望，是紧随海湾战争结束而爆发出来的"胜利病"的直接产物。如果美国要以聪明而有效的方式进行改革，他们恐怕压根儿就不能相信他们自己的国家的报纸对那场战争的报道。
>
> 如果我们不能预测下一次战争将在什么地方以什么形式发生，当美国军队进入下一个千年的时候他们就不能不有所准备。很明显，军队必须准备物质条件，并且训练陆军士兵、海军陆战队员、水手和飞行员。但同样重要的是，他们必须培养下一代军事领导人具有处理战场挑战的意识。相比之下，思想准备将比美军在战争中所需要的任何一种手段都更为重要。在那些思想准备中，最重要的是必须识别什么是不变的东西。①

马雷教授抓住了美国军事理论的软肋：轻哲学而重技术，是美国军事理论的致命通病。

如果说20世纪50年代，对美国国力破坏性最大，当然也是最不成熟的战略家，是乔治·凯南（George Frost Kennan）的话，那么，20世纪90年代后对美国破坏性较大同时也是集麦卡锡的反共意识形态和凯南浪漫主义于一身的战略理论家，就是兹比格夫·布热津斯基（Zbigniew Brzezinski）。基辛格说："凯南的成就是，到了1957年，自由世界所有的矮墙都已配置卫兵防

---

① [美]罗伯特·斯格尔思著：《未来战争——美国陆军学院最新理论》（*Future Warfare: the Lastest Thoery About 21 Century War by U.S.Army War College*），薛国安、张金度译，国防大学出版社2001年版，第2、4页。

守，他的观点对此有决定性的贡献。事实上，由于岗哨林立，美国可以大大自我批判。”[①]基辛格对凯南的批评用于布氏也是合适的。

我们看看布热津斯基1989年出版的反共著作《大失败——20世纪共产主义的兴亡》[②]，其中关于意识形态的见识与当年的麦卡锡不相上下。1997年布氏又出版《大棋局——美国的地位及其地缘战略》，他给美国设计的战略与凯南、麦克阿瑟大体相同：其目标如天女散花，而且大得惊人。他告诉美国今天的“地缘政治已从地区问题扩大到全球范围”，“当务之急是确保没有任何国家或国家联合具有把美国赶出欧洲大陆，或大大地削弱美国关键性仲裁作用的能力”；他告诉美国政府“美国的首要利益是帮助确保没有任何一个大国单独控制这一地缘政治空间（即中亚——笔者），保证全世界都能不受阻拦地在财政上和经济上进入该地区”[③]；“美国应给予最有力的地缘政治支持的国家是阿塞拜疆、乌兹别克斯坦和（在该地区之外的）乌克兰”[④]。在台湾问题上，他说的话与当年麦克阿瑟在威克岛上对杜鲁门说的内容[⑤]差不多一样轻率，甚至连口气都很像，他说：

> 如果台湾那时候无力保护自己的话，美国决不能在军事上无所作为。换句话说，美国将不得不进行干预。但那并不是为了一个分离的台湾，而是为了美国在亚太地区的地缘政治利益。这是个重要的区别。[⑥]

他书中的那为战略研究者大忌讳的骄横之情跃然纸上。他几乎是用命令、轻蔑和挖苦的口吻教训俄国人说：

---

① [美]亨利·基辛格著：《大外交》，顾淑馨、林添贵译，海南出版社1998年版，第423页。

② [美]兹比格纽·布热津斯基著：《大失败——20世纪共产主义的兴亡》，军事科学院外国军事研究部译，军事科学出版社1989年版。

③ [美]兹比格纽·布热津斯基著：《大棋局——美国的地位及其地缘战略》，中国国际问题研究所译，上海人民出版社1998年版，第197页。

④ 同上书，第198页。

⑤ 参阅“1950年10月15日威克岛会议纪要”，陶文钊主编：《美国对华政策文件集1949～1972》（第1卷下），世界知识出版社2003年版，第487—500页。

⑥ [美]兹比格纽·布热津斯基著：《大棋局——美国的地位及其地缘战略》，中国国际问题研究所译，上海人民出版社1998年版，第245—246页。

俄国唯一真正的地缘战略选择，亦即能使其发挥符合实际的国际作用和能使俄国得到改造自身和实现社会现代化的最佳机会的选择就是欧洲。这不是随随便便的一个欧洲，而是一个横跨大西洋、扩大的欧盟和北约的欧洲……这样的一个欧洲正在形成，而且这个欧洲也可能仍然与美国紧密地联系在一起。如果俄国要避免在地缘政治上被危险地孤立，这就是俄国必须与之打交道的欧洲。

对美国来说，俄国实在太虚弱了，不配成为伙伴；但如果只是作为美国的病人，俄国又太强壮了。①

这段充满骄横的引文使笔者想起1950年10月15日麦克阿瑟与杜鲁门在威克岛那次决定美国在朝战败局的谈话，麦克阿瑟告诉总统说：

朝鲜的复兴只有等到军事行动结束后才能开始。我相信对整个南北朝鲜进行的正式援助将在感恩节前结束。北朝鲜几乎没有什么抵抗力量——只剩下约1.5万人——而那些我们没有消灭的力量将会随着冬季的来临被消灭。在我们的临时集中营里现在约有6万名战俘。

十分不幸的是，他们正在北朝鲜追求一个无望的目标。他们有10万人作为补充兵员接受训练，这些人训练无素，领导无方，装备极差，但他们却十分固执，我讨厌去消灭他们。他们只是为了保全面子而战。东方人宁可死也不愿丢面子。

我希望能在圣诞节前把第八集团军撤到日本。那将使重组的第五集团军由第二师、第三师和联合国分遣队组成。我希望联合国能在新年第一天组织选举。军事占领一无所获。所有的占领都是失败。（总统点头称是。）大选过后，我希望能撤出一切占领军。②

谈话是在中国出兵的前几天，麦克阿瑟的轻率导致美国在朝鲜战场大丢其丑；布热津斯基的《大棋局》写在伊拉克战争之前，伊拉克战争的结

---

① [美]兹比格纽·布热津斯基著：《大棋局——美国的地位及其地缘战略》，中国国际问题研究所译，上海人民出版社1998年版，第154页。

② “1950年10月15日威克岛会议纪要”，陶文钊主编：《美国对华政策文件集1949～1972》（第1卷下），世界知识出版社2003年版，第488页。

局也让布热津斯基的《大棋局》大丢其丑。书中对中亚重要性的论述说出的是地地道道的真理，但只是一个美国力所不及的真理。小布什被布热津斯基画出的天边彩虹忽悠得直奔中亚，结果落了个灰头土脸的下场。在台湾问题上，布热津斯基也没有想想：曾在朝鲜、越南一败涂地，已近八年还在伊拉克不能自拔的美国，难道在台海就立起美国的“凯旋门”吗？我说不能。原因很简单，历史反复表明，美国并没有足以覆盖全球所有目标的防务资源，甚至没有防务位于中国和俄罗斯这类陆权大国近邻等的非关键目标的资源——这与1962年苏联没有插手美国近邻古巴事务的资源、2008年美国没有插手俄罗斯近邻格鲁吉亚事务的资源而被迫后撤的道理一样。对于这一点，姜还是老的辣，曾任陆军部长助理（1917）并参加过巴黎和会的沃尔特·李普曼看得远比布热津斯基明白，他说：

> 事实上，他（约翰逊）的战争目标无限大：它担保整个亚洲的和平。这样的无限大目标，战争不可能以有限的手段去打赢。由于我们目标无限，我们必然会“被击败（defeated）”。[①]

李普曼是美国人在战后最不冷静时期最冷静的政府官员。1947年就在凯南在《外交季刊》上发表那篇著名的论文《苏联行为的根源》后不久，李普曼就在《纽约先驱论坛》上陆续发表文章批评凯南的“遏制”政策。李普曼认为，美国的政治、经济和军事力量不适宜于执行凯南的遏制战略。他认为，在美国现行宪法制度下，国务院不可能从国会取得“一张从国库领钱的空白支票和使用武装力量的绝对权力”，因而也无法做到“随时在全球不断转移的地点上使用‘对抗力量’”。而且，美国的经济是“没有划一组织和不受控制的”，国务院也不可能“规划和指挥进出口贸易”来推行“遏制政策”。在军事方面，李普曼也认为：“没有理由确信美国能够在一切个别的地点都集结‘坚定的对抗力量’。欧亚大陆是一块很大的地方，而美国军事力量尽管很大，但有一定的局限性，如果要使它得到有效的使用的话，就应该对这种局限性心中有数。我们生活在像岛屿

---

① 转引自[美]亨利·基辛格著《大外交》，顾淑馨、林添贵译，海南出版社1998年版，第614页。

一样的大陆上。我们同冲突地区之间远隔重洋。我们的人口相对较少，在战时就得把较大比例的人口用于生产、运输和维修那些构成我们军事力量的复杂的武器和机械。同俄国相比，美国缺乏足够的步兵后备队。我们的海军控制着海洋，我们拥有重要的进攻武器。但在欧亚大陆的内陆地区，像我们在希腊山区所领教的，可能有很多‘个别地点’，在那里只能使用步兵作为‘对抗力量’。”而美国却没有足够的能够占领这些地区的步兵力量，“美国军事力量的优点在于它的机动性，它的速度，它的射程和它的进攻威力。因此它并不是执行遏制外交政策的有效工具。它只能服务于一种以决战和解决问题为目标的政策”。而不适合服务于以在这些地区实行长期陆军占领为目标的政策。[①]

李普曼进一步设想，如果美国一定要执行凯南设计的遏制政策，既然它不能依靠自己的步兵力量，那它只有采用扶持代理人及其联盟的政策，但这样的代价并不比直接出兵占领的代价低。李普曼说：如果美国没有力量直接出兵，那它就“只能依靠招募、津贴和支持一支由卫星国、附庸、仆从和傀儡所组成的杂牌军。因此，遏制政策的工具是处于苏联外围的那些无组织的、内部分裂的、软弱的或者混乱的民族、部族和派系联合体”。为了维持这个联合体，“美国就得对它打算去组织、去保护、去领导和去利用的这个联合体的全体成员的事务，进行不断的、复杂的干涉。我们海外的外交代表就得具有几乎万无一失的才能，能够正确而迅速地判断哪些人和哪些政党是可靠的遏制分子”，以及“谁应被任命，谁应受津贴，谁应给他涂脂抹粉，谁应得到青睐，谁应充当我们的仆从和我们的盟友”。这样，杜鲁门主义实际上“不可避免地意味着（美国）不断干涉所有那些号称在‘遏制’苏联的国家”。[②]但是，与苏联毗邻而又受美国控制的“卫星国和傀儡政府并不是用来建立攻不破的藩篱的好材料”。“它们显然是软弱的。而一个软弱的联盟并非一笔资产。它是一笔债务。”[③]最后，李普曼得出结论：美国力量是有限的，有限力量只能配之以有限目

---

① Water Lippman, *The Cold War*，转引自《战后世界历史长编》第1编第3分册，上海人民出版社1975年版，第69—70页。

② Water Lippman, *The Cold War*，转引自《战后世界历史长编》第1编第3分册，上海人民出版社1975年版，第70—71页。

③ 同上书，第72页。

标，如按凯南那全球“遏制”战略制定政策，结果是“在俄国人远没有受挫之前，美国人自己倒很可能被X先生[①]的政策所挫败了”[②]。

可惜的是，美国人总是在国力达到高峰的时候疯狂，当时处于巅峰时期的美国人对李普曼的冷静意见一点也听不进去，只是美国人在朝鲜、越南受挫后，其发热的头脑才渐清醒并转向尼克松的主义。尼克松主义实则是20年前李普曼的思想经过凯南否定后的“否定的否定”。

有多少干粮走多少路，第二次世界大战后，美国在自己安排的民族国家纷纷独立的世界布局中，已没了支持走远路的“干粮”，自然也做不到在“自由世界所有的矮墙都已配置卫兵防守”，而布热津斯基全然不理解这样的变化，给美国设计了一个只有上帝才能完成的天大目标，以至小布什在中东地区被折腾成这副模样。不难预料，如果今后美国要再按布氏《大棋局》中的意见，对中国台海统一“决不能在军事上无所作为”的话，届时中国人民只需有抗美援朝时的一半意志，就会让美国落个灰头土脸的下场。

无疑，目前的美国仍是世界上最强大的国家，即使如此，美国的力量只够保住几条关键利益线，这是老牌英国治理世界的经验，也是两位罗斯福及尼克松等在危机时刻为美国赢回荣光的经验。

20世纪初，美国总统塔夫脱（1909～1912）在东北亚的外交攻势在日本与俄国的联合抵制下受到挫败，这引起西奥多·罗斯福的不安。此前他对儿子长叹“可怜的塔夫脱”。他曾就东北亚问题写信并拜访塔夫脱，告诫他：应将美国的国力用于力所能及且有重要利益的地方。他认为：日本可能成为包括美国在太平洋领地在内美国安全的严重威胁。亚洲大陆的利益对日本是生死攸关的，而美国在那里的利益，特别是在满洲的利益“实在不重要，而且美国人民也不会甘心为它冒导致冲突的最低限度的风险”。他警告塔夫脱：在满洲向日本挑战需要巨大的军事力量，相当于把英国海军和德国陆军结合在一起的实力。罗斯福对塔夫脱的理想主义“新计划”大泼冷水说：当一个强大的国家有意不顾美国的“门户开放”政策

① “X先生”，即凯南发表《苏联行为的根源》一文所用的笔名。

② Water Lippman，*The Cold War*，转引自《战后世界历史长编》第1编第3分册，上海人民出版社1975年版，第78页。

而宁愿使用武力时，“门户开放”政策就毫无用处。当时美国除辩论外，并不具备和日本在东北亚进行大规模较量的实力。罗斯福建议塔夫脱放弃带有攻势的东北亚政策。①

1988年，尼克松在《1999：不战而胜》一书中就20世纪六七十年代美国的东南亚政策说：“我们简直没有能力把越南人赶出去。在这一地区，应该打头阵的是中国，而不是美国。菲律宾关系到美国的重要利益。我们在苏比克的海军基地和在克拉克的空军基地是美国在国外的两个最大的军事设施。它们对于我们保持在太平洋的存在及在印度洋和波斯湾显示武力的能力是不可缺少的，而且在东南亚没有任何其他合适的替代地方。”②注意，尼克松对美国力量的使用范围说得很谨慎。在太平洋，他用“存在”一词，而在更远的印度洋和波斯湾用“显示武力”。这说明，尼克松明白美国在印度洋的军事力量是并不具备“英国式”直接陆地占领的能力。

美国小布什连同其身边的战略家们在战略上忘记了前任的这些经验——也可能他们想超越这些经验，③他上任后试图在海湾战争成果之上，按着斯格尔思的思路，用直接的陆地占领方式，一劳永逸地解决对中东石油的控制难题，结果却应验了中国那句“不听老人言，吃亏在眼前”的老话，现在美国在中亚陷入欲进不成，欲罢不能的困境。

不仅如此，似乎是上帝对欧洲在第二次世界大战后被美国剥夺了的利益的“补偿”，20世纪末的美国在中东和巴尔干地区开始为俄罗斯人和欧洲人担当起战略清道夫的角色：老布什帮着欧洲打倒了苏联，克林顿通过科索沃战争帮着欧洲恢复了自第二次世界大战后失去的在东欧的影响力；塔利班曾是俄国和伊朗的死敌，小布什赶走了塔利班，为俄罗斯南下

---

① 参阅[美]孔华润（Warrn I. Cohen）著：《美国对中国的反应》（*America's Response to China—An Interpretative History of Sino～American Relations*），张静尔译，复旦大学出版社1989年版，第71—72页。

② [美]尼克松著：《1999：不战而胜》，王观声等译，世界知识出版社1997年版，第162—163页。

③ 2002年年初小布什访问中国，登长城时问导游，尼克松当年登长城走到哪儿。当上到北侧760米高处时，导游告诉他，尼克松当年就到了这儿。小布什又往前走了几步，超过尼克松当年的高度。“美总统布什攀登长城超越尼克松总统纪录”，http://www.2118.com.cn/news/2002/02/23/105.htm。

扫清了障碍；信奉逊尼派的伊拉克萨达姆曾是什叶派伊朗的死敌，小布什帮着伊朗搬开这个障碍，伊拉克在美国的“帮助”下转入什叶派手中；第二次世界大战前东欧属破碎地带，也是西欧国家的外围地区，今天的美国人早已忘记当年西欧的衰弱是罗斯福和斯大林共同拉起来“铁幕”挤压出的结果，在两国那一代老政治家去世之后，美国人将当年与苏联间的“周瑜打黄盖”假戏做真了，结果把苏联这个“黄盖”给打残了，美国由此也失去了在欧亚大陆牵制欧洲的“苏联因素”。大家看看21世纪的世界地图的变化，就会发现，现在的欧洲版图，尤其是东欧和南欧的版图已接近第二次世界大战前的格局。而促成这一变化的关键因素是美国自科索沃战争后推进的北约和欧洲东扩的政策。这一政策的结果是——这是罗斯福、马歇尔无论如何也不愿看到的，却是布热津斯基在《大棋局》书中希望的结局——欧洲坐大，在大西洋东岸对美国形成新的更大的压力，并迫使美国战略收缩。欧洲曾于1990年10月15日为解体苏联立了“头功”的戈尔巴乔夫颁发诺贝尔和平奖；作为奖励，美国国家宪法中心于2008年9月18日又向戈尔巴乔夫颁发“自由勋章”，而为戈氏挂奖章的人就是当年利用戈氏善意瞬间踹倒苏联的美国总统乔治·布什。布什对戈氏说：这是一个真正的荣誉。[①] 具有讽刺意味的是，2009年10月9日欧洲也向上任不久就致力于从伊拉克撤军的奥巴马颁发诺贝尔和平奖。这个奖项的深意在于感谢自老布什以来美国对欧洲收复东欧的“贡献”，鼓励美国再将中亚让给欧洲。从这个角度看，这个奖项的真正得主应当是布什父子俩，因为是他俩帮着欧洲扫清了从东欧到中亚的前进障碍，欧洲授奖奥巴马是希望他最终落实布什俩为欧洲复兴曾做出的“杰出贡献”。

成熟的政治家，比如俾斯麦、斯大林、毛泽东、罗斯福、马歇尔、尼克松等与不成熟的政治家如赫鲁晓夫、小布什等的关键区别就在于，前者既看到了天边的彩虹，同时又知道那只是一道彩虹；后者不仅看到了彩虹而且还撒欢似地倾全国之力奔向彩虹，结果落了个飞蛾扑火的下场。

马克思在《共产党宣言》中曾看到“资产阶级用来推翻封建制度的武

---

① “美国送戈尔巴乔夫‘自由勋章’ 赞其‘结束冷战’”，http://news.ifeng.com/photo/news/200809/0919_1397_793937.shtml。

器，现在却对准资产阶级自己了”[①]，这样的“否定之否定”的历史辩证法也发生在美国时代。美国人本用于摧毁大英帝国的“民族自决权”理论，没想到当美国成为世界霸主之后却对准了美国人自己。英国退出世界舞台后反倒卸了以往的包袱，随即暗助中国、印度等国家与美国抗衡的立场，1946年丘吉尔一纸“铁幕演说”又忽悠着美国于20世纪50年代奔向朝战、60年代奔向越战，最终大败而归。70年代经尼克松收缩战线，美国元气恢复，90年代苏联解体又让美国有了余勇可贾，随后又挥师中东和巴尔干打响海湾战争和科索沃战争并于21世纪初重复勃列日涅夫两翼出击、中间突破的战略。为打击伊朗，美国于2001、2003年挥师阿富汗和伊拉克，结果又重蹈越战覆辙，被迫撤军。2008年美国国力大幅缩水，国运出现颓势。正是美国这一次次在进军印度洋的征途中的大抽大搐，才使半个世纪后的印度在没有获得“有声有色”的发展的前提下，也没有遭遇“销声匿迹”厄运。

① 马克思：“共产党宣言”，《马克思恩格斯选集》第1卷，人民出版社1972年版，第257页。

第三章　印度洋与中国政策

——目标：2049[①]

印度洋是古今大国争夺世界霸权必然要关注但进入后其结局都不好的区域。今天的中国“比历史上任何时期都更接近中华民族伟大复兴的目标”[②]，围绕“两个一百年” 即“在中国共产党成立一百年时全面建成小康社会”、“在新中国成立一百年时建成富强民主文明和谐的社会主义现代化国家”[③]的宏伟蓝图，研究并提出时限于2049年的中国印度洋政策构想，对于中国平稳步入世界大国的行列是有益的。

一　世界海权体系用“一个中心，两个基本点”概括，中心就是印度洋

（一）“世界和平规划的基础必然是世界地理”

海权和陆权是地缘政治的重要范畴。但必须说明，我们不能从分割孤立的角度来看海权问题，而要从世界体系的角度来审视海权。美国著名的

---

① 本报告是云南省印度洋研究会所立项目“中国与印度洋研究”的成果，立项时间：2014年10月，全文刊发于《学术前沿》2014年10月上（总第59期）。

② 习近平在参观《复兴之路》展览时的讲话，见《习近平总书记系列重要讲话读本》，http://cpc.people.com.cn/n/2014/0703/c83083-25232910.html。

③ 胡锦涛：《坚定不移沿着中国特色社会主义道路前进 为全面建成小康社会而奋斗——在中国共产党第十八次全国代表大会上的报告（2012年11月8日）》，http://www.xj.xinhuanet.com/2012-11/19/c_113722546.htm。

地缘政治学者尼古拉斯·斯皮克曼[①]的见解完全正确，他说："世界和平规划的基础必然是世界地理。在全球战争的时代，军事战略必须把全世界作为一个整体来考虑，而且必须从所有战线的相互关系去考虑全部的战线。"[②]实际上陆权也是一个世界体系，只是相对于海权体系来说，陆权因国家领土关系导致其分割性更大，关系更为复杂。比较而言，海权关系要单纯一点，因为它面对更多的是一望无际的公海。从经济体系上看，自从资本主义经济出现以来，历史就完成了"历史向世界历史的转变"[③]。这时的世界经济日趋一体化，与海权的联系更为密切。

在这方面，西方学者尤其是英美学者做了开创性的贡献。第一个把世界地理纳入政治体系来看待的学者是哈尔福德·约翰·麦金德（Halford John Mackinder，1861～1947），他告诉人们："世界是一个整体，它已经成为一个联系紧密的体系。"在另一个场合，他又说："没有一个完整的地理区域小于或大于整个地球表面。"[④]紧接着就是艾尔弗雷德·塞耶·马汉（Alfred Thayer Mahan, 1840～1914），麦金德评论马汉的理论说："这个单一连续的乌黑分散的岛状陆地的海洋，当然是制海权最终统一的地理条件，也是马汉船长和斯潘塞·威尔金森[⑤]先生等这些作家们所阐述的当

---

① 尼古拉斯·斯皮克曼（Nicholas John Spykman，1893～1943），荷兰裔美国人，地缘战略学家，国际关系学者，被称为"围堵政策之教父"。他是美国外交政策的古典现实主义的发起者之一，曾在耶鲁大学国际研究所任职。他将教学重点放在地缘政治学，提出"边缘地带"理论。49岁死于癌症。

② [美] 尼古拉斯·斯皮克曼著：《和平地理学》，刘愈之译，商务印书馆1965年版，第15页。

③ "世界历史"，黑格尔术语，是指一个建立在工商业基础上开放和相互联系的世界。工业文明以前的历史在他看来只是"历史"，即处于"非历史的、没有开发的精神"阶段的历史，是"非历史的历史"。他以非洲为例说："我们对于阿非利加洲正确认识的，仍是那个'非历史的、没有开发的精神'，它还包含在单纯自然的状态之内，可是在这里只能算做在世界历史的门限上面。"（参阅黑格尔著《历史哲学》，王造时译，世纪出版社集团、上海书店出版社2001年版，第108、102页）马克思借用黑格尔概念将前者向后者的转变称为"历史向世界历史的转变"。（《马克思恩格斯选集》，第1卷，人民出版社1972年版，第51页）

④ [英]哈·麦金德著：《历史的地理枢纽·译者引言》，林尔蔚、陈江译，商务印书馆2007年版，第19页。

⑤ [英]斯潘塞·威尔金森（Spencer Wilkinson），1903年任《祖国的需要》杂志主编，后担任牛津大学地理委员会委员。

代海军战略及政策的全部理论的地理条件。”[①]尼古拉斯·斯皮克曼的贡献也相当突出，他在其名著《和平地理学》中说：“目前由于地缘政治学所研究的任何国家都处在这样的时代，这个时代的世界上一个地区发生的事件能影响到遥远地区的实力关系，所以进行这种分析的地域单位必须是全部的地球表面。现代国家不论是在战争时期或和平时期都要以全球的观点来进行政治的和战略的思考，才能保持住它们的实力地位。”[②]当然，在麦金德和马汉之前还有马克思。马克思在《共产党宣言》中也是从世界体系的角度来分析和批判资本主义经济和政治的。这些都是近代市场经济尤其是欧洲的市场经济走向世界舞台以后留给世界的重要的认识遗产。同期的中国人的眼光还是区域性的，那时我们更多地是从亚洲范围思考问题。对于当时的中国人来说，不太适应从世界体系思考问题。只是在一百多年后，特别是改革开放以后，中国人的眼光才实现了“历史向世界历史的转变”。全球战略思维、世界战略视野等概念这时也更多地进入政府文件，特别是党的十七大提出的“统筹国内和国际两个大局”[③]思想，在中国改革开放的历史进程中更具划时代的意义。过去是胸怀祖国、放眼世界，站在本土的立场上看世界，现在是胸怀祖国、胸怀世界，从世界体系的视角看中国。这个思想用邓小平的话来表述就是“三个面向”，即面向现代化、面向未来、面向世界[④]。从“三个面向”到“两个大局”，中国人已有了从世界体系看待和解决中国问题的视角。如果从世界体系的思想提出问题，我们看问题尤其观察国际问题的视角就有了革命性的变化。

美国、苏联早年国内有事也是从国内看问题，有事先看国内地图；后来随着它们的经济走向世界，有事时政治家们就先拿起世界地图，从世界

---

① [英]哈·麦金德著：《历史的地理枢纽》，林尔蔚、陈江译，商务印书馆2007年版，第64页。

② [美] 尼古拉斯·斯皮克曼著：《和平地理学》，刘愈之译，商务印书馆1965年版，第20页。

③ “当代中国同世界的关系发生了历史性变化，中国的前途命运日益紧密地同世界的前途命运联系在一起。”“统筹国内国际两个大局，树立世界眼光，加强战略思维，善于从国际形势发展变化中把握发展机遇、应对风险挑战，营造良好国际环境。”胡锦涛：《高举中国特色社会主义伟大旗帜为夺取全面建设小康社会新胜利而奋斗》，人民出版社2007年版，第16、47页。

④ “为景山学校题词”，《邓小平文选》第3卷，人民出版社1993年版，第35页。

形势的变动中理解国内政治。比如现在美国的国务院所关注的多是其他国家外交部管的事。未来中国学者乃至军人，也要学会从世界体系的视角观察问题，目前中国的发展已进入这个阶段。这是一个全新的视野。

海权研究必须有世界体系的坐标，这样才能理解其中的地缘政治道理。比如最近印度尼西亚、马来西亚受到大国政治的关注。大家只要瞥一眼亚洲地图就不难看出来，印度尼西亚、马来西亚这两个地方，是东南亚的地缘政治中心地带。印度尼西亚地形破碎且地域广大，本身就是一个四战之地，南边有澳大利亚，北边有菲律宾和越南，这使得印度尼西亚的安全形势非常脆弱，其国防成本及远交大国的外交需求也相应增大。所以从它自身考虑，远交近防是其外交的优先选择。同时，马来西亚、新加坡与印度尼西亚还是马六甲海峡的三个共管国。从这些角度看，印度尼西亚可作为中国在东南亚国家中的战略支点国家。支点国家不单是受惠国家，而且是必须重视的国家。

（二）地缘政治战略要有鲜明的针对性和关节点

地缘政治战略要有鲜明的针对性和关节点，与谁都是“伙伴”，其结果就是跟谁都不是伙伴。与邻为伴、与邻为善都没有问题，关键是与谁为伴、与谁为善。这要分析哪里是主要矛盾，哪里是主要矛盾的主要方面。比如中南半岛，越南是问题的主要矛盾，越南地缘政治的优点是海岸线漫长，其脆弱性也是版图狭长。这一特点使柬埔寨成为中国解决中南半岛主要矛盾的主要方面。统一后的越南也意识到其狭长版图的脆弱性，于是在1979年入侵柬埔寨，想拿下整个中南半岛，以改变其地缘政治的脆弱性。如果理解了这一点，就可以理解当年中国对越自卫反击战对于亚洲和平的深远的历史意义了。

为什么这么说呢?

大家看欧洲地图就会明白这点。在北半球北美、亚洲、欧洲三大板块中，欧洲的破碎程度最高，其特点是从中心即意大利北部开始破碎的。“殷鉴不远，在夏后之世。”[①]公元800年，继罗马帝国之后查理大帝将群雄

① 《诗经·大雅·荡》，载袁愈荌译、唐莫尧注《诗经全译》，贵州人民出版社1991年版，第405页。

纷争的欧洲归于一统，其历史贡献类似中国的秦始皇，可在不到半个世纪的时间里，统一的欧洲就为查理大帝的三个“崽卖爷田不心疼”的孙子于843年用一纸《凡尔登条约》一分为三，这不仅奠定了后来意、法、德三国的雏形，而且在欧洲大陆地缘政治中深埋了极难修复的破碎性的根基，这反过来为欧洲绵延千年之久的混战及地处欧洲大陆边缘的不列颠岛国最终成长为世界大国提供了天然的地缘政治条件。

地区版图破碎并不怕，最怕的是像欧洲那样的对称性破碎。一旦对称性破碎局面形成，这个地区就没有希望了，因为地区被拦腰斩断了。司马光可能也注意到这一点，他在写《资治通鉴》时将周天子威烈王二十三年（公元前403年）为开篇，就在这一年晋国正式分封韩、赵、魏为诸侯，其后果与公元843年将欧洲一分为三的《凡尔登条约》一样，造成中国几百年的“天下以智力相雄长，遂使圣贤之后为诸侯者，社稷无不泯绝，生民之类糜灭几尽”[①]的战国形势。司马光评论说：“故三晋之列于诸侯，非三晋之礼坏，乃天子自坏也。”[②]若将这句话移至公元843年的欧洲，我们也可看到“非三晋之礼坏”，而是查理“自坏”，即查理大帝对罗马教廷缺乏足够的警觉，其无原则地扶持罗马教廷政策是导致欧洲后来分裂并日益碎片化的原因。好在中国的此种乱局于公元前221年为秦王嬴政定为一统，中国由此有了在亚洲迄今不能撼动的主体性大国地位[③]，而欧洲——尽管他们也出现过法国黎塞留枢机主教（1585～1642）、拿破仑一世和德国腓特烈一世（1122～1190）、腓特烈二世（1712～1786）等试图统一欧洲的强势人物——就没有这样的幸运。

（三）印度洋是世界海权的中心

“一个中心，两个基本点”是当代世界地缘政治体系构成的基本特

---

① （西汉）司马光著：《资治通鉴·卷一·周纪一》，中华书局1956年版，第6页。

② 同上。

③ 毛泽东非常重视秦王嬴政的这一贡献。1964年，毛泽东会见外宾时说，我赞成秦始皇，不赞成孔夫子。因为秦始皇第一个统一中国，统一文字，修筑宽广的道路，不搞国中之国，而用集权制，由中央政府派人去各地方，几年一换，不用世袭制度。1973年他在写给郭沫若的《读〈封建论〉》一诗中说：“劝君少骂秦始皇，焚书事业要商量。祖龙魂死秦犹在，孔学名高实秕糠。”薛泽石：《听毛泽东讲史》，中央文献出版社2003年版，第77、83页。

征。“一个中心”，就是印度洋及其北岸地区；“两个基本点”，就是大西洋及其两岸地区与太平洋及其两岸地区。这不仅是因为中亚和印度洋是世界地缘政治的“心脏”地带，而且是因为这里也是世界工业矿物质资源，尤其是其中油气资源储量最丰富的地带。“天下熙熙，皆为利来；天下攘攘，皆为利往。”[①]地缘和资源这双重诱惑招致近代以来几乎所有强国都将目光锁定在印度洋及其北岸地区，并为此展开了生死博弈。

为什么说印度洋是世界海权的中心呢？其原因有二。

第一，印度洋的海上通道不仅丰富而且关键，是欧洲和亚洲之间的海路必经之地。其中，马达加斯加、迪戈加西亚和斯里兰卡，是控制印度洋的关键岛屿。在苏伊士运河开通之前，马达加斯加是欧洲进入印度洋的必经之路。苏伊士运河开通后，我们现在所说的印度洋更多的是指北印度洋的概念，因为从这里可以经苏伊士运河直接进入欧洲，马达加斯加的地缘政治位势也就相应地大幅下降。但它仍对控制西印度洋以及东部非洲沿岸地区有着不可替代的跳板作用。苏伊士运河开通之后，迪戈加西亚、亚丁湾和马六甲海峡的地位同步提升。如果我们可以将印度洋中的这些岛屿列入地缘政治的一级位势，那么，在此之下的阿明迪维–拉克沙群岛、索科特拉岛和安达曼–尼科巴群岛则居于二级位势，一旦控制前二者就和迪戈加西亚一道锁住了从阿拉伯海经印度洋东入太平洋进入亚洲、西入红海进入欧洲的通道，而控制后者，就锁住了马六甲的西北出口。

第二，印度洋是现代工业所需资源尤其稀缺资源分布最密集的地带。20世纪70年代，尼克松在《真正的战争》一书中对此有着不厌其详的大段介绍，他写道：

> 波斯湾的战略重要意义今天集中于两个因素：它的位置和它的石油。军事力量和经济力量现在都有赖于石油。这个基本事实在20世纪最后这几十年里使波斯湾成了全球风暴的风眼。如果苏联有力量关掉中东的石油龙头，它就会有力量使工业化西方的大部分国家向它屈膝。为了做到这一点，苏联人没有必要像他们接管阿富汗那么实际接管波斯湾国家。他们通过外部压力或内部动乱，使西方得不到这些国

① （西汉）司马迁：《货殖列传》。

家的资源，也可达到他们的目的。

苏联人长期以来就知道这一点。苏联持不同政见的物理学家安德烈·萨哈罗夫追述了苏联一位高级官员1955年在克里姆林宫发表的一次谈话。这位官员解释说，苏联在中东的政策的长期目标就是“利用阿拉伯民族主义给欧洲国家在获得原油方面制造困难，从而获得对它们的影响”。这番话是1973年石油危机之前18年说的。

在21世纪的某个时候，核能、太阳能、地热和其他能源可能得到充分发展，以满足世界上的大部分能源需要。但现在我们生活在石油时代。在今后几十年里，这一点使波斯湾地区具有特别的战略重要意义。这意味着，世界上最多事、最不稳定和最受危害的地区之一，也是世界上最重要的地区之一。①

最近，苏联主席列昂尼德·勃列日涅夫向索马里总统西亚德·巴雷（当时还是苏联的盟友）交心说，“我们的目的是控制西方所依靠的两大宝库——波斯湾的能源宝库以及中部和南部非洲的矿藏宝库”。②

美国只是部分地依靠进口石油和战略矿物，而欧洲和日本则绝对地依靠海外来源。我们用的石油有一半是进口的，但是欧洲进口百分之八十五，日本进口百分之百。至于矿物，西欧进口百分之八十，日本进口百分之九十五。进口的小规模中断只会给美国造成不便和烦恼，但却可能在我们的工业化盟国中造成恐慌。因此，它们比我们甚至更有理由对于苏联向“西方所依靠的两个大宝库”推进感到关注。③

苏联领导人把眼睛盯在现代社会的经济支柱上。他们的目的是破坏西方工业机器。西方工业国的重要原料依靠外国来源，这一点是我们的主要脆弱性之一。这一点以及许多生产国固有的不稳定，决定了苏联在像中东、非洲和拉丁美洲这种地区的战略。

大多数美国人对于非洲地图像对于南极地图一样是不熟悉的。大多数人分不清马里和马拉维；他们也不知道索马里或者厄立特里亚在什么地方，更不知道为什么在那里发生的事件可能决定世界的未来。

① [美]尼克松著：《真正的战争》，常铮译，新华出版社1980年版，第88—89页。

② 同上书，第28—29页。

③ [美]尼克松著：《真正的战争》，常铮译，新华出版社1980年版，第28—29页。

他们也说不上像南也门、阿曼、霍尔木兹海峡、巴林或者卡塔尔这些地方在哪里。然而，这些地方以及同它们类似的其他地方，对于美国的利益以及西方的利益却是十分重要的。它们对莫斯科未取得战略统治地位的努力是很重要的，美国对这些地方的无知或不感兴趣，使苏联人得到了他们的最大有利条件之一。[①]

如果苏联在向非洲渗透方面继续取得成功，它将在它的更大的战略中取得很大进展，这个战略就是包围世界这个“城市”，使工业化西方得不到它赖以生存的资源。甚至是资源丰富的美国，有几种现代经济必不可少的基本资源，是非常依赖进口的。铬就是说明这种依赖性的潜在危险的一个例子。

大多数人在想到铬时，就想起汽车上的高级装饰。但是，对战略计划人员来说，铬意味着滚珠轴承、精密仪器、导弹等东西。一架喷气飞机需要三千六百多磅铬。正像一位专家所说，“如果没有铬，就没有高质量的飞机引擎”。没有铬，就生产不出不锈钢。全国科学委员会最近得出结论说，美国在铬方面的长期脆弱性大于在石油方面的脆弱性。铬已经供应不足，而我们迫切需要它重建我们的武装部队。我们本国的铬矿石数量小，质量差；我们所需的铬有百分之九十二必须进口。最近，我们的两个主要来源是南非（百分之三十三）和苏联（百分之二十五）。而且，在世界上已知的铬矿中，百分之九十六在南非联邦和津巴布韦—罗得西亚。

这种重要的依赖性说明苏联为什么特别要把南部非洲——西方许多人对其有强烈感情的那一部分非洲——作为干涉的目标。苏联的行动很少是没有目的的，而他们目的总是战略性的，从来不是道义性的。因此，必须从世界这一地区的资源以及从这些资源对西方的重要性这种背景，来看待苏联为了在南部非洲这块已经是浑水的地方进一步推波助澜而顽固地进行的努力。据一种权威的估计，光是南非共和国就拥有世界石棉的十分之一，世界铬矿的四分之三，世界铂类金属的一半以上，世界一半的黄金，三分之一的锰矿，五分之一的铀矿，三分之一的金刚石：具有几乎是无法估计的战略和经济重要性的一个

① [美]尼克松著：《真正的战争》，常铮译，新华出版社1980年版，第29页。

矿物宝库。

> 扎伊尔的铜和钴，罗得西亚的铬，南非的黄金、金刚石、锰和铂类金属——这些就是苏联在南部非洲所赌的一部分经济赌注。他们已经控制了在好望角两边的安哥拉和莫桑比克的优良港口。如果南非处于他们的控制之下，他们将能够控制好望角附近的海路，北约的欧洲国家所需战略原料的百分之七十、所需石油的百分之八十是通过这些海路运输的。南非也是这个大陆上的主要经济强国。光它一国就提供整个非洲的工业生产的百分之四十，农业生产的百分之二十五。①

"谁在波斯湾和中东控制着什么的问题，比以往任何时候更加是谁在世界上控制着什么这一问题的关键"。在这里，波斯湾、从而印度洋及其沿岸地区成了围绕资源而构筑的世界地缘政治体系的核心所在。

地缘政治与资源政治的统一是地缘政治尤其是现代地缘政治学的本质特征，其表现最为集中和充分的地带就是印度洋。毛泽东同志说："任何过程如果有多数矛盾存在的话，其中必定有一种是主要的，起着领导的、决定的作用，其他则处于次要和服从的地位。因此，研究任何过程，如果是存在着两个以上矛盾的复杂过程的话，就要用全力找出它的主要矛盾。捉住了这个主要矛盾，一切问题就迎刃而解了。"②资源是地缘政治的"主要矛盾"，印度洋是世界交通资源和矿物质稀缺资源最集中的地带，因而也是世界地缘政治的心脏地带，它与麦金德说的欧亚大陆结合部的陆权"心脏地带"③南北呼应，形成大西洋与太平洋结合部的海权"心脏地带"。

---

① [美]尼克松著：《真正的战争》，常铮译，新华出版社1980年版，第36—38页。

② 毛泽东："矛盾论"，《毛泽东选集》第1卷，人民出版社1991年版，第322页。

③ "心脏地带"，地缘政治开山学者哈·麦金德的术语。麦金德把欧亚大陆称为世界岛，从东欧到中西伯利亚的中部地区为心脏地带，其外围则依距离的远近分为两个新月形地带：一是内新月形地带，包括德国、奥地利、土耳其、印度和中国；二是外新月形地带，指欧亚大陆以外的大陆和海岛，包括英国、南非、澳大利亚、美国、加拿大和日本等。他的中心论点是：心脏地带是世界政治的枢纽区，人力和物力资源丰富，并远离海洋，几乎与世隔绝，海权国家的势力无法进入，成为世界上最大的天然堡垒。在历史上，居住在这一地区的机动性强大的游牧民族曾多次向外征服边缘地区，给周围的文明带来极大威胁。有时麦金德也用"大陆心脏地带"或"地理枢纽"来表述。参阅[英]哈·麦金德著《历史的地理枢纽》，林尔蔚、陈江译，商务印书馆2007年版，第48—71页。

二　印度洋是古今大国政治家密切关注的地带

（一）地缘政治的本质是资源政治

人最熟悉的路莫过于上班和回家，因为他要上班挣领工资和回家休息吃饭；同样的道理，地缘政治学说最关心的不是地理而是资源，是因资源关注地理。故曰：地缘政治的本质是资源政治。如果没有资源，地缘则无意义。对此，地缘政治理论的先驱者麦金德看得明白，他说：

> 历史上大规模的战争——在近四个世纪来，每约100年我们就有一次世界大战——是各国不平衡发展的直接或间接的结果；而这种不平衡的发展，并不是完全由于某些国家比另一些国家拥有更伟大的天才和更多的精力。在很大程度上，这是地球表面上富源和战略机会分配不匀的结果。换句话说，自然界中根本没有各国机会均等这回事。[①]

古代中国的地缘政治基本围绕中原地区，这是因为中原有可耕地。中世纪的生存资源主要是土地，而且是可耕地，所以，人们围绕着土地资源建立起了要塞、城邦等。现在有些人否定资源斗争的本质，说将来高科技的情况下这些都不成问题。比如有了海水淡化技术，水也不成问题了。但人们要问，在这之前怎么办？人总不能等到海水淡化成功且能成为低支出的商品时再喝水。政治较多考虑的是衣食住行家常事，较少考虑天边够不着的事。政治问题若指望科技发展了再解决，那黄花菜都凉了。科技创造或转化出的新资源若成了百姓日用而不是少数人的科学试用，那时它就成了政治考虑的头等大事。因此，如果将眼前不能回避的政治问题以“科技发展”为借口推到未来，这是回避责任和不愿担当的做法。在当前国际政治中，国家考虑并争夺的还是如粮食、水、石油、天然气等关乎百姓生活的常规资源。从世界地图看，资源丰富的地方边界线就比较曲折，而每个

① [英]哈·麦金德著：《民主的理想与现实》，武原译，商务印书馆1965年版，第13—14页。

拐点都是军人的血染出的；而那些没有资源的地方边界线就比较直。世界上只有资源极丰富或极贫乏地方不用争，前者如现在五星级宾馆的“自助餐”，后者如原始共产主义时期。

好朋友，勤算账，好邻居，勤打墙。第二次世界大战前，英国人跟苏联人谈判时玩深沉，就是不直奔主题，结果总是失去最好的时机。而德国人跟苏联人谈判，直截了当地讲势力范围划分，双方很快达成协议，这使希特勒得以挥师横扫西欧的战略机遇。1944年10月，丘吉尔来到莫斯科见了斯大林，一改前任张伯伦虚与委蛇的做派，一上来就写了个纸条，标出英苏在东欧的划分比例：罗马尼亚，苏联占90%，英国占10%；希腊，苏联占10%，英国占90%；南斯拉夫、匈牙利各占50%；保加利亚，苏联占75%，英国占25%。斯大林说好，划勾表示同意，这个事就办成了。国际政治就是这样，玩不得虚：说是战略互惠伙伴，那就要先算账、打墙，其余以后再说。强者跟弱者可以不谈条件，但弱者跟强者甚至强者与强者谈判都不能玩虚活。

丘吉尔谈判的方法就是先打墙、再算账，而且他账算得非常有学问，不是漫天要价。为什么罗马尼亚他让给苏联90%，丘吉尔知道英国的力量只能到地中海沿岸，而罗马尼亚在苏联家门口，处英国的力量极限之外，能拿到10%就不错了。小布什就没有这方面的知识，2008年他派军舰到黑海挺格鲁吉亚，结果普京让其碰了一鼻子灰；美国之于台湾、日本之于钓鱼岛，在中国面前都是这个道理。丘吉尔知道他能要、该要和不能要、要不到的东西，他跟斯大林俩人因懂历史而容易沟通。希特勒没理解历史的精髓，在张伯伦面前漫天要价，最终双双翻船落水。丘吉尔为什么敢要希腊的90%，因为历史上俄国人从来没有打出过黑海，俄国人在第一次世界大战之前打了十几次大仗，1863～1866年俄国与英法之间发生克里米亚战争，其规模几乎就是一次小型世界大战，即使如此，俄罗斯也没有南下越出黑海海峡，同样西方人也没有从地中海北上拿下克里米亚。斯大林熟悉历史，明白俄国人的力量越不过黑海海峡。正因此，1948年斯大林对接近成功的希腊共产党领导的起义不予以支持，据南共中央书记兼宣传部长米洛凡·杰拉斯其回忆：1948年2月10日，斯大林在与保加利亚、南斯拉夫代表谈话中表达了对希腊起义的看法，他问南斯拉夫部长会议副主席卡德尔：“你们相信希腊起义会成功吗？”卡德尔回答说：“如果外国干涉不有所加强，如果不犯重大的政治和军事上的错误……”斯大林根本不理睬卡德尔的话，继续说道：“如果，如果！根本没有成功的任何可能。你们以为，英国和美国——美国是世界上最强大的大国——会允许在地中海切断他们的运输命脉吗？简直是胡闹！我们没有海军。希腊起义必须尽快收起来。”这时有人谈起中国共产党最近取得的成就，斯大林仍然坚持自己的意见说：“是的，中国同志取得了成就。但是，希腊的情况完全不同。希腊的地理位置是在西方国家重要的运输线上。美国直接插手这个地区——美国是世界上最强盛的大国。”[①]在斯大林看来，在手够不到的地方动手，增加的就不是战果而是负担。丘吉尔也明白这个道理，因此他索要90%的希腊，但对俄罗斯力量范围之内的保加利亚丘吉尔就只能索其25%了。同人与人交往的道理一样，国家关系首先是物质利益及其分割能力关系。艾尔弗雷德·塞耶·马汉说得好：

> 一些国家或许不敢奢想成为商业霸主，但每一个国家都希望增加或至少保持自己在商业收益中的份额，而这不仅取决于一个国家的国内生产能力，也取决于在尽可能广泛的世界范围内进行自由交换的能力。在商业区竞争中，多数国家对它们的自然资源状况都不感到满意，而一些国家在这方面则有着明显的优势，如美国就有着丰富的原材料和对其使用能力。这样，从纯粹的商业角度看，各国在起跑之时就优劣分明了。由自然资源状况决定的差异相对是不易消弥的，且不会因人的急迫心情而改变，于是不少国家就企图通过扩张领土并在所把持的地区建立自己的商业优势来促进繁荣。这样做或需要进行赤裸裸的兼并，或需要培养起压倒性的政治势力；而这两者都意味着使用强制性的力量，从而会激起抵制，因为其他国家不愿自己的权利为强力所剥夺，这样竞争就转化为了冲突，不是商业竞赛，而是陆上或海上的军事力量成为了斗争手段。[②]

---

① 转引自[南]米洛凡·杰拉斯著《同斯大林谈话》，赵洵、林英译，吉林人民出版社1983年版，第146页。这段谈话在季米特洛夫当天的日记中也有记录。参见[保]季米特洛夫著《季米特洛夫日记选编》，马细谱等译，广西师范大学出版社2002年版，第446—453页。

② [美]马汉著：《海权论》，萧伟中、梅然译，中国言实出版社1997年版，第241页。

（二）印度洋成为大国争夺焦点

中世纪的时候，土地是主要的生产资源，大家重视的是脚下那块地。对海洋则持无所谓的态度。当世界连为一体，当世界生产进入工业化时代以后，天然气、石油及其他矿物质就成为一个工业不可或缺的原料，海洋，尤其是印度洋就成了工业国家争夺的对象，印度洋是现代工业所需资源——一是市场，二是资源——分布最密集的地带，在市场和资源两个方面都为近代以来大国政治家密切关注。1725年彼得一世临终前在遗嘱中说：

> 尽可能迫近君士坦丁和印度，谁统治那里，谁就将是世界真正的主宰。因此，不仅在土耳其，而且在波斯都要挑起连续的战争。在黑海边上建立船坞，在黑海边和波罗的海沿岸攫取小块土地，这对实现我们的计划是加倍必要的。在波斯衰败之际，突进到波斯湾，如有可能应重振古代与黎凡特(今中东和巴尔干南部)的贸易，推进到印度，它是世界的仓库。达到这一点，我们就不再需要英格兰的黄金了。①

拿破仑从欧洲的视角提出他关于印度洋在世界地缘政治战略中的作用的观点。他说：

> “埃及是非洲的一部分。它位于古代世界的中心，在地中海与印度洋之间，是与印度通商的天然的货物集散地。”②“如果亚历山大（埃及北方港口）的防御工事已经完成，那这个城市就会成为欧洲最强固的要塞之一。”据此就可以“把印度和欧洲置于自己控制之下，作为自己左右两臂的依靠了。如果只靠当地的条件就能决定城市的繁荣和大小，那么，亚历山大较之罗马、君士坦丁、巴黎、伦敦和阿姆斯特丹等城市，在很大程度上更应该成为世界首都了”。“从开罗到

① “彼得一世遗嘱”，转引自李际均《军事战略思维》，军事科学出版社1988年版，第145页。

② 《拿破仑文选·下卷》（陈太先译），商务印书馆1980年版，第22页。

印度和从巴荣讷到莫斯科是一样远的。六万大军乘五万头骆驼和一万匹马，带着五十天的干粮和六天的饮水，用四十天时间就可以走到幼发拉底河，再用四个月可以走到印度海岸，出现在渴望摆脱压迫的塞克教徒、马拉提人和印度斯坦半岛各民族中间。”“在占领埃及五十年以后，文明可能通过森纳尔、埃塞俄比亚、达福尔和费赞等地传播到非洲腹地去。”[①]

埃及是欧洲通往印度洋的桥头堡。拿破仑认为，英国是个工业国家，主要靠外部资源支撑，因此占领了埃及，就掐断了印度和英国之间的联系，相当于切断了英国的血管，英国自然也就变弱了。其次，控制了埃及，也就从欧洲方向基本控制了印度洋。哈·麦金德从英国人的视角总结说：“拿破仑在莫斯科战役中，几乎就横扫了他那时候的俄国有人烟的地区[②]。拿破仑被撵下来，部分原因是法国人力枯竭，但主要是由于他在西欧的领域为英国的海上力量所围，因为英国能从欧洲之外把给养运回本国，并切断西欧，使它得不到同样的给养。”[③]

艾尔弗雷德·塞耶·马汉也注意到这一点并对此有详尽的论述，他写道：

北纬30至40度之间的亚洲中间地带两端的基本情况及其可能变化。从其中可以简明地推断出：尽管东部地区——中国及其属国——对世界其他地区具有明显的商业意义，对其未来也需早作定夺，但以利凡特[④]与苏伊士为中心的西部地区有着大得多的军事的和决定性的意义，因为它关系到欧洲、印度和中国——不用说还有相对独立的澳大利亚——之间的交通联络。除非英国和德国想让经由苏伊士运河通往印度与远东的航线在战时关闭，否则它们不会让利凡特与波斯湾成为一个潜在敌手的海军基地所在，尤其是当后者在太平洋地区和它们发生严重对抗之时。由于上述航线从始至终相对狭窄，所以依托在其左

① 《拿破仑文选·下卷》（陈太先译），商务印书馆1980年版，第39—41页。

② 即能为作战军队提供给养的地区。——原注。

③ [英]哈·麦金德著：《民主的理想与现实》，武原译，商务印书馆1965年版，第111页。

④ 利凡特（Levant），也称黎凡特，是一个不精确的历史地理名称，指的是中东托罗斯山脉以南、地中海东岸、阿拉伯沙漠以北和上美索不达米亚以西的一大片地区。

右的据点，如直布罗陀、阿尔及尔、土伦、马耳他、亚丁和波斯湾，可以对这条路线进行有效控制。对该航线稍作迂回也不能抵销这些据点由于比较靠近而具有的上述作用。[①]

有人反对英国和德国在利凡特保持海军力量的存在并从母国为其提供物资、给养。由于从直布罗陀至马耳他的航线比较暴露，上述情形下的交通就有很大的缺陷，而一根链条的强度实际上是由其最薄弱环节的强度决定的。这样的反对完全正确，它虽然并不能改变目前的现实，但清楚地体现了在利凡特获得一个稳固的陆上基地的必要，这样的基地可使海军行动就地获得补充。与此相联，天然条件将埃及变为了东西主要通道的战略中心，任何事情，包括运河的淤塞，都不能改变这些条件。如纳尔逊和拿破仑认识到的，埃及在帆船时代就有了上述地位；而汽船的使用更使其如此。在运河开凿之前，埃及就成为了有关航行的必经之处。在大国时代，埃及由于其适合居住的地区比较有限，必定要成为大国的附属物。哪一个大国的呢？是否谁离得越近就越有控制力，因为它更容易巩固所得？目前看来，英国在利凡特地区有牢固的权力，再凭借一支强大舰队，操纵了整个地中海。[②]

英国为了自己的伟大需要而掌握埃及。另外，埃及对于整个东方世界来说也处于中枢地位。在任何情况下，来自各个地区的物资都可流入埃及。在军事上，埃及是个理想之地，因为从四面八方流向埃及的物资供应是任何海军都很难完全切断的，这就十分有益于在埃及集中力量以进行针对直布罗陀或印度的防御或进攻行动。[③]

在当今时代，“苏伊士”这个词更多地具有这种意义，因为欧洲与东方的交通联系取决于苏伊士地峡及运河。前面之所以对亚洲土耳其、波斯、埃及与地中海盆地谈论很多，就是因为它们和苏伊士通连，这些地区的重要性就在于对所讨论的交通线的影响方面，这条线的最关键点就是在连接亚非两洲的颈状地带。[④]

---

① [美]马汉著：《海权论》，萧伟中、梅然译，中国言实出版社1997年版，第240页。

② [美]马汉著：《海权论》，萧伟中、梅然译，中国言实出版社1997年版，第240—241页。

③ 同上书，第241页。

④ 同上书，第242页。

第二次世界大战时期，德苏谈判曾多次提到印度洋。希特勒想以印度洋为诱饵引苏联加入轴心国，据时任苏联外长的莫洛托夫回忆，1940年11月，希特勒曾对他说："你们应该有通向温暖海洋的出海口，将来要像伊朗、印度那样。"[①]1940年11月25日，莫洛托夫对德国驻苏联大使舒伦堡表示，"苏联准备接受里宾特洛甫在柏林提出的德、意、日、苏四国关于实行政治合作和经济互助的公约"，其条件是"承认总方向面对波斯湾的巴统和巴库以南的地区为苏联领土意向的中心点"。[②]苏联共产党总书记列昂尼德·勃列日涅夫曾向索马里总统西亚德·巴雷交心说："我们的目的是控制西方所依靠的两大宝库——波斯湾的能源宝库以及中部和南部非洲的矿藏宝库。"[③]

（三）没有制陆权的制海权是不完整的

艾尔弗雷德· 塞耶·马汉对印度洋尤其是印度洋北岸的地缘政治非常重视，他说："在德、英、美三个条顿国家中，前两国在利凡特有着明显的利益，这儿正是两国和东方的交通线上最易受到攻击的部分。为此，它们需运用海军力量予当地以充分的防护，以亚丁及马尔他和直布罗陀分别作为两翼的埃及和塞浦路斯更是重中之重。"[④]丘吉尔更是说印度"那是英国皇冠上最为光亮而珍贵的宝石"[⑤]。尼克松在书中对英国控制印度洋的手段有着极为细致的描述：

> 虽然世界上大部分地区一直到1973年发生阿拉伯石油禁运之后才知道波斯湾有一些小小的酋长国，但是英国的统治者们一百五十年来一直在注意它们的事务的最微小的细节。
>
> 英国最初在19世纪初进入了海湾，以阻止海盗破坏他们的贸易。

① [苏联]费·丘耶夫著：《同莫洛托夫的140次谈话》，王南枝等译，新华出版社1992年版，第25—26页。

② 沈志华主编：《苏联历史档案选编》第16卷，社会科学文献出版社2002年版，第166页。

③ 转引自[美]尼克松著《真正的战争》，常铮译，新华出版社1980年版，第28页。

④ [美]马汉著：《海权论》，萧伟中、梅然译，中国言实出版社1997年版，第261页。

⑤ 转引自Jawaharlal Nehru, *The Discovry of India*，Teen Murti House，1999，p.438.

从那时起一直到20世纪70年代初期，英国军事力量维持了秩序，提供了保护，并解决了分布在海湾沿岸各个酋长国里的争端。

在整个海湾和阿拉伯半岛周围，英国一直居于至高无上的地位。在亚丁、阿曼、卡塔尔、巴林、科威特和阿拉伯联合酋长国这些通常叫作“海盗海岸”的酋长国里，英国是酋长们和世界其余地区之间的联系。他们用机智、彻底和强硬手腕来执行他们的任务。1934年，在一场保卫他们的亚丁港的运动中，英国人利用奉承、贿赂和周密策划的显示武力的做法，同现在叫作南也门的内陆的各位统治者缔结了不下1400项“和平条约”。正是在英国的保护伞下，巨大的跨国公司在它们寻找石油的努力中开始在这个地区进行勘探。

英国不仅控制了海湾，而且还控制了从印度洋各个地区来到海湾的通道。印度洋各个地区包括新加坡、马来亚、缅甸、印度、锡兰、亚丁、苏伊士、肯尼亚、南非、澳大利亚、迪戈加西亚和印度洋的其他岛屿，这些地方在以前某个时候全是英国属地。波斯湾和波斯湾外面的印度洋都是“英国的内湖”。①

哈·麦金德说：“英国海军力量最了不得的结果，可能是大战前一个世代内在印度洋取得的地位。在印度的英国统治有赖于来自海上的支援，但是好望角、印度和澳大利亚之间的整个海面上经常没有英国战斗舰，甚至连一等巡洋舰也没有。实质上印度洋是个‘内海’。”②英国人能控制印度洋一个半世纪，就是因为它不仅控制了印度洋中的埃及而且还控制了印度这两个从地缘到资源都是最重要的大国，控制了埃及也就控制了西印度洋，而控制了印度，也就基本控制了印度洋。英国在这一海域的强大制海权是因为有在埃及和印度的制陆权的支撑，英国利用这两个国家的丰富的资源支撑了好几场陆地战争，埃及的资源支撑英国开展在东地中海的战争，而印度的资源则支撑英国开展在阿富汗和中国东海的侵略战争。

作为世界海权大国的英国在印度洋的这一实践经验丰富了我们的海权学说，这就是：没有制陆权的制海权是不完整的；同样，没有制海权的制

---

① [美]尼克松著：《真正的战争》，常铮译，新华出版社1980年版，第92—93页。

② [英]哈·麦金德著：《民主的理想与现实》，武原译，商务印书馆1965年版，第60页。

陆权也是不完整的。可以这么说，没有绝对的制陆权就没有绝对的制海权；反之，没有绝对的制海权，也就没有绝对的制陆权。艾尔弗雷德·塞耶·马汉注意到这一点，他说：

陆权的使用受离海洋远近的影响；与此相对应，在任何海陆交汇之处，陆上环境也制约着海权的使用，使其不再是一个独立的因素，而在性质上受制于陆权的大小强弱。在不同时期和不同程度上，上述情形可表现在海港及可航行河流的出口处、在河流的中上游地段上、在岛屿及海岸对战略的影响上以及像直布罗陀这样的海峡及苏伊士这样的运河上。所有这些情形中，陆权对海权的影响是显而易见的。在国际水道被陆上军力截断之处——如巴拿马地峡，或这种截断由于陆地的毗邻而极易发生之处，也可见到上述情况。[①]

海权和陆权都不是单独存在的东西，而是彼此相辅相成。就是说，陆上强国也需要推进至海边以利用海洋为己服务，而海上强国也必须以陆地为依托并控制其上的居民。[②]

同理也可推出，没有绝对的制陆权也不会有绝对的制空权。尼古拉斯·斯皮克曼说得好：

翱翔在蔚蓝天空中的银鹰，可以是自由的象征，是征服空间的表现；它可以表示人类不再受陆地的约束；所有这一切虽然和诗句一样的美丽，但却不是现实。显示我们空中力量的飞机，是由看不见的线索，与它们的作战基地、与基地以外的得克萨斯油田、我们的电力水坝和圭亚那的铁矾土矿藏联系着的。那些翱翔的银鹰，它们的自由是假相的。它们能从地上起飞，是因为卡车从火车站、港口和码头运送了汽油、滑润油和弹药。美国在欧洲和亚洲的空军，是由于在海道的终点有轮船和火车的供应才成其为空中实力；而德国对抗我国空军的最有效的武器，不是快速的麦赛米特飞机，也不是威力强大的容克飞

① [美]马汉著：《海权论》，萧伟中、梅然译，中国言实出版社1997年版，第223—224页。

② 同上书，第234页。

> 机，而是航行缓慢的潜水艇，这些潜水艇在中途击沉了我们从墨西哥湾各港启航到远方战场去的油船。现代的全球战表明，第二次世界大战不能从欧亚大陆周边的海军基地赢得胜利。我们必须接受大陆战所表现的陆上势力的现实。①

今天的美国可做上述观点的反证实例。正是由于没有在印度洋获得像英国那样的制陆权，今天美国对印度洋的控制就显得势单力薄。美军在印度洋的最重要基地是位于查戈斯群岛的迪戈加西亚岛，该基地位于印度洋中部，可支援中东和波斯湾，监视和控制印度洋海域，但毕竟面积不大，其所能提供的作战资源更是有限。美国所能在此显示的制海权也更多的是由此出发的航母群的威慑。但航母只具有持续威慑而无持续战斗力，这对大陆国家作用不大。

第二次世界大战后，印度洋成了美国攻坚的重点。1956年发生的苏伊士运河事件，就缘于美国和苏联要取代英国，当年把英、法赶出地中海以后，世界从而印度洋及其北岸地区继而世界也就转入美国和苏联手中。21世纪始，西方策动的“茉莉花革命”最早也是从印度洋西北岸的中东地带开始的；2011年欧洲进军非洲也从埃及切入，接着就是利比亚。

2008年的世界真是“东边日出西边雨，道是无晴却有晴”②。此时的美国已被伊拉克战争拖得精疲力竭，而欧洲的——用奥巴马的比喻就是“从诺曼底（Normandy）到巴尔干（Balkans）到班加西（Benghazi）”③——统一进程却在大幅推进且接近完成：上半年（2月17日）科索沃“独立”并很快获得欧美外交承认，这使欧洲统一进程在地中海北岸的巴尔干最后收口，下半年（7月13日）欧洲召开首届地中海峰会，决定正式启动萨科齐竞选法国总统时提出的“巴塞罗那进程：地中海联盟” 计划。从当时会议现

---

① [美] 尼古拉斯·斯皮克曼著：《和平地理学》，刘愈之译，商务印书馆1965年版，第87页。

② 刘禹锡：《竹枝词》。

③ 《奥巴马在英国议会演讲》（2011年5月25日），http://news.ifeng.com/world/detail_2011_05/26/6640973_0.shtml。

场照片[①]看，此时的欧洲人大有一种“千门万户曈曈日，总把新桃换旧符”[②]的感觉。在他们眼中，历史似乎正在从“雅尔塔体系”向欧洲人久违了的“凡尔赛-华盛顿体系”回归。与20世纪初期欧洲主导世界形势不同的只是，21世纪初的世界体系的主导权尚在美国手中，因此，如果以主导权优先原则排序，它应该被称为“华盛顿-凡尔赛体系”。这个转换过程在欧洲大西洋地区接近完成，接下来将是远东太平洋地区。

人们会问，为什么要打利比亚？这是为了防止地中海南岸两个大国即埃及和利比亚联手，先断其指，再击其腕，使之不能形成力量。为什么不从摩洛哥、阿尔及利亚下手？因为这里本来就是法国的传统势力范围，法国人对这一区域比较有把握。最后，那为什么一定要用军事力量拿下利比亚？这是因为欧洲人从自身的历史发展中明白：地中海是欧洲命运的旋转门，而北非的突出部突尼斯和利比亚（即古代迦太基领土部分）便是历史上欧洲开启这扇旋转门的枢纽。罗马人早就看到这一点，当年伽图在元老院每次议事完毕时，都要重复说一句：“迦太基非灭掉不可。”[③]罗马帝国在地中海的扩张给古代欧洲带来了文明，而成就罗马文明的关键步骤是罗马人跨海突破迦太基（今突尼斯、利比亚、阿尔及利亚一带）并于公元前146年对其实行完全占领[④]；同样，来自中欧平原的汪德尔人（Vandals）占领迦太基并以此为基础建立了横贯北非的汪德尔王国，公元455年又趁西罗马帝国内乱从迦太基发兵北上攻陷罗马城，由此结束了欧洲的古代文明即罗马文明。现在欧洲军团又复述着伽图“迦太基非灭掉不可”的咒语、踩着罗马军团的鼓点再次从当年的“迦太基”（突尼斯）进入北非，接下来便是沿着古罗马的老路转向西亚，而2011年年初爆发的叙利亚政府与叙利

---

① 《地中海峰会正式启动“地中海联盟”计划》，http://news.xinhuanet.com/newscenter/2008-07/14/content_8539909.htm。

② 王安石《元日》：“爆竹声中一岁除，春风送暖入屠苏。千门万户曈曈日，总把新桃换旧符。”

③ 转引自[德]黑格尔著《历史哲学》，王造时译，上海书店出版社2001年版，第305页。

④ 似乎是历史的重演，为了推动“巴塞罗那进程”，萨科齐也是从突尼斯开始推动其主张的“地中海联盟”计划。2008年4月28日，萨科齐在8月份的巴黎峰会前访问突尼斯并获突尼斯总统本·阿里对萨科齐提出的关于建立地中海联盟的计划的支持。这是他担任法国总统不到一年时间内第二次访问突尼斯。来源：《突尼斯总统和萨科齐会谈 讨论地中海联盟计划》，http://news.sohu.com/20080429/n256573256.shtml。

亚反对派之间旷日持久的冲突——其起因和结果都很像当年安息帝国[①]与罗马的战争——则是欧洲重返印度洋的序幕。

三　印度洋是世界大国政治的汇合与转折地

（一）历史上所有全球性的格局变动最先传导到印度洋

公元前338年马其顿国王腓力二世征服希腊，其子亚历山大（公元前336～前323年）随即东征并进入印度，建立亚历山大帝国。亚历山大死后，帝国分裂为塞琉古（叙利亚）、托勒密（埃及）、马其顿和希腊（巴尔干半岛）和帕加马（小亚细亚）等。

此间罗马从中地中海崛起。公元前264年至前146年，罗马经过与迦太基的争夺，控制中地中海；公元前215年至前146年，罗马发动了四次马其顿战争，前192年至前188年，罗马与马其顿亚历山大部将塞琉古在小亚细亚、叙利亚及伊朗高原建立的塞琉古王朝为争夺小亚细亚发动的“安条克战争”，获胜后罗马势力到达叙利亚一带；公元前31年，罗马共和国的马克·安东尼与古埃及托勒密王朝法老克利奥帕特拉七世联军和屋大维之间展开了海战，埃及皇后克利奥帕特拉与安东尼的联军败给了屋大维。公元前30年，屋大维的罗马军团全面占领埃及，至此，罗马势力从中地中海逼临印度洋。随后罗马征服了马其顿并控制了整个希腊。又通过叙利亚战争和外交手段，控制了西亚的部分地区，建成一个横跨非洲、欧洲、亚洲，称霸地中海的大国。此后，罗马帝国进入衰落期。哈·麦金德对此评论说：“罗马人并没有接管马其顿人所征服的亚洲西部。就像罗马军团防守的来茵河和多瑙河，标志着罗马从地中海北进的限度，另由军团防守的、从北流向南（还没有转向东南流）的幼发拉底河上游，标志着他们从地中

① 安息帝国，亦称帕提亚帝国（公元前247～224年），是亚洲西部的伊朗高原地区古典时期的奴隶制王国。安息帝国坐落在地中海的罗马帝国与中国汉朝之间的贸易路线丝绸路上，使帝国成为了商贸中心并被认为是当时亚欧四大强国之一，与汉朝、罗马、贵霜帝国并列。历史上，安息帝国与罗马帝国时常爆发冲突。公元前53年安息人在卡雷战役彻底击败克拉苏统领的罗马军队。后经过多次冲突，罗马人东进的势头大体在此遏止。

海东进的限度。”[①]

罗马帝国衰落期间，基督教崛起并在意大利建立了强有力的宗教权力。1054年，罗马教皇马尔班二世号召组织十字军东征，历时近200年（1096～1291），曾攻占小亚细亚大部分地区，失败后，罗马天主教势力也逐渐衰落，欧洲世俗势力和新教开始崛起。

拿破仑战争是资本全球化以来法国与英国争夺世界霸权并由此开辟资本多极化历史进程的战争。1798年拿破仑在打败第一次反法联盟后，开始考虑取代英国世界霸权地位的战略。基于对世界地缘政治体系的认识，1805年他向督政府建议在准备渡海对英作战的同时出兵埃及，进而占领印度，掐断英国所依赖的从地中海到印度洋的贸易线，截断其来自印度的财源[②]。特拉发加海战[③]失败后，拿破仑被迫放弃侵英计划，转而对英实行经济封锁，切断英国的海外财源及对反法同盟的经济支持，确保法国在欧洲的霸权地位。为此，拿破仑于1806年11月21日在柏林发布敕令，宣布封锁不列颠诸岛，英国及其殖民地的船只一律不许驶入帝国控制的任何港口。同时，拿破仑考虑对英国釜底抽薪，从印度打击英国。1807年与伊朗国王签订同盟条约：伊朗同意废除英伊同盟，对英宣战，派兵进攻印度并迫使阿富汗一同进攻印度；同意法国假道伊朗进攻印度、为法国供应粮食并为法军开放波斯湾一切港口。这些政策虽给英国造成了严重困难，但英国实施的反封锁亦给法国和大陆各国造成严重后果。拿破仑为了保证对英封锁的有效性于1812年入侵沙俄，法军在欧洲的军事优势随即丧失，拿破仑帝国由此瓦解。

俄国在西线联合英国等国打败拿破仑后，便全力掉头南下并以绝对的优势迫使伊朗于1813年10月在古里斯坦与俄国订约议和，被迫割让格鲁吉亚等地区；给予俄国商人在伊朗的自由贸易权；同意俄国独享在里海设置

---

① [英]哈·麦金德著：《民主的理想与现实》，武原译，商务印书馆1965年版，第88页。

② 曾任印度总督的寇松称：“没有印度就没有大英帝国。”转引自周一良、吴于廑编《世界通史·近代部分》（下册），人民出版社1962年版，第262页。

③ 1803年拿破仑统治的法国与英国为首的反法联盟再次爆发战争，拿破仑计划进军英国本土，为牵制住强大的英国海军，拿破仑派海军中将维尔纳夫率领的法国和西班牙联合舰队与英国海军周旋。1805年10月21日，双方舰队在西班牙特拉法加角外海面相遇，战斗持续5小时，法西联合舰队遭受决定性打击，主帅维尔纳夫以及21艘战舰被俘，但英军主帅霍雷肖·纳尔逊海军中将也在战斗中阵亡。此役确定英国随后百余年世界海洋霸权的地位。

舰队的特权，伊朗则放弃在里海保有海军的权利。英俄在印度洋北岸的矛盾迅速激化。

1814年11月，英国和伊朗签订条约，伊朗获得英国的财政支持后，再次向俄国挑战。1826年7月，伊俄战争爆发，伊朗战败。1828年2月，伊朗与俄国签订土库曼恰伊条约，宣布放弃在南高加索的一切权力。1837年10月至1838年8月，伊朗在俄国的支持下围攻赫拉特汗国，英国立即以武力相威胁，迫使伊朗撤兵；同时英国派代表到喀布尔要求与阿富汗缔结反俄国的同盟。阿富汗提出要收复被赫拉特侵占的领土的要求，英国予以拒绝并出兵阿富汗。1856年10月，伊朗再次兵临赫拉特，英国向伊朗开战，1857年3月，英伊缔结和约，伊朗保证不再干涉赫拉特内政，一旦赫拉特与阿富汗冲突，即请求英国调停。

19世纪40年代，欧洲普遍爆发资产阶级革命并遭俄国沙皇的野蛮镇压，俄国在欧洲的地位进一步得到加强，与此同时，奥斯曼帝国已经衰落。俄国决定趁机夺取黑海海峡，将势力扩展到巴尔干半岛。1853年，俄国和土耳其爆发克里米亚战争，英国、法国和撒丁王国先后参加了对俄国作战。1856年俄国战败，俄随后南向中亚[①]扩张。1865年俄军攻下塔什干城，侵占了浩罕汗国大部分土地。1867年俄国击败布哈拉汗国并建立保护制度。沙皇以所占的草原地区和中亚诸汗国的土地，成立了一个直属陆军的土耳其斯坦省，此后便将目标直逼进入印度最后的屏障——阿富汗。

与此同时，英国从南方对俄南下的战略进行了有力的反制。到19世纪中期，英国基本上在印度建立起殖民统治。1839年和1878年英国两次出兵阿富汗，占领坎大哈，进逼喀布尔，迫使阿富汗承认其为英国的保护国。1877年至1881年俄国对土库曼进行军事征服。1884年，英国怂恿阿富汗艾米尔尽力扩张北部边界——苏联解体后在阿富汗北方出现的五个独联体国家帮助西方人更好地实现了这个愿望，俄挥师南下占领原属伊朗的梅尔夫。1885年，俄阿两军交火，阿富汗军队战败，俄军占领阿富汗班吉。

---

① 据《维基百科》，中亚有狭义和广义之分：前者（英语可译成Middle Asia）是指历史上曾经为俄罗斯所统治的位于亚洲中部的非斯拉夫人居住的地区；后者（英语可译成Central Asia）范围较为广泛，即指亚洲中部地区而不论这些地区是否曾受俄罗斯统治。笔者一般遵守狭义定义，但在涉及中亚五国至波斯湾一线地缘政治论述时，笔者则采广义定义。

1885年9月俄国和英国签订《伦敦议定书》，在牺牲阿富汗基础上达成划分阿富汗边界的原则。时任外交事务次官的英国保守党领袖之一的寇松（George Nathaniel Curzon，1859～1925）说："阿富汗、里海以南的地区、波斯湾……对我说来是一局正在下的棋盘上的方格，这盘棋的赌注是世界统治。"[①]随着美国、德国、日本的迅速崛起——这在相当程度上对英俄两国的霸主地位构成挑战并引起英俄的恐慌，1907年8月31日，英俄两国签订和解协约：协约将伊朗一分为三，北部属俄国势力范围，东南部属英国势力范围；俄国承认英国在阿富汗的势力，放弃了俄与阿的直接外交关系。双方表示不干涉西藏内政，承认西藏是中国领土的一部分，与西藏进行交涉必须通过中国政府。至此，自拿破仑战争后，英俄两国争霸世界的"冷战"，在通往北印度洋的道路枢纽即中亚阿富汗地区结束，俄国随后在第一次世界大战中衰落下去。

同样的路径在20世纪下半叶美苏争霸中再次重复。第二次世界大战后，美苏经过长期布局后，其争霸从西欧到巴尔干再到印度洋北岸地区，最终又在阿富汗狭路相逢，苏联被迫于1989年从阿富汗全部撤军。苏联解体后，1999年，西方军事突入巴尔干俄国传统地区，发动科索沃战争；2001年美国又军事介入阿富汗，此时的俄国已无力反制。但令人啼笑皆非的是，与20世纪末苏联人栽在阿富汗的命运相似，21世纪初的中亚在苏联解体20年后也成了美国人的"滑铁卢"。

（二）印度洋也是世界帝国由盛而衰的转折地

前述表明，印度洋是历史大国崛起并成为帝国后的必争之地，同时也是世界帝国由盛而衰的转折地。较早的如亚历山大帝国、罗马帝国、十字军，还有蒙古帝国、拿破仑帝国、英帝国、苏联、美国等，它们的盛衰转折点都在印度洋北岸。也有人认为，那时古代军事动力还处自然阶段，没有远征的能力。那我们再看看19世纪的英国人、20世纪的苏联人和21世纪的美国人，他们都是工业革命后的国家，其军事动力技术基本反映了同时代的最先进水平，但他们都败在帕米尔高原脚下。

① 王绳祖主编：《国际关系史·上册》，武汉大学出版社1983年版，第167—168页。

阿富汗似乎是世界的旋转门。对此，尼克松看得明白，苏联出兵阿富汗不久，他即出版《真正的战争》一书，指出：

> 面积和得克萨斯州差不多的阿富汗虽然是贫穷的，土地是不毛的，但它早就是大国施展阴谋诡计的地方，其原因是和它通常被称作“亚洲命运的旋转门”一样的。阿富汗的西面是伊朗，南面是巴基斯坦，东面是中国，在北面与苏联有一千英里长的共同边界，它一向是帝国的大规模推进汇合的地点之一。
>
> 阿富汗在其整个历史上，一直是征服者的十字路口；亚历山大大帝、帖木儿，全都在谋求建议帝国时纵骑驰骋于阿富汗的土岗与沙丘之间。1952年我访问阿富汗国王时，他曾为我追述，正是在阿富汗，亚历山大大帝说，“我再没有要征服的世界了”。在19世纪，英国和俄国在整个中亚细亚交战，以争夺对这个大陆的控制权时，曾在阿富汗进行过基普林所谓的“大比赛”。英国人知道，阿富汗的崎岖的开伯尔山口是进入印度次大陆的大门，他们曾进行了两次残酷的战争，为的是不让俄国人控制它。今天，阿富汗是苏联扩张主义势力中的一个不祥的新阶段中的试验场。[①]

历史上，最先挤进这扇门的大多又都被甩到最后。小布什不信这些，坚持先搞定阿富汗，很有些号召十字军东征的乌尔班二世的气派，借“9·11事件”引发的世界对美国的同情，以“反恐”为名，又有联合国的授权，直接就冲到阿富汗，结果打了十多年，最终也还是从阿富汗败退下来。当年他到阿富汗时，既有“天时”即联合国授权，也有“人和”即世界善良的人对美国遭难的同情，就是没有地利。一道扎格罗斯—兴都库什—喜马拉雅山屏障，这条被哈·麦金德称为“雄伟的屏障”[②]的山带就像一尊耸入苍穹的山神，让古今所有扩张至此的帝国，都是有来无回。

---

① 尼克松著，常铮译：《真正的战争》，新华出版社1980年版，第11—12页。

② [英]哈·麦金德著：《民主的理想与现实》，武原译，商务印书馆1965年版，第94页。

四 “要么做一个有声有色的大国，要么就销声匿迹。”尼赫鲁忧虑的是后一种结局

（一）地缘政治学说对尼赫鲁的影响

印度版图如大象长鼻南抛至印度洋中心，这使印度之于印度洋的制海权有了无与伦比的价值，使控制印度洋与控制印度合二为一；也就是说，不占领印度就不能有效地控制印度洋；同理，控制印度洋就必须有效地占领印度。明乎此，再读尼赫鲁的代表作《印度的发现》，就更理解他在书中对印度的前途所表现的远见和无奈。他说：

> 印度以它现在所处的地位，是不能在世界上扮演二等角色的。要么做一个有声有色的大国，要么就销声匿迹。中间地位不能引动我。我也不相信任何中间地位是可能的[①]。

我们很多同志都将尼赫鲁这段名言解读为尼赫鲁有野心。其实这只表明尼赫鲁的担心，尼赫鲁生长在地缘政治理论在西方已成显学的时代。他1905年就读于英国哈罗公学——这一年日本在远东海战中打败俄国，1907年后入剑桥大学就读。此前英国地缘政治先驱学者哈·麦金德已声名鹊起。1887年麦金德在英国皇家地理学会上宣读《地理学的范围和方法》，1904年又宣读《历史的地理枢纽》。前一篇论文在当时的英国被认为是“英国地理学的一篇经典文献”，后一篇论文则于20世纪80年代初在美国与达尔文的《物种起源》、马尔萨斯的《人口论》、爱因斯坦的《相对论》、潘恩的《常识》等15种书并列，被称为改变世界的“巨著”[②]。英国牛津大学还为哈·麦金德专设为期5年、薪水丰厚的讲师席位，并于1899年设立地理系，聘哈·麦金德担任系主任。哈·麦金德提出的地缘政治学说

---

① [印]贾瓦拉哈尔·尼赫鲁（Jawaharlal Nehru）：《印度的发现》（*The Discovery of India*），世界知识出版社1956年版，第57页。

② [英]哈·麦金德：《历史的地理枢纽·引言》，商务印书馆1985年版，第13页。

影响之大，由此可见一斑。尼赫鲁就读的剑桥大学离牛津大学不远，当时流行的麦金德学说包含着对印度地缘政治地位的解释，尼赫鲁不可能对此不了解。1919年第一次世界大战刚刚结束，哈·麦金德将其地缘政治学说的基础部分即“心脏地带”的内容在当年出版的《民主的理想和现实》一书中提炼为更富有冲击力的如下表述：

> 谁统治东欧谁便控制了“心脏地带”；谁统治了“心脏地带”谁便控制了“世界岛”；谁统治“世界岛”谁便控制了世界。[①]

与此同期，在太平洋东岸的美国也响起了艾尔弗雷德·塞耶·马汉的名字。马汉于1900年、1910年、1911年、1918年分别发表《亚洲的问题》、《欧洲的冲突》、《美国的利益》及《海权对历史的影响》等重量级论文，提出与哈·麦金德相对应的海权论学说。

提出制海权理论的马汉在英国、德国和日本受到特别高的礼遇。马汉1890年出版《海军战略论》，此书很快“成为当时影响最大的世界畅销书之一”[②]。在英国，马汉这本书被视为“国家的福音书”。海军理论家普勒斯顿说，《海军战略论》好像是专门为英国内阁写的，书中的思想对内阁成员来讲是正中下怀。一位英国海军上将含蓄地评论说：“自1900年以来，英国海军的条件得到改善，力量得到发展，对此我们既不感谢保守党，也不感谢自由党，应感激的是艾尔弗雷德·塞耶·马汉，而不是任何别的人。”[③]1893年马汉应邀访问英国。访英期间，马汉受到英国女皇和首相的接见，并出席女皇和首相为他举行的国宴。1904年马汉再次访问英国，仅一周内，他就被授予剑桥大学——三年后，年满18岁的尼赫鲁进入该校就读——和牛津大学的荣誉学位称号。1914年马汉病逝，《伦敦邮报》在一篇悼词中称：“英国人民对这位伟大的美国公民的恩情是报答不尽的。”[④]在德国，马汉的书受到德皇威廉二世的重视，他形容自己阅读《海

---

① [英]哈·麦金德著：《民主的理想与现实》，武原译，商务印书馆1965年版，第134页。

② 转引自[美]罗伯特·唐斯著《影响世界历史的16本书》，缨军编译，上海文化出版社1986年版，第51页。

③ 同上。

④ 同上书，第52页。

军战略论》的心情时说："我不只是在阅读这本书，我可是想把它一口吞食下去。在舰上时，它一直是我的案头书。"[①]在日本，马汉的《海军战略论》被列为日本海军军官的必读书之一，人手一册。日本政府还频频与马汉联系，就日本的海军发展征求马汉的意见。日本政府还试图聘请马汉为日本海军的特别顾问，遭马汉拒绝。大概是"外来的和尚好念经"，马汉本意是为美国政府写的著作，起初在美国反而"反应迟缓，落后于其他西方列强"[②]。

（二）尼赫鲁主政时的印度外交战略

1912年，22岁的尼赫鲁回到印度，投入国大党领导的争取印度独立的运动。此时的尼赫鲁在思考印度未来命运时，不可能不从麦金德和马汉的地缘政治视角中看到未来印度面临的真正危险并对印度未来有可能出现的"销声匿迹"的前景充满忧虑。

印度的老政治家都明白，中世纪入侵印度的势力多来自北边帕米尔高地。他们横越伊朗高原进入印度有两条天然通道："其一是翻越兴都库什山高耸而窄狭的山脊，沿喀布尔谷（Cabul Valley）下来，穿过尽头的开伯尔山口（Kaibar Pass），在阿托克（Attock）渡印度河。其二是经过赫拉特和坎大哈（Kandagar），绕过阿富汗山尾，沿博朗峡（Bolan Gorge）而下至印度河。紧靠印度河东面的是印度沙漠，沙漠从海边一直伸展到离喜马拉雅山不远的地方。所以博朗的路线和开伯尔的路线在旁遮普的前厅会合成为一条路线，再登堂入室，深入印度。在沙漠和山脉之间留出来的正是这条路。路的尽头屹立着德里。"[③]正是为了堵住这条通道，英国人占领印度后，发动了三次阿富汗战争以巩固印度北方防线；同样也是为了牵制印度，英国人在印度独立前夕，将巴基斯坦从印度分离出去，而从中亚进入印度的关键通道在巴基斯坦境内。近代入侵印度的势力则是不定期地来自南方海上。因此，近代以后，印度的国防重点逐渐南移。艾尔弗雷德·塞耶·马汉曾指出印度的地缘政治特点和英国在印度安全防务的特点，他说：

---

① 转引自[美]罗伯特·唐斯著《影响世界历史的16本书》，缨军编译，上海文化出版社1986年版，第52页。

② 同上书，第53页。

③ [英]哈·麦金德著：《民主的理想与现实》，武原译，商务印书馆1965年版，第96页。

印度的陆上边境地受到阿富汗的山脉及喜马拉雅山的保护，其后翼也是无懈可击的，只要英国海军依然优势在握。这样，印度实际上是一个前进基地，它可成为开往埃及或中国的远征军的初始或最终的出发地；作为开往其他任何地方向上的更近地点更是不在话下。①

与马汉同时代的陆权理论的开山人物哈·麦金德也有同样的论述，他写道：

印度、蛮子②（或中国南部）一度受到举世无双的西藏屏障的保护；这一屏障的功效，除掉撒哈拉沙漠和极地冰块以外，在世界上或许是无与伦比。③

西藏及其附属的喜马拉雅山、帕米尔高原、喀拉昆仑山、兴都库什山、天山——总称之为西藏高原——在高度和面积上，或可用一个字来概括：大；其大是举世无匹的。将来撒哈拉会每天有人以近代交通工具东横西渡，而这世界的屋脊西藏，仍然使人绕道两侧而行，把进入中国和印度的通道远远隔离；这两国的西北边界，也因此而具有特殊的重要性。④

我们看，印度北边喜马拉雅山是世界最高的山脉，扎格罗斯山、兴都库什山和喜马拉雅山一线是难以翻越的屏障。中国西藏与印度北部大部分接壤地形，北高南低直乎垂直，可用“危乎高哉”⑤来形容。除藏南地段，没有大部队南北直线自如运动的条件。正因此，几百年甚至近千年间罕见有南方印度大规模挥师北上成功和北方中国中原汉族政权南下得以长期占据的先例。尼古拉斯·斯皮克曼认为中国“被从喜马拉雅山和西藏一直伸

---

① [美] 马汉著：《海权论》，萧伟中、梅然译，中国言实出版社1997年版，第218页。

② 蛮子，系对中国南宋王朝的蔑称。

③ [英]哈·麦金德著：《历史的地理枢纽》，林尔蔚、陈江译，商务印书馆2007年版，第61页。

④ [英]哈·麦金德著：《民主的理想与现实》，武原译，商务印书馆1965年版，第95页。

⑤ [唐]李白：《蜀道难》，俞平伯等编《唐诗鉴赏辞典》，上海辞书出版社1983年版，第218页。

展到新疆和蒙古的广阔沙漠和山岳地带的一条屏障，同大陆心脏地带完全隔绝起来……缅甸和印度支那的山脉一直延伸到海上，在这两个大国之间竖起一道阻断接触的大障碍。佛教从印度取道新疆和泰国才到达中国这一事实，说明保持直接接触的困难。在它们的全部历史期间，这两个东方文化中心彼此一直相当地隔离着，它们仅有的接触一直是文化性的和精神性的。”[①]

潘尼迦[②]是印度现代海权理论的奠基人，尼赫鲁派他来做驻中华人民共和国第一任大使，就是因为潘尼迦认为独立后的印度的国防安全重点应在海洋。1945年潘尼迦发表《印度和印度洋》（*Indian and Indian Ocean*）一书，对印度近代以来几乎所有重大失败都作了深刻的分析，认为印度未来的危险来自海上。他以明确无误的口气写道：

> 考察一下印度防务的各种因素，我们就会知道，从十六世纪起，印度洋就成为争夺制海权的战场，印度的前途不决定于陆地的边境，而决定于从三面围绕印度的广阔海洋。[③]从近三百年的历史来看，任何强国，只要掌握住绝对制海权，又有力量打得起陆战，就可以控制印度帝国，独占其贸易，剥削其无穷资源。[④]而今天的情形可不一样了。印度已经自由了，如果印度在印度洋上的权利不能由印度自己来维护，这个自由可说一文不值。[⑤]今后，如果印度再搞纯粹大陆观点的国防政策，那是瞎了眼。[⑥]

潘尼迦得出结论：

---

① [美] 尼古拉斯·斯皮克曼著：《和平地理学》，刘愈之译，商务印书馆1965年版，第75页。

② 潘尼迦（Kavalam Madhava Panikkar，1895～1963）曾于1948～1952年任印度驻中华民国大使、印度驻中华人民共和国第一任大使；1952年至1953年任驻埃及大使，1956年至1959年任驻法国大使。

③ [印]潘尼迦著：《印度和印度洋——略论海权对印度历史的影响》，德隆等译，世界知识出版社1965年版，第1—2页。

④ 同上书，第81页。

⑤ 同上书，第87—88页。

⑥ 同上书，第87页。

印度如果自己没有一个深谋远虑、行之有效的海洋政策，它在世界上的地位总不免是寄人篱下而软弱无力；谁控制了印度洋，印度的自由就只能听命于谁。因此，印度的前途如何，是同它会逐渐发展成为强大到何等程度的海权国，有密切联系的。①

印度于1947年8月15日独立，1950年1月26日建国，当年4月1日与中华人民共和国建立外交关系。在当时资本主义阵营中，印度是第一个承认中华人民共和国的国家。为什么当时尼赫鲁要和毛泽东结好，因为印度北边要稳定。显然尼赫鲁采纳了潘尼迦的建议。潘尼迦断定，第二次世界大战后，美国将要在印度洋取代英国的霸主地位。印度洋的制海权从英国手中转到美国手中，印度当对海上安全保持警觉。潘尼迦提醒尼赫鲁：

第二次世界大战结束后，美国成了至高无上的海军国。不错，它还没有能搞成世界海权国必备的一系列基地、油站、船坞等，但是从它在对日战争中所表现的海军联合作战规模之大，以及从它在海军建设中强调航空母舰的重要，都说明了美国海军可以远离基地作战，实际上是爱在哪里动手，就可以在哪里动手。它在太平洋上有珍珠港和马尼拉，又占领了从前日本手里的雅浦岛和关岛，真是不可一世。而对印度洋，美国战后确也搞了不少名堂。美国在阿拉伯、中东、巴林群岛的油权，表明了它同印度洋区域的联系正在大大增长。就是对伊朗的统一，阿富汗的建设，美国也是兴趣很浓。实际上，由于美国奉行到处“遏制”共产主义的政策，所以各国沿海，凡是共产主义可能插足的地方，此刻都成了对美国安全有关的地区。战后的世界形势给印度洋带来的对立局面如此，它很可能又一次把印度变成一个主要的战略性战场。②

---

① [印]潘尼迦著：《印度和印度洋——略论海权对印度历史的影响》，德隆等译，世界知识出版社1965年版，第89页。

② [印]潘尼迦著：《印度和印度洋——略论海权对印度历史的影响》，德隆等译，世界知识出版社1965年版，第83—84页。

潘尼迦能被任命为首任驻中华人民共和国大使[①]，这不能不说与尼赫鲁本人对第二次世界大战后印度面临的“要么有声有色”、“要么销声匿迹”的前途及与此相关的安全大战略的考虑有关。令人扼腕痛心的是，在中印边界冲突后的一年半的时间里，潘尼迦（1963年12月10日）和最理解他的尼赫鲁（1964年5月27日）相继逝世。此后，中印关系在相当长的时间里冷淡下来。

尽管有1962年的冲突，但尼赫鲁的南向战略并没有为后来的印度政治家所改变。1999年，印度人民党资深要员、印度前外长贾斯万特·辛格（Jaswant Singh）在《印度的防务》（*Defending India*）一书中再次强调印度洋对印度国防的极端重要性。他认为，失去对印度洋的控制是印度近代亡国的重要“分水岭”。他说，“印度历史的转折点并不是最终发生在陆地上的冲突”，“我们只需思考一下17和18世纪的一个重要失误，就可正确地评价印度洋和通向印度海路的重要性。这个失误导致外国势力到达印度洋沿岸，最初是为了贸易，发展到后来就是为了征服”；“在这里，陆地上的胜利是紧随着海上的征服而来的”，“因此有必要承认，已经出现了一个意义重大的战略转移，即陆路被海路所取代”。[②]

（三）尼赫鲁的悲观判断被部分验证

尼赫鲁是成长于麦金德陆权和马汉海权理论风靡及西方殖民扩张达到高峰时代的思想者，他所受到的良好的西方教育使他们对麦金德、马汉、斯皮克曼的理论，尤其对其中关于印度次大陆的地缘政治意义的分析了然于胸[③]，因而不可能不加重他对印度独立后的国家安全的深深的忧虑，实际

---

① 在1948年至1949年期间，潘尼迦是印度驻中华民国的大使。在中国人民解放军解放南京，蒋介石逃往广州前通知各国使节撤往广州时，印度大使潘尼迦拒绝撤走。这实际上代表了当时尼赫鲁政府对中国共产党的支持。随后，中印两国正式建交，潘尼迦便顺理成章地担任了印度首任驻中华人民共和国的大使，任期从1950年至1952年。虽然是短短的两年，但这是中印建交的最初阶段，为中印关系未来的发展打下了坚实的基础。

② Jaswant Singh, *Defending India Bangalore*, Macmillan Press Ltd., 1999, pp. 265-267.

③ 尼赫鲁在《印度的发现》一书中对麦金德“心脏地”、“边缘地”理论作了介绍并认为有“部分真理”。他写道：“地理政治学现在已经成为现实主义者的支柱。它那‘核心地’和‘边缘地’的谰言也被认为可以阐明民族盛衰的神秘了。这学说发源于英国（也许是苏格兰？），后来成为给纳粹引路的明灯，满足了他们独霸世界的迷梦和野心，而又把他们引到了

上，在“有声有色”和“销声匿迹”的两难判断中，尼赫鲁最担忧的是后者。究其原因，就是因为完整统一且有独立性的印度对于某些大国控制印度洋是不利的。

1944年尼赫鲁在《印度的发现》一书对印度前途所表达的悲观判断很快就得到部分应验。1947年6月，英国人离开印度之前公布了蒙巴顿方案，同意印巴分治。这导致巴基斯坦于当年8月14日独立，斯里兰卡于次年（1948年）2月4日也从印度分离出来并获得独立。这样既保留了印度的“大国”地位，又可以从南北两面牵制印度的崛起。将斯里兰卡分出，限制印度南向印度洋发展；把巴基斯坦从印度北方划分出来，目的是将印度的力量引向北方。

但这只是印度“销声匿迹”过程的开始，20世纪70年代，在印度南端和斯里兰卡北端之间出现泰米尔猛虎组织发动的“独立”运动，马六甲海峡西北出口出现亚齐独立运动，这也是西方人留的伏笔。凡是地区性的分裂势力，后面必然有大国的全球谋划和安排。巴拿马、埃塞俄比亚、厄里特里亚、吉布提等都是这种安排的结果。在世界有重要地缘政治利益的地方划出小国，这是大国实现对其控制的重要手段。条件成熟的话，印度南边和斯里兰卡北面再生出一个“民族国家”并不是不可想象的。从这个角度看，位于马六甲海峡西北出口的亚齐①也会有同样的结局。马六甲海峡东南已分出新加坡，西北再分出来亚齐，这有利于一些大国实现对马六甲海峡的绝对控制。与泰米尔猛虎组织一样，亚齐有一个“自由亚齐运动”组织，主

大灾大难。部分的真理有时会比虚妄更为危险；这时的真理是会使人昧于眼前的现实。后来在德国发展的H. J. 麦金德的地理政治学理论是建筑在认为文明都发展于沿着海洋边缘的大陆（欧洲和亚洲），而这些边缘地带都必须防守使其免于从‘核心地’来的侵略者的压力，而这里所指的核心地就是欧洲大陆的中心地带。控制了这个‘核心地’就意味着统治全世界。然而文明已经不再局限于海洋的边缘了，而且它的范围和内容也有变为普遍的趋向。美洲的成长更不能与这欧亚核心地统治全世界的学说相适合。况且空中威力所带来的新因素也已经推翻了海上威力和陆地威力的均势。”参见[印]贾瓦拉哈尔·尼赫鲁：《印度的发现》（*The Discovery of India*），世界知识出版社1956年版，第716—717页。

① 亚齐 (Aceh) 是印度尼西亚最西部的一个省，面积5.73万平方公里，人口约400万，其中穆斯林人口占90%。1959年，印尼政府曾颁布一项法令，宣布亚齐为在宗教、传统文化和教育等方面拥有广泛自治权的特区。

张以暴力手段争取亚齐独立[①]。尽管目前“自由亚齐运动”和猛虎组织都与政府达成某种和解，但它们仍是欧洲为重返亚洲随时都可以激活的“冷子”。

西方人的国际政治贯穿着精细的地缘政治安排，这个我们不一定要照着做但一定要懂，这就是害人之心不可有，防人之心不可无。拿破仑战争后维也纳体系的主要设计者奥地利外交大臣克莱门斯·梅特涅说：“化解他人之利益主张比亟于追求本身利益更为重要，别无所求，收益反大。”[②]西方人擅长用搭积木而不是砸积木即打倒和消灭对手的方式构筑有利于西方的世界力量板块搭配格局：自己在其中可以游刃有余而对手却动弹不得。如果说在滑铁卢打败拿破仑的是威灵顿公爵[③]，那么埋葬拿破仑法国的却是设计维也纳体系的梅特涅[④]。斯大林曾说“天下什么力量都可以消灭，唯有‘民族’的力量是不会消灭的”[⑤]。不能消灭，那只有削解其能量，转化矛盾的性质。化解而不是消灭印度的利益，正是英国在离开南亚时将斯里兰卡和巴基斯坦分出印度的原因。

五　印度洋及其北岸的大国地缘政治：历史和现实

（一）版图由东向西逐次破碎化是印度洋及其北岸国家的重要特点

尼古拉斯·斯皮克曼说：“政治和经济的结论首先受到陆块分布和地

---

① 1976年12月，一些反政府人士开始利用亚齐经济凋敝、人们生活贫困等因素，与中央政府进行武装对抗，并成立了“自由亚齐运动”，要求在亚齐成立一个独立的伊斯兰国家。印尼历届政府都坚决反对亚齐独立，并对其武装进行军事打击。2005年8月印尼政府和亚齐分离主义人士，在芬兰达成和议，正式签署谅解备忘录。12月，印尼军方大抵完成撤军，结束近30年的流血冲突，和平露出曙光。2006年7月11日，印度尼西亚国会通过了《亚齐自治法》，赋予亚齐省地方政府更大的自治权。

② 转引自[美]亨利·基辛格著《大外交》，顾淑馨、林添贵译，海南出版社1998年版，第68页。

③ 威灵顿（1769～1852）英国元帅，第一任威灵顿公爵，反拿破仑战争中的联盟军统帅之一，以指挥滑铁卢战役闻名于世。

④ 克莱门斯·梅特涅（Klemens Wenzel von Metternich，1773～1859）是19世纪出色的奥地利外交家，奥地利帝国外交大臣（1809～1848），首相（1821～1848）。1814年10月，拿破仑被打败后，梅特涅主持维也纳会议（Congress of Vienna，1814～1815）并成为战后维也纳体系的主要设计者。1859年6月11日卒于维也纳。

⑤ 参见梁之彦、曾景忠选编《蒋经国自述》，团结出版社2005年版，第112页。

形性质的限制和约束。这一切都是基本的、不变的要素，遇到各国的和平与安全受到威胁时，将是决定国际间和洲际间关系的条件。”[①]研究印度洋及其北岸的大国地缘政治，首先要搞清这一地区的“陆块分布和地形性质”。

总体而言由近代西方殖民主义造成的版图破碎化是印度洋及其北岸国家的重要特点。印度洋北岸可分东北和西北两向。东北面是亚洲板块，西北面是欧洲板块。欧亚板块的地缘政治的总体特点是二者面积悬殊、但国家数量却接近[②]，其整合程度形成鲜明反差：亚洲板块的特点是中心国家巨大、四周国家碎小，中国是亚洲的主体和中心，破碎地带发生在中国周边，周边与中心国家间不对称破碎特点明显。欧洲则是中间国家碎小（如瑞士、奥地利、卢森堡、列支敦士登、圣马力诺、梵蒂冈等），而四周国家较大（如西班牙、法国、德国及东欧诸国），国家间对称型破碎特征明显。在两大板块中间的正北面，是麦金德说的欧亚“心脏地带”的核心地带。在南亚和西亚，分布着以印度和伊朗为重心的次区域国家群。它们分别围绕印度和伊朗形成不对称破碎地带。但比较而言，中国、印度、伊朗与周边国家的不对称关系及建立其上的整合程度由东向西逐次递减。所有这些区域中心又围绕中国并与中国形成不对称关系。亚欧地理板块的这些基本特征是国家制定外交政策的最基本的参照。

（二）俄罗斯和英国在大陆均势中分别扮演着不同角色：理论总结

在欧亚大陆板块北面，还有一个既难以融入欧亚又有较强的介入能力的国家，这就是俄罗斯。在欧洲或亚洲地区平衡被新崛起的力量打破的时候，俄罗斯总是起着平衡杠杆的作用。比如近现代拿破仑、希特勒打破欧洲平衡和日本打破亚洲平衡的时候，俄罗斯往往担当着“最终裁判”的角色，俄罗斯的最后临门一脚，往往决定着全局的胜败。1944年，在第二次世界大战结束前夕，尼古拉斯·斯皮克曼提醒美国政府战后注意苏联的这

① [美] 尼古拉斯·斯皮克曼著：《和平地理学》，刘愈之译，商务印书馆1965年版，第48页。

② 亚洲共计49国，面积4400万平方千米；欧洲45国，面积1016万平方千米。根据黄秀莲、沈文轩主编《世界地图集》（中国地图出版社1998年版）提供的资料统计。

一特殊作用，他写道：“假如中国达到了真正的统一，而日本的军事力量又被完全消灭，则远东的支配势力将无疑地是中国。北方的俄国势力将是大陆上对中国地位的唯一平衡。”[①]“俄国将是大陆上最强大的陆上势力，有它作为盟国，对于英美两国都是有利的。其实，只要它自己不打算在欧洲边缘地区树立霸权，苏联将是保卫和平最有效的大陆根据地。”[②]基辛格对俄国这种地缘政治优势不无羡慕地评价说：“要不是俄国，拿破仑与希特勒几乎笃定可建立世界性的帝国。因此俄罗斯对欧洲具有双重意义，既是均势的威胁，又是均势的关键国之一，对均势很重要但又不完全属于均势。”[③]

与俄罗斯陆权平衡杠杆相对应的是英国，英国自从占领印度后，便在印度洋扮演起通过海权平衡欧洲地区和亚洲地区的角色。马汉在1900年写的《亚洲的问题》一书中说：

> 俄国至今的领土推进是在一代人的时间内完成的。它在中亚的楔入点是在波斯与阿富汗之间，对此应想到，通过波斯更远地挺进至波斯湾对俄国来说具备诱人的便利条件。同样的活动也可在大陆的另一端进行，俄国在跨过满洲直抵旅顺港方面已取得较大进展。于是，在东西两端，俄国都表现出了无怨无悔热情，它的表现不是时有时无，而是轻松自如的。出于自然法则与种族本能，俄国正努力在地理上倚托东西两翼向南推进，而前进的中心地带就是阿富汗山地及多沙漠的东突厥斯坦与蒙古地区，即使有心，也不可能对上述地区之内的俄国行为及其在不同地段间的相互呼应进行干涉。就自然与政治境况而言，上述地带的漫长并非俄国的弱点，因为它的扩张中心并不能被击碎。如果确实要施加限制，也只能针对上述地带的侧翼或由此向内进行。[④]

---

① [美]尼古拉斯·斯皮克曼著：《和平地理学》，刘愈之译，商务印书馆1965年版，第100页。

② 同上书，第106—107页。

③ [美]亨利·基辛格著：《大外交》，顾淑馨、林添贵译，海南出版社1998年版，第121—122页。

④ [美]马汉著：《海权论》，萧伟中、梅然译，中国言实出版社1997年版，第216—217页。

与此相对应，英国借助印度也担负起遏制俄国和平衡欧亚大陆的战略力量。马汉说：

> 北和南在逻辑上是相对的，所以可以推测，和俄国从北边进行的扩张相对应的是来自分割线以南的扩张……印度由于距离的地形最适合于被用来对中亚发挥影响或对俄国扩张线的前沿采取行动。[①]
>
> 本质上，印度对英国并不仅仅是一个基地的价值，它相对于中国与埃及的中心位置也适用于澳大利亚和好望角，这样，对于其他殖民地对英帝国联邦的支持，印度起着协助集中的作用。就印度与其他亚洲问题的相关性而言，它也不是毫无保障。获得缅甸使印度得以将边界向东推延，从而避开喜马拉雅山脉，打开了向长江上游地区及中国西部省份施以政治和商业影响的通道。在海上，这边的海峡殖民地和香港以及那边的亚丁和埃及像陆上据点一样发挥着巨大作用，有力支持了英国在东西两个方向上的海上经营。在广泛的意义上，这种经营是针对于亚洲分割地带，或者说是南北力量的争锋地带的侧翼。[②]
>
> 可以说，英国和俄国在亚洲的领土扩张构成了当前的地区背景，不仅英俄和平的或武力的行为是以此为根据，其他国家的防御或进攻行为也以此为基础。[③]

第一次世界大战后，苏联崛起，美国尼古拉斯·斯皮克曼教授推进了马汉和麦金德的学说，提出陆缘地带（亦称“边缘地带”）理论。1944年出版的《和平地理学》中，斯皮克曼认为麦金德过分夸大了欧亚大陆心脏地带的作用，实际上包围着心脏地带的外缘大陆地带如中国、印度、巴尔干、法国等拥有大量的人口、丰富的矿产资源和农业资源，而欧亚大陆的心脏地带自然环境比较严酷，人口稀少，所以他认为主宰世界的关键地区不在心脏地带。尼古拉斯·斯皮克曼对麦金德的那句战略名言提出挑战，他说：

---

① [美]马汉著：《海权论》，萧伟中、梅然译，中国言实出版社1997年版，第218页。

② [美]马汉著：《海权论》，萧伟中、梅然译，中国言实出版社1997年版，第218—219页。

③ 同上书，第219页。

这个帝国（苏联——笔者注）在寻求通往海上的途径时，在19世纪发现它的出路被扩张到欧亚沿海地区的不列颠海上势力所拦住。不列颠帝国的地位建立在从海上包围欧亚大陆的基础上，这种包围是由它的海军控制着周围海道来维持的。这种地位可以由于大陆沿海地区出现一个竞争的海上势力或由俄国的陆地实力侵入到沿海地区而受到威胁。

历史上的阵营总是某些边缘地区的国家和大不列颠对抗另一些边缘地区的国家和俄国，或者是大不列颠同俄国一道对抗一个统治边缘地区的强国。麦金德的名言：“谁统治了东欧，谁便控制了心脏地带；谁统治了心脏地带，谁便控制了世界岛；谁统治了世界岛，谁便控制了全世界”，是错误的。如果旧世界的强权政治需要一个口号的话，就必须是：“谁支配着边缘区，谁就能控制欧亚大陆；谁支配着欧亚大陆，谁就掌握世界的命运。”①

值得注意的是，与麦金德不同，尼古拉斯·斯皮克曼不仅看到俄国与海洋国家矛盾的一面，也看到可以合作的一面，他认为海洋国家可以借助俄罗斯在欧亚大陆两端的平衡作用，主张美国和英国两个海上边缘国家联合陆上的苏联共同维护战后世界和平，认为“为了获得大陆的支援以对抗边缘地区势力的威胁，与大陆心脏地带的俄国势力结成联盟是明智的”②。尼古拉斯·斯皮克曼在其名著《和平地理学》结尾时更是强调：

目前我们正期待着第二次世界大战后的新的和平。由于地理因素继续在起作用，所以根本问题仍然没有改变。欧亚大陆上的均势是我们目前作战的目标之一，建立和维持这种均势将是我们在战争胜利后的目标。所以，为了美国的利益，我们仍要继续同那些设法阻止边缘

① [美] 尼古拉斯·斯皮克曼著：《和平地理学》，刘愈之译，商务印书馆1965年版，第78页。

② 同上书，第103页。

地区结成一体的强国合作。世界其他两个巨大的强国——俄国和大不列颠——也会感到他们的安全由于欧洲和亚洲建立了某一个霸权而受到威胁。因此，这三个国家可以为建立一个有效的安全制度提供基础。既然这三个国家没有一个能够单独地和孤立地对抗世界的其余部分，那么它们的合作将有利于它们自己的最大利益。[①]

只有地区破碎才能出现“均势”，斯皮克曼所谓的“均势”，说白了就是让多种力量对等的对手在相互牵制中动弹不得；而只有借助环绕于欧亚大陆的如英国、苏联等边缘大国并与其建立联盟，美国才能达此目的。这是与麦金德理论不同的地方。麦金德理论是对第一次世界大战的经验总结，而斯皮克曼理论则是对第二次世界大战中美苏合作成功解决世界难题后的理论总结。

（三）“均势”理论对世界版图的影响

为什么欧洲从意大利和德意志南北交接的中间区域开始破碎？这与中世纪欧洲社会的政教二元冲突的历史有关。公元3世纪基督教在罗马帝国衰落后在欧洲迅速兴起，借助意大利在欧洲世俗王权之外形成了另一个政权实体。与世俗王权一样，它也有完整的税收、法庭、军队和领土主权权利。由此便形成了与世俗王权争夺欧洲霸权的斗争，斗争最激烈的地方就在意大利北部和德意志南部的交接区域，南北双方相互通过肢解对方领土来扩张自己的势力，这样便在这一区域形成“破碎基因”，并由此扩张为欧洲的地缘政治特征。

这一特征让英国大获其利并因此主导了世界近代史：英国从教皇那里学会了用肢解版图或说制造“均势”打击对手国家和控制欧洲继而世界的策略。海权理论的先驱者艾尔弗雷德·塞耶·马汉说：“均势因素是打开1500年至1800年间的欧洲近代史的钥匙。”[②]

但是，破碎并不是欧洲板图的原貌。欧洲在罗马时期的整合程度甚至比同期的中国还高。罗马从建立共和国到西罗马帝国于476年灭亡的九百多

---

① [美] 尼古拉斯·斯皮克曼著：《和平地理学》，刘愈之译，商务印书馆1965年版，第112页。

② 转引自[美] 马汉著《海权论》，萧伟中、梅然译，中国言实出版社1997年版，第171页。

年间，欧洲基本保持在罗马帝国的法统之中，罗马帝国控制着包括地中海在内的欧洲主要地区；而此间中国正经历着从战国到隋朝的历史时期，其间不知有多少个法统，也不知有多少次破碎，并且都是对称型破碎。有意思的是，在隋之后，欧洲与中国的地缘政治形势发生了逆转，中国曾出现的“五胡乱华”的形势转入欧洲：欧洲越来越破碎，而同期中国的版图却越来越大，统一性也越来越强。其重要原因之一就是因为欧洲有了政教二元冲突，基督教与欧洲王权争夺得太激烈了。保罗·肯尼迪在其名著《大国的兴衰》一书中形象地比喻道：“罗马陷落后任何时期绘制的地图，看起来都像一块用杂色布片补缀起来的被单，这块被单的图案每个世纪都可能不同，但从来没有一种单一的颜色可以用来标明一个统一的帝国。”①

欧洲文艺复兴时期为什么要打倒教权，支持王权，就是因为当时的知识分子看到了欧洲二元对立导致地区破碎从而带来的危害，他们赞扬中国的原因也是因为中国的统一性。文艺复兴时伟大的思想家阿利盖利·但丁②预见到这一结局，他在《论世界帝国》一书中说：“一个内部互相攻讦的王国必遭毁灭。”③英国历史学家阿诺德·汤因比说得干脆简洁，他说：“普世教会乃是导致大一统国家衰落的社会毒瘤。”④汤因比与但丁生活年代虽相差654年，但后者所说的话几乎就是前者的同义重复。

（四）中国革命的胜利阻止了亚洲地缘政治欧洲化的进程

近代以来，西方人来到远东后其目光便盯上中国，他们知道要征服亚洲必先征服中国，因中国太大而无法征服，于是将中国版图进行欧洲式的肢解则是他们思考的问题。艾尔弗雷德·塞耶·马汉早就提醒西方列强注意这一点，他在论述完长江对中国政治的影响后说：

---

① [美]保罗·肯尼迪著：《大国的兴衰》，王保存译，求实出版社1988年版，第23页。

② [意]但丁（1265～1321），意大利中世纪诗人，出身于佛罗伦萨贵族世家，担任过佛罗伦萨最高行政长官，后因政治因素被当局流放，终生再未回到佛罗伦萨。也正是这种经历，使他完成了举世闻名的代表作品《神曲》，该书被誉为中世纪文学的巅峰之作，并作为文艺复兴时期的先声之作。但丁、莎士比亚与歌德，并称为世界三大文学巨匠。

③ [意] 阿利盖利·但丁著：《论世界帝国》，朱虹译，商务印书馆1985年版，第8页。

④ [英]阿诺德·汤因比著、[英]D.C.萨默维尔编：《历史研究》下卷，郭小凌等译，上海世纪出版集团、上海人民出版社2010年版，第661页。

中国的统一或分裂不是由人事先规定的，但是政治家需要考虑到这两种情形。①

显然，长江是中国版图南北之间的中线，中国如果从长江开始分裂的话，中国继而亚洲大陆就会像欧洲那样出现对称型破碎：先从中心两端如云贵和江浙地区分崩，然后再从中间武汉地区离析并导致中国出现欧洲式对称型破碎。如果中国分裂，亚洲的整合就永无希望。

如果不能分裂中国，那削弱亚洲的方法就是在中国之外鼓动形成可与中国抗衡的政治力量并由此构成与中国对称的大板块。试想当年越南如果兼并了柬埔寨和老挝，在东南亚形成一个大板块——这相当于西班牙；再试想此前如果日本把东北从中国版图割裂出去，在东北亚形成另一个大板块——这相当于德国，那样的话，我们中国在亚洲就转入类似"法国"在欧洲的形势了。如果按物理学"两个矢量的夹角越大，其合力越小"的原则，这三个对等"矢量"的对冲就会大大降低亚洲的合力。果真如此，欧洲843年后的破碎形势就会降落亚洲，亚洲也就没有任何前途和希望了。

欧亚历史比较说明，大一统产生的更多是正能量，而破碎产生的多是内耗式负能量。正是因为进入中世纪后的欧洲版图长期保持着破碎尤其是对称型破碎性质，欧洲因此失去了很多机会。欧洲的内耗使美国在19世纪60年代完成了国家统一，并在此前后从法国及俄罗斯手中购得了路易斯安那（1803）和阿拉斯加（1867）。1900年，欧洲扩张已覆盖远东并迫使中国签订了丧权辱国的《辛丑和约》，但在1914年欧洲发生了第一次世界大战，在中国的西方殖民势力为此撤回欧洲参加战争，这使得中国民族资产阶级迅速崛起、推翻了清王朝并成功地进行了统一中国的北伐战争。

同样的道理，西方人要击败中国的前提也是让中国回到与欧洲大陆相同的破碎版图，至少也要让中国回到"五胡乱华"的时代。日本人就是这样，20世纪三四十年代，它从中国东北、华北、华中剥离出若干个傀儡政权，抗战胜利后，苏联和美国又背着中国搞了个"雅尔塔秘密协定"，要将中国一分为二。对此，毛泽东洞若观火。1948年12月雷洁琼先生受邀来

① [美] 马汉著：《海权论》，萧伟中、梅然译，中国言实出版社1997年版，第235页。

到西柏坡，她曾问毛泽东怎样看待“划江而治”？她回忆说：

> 毛主席笑了，笑声很爽朗，很感染人。毛主席说，美国和苏联立场虽然不同，但在这个问题上都是站在他们各自的利益上给我们增加压力，用军事实力、政治实力形成了一种国际国内舆论，一种暂时性表面化的社会基础。这就是从表面上看、暂时性看问题，不顾一切代价追求“和平”，而不管这种和平能不能长久。决定国家大事，应该从国家和人民的长远利益、根本利益考虑问题。为了一个统一的新中国，我们中国共产党必须透过现象看本质，放弃暂时抓长远，将革命进行到底。如果不是这样，搞什么划江而治，将后患无穷。在中国历史上每一次分裂，再次统一都要很长时间，人民会付出好多倍的代价！事关举国长远大计，我们共产党一定要站在人民的立场，看得远一点，不受其他国家的影响。①

毛泽东领导的中国共产党人依靠人民的力量断然过江，将中国统一起来了。多年后李宗仁也对自己当年坚持与共产党“划江而治”的行为作了深深的悔罪，他说：

> 如果美国人全力支持我，使我得以沿长江和毛泽东划分中国，中国就会陷入像今天的朝鲜、德国、老挝和越南同样悲惨的局面了。南部政府靠美国生存，而北部政府也只能仰苏联鼻息，除各树一帜，互相残杀外，二者都无法求得真正之独立。又因中国是六亿人的大国，这样一来，她就会陷于比前面提到过的三个小国家更为深重的痛苦之中，而民族所受的创伤则恐怕几代人也无法治好了。如果这种事情真的发生了，在我们敬爱的祖国的未来历史上，我会成为什么样的罪人呢？②

① 《“公者千古，私者一时”——雷洁琼访谈录》，载《党的文献》2011年第3期第108页。

② 李宗仁口述、唐德刚撰写：《李宗仁回忆录》，广西人民出版社1980年版，第949—950页。

事实确实如此。如果当时中国不管是以长城还是以长江为线被分成两部分的话，那么今天我们什么都不要谈了，甚至到汶川救灾都去不了，因为还不知这中间要越过多少个“国家”，需办多少“签证”。

1948年美国和苏联在分割完欧洲后便转向中国内战，他们都以不同形式地支持国共划江而治。当时东北朝鲜半岛已经一分为二了，西南印度版图也分出一个巴基斯坦，都算是所谓“和平样板”。美苏也诱使中国走朝鲜和印度的路。毛泽东领导的中国共产党坚持统一，没有走他们的路，我们今天才有了一个有大版图的完整国家。这对我们的未来是基础性的地缘政治资源，有了这份资源，中国未来的其他问题就好解决多了。正如毛泽东在新中国成立不久就告诉我们的：“国家的统一，人民的团结，国内各民族的团结，这是我们的事业必定要胜利的基本保证。”[①]

太平洋战争结束后，亚洲出现大变局，东北亚分裂、南亚分裂，只有中国南北反倒统一，由此看，目前亚洲围绕中国大板块的地缘政治不对称破碎造型，既是殖民主义、帝国主义插手干涉的结果，也是中国人民和亚洲人民一道自觉奋斗争取的结果。可以设想，如果没有后者的奋斗，今天亚洲版图就很可能成了欧洲那样看起来像是用“杂色布片补缀起来的被单”[②]。

结构决定性质，骨架子散了，只有任人欺侮。所以中国1979年的对越自卫反击战，这不仅对中南半岛和平而且对整个亚洲的和平是有大贡献的。前一段时间，西哈努克去世时中国高规格地出席柬埔寨举办的悼念活动，这说明中国非常重视柬埔寨的战略地位，将其看作保障中南半岛和平的支点力量。

欧洲崛起并扩张到远东后，包括印度在内的印度洋地带和中国的周边地带都被欧洲殖民者人为地粉碎了，这样的后果对于这些国家和人民都是不幸的，但不幸中的万幸是它造成亚洲以中国为中心和主体的不对称破碎地缘政治形势，这客观上将中国推到亚洲政治的主体地位。这样的地区板块结构有利于以中国为中心和主体的东亚合力的形成，也使亚洲避免了欧

---

① 毛泽东：“关于正确处理人民内部矛盾的问题”，《毛泽东选集》第5卷，人民出版社1977年版，第363页。

② [美]保罗·肯尼迪著：《大国的兴衰》，王保存译，求实出版社1988年版，第23页。

洲对称型破碎带来的无限内耗的恶果。

地缘战略是类似“搭积木”的学问，使国家间的版图搭配有利于和平的主体构建。和平的前提是主体和平，这个主体在亚洲就是中国。中国稳，则亚洲稳，稳定的主体才能产生地区和平。不然就不能解释两次世界大战为什么都率先在欧洲爆发。国际政治就是这样，所以我们学习地缘政治，要抓住关键点：没有关键点，就没有主要矛盾，就没有政治。毛泽东说：“中国是亚洲的重心。”①越南原国防部长范文茶将周边国家与中国的关系形象比喻说“天堂很远，中国却很近”②。

（五）印度是西方亚洲殖民政策的牺牲品

有的同志会问，看看地图，印度、埃及也都是大国？但此大国非彼大国也。

大家知道，英国人到印度之前，印度就是非常破碎的国家，在相当长的时期里地方割据势力把持和分割着国家政治。1857年英国占领印度后，为了长期控制印度洋的需要，印度各地才被英国统治强行黏合起来的。英国人那个时候不得了：1840年打败了中国，1857年同时向中国、印度开战，这前后还发动了三场试图征服但最终失败了的讨伐阿富汗的战争。

英国为了控制印度洋，需要一个大板块的印度，但为了长期控制印度，在给它缝了一张完整的大“皮”后又将印度（埃及也是一样）的骨骼、内脏和灵魂都给拍碎了。

首先，民族的统一灵魂碎了。大家如果有机会可以到印度去看看，那里神庙特别多，神多民弱，民弱国弱，只有统一文化和精神的国家和民族才可以强大。在印度，所有制复杂、种族复杂，这都是英国人有意识以“民主”、“多元”、“包容”的名义保留下来的。其实，美国民族问题最复杂，第二次世界大战中为了防止德国人窃听，美国军方用很土的印第安语通电。但美国从来不强调这些，只说他们是一个民族，说的是一种语

① 毛泽东：《别了，司徒雷登》，《毛泽东选集》第4卷，人民出版社1911年版，第1491页。

② 《越南眼中的中美抉择：天堂很远 中国却很近》，http://news.ynet.com/world/view.jsp?oid=69772619。

言即英语。西方人赠给印度的桂冠是"种族博物馆"，可对本国同类现象却从不加以渲染。他们不仅不鼓励而且是尽量减少和弱化本国民族的多样性发展。"美国的语言教育，尤其是针对移民的语言教育发展所诠释的是'同一面旗帜，同一种语言，同一个国家'的理念"①。英国人在削弱印度人的民族统一性、强化以英国为中心的殖民性的同时，还力图削蚀印度民族的战斗性。英国人推出甘地，封甘地"圣雄"称号。甘地确有许多好的思想，但英国人则重点突出其"非暴力不合作"的主张。如果大家还以为这是偶然的巧合，那大家再看看同期英国人统治下的南非和英国人推出的曼德拉。曼德拉也被封为"和平斗士"，英国人对这些"斗士"经过无害化处理后，便对压迫者有了既好看又实用的作用，但对被压迫者而言，他们实际就成了有害的精神鸦片了。2000年我去印度尼赫鲁大学访学，校内各系前贴满了"大字报"，被挑起的种族问题越来越复杂，什么事情都干不下去。加上印度不像中国经历过彻底的社会革命，从封建主义、殖民主义到资本主义的所有制为独立后的尼赫鲁政府照单全收，尼赫鲁接到手中的是一个谁也动不了、什么也不能动的"复杂"国家。

英国对印度的殖民统治是将印度统一民族的骨骼、内脏和灵魂都拍碎后完成的：从封建主义的、殖民主义的到独立后的资本主义的所有制、意识形态全被保留且不可动摇。尼赫鲁在英国的支持下和平取得政权并使印度获得独立，这样的结果有一个好处就是革命成本低，但后遗症也很大，就是谁都得罪不起，巨量的私有权保留了下来，治理成本极大。这样对印度来说，所有制越复杂，产权越明晰越细致，历史包袱越重，国家就越发展不动，越容易被人操纵②。

与中国彻底的社会主义革命的结果不同，印度独立后其经济的"生产⇌流通⇌消费"的双向循环过程要经历很复杂的利润或利益的所有制分割。印度政府动辄就要给庞杂的私有产权偿付大量租金，国家的投资往往因私有产权的大量预先截留而事倍功半：钱投资到生产中，经过资本家、地主

---

① 孙渝红博士论文：《语言教育与国家战略》，西南大学，2009年，H09；DOI：CNKI:CDMD:1.2009.198012。http://cdmd.cnki.com.cn/Article/CDMD-10635-2009198012.htm。

② 关于此方面的研究，可参见张文木著《印度国家发展及其潜力评估——与中国比较》，科学技术文献出版社2005年版。

和英国殖民者的产权截留，最终到生产者手中就所剩无几。1960年8月22日，尼赫鲁在人民院中提出了这样一个问题：印度“一五”、“二五”计划期间国民收入增加42%，这些增长的收入都到哪里去了？为此，1960年10月他指定一个以马哈拉诺比斯为首的委员会，要求调查印度社会经济活动所造成的“财富和生产手段集中的程度”。1964年2月，委员会提出的报告指出：“计划经济的执行造成了印度工业中大公司的增长。公营机构如工业金融公司、国家工业发展公司等提供的贷款促使印度工业中私营部分，特别是那些大公司的增长。”[①]1964年4月印度政府再次指定一个以最高法院法官K.C.达斯·古普塔为首的垄断调查委员会，次年10月委员会提出报告并得出结论：70家印度最大的垄断财团（其中包括16家外资控制的垄断财团）在工业垄断中起了重要的作用。这70家垄断财团共垄断588种产品，占调查的产品总数（1298种）的45.1%。其中占首位的是塔塔财团，其次是比尔拉财团，再次是帝国化学工业公司（英资控制）、萨拉巴伊财团等。委员会通过对2259家印度主要公司的所有权分析，初步确定了印度经济中带有垄断性的83个企业集团。又把其中总资产超过5000万卢比的75个集团列为印度最大的垄断财团。这75家财团总共控制了1536家公司，其全部资产为260.595亿卢比，全部实收资本约为64.632亿卢比。它们在印度25661家全部私营公司总产（555.15亿卢比）中占46.94%，在实收资本总额（146.54亿卢比）中占44.1%。[②]最后委员会得出结论指出印度政府为国家迅速建立工业化制订的计划经济“被证明是导致（经济）进一步集中的一个令人信服的因素”。[③]私人垄断经济的发展，导致社会劳动成果日益为私人企业所截流甚至垄断。

土地改革的彻底性是由不同性质的社会革命造成的不同发展结果的根本性原因。中国独立自主的社会革命的成功使其可以通过土地改革彻底打破封建和官僚买办的剥削生产关系。“到1952年年底，除一部分少数民族

---

① 印度教育部：《印度国际报告》，第3卷“经济结构和活动”，第502—521页。转引自孙培均等著《印度垄断财团》，时事出版社1984年12月版，第44—45页。

② 孙培均等：《印度垄断财团》，时事出版社1984年12月版，第45—46页。

③ 《垄断调查委员会1965年报告》，转引自孙培均等著《印度垄断财团》，时事出版社1984年12月版，第47页。

地区及台湾省外，全国广大新解放区的土地改革已基本完成。”[①]1956年中国基本上完成了对农业的社会主义改造，参加农业生产合作社的农户占总农户的96.3%。农村中的封建剥削关系基本消灭。随着工商业社会主义改造的完成，整个社会的生产关系只剩下最简单的全民和集体两种所有制。依靠复杂的产权关系寄生于社会生产之间阻碍社会劳动成果直接反哺社会劳动者的产权交易费用基本消除，农民债务更是不复存在。在彻底废除劳动与劳动成果之间的剥削环节后，劳动成果得以直接反哺劳动者和用于国家基本建设的安排。

印度土改始于1953年，这一年中央政府建立了中央土改委员会，由计划委员会成员和内务部长、粮食部长组成，作为土改指导机构。土地改革有两个主要目的：一是消除土地所有制结构中阻碍农业生产的因素；二是使作为生产资料的土地直接与劳动者结合，创造条件使农业经济实现高效高产。土改内容包括三方面，分两阶段实施。与中国20世纪20年代蒋介石领导的国民党注意到但无法解决农工问题的原因相似，尼赫鲁国大党也看到了彻底的土地革命对于印度的未来具有关键的意义。[②]但是，由于国大党本身所代表的是大地主大资本家利益，以及由大地主大资本家阶级占据的议会席位形成的对尼赫鲁政府的制约，这使国大党政府，即使有再好的政治设计，也无法实现。中国国民党蒋介石政权由于基础是建立在封建官僚买办的支持之上，即使早就认识到土地问题的重要性也无法在中国大陆进行彻底有效的土地革命，与此同理，印度国大党推行土

① 董志凯主编：《1949～1952年中国经济分析》，中国社会科学出版社1996年版，第80页。

② 1936年4月印度国大党在勒克瑙召开的第四十届年会上提出了一项土地纲领，认为“国家最重要和最紧迫的问题是农民惊人的贫穷、失业和债务，这些基本上是由于过时的和压迫的地权制度和田赋制度，而近几年来农产品价格的大幅度下跌又加剧了这个问题。这个问题的最终解决必然包括清除英帝国主义的剥削、彻底改变地权和田赋制度，以及国家承认有向农村失业群众提供工作的义务。” 1945年9月、11月，国大党国家计划委员会先后开会讨论土地问题，还提出具有社会主义性质的“组织合作社”和“取消国家和实际耕种者之间各类中间人地主”的土改方针，指出：“必须组织合作社来耕种开垦的荒地和由国家征收的其他土地，并在各地鼓励组织其他形式的合作农业；不承认国家和耕种者之间的各种中间人地主，他们的各种权利以及土地财产所有权被付与必要的令人满意的偿金以后由国家征收；在现有田赋制度不变的情况下，对来自土地的高收入征收累进税，对实际的小耕种者适当减轻田赋负担。”转引自黄思骏著《印度土地制度研究》，中国社会科学出版社1998年版，第281、284页。

地改革30余年，最终不得不以“具有雷鸣般的热情”开始，而以“没精打采”的结局告终。[①]

我们看到，正是发生在独立之初的由不同的社会革命导致的不同的资源“初始配置”即“土地改革”模式，铸定了印度——相对于中国而言——先天不足的“经济胚胎”，这种“经济胚胎”的先天的和致命的病因在于国家经济基础即民族市场在其中得不到充足的利润反哺，并因此不能形成充足的支撑经济发展的购买力。正是由尼赫鲁土改“豆腐渣”工程在印度国家生命体中注入的先天特性的“病因”，致使印度在半个世纪的发展落伍于中国。

笔者根据上述对印度结构式的考察和深入的理论分析，在拙著《印度国家发展潜力及其评估——与中国比较》一书中，曾对印度的未来前景作出的评估，与尼赫鲁“销声匿迹”的预言相近似。现转录于下：

> 1. 英国在印度的殖民统治断送了印度中世纪文明的发展进程，却没有给印度人带来自主型的——相对于拉美式的——资本主义的近代发展进程。在生产分配领域，英国人在没有消灭旧的封建阶级的条件下，又给印度送来了新的国民财富的截流者即殖民统治官员。印度独立后尽管废除了服务于殖民统治的柴明达尔制度，但却变相保留了其他封建地租食利者阶层，并在此之外又新增了民族资本家阶层。在国内市场日益萎缩的条件下，资本家及新兴有产阶层中新增出了为国际资本服务的买办阶层。这些阶层队伍如此庞大以致他们利用私有权瓜分印度年度利润之后，社会生产者主体即劳动者阶层所得无几。由此而言，除了主权归属不同，印度独立后所建立的只不过是殖民地时期的金字塔利润分配结构的变形。这种结构既断送了印度在“二战”后进入苏联、中国等国家自主型社会主义道路的可能，也断送了印度在全球化时代进入英美等西方国家自主型资本主义道路的可能。经过50多年的痛苦挣扎性选择，当代印度实际上已不情愿和半推半就地滑入

---

① “土地改革计划开始具有雷鸣般的热情，但是，这个热情的活力很快就消失了，土地改革的执行变成了没精打采的事情。”[印]鲁达尔·达特、K.P.M.桑达拉姆著：《印度经济》（下），雷启准等译，四川大学出版社1994年版，第69页。

依附于国际资本的拉美式的发展惯性之中。印度已成为拉美模式在亚洲的另存形式。

2. 印度独立以来形成的社会结构既阻碍了生产力可持续性发展，也削弱了印度国家发展的可持续潜力。如果将印度的国家发展潜力分为表现为存量的自然资源潜力和表现为变量的高效利用这些资源的能力潜力。与中国比较，印度的国家发展潜力只具有自然资源存量优势，而缺乏高效利用这些资源的国家能力的变量优势。中国相对于印度的发展优势主要体现在后一方面。由于中国拥有良好的运用其自然资源的政治经济结构及由此产生的高效能力，在可见的将来印度要赢得相对于中国的发展优势是不可能的。

3. 但上述两点结论的确定是有条件的，即只在当代中国已确定的社会主义制度参照系和当代印度已确定拉美模式的坐标系中，上述对印度的评估结论才是成立的。由此，我们进一步推导出的结论是：鉴于印度自然资源尚未大规模开发，并对中国保持着相当的后发优势，[①]如果未来中国发展自觉或不自觉地走上具有拉美特征的印度发展道路，并由此形成拉美式的社会经济结构，那么，中国的发展将会落伍于印度。

4. 最后，对印度的国家发展潜力的评估不能不考虑印度议会体制对印度未来的影响。这一点使目前“印度热”中的所谓“自由派”人士甚为乐观[②]，而笔者的评估结论则是非常悲观的。从“减震”的角度

① 这里需说明的是，我们平常只注意中国国土陆地面积大于印度，但没有注意到印度的土地大部分都适于居住和耕种，印度居民可以比较均衡地散居于印度各地。而中国则有近1/3的土地面积位于青藏高原高寒地带。这些地带人类生存条件差，可耕地和居民人口主要集中在中国东中部地区。不仅如此，中国在城市化快速推进主要集中于中东部地区，耕地面积锐减的同时，人口也在增长，这更加重了耕地资源的短缺。2001年中国耕地面积仅占土地面积的13.5%，而同期印度则达54.4%［据《国际统计年鉴》（2004）第30页提供的数据计算］。2000年笔者从印度北方德里到印度最南端喀拉拉邦考察，一路上，城市少见十几层高楼，农村则少见像中国这么密集的村庄。

② 美国国家情报委员会（NIC）日前发布报告称，印度具备的经济潜力不逊于中国，从长远来说，其可能取代中国成为世界经济发展的“火车头”。据悉，在美国几乎所有的大型咨询和情报机构背后都有NIC的影子，其中也包括美国中央情报局。在日前发布的报告中，NIC承认了中国眼下的绝对经济优势。NIC指出，根据两国GDP（国内生产总值）和吸引外商投资

考虑，尼赫鲁留给印度的“民主体制”不仅使政府失去效能，同时也使“人民革命”失去效能。这正如英国殖民统治留给印度的“议会体制”既瓦解了印度知识分子，也瓦解了印度劳动者的反英民族革命的后果一样。印度这种体制的“减震”作用既留给了印度政府解决问题的时间，同时也增加了印度政府解决问题的难度。[①]从这个意义上说，如无“猛药”根治，议会制度的“减震”作用，对具有结构性危机的印度国家所产生的后果，不会是迅速崩溃，而只能是缓慢衰落，乃至——鉴于印度所处的非常敏感的世界海权地缘中心位置——瓦解，[②]并且是在印度人不知不觉中瓦解。[③]

的数据来看，在经济上，印度同中国还不可同日而语。仅从近几年来说，印度的累计增长率就落后了中国20%。NIC同时指出，一批专家在接受其访谈时均指出，印度的经济潜力还未完全显现，一旦充分发挥，印度将取代中国成为全球发展最快的经济体。同时，报告认为，印度的资本市场继承了其前宗主国英国的一套成熟体系，在高科技领域拥有一大批拥有全球竞争力的优秀公司，而中国经济目前最大的隐忧正是其“危机四伏”的金融体系，经济也严重依赖外商投资，缺乏一批有核心优势的本土公司。报告最后也“直言不讳”地指出了印度的一些问题。NIC认为，相比印度能够取得的经济增长速度，其目前的增长速度至少要低2~3个百分点。此外，印度的地方政府官僚习气还很严重，营商环境不甚乐观。这使得国际投资者对于这个潜力巨大的国家仍然心存犹疑，处于观望姿态，从而使印度在外商直接投资（FDI）上大大落后于中国。同时，印度的政党斗争过于激烈，使得政府无法一以贯之执行一个稳定的经济政策。(资料来源：“印度经济潜力还未完全显现，或取代中国火车头”，《〈印度时报〉比较两国：印度有对华优势》， http://world.people.com.cn/GB/41219/3632639.html。

① 2000年间笔者去印度进行考察，看到印度政府许多重大有益的政策，即使是极简单的事情如计划生育、汽车排气标准、增减工资福利、街道摆摊等，都在一次次讨论和游行中不了了之。相反1998年印度核试验的决策，据悉，却是在只有极少数政治家知道的情况下成功实现的。

② “而根据20世纪英国对印政策的经验，从宗教和地理上分裂印度将是21世纪的世界霸主最有可能的选择。如果说当年英国人肢解的是印度西北部的话，那么，将来世界霸权国家则最有可能从印度南部下手。从地缘战略需求看，对世界霸权国家最有利的是将印度的版图限制在北纬15度以北即泰米尔纳德邦以北地区，将印度的有效国力限制在北纬20度以北即孟买以北，尤其是东北部地区。印度在世界霸权国家的全球战略中的地位仅限于用它阻止中国力量进入印度洋及从西南方向拖住中国向太平洋及南中国海发展。”张文木著：《世界地缘政治中的中国国家安全利益分析》，中国社会科学出版社2012年版，第125页。

③ 张文木著：《印度国家发展及其潜力评估——与中国比较》，科学技术文献出版社2005年版，第96—98页。

理解这些，也就理解为什么尼赫鲁对印度未来出现“销声匿迹”的可能如此担忧。

一个中心曰“忠”，两个中心曰“患”，这反映了中国人对于统一性的认识[①]。“贫”字在中国文化中与“弱”相联，贫，非不富矣，“分贝”是也。凡事只要一分，就没希望了。这是中国人的整体认识论。目前中国的一些所谓“普世派”想将中国改造成小国寡民，像瑞士那样的国家，果真如此，那真是中国的灾难。你看看欧洲中世纪内耗成什么样子了，版图变化就像五彩斑斓的破画布。欧洲人现在意识到这一点了，其统一速度在加快，其整体性加强了；而在中国和印度，西方人却鼓动那些不靠谱的“公知”们诱导他们的国家走欧洲曾走过并带来巨大灾难的“威斯特伐利亚”[②]老路。《威斯特伐利亚和约》之前，与中国战国时期至少名义还有周天子共主的情形相似，欧洲大陆当时至少名义还在“神圣罗马帝国”法统下，之后即变成几十个拥有对等主权且力量相对均衡的政治格局——有幸中国因秦王朝的建立避免了这一结局。威斯特伐利亚体系以对等主权共存的形式破坏了中世纪欧洲至少是形式上存在的统一性，并使欧洲实质性地陷入碎片化时代——这是两次世界大战在欧洲爆发的制度性原因。中国一些知识分子只看到威斯特伐利亚体系的国际关系民主化，但没有看到它也是近代以来西方动乱温床的一面。此后欧洲国家间可以不顾以往类似中国战国时期的那种哪怕只是情面上的宗法维系而理直气壮地发动战争——这些战争最后将欧洲边缘国家尤其是英国推向印度洋及以此为基础的世界霸权。

---

① [西汉] 董仲舒：“是故古之人物而书文，心止於一中者，谓之忠；持二中者，谓之患。患，人之中不一者也。”苏舆撰、钟哲校：《春秋繁露义证》，中华书局1992年版，第346页。

② 《威斯特伐利亚和约》，象征三十年战争结束而签订的一系列和约。签约双方分别是统治西班牙、神圣罗马帝国、奥地利的哈布斯堡王室和法国、瑞典以及神圣罗马帝国内勃兰登堡、萨克森、巴伐利亚等诸侯邦国。而在1648年10月24日签订的西荷和约，正式确认了威斯特伐利亚这一系列和约，并象征三十年战争结束。此后，欧洲大陆从一个至少名义还在“神圣罗马帝国”法统下的国家变成几十个拥有对等主权且力量相对均衡的政治格局。威斯特伐利亚体系以对等主权共存的形式破坏了欧洲至少是形式上的统一性，并使欧洲实质性地陷入碎片化时代。这是两次世界大战在欧洲爆发的制度性原因。

（六）印度洋将是拖垮美国的不归死地

美国总统尼克松为美利坚民族做出的最卓越的贡献是，成功使美国摆脱越战并与中国修好，但他为此付出的代价也是巨大的，对美利坚民族而言也许是致命的：他宣布放弃美元的金本位而将美元直接与国际石油挂钩。于是，原来可以支持美元坚挺的美国工业——哪怕是军工产品，径直变成了脱离国民劳动且远离本土的资源产品即国际石油。这样，美元的坚挺就要靠国际大宗消费品石油的采购以美元结算来保证。从劳动形态上说，今后支持美元的就不是国民劳动而是国家对外战争。现在回头来看，尼克松在挽救美国的同时却又更深地伤害了美国：他使人民离劳动更远，离战场更近；为华尔街国际资本而不是为美利坚民族利益到世界各地打仗成了美国国家的“生产方式”和美国国民的“生存方式”——这种生存方式合乎逻辑地将美国开战方向引向印度洋北岸地区尤其是波斯湾油气资源丰富的地区。

对印度洋的掌控的深度，今天美国——尽管渴望有增无减——远不如当年英国。原因是当年的英国是工业国家，而今天美国是个由华尔街统治的金融国家。今天的美国已没有自己的工业了。实体经济尤其是其中的工业和农业是国家的肾，美国汽车工业城底特律的倒台说明美国得了“肾衰竭”，美国的肾被华尔街大亨们摘了。没有“肾”就不能造自己的“血”，这就是国家金融。今天美国金融的主人不是民族国家，而是华尔街金融寡头。美国“肾”都没了，所以它走不远。奥巴马不愿再打叙利亚，因为美国实在打不动了。但华尔街不同意，于是他可能受一百年前那位智利公使说的“各国国会的主要功能之一是要事情做不成”[①]这句话的启发，推说要有国会批准，这让华尔街不高兴，华尔街的美元得靠中东石油撑着，既然白宫战略东移拿不下中国，那奥巴马就还得返回去拿石油。奥巴马若不打叙利亚，那华尔街就不给你“发工资”，很快美国白宫便遇上“财政悬崖”，行政各部也随即关门；奥巴马连“亚太经济合作组织”（APEC）峰会都没钱参加。所以说今天的美国真的不能与当年的英国比。

---

① 转引自[英]哈·麦金德著《民主的理想与现实》，武原译，商务印书馆1965年版，第24页。

垂死的人，会更疯狂、更残忍、更凶恶；就美国而言，对第三世界尤其是位于印度洋的第三世界大小国家更具危险性。

六 印度洋板块与欧亚地缘政治板块间有着强烈的挤压式互动

（一）欧洲人还要重返印度洋和远东

但是，目前印度还不会有这样的担忧，因为在它之前西方国家还有其他对手——比如中国和俄罗斯——要解决，如中俄倒下，随后印度必将首当其冲。所以说印度有些人跟中国作对是不明智，中国如果倒了，哪有印度的好？这与三国中的孙吴为得荆州小利而获灭国之灾的道理一样。看看当年英国对印度人民的镇压及统治，就会知道西方人届时根本不会给印度喘息和反抗的余地。英国人统治的时候给印度连起了一个大版图，但英国人走时又把斯里兰卡、巴基斯坦给拆分出去。这真是用得着就统合，用不着时就拆分。但毕竟没有全分，其原因是印度还在英联邦里面，英国人还要重返远东。这在汤因比书里有所体现。汤因比在其主编的《第二次世界大战史大全》中号召欧洲人痛定思痛，用“50到100年”的历史，推动欧洲“内部的一次大革命”，最终使欧洲得以“恢复原状”：

> 第一次和第二次世界大战使欧洲的传统组织一再受到打击，欧洲是否能恢复原状，这仍然是一个大问题，要由今后50年到100年的历史来解答。只有经过内部的一次大革命，改变早已确立的政治与经济组织方式，形成全欧的社会组织，欧洲似乎才有可能在俄美两个超级大国控制的世界中恢复主权。然而，千百年来的因循守旧、各国的既得利益以及年深月久的憎恨与恐惧，都是压在欧洲背上的负担，阻碍了上述那种革新。从技术上讲，肯定是可以革新的，但从社会与政治上说，或许不可能进行改革。欧洲人作为个人，作为民族，常具有卓越的理智、洞察力和行政手腕，但这些因素同传统的势力、感情以及复旧情绪将会有一场艰苦的斗争，而这种斗争决不能摆脱在欧洲边缘已站住了脚的超级大国的操纵和摆布。看来俄美之间争夺欧洲资源的斗

争，不可能有助于欧洲改组的事业。[①]

大家再看看英国前首相托尼·布莱尔（Tony Blair）的书，布莱尔在回忆录《旅程：我的政治生涯》的序言中将这个目的说得更加明白：

> 我想改革英国，使它保留20世纪初、身披世界最强大帝国斗篷的骄傲，同时，面对21世纪的到来，不会由于那件斗篷不再合身而自觉失落和衰退。[②]

整个印度洋国家是一种拉美式的经济体制，其特点就是工业发展不能独立自主，这样的民族没有张力。只要是资本主义工业国家必然要扩张并走帝国的道路——日本法西斯主义就是这样起步的，因为它需要世界市场。中国发展起独立自主的社会主义工业体系，这要感谢毛主席，毛主席没有把中国带向自然农业社会，更没有带入拉美式的资本主义社会，而是为中国建立起独立自主的工业发展模式和国民经济体系。太平洋战争结束前的德黑兰会议上，在讨论打败希特勒后如何处置德国方案时，罗斯福与斯大林都认为：防止德国东山再起的关键是毁灭德国的重工业生产能力；只要没有重工业生产，德国就永远没有发动战争的力量。罗斯福还说要把德国变成牧羊场[③]。牧羊场国家就是只提供原材料而无工业技术原创力的依附性国家，就是工业国家商品的倾销地，因而，这样的国家是没有竞争能力的。《罗斯福传》的作者康拉德·布莱克曾对美国的“旨在德国清除纳粹余孽的解除其工业化的激进计划”的实质一语中的，他说：“实施这个计划等于把7000万德国人全都变成牧羊人，苹果园主和家禽饲养员。”[④]1946年1月3日，斯大林将苏联的经验告诉蒋经国：“不要只醉心于贸易。

---

① [英]汤因比主编：《第二次世界大战史大全》第5卷，郑玉质、关仪译，上海译文出版社1995年版，第1161—1164页。

② 《这是一封超长的信，收信人是我热爱的国家》，http://www.infzm.com/content/54243。

③ [加拿大]康拉德·布莱克著：《罗斯福传》，张帆等译，中信出版社2005年版，第390页。

④ [加拿大]康拉德·布莱克著：《罗斯福传》，张帆等译，中信出版社2005年版，第390页。

假如苏联没有工业，那么德国就会打败苏联。由于苏联有工业，战争期间才有可能每月生产3000架飞机、3000辆坦克、5000门大炮、40万支步枪、20万支自动步枪。”[①]

英国被迫放弃在印度统治，离开南亚次大陆之前，已将印度转变成了一个“牧羊场”国家。美国本来是要消灭日本的重工业的[②]，后因冷战的需要，美国再次放宽了对日本工业的限制。澳大利亚也是这样一个养羊、跑袋鼠并由此没有扩张和打仗需要的国家，所以澳大利亚就特别“和平”，当然也没有保障和平的能力。加拿大也是这样，没有像样的重工业，所以也比较和平。这样的国家，傍着美国，美国也放心。围绕在中国周边许多亚洲国家都有这个特点，这是欧洲为了在亚洲的殖民需要制造出且保留下来的。如果当年英国人把印度发展成日本式的资本主义工业国家——当然它不会这样做，那么今天我们西南一带就不是这样的地缘政治形势了。中南半岛三分天下的形势，也是法国人当年搞的“印度支那联邦”的后果。正因为中国周边这样的地缘政治形势与中国形成——完全不同于欧洲对称破碎——的不对称破碎格局，我们亚洲近现代史才有不同于同期欧洲的和平稳定的发展形势。

（二）张伯伦的政治遗产与丘吉尔的悔悟

说到这里，我们真的不能忘记，也不应该忘记被骂得狗血喷头的张伯伦先生及其政治遗产。希特勒崛起时，张伯伦意识到了再次世界大战将使欧洲失去既有的世界霸权。张伯伦为此绥靖希特勒并对他说，咱们不能再打了，第一次世界大战打了以后苏联、美国崛起，我们若再打，苏联人和美国人就会进入欧洲。希特勒当时年轻听不进去，决定打；丘吉尔也年轻更听不进去“老同志”的话，也决定打。战争的结果不出张伯伦所料：苏

---

① “斯大林同志同蒋介石的私人代表蒋经国的会谈记录（1946年1月3日23时）”，参见[俄]A.M.列多夫斯基著《斯大林与中国》，陈春华、刘存宽等译，新华出版社2001年版，第37页。

② “日本将被许维持经济所必需及可以偿付实物赔偿之工业，但可以使其重新武装作战之工业不在其内。为此目的，可准其获得原料，以别于统制原料。日本最后参加国际贸易关系当被准许。”《中美英三国促令日本投降之波茨坦公告》，参见王绳祖、何春超、吴世民编选《国际关系史资料选编》，法律出版社1988年版，第876页。

联和美国通过“第二战场”完全插进欧洲。丘吉尔当时想从南欧开辟“第二战场”，从意大利北上出兵，罗斯福和斯大林却联手逼迫丘吉尔同意从法国诺曼底登陆，并把东欧让给苏联红军来解放。当时谁都知道，大兵所至即势力范围所至。斯大林对此看得明白，他曾私下对当时还是南斯拉夫共产党领导人的米洛凡·杰拉斯[①]说：“这次战争和以往战争不同，谁解放领土，谁就把自己的社会制度推行到他们军队所到之处。绝不可能不是这样。”[②]苏联出兵东欧意味着东欧将归入苏联的“社会主义阵营”，这样一来，欧洲就又被分成两部分，即英法控制的“西欧”和苏联控制的“东欧”。欧洲被拦腰斩断了。欧洲由此元气大伤。

在认识美国人方面，当年的丘吉尔还是太年轻了。如果他早点读到麦金德发表于1919年的《历史的地理枢纽》中说的“美国最近已成为一个东方强国，它不是直接地，而是通过俄国来影响欧洲的力量对比”[③]的预言，就不会轻信同为盎格鲁-撒克逊民族并同具民主信念的美国人信誓旦旦的承诺。

1943年11月30日，德黑兰三国首脑第三次会议前4个小时，丘吉尔与斯大林有一个单独会晤。会晤从中午12点40分开始。丘吉尔先告诉斯大林：从母系方面讲，他一半是美国人。接着他又“此地无银三百两”地说，他对美国人很有感情，不应当认为他想贬低美国人。他丘吉尔对美国人是完全忠实的。[④]可他哪里知道早在德黑兰第一次会议“前一个小时”[⑤]罗斯福背

---

① 米洛凡·杰拉斯，1911年6月12日生，1932年参加南共，同年被捕坐牢。1935年被释放。1937年被选为南共中央委员，1948年任南斯拉夫共产主义联盟中央执行局书记，1953年年初任南斯拉夫副总统，同年末任联邦人民议会主席。1954年3月被开除出党，1955年被判处18个月的监禁，监外执行，1956年10月29日因赞同匈牙利事件而被判处三年徒刑，1961年1月被释放，三个月过后，因发表《同斯大林谈话》一书获罪而被关进监狱，1966年出狱。

② [南]米洛凡·杰拉斯著：《同斯大林谈话》，赵洵、林英译，吉林人民出版社1983年版，第89页。

③ [英]哈·麦金德著：《历史的地理枢纽》，林尔蔚、陈江译，商务印书馆2007年版，第69页。

④ “斯大林与丘吉尔的会谈记录”（1943年11月30日），沈志华主编：《苏联历史档案选编》第17卷，社会科学文献出版社2002年版，第448页。

⑤ [俄]奥·阿·勒热舍夫斯基编：《斯大林和丘吉尔（1941～1945）》，王仲宣、齐仲、高春兴译，东方出版社2006年版，第440页。

着丘吉尔已主动向斯大林表达了被丘吉尔视为命根子的印度问题的解决意见。1943年11月30日的苏联档案《斯大林与丘吉尔的会谈记录》有如下记载：

罗斯福认为，这个原则本身对其他殖民地同样是适用的。在实施有关托管制的建议方面，丘吉尔不打算坚决地采取行动，因为他怕这个原则不得不适用于他的殖民地。

斯大林答，当然，丘吉尔将会不满。

罗斯福称，当赫尔在莫斯科时，他随身带了一份文件，那是罗斯福制定的关于建立国际殖民地事务委员会的文件。这个委员会应当对殖民地国家进行观察，以对这些国家的状况以及改善这种状况的可能性进行研究。这个委员会的全部工作最好公布于众。

斯大林答，假如这样做，就好了，就向这个委员会提出申诉、请求等。

罗斯福表示，最好不和丘吉尔谈印度问题，因为他罗斯福知道，丘吉尔对印度问题还没有任何主意。丘吉尔认为，这个问题可留到战争结束以后解决。

斯大林说，印度是丘吉尔的一个病灶。

罗斯福同意这一点，但他认为，英国必须在印度采取某种行动。

罗斯福说，他希望同斯大林随便谈谈印度问题。随后他对斯大林提出一个让今天美国“民主制度”的粉丝们怎么也想不到的建议。

他认为，议会制政体对印度是不适合的，最好的解决办法是在印度创立某种类似苏维埃的制度，从下面开始，而不是从上面开始，也许这个就是苏维埃制度。

斯大林答，从下面开始——这意味着走革命道路。

罗斯福说，关于印度，局外人比那些同这个问题有直接关系的人能更好地解决问题。斯大林说，当然，局外人能比较客观地观察事物。①

---

① 引自“斯大林与罗斯福的会谈记录”（1943年11月28日），沈志华主编：《苏联历史档案选编》第17卷，社会科学文献出版社2002年版，第404页。

罗斯福说"议会制政体对印度是不适合的，最好的解决办法是在印度创立某种类似苏维埃的制度"，这言外之意就是印度可以用自下而上的革命方式在战后成为苏联的势力范围。丘吉尔曾把印度称为"英王皇冠上的那颗真正最为光亮而珍贵的宝石"①；现在罗斯福要将这颗丘吉尔珍惜并正在为之誓死捍卫的"最为光亮而珍贵的宝石"献给斯大林，而这对正在同一个战壕作战并准备过69岁生日的丘吉尔来说，是绝妙的戏弄和出卖。"老乡见老乡，背后打一枪"，现在同具盎格鲁-撒克逊血统的罗斯福联合斯拉夫人在丘吉尔这位天真的老乡背后真的打了暗枪。多年后，丘吉尔在回忆录中显然对罗斯福和斯大林这次会谈有所警觉，但对其内容却一无所知，他说：

> 11月30日是一个忙碌而值得纪念的日子，这天是我69岁生日，几乎一整天我都忙于我一直关注的某些最重要事务。罗斯福总统与斯大林元帅保持私人接触，并逗留在苏俄大使馆中。尽管总统与我关系密切，并且我们的重要问题交织在一起，但自从我们离开开罗以后，他一直避免单独与我见面。②

就在前两天，也就是在罗斯福与斯大林会谈的时候，丘吉尔在德黑兰英国公使馆撒疯。据哈里曼回忆：

> 他（丘吉尔）说他乐于服从命令；他有权担任会议主席，因为他年龄最大，因为他的姓氏是C字打头，因为他所代表的大英帝国具有历史上的重要性。他放弃了这些权利，但他要坚持一件事情，那就是必须让他在30日举行晚宴，这一天是他的69岁生日……他说他要喝得酩酊大醉，准备在第二天开路。③

---

① 转引自Jawaharlal Nehru, *The Discovery of India*， Teen Murti House，1999， p.438.

② [英]温斯顿·丘吉尔著：《丘吉尔文集——二战回忆录》，魏群、高虹译，江苏人民出版社2000年版，第916页。

③ [美]W. 艾夫里尔·哈里曼、伊利·艾贝尔著：《哈里曼回忆录》，吴世民等译，东方出版社2007年版，第317页。

1943年11月18日，即在德黑兰会议前夕，丘吉尔召集幕僚谈到美国人时说：最近给他“留下了敌意的感觉”。[①]与此同时，罗斯福也召开参谋长联席会议，在明知英国主要军事力量部署在地中海并且无力他顾的情况下，提出让英国独占法国及卢森堡、比利时、巴登。而马歇尔等则向罗斯福总统提议“美国人应该向欧洲进军”[②]。

11月28日，即德黑兰会议召开当天早晨，斯大林与罗斯福会前交换战后政治安排。斯大林支持美英联合进驻法国北部。而罗斯福和斯大林都认为印度支那不应该在战后归还给法国，而应该在20～30年的时间内，让它逐步独立。[③]据孔华润（Warren I. Cohen）主编的《剑桥美国对外关系史》披露：罗斯福向斯大林“甚至提出美苏共谋反对英帝国主义的可能性”[④]。当时担任斯大林翻译的瓦列金·别列什科夫也证明了这一点。他在《斯大林私人翻译回忆录》一书中披露斯大林与罗斯福在德黑兰第一次会晤时，在描绘了太平洋上的苦战之后，罗斯福提到殖民地帝国问题，他对斯大林说：

> “我在我们的战友丘吉尔缺席时谈这个问题，”总统强调说，“因为他不喜欢提到这个题目。美国和苏联不是殖民大国，我们更容易讨论这些问题。我想殖民帝国在战争结束之后不会存在很长时间……”
>
> 罗斯福说，愿意在将来仔细探讨殖民地战后的地位问题，但最好是在丘吉尔缺席的情况下做这件事，后者对印度没有任何计划。
>
> 斯大林显然避免了被拖入如此敏感的话题。他仅仅指出，战后殖民地的问题可能会变得紧迫，并且表示同意，即苏联和美国，与那些拥有殖民地的国家相比，较容易讨论这个问题。而我则惊讶于罗斯福的一项动议，跟前不久，1940年11月在柏林与莫洛托夫谈判时我所听到的希特勒的建议一样，即苏联与德国、意大利和日本一起分享英国的殖民遗产。显然，这些土地吸引了不少人……

---

① [加拿大]康拉德·布莱克著：《罗斯福传》，张帆等译，中信出版社2005年版，第341页。

② 同上书，第342页。

③ 同上书，第346页。

④ 孔华润（Warren I. Cohen）主编：《剑桥美国对外关系史》（下），王琛等译，新华出版社2004年版，第229页

> 整体上，我的印象是，斯大林和罗斯福对第一次接触感到满意。但这并不能使他们改变自己的原则立场。[①]

德黑兰会议期间，罗斯福拒绝单独与丘吉尔会见，“理由是斯大林可能会觉得他们在一起协调行动和政策来对付他”；“使丘吉尔更加不安的是，罗斯福出于安全原因并不是住在本国的大使馆而是住在苏联大使馆，这样似乎随时都可以同斯大林进行私人接触”。[②]而对“苏联安排来照顾总统的服务人员和其他居住在这些房间里的人，都是内务人民委员会（NKVD）的成员”的可能性，“罗斯福则不在乎。但是，罗斯福认为和斯大林建立正常的关系是非常必要的。如果罗斯福的谈话被偷听了，这可能更有助于与狐疑心过重的东道主建立信任的方式”[③]。

罗斯福与斯大林这种“兄弟般的友谊”始于1943年11月28日德黑兰会议前一小时两人的私下会晤。[④]就在这一刻他们建立了针对英国的美苏暗盟。此后，罗斯福与斯大林在谈判桌上总是所向披靡。罗斯福曾向担任劳工部长的老朋友柏金斯谈过他在德黑兰期间是如何与斯大林建立起这种准“哥们”友谊的。他说在会上他总是刻意与丘吉尔保持距离，以至“丘吉尔脸红气胀地皱眉蹙额；他越是这样，斯大林就越是微笑。最后，斯大林忍不住爆出大笑。三天来，我第一次见到阳光！我先忍住了，后来终于和斯大林笑成一团。这时，我开始称呼他为‘约瑟夫’。他笑着走过来和我握手。从此我们的交情又深化为个人关系，我们可以像兄弟般交谈”。[⑤]在雅尔塔的5天会议中，罗斯福就更是“一直避免单独和丘吉尔见面”。哈里

---

① [俄]瓦列金·别列什科夫著：《斯大林私人翻译回忆录》，薛福岐译，海南出版社2004年版，第245页。

② [英]伊恩·格雷著：《斯大林——历史人物》，张志明等译，新华出版社1981年版，第477页。

③ [加拿大]康拉德·布莱克著：《罗斯福传》，张帆等译，中信出版社2005年版，第346—347页。

④ 参阅“斯大林与罗斯福的会谈记录”（1943年11月28日），沈志华主编：《苏联历史档案选编》第17卷，社会科学文献出版社2002年版，第401—403页。

⑤ 转引自[美]亨利·基辛格著《大外交》，顾淑馨、林添贵译，海南出版社1998年版，第366页。

曼认为“这是罗斯福的一种战术，而非对首相的有意轻视”[①]。而上面所表现出的哥们义气，只不过是从德黑兰会议以来两人合作中的小事一桩。

美国当时为什么要参加欧洲的战争？1939年1月31日，罗斯福总统在美国参议院军事委员会协商会议上全面倾吐了他对世界形势及美国战略的攻势性的考虑。他告诉同僚：

> 在大西洋上，我们的第一道防线是一大批国家持续地独立地存在——它们持续、独立地存在。目前，这些是什么呢，请记住这些字眼，具有持续的独立这一内涵的“持续地独立地存在”。国家的独立意味着“独立”，并不意味着在军事上或经济上遭受某个其他国家的“统治”。

接着罗斯福计算了一下目前欧洲还有二十几个独立国家，说“但如果德国和意大利的军事力量再保持下去，希特勒和墨索里尼共同的或各自的成功步骤再继续下去，它们将不可能独立。它们会失去独立”。在这里，罗斯福决不是在秀“具有持续的独立这一内涵的‘持续地独立地存在’”此类绕口令，如做通俗翻译，其中的一大批国家持续“独立”换成“分裂”，将其中的“统治”换为“统一”，就不难理解罗斯福讲话的含义。一句话，美国要保证欧洲“一大批持续地独立地存在”，不能让希特勒统一为一体。他说：

> 请不要说这是空想，不要说这只是白日之梦。六年前希特勒这个人上台控制德国政府时，德国已经崩溃，已经完全彻底地失败。负债累累，分崩离析，不值得被看作是世界上的一支力量。那时你们中有谁会说六年后德国将会完全和绝对地统治欧洲？这就说明为什么我们不能在这里闲坐并说这是白日之梦。

罗斯福告诉美国垄断资本家，只有这些国家“持续独立”，美国资本

---

① [美]W.艾夫里尔·哈里曼、伊利·艾贝尔著：《哈里曼回忆录》，吴世民等译，东方出版社2007年版，第467页。

家才能大发军火财，才能听美国的话。

如果这种情况果然发生了，英国、法国和其他仍然保持独立的国家决定起而战斗，那时你们就会碰到武器问题。

我们不能假定它们会打败德国和意大利。最好的看法是，这是一场成败参半的赌局。这个情况太严重了，决不能忽视。这是一场50∶50的赌局，这些国家可能会遭到失败，而希特勒和墨索里尼可能获胜。如果希特勒和墨索里尼获胜，主要原因是拥有空军这个巨大优势，它将把英国和法国赶入地下。而英法自己的空军力量实际上会在相当短的时间内被消灭。

法国人的政府制度是每天早晨早餐前更换内阁。法国人开始讨论，这时的想法是，只有上帝才知道他们将要购买多少飞机。这是一个极好的想法。我们说："越多越好！来，快来！使我们的工厂能进行批量生产，好！"

因此，最后在第三或第四次尝试从法国国库中拨出500万美元购买我国的飞机时，他们的态度变得足够认真了。我们说："好极了！叫好有两个非常简单的理由。第一，目前我们的工厂闲置着。如果你们现在来订货，这些货物将在明年春天我们自己的订单开始到来之前大体完成。"这是一个理由，是国内的原因。第二，现在我们不告诉他们，但是我们了解这点：我们希望法国继续作为独立的国家存在。我们不希望法国不得不向这个、那个或其他事物屈服，因为法国屈服，英国屈服，欧洲或其他任何地方将不存在什么独立的国家。因此，十分坦率地说，尽我们所能——完全作为一件和平的事情，世界和平的事情——去帮助法国和英国维护独立，这是我们的利益所在。确实，目前它们的独立受到了威胁。①

罗斯福的这篇交底式的演讲引起在座要员的鼓掌。他们明白了"拯救

① 讲话内容摘自《美国总统罗斯福同美国参议院军事委员会协商的会议记录》（1939年1月31日）。李巨廉、王斯德主编：《第二次世界大战起源历史文件资料集（1937.7～1939.8）》，华东师范大学出版社1985年版，第447—450页。

我们的文明”的含义就是保证大西洋东岸的欧洲大陆的“一大批国家持续地独立地存在”，只要这批国家“持续地独立地存在”，欧洲就会持续保持其破碎性这一致命弱点，就不会对美国造成永久性的威胁。罗斯福出兵的结果是在希特勒快要统一欧洲的时候又把欧洲拍碎了，即再次回到“一大批国家持续地独立地存在”的状态。

这时会有人问，即如此，那马歇尔为什么又要给欧洲那么多钱帮助“欧洲复兴”呢？这是因为他看到丘吉尔要利用欧洲战后危机再次实现欧洲统一。这个时候马歇尔抢在丘吉尔之前，撒了一大笔钱，相当于在罗斯福拍碎的欧洲骨伤而丘吉尔要使之重新整合之前撒下了一层云南白药，各国有了这笔钱，其统一的愿望就被远远地推后，由此，欧洲的破碎性再次固化。

马歇尔在美国历史上是为美国利益谋划的大战略家，也是斯大林最看重的一个人。1945年4月15日，即罗斯福去世后的第三天，斯大林接见哈里曼及美国驻华大使帕特里克·J.赫尔利一行时，在谈到苏美在波兰问题上关系恶化时，面对“怒不可遏”的哈里曼，斯大林“语调和缓”地说：“我愿把自己的生命信托马歇尔将军，此事与他无涉，只关下级军官。”[①]斯大林的意思是：你们这些“下级军官”不明白，将东欧让给苏联是马歇尔劝说罗斯福为美国制定的大战略；正是这个战略，美国和苏联才能有今天这样的战后地位。1945年12月23日，斯大林接见美国国务卿贝尔纳斯，听罢这位新上任的国务卿为美对华政策那喋喋不休而又不着要领的申辩，在会见结束时，斯大林对贝尔纳斯感叹道：“马歇尔是仅有的几个既是政治家又是军人中的一个。”[②]

在第二次世界大战前后的美国学者中，尼古拉斯·斯皮克曼是为数不多的能够准确地把握罗斯福、马歇尔世界布局要义的人。1944年，在第二次世界大战即将结束的时候，斯皮克曼开始思考战后和平体系的问题，他在当年出版的《和平地理学》一书中告诫美国政府利用苏联平衡欧亚大陆的特殊作用以及保持欧洲国家对等破碎对美国具有的“极端重要性”，他

---

① [美]W. 艾夫里尔·哈里曼、伊利·艾贝尔著：《哈里曼回忆录》，吴世民等译，东方出版社2007年版，第532页。

② 转引自《战后世界历史长编》第1编第2分册，上海人民出版社1976年版，第329页。

写道：

> 欧洲的法国、德国和东欧之间的实力分布，将继续具有极端的重要性。欧洲是民族主义高度发达的地区，组成了许多国家。这种情况不会因缔结和约而发生剧烈的变化。德国控制着大陆上最大的潜在实力，必须由法国和东欧的势力同它保持均衡，但是不能让这三个地区中的任何一个获得全部地区的统治权。注意保持实力的适当分布，将是英、美、苏三大超级强国战后的任务。①

与今天的布热津斯基、基辛格爱到处跑、写厚书的特点不同，马歇尔这个人不爱出头露面，难得见到马歇尔留下的只字片语，更无“自传”。他长期默默地站在罗斯福后面帮助他规划世界：分完欧洲再分亚洲，出卖且分裂中国的《雅尔塔秘密协定》②背后就有马歇尔的影子，其目的无非是要使中国国内政治力量对等分治继而国家分裂，而中国分裂则是亚洲欧洲化的先决条件。他逼蒋介石与国共以长城划线，被蒋介石拒绝后又扶持李宗仁上台与共产党沿长江划线，并通过斯大林向毛泽东施压，以使这一方案得以推行。毛泽东顶住了斯大林一次次的劝和“建议”③，这样才有今天

---

① [美]尼古拉斯·斯皮克曼著：《和平地理学》，刘愈之译，商务印书馆1965年版，第96页。

② 全称《苏美英三国关于日本的协定》，是苏美英三国就苏联参加对日作战条件的秘密协定。1945年2月4～11日，面临希特勒德国即将崩溃，反法西斯的第二次世界大战胜利在望的关键时刻，美、苏、英三国首脑罗斯福、斯大林和丘吉尔在苏联克里米亚半岛的雅尔塔召开会议，就结束战争和安排战后世界政治等重大问题达成一系列协议和谅解。2月11日，三国首脑就远东问题签订了雅尔塔秘密协定。协定的主要内容是：在德国投降及欧洲战争结束后两个月或三个月内苏联将参加同盟国方面对日作战，其条件为：①蒙古人民共和国的现状须予维持。②俄国在1904年日俄战争中所丧失的权益须予恢复，即：库页岛南部及邻近一切岛屿须交还苏联；大连商港须国际化，苏联在该港的优越权益须予保证，苏联之租用旅顺港为海军基地须予恢复；中东铁路和南满铁路应设立苏中合办的公司共同经营，苏联的优越权益须予保证而中国须保持在东北的全部主权。③千岛群岛须交予苏联。参阅王绳祖、何春超、吴世民编选《国际关系史资料选编》，法律出版社1988年版，第868页。

③ 关于这几次斯大林“劝和”建议，参见刘彦章、项国兰、高晓惠编《斯大林年谱》（人民出版社2003年版，第727—728页）。1958年7月22日，毛泽东对苏联驻华大使尤金说：“斯大林支持王明路线，使我们的革命力量损失了百分之九十以上。当革命处在关键的时候，他不让我们革命，反对我们革命。革命胜利后，他又不信任我们。他大吹自己，说什么中国的

的大中国。

只有在第二次世界大战后美国联手苏联合分世界的事实明朗后，丘吉尔才意识到 “姜还是老的辣”，当年张伯伦的担忧不无道理。只有在失去欧洲后，丘吉尔才体会出当年张伯伦先生的良苦用心，他同时也看到分裂不可避免地给欧洲带来的灾难。这时，已至72岁高龄的丘吉尔在哪里跌倒就从哪里爬起，下定决心为英国皇室“待从头，收拾旧山河，朝天阙”①。1946年3月，丘吉尔发表 “铁幕演说”；9月，又在苏黎世重提雨果1849年提到的“欧洲合众国”②的概念，决心将破碎的欧洲整合为美国那样统一的国家联合体。经过两次世界大战的恶果让欧洲人尤其是英国人“知耻近乎勇”③，有了一种为了欧洲的统一，不惜自我牺牲的精神。

说到这里，我们中国人要更加珍惜中国的统一及由此产生的在亚洲的主体地位。有些学者赞美欧洲小国分治，让中国走欧洲的路，这实在是不懂历史的表现。

（三）撒切尔、默克尔要为欧洲扳回乾坤

前阵撒切尔夫人逝世，在英国反应平淡，但欧洲大陆人喜欢她，这是因为是她放倒了苏联。撒切尔1991年在美国休斯敦说正当西方与苏联的斗争陷入困境的时候，因戈尔巴乔夫的上台而使形势好转。她透露“得到情报说苏联领袖逝世后，经我们帮助的人可能继任，借助他能够实现我们的想法。这是我的专家智囊的评估意见（我周围始终有一支很专业的苏联问题智囊队伍，我也根据需要促进和吸引苏联境内对我们有用的人才出国移民）。这个人就是米·戈尔巴乔夫。我的智囊对此人评价是：不够谨慎，

胜利是在他的理论指导下取得的。一定要彻底打破对他的迷信。斯大林对中国所做的这些事，我在死以前，一定写篇文章，准备一万年以后发表。” 参阅《同苏联驻华大使尤金的谈话》（1958年7月22日），《毛泽东文集》第7卷，人民出版社1999年6月版，第393页。

① 岳飞：《满江红》。

② 维克多·雨果（1802～1885），法国文学家。1849年8月21日在巴黎召开的第二届国际和平大会上，雨果发表演说表示“总有一天人们会看到，两个巨型组织，美利坚合众国和欧洲合众国，会越过大西洋握起手来”。转引自惠一鸣著《欧洲联盟发展史》（上），中国社会科学出版社2008年版，第225页。

③ 《中庸》：“好学近乎知，力行近乎仁，知耻近乎勇。”

容易被诱导，极其爱好虚荣。他与苏联政界大多数精英（即主张新自由主义的所谓“改革派”——引者）关系良好，因此，通过我们的帮助，他能够掌握大权。”[①]在讲话结束时，撒切尔一语道破天机：“事实上现在苏联已经解体了，不过在法律上苏联还存在。我负责任地告诉诸位，不出一个月的时间你们就会听到法律上苏联解体的消息。”[②]欧洲人特别是英国人是天生的地缘政治学家，他们明白，打散苏联是欧洲统一的前提。罗斯福对美国做的最大的贡献就是将东欧交与苏联并由此将大欧洲压挤成小“西欧”了。这对欧洲大陆不利但对英国有利，撒切尔放倒苏联后，欧洲便有了统一的前提。正因此，斯皮克曼在《和平地理学》一书的结束时说，英国、美国和苏联“这三个国家可以为建立一个有效的安全制度提供基础”[③]。随着欧洲大陆的统一进程加快，美英俄建立的这个阻止欧洲大陆整合的“安全制度”解体了，英国人有了被边缘化的感受，这与1945年后中国统一进程加快使日本再次有了被边缘化的感受一样。这没有什么深奥的道理，仅是“两个矢量的夹角越大合力越小”这一几何力学规律的反映。

尽管英国人不喜欢，但撒切尔看到两次世界大战发生在欧洲的惨剧，坚持张伯伦的思想遗产，宁可牺牲英国人的民族利益也要欧洲统一。继承和有力推进张伯伦、丘吉尔、撒切尔欧洲统一事业的人物是德国总理默克尔，默克尔连任表明德国人乃至欧洲人认可她的贡献。默克尔利用世界2008年以来的经济危机大大推进了欧洲的统一。美国经济危机时美国接收一些国家“购买”债券的钱，这其实对美国不利。好比一个人得了糖尿病，而你却给送糖吃。他照吃且不锻炼，也不节食，这自然没好。欧洲经济危机时，默克尔拒绝其他国再来一次帮助欧洲的“马歇尔计划”，她利用经济危机一点点地回收欧洲小国比如塞浦路斯、希腊、西班牙等国的部分主权。2013年4月22日默克尔在柏林表示：“如果欧元区真有诚意克服旷日持久的欧债危机并重新赢得市场投资者的信任和信心，各成员国就

---

① 李慎明主编：《世界社会主义跟踪研究报告（2010～2011）》，中国社会科学出版社2011年版，第425页。

② 同上书，第426页。

③ [美] 尼古拉斯·斯皮克曼著：《和平地理学》，刘愈之译，商务印书馆1965年版，第112页。

必须为在欧盟宪法框架内让渡部分主权做好准备。”[①]她借助欧盟的名义利用财政的力量把各个小国的主权收上，由此将欧洲变成由几大国——英国、德国、法国——主导的大联邦国家。这是张伯伦的理念。当然这样主导欧洲的中心不可能是英国，而是德国，正如主导亚洲的中心是中国而不是日本一样。这样的欧洲用拿破仑比喻中国的话说，就是欧洲“睡狮”也醒了。

（四）欧亚大陆的力量挤压及其对印度洋的影响

印度洋的地缘政治板块与欧洲和亚洲板块相互间有着强烈的挤压式互动。穆斯林能够在这一地区兴起，是因为罗马帝国解体后造成欧洲破碎及由此造成的力量收缩。这还是一个几何力学的道理：两边之和大于第三边。不同的是，看哪一边挤压哪一边。罗马之后的欧洲各国矢量之间多是对称且大角度的对冲。而亚洲主体板块仍旧，中国周边也有破碎地带，但对中国不构成对称型对冲，罗马帝国解体后，中国进入隋唐大一统时代，之后的中国版图变化多有“胖瘦”之分，少有欧式的对称型裂变。我们有些同志常常说明清朝版图有多大，其实，那只是胖了瘦了的问题，最重要的是中国没有出现比如被拦腰斩断或长出两个“心脏”等器质性裂变的情况。一个中心曰“忠”，两个中心曰“患”。欧洲中世纪是政教两个中心，由此产生的患乱给欧洲带来了几乎是不尽的战乱。由此看，2008年以来欧洲利用其内部经济危机推进统一，如果统一实现的话，其张力就会很大，古罗马时期就是这样。罗马衰落后，欧洲力量萎缩，这给穆斯林继而蒙古人崛起和扩张让出了空间。近代工业革命后，欧洲张力又造成它的世界性扩张，此后穆斯林和蒙古势力大幅萎缩。

欧亚大陆分区并存有欧洲、中亚和中国三种战略力量，但历史表明，在欧亚大陆的主要区位即北纬30° 至60° 之间可容纳战略力量只有2.5个；也就是说，在三种战略力量之间，必然有一个生存空间要受到其他两个的严重挤压并因此出现破碎地带。比如上古时代[②]在欧亚大陆分区并存的是欧洲罗马帝

---

① 《默克尔称欧元区各国应为让渡部分主权做准备》，http://news.xinhuanet.com/world/2013-04/23/c_124616075.htm。

② 上古史在欧洲一般是指最早国家出现到公元476年西罗马帝国灭亡这段历史。

国、中亚诸帝国[①]和中华秦汉帝国。此间欧洲罗马帝国和中华秦汉帝国强大，中亚地区力量受到挤压并分出安息、贵霜诸帝国。此时欧洲、中亚和中国之间的力量比为1∶0.5∶1。罗马帝国解体后，欧洲陷入碎片化时代，这为阿拉伯帝国继而蒙古帝国、奥斯曼帝国乃至俄罗斯帝国的崛起和大面积扩张腾出了空间。此时中华帝国保存完好并转入隋、唐、宋、元、明的持续统一朝代。此时欧洲、中亚和中国之间的力量比就转为0.5∶1∶1。进入工业革命后，欧洲又开始复兴和强大，中亚伊斯兰力量在欧洲、中国尤其俄罗斯的挤压下日渐式微，此时的欧洲、中亚和中国之间的力量比又恢复到1∶0.5∶1。俄罗斯在北方崛起并向南强力插入中亚地区，取代了原来夹在欧洲和中国之间的伊斯兰力量及其比例。此后原来的欧洲、中亚伊斯兰和中国的三种战略力量并存的格局就为欧洲、俄罗斯和中国（1∶0.5∶1）并存的格局所取代。历史经验表明，在欧洲、中亚、中国三者中很少有一支力量单独扩充到1.5的水平，即使有（比如蒙古帝国勉强接近这个水平）也必然是短命的；但其中若有任何一方衰落——比如19世纪末的清王朝的衰落和20世纪上半叶欧洲的衰落及20世纪末的苏联解体——并由此造成战略力量的收缩，都会引发中亚战略力量（目前主要是伊斯兰力量）在欧亚结合部即中亚地区的崛起和扩张。

发生在印度洋北岸的上述板块演变规律对包括印度在内的北印度洋沿岸国家有着不同的影响。一般说来，当欧洲和亚洲板块整合程度较高即分别处在1的水平时，印度及印度洋北岸国家也会受到侵犯，但程度比较轻。比如古希腊、古罗马时代，马其顿亚历山大、罗马屋大维军团全面占领埃及和随后的叙利亚战争，这些侵犯都没有深入到印度次大陆内部。此间，印度出现了民族政权即孔雀王朝（大约公元前324～前187年）及阿育王时代（Asoka，公元前273～前236年）的繁荣 。

自公元前2世纪罗马帝国衰落趋势显现后，中亚板块整合力量开始提升。此间，大夏希腊人、塞人和安息人先后侵入印度，大月氏人最终在北印度建立了强大的贵霜帝国（鼎盛时期：公元105～250年）。欧洲进入中

① 中亚帝国，比如古代的波斯帝国（公元前550～前330年）、亚历山大帝国（公元前334～前323年，笔者认为，它本质上是欧洲人建立的中亚帝国，是希腊人对波斯帝国西扩的逆推和重演，这与后来的沙俄帝国是对蒙古人西扩的逆推和重演一样）、安息（公元前249～226年）、贵霜帝国（公元1世纪至5世纪）、阿拉伯帝国（公元7世纪至11世纪）和蒙古帝国（公元12世纪至13世纪）等。

世纪后已完全衰落，其整合程度降低为0.5水平，与此相应，中亚整合水平上升至1。此间，阿拉伯人、蒙古人先后进入中亚并横扫欧洲。印度遭受到伊斯兰人和蒙古人的入侵和占领[①]。1206年，为时三个多世纪的德里苏丹国建立。1526年，帖木儿的直系后代巴卑尔从中亚进入并占领了德里，建立了莫卧儿帝国（意为“蒙古人的帝国”），为时也是三个多世纪。

欧洲进入近代后，整合程度大幅提高并对中亚板块再次形成挤压，印度洋北岸国家严重碎化，印度更是经历了英国一百多年的全面的殖民占领，但这与中世纪的外族人占领的时间比，还算是短的。值得注意的是，不管是上古还是中古，大概是喜马拉雅山系的屏护，东方中国板块没有出现欧洲式的大起大落，中国中原王朝和印度之间少有直接的互相侵犯，更多的是直接的文化交流。

第二次世界大战后，欧洲力量再次衰落，但中亚板块并没有大幅上升，是因为苏联和美国崛起并对中亚板块形成的持续挤压。苏联解体后，中亚伊斯兰力量出现崛起势头，但很快又遭到美国为首的西方国家自“9·11”事件后的持续打击，中亚板块受到西方越来越强的挤压。2008年美国发生经济危机并决定从中亚撤军后，欧洲统一进程加快并迅速越过地中海向北非推进，这又使本已缓和的西方对印度洋的压力加强。而巴沙尔政府军在叙利亚内战中的阶段性胜利以及“伊拉克和大叙利亚伊斯兰国”（ISIS）[②]的迅速崛起，都是中东地区力量对自新世纪以来西方对中亚板块挤压的强烈反弹。根据上述欧亚板块互动规律，在俄罗斯、欧盟、中国三大力量都保持强劲上升之势的今天，中亚板块的这次反弹很难达到中世纪的水平。但这样的形势在印度“两害相权”的比较中，却是不幸——欧洲再

---

① 伊斯兰对印度的真正征服开始于11世纪，是由中亚的突厥人进行的。伽色尼王朝的苏丹马茂德入侵印度12次以上，在北印度造成严重破坏。1526年，帖木儿的直系后代巴卑尔从中亚进入并占领了德里，被尊为“印度斯坦的皇帝”，由巴卑尔建立的政权被称为莫卧儿帝国，意为“蒙古人的帝国”，因为巴卑尔的血统由母系可以上溯到成吉思汗。

② “伊拉克和大叙利亚伊斯兰国”（Islamic State of Iraq and al Shams，缩写为ISIS）是一个基地组织下属的极端组织，其前身是2006年在伊拉克成立的“伊拉克伊斯兰国”。“al Shams”的意思是“大叙利亚”，即叙利亚、黎巴嫩、约旦、以色列和巴勒斯坦。ISIS组织的目标是消除在第二次世界大战结束后由温斯顿·丘吉尔所创建的现代中东的国家边界，并在这一地区创立一个由基地组织运作的酋长国。也称“伊拉克和黎凡特伊斯兰国”（ISIL）。

次崛起并开始向印度洋挺进——中的大幸。

苏联解体后，欧洲统一进度加快，2008年美国已被伊拉克战争拖得精疲力竭，而当年欧洲统一则大幅推进且接近完成：上半年（2月17日）科索沃宣布“独立”，这使欧洲统一进程在地中海北岸的巴尔干最后收口；下半年（7月13日）欧盟“只争朝夕”，决定正式启动1995年萨科齐提出的“巴塞罗那进程：地中海联盟”计划。我们如果把第二次世界大战时期的欧洲地图和现在的欧洲地图作一对比，可以发现其迅速一体化的趋势。现在欧洲板块不仅走向一体化，而且欧洲正在跨越地中海并向非洲进行更有力地辐射，欧洲的军事力量自第二次世界大战后利用北约的名义第一次插入利比亚。法国在打进利比亚的时候还在科特迪瓦同时行动，随后又利用当地危机完成了在马里的军事布局。这样法国就实现了从利比亚到几内亚湾一线的陆军控制，这是对第二次世界大战前法国在非洲的传统势力范围和殖民区域的某种恢复。为什么法国要控制这一线呢，因为几内亚湾不仅有丰富的石油①，矿产资源也非常丰富，像黄金、金刚石的储量和产量都占世界前列。法国真是闷声发了大财，它借利比亚战争神不知鬼不觉地控制了西部非洲的主要资源。有了这些海外资源，其国内再逢经济危机就可从海外获得额外补偿，并由此保证国内政治稳定。这说明欧洲在接近完成其统一时，也启动了非洲新殖民化进程，其势力范围正在向凡尔赛体系时期回归。

（五）以其人之道，还治其人之身

那么，欧洲用的是什么方式实现其初步统一的呢？用挑拨美国和苏联的矛盾，以罗斯福之道还治美国之身。1946年丘吉尔发表“铁幕演说”则意在怂恿美国与苏联摊牌。此后，历史进入约半个世纪的东西方冷战时代。英国唆使美国人跟苏联长期冲突：打了朝鲜战争，又打越南战争，美国被拖得伤了元气。尼克松看明白了欧洲的意图，他转身跟毛泽东握手。这下欧洲人着急了，让汤因比到中国来，汤因比随后就与日本学者池田大

---

① 几内亚湾是非洲最大的海湾，沿岸10多个国家及临近地区拥有丰富的石油资源，目前已探明的石油储量超过800亿bbl，约占世界总储量的10%。2001年全球新探明的80亿bbl原油中有70亿bbl出自几内亚湾地区。同中东的波斯湾一样，几内亚湾正因石油而升温，成为世界关注的热点地区。几内亚湾资源潜力巨大。

作搞了个“展望21世纪”的对话，说大家要注意，中国将来要起来了，中国不得了啊，中国起来以后的力量就要布置到夏威夷了[①]。

罗斯福、艾森豪威尔特别是尼克松之后，美国领导人连同国内学者因赢得第二次世界大战和赢得世界霸权已变得轻浮和容易激动。汤因比之后，美国学者塞缪尔·亨廷顿又抛出“文明冲突”论，随后美国人（实际是华尔街）就推出了一个好激动的小布什，即乔治·沃克·布什（George Walker Bush）。小布什这人只要见谁甩红布，他就向谁冲。他上台那年本是要冲着中国来了，引发南海撞机事件，我们当时没有招惹他。后来本拉登招惹他，小布什就到印度洋去了。小布什冲到阿富汗给了中国10至20年的战略机遇期。

现在想想，很多事情不要看当时那个热闹，今天再评价当时中国的外交应对措施，就会感受到中国领导人的智慧：我们这几年的海军大发展及中国在东海形势改善都和这十几年外交政策有关。试想当年如果我们激化了与小布什美国的矛盾并导致小布什冲过来而不是冲到印度洋的话，那今天的形势就难说了。如果我们与美国做了玉石俱焚式的死斗，那欧洲就必然会过来。欧洲并没有放弃恢复凡尔赛体系的念想和努力，它打算用100年的时间将其影响扩张到印度洋和太平洋，香港他们并没有真放弃。所以在这方面中国——当然还有印度——不要以为可以高枕无忧了。

七　中亚是世界霸权的坟墓，也是人民反霸斗争必胜的天堂

（一）帕米尔高原被入侵者视为“天狱”畏途

印度洋北岸的“帕米尔”高原在塔吉克语中就是“世界屋脊”的意思，海拔4000～7700米。该高原是地球上两条巨大山带（阿尔卑斯—喜马拉雅山带和帕米尔—楚科奇山带）的山结，也是亚洲大陆南部和中部地区主要山脉的汇集处，包括喜马拉雅山脉、喀喇昆仑山脉、昆仑山脉、天山

① 参阅张文木：《汤因比的历史研究与英国战后外交政策》，载于《世界经济与政治》2011年第3期。收入张文木专著《国家战略能力与大国博弈》，山东人民出版社2012年版，第38—99页。

山脉、兴都库什山脉五大山脉，它群山起伏，连绵逶迤，雪峰群立，耸入云天，号称亚洲大陆的屋脊。这样的地形使世界霸权扩张势力在此备受挫折，更让远道而来的欧洲人和雄居北面的俄国人屡战屡败并因此视为“天狱”[①]畏途。

历史表明，中亚是世界地缘政治的中枢，也是世界霸权的坟墓。在帝国扩张实践方面相当有经验的英国人对此颇有经验，英国学者的研究当然就更值得重视。英国政治地理学者P.奥沙利文在《地理政治论——国际间的竞争与合作》提出的“距离的摩损”理论，可为“世界霸权的坟墓”说提供了比较有说服力的解释：

> 假若一个帝国或是一个霸权势力的国家核心以一定的能力部署人力和物力，那么当有扩张边界的领土野心之时，同样的实力必定扩散得更为稀疏，从而使它的效力受到损失。若在一片辽阔的平原上匀称地扩展力量，那么随着每一次帝国半径范围的扩张，其实力的效能一定以2π的比率削弱。同样的军力在越变越大的圆周内扩散，其密度和强度会相应地削减。从另一角度来看，假若各地单位面积的控制花费相等，随着一个帝国的圆周的扩大，整个控制费用将随着半径的平方而增加。为了维持对各地一定的控制规模，当帝国的范围增大，它的军事机构建制必须呈指数状态增加。不管有没有摩擦效应，随着野心或偿付义务的极度扩大，将会造成军事力量的分散。同样的作用也将会对宣传、颠覆或是经济援助造成影响。[②]

（二）平面与立体：认识地理距离的两个维度

国家为获利而扩张，也为过度扩张并由此透支财力而衰亡。造成这种规律性现象的原因是扩张规模如此之大以致需要更多的财力来巩固已有的扩张利益。如果将这近乎物理力学伸展规律的分析结合前述历史经验，我

---

① 南郑县位于陕西省汉中地区南部。曹操多次告诫下属：“南郑直为天狱中，斜谷道为五百里石穴耳。”[晋]陈寿：《三国志·魏书十四·刘放传》，引《资别传》，上海古籍出版社2002年版，第416页。

② [英]P.奥沙利文著：《地理政治论——国际间的竞争与合作》，李亦鸣、朱兰、朱安译，国际文化出版社公司1991年版，第12—13页。

们就会发现，印度洋不仅仅是古今帝国追逐的目标，同时也是帝国扩张力量由“一鼓作气、再而衰”转入“三而竭”地带。

如果考虑到地理障碍的因素，现实中的帕米尔高原的区间距离就不能简单地用思维中的平面距离来衡量。奥沙利文说：

> 相关的距离应该反映陆地和海洋的地势以及由高原低地和海洋对移动造成的不同运动磨损。克服距离的耗费并不是一个常量，即便是在同一传播媒介里也是这样。当旅程延长而运输的边际费用下降的时候，量度点位之间距离的问题便产生了。相应的端点是国家最近的边境线还是主要城市或军事结地？或是政府的所在地？诚然，国家与强大的陆权势力相对位置的变动，决定于测定距离上所选择的终点和米制单位。靠近苏联港口符拉迪沃斯托克[①]的地方，并不靠近莫斯科。河内[②]离苏联边境最近的地方有2000英里，但是笔直地穿越喜马拉雅山到莫斯科的直线距离超过5000英里，美国港口圣地亚哥与河内之间跨越9000英里海路，但是由于海上运输的费用是陆路托运的1/10。因此就水陆运输成本的意义而言，美国比苏联更接近越南。[③]

正如住房面积不应仅以平方而应以立方标准计算才更为科学的道理一样，地理两点之间的距离也应分为平面和立体两类，前者属于（无限接近）无障碍距离，后者属于（相对）有障碍距离。只有介入“立体距离”概念的计算更准确地反映其中的地缘政治关系。翻山越岭或由低而高的路程与一马平川或居高临下的路程，完全不是一个概念。比如中国云南从纬度看，其位置只相当于从雷州半岛到闽、赣、湘、黔一带的地理纬度，但由于地势北高南低，南北之间高差悬殊达6663.6米，这大大提升了云南与较之东部各省的立体距离。如此就不难理解从上述引文中作者得出“美国比苏联更接近越南”的结论。从这个视角看，位于印度洋北岸

---

① 符拉迪沃斯托克，位于亚欧大陆东面，阿穆尔半岛最南端。

② 河内，越南首府。

③ [英]P. 奥沙利文著：《地理政治论——国际间的竞争与合作》，李亦鸣、朱兰、朱安译，国际文化出版社公司1991年版，第93页。

的世界最高的高原地带，就会发现，其间任意两点并不遥远的平面距离，由于其4000～7700米的海拔高度使得其立体距离陡增，这是历史所有的外来征服者——即使横卧于帕米尔北侧的俄罗斯人——在此屡屡败北的重要原因。

事实上，立体距离和平面距离，利用“权重理论”是可以换算的。权重换算的基本公式表明：“当每公里水准测量的精度相同时，水准路线观测高差的权与路线长度成反比。”[①]同理，世界上没有绝对水平的地理条件，立体或平面距离也都是相对的，比如在同等的立体距离中，由高向低的行程和由低向高的行程就完全不是同一个概念——由此就可以解释在自然动力为基础的中国古代，在南北向的同等距离中，位居上势的北方政治集团总能雄居天下的原因。司马迁感觉到这个规律并将它概括得更为简单，他说：“夫作事者必于东南，收功实者常于西北。”[②]还有在沙漠中的行程与平地上的同距行程也不是同一概念；即使平地，不同气象和生存条件的相同距离，也不是一个概念，比如北冰洋和欧洲大平原的同距平面完全不能相提并论。因此，美国地缘政治学者尼古拉斯·斯皮克曼说：

> 不管用什么办法，想把地球表面变为平面，结果都会扩大或缩小距离、方向、形状和面积的真实关系。数理地理学家的任务就是想出一些调和的办法使这些绝不可能完全避免的误差和歪曲缩小到最小限度。[③]

比较而言，海洋——如果不计汹涌的海浪的话——可算是最接近距离的“水平”条件，而帕米尔高原则可视为“立体距离”的绝对样板。麦金德形象地说：“心脏地带是地球上最大的自然碉堡。”[④]中亚——也就是麦金德所说的“心脏地带”——既是“世界地缘政治的中枢，也是世界霸权

① 引自《维基百科·权重》，http://zh.wikipedia.org/wiki/%E6%9D%83%E9%87%8D。

② 司马迁：《六国年表第三》，参见许嘉璐主编《二十四史全译·史记》（第一册），汉语大词典出版社2004年版，第247—248页。

③ [美]尼古拉斯·斯皮克曼著：《和平地理学》，刘愈之译，商务印书馆1965年版，第19页。

④ [英]哈·麦金德著：《历史的地理枢纽·译者引言》，林尔蔚、陈江译，商务印书馆2007年版，第15页。

的坟墓”[1]。根据上述关于距离研究的新推进，现在可以补上一句，中亚是世界霸权的坟墓，也是人民反霸权斗争必胜的天堂。

有人会说，现代科学技术比如航母、飞机、导弹、信息等技术的出现会缩短国家间的距离。但要知道，我们所说的距离并不是用于孤立的个人即马克思所批评的“没有任何前提的德国人”那种“天马行空”式的空间移动，而是指移动着的人类社会群体及其所需的相应生活物资在不同空间的挪动，其运动规模与移动着的社会群体的大小相适应：一小队旅游者所需要的生活资料与远征军所需要的生活资料的规模是不同的。比如19世纪的英国已有机械动力舰船和威力巨大的机械枪炮火器，20世纪下半叶以来的苏联和美国已有航母、飞机、导弹，美国还有世界一流的信息获取和传播技术，即使如此，它们在中亚帕米尔的侵略战争往往是在赢得初次战役后便很快为这里的地理条件所消耗并最终输掉了整个战争。这是因为有着“世界屋脊”之称的中亚帕米尔高原有着几乎无限大“立体距离”，而克服这样的“立体距离”需要的是几乎无限大的物质资源支持。麦金德说：“动物的人的第一个政治特质是饥饿。”[2]历史上多有不远万里来到帕米尔的登高探险者，但没有远道而来的长期占领者。这不是因为远道而来的人没有武力，而是因为他们的大部队解决不了如马克思所说的“受肉体组织制约的他们与自然界的关系”。马克思批评一些空想理论家时说：

> 任何人类历史的第一个前提无疑是有生命的个人的存在。因此第一个需要确定的具体事实就是这些个人的肉体组织，以及受肉体组织制约的他们与自然界的关系。
>
> 我们遇到的是一些没有任何前提的德国人，所以我们首先应当确定一切人类生存的第一个前提也就是一切历史的第一个前提，这个前提就是：人们为了能够“创造历史”，必须能够生活。但是为了生活，首先就需要衣、食、住以及其他东西。因此第一个历史活动就是

① 张文木著：《世界地缘政治中的中国国家安全利益分析》，中国社会科学出版社2012年版，第260页。

② [英]哈·麦金德著：《民主的理想与现实》，武原译，商务印书馆1965年版，第128页。

生产满足这些需要的资料，即生产物质生活本身。[①]

马克思在写两段文字时，曾在“个人存在”后面删去了“这些个人使自己和动物区别开来的第一个历史行动并不是在于他们有思想，而是在于他们开始生产自己所必需的生活资料”。在手稿“必须能够生活”边加写批注：“黑格尔。地质学、水文学等的条件。人体。需要、劳动。”这些说明，人与自然界的关系不是想象出来的，而是“受肉体组织制约的”；人的一切活动都是为了物质资料，同时也离不开物质资料。所谓技术改变距离的观点有相当的想象成分，但若将这位想象者本人放在帕米尔地区，他才会发现自己的问题所在。这就是他将人与自然的联系归结于脱离物质制约的个体人的感觉而不归于人的“肉体组织制约的他们与自然界的关系”。这正如我们不能因科技帮助少数人登上珠峰就得出几百万人也可以占领珠峰的结论。

兵马未动，粮草先行。人类社会群体的地理空间的大规模移动，并不取决于“没有任何前提的”个人的运动能力，而是决定于社会运动所需要的相应的物质资料能够移动的规模。兵马已到，粮草不继，这是占据军事技术优势的入侵者败在中亚的关键原因。

这时还会有人提出这样的问题，即用地缘政治的观念看待世界政治是不是有点太落后了，说现代技术已超越地缘政治。这种看法可以理解，但不正确。

阿富汗是分析这个观点的经典案例。在这里最先进的技术和最落后的部落进行了几个世纪的较量，每一次总是技术落后却拥有地缘政治优势的一方取得胜利。19世纪初的英国可谓是工业最先进的国家，英国三次出兵阿富汗，除最后一次是议和外，其他两次作战都是英方损兵折将且无功而返[②]。20世纪的冷战时期，苏联依靠其强大的常规作战力量和地缘优势，在

---

① 马克思、恩格斯：《费尔巴哈》，《马克思恩格斯选集》第1卷，人民出版社1972年版，第24、32页。

② 1838年，英国以阿富汗拒绝和英缔结反对波斯和沙俄的同盟为借口，入侵阿富汗。次年阿富汗国王多斯特·穆罕默德（1793～1863）弃都北逃。8月英军攻陷喀布尔，立舒加（1816～1845）为王，此后，阿富汗人展开游击战争，迫使英国于1841年12月签订撤军条约。次年英军复克喀布尔，再遭重创后彻底退出阿富汗。1878年11月英国以阿富汗拒绝接受其保护

阿富汗进行了为时六年的持久战，结果还是被迫分批撤军并由此引发苏联的解体。2001年年底，以美国为首的西方联军对阿富汗基地组织和塔利班实施军事打击战争，打了十多年，用尽了先进武器，结果西方联军还是碰得焦头烂额。苏联当时在国防科技方面领先于世界，而且阿富汗就在它的跟前，硬是打不下来。如果说苏联科技不如美国，那美国入侵结果还是一样。尼古拉斯·斯皮克曼看明白了这一点，他在第二次世界大战即将结束的1944年出版《和平地理学》，他在书中用了相当的篇幅专门论及飞机出现对地缘政治的影响，他写道：

> 许多论现代军事战略的作家都说：大部分后方勤务的问题可以由运输机来解决。他们建议拿能运载许多吨货物的大型飞机来代替轮船与火车。大战的经历和零星发表的数字说明了，尽管仅仅是部分地说明了，现今作战部队所需物资量的庞大。这说明飞机虽然能够协助和补充行动较慢的运输工具，但不能代替这些运输工具。对一个地区施加空军力量，不仅要飞机飞到那里，而且还要保持它们的作战能力。那就是说，要有一条供应充足的中间基地线、大量的特种汽油、炸弹、军火、零件、备用的机器、修理队、地面部队和防空队。就空军由空中运输自己必需品来讲，现在没有一个国家的空军是能自给的。德国人在这方面大概比其他国家较为先进，但他们在欧洲的作战地区是一个完整的地块，而且每100英里或不到100英里就有一个空军基地，同时这些基地又和世界上最稠密的铁路网和公路网互相连接。美国无须它的空中势力在自己的大陆的周边起作用，而是要它越过海洋和北极的荒漠。对美国来说，飞机在运输物资方面不能起显著的作用。①

而投靠俄国为借口，二次出兵阿富汗，迫使阿富汗于次年5月与之签订《甘达马克条约》，9月阿富汗人民起义并开展游击战争，迫使英军于1881年退出阿富汗。1919年阿富汗国王阿马努拉即位后，致信英印总督，要求废除英国的外交控制权，英国拒绝并于同年5月出兵阿富汗，阿人民奋起反抗。8月双方缔结和约，英国承认阿富汗独立。1979年12月苏联因不满阿富汗阿明政权，出兵阿富汗并占领喀布尔。在阿富汗人民的激烈反抗下，1986年7月，苏联总统戈尔巴乔夫被迫宣布从阿分批撤军。

① [美] 尼古拉斯·斯皮克曼著：《和平地理学》，刘愈之译，商务印书馆1965年版，第86—87页。

尽管制空权日见重要，但实际情况仍是如此，因为除了运送最特殊的项目外，在运输一切物资方面占压倒性优势的仍然是在大洋中的船只。①

其他地缘政治学者的看法大致相同。英国地理政治学者P.奥沙利文在其著作中有独到的研究，他写道：

自16世纪欧洲人开始征服全球以来，距离的屏障在不断地削弱，并带来文化上的汇合，把我们都引入彼此直接相互作用的人类共同体中来。空间的分隔效力已经缩小，甚至有人说，随着电子通讯和飞机的使用，地理距离在世界政治中已经失去了重要影响。当然，在我们的日常生活中还是有距离影响的，它把人们的存在和活动分开。即使在国家事务中，尽管穿梭外交的狂热努力，但不论其作用的好坏，距离仍然有影响。的确是这样，就减少那些可以被认为是专横国家的贸易和社会往来而言，与政治野心保持隔离兴许是天上的赐福。当然从军事上来讲，距离仍然是最好的防御。②

肯尼思·艾瓦特·博尔丁教授③1962年出版《冲突与防御：一般理论》（*Conflict and Defence: A General Theory*， Harper & Bros.1962）一书，他在其中提出“力量递度损失”理论，认为：

在运输力量和交通通讯上，距离的摩擦损耗侵蚀了实力的强度。由于海军，无线电、空军、火箭和卫星的发展，已经减小这种梯度，以至于有些人忽略了距离因素对实力平衡的影响。但是为了美国在中东行动而建立快速部队的努力，说明距离仍然是需要花费代价的。福

---

① [美] 尼古拉斯·斯皮克曼著：《和平地理学》，刘愈之译，商务印书馆1965年版，第47页。

② [英]P.奥沙利文著：《地理政治论——国际间的竞争与合作》，李亦鸣、朱兰、朱安译，国际文化出版社公司1991年版，第11页。

③ 肯尼思·艾瓦特·博尔丁（1910～1993），1910年出生于英格兰，毕业于牛津大学，1948年成为美国公民。1949年至1967年，执教于密歇根大学。1967年，执教于科罗拉多大学波尔得分校，直至退休。

克兰群岛战争中，在7000英里长的供给线上暴露出的种种困难说明，在军事力量与距离因素之间的成败之机是相互参半的。[①]

（三）地缘政治的真正力量来自人民

在地理差异的基础上，人心向背也是决定战争成败的关键因素。如果扩张的利益与当地人民利益不一致，那就会更加增大扩张者因距离拉长而出现的阻力。博尔丁教授分析说：

在本国最强大，它离国内基地的距离拉得愈远愈弱。力量越是扩张，则强度越是减少。除了克服距离损耗的磨擦效应之外，在控制越来越辽阔领土的能量耗费以及对远离本土的遥远地方缺乏亲熟性（familiarity），可以严重地影响扩张者的民族精神和国家意志。[②]

事实上，当技术和人比较时，人的力量是根本性的；当人与自然比较时，自然的力量起根本性的作用。只有技术、人民和自然地理环境三位一体地优化结合形成的战斗力，才是不可战胜的。辛弃疾说的"自古天下离合之势常系乎民心"[③]，孟子说的"天时不如地利，地利不如人和"、"威天下不以兵革之利。得道者多助，失道者寡助"[④]，都是这个意思。人只能是环境中的人，一方土地养一方人，同一地理条件可以出现不同的政治结果，不同的政治结果也可产生于同一地理条件。此间的莫测变化取决于人及其所处的地理环境。

地缘政治的真正力量来自人民。人民战争再加上有利的自然条件，就可以形成巨大持久的战斗力。而技术的作用多在于战争初期的战役层面，这就是"点火"即挑起战争的手段更为方便了，但灭火得靠人，还要看能

---

① [英]P.奥沙利文著：《地理政治论——国际间的竞争与合作》，李亦鸣、朱兰、朱安译，国际文化出版社公司1991年版，第12页。

② [英]P.奥沙利文著：《地理政治论——国际间的竞争与合作》，李亦鸣、朱兰、朱安译，国际文化出版社公司1991年版，第12页。

③ [南宋]辛弃疾：《美芹十论·观衅第三》，参见《中国兵书集成》（第7册），辽宁书社、解放军出版社1992年版，第64页。

④ 《孟子·卷四·公孙丑下》。

否控制火势蔓延的方向。“草船借箭”还需东风，火势蔓延的方向是由风向而非技术决定的。风向即民心，挑起战争的一方，如不得人心，往往会引火烧身。保家卫国会激发出无穷的力量，这叫人民战争。美国人喜欢技术决定论，即认为技术决定一切。但手握最新科技的美国大兵却被占据地缘政治优势的阿富汗部落武装打跑了，这是发生在我们眼前的而非只写在历史书中的事，眼见的事实说明：高科技不能替代更不能结束地缘政治。

还会有人说，科技可以解决资源短缺问题，如果世界发展到把粮食、资源等通过科技手段实现无限增长时，世界就不需要打仗了，和平与发展历史条件就可以无限持续下去。

这也不可能，因为这个假设只有逻辑而没有经验支持；也就是说，它符合逻辑，但不符合历史经验，不是逻辑和历史的相统一判断。比如，人类五千多年间发展了很多技术，但还是没有解决粮食大幅增长遑论无限增长问题，不同的只是名称的改变。战国时期粮食亩产可达到几百斤[①]，虽然袁隆平的技术充其量可以让它长到2000斤[②]，即使如此，这样的产量也很难普及。粮食是从土地里长出来的，而土地不可能用高科技大规模催生出来，多少耕地大体能生产出多少粮食，这是农民都能算出的账。所以我们的认识还是要向劳动人民学习，回到传统的唯物主义和历史唯物主义的路线上来。

人的正确思想是从哪里来的，它不是从天上掉下来的，而是从实践中产生的。[③]所以要相信这些最基本的东西，万变不离其宗，这个“宗”就是

---

① 战国李悝说：“今一夫挟五口，治田百亩。岁收亩一石半，为粟百五十石。”（《汉书·食货志》，许嘉璐主编：《二十四史全译·汉书·食货志上》（第一册），汉语大词典出版社2004年版，第488页。）陈文华先生说：这五口之家如果按照《周礼·小司徒》的标准，只能分到“下地”，因此，这则这应该是当时最低水平，根据吴慧先生《中国历代粮食亩产研究》（农业出版社1985年版，第4页）的计算，这“亩一石半”合今一市亩205.8市斤；由此结论：“西周每个劳动力可耕18.63市亩地，则最后可以生产3834市斤粮食（粟）。”（杜青林、孙政才主编，陈文华著：《中国农业通史·夏商西周春秋卷》，中国农业出版社2007年版，第160、161页。）

② 《“杂交水稻之父”袁隆平超级稻亩产首破1000公斤》中国教育和科研计算机网CERNET，http://www.edu.cn/cheng_guo_zhan_shi_1085/20140930/t20140930_1181919.shtml。

③ “人的正确思想是从哪里来的？是从天上掉下来的吗？不是。是自己头脑里固有的吗？不是。人的正确思想，只能从社会实践中来，只能从生产斗争、阶级斗争和科学实验这三项实践中来。”载自毛泽东著《人的正确思想是从哪里来的？》（一九六三年五月），《毛泽东文集》第8卷，人民出版社1999年版，第320页。

唯物主义。衣食住行，这都是最基本的东西。出门的时候老太太知道有多少干粮走多少路，她会告诉你要多带点干粮。1905年对日战争失败后，俄国各地流传着一则笑话，说当时俄国人在远东对付日本人用的是圣像，而日本人回敬俄国人的却是子弹。①结果是子弹打倒了圣像。马克思说："批判的武器当然不能代替武器的批判，物质力量只能用物质力量来摧毁。"②在国际问题研究中我们还是要从最基本的事实出发，而地理条件从而地缘政治就是国际问题研究者必须面对且不能任意改变的基本事实。尼古拉斯·斯皮克曼说："要衡量一国的外交政策，首先必须根据这个国家在世界上的位置。但是同位置相比较，疆土的大小、地形和自然资源是决定一国在国际关系中的地位的最重要的因素。"③

一般说来，当一个民族处在被压迫的时候，其外交政策还是有节制的，这时的国家崛起只需要克服困难就可以了；当它崛起后转向世界性扩张并因此压迫其他民族的时候，它就必须和世界人民作战，这时的国家外交就身不由己地失去节制，即使以自毁的方式与帕米尔这样无人敢碰的"山神"相撞也在所不惜。

古代马其顿国王亚历山大大帝（Alexander III of Macedon，公元前356～前323年）似乎是历史上唯一自觉止步于印度的帝王。他从希腊开始东征，越过达达尼尔海峡后于公元前334年在马尔马拉海岸的格拉尼库河附近打败波斯后，一路征战南下叙利亚、巴勒斯坦，直到埃及。随后他率军北上返回亚洲，向波斯腹地进发，公元前331年9月，在底格里斯河东岸的高加米拉再次击败波斯，随后进入波斯首都苏撒和巴比伦。公元前330年继续东进攻占波斯旧都波斯波得斯。随后便北上埃克巴达那，然后再到海卡顿比勒，来到里海边。后继续东进苏西亚，折南特拉后北上至今阿富汗喀

---

① "由于我们在1904年整个一年和1905年战场上遭到节节惨败，所以德拉戈米夫将军就编了一则挖苦的笑话，后来在俄国各地传开了。他说：我们总想用圣像去打日本人，他们却用炮弹和炸弹来揍我们；我们用圣像来对付他们，他们用子弹对付我们。"参见谢尔盖·尤里耶维奇·维特著《俄国末代沙皇尼古拉二世——维特伯爵的回忆》，张开译，新华出版社1983年版，第238页。

② 马克思："《黑格尔法哲学批判》导言"，《马克思恩格斯选集》第1卷，人民出版社1972年版，第9页。

③ [美] 尼古拉斯·斯皮克曼著：《和平地理学》，刘愈之译，商务印书馆1965年版，第41页。

布尔，穿过开伯尔山口于327年来到印度。越过印度河后受到当地部族的激烈抵抗。值得注意的是，与18世纪的英国人不同，此时的亚历山大不是继续深入遑论占领印度，而是“自我封闭三日，然后决定班师。大家很想知道他的想法究竟如何，但结论很明显，即他不是世界之主”[①]。公元前325年，亚历山大折东返回巴比伦。公元前323年亚历山大病逝，此后他的帝国随即分裂为马斯顿王朝、托勒密王朝和塞琉古王朝。

亚历山大毕竟曾师从于希腊大哲学家亚里士多德，临终前终于明白了自己“不是世界之主”并因此找到了马其顿帝国的有限边界。麦金德毕竟是一介书生，他为英国政府提出他的地缘政治理论，首次以全球战略观念分析世界政治力量，揭示出中亚是大国建立世界霸权的关键地带，但他却没有为英国政府指出哪里是英帝国的有限边界，相反他却将他的国家驱赶到一个无法征服的“心脏”地带。似乎是历史的讽刺，尽管麦金德的理论使后来的世界围绕中东热闹到至今，而他的祖国——英国却在来到印度洋、其海权事业达到顶峰后，其帝国事业开始衰落。这种“人有悲欢离合，月有阴晴圆缺”[②]的双重感受合二为一地落在麦金德身上：就在麦金德对英国海洋实践做出如此经典的理论总结且因此誉满全球的时候，上帝却让他看到了帝国的黄昏。1947年3月6日麦金德去世，同年8月15日印度和巴基斯坦分治，印度独立。印度是英帝国全球霸权的支撑点，印度独立敲响了英帝国的黄昏暮鼓。

实践说明，麦金德的天才理论和实践之间存在着巨大的差异：理论逻辑上是通的，但实践逻辑上是走不通的。在玻璃窗里的学者，不流汗、不打仗、不流血、不死亡，这样的研究结果往往脱离实际并对国家造成大不幸。

那么麦金德的欧亚大陆的“心脏地带”理论与实践为什么会出现这样的差错呢？因为战线拉得太长。巩固长距离的战果要比从它本身获利要支出得多。在帝国扩张的实践方面也相当有经验的美国人的研究也值得重视，《大国的兴衰》作者保罗·肯尼迪写道：

---

① [法]鲁保罗著：《西域的历史与文明》，耿昇译，人民出版社2012年版，第72页。

② [宋]苏轼：《水调歌头·丙辰中秋》，载沙灵娜译注《宋词三百首全译》，贵州人民出版社1992年版，第122页。

财富永远是加强军事力量的基础，而获利并保护财富又往往需要军事力量。然而，如果一个国家把过多的资源用于军事目的而不用于创造财富，那么，从长远看，就很可能导致该国国力的削弱。同样，如果一个国家在战略上过分扩张——如侵占大片领土或发动耗资巨大的战争——那么它就会冒这样的危险：为此耗费的巨资可能超过对外扩张所带来的潜在利益。16世纪西欧进步以来，大国体系中各领先国家——即西班牙、荷兰、法国、英帝国和当今的美国等——的勃兴而后又衰落的历史说明，从长远看，生产能力获取收入的能力同军事力量两者之间有很重要的相互关系。①

从逻辑上推，麦氏的理论符合几何力学的原理。但图上的逻辑与能力逻辑或说理论逻辑与历史逻辑并不总是一致。如上所说，中亚是世界上区间平面距离与立体距离极不成比例的地区，一段不太远的平面距离却包含着极为巨大和极难克服的立体距离。战争本质上是拼装备的，在国力不及之处开展军事活动将对国家会造成很大的负担。

恩格斯说："任何民族当它还在压迫别的民族时，不能成为自由的民族。"②英国曾是一个受欧洲大陆封建国家压迫和欺辱的边缘岛国，它也因此成为最有希望的岛国。欧洲中世纪在大陆无法传播的许多先进思想在英国落根并使之成为欧洲反封建教会势力的大本营。1640年英国发生了开辟世界近代史里程碑的资产阶级革命，带动了法国等欧洲大陆国家资产阶级运动的发展，加速了欧洲封建制度的衰落。18世纪英国完成了工业革命，巨大的生产力的出现改变了英国人的生存状态，市场和利润成了社会活动的中心，国家成了为资本开辟市场的机器，由此，向世界扩张，不断开辟新市场，就成了保持国家稳定的基本手段。这使得世界的不稳定就成了英国稳定的前提。英国在世界扩张中推行了殖民地制度，殖民地制度让英国从世界得到丰厚的利润，同时也使英国为此与世界各民族的矛盾更加不可

---

① [美]保罗·肯尼迪著：《大国的兴衰》，蒋葆英译，经济出版社1998年版，第2页。

② 马克思、恩格斯：《论波兰》，《马克思恩格斯选集》第1卷，人民出版社1972年版，第288页。

调和，以至战争成了促进英国工业发展的基本手段。当时有评论说英国“把大大超过其税务收入的钱用于战争，这样一来它就把具有决定性优势的舰只和兵力投入同法国及其同盟国的战争，而没有这种优势，它先前所投入的人力物力便都付诸东流”[①]。战争使英国扩张为帝国，到19世纪末，一般英国人都形成了这样的观念，即“英国分明是命中注定要统治其他国家的人民，英国是‘日不落帝国’”[②]；“帝国的感情是每一个英国人生而有之的。这是我们的世袭财产的一部分，和我们同生共死”[③]。19世纪60年代，印度已完全成为英国的殖民地，与此同时，英国自身的寄生性也更强了，“它越来越依赖世界的贡赋来维持生存”[④]。高额利润需要高成本的战争。德国铁血宰相俾斯麦看出这一点，1868年他在给友人的信中认为英国的殖民政策“代价太大”。[⑤]

中国有个字非常好，就是幸福的“福”，它给人的喻意就是拜一口田。为什么要拜一口田呢？一口田里的粮食能消化，不至于把你撑着。人饿死的不多，撑死的不少。现在好多病都是撑出来的，与自己的消化能力相适应的饮食才是有福之道。第二次世界大战中日本人就是极力扩张，在战役上基本没有输多少，而战略上却日益接近失败，因为消化不了那么多战果。他们不懂“有福之人善退财”的道理，结果大量的战果背面都是越烧越旺的被占领国家人民对日本侵略者的熊熊的怒火。日本为什么会出现这种情况？因为那时日本人已没有哲学了。1895年和1905年日本打败中国和俄国之前，还是比较节制，知道不可过分，因在适当的时候及时止战才赢得了对华、对俄战争的胜利。当时日本人是借钱打仗，在获利最大化时及时停战。1905年对俄作战时日本方面在战争开始前考虑较多的就是如何结束战争。那

---

① 转引自[美]保罗·肯尼迪（Paol Kennedy）著《大国的兴衰——1500～2000年的经济变迁与军事冲突》，王保存等译，求实出版社1988年版，第96—97页。

② [英]帕姆·杜德（R. Palme Dutt）著：《英国和英帝国危机》（*The Crisis of Britain and the British Empire*），苏仲颜等译，世界知识出版社1954年版，第8—9页。

③ [英]帕姆·杜德（R. Palme Dutt）著：《英国和英帝国危机》（*The Crisis of Britain and the British Empire*），苏仲颜等译，世界知识出版社1954年版，第8页。

④ 同上书，第68页。

⑤ 转引自[英]帕姆·杜德（R. Palme Dutt）著《英国和英帝国危机》（*The Crisis of Britain and the British Empire*），苏仲颜等译，世界知识出版社1954年版，第60页。

个时候日本军人知道下坡比上坡难，因为这些人都是在幕府内战中打出来的军人，有经验，所以说话有谱。打赢中国和俄国后，日本陆军大学的很多人都对战略不感兴趣了，一副舍我其谁、敢作敢为的“少帅”作派。学战役容易出成果，而政治则需要时间和等待。由此发展下去，政治家在日本日益失势，枪杆子失去政治节制的结果就是国家无法消化日本军人抱回来的大堆战果。1931年日本军费占国民总产值的比例是3.76%；1937年日本全面侵华战争开始，战线也大幅拉长，其军费已占国民总产值14%，到1941年增至18%；1942年日本对美宣战，战线已远超出日本国力的极限，其军费已占国民总产值34.6%，至1943年达46.7%；到战争结束前一年即1944年，日本的战线已拉到印度洋并进入缅甸，与此相应，其军费与国民总产值的比例也迅速冲至98.5%①，也就是说日本国民总产值已近全部投入战争，由此日本全面失败已不可避免。但这时的日本还是一味蛮干，最后只有在美国投下原子弹后才彻底认输。与此相反，1943年是中国在战役上失败得较多的时候，可我们的国际地位却进入开罗会议的四大国之中，尽管在其中比较勉强，但是中国毕竟是参加了开罗会议，成了后来的四大战胜国之一。还没有战胜就进入战胜国行列的国家，这其中赢输，全在哲学境界的高下。

进入21世纪的美国也是在进入印度洋的路上由盛而衰的。

2011年6月2日，美国国防部长盖茨卸任之前到新加坡参加会议时说，美国不想遏制中国的发展，并提醒中国不要学习苏联。②当时很多报纸、媒体都将这则新闻解读为盖茨意在警告中国不要搞军事竞赛，不要发展军备。这与20世纪60年代初中国人对尼赫鲁“有声有色”曾作出误读的经历相似——都没有抓住要害。

（四）石油美元迫使美国对印度洋有更深的依赖

美国是在苏联解体后开始成为世界唯一的超级帝国。布热津斯基说：

> 美国对手的垮台使美国处于一种独一无二的地位。它成为第一个

① 中国抗日战争史学会、中国人民抗日战争纪念馆编：《抗日战争时期重要资料统计集》，北京出版社1997年版，第388页。

② 《盖茨声称美不会遏制中国发展 警告中国“别学苏联”》，http://world.huanqiu.com/roll/2011-06/1733488.html。

> 也是唯一的一个真正的全球性的大国。可是，美国在全球的至高无上的地位在有些方面使人联想起早期帝国，尽管那些帝国规模较小，只是地区性的。①

“有过多少往事，仿佛就在昨天。”②布氏写下这句话时是1997年，三年后便发生了“9·11事件”，随后美国便挥师阿富汗和伊拉克。2008年，美国便决定从阿富汗、伊拉克撤军，美国也由此迅速衰落。这一幕就发生在我们的眼前，也发生在布热津斯基面前，美国在新世纪起步时豪情干云，若干年后瞬间就成了一场闹剧。

美国这几年的国防部长似乎都有些身不由己，上任后都要打仗。这是因为今天的美国已出现美利坚民族利益与华尔街利益的分裂。美国这几年因拉的战线太长，以至今天已经打不动了。真正要为美利坚民族做事，就要收缩战线，但美国现在没有自己的实体工业，底特律老工业基地也垮了，美国也没有国有银行，只有华尔街控制的私有银行，这样美国就成了一个华尔街金融财团独控的国家。华尔街是身处美国的国际人，他们并不反映美利坚民族和人民的利益，华尔街金融的基础不是美国的产品，而是中东石油。而要抓住石油，那就得逼着美国人民去到中东打仗。但华尔街要石油不是为了它的使用价值而是它的价值。它要保证石油必须用美元交换，获胜后是华尔街美国而不是华盛顿美国发财，华尔街按战时表现再发点“补贴”给白宫。盖茨这些人上任前都雄心勃勃要为美国做事，上任后就发现不是那回事。但是他们又不能不听华尔街的，所以每个任上的总统或防长都得冲进印度洋到海湾地区去打仗。但当他们卸任以后大部分都有良心发现，比如盖茨、鲍威尔、奥尔布赖特等。盖茨说中国别学苏联，意思是别学赫鲁晓夫和勃列日涅夫。本来这个世界是美苏共同划分的，美苏本是周瑜打黄盖的关系，不能当真。结果勃列日涅夫当真了，打得美国没有退路了，以至美国全民动员起来一致反苏。艾森豪威尔时期美国与苏联已恢复了雅尔塔框架下的合作。1956年苏伊士运河事

---

① [美]兹比格纽·布热津斯基著：《大棋局——美国的地位及其地缘战略》，中国国际问题研究所译，上海人民出版社1998年版，第13页。

② 歌曲《好人一生平安》歌词。

件中，美苏在联合国联手把英法赶出了地中海；当时也有波匈事件，但美国只是喊话而不介入，就是因为美国承认那里是苏联的势力范围。1962年赫鲁晓夫跑到古巴搞导弹基地，破坏了雅尔塔体系确定的美国的势力范围，结果惹得美国舆论不满，古巴导弹危机后，美国就大规模介入越南战争。赫鲁晓夫和勃列日涅夫两人没有斯大林的有限哲学的智慧，他们有执行和贯彻上级命令的能力，但这类干部往往缺乏掌控全局的能力。朝鲜战争的时候，赫鲁晓夫就想对朝鲜出兵，被斯大林教育了一番①，斯大林觉得苏联已无力在战后继续在朝鲜半岛扩大战争。

现在我们再回来重读盖茨说的那句话，其意思是让我们汲取赫鲁晓夫和勃列日涅夫的莽撞的教训，外交上不要重复他们的错误。这话显然是善意的。

可这句话被我们有的一些媒体解读为中国不要发展军备，这客观上会使我们自废武功、向西方妥协。这是不可以的。我们在西太平洋是要有我们基本的安全底限。毛泽东曾说："一百多年来，帝国主义侵略我们都是从海上来的，不要忘记这一历史教训。"②所以第一岛链③必须突破并坚决守住。中国东西两面安全要有个平衡，东海的"安全带"还没系好又往西跑，这是跑不远的。安全带的系扣在哪里呢？就在钓鱼岛，除了主权的因素外，这里既是中国畅通太平洋的关键出口，更是"台独"分子与日本右翼势力的"接榫"地带，钓鱼岛回归中国可以断绝"台独"分子对日本右翼支持的念想。因此，在没有系好东海"安全带"的系扣之前，空论西进

---

① 此事参见张岱云等译《赫鲁晓夫回忆录》，东方出版社1988年版，第534—535页。

② 中共中央文献研究室编：《毛泽东年谱（1949～1976）》第2卷，中央文献出版社2013年版，第38页。

③ 1950年1月12日，美国国务卿艾奇逊发表《亚洲的危机——对美国政策的检讨》的讲话，针对太平洋地区军事安全形势，提出美国的亚洲政策。艾奇逊提出一条将朝鲜半岛排除在外的"从琉球群岛延伸至菲律宾"的防御线。他说："日本的防务必须得到维持，而且能够得到维持。这条防线从阿留申群岛经日本到琉球群岛。我们在琉球群岛拥有重要的防御地位，我们将继续保持下去。为了琉球群岛上的居民的利益，我们将在适当的时机，要求在联合国的授权下托管这些岛屿。但是，它们是太平洋防线不可或缺的一部分，必须守住，而且能够守住。防线从琉球延伸至菲律宾群岛。""亚洲的危机——对美国政策的检讨"（国务卿艾奇逊的讲话，1950年3月1日），陶文钊主编：《美国对华政策文件集1949～1972》（第1卷上），世界知识出版社2003年版，第187、188页。

是危险的。

世界大国为什么都要争夺印度洋，这是因为他们的扩张使其经济发展与印度洋有某种依赖关系。英美要控制世界，因为他们的经济是世界性的体系，谁占有了世界贸易和世界资源，谁就会拥有世界财富流向的主导权。而占领世界市场和资源，从地缘政治上看，就必须控制印度洋。英国和美国略为不同的只是，英国基本上打的是市场，英国占领印度是因为英国需要印度为其工业产品的销售市场。

与今天的美国不同，当年英国依靠的是民族工业的产品。英国人起家的时候对民族工业要求特别严，在英国纺织品未立足之际，对出口未加工的羊毛的本国公民重判以断手或绞刑，但当拉丁美洲门户被暴力打开后，英国则向这些国家倾销其低质纺织品。[①]所以英国本土的工业原创能力特别发达，发达的生产力要求更多的产品销售市场及其利润回流。由此英国与印度形成了依存关系，同时印度洋也成了透支英国财政并由此拉倒英国的“百慕大”：支出大于收入，英国就这样给生生地耗倒了。现在的美国表现就更差了。今天的美国是金融资本控制的国家，石油美元使其对印度洋有更深的依赖。因为支撑美国金融的基础在中东石油。这样，与以工业产品为基础的英国相比，美国的国力尤显不足。这就是拥有同等扩张规模的美国比英国控制印度洋能力相对更弱，退出的时间更早、速度更快的原因。

（五）美国的教训及其启示

美国舆论把凯南炒作成一个大战略家。现在我们国内某些学者也是认为昨天的凯南和今天的布尔津斯基都是大战略家。事实上，他们只是华尔街的大战略家，不是美国的战略家。大家看一下布尔津斯基设计的方案，将乌克兰列为支点轴心国家，将整个中东列为美国全球战略的重心。但美国没有这样的国力，没有这样的国力，为什么还要这么设计呢？这只能解释为对华尔街有利。大家可以看看电影《北京人在纽约》，面对王启明和大卫，经销商安东尼是唯利是图，谁给我利润多我跟谁做生意，至于说是不是美国人我不管。华尔街就是只认钱不认人。这么折腾，如果美元垮了

① [乌拉圭]爱德华多·加莱亚诺著：《拉丁美洲：被切开的血管》，王玫著，人民文学出版社2001年版，第4页。

怎么办？垮了以后再去欧洲搞欧元，将来在欧洲坐大；欧元垮了怎么办？美国长胖后再回美国来吃美元。但是有一点，就是这些地区不能有国有银行和本土工业。国家有“肾”即国企就能造血，再有自己的“血库”，这就是银行，这样国家就能强大。华尔街到哪里也不能接受这些。

从小生长在犹太人家庭的马克思最明白这个道理，所以他认为不将法兰西银行收为国有是巴黎公社失败的重要原因。1891年恩格斯在为马克思总结巴黎公社失败教训的著作《法兰西内战》写的导言中表达了这样的观点：

> 为什么公社在经济方面忽略了很多据我们现在看来是当时必须做到的事情。最令人难解的，自然是公社对法兰西银行所表示的那种不敢触犯的敬畏心情。这也是一个严重的政治错误。银行掌握在公社手中，这会比扣留一万个人质还有更大的意义。这会迫使整个法国资产阶级对凡尔赛政府施加压力，要它同公社议和。①

国家不将银行抓在自己手中，就将一事无成。资产阶级国家是这样，社会主义国家更是这样。在这方面，当代国际金融资本与各民族国家争夺金融权的热情绝不亚于中世纪教皇与世俗政权争夺教权。

最近美国汽车城底特律的破产发生在奥巴马提出“再工业化”的当口，这是因为华尔街不喜欢这些民族的企业。就是美国不能有民族之“肾”，有肾就能自己造“血”，这直接威胁到华尔街“血库”的利益。在尼克松之前，美元靠黄金结算，这时美元靠劳动产品支撑。尼克松上任以后与华尔街有个交换，就是将美元放在石油上，要求国际石油贸易以美元结算。这样华尔街的钱就可以大量地在增值中回流，只要印钞票就行了，美国只给世界提供各式债券。尼克松是用战略收缩挽救了美利坚民族，同时又把黄金美元换成了石油美元挽救了华尔街，一举两得。即使这样，华尔街财团还不满意，最后还利用“水门事件”让尼克松下台。最近美元为什么衰落，它跟石油脱钩了，控制不了石油了。美国为什么打萨达姆，萨达姆要接受欧元买石油。拿欧元结算石油的话，就动了美元的根本

① 恩格斯：《〈法兰西内战〉导言》，《马克思恩格斯选集》第2卷，人民出版社1972年版，第333页。

了，这对华尔街美国压力太大了。从这个角度，中国将来还是要发展本国实体经济，不然就会重复今天美国衰落的路。

美元建立在石油之上是美元国际化的基础，现在也有人建议人民币国际化，若真如此，我们就得将手伸向全世界，全世界每个国家的大小事都和你有了关系，中国没有解决世界问题的力量，因而需要有亚历山大不做“世界之主”的智慧。美国自从将美元的支撑点拉到印度洋北岸的海湾后，它就与战争有了孪生关系：战争拉动军火，还控制中东石油，这一举两得的结果使华尔街军工集团和金融集团都高兴。为什么今天美国的禁枪法案屡试屡败，因为军工集团不愿意。美国现在打不动了，但华尔街还要它打，如果不打的话，华尔街就来“财政悬崖”，不给白宫发工资。“斯诺登事件”说明美国人已对国家没有感情了。电视中常有美国军人拿枪扫射同胞，斯诺登还是国安系统的人，他也不愿意干了。为什么？美国人对国家没有荣誉感了。法国大革命时，人民占领巴士底狱、占领市政府，现在美国的中产阶级有忿恨情绪不到华盛顿的白宫发泄，而是去“占领华尔街”。这说明美国政府已被华尔街控制，其本身已没有解决社会问题的能力。华尔街给美国带来的危害太大了，这直接导致了美国的衰落。这个衰落将会持续下去，因为华尔街不会向美利坚民族让步，而美国对外战争又步步受挫，支出已远远大于收入。为了华尔街，今后美国白宫的目标将是中国，如果其反华行动持续受挫，那就还得重返印度洋，去海湾抓中东石油。

2014年8月14日，俄罗斯总统普京表示，俄罗斯应该致力于在全球范围以卢布来出售自己的石油和天然气，他表示，使用美元作为能源贸易中单一的定价货币正在伤害俄罗斯的经济。普京是在当天访问克里米亚地区时做出该表态的。他说：“我们应该谨慎从事。我们目前正在说服一些国家，使用自己的货币来开展贸易。”[①]可以预计还会有更多的国家放弃石油美元。如此，华尔街更将雪上加霜，其反扑也会更加穷凶极恶。

---

① 《普京呼吁终结石油美元 称其伤害俄罗斯经济》，http://finance.huanqiu.com/view/2014-08/5107097.html。

八 北印度洋与中国安全有重大关联

（一）扎格罗斯—兴都库什—喜马拉雅山带是中国西南安全的战略屏障

那么，印度洋北岸和中国有什么关联呢？如果特别注意一下立体地图上的扎格罗斯—兴都库什—喜马拉雅这条山带，就会看到这条山带对中国西南安全是一条巨大战略屏障。这是由世界最高山脊连接一线且难以逾越的山带；因其特殊的地理形势，它几乎成了古今侵略者的死亡地带。古代的希腊人、罗马人，近代法国人（拿破仑）、英国人和现代史上的苏联人和美国人都没有征服这道山带，再先进的科技在这里都不灵。这个屏障给中亚地区和中国带来了极大的地缘政治优势，也给中国大西南带来优质且低成本的安全环境。由于这个屏障的存在，当年亚历山大打到印度就停了下来；蒙古人算是猛一些，1259年蒙哥大汗亲自率领四万军队越过这道屏障进入中国四川，但最终还是困死在重庆钓鱼城下①；1914年，占领印度的英国人曾打到拉萨了，最终还是抗不住地高天寒而南撤。

但凡事都得两面看，保护中国的屏障同样也是限制中国的屏障。连通中国西域与中亚继而西方的丝绸之路被今人赋予了过多画意，其实这条路最初的开通是为了中原政权的安全需要。汉朝为了联合西域部族合击匈奴，而不主要是为了商业的目的，张骞才冒死率人进西域开发出这条道路。同样的道理，我们今天的丝绸之路建设同样也不会只是一个牧歌进程。当前我们有些研究提议以修建整合亚洲大陆的铁路的方式推进中国西进的“新丝绸之路带”，这想法非常好但很浪漫。回想一下当年俄国人在中国境内修的那条中东铁路，开始说是共同抗日的需要，后来竟由此演化为两国的宿怨，这种怨气一直影响到20世纪50年代；相反几乎是同期开

---

① 1258年，蒙古大汗蒙哥命忽必烈进攻鄂州、察塔儿进攻两淮及兀良哈台进攻云南，自己则领兵往四川。1259年2月，蒙哥大汗亲自率领4万军队到钓鱼城下，蒙哥派降人前去招降，宋知合州王坚严辞拒绝并杀了使者，蒙哥开始进攻钓鱼城，然而钓鱼城主将王坚与副将张珏的顽强抗击下，大将汪德臣战死，蒙哥更被城上火炮击伤，后逝于温泉寺，蒙古军因此撤退。直至1279年，在守将王立带领下钓鱼城军民投降，正式结束钓鱼城36年抵抗历史。

工的在俄国境内修建的横贯东西的那条近万公里西伯利亚大铁路[①]却迄今一路畅通。设身处地，今后我们在其他国家境内修的路，我们难道就不会再碰到同样的尴尬吗？没有历史经验支持的建议，提出来还是要谨慎些。目前我们在一些东南亚国家修的铁路已碰到我们曾经历过的相似问题。你修的铁路从人家领地上过而你又不能控制，这是说不通的；而控制就要有矛盾，大些的还难免起冲突。前阵有朋友到乌克兰置地产，说是双赢的事情，大有前景，很有一副海外庄园主的范。乌克兰危机尤其是克里米亚归并俄罗斯后，人再去情况就变了，这时地还在，法律不一样了，得重办手续。要知道，重办手续意味着利益重新分配。以前我们知道战争是政治的继续，今后我们也要知道生意尤其是国家间的大单生意也是政治的继续。可见，通心要先于通路，通心要有持久的耐心，在心未通而又力所不及之处，路不可过于深入，目前重资产投资还得做相应收缩。

（二）世界视野中的“丝绸之路”

连接中国与中亚的丝绸之路关系中国西陲安全，而在向当地人民学习中加强与中亚国家的交往才是化解中国西陲安全风险的政策基线。2013年9月7日，习近平主席在哈萨克斯坦纳扎尔巴耶夫大学发表重要演讲，首次提出了加强政策沟通、道路联通、贸易畅通、货币流通、民心相通，共同建设“丝绸之路经济带”的战略倡议；10月3日，习近平主席在印度尼西亚国会发表重要演讲时明确提出，中国致力于加强同东盟国家的互联互通建设，愿同东盟国家发展好海洋合作伙伴关系，共同建设“21世纪海上丝绸之路”。这都说明中国与中亚国家交往远不只是一种物流的过程，更多的应是交心的过程。通关贵在通人，通人贵在通心。如无这些，仅有武帝的武功而没有武帝的文治，丝绸之路不会有后来的延续。习近平主席“一路一带”构想所包含的哲学思想已经不能仅从经济发展的思路来理解，而应当从“环球同此凉热”即世界共同发展、共同富裕的共产党人的大情怀来理解。

---

① 西伯利亚大铁路（Trans-Siberian Railway）是横贯俄罗斯东西的铁路干线。东起自莫斯科，经梁赞、萨马拉、车里雅宾斯克、鄂木斯克、新西伯利亚、伊尔库茨克、赤塔、哈巴罗夫斯克（伯力），到符拉迪沃斯托克（海参崴）。总长9332公里，是目前世界上最长的铁路。从1891年起，这条铁路从东西两端同时开工，于1916年全线通车。

丝绸之路也是东西方相互影响之路。现在北约东扩已经合并了东欧的部分，地中海南岸也为欧洲控制，那下一步怎么办？依据历史经验，就是打通叙利亚。叙利亚是欧洲人进入麦金德所说的控制世界的"心脏地带"的门户。拿下叙利亚，也就打通了经伊朗高原[①]进入中亚并经此即可由帕米尔高原[②]进入中国新疆。当年亚历山大大帝、罗马军团、十字军和蒙古人的东进和西出，这里都是必经要路。法国学者鲁保罗认为："那些不想经北部绕过里海的行人，则必须穿越伊朗这一富饶、人口稠密、接近肥沃的新月形地区，这一切都使这条道路变得非常繁忙。如果政治事件有时会使这条道路封闭，那么它也必然会重新开放。"[③]

从叙利亚沿伊朗高原东进中国的那条路在历史上是传统的丝绸之路之一。这条屏障的最西端是叙利亚，这里是欧亚大陆的"心脏地带"，在历史上也是欧亚两大陆对冲的第一道关口，也可以说它是欧亚大陆力量变局的第一个旋转门。罗马人东扩，蒙古人西进，都是到了这个地方受到抵抗并因此固定了东西方的政治格局。当年张骞派副手到安息帝国访问，因为他们的斗争关乎汉朝的安全，安息国王派了2万多兵骑迎接[④]，因为他们也需要中国的支持。当时的安息位于今天的伊朗高原，其西端就是今天的叙利亚，位于今天欧洲东扩的前线。今天的北约东扩就是昨天罗马东扩的重演，在叙利亚激烈抵抗前，今天欧洲的妥协也是昨天罗马在此妥协的再版。可见，叙利亚至伊朗一线的地区安全与中国的西陲安全息息相关。

---

① 伊朗高原（英文：Iranian plateau，又称 Persian plateau）是亚洲西南部的高原地带，亦是古代文化的发源地，伊朗高原由小亚细亚和高加索开始，一直向东延伸，包括现今阿富汗的绝大部分和巴基斯坦的很大部分。

② "帕米尔"是塔吉克语"世界屋脊"的意思，高原海拔4000～7700米，拥有许多高峰。该高原是地球上两条巨大山带（阿尔卑斯—喜马拉雅山带和帕米尔—楚科奇山带）的山结，也是亚洲大陆南部和中部地区主要山脉的汇集处，包括喜马拉雅山脉、喀喇昆仑山脉、昆仑山脉、天山山脉、兴都库什山脉五大山脉，它群山起伏，连绵逶迤，雪峰群立，耸入云天，号称亚洲大陆地区的屋脊。帕米尔高原的最高峰为兴都库什山（Hindu Kush）的主峰蒂里奇米尔峰（Tirich Mir），海拔7690米。

③ [法]鲁保罗著：《西域的历史与文明》，耿昇译，人民出版社2012年版，第16页。

④ 公元前129年，位于小亚细亚的拍加马王国起义，罗马镇压后将其划入罗马行省。公元前124年，塞人与安息（帕提亚）冲突，安息王败死。安息向西败西徐亚人，西北败亚美尼亚人，与罗马缔订和约；同年中国张骞副使至安息，安息王以两万骑迎中国使者。

1904年，哈·麦金德在《历史的地理枢纽》一书中说：

> 这里是早期文明地带中最脆弱的地点，因为苏伊士地峡把制海权分成东西两部分，而从中亚延伸到波斯湾的波斯干旱荒原，使游牧势力总有机会打到那一片把东面的印度、中国与另一面的地中海世界分隔开来的大洋边缘。每当巴比伦、叙利亚和埃及绿洲的守备薄弱的时候，草原民族就可以把开阔的伊朗高原和小亚细亚作为前进的据点，从那里穿过旁遮普而进入印度，经过叙利亚而攻入埃及，越过博斯普鲁斯和达达尼尔的断桥而进入匈牙利，维也纳地当欧洲内地的入口处，抗阻着从两方面——直接穿过俄罗斯草原与绕道黑海、里海以南而来的游牧民族的袭击。①

十五年后，哈·麦金德在《民主的理想与现实》一书中以更为简练的语言再次重申这样的观点说：

> 谁占有大马士革，谁就有旁门通向另一条路——在两洋之间沿幼发拉底河谷而下之路。这同一个区域，既是历史的发祥地，又是现代最重要的交通大道的交叉点，不可能完全是一种巧合。②

印度是北印度洋最重要的国家，但对中国西域安全权重排序上却不是最重要的国家。常有媒体看着平面地图说印度对中国有大威胁。如果看看历史，再看看立体地形图，就会知道印度没有大规模北上强攻的能力，当然中方也没有大规模南下并实行控制性占领的能力。这还得归因于喜马拉雅山的屏障作用。历数古代史，印度人什么时候打到过西藏、占领过拉萨？没有，都是北方游牧民族从西面顺印度河南下进入印度。当然这也不能说印度人没有北上的想法，也不是说中原人没有南下的念想，只是说在这一地区双方实在没有实现这种想法的条件。1962年年底，我军横扫盘踞

---

① [英]哈·麦金德著：《历史的地理枢纽》，林尔蔚、陈江译，商务印书馆2007年版，第63页。

② [英]哈·麦金德著：《民主的理想与现实》，武原译，商务印书馆1965年版，第85页。

在藏南的印度侵略军后为什么马上退回来呢？地形不行。喜欢读《三国演义》的毛泽东[①]是自然会注意曹操占领汉中后又不得不放弃汉中退回秦岭的原因：藏南孤悬且直抵于印度西北平原，由北而南，攻易守难，且后援难以为继。如陷南地，无以回旋，极为被动。由南而北，则是攻难守易。毛泽东充分利用藏南地形的这种特点，对入侵者发起凌厉的攻势，势如破竹，速启速合，没有留给印军占其地利以逸待劳的时间。

上文说叙利亚是欧亚格局的转换门，现在再加上一句，叙利亚也是欧亚力量交锋的晴雨表。从中国西陲安全的角度看，较之于印度，叙利亚至伊朗高原直至阿富汗一线的国家对于中国西域安全有着更大的地缘政治关联。

（三）缅甸之于中国的地缘政治意义

在印度洋北岸的东面，对中国安全有重大关联的是缅甸。缅甸位于亚洲东南部、中南半岛西部，其北部和东北部同中国西藏自治区和云南省接界，东部与老挝和泰国毗邻，仰光濒临伊洛瓦底江。缅甸西部与印度、孟加拉国接壤。缅甸南临安达曼海，西南濒孟加拉湾。缅甸从南到北长约2090公里，东西最宽处约925公里。地势北高南低。北、西、东为山脉环绕。北部为高山区，西部有那加丘陵和若开山脉，东部为掸邦高原。靠近中国边境的开卡博峰海拔5881米，为缅甸最高峰。

伊洛瓦底江是亚洲中南半岛的大河之一，也是缅甸的第一大河。西部山地和东部高原间为伊洛瓦底江冲积平原，地势低平。伊洛瓦底江河源有东西两支，东源恩梅开江（Nmai Hka，中国境内称独龙江），发源于中

---

① 1962年1月12日，毛泽东会见日本社会党由顾问铃木茂三郎率领的访华代表团时说："遵义会议时，凯丰说我打仗的方法不高明，是照着两本书去打的，一本是《三国演义》，另一本是《孙子兵法》。其实，打仗的事，怎么照书本去打？那时，这两本书，我只看过一本——《三国演义》。另一本《孙子兵法》当时我并没有看过。"（金冲及主编：《毛泽东传（1893～1949）》，中央文献出版社2004年版，第354页。）1965年8月5日，毛泽东在接见印尼共产党主席艾地率领的代表团，在被问到在打仗之前是否看过军事著作时，毛泽东回答说："一本也没有看过。《三国演义》我看过，《孙子兵法》没有看过。打过仗以后，那是到了西北之后，为了总结经验，看了一些中国的、外国的军事书。书是靠不住的，主要是要创造自己的经验。"（中共中央文献研究室编：《毛泽东年谱（1949～1976）》第5卷，中央文献出版社2013年版，第518页。）

国境内察隅县伯舒拉山南麓，西源迈立开江发源于缅甸北部山区。独龙江东南流经云南贡山独龙族怒族自治县西境，然后折转西南，进入缅甸，过贾冈南流，称恩梅开江。两江在密支那城以北汇合后始称伊洛瓦底江，南流后注入印度洋安达曼海。伊洛瓦底江全长2714千米，流域面积43万平方千米。在伊洛瓦底江东面并与其北南平行的还有萨尔温江（又名丹伦江），为缅甸最长河流。该江源于中国青藏高原唐古拉山南麓，称为那曲。离开源头后进入云南境内改称怒江，入缅段称萨尔温江或丹伦江。入缅后南下在毛淡棉附近，分西、南两支入安达曼海的莫塔马湾，并在河口处两支流间形成比卢岛。不含中国境内，河长1660公里，流域面积20.5万平方公里。

凡能坐大者，必有外援；凡有外援，必有通道。缅甸之于印度，其通往中国的道路要平缓通顺许多，纵贯缅甸北南的伊洛瓦底江——其交通意义相当于贯穿中国东西的长江和贯穿中欧和东欧的多瑙河[①]——更给缅甸交通带来了极大的便利，从中国云南昆明经保山至瑞丽出境顺瑞丽江可达缅甸的伊洛瓦底江并由此直入印度洋。故此，特别是在近代以来东海被困之后，缅甸就成了中国大西南与国际联系的重要通道。艾尔弗雷德·塞耶·马汉看到这一点，他在《亚洲的问题》一文中说："获得缅甸使印度得以将边界向东推延，从而避开喜马拉雅山脉，打开了向长江上游地区及中国西部省份施以政治和商业影响的通道。"[②]

明代中期，中国东海尚未出现危机，此前西南方向对于中原诸王朝而

---

① 多瑙河在欧洲仅次于伏尔加河，是欧洲第二长河。它发源于德国南部，自西向东流，流经奥地利、斯洛伐克、匈牙利、克罗地亚、塞尔维亚、保加利亚、罗马尼亚、摩尔多瓦、乌克兰，最后注入黑海。马克思说："只要看一眼欧洲地图，就会在黑海西岸看到多瑙河的河口，正是这条发源于欧洲心脏的河，可以说是天然形成的一条通往亚洲的大道。正对面，在黑海东岸，自库班河以南，高加索山脉从黑海东南伸向里海，绵延约700英里，把欧亚洲分开。""谁掌握多瑙河口，谁就掌握了多瑙河，控制了通往亚洲的大道，同时也就在很大程度上控制了瑞士、德国、匈牙利、土耳其的贸易，首先是摩尔多瓦和瓦拉几亚的贸易。如果他还掌握了高加索，黑海就成了他的囊中之物；而要关闭黑海的门户，只要把君士坦丁堡和达达尼尔海峡拿过来就行了。占领了高加索山脉就可以直接控制特拉佩宗特，并通过在里海的统治地位直接控制波斯的北方沿海地带。" 马克思："帕麦斯顿勋爵"，《马克思恩格斯全集》第12卷，人民出版社1998年版，第458页。

② [美] 马汉著：《海权论》，萧伟中、梅然译，中国言实出版社1997年版，第218页。

言，只是稳边安民的问题，这可从明王朝在西南设立的一系列管理机构的命名看出，如“车里军民宣慰使司”、“缅甸军民宣慰使司”、“老挝军民宣慰使司”等[①]。但到明末，东海倭患蜂起，特别是清兵入关后，西南便成了各类反清力量的聚啸之地，缅甸之于中国的地缘政治的战略意义也随之上升，渐成为中国大西南诸力量获取外援的重要通道。1937年，日本全面侵略中国，东海的制海权沦落日本之手，中央政府迁至重庆。由此，缅甸通道对于中国的战略意义陡然增升。美国地缘政治的重要学者尼古拉斯·斯皮克曼说：“日本的扩张势力差不多完全把我们同俄国和中国的交通截断了。从俄国和印度到中国的陆路，运输量有限，没有能够使中国得到接近必需的军需。要想最后击败日本，大部分有赖于有效地改善这种情况。”[②] 1937年，在中国东部被全面封锁的情况下，中央政府于10月始征调云南民工20万人，用了不到一年的时间修成了连接昆明至瑞丽的中国境内段公路，进入缅甸后又继续修建了经过缅北的公路，两段合称“史迪威公路”[③]，中国由此从境外获得大量战略物资，为抗战胜利提供了有力支持。

1959年6月，苏联政府背信弃义片面撕毁了中苏双方签订的关于国防新技术的协定，拒绝向中国提供原子弹样品和生产原子弹的技术资料。9月9日，苏联塔斯社就中印边境争端发表声明，公开偏袒印度尼赫鲁政府，反对中国。9月15日，美苏举行“戴维营会议”，随后赫鲁晓夫就来到北京劝说中国“不要用武力去试探资本主义制度的稳定性”[④]，与此同时，苏联政府开始鼓吹苏美两国共治世界的“戴维营精神”。1961年始，肯尼迪政府对越南发动“特种战争”，1962年4月至5月，苏联驻中国新疆领事馆怂恿新疆伊犁、塔城民族冲突，造成当地居民大量外逃。

---

① [清]顾祖禹著：《读史方舆纪要·云南七》，中华书局2005年版，第5206—5238页。

② [美] 尼古拉斯·斯皮克曼著：《和平地理学》，刘愈之译，商务印书馆1965年版，第95页。

③ 史迪威公路是1944年中国军队在滇西和缅北大反攻胜利后修通的自印度东北部雷多终至中国云南昆明的公路，在枪林弹雨中为中国抗日战场运送了5万多吨急需物资，被称为“抗日生命线”。它从印度东北部边境小镇雷多出发至缅甸密支那后分成南北两线：南线经缅甸八莫、南坎至中国畹町；北线经过缅甸甘拜地，通过中国猴桥口岸，经腾冲至龙陵，两线最终都与滇缅公路相接。

④ 肖月、朱立群主编：《简明国际关系史（1945～2002）》，世界知识出版社2003年版，第126页。

这一系列事件引起毛泽东的高度警觉，他开始考虑“要准备帝国主义和修正主义合伙整我们”[①]及“敌人怎样进攻我们怎样对付”[②]的问题。当时中央军委提出“北顶南放”[③]的战略方针，毛泽东则判断“敌人很可能是中间突破”[④]。

为了对付“从中间突破”的可能性，在各种方案中，毛泽东首选以西南为重心的“大后方”建设。集中投资于四川东部山区和中部平原，特别是重庆一带，在四川西南端的攀枝花和甘肃酒泉建造钢铁基地。与此同时，毛泽东提议“三线建设”。1964年5月27日，毛泽东在中南海菊香书屋召开中央政治局常委会议，毛泽东说：“第一线是沿海，包钢到兰州这一条线是第二线，西南是第三线。攀枝花铁矿下决心要搞，把我们的薪水都拿去搞。在原子弹时期，没有后方是不行的，要准备上山，上山总要有个地方。”当罗瑞卿讲到总参谋部担心密云、官厅这些水库的泄洪量太小时，毛泽东将北京的安全与四川联系起来，说：“北京出了问题，只要有攀枝花就解决问题了。北京淹了，还有攀枝花嘛。应该把攀枝花和联系到攀枝花的交通、煤、电的建设搞起来。”[⑤]第二天（5月28日），刘少奇主持召开有各中央局负责人参加的会上进一步强调：“昨天在主席那个地方谈的基本的一点就是搞四川这个第三线。主席着重地讲了攀枝花，酒泉也提到了，但不是摆在第一，第一是讲攀枝花，其他各方面少搞，搞攀枝花。”[⑥]11月26日，毛泽东在听取西南三线工作汇报时说：“国民党为什么修长江—都匀—贵阳那一条线，而不修川汉那一条线？是什么道理？川汉

① 毛泽东：《战争准备要放在两个可能上》（1965年10月10日），载《建国以来毛泽东军事文稿》（下卷），军事科学出版社、中央文献出版社2010年版，第328页。

② 毛泽东：《要很好地分析敌人怎样进攻我们怎样对付》（1962年10月5日），载《建国以来毛泽东军事文稿》（下卷），军事科学出版社、中央文献出版社2010年版，第151页。

③ 20世纪60年代初，中共中央军委确定，在未来反侵略战争中，在北方一些地区要立足于顶住敌人，在南方一些地区则诱敌深入，把敌人放进来打。这一思想后来被概括为“北顶南放”。

④ 毛泽东：《敌人很可能是中间突破》（1964年9月14日），载《建国以来毛泽东军事文稿》（下卷），军事科学出版社、中央文献出版社2010年版，第265页。

⑤ 中共中央文献研究室编：《毛泽东年谱（1949～1976）》第5卷，中央文献出版社2013年版，第355页。

⑥ 转引自中共中央文献研究室编：《毛泽东年谱（1949～1976）》第5卷，中央文献出版社2013年版，第355页。

铁路[①]，满清未修，就闹风潮，选的是北线。为什么要修川汉线，要找历史资料做比较，都要研究一下，做个比较。”随后毛泽东向在座的同志提问并回答说：“《三国志》讲黄权随刘备东征，刘备打了败仗，黄权被隔断于江北，没有路走，只好降魏。降魏的人中有人造谣，说刘备杀了他的家属。曹丕要给开追悼会，他说不要开，刘备不会杀他的家属。后来证实果然没有杀。是没有路走，回不去了嘛！”[②]这说明，毛泽东这时考虑的也是大西南的国际通道和国内从大西南返回中原的交通问题。显然，缅甸在其中的战略地位自然不可小觑。

毛泽东三线建设方案的提出来自对大西南地缘政治特点的深刻认识，除了来自他自身丰富的历史知识外，还与他1935年随中央红军经黔、滇、蜀北上陕甘的亲身经历有关。在云贵与蒋军周旋期间，因北上渡江困难，中央已有了建立川滇黔根据地的设想[③]，毛泽东也一定有了万一北上不成如何经营黔滇川苏区并与南面国家如何处理关系，以及从西南打通国际通道的通盘考虑，这种考虑又被黔贵川地区在随后的抗日战争时期所发挥出的连接国际大通道的突出作用所验证。基于这些经历，在20世纪60年代美苏南北夹击中国的时刻，毛泽东才会有“北京淹了，还有攀枝花嘛”即再次迁至大西南的判断并做出“应该把攀枝花和联系到攀枝花的交通、煤、电的建设搞起来”[④]的重大决策，这与隋炀帝曾率大军北驱突厥、南下平陈

① 川汉铁路是清朝末年计划建设的一条铁路线，最初计划从成都起，经内江、重庆、万县（今重庆市万州区）、奉节、秭归、宜昌至汉口，全长3000公里。此条线最终未能全部建成，只建成了西段的成渝铁路。

② 毛泽东：《在听取西南三线建设工作汇报时的讲话》（1964年11月26日），载《建国以来毛泽东军事文稿》（下卷），军事科学出版社、中央文献出版社2010年版，第276—277页。

③ 1935年2月7日，中革军委发出《关于我军改为以川滇黔边境为发展地区的方针给各军团的指示》，指出：“根据目前情况，我野战军原定渡河计划已不可能实现。现党中央及军委决定，我野战军应以川、滇、黔边境为发展地区，以战斗的胜利来开展局面，并争取由黔西向东的有利发展。”2月16日，党中央与军委发出《告全体红色指战员书》，指示：“由于川滇军阀集中全力利用长江天险在长江布防，拦阻我们，更由于党与中革军委不愿因为地区问题牺牲我们红军的有生力量，所以决计停止向川北发展，而最后决定在云贵川三省地区创立根据地。”引自《中共中央文件选集》第十册，中共中央党校出版社1991年版，第483、490页。

④ 中共中央文献研究室编：《毛泽东年谱（1949～1976）》第5卷，中央文献出版社2013年版，第355页。

的经历使他认识到大运河对中国统一的必要性和紧迫性出于同一个道理。1962年毛泽东西南对印度开战，显然是为了夺取西南方向的主动权。

除了伊朗之外，西南的缅甸出口大大提升了缅甸之于中国的地缘政治意义。在太平洋战争期间缅甸之于中国的战略作用得到了充分显示。当时若没有缅甸，中国的抗战就会更加艰难。鉴于这样的经验，中国政府一直重视西南方向的国际通道建设。2011年国家建成渝新欧国际大通道，有了这条通道，中国大西南就有了北上大西北进入中亚的出口，如能再进一步开发与伊朗、缅甸相接的传统通道，这样，中国大西南这盘棋就下活了，对于毛泽东提出的“黄权之问”，在50年后就可以有让毛泽东满意的答卷。

在中国安全问题上，最令人担忧的是东西共振的形势，在这种情况下，中国大西南往往担当着绝地翻盘的特殊的战略作用。

（四）东北亚对中国西南的联动作用

我们研究历史会发现，历史上真正能对中国大西南安全产生重大压力的方向——因为喜马拉雅山的屏护及中国在几乎陡直的喜马拉雅山地中所处的居高临下的地势——较少地来自南方印度洋，而更多地来自东北亚。比如清兵入关，日本从东北入侵及中国人民解放军拿下东北、挥师过江后国民党在大西南的纵深布局等都促成了大西南的战略地位及其相关通道的战略需求陡升；而60年代初的中印关系的紧张和冲突以及中国六七十年代的“三线建设”，又不能不是美国对新中国东部越逼越近的海上封锁继而介入越南内战①以及中苏“珍宝岛冲突”后的联动结果。

对东北亚问题有较早直觉的是隋朝皇帝杨广。隋炀帝杨广在中国历史上是对中华民族有大贡献的人物，在他即位之前中国经历了“三国两晋南北朝”的分裂和战乱，与秦始皇及其业绩出现的历史背景相仿。有了这样几乎持续了三个半世纪（公元220～581年）的动荡经历，他们那一代人对国家统一就有了强烈的共识。杨广在位期间为中国统一和安全做了两件大事，第一件是修了贯通北南的大运河，想一举贯通中国大江南北——这件事算是做成了。如果没有这条大运河，明朝不可能把国都定在北京。第二，他意识到未来中国边陲的安全危险将来自东北亚。于是他

① 1961年，越南战争爆发，美国与其仆从国组成联军，介入这场战争。

三次出兵朝鲜半岛，想一举而定万世太平——这件事却办砸了。

这招致后世文人的非议，他们讽刺隋炀帝好大喜功。但事情可没有那么简单。后来历代的颠覆性的力量——比如导致大明、大清以至民国的覆亡的冲击力量不都出于东北或东北亚吗？唐太宗曾也认为炀帝好大喜功，可他执政后不也同样认识到东北亚的危险性并于贞观十六年（公元642年）出兵东征高句丽吗？1949年年初，从西柏坡准备进京的毛泽东风趣地将此行比喻为“进京赶考”，毛泽东在回答周恩来“我们应当都能考试及格，不要退回来”的话时说：“退回去就失败了。我们决不当李自成，我们都希望考个好成绩。”[①]明乎此，再重温毛泽东的“我们绝不学李自成”这句话意义就深刻了。毛泽东说的不仅是不学李自成政权甫立即腐的教训，更是说他没有守住山海关的教训。面对吴三桂的变节，李自成并没有做认真准备，仅带了五万兵过去了[②]，不及半月便全线崩溃，退出北京，次年（1645年）即被杀于湖北通城九宫山。明朝及李自成大顺政权的失败及后来日本又从东北入侵中国的历史教训说明，东北亚对中国安全有着生死攸关的意义。东北破，北京就得迁都，随之而来的后果不是政权易手就是国家分裂。若此，大西南就成了中国抵抗力量绝地反攻的唯一地方。东北一带一马平川，势逼中原，且距离北京太近。1644年李自成刚入北京，清兵就过来了；1949年年底我们刚踏入北平，1950年下旬美国就来了。可以设想，当时李自成如不死，他接下来的目的地最有可能就是大西南的滇缅一带。还可以设想，如果当时认为美国来了仅仅是为了朝鲜，与我们无关，那李自成的悲剧很快就会来到眼前。故此，毛泽东说：“我们决不当李自成。”反过来想，如果没有朝鲜战场的胜利，同期西南剿匪及后来西藏解放的难度将会大幅提高。

从隋朝至明朝再到民国的颠覆国家的力量一直都是沿着这条线越推越大的。1937年3月，毛泽东在《祭黄帝陵文》中说：“琉台不守，三韩[③]为

① 金冲及主编：《毛泽东传》，中央文献出版社2004年版，第954页。

② 1644年4月9日，“李自成决定亲自出征，4月13日黎明，李自成与刘宗敏、李过率兵五万，从北京出发，随行的有明朝太子及二王。”樊树志著：《崇祯传》，人民出版社1997年版，第576页。

③ “三韩”是指公元前2世纪末至公元后4世纪左右存在于朝鲜半岛南部三个部落联盟即马韩、辰韩和弁韩，后亦指朝鲜半岛。

墟。”[①]笔者理解这是说琉球、台湾和朝鲜半岛的齿唇依存的关系；但1895年日本在“甲午海战”后窃取中国台湾、1910年全面占领朝鲜、1937年发动全面侵华战争的诸事件所展示的连贯逻辑同样表明：“三韩”不保，中原为墟。朝鲜半岛是中国——当然也是俄国——东部安全的重要屏障：此门洞开，且不论由此可能造成的中国东北动乱及其对中国工农业经济的影响，仅从地缘政治上及近现代历史经验看，更会直接威胁中国京畿重地，并对中国的整体稳定造成重大冲击。只有朝鲜半岛稳住了，我们的大东北方可无忧，反之，东北亚的任何动荡都会很快传导到北京中枢，北京动则全局动，全局动则西南重。所以毛泽东当时特别看重明成祖把国都立在北京的经验，说他“不怕蒙古人的铁骑，是个有胆识的人”[②]，这是因为他特别重视“关外问题”：关外问题即全国问题，全国问题很快便会转化为西南问题。明乎此，我们理解了毛泽东20世纪40年代说“我们绝不学李自成”、50年代初“抗美援朝”及60年代强调“三线建设”举措乃至1962年对印自卫反击战之间的战略关联。用毛泽东的话说就是：“北京出了问题，只要有攀枝花就解决问题了。”[③]

毛泽东早就看到“关外问题”并对东北平原在中国地缘政治中的极端重要性予以高度重视。1945年日本投降前夕，中国共产党召开第七次代表大会，5月1日，毛泽东在关于政治报告讨论的结论中明确指出：“东北四省极重要，有可能在我们的领导下。有了四省，我们即有了胜利的基础。”[④]1950年，美国出兵东北亚，毛泽东一改隋、唐远征而通过援助朝鲜的方式，借苏联的支持，出兵协助金日成一举将“关外问题”远远推到“三八线”之外。抗美援朝的胜利彻底杜绝了新中国重蹈李自成因忽视或失控于“关外问题”而功败垂成的任何可能，中国东北进而华北由此稳定至今。毛

---

① 《名人名家抗战诗词选（1932年5月～1945年9月）》，《党的文献》2005年，第5期。

② 1951年4月他在游十三陵时赞扬说，明成祖“敢在北京建城，敢把自己的陵墓放在这里，不怕蒙古人的铁骑，是个有胆识的人”。盛巽昌、欧薇薇、盛仰红：《毛泽东这样学习历史，这样评点历史》，人民出版社2005年版，第103页。

③ 中共中央文献研究室编：《毛泽东年谱（1949～1976）》第5卷，中央文献出版社2013年版，第355页。

④ 中共中央文献研究室编：《毛泽东年谱（1983～1949）》中卷，中央文献出版社2013年版，第602页。

泽东与隋炀帝、唐太宗一样都注意到东北亚政局对中原政治的影响，比较而言，不同的只是毛泽东没有把中国的安全边界锁定在山海关而是锁定在朝鲜半岛的“三八线”。这是“唐宗宋祖”们的文治武功“稍逊风骚”的地方。

从这个视角观察，中国东北通道乃至朝鲜与西南通道乃至缅甸，对于中国全局稳定具有紧密的战略联动的意义。

（五）在中国印度洋战略中，云南具有了不可替代的“桥头堡”地位

需要说明的是，我们所说的“大西南”，一般说来应包括四川省、云南省、贵州省、西藏自治区。顾祖禹云：

> 云南古为荒服，自汉以来，乍臣乍叛。盖疆域辽阔，部落环伺，崇山巨川，足以为保据之资。故时恬则牛驯蚁聚，有事则狼跳虎噉，势固然也。西南一隅，反覆最多。麓川抗戾于前，缅甸恣睢于后。蚕食邻封，志欲渐广。尾大之祸，议者早见其端矣。说者曰：云南山川形势，东以曲靖为关，以沾益为蔽。南以元江为关，以车里[①]为蔽。西以永昌为关，以麓川为蔽。北以鹤庆为关，以丽江为蔽。故曰云南要害之处有三：东南八百、老挝、交趾诸蛮，以元江、临江为锁钥。西南缅甸诸蛮，以腾越、永昌、顺宁为咽喉。西北吐蕃，以丽江、永宁、北胜为扼塞。识此三要，足以筹云南矣。虽然，云南者，南临交广，晋太康初，陶璜为交州牧，言宁州诸蛮接据上流，水陆并通是也；北时川蜀，诸葛武侯欲专意中原，虑群蛮乘其后，乃先南讨。蒙氏据有云南，屡为唐剑南之祸是也。《元史》言：云南之地，东至普安路之横山，西至缅地之江头城，凡三千九百里而远；南至临安之丽沧江，北至罗罗斯之大渡河，凡四千里而近。[②]

顾祖禹是明末清初的学者，一部《读史方舆纪要》集中国地缘政治之大成并奠定了作者在中国古代地缘政治领域的巨擘地位。但顾先生的著作

---

① 车里，土司名。一作彻里、撤里或车厘。元世祖至元末置军民总管府，明改为军民宣慰使司。治所在今云南景洪。辖境大部分相当今西双版纳傣族自治州。

② [清]顾祖禹：《读史方舆纪要·云南一》，中华书局2006年版，第5057页。

有极大的局限性，这就是他更多地是从稳边安民和国内治理的角度考虑包括云南在内的中国国内各区域的地缘政治作用。这在经济已卷入世界经济体系及中国已在这个体系中获得巨大发展的今天，显然不适应了。今天我们应当从中国与印度洋的关系角度思考中国大西南尤其是云南的战略地位。

云南东接广西、贵州，北接四川，西北与西藏接壤。省内南北相距8个纬度，地势北高南低，南北之间高差悬殊达6663.6米。与缅甸、老挝、越南三个国家接壤。在中国大西南诸省中，云南是与缅甸交界最长省份，滇缅边界由北至南约1997公里，连贯云南西陲，与缅甸的两条南接印度洋安达曼海的水上运输大动脉伊洛瓦底江和萨尔温江不仅接源而且几乎全程同向南行。这样的地缘政治位势对中国走向印度洋有极重要的战略价值。

若再进一步结合前述顾祖禹的分析，云南在大西南的地缘政治作用可总结如下：

1. 如就国内治理而言，在大西南地缘政治中，四川是全局的重心，重庆是大西南进入中原的桥头堡。正因此，抗日战争中国民政府首选重庆为全国抗战的政治中枢。1949年4月人民解放军解放中原并跨越长江后即兵向四川。8月20日，毛泽东复电刘伯承、邓小平等电报：“同意你们十九日关于向川、黔进军的基本命令。”[①]10月19日，毛泽东复电林彪等就明确告之：

西南重心是四川。[②]

顾祖禹也有同样见解，他说：

云南古蛮瘴之乡，去中原最远。有事天下者，势不能先及于此。然而云南之于天下，非无与于利害之数者也。其地旷远，可耕可牧，鱼盐之饶，甲于南服。石桑之弓，黑水之矢，猡、獠、爨、僰[③]之人，

① 中共中央文献研究室编：《毛泽东年谱（1893～1949）》下卷，中央文献出版社2013年版，第553—554页。

② 中共中央文献研究室编：《毛泽东年谱（1949～1976）》第1卷，中央文献出版社2013年版，第21页。

③ 猡（luó）、獠（liáo）、爨（cuàn）、僰（bó），可能指当地部落的名称。

率之以争衡天下，无不可为也。然累世而不一见者，何哉？或曰："云南东出思、黔已数十驿，山川间阻，仓卒不能以自达故也。"吾以为云南所以可为者，不在黔而在蜀，亦不在蜀之东南，而在蜀之西北。[①]

1972年，晚年毛泽东再次强调二十多年前的看法，8月17日，他在一份文件上批示说："四川是祖国的战略大后方，是三线建设的重点。"[②]

2. 如果我们由北掉头转南，放眼印度洋，从对外开放和世界治理的视角审视中国大西南的地缘政治作用，就会产生新的认识，这就是：

西南的重心是云南。

以上1、2两点认识可以从毛泽东"三线"交通布局中看出。为了对付美苏"从中间突破"的可能性，在各种方案中，毛泽东首选以西南为重心的"大后方"建设。集中投资于四川东部山区和中部平原，特别是重庆一带。在四川西南端的攀枝花和甘肃酒泉建造钢铁基地。1964年5月27日，毛泽东在中南海菊香书屋召开中央政治局常委会议，毛泽东说："第一线是沿海，包钢到兰州这一条线是第二线，西南是第三线。攀枝花铁矿下决心要搞，把我们的薪水都拿去搞。在原子弹时期，没有后方是不行的，要准备上山，上山总要有个地方。"当罗瑞卿讲到总参谋部担心密云、官厅这些水库的泄洪量太小时，毛泽东将北京的安全与四川联系起来，说："北京出了问题，只要有攀枝花就解决问题了。北京淹了，还有攀枝花嘛。应该把攀枝花和联系到攀枝花的交通、煤、电的建设搞起来。"[③]第二天（5月28日），刘少奇主持召开有各中央局负责人参加的会上进一步强调："昨天在主席那个地方谈的基本的一点就是搞四川这个第三线。主席着重地讲了攀枝花，酒泉也提到了，但不是摆在第一，第一是讲攀枝花，其他各方

① [清]顾祖禹：《读史方舆纪要·云南一》，中华书局2006年版，第5026页。

② 中共中央文献研究室编：《毛泽东年谱（1949～1976）》第6卷，中央文献出版社2013年版，第445页。

③ 中共中央文献研究室编：《毛泽东年谱（1949～1976）》第5卷，中央文献出版社2013年版，第355页。

面少搞，搞攀枝花。”[①]11月26日，毛泽东在听取西南三线工作汇报时用提问的形式表达了他对四川战略位势的地缘政治考虑。他说：

国民党为什么修长江—都匀—贵阳那一条线，而不修川汉那一条线？是什么道理？川汉铁路[②]，满清未修，就闹风潮，选的是北线。为什么要修川汉线，要找历史资料做比较，都要研究一下，做个比较。

《三国志》讲黄权随刘备东征，刘备打了败仗，黄权被隔断于江北，没有路走，只好降魏。降魏的人中有人造谣，说刘备杀了他的家属。曹丕要给开追悼会，他说不要开，刘备不会杀他的家属。后来证实果然没有杀。是没有路走，回不去了嘛！

四川有七千万人口，四十万平方公里幅员。为什么刘备能在这里立国？蒋介石退也退到重庆，为什么？总有个道理嘛！[③]

毛泽东在此提出的三个问题，其实是同一个即如何认识中国四川继而认识大西南的战略地位问题。前两个问题涉及历史上西南地区的战略地位及必要的交通问题。清末外患四起，川汉铁路的方案可能反映清政府在中国历史上首次从西南方向考虑——如果联想“安史之乱”中唐玄宗逃避四川、八国联军入侵时慈禧逃避西安的经验——战略后方的建设问题。鉴于四川盆地的封闭特点，川汉铁路方案还是消极防御，它只是为了解决苏洵所指出的“其守不可出，其出不可继”[④]的问题，但没有打通四川的国际联系，而没有国际援助，四川的大本营地位最终难以持久。1936年抗日战争即将全面爆发的前夕，国民党决定修建可连接印度洋、有利于退至大西南

---

① 转引自中共中央文献研究室编：《毛泽东年谱（1949～1976）》第5卷，中央文献出版社2013年版，第355页。

② 川汉铁路是清朝末年计划建设的一条铁路线，最初计划从成都起，经内江、重庆、万县（今重庆市万州区）、奉节、秭归、宜昌、至汉口，全长3 000公里。此条线最终未能全部建成，只建成了西段的成渝铁路。

③ 毛泽东：《在听取西南三线建设工作汇报时的讲话》（1964年11月26日），载《建国以来毛泽东军事文稿》（下卷），军事科学出版社、中央文献出版社2010年版，第276～277页。

④ [宋]苏洵著：《权书》，民族出版社2000年版，第71页。

后获得国际援助的湘黔铁路[①]。毛泽东的“黄权之问”实际是对四川盆地易进不易出的交通难题的侧面回答，因为黄权知道刘备对汉中道路险难程度十分了解，体谅他的难处，不会怀疑他的忠诚。毛泽东的深意是如果没有“三线”建设，一旦外敌入侵，到了西南，即使黄权这样的忠臣也是要“霸王别姬”的。由毛泽东提到黄权的例子还可以延伸到整个刘备西蜀政权成败的原因，都可归结为交通不畅从而进易出难的困境。这一点可以说是1935年在长征路上毛泽东反对张国焘南下川蜀偏安一隅计划，认为“如果我们被敌人封锁在这个地区，将成为瓮中之鳖”[②]的认识在新中国国防建设中的反用和善用。正因此，面对美苏南北两面同时出现的压力，毛泽东对三线建设有了前所未有的紧迫感。1964年6月8日，毛泽东在主持召开中央政治会议上说：“攀枝花钢铁工业基地的建设要快，但不要潦草，攀枝花搞不起来，睡不着觉。”“攀枝花铁路最好两头修。”[③]7月15日，毛泽东对周恩来、彭真、贺龙、罗瑞卿等说：“如果材料不够，其他铁路不修，也要集中修一条成昆路。”[④]1965年6月15日，毛泽东在杭州听取工作汇报时说：“三线建设问题，是我讲迟了，早讲几年就好了，现在后悔无及。”[⑤]

在这里，我们看到毛泽东应对美苏“中间突破”的国防布局，这就是：大西南是“三线“的重心，四川是大西南的重心，攀枝花是四川的重心。四川问题是交通问题，四川的关键是联接攀枝花的交通线，而通往云南昆明的成昆线的应被列于优先地位。1953年6月13日，毛泽东在中南海颐年堂接见从抗美援朝前线回国即被调派到云南工作的秦基伟，告诉他：

---

① 湘黔铁路是连接湖南和贵州的重要干线铁路。早在1936年国民政府就与德国签订修建湘黔铁路的借款协定，并进行初测，后因抗战爆发被迫中止。新中国成立后，于1958 年至1960年曾两次复建又两度停工，1970年9月再次复工，1972年10月建成通车，前后历时37年。该路的建成增加了西南地区通往东部沿海地区的通道，缩短了云、贵、川三省到中南、华南、华东地区部分省市的距离。

② 张国焘：《我的回忆》（下卷），东方出版社2004年版，第385页。

③ 转引自中共中央文献研究室编：《毛泽东年谱（1949～1976）》第5卷，中央文献出版社2013年版，第359、360页。

④ 中共中央文献研究室编：《毛泽东年谱（1949～1976）》第5卷，中央文献出版社2013年版，第375页。

⑤ 毛泽东：《在杭州听取计划工作汇报时的讲话》（1965年6月16日），载《建国以来毛泽东军事文稿》（下卷），军事科学出版社、中央文献出版社2010年版，第275～276页。

"调你到云南工作。云南是我国的西南大门，处于重要的战略位置。"[①]

3. 鉴于前述缅甸之于中国所具有无可替代的连通印度洋的特殊的战略通道作用，云南的这种特有的地缘位势使云南成为中国经过缅甸进入印度洋的最主要的门户；在中国印度洋战略中，云南具有了不可替代的"桥头堡"地位。

九 基于资本主义不平衡发展规律的中国印度洋政策新构想

（一）基于"资本主义不平衡发展规律"的世界格局

综上分析，自英国工业革命迄今，表面上看印度洋的紧张形势是世界经济发展带动的，但本质上却是建立在国际垄断工业资本和金融资本之上的帝国主义制度造成的。特别在美帝国时代，如果不靠直接占领世界资源而仅靠一般市场交易的方式，其所获利润已不能满足金融资本的要求。占领资源丰富的地区，就得全球争霸；全球争霸，首先就得控制印度洋，争夺印度洋的地缘政治资源。英国、苏联特别是美国，都是这样。

列宁说："经济政治发展的不平衡是资本主义的绝对规律。"[②]这个论断至今仍闪耀着真理的光芒。在这个争霸的过程中，帝国主义是不平衡发展的。我们看到今天的世界格局正在"资本主义不平衡发展规律"的作用下发生变化。一方面欧洲在统一中崛起，其军事力量通过所谓"茉莉花革命"继而利比亚战争伸向中东和非洲，法国军事力量已通过利比亚战争、马里政变和科特迪瓦选举危机向拥有丰富矿产资源的几内亚湾大幅推进，欧洲近代势力范围正在恢复[③]。利比亚战争后，欧盟——与当年罗马帝国

① 中共中央文献研究室编：《毛泽东年谱（1949～1976）》第2卷，中央文献出版社2013年版，第113页。

② 列宁：《论欧洲联邦》，《列宁选集》第2卷，人民出版社1972年版，第709页。

③ 法国是马里的原宗主国。1960年11月3日，两国关系正常化。双方保持着传统的特殊关系，法是马第一大贸易伙伴和援助国。目前，法国在马侨民约5000人，马里在法侨民约10万人。2011年年初，有英法军事干涉的利比亚内战爆发。5月，马里外长马伊加访法。10月，法国负责国际合作和欧洲事务的部长德兰古赴马出席"法国—马里日"活动，杜尔总统与其会见。2012年1月马北方爆发武装叛乱后，法合作部长德兰古、外长朱佩于2月先后赴马，同杜尔总统

扩张的步伐一致——立即来到叙利亚，要从叙利亚打开通往东方的大门，这个大门一旦向西敞开，那接下来的结果就是“马其顿”式的东进并对俄国、伊朗以及中国形成现实威胁。伊朗高原国家一旦失陷，俄国通往印度洋线路、中国正在开发的“丝绸之路经济带”就会被掐断，中国西域安全警戒级别就会大幅提升。今天的北约进逼叙利亚就是当年古罗马东进并因此与安息帝国①（今是伊朗等）发生的战争的重演。从这个视角看，唇亡齿寒，伊朗高原乃至帕米尔高原一带抵抗西方的斗争对于中国西陲安全具有重大的战略价值。

但同时也要看到，叙利亚在历史上往往是欧亚两大陆双方力量极限的相交节点。比如古代的马其顿、罗马、十字军、蒙古人、近代拿破仑法国、英国甚至还有今天的美国等，都是在此停步不前的。由此可知，今天叙利亚人民抵抗西方干涉并获得胜利与昨天的安息王朝抵抗罗马的侵略并

商讨如何解决北方危机。“3·22”政变后，法强烈谴责政变，呼吁政变军人尽快交权，恢复宪法秩序。6月，马过渡政府总理迪亚拉访法。2013年1月起，法军应马过渡政府要求协助马政府军打击北方叛乱武装、收复北方被占领土。2月，法国总统奥朗德访马。法国外交部发展事务部长级代表康芬访马，宣布恢复与马里的合作。同月，马过渡政府总理西索科访法。

科特迪瓦与法国于1961年5月18日建交。两国长期保持特殊关系，签有外交、军事、经济、文化、技术等合作协定。2002年科特迪瓦爆发内战后，法向科派出“独角兽”部队监督停火，并推动科主要政治派别于2003年1月在巴黎市郊马尔库西达成和平协议。2004年11月，科政府军误炸驻科法军兵营，法方随即采取报复行动，炸毁所有科军用飞机。科国内爆发反法浪潮。2010年12月科发生选后危机后，法国率先承认瓦塔拉为当选总统，并推动欧盟对巴博方面采取了一系列制裁措施。2011年4月，法国在开展利比亚战争的同时，其驻军也根据联合国安理会第1975号决议采取行动，摧毁了前总统巴博阵营的重武器，并协助瓦塔拉方面抓捕巴博。5月，萨科齐总统出席瓦塔拉总统就职典礼。同月，瓦塔拉总统应萨科齐邀请赴法出席八国集团峰会有关活动。6月，法国防部长隆盖访科。7月，法国总理菲永访科。11月，法国内政部长盖昂访科。2012年1月，瓦塔拉总统对法国进行国事访问。2012年7月，科议长索罗访法。2012年7月，瓦塔拉总统赴法国出席科法双边免债协议签署仪式。12月，瓦塔拉总统赴法出席科特迪瓦国家发展计划协商小组融资会议。2013年1月，法国外长法比尤斯赴科出席西共体阿比让特别首脑会议。法是科最大援助国、投资国和贸易伙伴，在科投资占科外资的60%。

① 安息帝国，亦称帕提亚帝国，是亚洲西部的伊朗高原地区古典时期的奴隶制王国。建于公元前247年，公元226年被波斯萨珊王朝代替。全盛时期的安息帝国疆域北达小亚细亚东南的幼发拉底河，东抵阿姆河。安息帝国坐落在地中海的罗马帝国与中国汉朝之间的贸易路线丝绸路上，使帝国成为了商贸中心被认为是当时亚欧四大强国之一，与汉朝、罗马、贵霜帝国并列。

获得胜利一样，都是必然的；同样的道理，中国在这一地区的外交投入的效果也一定是积极的。

在帝国主义经济政治发展不平衡规律的作用下，欧洲人开始向中亚进军，与此同步，美国开始战略东移。这个政策是否可以持续下去，这要看美国自身内部矛盾及其与欧洲的矛盾的发展。

美国国内现在面临的最大矛盾是美利坚民族和华尔街的矛盾，这反映在外交政策上就是：仅从收缩的意义上看，美利坚民族是愿意战略东移的，如果能东移至夏威夷，这对美利坚民族最有利，这样它可以休养生息。但是华尔街不会让它这样，华尔街要让美国白宫到太平洋向中国发起进攻，在欧洲凡尔赛体系已接近恢复的时候，再在太平洋地区恢复华盛顿体系，让世界再次回到盎格鲁-撒克逊民族控制的凡尔赛-华盛顿体系。新凡尔赛体系正在欧洲出现，而远东的华盛顿体系还在未定之时，中俄美三家共治的雅尔塔体制仍是远东和平保障的基础。与以往不同的是，现在美国力量在下降并有意绥靖日本军国主义势力，而中华体系正在形成并成为维护雅尔塔和平体系的重要力量。美国对这样一种“新常态”可能在远东出现心有不甘，奥巴马说不能让中国人跟他们西方人生活在一个水平，说这样世界资源撑不住。①这种只许美国“州官放火”，不许中国“百姓点灯”的逻辑，中国人当然不会同意。

好在中国人顶住了。自20世纪末以来，西方软硬兼施，试图打断中国现代化的进程。如果中国能持续顶住以美国为首的西方的压力，美国的出路就是，要么持续向东收缩——这样华尔街不会答应，要么继续再重返印度洋，去海湾打仗。奥巴马拒绝打击叙利亚这件事说明华尔街要西进与美利坚民族要东移的矛盾。对华尔街来说，东移是可以的，但必须拿回利润，为此就要将中国打倒，从中国再释放出一笔浮财；如不行，那你还得

---

① 2010年4月15日，美国总统奥巴马接受澳大利亚电视台采访时已说得很明白：“如果10亿中国人口也过上与美国、澳大利亚同样的生活，那将是人类的悲剧，地球资源根本承受不了，全世界将陷入非常悲惨的境地。美国并不想限制中国的发展，但中国在发展的时候要承担起国际上的责任。中国人要富裕起来可以，但中国领导人应该想一个新模式，不要让地球无法承担。” 薛牧青：《奥巴马言论在华人世界掀轩然大波》，http://www.qnck.net.cn/content/2010-05/15/content_3232167.htm。

视频链接http://www.tudou.com/programs/view/-qRW6nY_LZw/。

西进去拿石油，还是得打，不打的话，美元就失去支撑物，这样奥巴马总统就得下台，换一个更猛和更短视的人去打。那美国如果垮了怎么办？这也不要紧，届时华尔街可以抛弃美国再到其他地方吸金。是亚洲还是欧洲，反正是顶住美国打击的一方。资本历来只与强者交谊，与弱者交恶。与苏联红军在斯大林格勒打败希特勒后罗斯福便与斯大林结盟的道理一样，未来的西方只与打不败的中国和平共处。为此，中国要有一个全面的应对战略和切实政策。

（二）服务于“两个一百年”目标的中国印度洋政策新构想

1. 随时间节点逐步推进的政策目标

制定这样一个战略，最忌讳的是大而无当，其最突出的表现就是没有时空节点。在一次讨论中日关系的会上，面对中日双方存在于东海的核心利益矛盾，有的学者要求我们站在未来千年的角度看中日关系和钓鱼岛问题。这显然不是在谈战略而是谈宗教。我们讲的“大战略”是在特定时空间的主要矛盾，其应对方法上讲其综合性和联系性。没有时空则无矛盾，国家间还不曾有过脱离特定时空的矛盾。

今天的中国“比历史上任何时期都更接近中华民族伟大复兴的目标”①，中国在不远的将来亦将步入世界大国的行列。步入世界大国行列的国家，就不能不关注印度洋并制定出相符本国国情并体现本国特点的印度洋政策。如果以“两个一百年”为节点，以2049年为限，这个政策可分近期、中期和远期三步。近期目标配合第一个一百年即“在中国共产党成立一百年时全面建成小康社会”任务，中期目标配合国家在实现第一个百年目标后向第二个百年目标即“在新中国成立一百年时建成富强民主文明和谐的社会主义现代化国家”过渡，远期目标则服务于党的第二个一百年任务的实现。时间节止点为2049年。

先谈近期政策。

如前述中国西南与东北存在的安全联动规律所呈现的那样，中国在印度洋的利益与东海的利益也存在联动关系。正是20世纪30年代日本控制了

---

① 习近平在参观《复兴之路》展览时的讲话，见《习近平总书记系列重要讲话读本》，http://cpc.people.com.cn/n/2014/0703/c83083-25232910.html。

东海才会有30年代末开始的滇缅大通道的建设；而60年代初的中印关系的紧张，又不能不是美国对新中国东部越逼越近的海上封锁继而介入越南内战的联动结果。鉴于这样的规律和经验，我们的印度洋近期政策当从东海政策开始。1959年5月13日，毛泽东让人转告尼赫鲁：

总的说来，印度是中国的友好国家，一千多年来是如此，今后一千年一万年，我们相信也将是如此。中国人民的敌人是在东方，美帝国主义在台湾、在南朝鲜、在日本、在菲律宾，都有很多的军事基地，都是针对中国的。中国的主要注意力和斗争方针是在东方，在西太平洋地区，在凶恶的侵略的美帝国主义，而不在印度，不在东南亚及南亚的一切国家。尽管菲律宾、泰国、巴基斯坦参加了旨在对付中国的东南亚条约组织，我们还是不把这三个国家当作主要敌人对待，我们的主要敌人是美帝国主义。印度没有参加东南亚条约，印度不是我国的敌对者，而是我国的朋友。中国不会这样蠢，东方树敌于美国，西方又树敌于印度……照我们看，你们也是不能有两条战线的，是不是呢？如果是这样的话，我们双方的会合点就是在这里。①

东海对中国的未来非常重要，我们近代的失败就是因为失去近海制海权。利比亚卡扎菲曾有强大陆军，但没有至少是近海的防卫能力，以至西方国家从海上随意分割利比亚并由此摧毁了卡扎菲政权。中国也是如此，失去近海，敌人就会顺长江进入中国。近代英国、美国、俄国都试图利用中国内乱将自己的势力范围扩展到中国长江南北两岸，艾尔弗雷德·塞耶·马汉也曾看好中国长江并从帝国主义的视角把话说得很露骨：

对中国以及其他拥有海岸线的国家来说，海洋是发展商业的最有效的媒介——物资交换国家通过对外接触获得更新，从而保持、促进它们的勃勃生机。长江对于上述情形颇具意义，因为它有上千英里河段可供汽船航行，且将大海与其流域的心脏地带连接起来。中国由于

① 毛泽东：“印度不是中国的敌对者，是中国的朋友（1959年5月13日）”，《毛泽东文集》第8卷，人民出版社1999年版，第66—67页。

拥有海岸也就使其他国家能够由海洋抵达中国。①

海上强国需要在中国海岸拥有地盘，并开辟它与世界的自由交通，它们可以直言不讳地声明长江的可航行河段是它们进入中国内陆的必经之路和在当地发挥影响的中心。②

长江流域在政治和商业上都极为重要，为此需要多强调几句。长江深入中国内地，而且很大的轮船从海上可直接沿长江的主要河段上溯而行。长江流域的广大地区也依靠和长江与外界便捷来往。地理上，长江介于中国南北之间，从而对商品的分配和战争的进行都颇具影响。所以，一旦在长江流域建立起了势力，就在中国内地拥有了优势，并且能自由、稳定地通过长江沟通海洋；而在长江地区的商业优势又会加强其他方面的有利地位。这些合在一起，谁拥有了长江流域这个中华帝国的中心地带，谁就具有了可观的政治权威。出于这些原因，外部海上国家应积极、有效地对长江流域施加影响，而中国由此得到的益处也会被更广泛地、均衡地扩散到全国。在长江流域丢下一颗种子，它会结出一百倍的果实，在其他地区也有三十倍的收获。③

由于将一个特定地区涵盖在自己影响之内的最好办法是首先找到一个中心而不是四面出击，我们在远东的注意力目前是集中在长江流域。④

中国历史证明，长江是滚动中国政治的横轴之一；一旦失去长江，从某种意义上说就失去了统一的中国。1899年4月28日，英俄曾达成以长江为界瓜分中国路权范围的协议⑤，1900年《辛丑条约》之后中国被分裂为数

① [美]马汉著：《海权论》，萧伟中、梅然译，中国言实出版社1997年版，第224页。

② 同上书，第258页。

③ [美]马汉著：《海权论》，萧伟中、梅然译，中国言实出版社1997年版，第277—278页。

④ [美]马汉著：《海权论》，萧伟中、梅然译，中国言实出版社1997年版，第283页。

⑤ 双方约定："一、英国约定不在中国长城以北，为自己或为英籍臣民或其他人士争求任何铁路让与权，并且不阻挠——直接的或间接的——为俄国政府所支持的对这一地区铁路让与权的要求。二、俄国方面约定不在扬子江流域为自己或为俄籍臣民或其他人士争求任何铁路让与权，并且不阻挠——直接的或间接的——为英国政府所支持的对这一地区铁路让与权的要求。"全文参见王绳祖、何春超、吴世民编选《国际关系史资料选编》，法律出版社1988年版，第338页。

块，而1926年9月北伐军攻克武昌，则是后来中国接近统一的关键。1937年后，中国再次被日本分裂为多个政治单元。1937年中国汉口陷落后，日本近卫首相在11月3日的广播演说中宣称："有一句名言说：'谁能控制中国主要地区，便能拥有中国。'……日本已经掌握控制中国的钥匙。"[①] 近卫的话实际是上述马汉关于中国长江的分析的转述。武汉的失陷为汪伪政权在南京的出现提供了安全保障，中国再次出现政治分裂的格局。抗战胜利后，中国形成南北划江而治的格局，正当毛泽东准备一鼓作气打过长江之际，1949年1月9日斯大林打电报给毛泽东建议与国民党继续和谈，称"如果中国共产党直接拒绝与南京和谈，则向世人宣布它主张继续进行内战"。[②]与此同时，美国也与斯大林南北呼应试图促成中国南北分治的局面。1949年12月1日，美国驻华大使司徒雷登在给马歇尔的报告中称，苏联"调停的基础是国民党控制长江以南地区，共产党控制长江以北地区，而美国则承认俄国在满洲的特权"。[③]鉴于这样的历史经验，毛泽东告诫我们："一百多年来，帝国主义侵略我们都是从海上来的，不要忘记这一历史教训。"[④]对此可以提供反证的是，近代以来，能对中国造成颠覆性入侵的外族势力多是来自东部而绝少来自西部；至于西南，则更没有成功的案例。鉴于这样的历史经验和教训，我们今天的东海政策必须着眼于突破西方为封锁我们的"第一岛链"。

马汉说："一根链条的强度实际是由其最薄弱环节的强度决定的。"薄弱点，在战术上往往也就是突破点。如果我们以台湾为中线，从广义上将中国整个东部和南部海面分为大东海（黄海和东海）和大南海两大海域

---

① 转引自美国国务院编，张玮英等译：《美国外交文件·日本，1931—1941》（*The U.S.Department of State: Foreign Relations of the United States, Japan: 1931-1941*），中国社会科学出版社1998年版，第161页。

② 参见袁南生著《斯大林、毛泽东与蒋介石》，湖南人民出版社2005年版，第474页。

③ 转引自袁南生著《斯大林、毛泽东与蒋介石》，湖南人民出版社2005年版，第478页。值得注意的是，就在毛泽东拒绝斯大林劝说中共不要南下过江的同时，蒋介石也断然拒绝了美国"不要攻击黄河以北的中共，也不要向西追逐中共"的建议。参阅1963年2月4日肯尼迪与美驻台"大使"柯克的"会谈备忘录"，陶文钊主编：《美国对华政策文件集1949—1972》（第3卷上），世界知识出版社2003年版，第363页。

④ 中共中央文献研究室编：《毛泽东年谱（1949～1976）》第2卷，中央文献出版社2013年版，第38页。

的话，鉴于只有日本在钓鱼岛列岛乃至台湾问题上日益挑明其挑战雅尔塔法权体系的立场，那么，台湾北面的渤海和黄海则就成了中国在东海安全链条中最薄弱——因而也是最需加强——的环节。1895年，日本就是在此击败北洋水师后劫走台湾的。今后台湾的结局最终还要在这片海域一锤定音。

钓鱼岛问题在历史上本质是台湾问题。钓鱼岛及其附属岛屿在地缘政治上是台湾与日本之间的接榫点，也是“台独”势力信心的支撑点。1874年日本第一次出兵侵略台湾，就是1872年吞并琉球后的逻辑结果。今天日本在中国钓鱼岛及其附属岛屿，进而在春晓油田与中国的争夺，本质上是为了逼近中国台湾。今天，中国如果在此海域失去起码的原则，那日本的下一个目标就是台湾，接踵而来的必然是甲午海战及其以后历史的重演。

钓鱼岛问题在现实中本质也是台湾问题。新世纪以来，中国东海和南海出了那么多问题难以解决，究其原因是台湾问题的牵制。如果中国完成了台海统一，台湾岛和海南岛之间就会对中国东南经济黄金地带形成一个宽阔的拱卫海区，这样南海问题的解决也就相对容易得多。台湾问题就是中国海洋安全战略中的瓶颈因素，是中国海洋方向面对的诸矛盾中的主要矛盾。抓住这个主要矛盾，也就抓住了中日钓鱼岛之争的本质，抓住了中国海洋安全战略的核心。

如果将中国大陆沿岸和西北太平洋衔接“三海”即黄海、东海、南海看作一个连续的整体，我们可以将辽东半岛比作人的肩膀，黄海犹如连接上臂，南海则相当于下臂，海南岛相当于手掌。而台湾则是联动上下臂的肘关节：中国黄海失，则台湾不保；台湾失，南海则不能持续发力。由此，台湾就成了中国在西北太平洋制海权有效发挥的关键环节，而从钓鱼岛突破解决台海统一问题，应是我们东海政策的重中之重。与此相应，在这一时期，中国印度洋政策的重点将是在配合中国西部开发，联谊稳边，最多也只能是1962年那样的威慑性防御。

再看中期和远期政策。

从2021年始，中国开始向第二个百年目标即“在新中国成立一百年时建成富强民主文明和谐的社会主义现代化国家”过渡。过渡时期的特点是中国东海安全威胁基本解除、诸岛权益得到有效保护、台海两岸在“一个中国”框架中主权融合水平大幅提高或接近实现统一，中国应当在东亚友好国家中有一个“分发喜糖”即分享台海统一后产生的红利的时期，除极少数国家外，争取有东亚大多数国家对台海回归一家的认可。与此同时，中国要进一步加大西部开发的深度和广度，将东部经济成果及过剩生产力向西部转移。至2040年前后，在西部大体形成与中国东部相互紧密衔接的新的和可持续发展的生产力增长的黄金地带，并由此进一步向印度洋实行经济和政治辐射——这是中国印度洋政策可选择的远期目标。

2. “三点一面”的空间布局与力量配置

辐射是需要预先布局的。这时，中国即将完成中华民族实现伟大复兴的基本任务并步入世界大国的行列，与此同时，中国在印度洋需要有一个通盘布局。根据前述中国东西安全联动规律作用下大西部（大西南和大西北）整体安全和发展的需要，也汲取历史上帝国主义国家为控制印度洋而在此触礁翻船的教训，此间中国的印度洋政策应以印度洋北岸为重点，其总体战略布局可用“三点一面”来涵盖。

“三点”，即以印度为中点，其东西两侧以缅甸和伊朗高原国家（伊朗、巴基斯坦、阿富汗等）为战略支点，向“一面”即印度洋首先是印度洋北岸成扇面辐射。缅甸和巴基斯坦是中国进入印度洋的东西门户和重要通道；夹在两通道中间的印度，并非是由于它对中国安全有多大的威胁而是由于它深入印度洋中线的版图对印度洋及其沿岸国家有重要的影响。这三点对中国安全的关系是：东西两点即缅甸和伊朗高原国家对中国具有直接和现实的生存安全的关联，而印度则有长远的发展安全的关系；由此三点推广出印度洋扇面。

为什么要这么设计呢？主要是中国不同于远离印度洋的西方海权国家。远道而来的西方海权国家在印度洋只能靠占领岛屿而存在，目前我们能读到的海权理论提供的都是这样的视角。但中国并不是这样的远在千里的国家，而是临近印度洋的亚洲最大的国家。这样的国家有的是时间不用任何领土扩张而用与沿岸国家合作的方式将其经济、政治影响力推进到印度洋。因此，中国的印度洋政策就应当一反西方海权国家的视角，采用符合中国地缘政治特点的视角。在上述前两阶段即近期和中期的政策特点可以用“深挖洞”来概括的话，那下一步即远期的政策特点则可用“不称霸”来概括。

这样是不是印度在其中的地位降低了？不是这样，与以前不同的只是位于印度两翼的伊朗高原国家和缅甸的地位提高了。

这是由中国地缘政治特点决定的选择。英美国家是从印度南方的洋面看待印度，在这里，西方海上力量无依无靠，没有印度，它们在印度洋上就无以长期立足。因此，对西方人而言，印度与印度洋就是同一回事。中国则不同，中国已在印度洋北岸有自己的大板块主权领土。这样我们考虑的更多的就是中国大西部（大西南和大西北）的整体安全和发展，而印度对于中国西陲安全的影响——如前面分析的那样——远不如缅甸和伊朗来得直接。故此，我们与伊朗和缅甸的关系应予以特别的重视，而不能将“鸡蛋全放在一个篮子里”。

但是，印度毕竟是印度洋上的重要国家，鉴于其人口、土地面积及所在印度洋中心位置，又鉴于中国在喜马拉雅山南麓所居的优越位势和印度与中国几千年几乎是无战争的交往经验，印度之于中国更多还是其在印度洋的政治影响而较少是攻势性的安全威胁。与中国相似，印度也面临两线即南北两线的安全压力，其中北方并不是现实的压力，近代以来印度多从南方失国，因而南方安全是印度国防的重中之重。为此，中国应在北方给印度以稳定，支持它在印度洋发展，以此换得印度——与俄罗斯的印度洋政策相似——在东海对中国（至少以稳定的边境）予以支持。退一万步来说，即使中印再次发生边界冲突，那中国还应在此地——与曹操占领汉中后因其“直为天狱”①的地理形势而不得不退守秦岭一线的经验一样——采取防御性的政策。新世纪的中印关系还是要回到毛泽东的思考中，这就是：

1. “中国不会这样蠢，东方树敌于美国，西方又树敌于印度”；

2. 而印度“也是不能有两条战线的”；

3. 中国和印度“双方的会合点就是在这里”②。

“三点一面”是一个攻势性的战略吗？不是，它是一个守势战略。原因有二：一是因为在2021年之前，印度洋不会是中国安全的主要方向，而在2049年之前，它也最多是中国关注的方向，这在目前日本军国主义已有

---

① 曹操多次告诫下属：“南郑直为天狱中，斜谷道为五百里石穴耳。”[晋]陈寿：《三国志·魏书十四·刘放传》，引《资别传》，上海古籍出版社2002年版，第416页。

② 毛泽东：“印度不是中国的敌对者，是中国的朋友（1959年5月13日）”，《毛泽东文集》第8卷，人民出版社1999年版，第67页。

死灰复燃迹象的历史条件下更是这样。二是，即使是在2049年以后的相当一段时期里，鉴于历史上英美国家在这里屡战屡败并因此由盛而衰的教训，中国在相当长的时间内没有力量，即使有也没有必要在印度洋展开攻势性的活动。

当然，这一切判断成立的前提是基于目前世界大格局和由此造成的中国周边安全大形势不变，如果世界政治出现格局性的突变，我们的政策当然也要做相应的调整。比如20世纪50年代初，中苏战略同盟关系牢固，中国外交重点在东海，60年代中苏关系恶化后，中国迅速开展“三线建设”，大西南及相关方向的外交的战略地位骤升，70年代，中美关系改善，东海及与之联动的西南形势缓和，其间的外交政策也有相应调整。可以预料，至2049年前，国际形势还会有不少变化，中国外交及相关的印度洋政策也不可能是一成不变，也会有相应调整，但如果没有格局的突变，上述对印度洋所作的政策评估及构想，应该说大体是合适的。

但不管怎么变化，在上述若干阶段，持续加强中国大西南尤其是其中云南的战略性投资和建设，且不说这对于适应中国崛起后对印度洋资源需求增大的形势，即使是对于应付国际格局出现突发性逆转形势也是绝对必要的。1964年，在中美关系紧张的情况下，中苏关系又严重恶化，这时毛泽东日益感觉到大西南建设紧迫性。6月8日，毛泽东在主持召开中央政治会议上说：“攀枝花钢铁工业基地的建设要快，但不要潦草，攀枝花搞不起来，睡不着觉。”“攀枝花铁路最好两头修。”[①]7月15日，毛泽东对周恩来、彭真、贺龙、罗瑞卿等说：“如果材料不够，其他铁路不修，也要集中修一条成昆路。”[②]1965年6月15日，毛泽东在杭州听取工作汇报时说：“三线建设问题，是我讲迟了，早讲几年就好了，现在后悔无及。”[③]现在中国的形势有向20世纪50年代螺旋式回归的趋势。但同时我们也要及时做好应对未来历史再向20世纪六七十年代回归的可能，不要再让“后悔无

① 转引自中共中央文献研究室编《毛泽东年谱（1949～1976）》第5卷，中央文献出版社2013年版，第359、360页。

② 中共中央文献研究室编：《毛泽东年谱（1949～1976）》第5卷，中央文献出版社2013年版，第375页。

③ 毛泽东：《在杭州听取计划工作汇报时的讲话》（1965年6月16日），载《建国以来毛泽东军事文稿》（下卷），军事科学出版社、中央文献出版社2010年版，第275—276页。

及”的事发生。中国凡事——何况还是实现“两个一百年”伟大目标这样的大事——为了争取最好的结果，就必须先做最坏的准备。

（三）大国崛起于地区性守成，消失于世界性扩张

中国实现“两个一百年”的目标遇上较好的历史契机。目前的美国——这里指的主要是华尔街的而不主要是美利坚民族的美国——再凶恶也是在收缩，况且它内部正在出现严重分裂：华尔街与美利坚民族分裂，在后者中，富人与穷人分裂。这样的对手的最大软肋就是没时间、拖不起，急于灭此朝食。我们可用曹刿论战的方法来应对，使其从一鼓作气、再而衰到三而竭。总体上说，“一鼓作气”阶段美国已过去，现在正处在“再而衰”的阶段，只要我们战役目标不要太大，战线拉得不要太远，突破并坚守第一岛链不仅可以实现，而且我们的对手对此也无可奈何。目前的时间并不在华尔街美国手中，只要坚守，我们就能使其“钝兵挫锐、攻城而力屈，久暴师则国用不足”[①]。知彼先要知己，中国的软肋在远海，使中国进入远海作战的实质就是用“怒而挠之，卑而骄之”[②]的策略，暗推国内一些貌似硬汉的“虽远必殊”舆论，将中国战役目标拉长放大，由此使我们失去依托大陆的优势而初战受挫，重蹈甲午覆辙。

我们上述目标选择是有理、有利、有节的，也就是说是在充分尊重美国的雅尔塔利益前提下作出的选择。与中国一样，美国也是第二次世界大战中为亚太和平做出重大贡献的国家，因此我们应充分尊重美国的雅尔塔利益——它反映的是美利坚的民族利益，而不承认美国的冷战利益（比如制造事实上的“两个中国”，含糊中国在钓鱼岛的主权权益等）——它反映的是华尔街财团的利益。中国拥有雅尔塔法权体系赋予我们在台湾、钓鱼岛等一系列岛屿上的主权权利，但半个多世纪以来，我们因美国的干涉并没有实际享有这种权利。中国实现台海统一、收复钓鱼岛等要求并不冲击雅尔塔法权体系及其中的美国利益，于情于理于法都说得过去，中国属于正义的一方。得道多助，失道寡助，我们尽管“得道”，但也要尽力争取包括美国人民在内的“多助”。大国崛起于地区性守成，消失于世界性

---

① 《孙子兵法·作战篇》。

② 《孙子兵法·计篇》。

扩张。总结这方面的历史经验是必要的。

甲午海战之后，日本最大的战略败笔就是占领台湾，因为这意味着日本的国防线被拉到它能力可承受的极限尽头。占领台湾，意味日本还要控制以台湾为圆心的半径范围：它东至北马里亚纳群岛，西至中国东部沿海地区，南至菲律宾等南海国家。占领中国，当时日本已有些力不从心，但占领北马里亚纳和菲律宾后，日本就要与当时世界上最强大的海权国家英国继而美国作战。也就是说，如果不能同时打败中国和英国及后来的美国（当然北面还有俄国），日本就绝搞不定台湾；而要想同时打败中国和美国，对日本来说则是痴人妄想。日本就是这样被塞壬的歌声即甲午战争的胜利诱入一个无解的战略悖论之中，而1945年日本在太平洋战争中的惨败，就是由这个悖论导出的必然结局。从这个意义上说，1945年日本惨败的种因预埋于1895年的日本甲午战争胜利。同样的道理，如果中国未来将自己的力量扩张至印度洋，不管所占岛屿大小，由其划出的半径上都是最有海战经验的西方新老海权大国，若真及此，以往鉴来，结局不难逆料。明乎此，就理解了毛泽东在1962年对印边界自卫反击战采用的大开张快收合，看似强攻，实则坚守策略的深意。因为在此真正的失败并不是退回来，而是回不来。当时若在此地被印度拖住，其后果不堪设想：它要长期耗掉我们的资源并因此使我们不能专注于当时美国和蒋介石集团蠢蠢欲动的东部方向。也就是毛泽东所说的“中国不会这样蠢，东方树敌于美国，西方又树敌于印度”。①

印度洋是只有世界超级大国才有能力建立起有效制海权的区域，这话反说也就是进入这个区域的国家首先碰到的就不是一般级别的对手，而是世界性的海权大国。这是因为海权控制的并不仅仅是一串岛链，而是沿这串岛链拉出的圆周半径，岛链线越长，需要巩固这些战果的作战半径面就越大。如果你不能控制圆周半径内的对手，那你最终就不能消化其中的战果，相反还要为这些战果拖死和“噎”死。一般说来，能够延伸或本身就在印度洋的制海权，必须有覆盖南北纬30度区域的作战能力——而只有世界性的大国才会有这样的能力，不然，其前途二者必居其一：要么臣服，

① 毛泽东：“印度不是中国的敌对者，是中国的朋友 (1959年5月13日)”，《毛泽东文集》第8卷，人民出版社1999年版，第67页。

要么灭亡。尼赫鲁看透了这一点，用他的话说就是“要么做一个有声有色的大国，要么就销声匿迹”。[①]

古希腊神话传说中有一个叫“塞壬（Siren）”的海妖，经常飞降海中礁石或船舶之上，用自己的歌声使得过往的水手倾听失神，导致航船触礁沉没。英国就是在“塞壬”歌声召唤下进入印度洋并由此触礁，苏联和美国也是在“塞壬”的歌声引导下，或折戟于进军印度洋的路上或触礁于印度洋北岸。今天的中国“比历史上任何时期都更接近中华民族伟大复兴的目标”[②]，围绕“两个一百年”这样的宏伟蓝图，中国人民正在向中华民族伟大复兴的伟大目标挺进。在这个进程中，如果我们忘记毛泽东和邓小平同志在国际关系中“不称霸”和“不做超级大国”的教导，也为“塞壬”歌声所迷惑，那前天的英国、昨天的苏联和今天的美国就是前车之鉴。

制定外交政策要符合中国国情。与美英国家不同，中国是一个大陆国家，受四面牵制。与任意一边过度拉伸会导致平行四边形的稳定性受到破坏的道理一样，中国在四边任意方向的过度扩张都会导致另一方向的强烈压力和中国在同一方向的相应收缩。比如鸦片战争前，中国在南海没有多大的压力，此时中国尚可与俄罗斯抗抗衡并迫使俄国人签订《尼布楚条约》并将中国北境从法律上确立到黑龙江和乌苏里江流域包括库页岛在内的广大地区，英国人来到南海并开启鸦片战争之后，中国北境就不得不向南大幅收缩。因此对中国最有利的周边政策应符合基本安全需要，根据国力增长在某一方向适度推进而又不失重的政策。1940年11月，希特勒曾对苏联外长莫洛托夫说：“你们应该有通向温暖海洋的出海口，将来要像伊朗、印度那样。”莫洛托夫后来对此评价说：

> 这是个毫无远见的人，对苏联的政策缺乏透彻的了解，却要把我们拉去冒险。如果我们在南方陷了进去，他的处境就会轻松得多，一

---

① 关于北极解冻将产生的地缘政治影响的分析，可参阅张文木：《全球视野中的中国国家安全战略》（中卷上），山东人民出版社2010年版，第6页。

② 习近平在参观《复兴之路》展览时的讲话，见《习近平总书记系列重要讲话读本》，http://cpc.people.com.cn/n/2014/0703/c83083-25232910.html。

旦英国要和我们作战，我们就得依靠他。如果不理解这一点，那就太天真幼稚了。[①]

莫洛托夫这段论述中的思考与前述1948年2月10日斯大林拒绝保加利亚、南斯拉夫代表提出的派兵支援希腊起义的建议的考虑[②]同出于“鞭长莫及”的道理。以史为鉴，我们应从这些老政治家处理世界问题的方法中汲取思想，并对中国周边尤其是印度洋的政策安排有一个持重的考虑。

与临终前才悟出自己“不是世界之主”[③]并采取东西方融合政策的亚历山大[④]不同，我们东方人的辩证思维与生俱来。1935年10月，毛泽东在长征快到陕北的路上构想到未来的世界，《念奴娇·昆仑》一词中说：

而今我谓昆仑：不要这高，不要这多雪。
安得倚天抽宝剑，把汝裁为三截？
一截遗欧，一截赠美，一截还东国。
太平世界，环球同此凉热。

1958年12月21日毛泽东为这首词批注说：“昆仑，主题思想是反对帝国主义，不是别的。改一句，一截留中国，改为一截还东国。忘记了日本

---

① 费·丘耶夫著，王南枝等译：《同莫洛托夫的140次谈话》，新华出版社1992年版，第25—26页。

② 斯大林告诉他们苏联没有可与英美匹敌的海军，况且“希腊的地理位置是在西方国家重要的运输线上。美国直接插手这个地区——美国是世界上最强盛的大国。”因此斯大林要求他们“应该把希腊起义的事收起来。”[南]米洛凡·杰拉斯著，赵洵、林英译：《同斯大林谈话》，吉林人民出版社1983年版，第146页。值得说明的是在杰拉斯给南共中央的关于这次谈话的正式报告中没有这部分内容。详见“吉拉斯关于苏、保、南代表会谈给南共中央的报告”（1948年2月10日），沈志华主编：《苏联历史档案选编》第24卷，社会科学文献出版社2002年版，第233—242页。

③ [法]鲁保罗著：《西域的历史与文明》，耿昇译，人民出版社2012年版，第72页。

④ 建立起地跨欧亚非三洲的大帝国后，亚历山大意识到马其顿和希腊只占其中很小部分，帝国中心不得不放在东方，帝国的统治也不得不在很大程度上依赖东方人管理。因此，亚历山大采取东西融合的政策。他以身作则，要求随他来的希腊人、马斯顿人和东方人通婚。参见周一良、吴于廑编《世界通史·古代部分》，人民出版社1962年版，第241—242页。

人是不对的。这样，英、美、日都涉及了。别的解释，不合实际。”[①]

有限性既是保持国力持续增长的秘密，也是中国长期不倒的智慧所在。目前的世界已从苏美两分天下进入欧美两分天下的格局，如果我们能在欧洲“凡尔赛体系”和美国“华盛顿体系”中再挤出一个中华体系，形成三分天下的形势，那中国在2021年实现“小康”成果就会有了保障，到2049年实现中华民族的伟大复兴，就有了比较可靠的外交前提。

世界性大国或接近步入世界性大国行列的国家必须有与其世界治理能力相匹配的印度洋政策，同样的道理，这样的政策的成熟程度也反映了该国世界治理能力从而世界观的成熟程度。在这方面我们“今天遇到的很多事情都可以在历史上找到影子，历史上发生过的很多事情也都可以作为今天的镜鉴”。[②]

国家发展道路并非只有要么衰落要么崛起即扩张的黑白两道，在这中间一定会有崛起不扩张的道路。古今霸权国家来到印度洋便进入衰落期的教训告诉我们：在印度洋地区争强好胜的结果是不好的。斯大林曾说“天下什么力量都可以消灭，唯有‘民族’的力量是不会消灭的”[③]，正因此，独吞世界从而独控印度洋的想法是不切实际，对中国而言更是非常危险的，只有分享才是守福之道。世界只能在分享繁荣中和谐前进：欧洲当为欧洲人民的欧洲，美国当为美国人民的美国，“东国”自然也是亚洲人民的。中国未来应当为自己也为亚洲要争到“一截还东国”的前途。中国坚守这样的政策就会帮助印度洋国家减轻“要么做一个有声有色的大国，要么就销声匿迹”的紧张感，我们也不会在印度洋不恰当地透支我们的国力并由此保持中国国内政治经济在21世纪下半叶的持续发展。

---

① 中共中央文献研究室编：《毛泽东年谱（1893～1949）》上卷，中央文献出版社2013年版，第476页。

② 习近平《牢记历史经验历史教训历史警示　为国家治理能力现代化提供有益借鉴》，http://politics.people.com.cn/n/2014/1014/c1001-25826596.html。

③ 转引自梁之彦、曾景忠选编《蒋经国自述》，团结出版社2005年版，第112页。

余 论

温 故 篇

我们处在怎样的一个时代？[①]

新世纪降临的时候，也往往是人们对未来的期盼最富诗意，因而也是最易破灭的时候。

1897年，就在历史即将进入20世纪的前夕，英国维多利亚女王举行庆祝在位60周年的盛典，英国全国上下歌舞升平，对即将来临的新世纪充满和平与发展的期盼。“当时形成的所谓维多利亚史观，把欧洲的繁荣与进步看成是‘自由’的成长与发展史。这种史观到20世纪初得到广泛传播”。[②]包括欧洲的社会主义者在内的大多数人都对恩格斯关于帝国主义大战已为期不远的警告[③]置若罔闻。

七年之后即在英国殖民扩张和海外投资和利润达到高峰的1914年，世

① 本文主要内容刊发于《文史哲》1999年第5期。原文标题《关于时代问题》。

② 罗荣渠：《20世纪的回顾与21世纪的展望》，《战略与管理》，1996年第3期。

③ 恩格斯在1887年12月写的《波罕克〈纪念1806至1807年德意志极端爱国主义者〉一书引言》中说：“对于普鲁士来说，现在除了世界战争以外，已经不可能有别的战争了。”《马克思恩格斯选集》第4卷，人民出版社1972年版，第267页。

界便发生了第一次大战。残酷的战争打碎了人们关于新世纪的梦幻。

人的通病在于不愿直面惨淡的现实，正因此人类才一次又一次重复昨天的错误。现在，我们又来到新世纪的门槛，今天的人类还会不会重蹈旧辙？这取决于我们，特别是我们的政治家们是否有足够的政治智慧来认识我们的时代并把握其历史进程。

一 我们处在一个怎样的时代?

现在人们常说我们所处的是一个“和平与发展时代”，但我们也不能忘记（目前有许多人确实忘记了），我们同时也处在历史从资本主义向社会主义转变的大时代。

自英国资本中心在世界确立，世界便开始了“历史向世界历史的转变”，[①]即从狭隘的地域性的历史向世界性的历史转变；从与人的本性敌对的资本主义的历史向消除这种异己力量的社会主义的历史转变。马克思用毕生精力，揭示出的就是这个道理。当资本主义还处在上升阶段的时候，由英国资本中心生发的资本扩张（首先是在欧洲大陆的扩张）还具有反封建的进步意义，因而作为社会主义的自觉力量（无产阶级）和自然力量（生产力的社会化运动），尚处于资本主义发展的从属地位。到19世纪70年代，随着世界殖民市场的开发以及随之而来的资产阶级的政治地位的巩固，资产阶级在开始向昨天的同盟者无产阶级宣战的同时，也开始与世界各地的封建势力结成同盟。1870年巴黎公社革命的失败标志着资产阶级开始由进步转向反动，无产阶级与资产阶级的矛盾成了资本主义向社会主义转变这一大历史时代的基本矛盾。资本向世界扩张的同时也使这一基本矛

① “世界历史”，黑格尔术语，是指一个建立在工商业基础上开放和相互联系的世界。工业文明以前的历史在他看来只是“历史”，即处于“非历史的、没有开发的精神”阶段的历史，是“非历史的历史”。他以非洲为例说：“我们对于阿非利加洲正确认识的，仍是那个‘非历史的、没有开发的精神’，它还包含在单纯自然的状态之内，可是在这里只能算做在世界历史的门限上面。”（参阅黑格尔著，王造时译：《历史哲学》，世纪出版社集团、上海书店出版社2001年版，第108、102页。）马克思借用黑格尔概念将前者向后者的转变称为“历史向世界历史的转变”。（《马克思恩格斯选集》，第1卷，人民出版社1972年版，第51页。）

盾日益带有世界的性质；随着来自殖民地的高额利润向宗主国大量回流，及由此产生的那里的工人阶级贵族化后果，原来存在于资本宗主国内部的资产阶级和无产阶级的矛盾，便转化为世界性的压迫民族与被压迫民族的矛盾。俄国十月革命以后，资本主义转变为社会主义的历史进程产生的新的起点并成为一个真正的世界性的进程。这时民族问题已与社会主义问题联系一起，这时历史日益与被压迫民族的解放问题联在一起。这样，十月革命迄今的历史便与被国际资本压迫的民族解放这一历史主题联系在一起。

资本向世界扩张使世界分为资本中心和资本外围地区，使国际关系分为宗主国与殖民地的关系，这样便产生殖民地国家要求摆脱宗主国政治和经济依附的政治经济要求。政治要求的实现需要政治革命的完成，经济要求的实现需要经济革命的完成。而资本扩张中必然产生的国际政治经济发展不平衡规律及由此产生的资本主义国家间的矛盾冲突，使宗主国－殖民地的关系难以持久维持：第一次世界大战使俄国走上独立的社会主义发展道路；第二次世界大战后，殖民地国家中的民族民主运动愈演愈烈，到20世纪70年代末，殖民地国家的民族民主革命的任务基本完成，现代意义上的主权国家在与殖民主义斗争的胜利中普遍形成。一部分国家走上社会主义的发展道路，另一部分国家则选择资本主义的发展道路。由资本扩张造成的宗主国－殖民地国际体系至此完结。

但政治革命并没有打断国际资本链条，随着新独立国家的政治革命和改造的任务基本结束，经济革命和建设的任务便提到日程上来。20世纪70年代下半叶始，随着新独立国家经济建设工作的全面展开以及因此出现的对国际资本的大量需求，原来由资本扩张产生的殖民地－宗主国关系便转化为不平等的以发展中国家为主的南方世界与以发达国家为主的北方世界的“南北关系”。原来适用于民族民主及社会主义革命的战争与革命的政治形势，现在则转化为适应于经济建设的和平与发展的政治形势。这样，时代主要问题便从十月革命以后出现的战争与革命转变为当今的和平与发展的问题。

可见，目前所处的“和平与发展时代”并不是海市蜃楼，而是由马克思揭示出来的资本主义必然要转变为社会主义的历史规律所规定的大时代的发展链条中，自十月革命以后形成的必要的时代环节。因此由资本运动产生的政治经济不平衡发展规律及由此产生的政治后果，在当今仍然发生着作用。在这条规律的作用下，人类在本世纪已经历了两次极残酷的战争，那么，下世纪的政治形势又是如何呢？这的确值得研究。

二 什么是和平与发展时代?

从对马克思和列宁的学说的研究中我们又知道，资本主义是以市场和利润为其发展动力，并在追求利润的过程中不自觉地培植出它的包括社会主义在内的异己力量。这些力量的发展便形成了资本主义运动中必然要出现的多极化进程，资本主义又在这多极化的发展进程中产生出其经济政治发展不平衡规律并在这个规律的作用下实现历史要素的新陈代谢。

资本主义在17世纪的英国诞生，英国成了资本扩张的最初的中心。商品的使用价值与价值的对立使片面追求利润成了英国的经济发展的原动力。这种经济又造成国内市场中的劳动者消费，因生产的发展而日益萎缩的现象。国内消费不足又使英国资本向海外扩展及对殖民地的经济控制。英国资本对北美殖民地的控制造成了1775～1783年北美独立战争及美利坚合众国的出现；英国资本对欧洲大陆的冲击造成了1789年的法国大革命及随之而来的拿破仑战争。拿破仑用利剑抵制英国资本的同时也为法国脆弱的民族资本强行打开欧洲市场，从而使法国很快成为资本世界新的一极。

拿破仑战争是欧洲发生的较早的由资本主义经济发展不平衡规律作用的资本国之间争夺国际市场的战争，它与20世纪帝国主义争夺世界的战争不同的只是，拿破仑战争在欧洲大陆用暴力为法国打开资本主义市场的同时，也摧毁了欧洲的封建堡垒，因而它具有进步的历史意义。拿破仑战争后，英国估计欧洲市场将会对英国重新开放，因而进行大规模的投资，盲目扩大生产。但欧洲大陆因经历了长期的战争，购买力十分有限，加上1812年的英美战争胜利后实行高额关税政策，这使英国出现第一次经济危机；危机迫使英国继而法国加速打开东方市场的进程。1840年中英间爆发了鸦片战争，不久法国等西方七国也参加侵略中国的肮脏活动。东方市场向西方，特别是向英国开放，在相当程度上缓解了那里的阶级矛盾。并出现维持约有30多年的和平发展的时期及其理论（即所谓“维多利亚史观”）表现。与此同时，欧洲大陆、北美洲大陆乃至日本的资本主义经济迅速发展。19世纪60年代，资本主义世界再次出现多极化发展及其与老牌资本主义国家争夺世界霸权的新矛盾。这种矛盾在19世纪即将结束的时候已达到日益不可调和的地步，最终于1914年爆发了第一次世界大战。

第一次世界大战后，世界出现以遏制苏联为目的的“凡尔赛－华盛顿体系”。遏制苏联的目的使这个体系一开始就潜藏着巨大的危机。这个体系维护下，从1917年到1929年世界经济又经历了一个复苏和稳定的和平期，其间世界又出现多极化发展的政治形势：社会主义苏联抓住这段历史机遇，迅速崛起。为了遏制苏联，西方又在美国的财政支持下实行“道威斯计划”扶持德国，以建立起“抵抗来自东方的攻势”的地缘政治屏障。欧洲国家签署“洛迦诺公约”，要求德法比三国必须“保证维持领土现状，并保证遵守凡尔赛和约关于莱茵非武装区的规定”，其目的在于诱使崛起后的德国向东扩张并以此保证法国的安全。1928年 8 月法美两国又发起并签署了“白里安－凯洛格非战公约”，27日公约在巴黎签字。到1929年7月公约生效时，参加公约的国家共达44个。该公约规定，各缔约国“在相互关系方面，放弃战争作为执行国家政策的工具”，“它们之间可能发生的一切分歧或冲突，不管其性质或起因如何，只能用和平的方法加以调处或解决”。包括裁军内容在内的一系列条约体系的签署标志着战后“凡尔赛－华盛顿体系”的完成。当时国际上一片“和平主义”高调，和平外长在各国频频登台；“民主主义”口号盛极一时。洛迦诺会议后，西方舆论认为“一个和平时代降临了”，战争终止了，未来的历史将是“妥协、仲裁、和平”的历史。

然而，就在“非战公约”签署的第二年，历史就迅速出现逆转。1929—1933年世界发生严重经济危机。为转嫁危机，德国、日本及意大利等国国内民族沙文主义和军国主义情绪迅速上涨，国家经济日益转向军事化。1931年日本制造“9·18事变”，1936年德国进兵莱茵非军事区及意大利兼并埃塞俄比亚。更令人不安的是，这些对战后“凡尔赛－华盛顿体系”提出严重的挑战的行为不仅没有受到国际制裁，而且还在西方“祸水东移”意图中受到绥靖和纵容，这最终导致第二次世界大战的爆发与凡尔赛和平幻景的迅速破灭。具有讽刺意味的是，战争首先在最早参加签署洛迦诺公约的英、法、德、比、捷、波、意等国中爆发，这时非战公约的签署国早把自己在公约中所作的承诺抛到九霄云外。

“二战”后，国际政治出现了两个阶段：第一个阶段的特征是美苏两大阵营对峙和风起云涌的殖民地半殖民地国家民主民族革命的政治形势。两强争霸使世界出现历史上少有的冷战状态。殖民地半殖民地国家的民族民主革命运动的胜利改变了帝国主义时代的宗主国－殖民地经济政治格局，另一方面经济建设的任务也促使已获政治独立的包括社会主义中国在内的第三世界国家融入国际市场并利用市场的手段来发展自己。20世纪80年代，世界又一次显露出和平与多极化发展的时代特征，苏联和华约军事集团的解体则把这个时代推向高峰。这一时期欧洲正在走向联合，亚洲国家普遍崛起：亚洲四小龙的发展引人注目；社会主义中国在邓小平的领导下，抓住自20世纪20年代后再次出现的和平与多极化发展的机遇，迅速崛起；90年代印度开始改革并一跃成为地区性的大国。一时间，关于和平的乐观情绪自20世纪20年代后再次感染人们，并由此把已在历史中反复出现的，由资本运动不平衡发展规律引发的“间歇”现象，认定为现时代的“主题”。①

如果能够站在历史的高峰来把握现时代，我们不难发现今天的人类认识又进入了历史的误区。

三　21世纪：战争与和平

与20世纪二三十年代列宁、斯大林抓住当时历史出现的和平与多极化发展的机遇使苏联迅速崛起一样，自70年代后期，世界再次出现和平与多极化发展的苗头，邓小平同志以敏锐的政治眼光看到这点，反复告诉全党：“抓住时机，发展自己。”②但与30年代的苏联不同的是，邓小平领导

---

① “和平与发展是当代世界的两大主题，是我们对时代特征基本概括。”（苏星、龚育之、杨春贵《建设有中国特色社会主义理论教程》，中共中央党校出版社1996年版，第322页）。但在邓小平的著作中“和平与发展”一直被表述为“至今一个也没有解决”的“两大问题”。“主题”并不能理解为“主要问题”，两者间的替换不能准确反映邓小平同志的原意。“主要问题”与“主题”不是一个意思。前者包含有未解决的矛盾，后者则表明事物已确定的主要特征。

② 《邓小平文选》第3卷，人民出版社1993年版，第375页。

下的中国不仅在理论上认为市场经济是社会主义可以利用来发展自身的手段，而且在实践上也积极地介入国际市场，参与国际资本的竞争。这样，20世纪下半叶在同一个（在苏联时期是处于平行地位的两个）国际市场便出现两个政治目标对立的竞争者，一个是利用市场，发展自己，最终目标是实现共同富裕；在国际上——作为国内目标的延续——就是：改变国际市场中以南北差距为基础的不平等的国际经济政治关系，并通过这种努力进一步解放和发展社会生产力，促进人类历史向社会主义的方向发展。另一个则力图维护以资本中心和资本外围为基础的不合理的国际经济政治秩序，并以此在国际市场上保证有利于资本中心国的平均利润率。

邓小平同志正是从政治的角度看待发展问题的：他在《第三代领导集体的当务之急》的内部讲话中告诫我党的高级干部说："是否坚持社会主义道路和党的领导是个要害。整个帝国主义西方世界企图使社会主义各国都放弃社会主义道路，最终纳入国际垄断资本的统治，纳入资本主义的轨道。现在我们要顶住这股逆流，旗帜要鲜明。因为如果我们不坚持社会主义，最终发展起来也不过成为一个附庸国，而且连想发展起来也不容易。"[①]在外交场合，他曾对日本朋友说："现在世界上真正大的问题，带全球性的战略问题，一个是和平问题，一个是经济问题或者说发展问题。和平问题是东西问题，发展问题是南北问题。概括起来，就是东西南北四个字。南北问题是核心问题。欧美国家和日本是发达国家，继续发展下去，面临的是什么问题？你们的资本要找出路，贸易要找出路，不解决这个问题，你们的发展是要受到限制的。"[②]邓小平对现时代的发展前景提出冷静的看法，他在1992年著名的南方讲话中明白地指出："世界和平与发展这两大问题，至今一个也没有解决。"但仗短期内打不起来，"现在就是好机会。我就担心丧失机会"。[③]

通观邓小平同志关于时代问题的论述，不难发现邓小平同志始终是把和平与发展作为迄今没有解决好的两个政治问题，而不是把它们看作已被时代解决并被表现出的问题的特征来谈的；换言之，邓小平同志并没有认

① 《邓小平文选》第3卷，人民出版社1993年版，第311页。

② 《邓小平文选》第3卷，人民出版社1993年版，第105—106页。

③ 《邓小平文选》第3卷，人民出版社1993年版，第383、375页。

为和平与发展已成为现时代的主要特征，更没有认为是时代的“主题”，而是认为“世界和平的力量在发展，战争的危险还存在”[①]，我们离实现和平与发展的历史条件还有相当的距离。至于现时代出现的“大战打不起来”，“至少十年打不起来”[②]的和平时期，邓小平同志也只是把它放在历史目前已提供给中国可以发展经济的“机会”来看待的。

事实上，现阶段的人类历史并没有进入真正的和平与发展的时代，冷战后它只是进入了资本运动不平衡发展规律作用下的，并在历史中已被反复表现出来的战争与和平的“间歇”期。至于这一时期能持续多久，这取决于现实提供给我们的真实的和平与发展的条件。但从历史的经验看，这次历史留给人类的和平“间歇”时期，恐怕是非常有限的。

难道冷战没有结束？难道历史没有出现少有的缓和气氛？

我们注意到苏联解体以来，国际社会确实出现了“二战”后少有的和平气氛。在这种气氛下，大国间通力合作也确实解决了一些诸如苏联从阿富汗撤军、越南从柬埔寨撤军及伊拉克从科威特撤军等问题；一些国内反政府武装也捐弃前嫌，放弃暴力手段，用和平竞选的方式参加国家管理；特别是大国间出现广泛建立跨世纪“伙伴关系”并签署类似20年代“非战公约”那样的文件的现象，这更使人们对21世纪和平与发展前景充满乐观的情绪。

但同时我们也不会不注意到，冷战时代实际上是以苏联单方面放弃冷战手段结束的。在苏联单方面放弃了冷战手段的同时，西方大国不仅强化了冷战手段而且还扩大了冷战范围，以遏制在他们看来是有“威胁”的国家。

1997年以美国为首的西方在欧洲已启动了北约东扩计划，在太平洋地区美日又进一步加强和扩大了日美安保同盟及其作用范围。这两大部署在地缘政治上从西东两翼对俄国和中国起到相当的钳制作用。目前北约的触角已伸向中亚，日美间的“合作防卫”范围已涵盖了中国台湾地区。中国东部将再次面临被围于“环岛锁链”之内的态势。1998年6月底，美国总统克林顿访华，但就在克林顿访华结束的当天，美国国务卿奥尔布赖特飞抵

---

① 《邓小平文选》第3卷，人民出版社1993年版，第105页。

② 《邓小平文选》第3卷，人民出版社1993年版，第25页。

日本强调：美日同盟关系仍然“是美国亚洲战略政策的基石”。1999年美国脚踩这块“基石”默不作声地把战略链条拉到南亚的同时，还不顾中国的反对又拉着日本在中国东大门开始部署必将涵盖台湾在内的“战区导弹防御体系”。当年西方曾无视俄国的反对强行把北约东扩的事实摆在俄国面前并迫其接受，可以肯定，在部署必将包括台湾在内的“战区导弹防御体系”问题上，西方也会以同样的态度对待中国。美国前总统卡特国家安全事务助理布热津斯基在《大棋局》中就北约东扩问题提出“一个扩大和民主的欧洲必须是一个没有尽头的历史进程，不应在政治上任意涂抹的地理限制”的意见和“什么是俄国和俄国在哪里”的问题，[①]关于在中国东大门部署“战区导弹防御体系”，美国前助理国防部长约瑟夫·奈已经提出“其实战区导弹防御体系（TMD）是已经存在的事实，台湾就已拥有爱国者导弹了，所以真正的问题是部署多少会导致该地区不稳定问题”的强硬看法，[②]如果这一部署在世纪之交完成，那么，美国及其随从国也会在他们的地缘战略“棋局”中提出“什么是中国和中国在哪里”的问题。只尊重强者,是美国外交的一贯逻辑[③]：在科索沃问题上，美国为首的西方已向南斯拉夫提出这个问题，并根本不理睬俄国和中国等国的强烈反对，以武力强迫南斯拉夫按他们的要求回应这一问题；那么，在未来，西方会不会在自以为成熟的时机，就中国台湾、西藏和南沙地区也以同样（即以武力为后盾的）方式提出同样的问题呢？这并不是不可能发生的事。

和平与发展时代并不是一种海市蜃楼式的幻景，在当代，它应是由包括《全面禁止核试验条约》、《核不扩散条约》、《禁止核材料生产条约》、《导弹技术出口控制协议》等一系列条约以及保证这些条约不被破坏的国际合作力量构成的和平保障体系。历史经验告诉我们：一旦保障国际秩序的条约体系遭到破坏，而国际社会又无力阻止这种破坏行为的继续发生，那么，建立其上的和平时代也就接近消失。

多极化发展的时代也不是一种鼓舞人心的口号，而是以由联合国组织

---

① 布热津斯基：《大棋局——美国的首要地位及其地缘战略》（中译本），上海人民出版社1998年版，第157—158页。

② 台湾《中国时报》，1999年2月10日。

③ “对美国来说，俄国实在太虚弱了，不配成为伙伴”。布热津斯基：《大棋局——美国的首要地位及其地缘战略》（中译本），上海人民出版社1998年版，第154页。

及为各主权国家平等发展而达成的各种政治经济条约规范体系及为保障这些体系不受侵犯而形成的国际制约机制。苏联解体意味着冷战结束，同时它也意味着制约世界超级大国即美国的力量的消失。如果说在20世纪90年代初在制止伊拉克入侵科威特问题上，美国为首的西方国家对联合国的授权还有一些至少也是形式上的尊重的话，那么，到90年代末，随着北约东扩启动和日美新防卫合作指针签署，美国及其随从国已开始抛开联合国安理会而单方面地对伊拉克、南斯拉夫、阿富汗等弱小国家任意实行军事打击。如果联合国成员国的主权得不到联合国的公正维护，那这一时期出现的主权国家间的多极化发展，也不可能正常进行。既然和平与发展的历史条件都无法受到必要的保障，那么，我们所说的“和平与发展时代”也就失去了实际内容。

显而易见，我们所处的时代没有超出邓小平同志的基本判断：“世界和平与发展这两大问题，至今一个也没有解决”，[①]和平与发展并没有成为现时代的主题，而只能是现今大多数国家，特别是发展中国家正在努力追求的向往。本文在此要特别指出，目前的问题在于，即使是邓小平同志在80年代初发现并及时抓住的和平与发展的历史“机遇”，在20世纪结束的时候也正在减少，对此我们应及时警觉，以避免因对时代判断错误而产生决策失误，并由此再次拖延中国现代化进程。

美国的石油地缘战略与中国西藏新疆地区安全[②]

苏联解体以来，欧亚大陆的中心地带出现了哈萨克斯坦、塔吉克斯坦、吉尔吉斯斯坦、乌兹别克斯坦和土库曼斯坦五国。中亚五国所独有的北隔俄国东临中国的地理位置及仅次于中东的油气资源，很快便引起了美国的关注。美国在其制定的新的中亚战略中，把该地区列入应特别关注的

---

① 《邓小平文选》第3卷，人民出版社1993年版，第383页。

② 本文刊发于《战略与管理》1998年第2期。

“战略利益地区”，努力使之成为21世纪美国可以控制的新的能源基地。1997年年底美国又开始把外交的重心转向南亚。美国前国务卿奥尔布赖特1997年11月访问南亚和1998年美国总统克林顿决定对南亚进行正式访问，标志着美国对南亚外交出现新变化。

一 20世纪美国外交政策基本都是围绕着中东及由此向太平洋和大西洋伸展的石油运输线展开的

20世纪美国外交政策基本都是围绕着占世界石油储量三分之二的中东地区以及由此向太平洋和大西洋伸展的石油运输线：西线是由波斯湾经红海、地中海到大西洋的航海线；东线是由波斯湾经科伦坡、马六甲海峡、马尼拉、关岛、夏威夷到美国的太平洋航海线。只要观察一下20世纪美国历次重大外交举动，基本都是沿着这两条线索展开的；反之，都不会引起美国外交太多注意。第二次世界大战前，日本在中国东北、华北长驱直入，对此美国坐视不管。一旦日军靠近上海，美国才认真起来；两伊战争中，只要伊拉克向西部和北部扩张，美国就慷慨资助。然而，一旦伊军掉头南下，那就遭到美国“沙漠风暴”行动的打击。海湾战争前，美国外交最大的遗憾是不能对中东石油实现直接控制，而美国在中东“首要国家安全利益”是海湾的石油利益。1992年 2 月伊拉克入侵科威特为美国提供了千载难逢的良机。在中东历史上美国第一次在阿拉伯人的“邀请”下，堂而皇之地向海湾开进了50万军队，并用打退伊拉克军队同时又保留萨达姆政权的策略，达到了使美军长期“应邀”驻扎海湾的战略目的。20世纪美国外交策略是19世纪英国外交策略的继承和发展，其要点是：距中东及中亚石油国四周及石油运输线两侧的国家越近越好，因为这便于他们控制；离此之外的国家越远越好，因为这可使他们在巨石般相互摩擦挤压掣肘中无力他顾。恰好近代以来的世界地理政治就是沿这条线索发展和布局的：在欧洲大陆是德法俄间的掣肘；在中东西亚及南亚，是两伊及印巴间的掣肘。90年代，英美等西方国家又通过促成苏联解体的方法，把它们的宿敌俄国版图远远地推向北方，在俄国和中东石油国间，出现了一片细碎的中小国家。这个原理也可以说明，巴拿马、马尔代夫、斯里兰卡、科威特及新近独立的厄立特里亚等小国得以脱离大国母体并能在大国眼皮底下长期存在的原因。长期以来英美就是通过所谓“巴尔干方式”制造小国，并通过玩弄平衡游戏大获其利。目前，在中东和中亚周围除中国外，已没了有实力的大国。这样在21世纪，分离中国西部，特别是中国西藏地区，将很可能是以美国为首的西方一些国家的目标所在。在把俄国推向北方之后，再在中国和中亚中东石油国之间设置一道像西藏和新疆这样的政治屏障，这在西方一些政治家看来，符合他们永久控制中东中亚石油的战略利益。

南亚是中东的侧翼，在大国全球战略中具有举足轻重的地位。印度和巴基斯坦是南亚大国，地缘优势都非常突出。印度是南亚次大陆的重心，如利剑南插印度洋，逼视横穿印度洋的国际航海线；巴基斯坦是中亚国家进入阿拉伯海的重要门户，同时也是波斯湾的“侧门”。因此印巴两国便与大国利益，特别是与大国的石油利益产生了不可分割的联系，并在大国的全球战略中成了必争之地。

冷战期间，美苏争夺全球霸权，南亚地位在大国利益交汇中骤然上升。1971年，苏联和印度签订了带有明显军事性质的《印苏和平友好条约》；1955～1979年，巴基斯坦曾是由美国操纵的有土耳其、伊拉克、英国参加的“巴格达条约组织”（后改为“中央条约组织”）成员。这种大国利益交叉冲突到1979年年底由苏联侵略阿富汗的军事行动推向高潮，与此同时，美巴关系也在美国总统国家安全事务助理布热津斯基以及美国国务卿黑格，分别在1980和1981年访巴后得到全面加强。美对巴在物资道义上给予全力支持，成功地阻止了苏联实现对阿富汗军事占领的战略意图。

冷战结束初，从苏联解体产生的混乱中诞生的俄国，正处在政治经济过渡的阵痛期，此时美国外交似乎是一个没有对手的外交，就连美国人自己也不清楚美国将根据什么来确定自己的未来外交战略。在这一段时间里，南亚和中亚在大国外交中的地位显然是下降了。

二　90年代美国外交开始向南亚倾斜，意在进一步遏制俄国南下和中国西进

到90年代中期，俄国从混乱中开始稳定下来。美国意识到不仅俄国没

有被打垮，中国又在改革开放中随亚太经济的迅速发展而崛起。面对这样一个日趋多极化的世界，美国也开始着手制定新的全球战略，其特点是以俄国与中国为遏制目标，以大西洋和太平洋为两翼，在遏制俄中两国的同时，阻止世界多极化潮流的发展，以确保美国在全球事务中的领导地位。为此美国不顾俄国的强烈反对，正式启动北约东扩计划，于1997年7月举行的北约马德里首脑会议上，确定波兰、捷克、匈牙利三国为首批接纳国；在亚洲地区，美国大力散布“中国威胁”论的同时，利用人为制造的东北亚紧张空气，不顾中国和亚洲大多数国家的反对，重新修订了“日美防卫合作指针”，扩大了针对“周边事态”美日军事合作的范围。这对台海两岸的统一及东亚地区的稳定，形成真正的威胁。

在1997年完成了上述旨在从东西两翼遏制俄国和中国的部署之后，同年美国进一步加强了对中亚和南亚的外交攻势，其目的首先是确保美国对这一地区石油的绝对控制。美国白宫文件《新世纪的国家战略》认为：“美国基本能源需求40%以上依靠石油，石油需求大约一半左右依靠进口，而石油进口大部分——尽管其份额正在减少——来自波斯湾地区……美国对确保获得这一关键资源仍有着生死攸关的意义。”美国看到20世纪末发生的对21世纪具有决定性影响的事件莫过于亚太发展中国家的崛起，及其随之而来的对中东中亚能源需求的翻倍增长。这使美国为首的西方大国意识到抢先取得中东中亚石油控制权对它们，特别是对于已完成北约东扩和日美军事合作关系的美国，所具有生死攸关的意义。

要控制中东中亚，首先必须控制南亚。南亚是中东的侧翼和中亚的重要门户。控制了南亚的印度就掐住了亚太各国石油进口的咽喉，控制了巴基斯坦就控制了中亚石油进入波斯湾的出口。目前美国的石油公司在中亚与其他国家角逐的同时，美国政府则开始在南亚展开其外交攻势，扩大其影响力，为中亚石油的输出，事前作好准备。这是经济考虑。

美国外交开始向南亚倾斜，在政治上还有进一步遏制俄国南下印度洋和堵截中国经济从而能源需求西进的战略意图。美国传统基金会关于美国对外政策研究报告认为：俄罗斯和中国仍是潜在的强劲对手；俄罗斯与西方浪漫的伙伴期已经结束；莫斯科正试图在属于苏联地区重新获得影响力，防止在苏联地区重新出现俄罗斯帝国是西方应该优先考虑的重要问题；美国不应在欧洲和中亚地区给予俄罗斯一个特殊的势力范围；由于中东地区越来越不稳定，里海海底、阿塞拜疆和哈萨克斯坦蕴藏的丰富的碳氢化合物资源以及土库曼斯坦和乌兹别克斯坦的天然气资源对西方的经济发展正在变得越来越重要，美国应采取措施以保证美国能够获得这些资源。美国人的这些看法在苏联入侵阿富汗期间表现得尤其明显。冷战结束后，俄罗斯在美国为首的西方大国东西夹击的攻势下，日益把外交注意力投向印度洋，试图从南面打破西方的战略包围。1995年俄罗斯总统叶利钦访问印度，双方签订新的友好条约以代替1971年苏印签订的具有军事同盟性质的条约。1997年春天，印度总理高达访俄，两国决定建立战略伙伴关系。1997年 7 月巴基斯坦外长古哈尔·阿尤布访俄，两国外长决定建立直接联系。中国从1993年已由石油出口国变为石油净进口国。至1996年，中国在美国和日本之后已为世界第三大石油消费国（当年石油消费量为1.72亿吨，国内石油产量仅为1.56亿吨）。2000年，中国石油缺口超过5000万吨。中国对中东和中亚石油进口不可避免地产生较大依赖。90年代中叶，中国已开始从战略的高度关注如何保障未来中国原油需求和进口问题。1997年中国石油公司与伊拉克、伊朗签署了一系列开发和进口原油的协定，特别是中国在哈萨克斯坦境内开发油田大型招标项目中击败美国的石油公司后一举夺标。所有这些不能不引起美国的关注，并促使美国政府在1997年完成北约东扩和重新确定“日美安保同盟”关系的战略部署后，立即开始了对南亚的外交攻势。外电报道：1997年奥尔布赖特和1998年克林顿总统访问南亚“预示着一个新时代的开始”。20年前为了遏制北方苏联对南亚的咄咄攻势，美国总统卡特访问南亚；20年后的今天，美国国务卿携“西藏问题特别协调员”为美国总统再次访问南亚打前站，此举寓意深远。

三　中国具有东接财源、西接能源的地缘优势

俯瞰世界地图，不难发现，在世界经济政治格局中，中国有着非常有利的地缘战略优势。中国广袤的版图不仅处于亚洲中心，而且还处于左右逢源的地理位置：它东接太平洋，有漫长的海岸线，这利于对外开放，特别是对日美等发达国家开放，以获取中国发展不可缺少的资金技术，促进

贸易拓展；它西直接与中亚富油地区接壤，这利于中国获取经济社会发展必不可少的石油资源。这种东接财源，西接能源的地缘优势，在当代世界各大国中是较为独到的。如果再考虑到“亚洲太平洋时代”到来这一难得的“天时”和中国人民为现代化目标而奋斗的共识，可以说，中国的发展已有了极好的天时、地利与人和的条件。在经济发展初期，中国东部的地缘优势对我国对外开放和贸易大规模展开，发挥了巨大作用；到21世纪随中国经济实力进一步增强，西部的地缘优势将对满足中国日益增长的石油进口需求提供了无与伦比的地理条件。20世纪前半叶，经济崛起的日本为了控制通往中东的石油运输线，在30～40年代，用武力把中国东部沿岸自北而南地肢解成几个小“国”之后，它又用了几乎是全部的国民财富与美国在太平洋进行了殊死却又是失败的血战。对资源极度贫乏的日本和对中东石油有相当依赖的美国而言，控制经台湾海峡、马六甲海峡，西入印度洋，北上阿拉伯海，终达波斯湾油区的航线，实在是太重要了。为此，在这条线上美国和日本结下了百年不解的生死宿怨。

中国新疆地区与中亚的塔吉克斯坦、吉尔吉斯斯坦和哈萨克斯坦等石油国家直接接壤，与里海乌兹别克、土库曼斯坦等石油富国亦相距不远；中国与巴基斯坦历来是友好邻邦。中国西藏与巴基斯坦接壤，出了巴基斯坦就可直达霍尔木兹海峡；中国云南与缅甸为邻，如果能够进一步加强与缅甸的友好关系，在缅甸铺设输油管道，将中东的石油海运到缅甸的港口卸下后，再通过输油管道，输送至我国西南，则同样可以避开繁忙的马六甲海峡。与美国和日本由本土至波斯湾的海上运输线相比，中国西部这几条陆路石油线不仅对中国石油进口，而且对与中国接壤的中亚南亚诸国石油出口或转运来说，安全系数要高得多。因为这些线路的主要部分都在中国的主权范围内。即使从军事安全的角度说，这些线路地处中国境内纵深地带，远离海岸线，有利于发挥中国陆战优势。陆战历来都是东方军队的特长：且不说拿破仑在西班牙和俄罗斯（与西欧相比，这两个国家具有较多的东方特点）的惨败，我们只要看看第二次世界大战后发生在朝鲜和越南的东西方军事较量，西方人似乎并没有从中捞到什么便宜。制空权和制海权是西方近现代军事理论的基石。尽最大可能避免陆地作战，是西方人在东方作战——朝鲜战争和越南抗美战争除外——的通行方式。因此，只要我们牢牢掌握住中国西藏新疆的主权，我们就能保障贯穿于中国境内的这条直通中亚和中东并很可能要变为现实的石油大动脉的安全；只要搞好中南亚诸国的关系，我们就可以保证这条线路的畅通无阻。与其他大国相比，要做到这一点，对中国来说要容易得多。这是因为中南亚国家向中国乃至东亚的东向石油出口线路与经阿富汗或其他国家的南向路线相比，不仅风险最小，并且因市场巨大利润回报也相当丰厚。目前这条线路已为一些国家关注。1995年哈萨克斯坦总统纳扎尔巴耶夫访问日本，日本承诺投资10亿美元解决石油加工运输问题。日本三菱财团与美国埃克森石油公司联手，致力于推进“跨世纪工程”——横跨亚欧大陆、长8000公里的“泛亚石油大陆桥”。这是一条连接中亚和远东的天然气管道，它西起土库曼，经乌兹别克斯坦和哈萨克斯坦，横贯中国北方，最后一直抵达日本。它在逶迤东去的路上汇集土、乌、哈三国和中国新疆塔里木盆地的天然气，集中向东亚地区输送。据日本外交官披露，这项巨大工程将耗资220亿美元，日本三菱财团会同土库曼及美国埃克森石油公司等“正在研究其路径”，估计从土库曼到中国沿海地区的那一段管道需要120亿美元投资；然后，能源管道将从海底下通日本，约需100亿美元。这位外交官坦言筹划这一巨大工程的原因是到2010年，日本对天然气需求将翻一番。1997年9月中国与哈萨克斯坦签署了开发里海东岸的石油并铺设通往中国新疆的输油管道等内容的总额为95亿美元的协定。《亚洲周刊》直称与这条石油管道连接，中国大陆铺设的石油管道可望直通太平洋。俄罗斯《独立报》称“这当然要比把管道通过不稳定的阿富汗铺设到海湾要好，也要比在通向海湾的道路上成为被禁运的伊拉克的人质要好”。连接太平洋和大西洋的经中国境内东起连云港西至荷兰鹿特丹的新欧亚大陆桥迄今已开通5年，可以预计，连接中亚南亚和太平洋的石油管道的铺成，也将在21世纪成为不争的事实。这条线路不仅对中国乃至整个东亚的发展，尤其是对东北亚日本的21世纪经济持续发展意义都十分重大。

四 建成贯通经中国内陆通往中亚南亚乃至中东的石油线路，对我国有重大的政治意义

不仅如此，贯通经中国内陆通往中亚南亚乃至中东的石油线路，对

我国也有重大的政治意义。因为这条线路可以使中国摆脱日美间为控制太平洋石油运输线冲突，从而就可以使中国以更为超脱的地位来处理目前大量存在于东北亚和东南亚的双边或多边矛盾。远东地区的大量矛盾都集中在由美日经太平洋通往中东富油区的运输线上：为了控制这条运输线，美日之间发生了旷古未有的大血战；部分是由于借助了这条线上的枢纽地位，东盟才具有了傲然于世界的国际地位。21世纪中国在石油战略资源的进口上若能摆脱纵横于太平洋上的这条运输线，中国就可以在国际外交舞台上抽身于日美间的历史宿怨，从而使自己拥有更为超脱的大国地位。

目前美国对华外交的策略似乎是声东击西。他们今天炒出个“香港问题”和“台湾问题”，明天又炒出个“东中国海钓鱼岛问题”和“南中国海斯普拉特利群岛（即中国南沙群岛——笔者）问题”，中国只要被扯进这些没完没了的“问题”魔方，美国就不仅可以超然的姿态在打平衡牌中大获其利，而且还可以达到拖住中国经济西进的战略目的。美国在1997年完成北约东扩和进一步强化美日防卫合作关系这两大带有火药味的战略部署之后，1998年美国外交的重点已转向南亚地区（美国的南亚外交与中亚政策是一个整体）。这是一个必须高度关注的动向。我们看：部署于东北亚的日美间的“防卫合作”，不管他们作何种解释，它已将中国台湾纳入所涉“周边事态”的范围之中。一旦失去对台湾事态变化的控制力，中国就失去在中国主权范围内的进入太平洋的入海口，届时，中国将再次面临被围于“环岛锁链”之中的形势——这是美国1997年完成了的部署。如果1998年美国再在南亚和中亚完成类似的部署——这是美国新南亚外交可能要达到的目的，那么，一旦中国与以美国为首的西方大国关系出现紧张，我们就会面临在经济腾飞需要大量能源的情况下，石油进口线被截断的可能。美国世界战略的要点是中东石油；美国对华外交的重要目标是在地缘政治上阻止中国国力西进并打断由此引起的中国与其接壤的富油地区直接联系。美国已用促成苏联解体的方式使俄国远离中东富油区，下一步美国也会用同样的思路即分离中国西藏来在中国达到同样的目的。就西藏本身而言，它并无太大意义，但分离西藏却能在中国和中东富油区间再揳入一道政治屏障，这符合美国为首的西方大国的战略利益。所谓“西方七国集团”实质上是世界石油资源垄断地位共享集团。他们的投资利益可以不同，但在石油垄断利益上，他们是一致对外、毫不含糊的。这就是西方大国在对待达赖分裂主义活动一致持倾向态度的原因。

听其言而观其行，是判断美国外交走向的最简洁的方式。美国外交的实用主义原则在海湾战争中暴露无遗：海湾战争后期向伊拉克政府军发起攻势的库尔德人曾确信高喊“人权”的美国人会支持他们的行动，但结果大出所料，美国人竟保留了战争中的死敌萨达姆。其实，原因很简单，只要萨达姆不倒，科威特等国就会对美国的军事有所依赖，美国在海湾长期驻军就有正当理由；只要美国在海湾长期驻军，美国的石油就不会断流。为了中东石油，美国可以把伊拉克搞得颠三倒四；同样为了石油，美国也不会在“西藏问题”上对中国心慈手软。美国所谓“西藏人权”，其实质就是石油控制权。控制了中东和中亚，就控制了石油；控制了石油，就控制了世界。这是美国的逻辑。对中国而言，稳住了西藏新疆，就有了安全的石油供给线；只要有了安全的石油供给线，中国经济的新世纪发展才有切实保证。

五 对策与建议

今天的历史，像是在往冷战政治回归。第二次世界大战结束之初，美苏开始了对欧洲的争夺，由此便出现了北约和华约的对抗；接着美苏又在东亚争夺，由此便产生了日美军事结盟及为“遏制共产主义”而拼凑的“环岛锁链”。60年代后，美苏争霸的重点移向中东和南亚地区。80年代，苏联入侵阿富汗把这场争夺（自50年代的朝鲜战争后）再次推向高峰。90年代苏联解体之初，历史似乎又回到第二次世界大战刚结束时的无序状态。过去为冷战而结成的各种军事或政治联盟，一度都相互冷落了。90年代中，随俄国的复苏和中国经济的迅猛发展，美国及其盟国在没有明显对手的情况下，又重操旧业，默不作声地从东西两翼完成了对俄国和中国的战略包围；现在他们又开始把触角伸向南亚，对此中国应未雨绸缪，早作准备。

（一）应从地缘政治的角度，充分认识西藏、新疆地区对中国21世纪发展所具的战略意义。在西藏、新疆的主权问题上绝无丝毫妥协的余地。

现在就应提醒的是，21世纪，如果西藏、新疆地区发生规模较大的动乱，我们首先要警觉的是防止西方某些国家再次运用他们在海湾战争中用过的所谓“保护库尔德人禁飞区”的策略，来变相肢解中国西藏、新疆地区。[①]西藏、新疆地区是中国地缘政治的枢纽。苏联的解体是从三个波罗地海加盟共和国的独立开始的，西藏与新疆如果独立，就不可能不引起类似的连锁反应：这不但会使我国西侧失去高原屏障的天然保护，而且还会进一步威胁到西南地区的高科技工业安全。

（二）经济由沿海地区起步，然后再转向内地继而向海外扩展，是世界主要发达国家（比如英国和美国）经济发展的一般规律；相反，发达地区长期过度集中于沿海城市，则是资本外围国家依附型经济的一般特征。中央已提出“西部大开发”战略并把发展的重点日益向中国西部地区倾斜。近些年，尤其在基础产业上，中央对中西部地区的政策导向是明显的：建设了京九铁路、三峡与小浪底工程、喀什—库尔勒铁路、塔里木油田等。这里应当及时提醒的是：我们应预见到三线建设的遗产在今后中国经济西进中可能再现的战略价值。如果我们完全忽视和抛弃了这份遗产，那么，未来在中国经济西进的道路上，还得耗费巨资再次重建大量基础设施与骨干企业，从而造成很大的浪费。鉴于国际政治形势的上述变化，中国经济西进的进度对中国西部地区的政治安全，已有了迫切的意义。

（三）要充分重视与中亚国家的友好关系，从地缘战略的高度认识中国参与中亚和中东地区石油开发的深远意义。久拖不决的阿富汗内战已给周边国家造成沉重的经济负担，也影响了美国中亚战略利益的尽早实现。美国也急于建成经阿富汗连接中亚和波斯湾的石油输出管道。我国应利用阿富汗内战久拖不决的时机，在积极参与阿富汗和平进程的同时，加强与中亚国家的联系，以低风险、大市场的优势，抢在美国之前，把中亚石油出口的兴趣较持久地引向中国。

（四）把中亚国家石油出口兴趣持续引向东亚，不仅符合中国也符合

---

① 需要说明的是，从美国地缘战略的角度看，西藏和新疆还是有区别的。我们注意到，美国的对外华交宣传中，不怎么提新疆的分离主义分子的活动，这是因为美国在新疆问题上有两难选择：新疆从中国分裂出去，虽然可以隔开中国与中亚富油国的直接联系，但却可能导致伊斯兰力量进一步向东扩展和加强，将来也不足以制衡重新崛起的俄罗斯南下，这并非是美国所愿意看到的。

日本和东北亚地区的战略利益，建设从中亚经中国大陆直抵东亚的石油进口线路有利于日本避免对海上运输线的过分依赖。1997年日本首相提出“欧亚大陆外交”的设想，日本三菱财团与美埃克森石油公司计划联手推进修建一条横跨欧亚大陆、长达8000公里、连接中亚和远东的天然气输送管道工程。它西起土库曼，经乌兹别克斯坦和哈萨克斯坦，横贯中国北方，最后一直抵达日本。一路汇集了土、乌、哈三国和中国新疆塔里木盆地的天然气，集中向东亚地区输送。预计耗资220亿美元，估计从土库曼到中国沿海地区的那一段管道需要120亿美元投资；然后，能源管道将从海下通日本，约需100亿美元。筹划这一巨大工程的原因是到2010年，日本对天然气需求将翻一番。这条管道如果建成，对中国和日本及东北亚地区发展都有世纪性的意义。因此，我国在这方面应积极培育东北亚共同利益生长点，推进与日本、韩国的合作，在开发中亚石油问题上形成东北亚的区域性国际合作，以争取日韩对我国西部安全与稳定的政治支持。

1962年中美苏三国博弈及其总结

1962年是中华人民共和国成立之后内政外交最困难的一年，同时也是毛泽东同志领导的中国共产党的国家战略能力发挥极为杰出的一年。面对来自东南、西南和西北三面“雪压冬云白絮飞，万花纷谢一时稀”的险恶环境，毛泽东同志举重若轻，敢于亮剑，也善于亮剑，用力不多，却有效地震退了周边所有明火执仗的反华势力，一举打开外交难局。今天中国正在经历自毛泽东时代伟大成就基础上的新崛起，这必然再次招致国际反华势力对中国新的围攻。因此，研究并总结20世纪60年代初中国、美国、苏联三大国博弈及其经验，对中国的未来是有益的。

一　雪压冬云：20世纪60年代中国内政外交遇到巨大的困难

1959年至1961年中国国内经济发生严重的困难。粮食，1960年是2870亿斤。比1957年的3900亿斤减少1030亿斤，低于1952年的水平；棉花生产1960年是1600万担，比1957年的3280万担减少1680万担，钢的生产1960年虽然达到1860万吨，比1957年的530万吨增加了1330万吨，但到1961年很快下降到870万吨，比1960年减少990万吨。工农业经济困难加重了市场供应紧缺。粮食消费1957年全国人均406斤，1960年降为372斤，减少34斤。棉布、针织品的消费量也明显下降。吃、穿、用物资均感不足，职工实际生活水平下降约30%。①

1961年，中国工农业总产值1621亿元，比上年下降31%。其中，工业总产值1062亿元，比上年下降38.2%；农业总产值559亿元，比上年下降2.4%。工农业主要产品产量：钢，870万吨，比上年下降53.2%；煤，27800万吨，比上年下降30%；发电量，480亿度，比上年下降19.2%。粮食，14750万吨，比上年增长2.8%；棉花，80万吨，比上年下降24.7%；油料，181.4万吨，比上年下降6.5%。基本建设投资总额127.42亿元，比上年下降67.2%。社会商品零售总额607.7亿元，比上年下降12.8%。国家财政总收入356.1亿元，总支出367亿元，赤字10.9亿元。②

1962年，中国农业形势略有好转。当年工农业总产值1504亿元（按1957年不变价格计算，下同），比上年下降10.1%。其中，工业总产值920亿元，比上年下降16.6%；农业总产值584亿元，比上年增长6.2%。工农业主要产品产量：钢，667万吨，比上年下降23.3%；煤，22000万吨，比上年下降20.9%；发电量，458亿度，比上年下降4.6%；粮食，16000万吨，比上年增长8.5%；棉花，75万吨，比上年下降6.2%；油料，200.3万吨，比上年增长10.5%。基本建设投资总额71.26亿元，比上年下降44.1%。社会商品

① 《中国共产党历史讲义》（下册），山东人民出版社1981年版，第224—225页。

② http://cpc.people.com.cn/GB/64162/64164/4416044.html。

零售总额604亿元，比上年下降0.6%。国家财政总收入313.6亿元，总支出305.3亿元，结余8.3亿元。[①]

更为严重的是，由于生活消费品的严重短缺导致非正常死亡人数增加。三年困难时期最困难的省份是河南、山东、山西、安徽等省，“在这些省份中，安徽可能是人口减少最严重的”。[②]

1959年3月19日，与台湾国民党准备“反攻计划”东西呼应，中国西藏发生武装叛乱，达赖喇嘛逃往印度。4月27日，印度总理尼赫鲁在人民院就西藏局势发表讲话，鼓吹召开新德里、北京、拉萨三方的所谓“圆桌会议”。

中苏两党两国关系严重恶化。

1959年1月3日至21日，苏联部长会议第一副主席米高扬在美国度假期间会晤美国总统艾森豪威尔、副总统尼克松和国务卿杜勒斯。1月27日至2月5日，苏共二十一次代表大会召开，宣称把世界战争排除在社会生活之外的现实可能性业已产生。6月，苏联政府单方面撕毁了中苏于1957年签订的国防新技术协定，拒绝向中国提供原子弹样品和生产原子弹的技术资料。与此同时，中印边境军事摩擦日增。9月9日塔斯社发表一篇关于中国和印度边界武装冲突的声明，公开偏袒印度一方，并随后给印度15亿卢布的贷款。9月15日，赫鲁晓夫访美，与艾森豪威尔举行会谈，推销苏美合作共同主宰世界的方针。9月30日至10月2日，赫鲁晓夫访问北京，指责中国共产党，干涉中国内部事务。两党两国关系恶化。1960年7月始，苏联不断在中苏边界寻衅。1961年，正值中国经济最困难的时期，苏联要求中国本息一起偿还抗美援朝时采购苏联援华军事物资的贷款。1962年4、5月间，苏联当局通过其驻中国新疆的机构和人员，在伊犁、塔城地区引诱和胁迫数万名中国公民流入苏联境内。10月20日，印度军队又从南面对中国领土发动大规模进攻，中国被迫进行自卫反击战。此后中印关系全面恶化。1963年起，苏联大量增兵中苏边境，对中国北疆形成新的军事压力。如果再考虑到东南方面蒋介石也利用中国内政外交的困难积极准备其“反攻大陆的计

① http://cpc.people.com.cn/GB/64162/64164/4416048.html。

② [美]R.麦克法夸尔、费正清主编：《剑桥中华人民共和国史》（上），谢亮生等译，中国社会科学出版社1998年版，第397页。

划”。中国从东南、西南、北方三面安全骤然形成共振性恶化形势。[①]美国学者费正清在书中说：“在北京看来，在1962年夏天融汇成了一种互相配合的威胁。”[②]中华人民共和国遇到“万花纷谢一时稀”[③]的艰难处境。

外交方面，1962年，新中国周边也是险象环生。

在西南方面，1962年4月21日、30日，中国政府先后两次照会印度政府，强烈抗议印度军队连续侵入中国新疆地区并设立新的军事据点。5月11日至28日，印度军队不断入侵中国西藏西部地区和东部朗久地区，并在中国境内增设军事据点。中国政府于11日、19日、28日照会印度政府，提出严重抗议。7月22日，中国政府就印度军队侵入中国新疆奇普恰河谷地区，并向中国边防哨所发动武装攻击一事，向印度提出强烈抗议。9月13日至27日，印度军队又越过“麦克马洪线”，在中国西藏扯东地区设立军事据点，并不断向中国边防部队开火，打死打伤中国边防战士多人，9月21日，中国政府向印度政府提出强烈抗议。

在东南方面，美澳新条约组织在堪培拉举行部长理事会，决定出兵泰国，以对越南和老挝施加军事压力。5月15日，美国总统肯尼迪命令派5000名海军陆战队员前往泰国。与之配合，台湾蒋介石也调兵遣将，积极准备“反攻大陆”。

在西北方面，4月至5月间，苏联也利用中国国内经济的困难形势，通过其驻在中国新疆的机构和人员，在伊犁地区引诱和胁迫数万名中国公民迁至苏联境内。

这迫使正在经历经济困难的中国政府不得不将军事斗争，尤其是西南方向的军事自卫反击工作提到议事日程，决定自4月气候好转后，由中国人民解放军新疆部队在西段边界线恢复巡逻，并重新建立一些哨所。另

① 从1964年10月到1969年3月，中苏边界发生的冲突有4189次之多，其中最严重的是1969年3月珍宝岛事件和同年8月在新疆铁列克堤的军事冲突。来源：潘光主编：《当代国际危机研究》，中国社会科学出版社1989年版，第44页。

② [美]R.麦克法夸尔、费正清主编：《剑桥中华人民共和国史》（上），谢亮生等译，中国社会科学出版社1998年版，第556页。

③ 1962年12月26日，毛泽东以《冬云》为题作七律诗记录了当时的处境和心境。诗曰：“雪压冬云白絮飞，万花纷谢一时稀。高天滚滚寒流急，大地微微暖气吹。独有英雄驱虎豹，更无豪杰怕熊罴。梅花欢喜漫天雪，冻死苍蝇未足奇。”

外，根据中央指示，中国边防部队由西藏军区司令张国华、副司令员邓少东、赵文进和副政治委员吕义山等组成东段指挥部；西藏军区政治委员谭冠三、副司令员陈明义、副政治委员詹化雨和参谋长王亢等在拉萨指挥所主持工作。新疆边防部队组成了以南疆军区司令员何家产负责的西段指挥部。面对印度的咄咄攻势，西南战争迫在眉睫。

二　毛泽东东南明修“栈道”，美即对蒋施加压力

为了保障西线自卫战胜利，中共中央在东南台海一带增兵布防。毛泽东这一仅用于声东击西的军事调动立即使美国紧张，认为它是“自朝鲜战争以来此种类型最大规模的军事调动”。[①]1962年6月18日，情报和研究局局长希尔斯曼就“中共的军队调动”写给国务卿腊斯克的报告要求国务卿“严肃看待中共的意图”，认为“不能排除中共正为突然地竭尽全力地夺取金门或马祖，或两者兼而有之而做准备，大概使用他们在1958年所没有的装备”。[②]同时报告认为这会再次加剧美蒋矛盾：

> 这次中共在金门和马祖对面的军事集结不仅使沿海岛屿本身的问题，而且也使蒋介石“反攻”大陆的意图问题成为重点。一次美国与中国国民党利益的直接冲突似乎是非常可能的。如果中共进攻，美国将面临来自蒋、他在东南亚的朋友以及他在美国这里的朋友的压力，他们要求美国参与保卫这些岛屿。这将立即要求对这种进攻是否是进攻福摩萨的起始行动的问题做出决定，正如在《福摩萨决议》中所详细说明的那样，而蒋无疑会将各类意在表明是这样一种进攻的“情报”公布于众。

---

① 美国1962年5月13日《特别国家情报评估》认为，“中共已经向台湾海峡对面派遣了七个陆军师，可能还有五个师在路上，这意味着它是‘自朝鲜战争以来此种类型最大规模的军事调动’。”引自“会议记录”（1962年6月20日下午6时—7时30分），陶文钊主编：《美国对华政策文件集1949—1972》（第3卷上），世界知识出版社2003年版，第313页，注释①。

② “情报和研究局局长希尔斯曼致国务卿腊斯克备忘录”（1962年6月18日），陶文钊主编：《美国对华政策文件集1949—1972》（第3卷上），世界知识出版社2003年版，第311—312页。

如果中共实际没有进攻，但制造了一种1958年式的政治—军事危机，局势只是稍微好些。蒋的要求将会是紧迫的，而如果美国的支持不是随要随到的，这些要求无疑将会变得公开而刺耳。

中共有重要的动机去恶化美国与中国国民党的关系，并可能在任何时候开始这样做。另一方面，蒋一直把使美国参与重新征服大陆作为其优先考虑的目标之一。一旦中共就位了，蒋可能挑起一次进攻，或以其他方式采取主动为他自己的目的而利用这种局势。

因此，一旦北平的军队完全就位，主动权就似乎掌握在中国人手里，或者共产党，或者国民党。如果有必要采取预防性的或干预性的行动以捍卫美国的利益，那么，似乎只是在非常有限的时间里，这种行动才可能是一种现实的选择。①

现在回头来看，毛泽东布兵东南只是为西南军事斗争准备而做的“虚晃”动作。6月19日，也就是接到希尔斯曼的报告的第二天，美国国务院致电驻台“大使”，“尽早约见”蒋介石，提醒他：“中共军队在福建大规模集结的迹象”，这便“存在非常现实的可能性：中共意欲对一些岛屿发动全面进攻”；同时也要求蒋介石：“在这种情况下，最重要的是中华民国政府不能以中华民国政府官员发表的任何公开声明、或以中华民国政府的任何行动给这种进攻提供任何借口。”②

大陆在东南福建省大规模的军事调动，使美国风声鹤唳，各部门忙得像热锅上的蚂蚁，但始终也搞不清中共的意图。

为此，6月20日，白宫召开会议，国防部长麦克纳马拉怒火冲冲，“声明里透着对情报机构的轻蔑”。麦克纳马拉说“我们要着手弄情报；没有情报”，他“暗示中央情报局工作干得很糟”。③

---

① “情报和研究局局长希尔斯曼致国务卿腊斯克备忘录”（1962年6月18日），陶文钊主编：《美国对华政策文件集1949—1972》（第3卷上），世界知识出版社2003年版，第312页。

② “国务院致中华民国大使馆”（1962年6月19日下午8时23分），陶文钊主编：《美国对华政策文件集1949—1972》（第3卷上），世界知识出版社2003年版，第313页。

③ “会议记录”（1962年6月20日下午6时—7时30分），陶文钊主编：《美国对华政策文件集1949—1972》（第3卷上），世界知识出版社2003年版，第314页。

6月21日，美国中情局邀请艾森豪威尔，听取这位前总统对“中共在福建省进行大规模的军事集结”一事的判断。艾森豪威尔将军推测这次集结是对国民党宣传的反应。艾氏以专家的口吻告诉麦肯局长：“中共军队在福建省的布阵情况将会表明，他们是想进攻还是防守。防守的阵形应该是沿海岸分布开来，而预备队呈扇形在后方梯次展开。进攻阵形则是在目标附近大量集结部队。”[①]艾氏还介绍了他当年任职时对台政策及1958年台海冲突中的一些做法。当天（6月21日），代理国务卿鲍尔致电肯尼迪总统提出“建议采取的与中共军事集结有关的外交行动”，其中第一条就是“暗示”苏联驻美大使勃雷宁，“假如苏联人或中共对有关中国国民党准备入侵大陆的谣传感到不安，美国目前情况下无意于支持这样一种行动”；向他们强调“中国国民党已经同意，不经完全协商和美国方面的事先同意，不会采取任何进攻行动”，以让苏联和中国大陆放心。[②]还是在当天（6月21日），情报和研究局局长希尔斯曼致电远东事务助理国务卿哈里曼表示美国对中国大陆军事调动“在目前的情况下，做出任何有关美国保卫沿海岛屿的坚定的决定都是明显不利的”。[③]同一天（6月21日），国际安全事务助理国防部长尼采写信给政治事务副国务卿马济进一步提出：“我们认识到，有一些令人信服的理由支持一项寻求中华民国政府最终自愿从沿海岛屿撤离的政策。”[④]

6月22日，美国代理国务卿哈里曼召见英国大使，告诉他美国“不清楚中共在福建的军事集结是进攻性的还是防御性的”；希望英国人帮忙“尽快告知北平”，“有关中华民国政府计划进攻大陆的传闻，美国政府在目

① “备忘录：艾森豪威尔将军谈话纪要”（1962年6月21日），陶文钊主编：《美国对华政策文件集1949—1972》（第3卷上），世界知识出版社2003年版，第318页。

② “代理国务卿鲍尔致肯尼迪总统备忘录”（1962年6月21日），陶文钊主编：《美国对华政策文件集1949—1972》（第3卷上），世界知识出版社2003年版，第320页。

③ “情报和研究局局长希尔斯曼致远东事务助理国务卿哈里曼备忘录”（1962年6月21日），陶文钊主编：《美国对华政策文件集1949—1972》（第3卷上），世界知识出版社2003年版，第322页。

④ “国际安全事务助理国防部长尼采致政治事务副国务卿马济函”（1962年6月21日），陶文钊主编：《美国对华政策文件集1949—1972》（第3卷上），世界知识出版社2003年版，第326页。

前的情况下无意于支持这样一种进攻”。[①]当天（6月22日），美驻香港总领事馆致电国务院提出分析报告，认为中共大陆的军事调动有四种可能性，每一种可能性中都有两种结果，其结论不知所云。[②]

6月23日，美国与中国华沙谈判代表卡伯特向王炳南表示：在目前的情况下，美国不会支持蒋介石发动对大陆的进攻。卡伯特一再表示美国不愿再看到一场世界大战，他甚至向王炳南说：“如果蒋介石要行动，我们两家联合起来制止他。”[③]

6月24日，美国国务卿腊斯克访问英国并与英国首相会谈，腊斯克首先谈到中国在台湾对面的军事集结，同时“他可以向英国保证，北平知道美国不会允许进攻大陆”[④]。英国首相麦克米伦对美国的对华政策进行了“言词激烈”的批评，麦克米伦说他“简直不理解美国对中国的政策”，美国“甚至不承认中国的存在”，他说他不知道美国的“长远政策是什么”。麦克米伦认为“这是以任何逻辑都无法辩解的”。他说“北平政权显然代表中国”，美国竟让“一个来自台湾的家伙”坐在中国在联合国的席位上。[⑤]

当天（6月24日），中国《人民日报》发表由毛泽东亲自审定的《全国军民要提高警惕准备粉碎蒋匪帮军事冒险》电讯稿，揭露蒋介石“反攻大陆”的阴谋，同时也以此测试美国支持蒋介石的底线。

腊斯克从《人民日报》的文章中似乎吃到了“定心丸”，这时他又想与中国拉近关系。6月25日，美英双方继续会谈，腊斯克说，“北平当局播出了一篇文章，将其所采取的这些措施说成是防御性的”；这一点也为美国的情报及对大陆中国空军部署情况分析报告所证实。接着腊斯克话锋一转说美国计划对中国大陆进行食品援助。他说“我们并没有预见食品如何

① “国务院致英国大使馆”（1962年6月22日下午9时25分），陶文钊主编：《美国对华政策文件集1949—1972》（第3卷上），世界知识出版社2003年版，第329页。

② “驻香港总领事馆致国务院”（1962年6月22日下午7时），陶文钊主编：《美国对华政策文件集1949—1972》（第3卷上），世界知识出版社2003年版，第330页。

③ 转引自苏格著《美国对华政策与台湾问题》，世界知识出版社1998年版，第333页。

④ “谈话备忘录”（1962年6月24日下午8时），陶文钊主编：《美国对华政策文件集1949—1972》（第3卷上），世界知识出版社2003年版，第332页。

⑤ 同上。

能从外部对中国的总局势产生多大影响”，但“不管怎样，我们并不排除参与某种一般的人道主义行动的可能性”。[①]美国军方则读不出6月24日中国新华社文章的内涵，以至就在腊斯克在英国想如何与中共改善关系的当天（6月25日），参谋长联席会议却在表示“美国政府应该就使用核武器做好准备”[②]。

6月27日，美国总统肯尼迪就台湾海峡局势发表声明，表示不支持蒋介石进攻中国大陆。6月28日，美国国务院致电驻台“使馆”，让他们转告蒋介石美国总统的“强烈愿望”，“即美国和台湾政府在此时避免显示出正在计划攻打大陆的迹象，是至关重要的”。[③]

7月2日，赫鲁晓夫发表讲演，强烈谴责美国支持蒋介石当局对中国大陆的挑衅，称中国人民将得到社会主义阵营的坚决支持。

7月4日，美国驻台“大使”柯克致电国务院称已将肯尼迪的想法转告蒋介石，蒋已“保证台湾不会首先在金门和马祖地区发动任何反对大陆的行动”，当问及赫鲁晓夫的讲话时，蒋坚持认为“苏联不会进行干涉”。[④]第二天（7月5日），蒋介石再次会见柯克，说“下午要去住院，近期不会出来，所以想就7月4日的会谈再作一些补充”。他向肯尼迪再次表态：“他不会采取任何单方面的行动，而只会更密切的同美国合作”，并使他的政策与美国的协调一致。他说：肯尼迪总统公务繁忙，他“保证不会再给总统增添新的问题”。[⑤]

---

① “谈话备忘录”（1962年6月25日），陶文钊主编：《美国对华政策文件集1949—1972》（第3卷上），世界知识出版社2003年版，第334页。

② “国防部长麦克纳马拉致肯尼迪总统备忘录”（1962年6月25日），陶文钊主编：《美国对华政策文件集1949—1972》（第3卷上），世界知识出版社2003年版，第335页。

③ “国务院致中华民国大使馆电”（1962年6月28日），陶文钊主编：《美国对华政策文件集1949—1972》（第3卷上），世界知识出版社2003年版，第338页。

④ “驻中华民国大使馆致国务院电”（1962年7月4日下午2时），陶文钊主编：《美国对华政策文件集1949—1972》（第3卷上），世界知识出版社2003年版，第340页。

⑤ “驻中华民国大使馆致国务院电”（1962年7月5日下午6时），陶文钊主编：《美国对华政策文件集1949—1972》（第3卷上），世界知识出版社2003年版，第341页。

三　毛泽东引而不发，东南美蒋已势同水火；蒋介石要“重新考虑”美台《共同防御条约》

进入7月份后，中国西南边界冲突日益升级，中国备战日急。

7月5日，印军侵入加勒万河谷地区，这一地区是印度进入中国阿克赛钦的通道，战略地位十分重要。7月7日和11日，周恩来接连听取中印边界情况汇报并向毛泽东作了汇报。7月14日，中央军委派总参作战部负责同志专程赶到新疆，向新疆军区和西线边防部队传达毛泽东和中共中央关于在中印边界西段开展反蚕食斗争的指示并具体指导这一斗争。毛泽东认为：“印度在我境内设点，我们完全有理由打，但是现在还要克制，不能急于打。”[①]

与此同时，毛泽东仍在东南方向大造声势，搅得美国与蒋介石当局鸡飞狗跳，矛盾升级。

9月6日，柯克与蒋介石在阳明山会谈，台湾方面参加会谈的有“外长”沈昌焕、“新闻局长”沈剑虹等。这次蒋介石在会谈一开始就对美方强烈不满。柯克先介绍说：“中共军队在福建沿海的部署似已完成。这些军队的力量大大强于1962年6月以前部署的那些军队。我们认为中共的目的在于防御，但不能排除进攻的可能性。”[②]这话本身就包含了对蒋反攻计划的埋怨。柯克接着含蓄地批评蒋当局“没有可靠及时的情报”，这使“肯尼迪总统很难做出正确的决定”。[③]

蒋介石立即反唇相讥说：“除非针对大陆采取行动，否则很难有美国政府所要求的那种‘过硬’的情报。国民政府还有许多尚未向美国透露的情报来源。即使告诉美方，美方也不会承认它们的价值。许多情报来源建立在口头协议的基础上。在发起行动之前，不能让人知道、看见或是摸清

① 逄先知、金冲及主编：《毛泽东传1949—1976》（下），中央文献出版社2003年版，第1224页。

② “会谈备忘录”（1962年9月6日上午10时—11时30分），陶文钊主编：《美国对华政策文件集194—1972》（第3卷上），世界知识出版社2003年版，第346页。

③ 同上书，第346—347页。

这些情报来源。”[1]柯克说：“美国政府仍然希望行动最好限制在小规模空降范围内。”蒋回应说：“此事以后再说。”[2]将对美国充满“怨恨”以至要“重新考虑”美台《共同防御条约》，他说：

美国政府也必须认识到人民和军队的感情的重要性。大陆人民的愿望极其强烈，不能无限制地拒绝他们。他们渴望解放，特别是在美国的援助下。美国可以一时压制住这种感情但不会太久。美国政府可以公开宣称国民政府返回大陆是中国人的内部事务。而实际上，美国政府却承担起阻止国民政府反攻大陆的责任。这不能无限期地继续下去。最终，任何政府要保持对局势的控制都是非常困难的。国民政府会遵守条约，但当形势发生变化时，就必须重新考虑条约。[3]

柯克说：蒋提出的有关条约问题，已经超出了大使的职权范围。如果对条款不满意，也许可以由台湾的“大使”在华盛顿提出来。蒋介石立即反驳说：

谈及条约是因为柯克大使提出了条约的事。修改或取消条约是一回事，而让世界知道国民政府受条约所限不能自由行动又是一回事。这对美国没有任何好处，且引起了怨恨。如果大陆发生大规模的暴动，美国可以说这是内部事务。而事实上，美国人是让人知道在条约的限制下，台湾政府不能擅自进攻大陆。[4]

柯克解释说，“肯尼迪总统还要担负繁重的世界性责任。就像蒋总统要对他的人民负责一样，肯尼迪总统也要对中国人民负责。1954年的条约规定，双方必须一致行动。”蒋介石立即回敬说：

---

① “会谈备忘录”（1962年9月6日上午10时—11时30分），陶文钊主编：《美国对华政策文件集1949—1972》（第3卷上），世界知识出版社2003年版，第347页。

② 同上书，第348页。

③ 同上书，第349—350页。

④ 同上书，第350页。

总统所需要做的事只有一件：宣布国民政府反攻大陆完全是内部事务。这样的声明即使不能阻止也将削弱苏联的公开参与。他重申他保证不会采取违反条款的行动，但他希望美国政府采取有效措施，帮助国民政府对它的人民尽责而又不违反条约条款。美国政府必须拿出这样的解决办法。

柯克以为蒋介石想向美国要军火支援，说："美国还要对北约的盟国和其他地方负责。秘密向台湾运送轰炸机和登陆艇是不可能的。这种行动将被看作是侵略行为。"蒋介石针锋相对且火药味十足地回敬道：

他并没有设想要这些装备。他想的是希望台湾和美国之间能够达成更广泛的谅解。美国最不希望看到的应是这样一种看法：美国正在成为中共的朋友却束缚其盟国的手脚。美国不应该让中国人民认为，美国不能区分敌友。美国甚至阻止国民政府用它自己的钱购买美国的出口物资。这实际上是对国民政府的禁运。他不知道是否对敌人也进行了禁运。①

9月8日，新任参谋长联席会议主席的泰勒将军到台湾与蒋介石会谈，蒋介石根据1948年前后与苏联打交道的经验，明确告诉泰勒："万一大陆出现动乱，赫鲁晓夫也不会帮助毛，因为他们彼此间的仇怨颇深；即使共产党在黄河以南地区的统治被推翻，苏联也不会进行干预。"②泰勒在回国后于9月20日起草的文件中称："如果不能坦率地向总司令表明我们的意图是什么，而不是支持他反攻大陆，那么我们大概在为我们自己积累麻烦。"③

---

① "会谈备忘录"（1962年9月6日上午10时—11时30分），陶文钊主编：《美国对华政策文件集1949—1972》（第3卷上），世界知识出版社2003年版，第350页。

② 来源：1962年9月17日，从台北发出的403号电报。转引自陶文钊主编《美国对华政策文件集1949—1972》（第3卷上），世界知识出版社2003年版，第350页，注释①。

③ "总统军事代表泰勒起草的文件"（1962年9月20日），陶文钊主编：《美国对华政策文件集1949—1972》（第3卷上），世界知识出版社2003年版，第356页。

四　毛泽东西南“敲山”，中国对印自卫反击战与美苏古巴导弹危机同起同落

1962年9月始，加勒比海战云骤起。

9月2日，苏联将手直插美国腹下，宣布已与古巴达成向古巴供应武器和提供技术专家的协议。9月4日，肯尼迪发表对古巴的政策声明，称必要时将对古巴采取军事行动。9月5日和8日，两艘运送一批中程弹道导弹的苏联货轮抵达哈瓦那。9月12日，塔斯社发表授权声明，谴责美国蓄谋入侵古巴，并警告说：入侵古巴意味着战争。第二天（9月13日），肯尼迪针锋相对声明重申：只要威胁到美国的安全，美国将采取行动。9月25日，古巴总理卡斯特罗宣布：苏联将帮助古巴在哈瓦那建立一个“渔业基地”。

就在肯尼迪声明的同一天（9月13日），印度军队也开始大举越过“麦克马洪线”，在中国西藏扯东地区设立军事据点，不断向中国边防部队开火，打死打伤中国边防战士多人。此时毛泽东考虑组织西南自卫反击战役的时机已经成熟。

10月16日，肯尼迪接到了经过核实的确凿情报称美国发现苏联开往古巴的船只中有进攻性导弹后立即表示：必须对这种来自古巴的威胁作出反应，导弹必须撤除。为此美国政府召开紧急会议。会议期间，又得知共发现至少16枚，也可能是32枚射程超过1000英里的导弹，对美国构成重大威胁。

10月16日，中央军委抓住时机，从7月份的“现在还要克制，不能急于打”的方案迅速转为“亮剑”西南的决定：10月17日，中央军委下达《歼灭入侵印军的作战命令》。

10月20日，肯尼迪决定封锁古巴，古巴导弹危机随即爆发。

10月20日清晨7时30分，西藏军区司令员张国华在塔格拉山脊下达了对印反击的作战命令。顿时中方阵地万炮齐发，天摇地动。中午即占领了克节朗河正面的印军各阵地。战斗不到三天，印度的王牌军第七旅便全军覆灭，旅长约翰·达尔维准将于10月22日被俘。在克节朗河以南驻守的印

度三个步兵营和一个炮兵旅约4000人，得知第七旅覆灭后，立即南逃。10月24日，中国人民解放军占领了东新桥，10月25日进入达旺。在中印边界东段东端，中国军队从昌都、林芝、山南军分区的大约五个营的兵力，从察隅、瓦弄方向越过麦克马洪线，向印军发起攻击，驻守在这个地区的五营印军均闻风而逃。中国军队顺利进入哥里西娘、马尼风、呷林公等地。在中印边界西段，中国边防军在何家产司令员指挥下，只用一个多团的兵力，集中力量从北向南，经过几天连续作战，消灭印军近300人，随即进入休整。[①]10月26日，印度总统宣布全国处于“紧急状态”。

10月24日下午2时，美国海军宣布封锁古巴。美国在古巴领海周围设置了警戒线，近百艘舰艇在空军和航空母舰的护卫下，驶入警戒海域。与此同时，在佛罗里达及邻近各州，美国集结了强大的登陆部队，虎视眈眈。同一天（10月24日），联合国秘书长吴丹向美苏双方建议停止向古巴运输军火三周，同时暂停封锁。10月25日，赫鲁晓夫表示接受吴丹的建议，肯尼迪则重申在古巴撤走苏联的武器。10月26日上午，美国强行检查第一艘苏联租用的驶往古巴的船只。当天晚上，肯尼迪接到赫鲁晓夫亲笔信，信中承认古巴有苏制导弹，并表示决不再向古巴运送武器，已在古巴的则可撤除和销毁。但第二天（10月27日），美国又接到苏联外交部正式文件，又提出要以美国撤出在土耳其的导弹作为苏联撤走古巴导弹的交换条件。同一天（10月27日）一架U-2飞机被古巴击落，驾驶员死亡。肯尼迪向苏联发出最后通牒：除非在24小时内得到苏联撤除古巴导弹的保证，否则美国在星期一就要采取军事行动。10月28日，莫斯科电台广播了赫鲁晓夫同意撤走导弹的答复。11月8日，苏联船只从古巴运走导弹并在公海上接受美国海军靠船的“肉眼观察”。11月20日，肯尼迪宣布最后结束封锁，11月21日，苏联也对军队“解除”了动员令。至此，古巴导弹危机结束。[②]

与联合国秘书长吴丹向美苏双方提出停止向古巴运输军火三周，同时暂停封锁建议的同一天（10月24日），周恩来也向尼赫鲁提出三项停火

① 参阅王宏纬著《喜马拉雅山情结：中印关系研究》，中国藏学出版社1998年版，第231页。

② 参阅潘光主编《当代国际危机研究》“古巴导弹危机”部分，中国社会科学出版社1989年版，第44页。

建议，为尼赫鲁拒绝。同时印度积极增调两个师九个旅，全线加强边界兵力。到11月上旬，在东段印军仍归第四军指挥，又增加了第二师，兵力达两个师十个旅共22000人，西段又增加了七个旅，总兵力达8000余人。

11月14日，也就是在古巴导弹危机结束的前六天，中国军队开始第二轮反击。当天印军先向中国军队发起攻击，遭到失败。11月16日，中国军队三个团进占瓦弄镇，印军第四军军长考尔在惊慌之中丢掉部队，乘运输机逃走，其所率印军第十一旅纷纷溃散。11月19日晚，尼赫鲁向全国发表了紧急讲话说：

> 我们不得不把新的挫折告诉你们。两支中国军队开进了东北边境特区。我们丢了瓦弄和西山口。今天，邦迪拉已经失守。在楚舒勒地区，中国对我们发动了猛烈的攻击。局势是严重的，使人伤心的。[①]

11月20日深夜，尼赫鲁急忙亲笔写信给美国总统肯尼迪，呼吁美国紧急军事援助。11月21日中国追击部队到达中印传统习惯线即奉命停止前进。就在印度下令从东北各邦紧急疏散人口，撤退侨民的一片混乱之际，中国政府于11月21日零时发表声明，宣布于11月22日零时起，中国边防部队在中印边界全线停火。印度对此没有接受也没有拒绝。

中国宣布停火的时间比古巴导弹危机结束的时间只多了一天。

五 毛泽东东南“震虎”，美对蒋“反攻”计划更加悲观

印度军队对中国边界的蚕食性进攻，是对中国的“抗震”力的检验，美国、苏联乃至台湾蒋介石都在密切关注中国的反应及其结果。因此，印度的惨败对美国的台湾政策影响是重大的。

就在中国对印反击战进行期间，蒋介石也同期启动了反攻大陆的行

① 转引自王宏纬著《喜马拉雅山情结：中印关系研究》，中国藏学出版社1998年版，第235页。

动。1962年10月1日到12月6日间，蒋介石先后派出九股特务由高雄乘船，偷渡到广州沿海的海丰、惠阳、惠来、电白、台山五县登陆。[①]

毛泽东在中国西南方向指挥反击战的同时，在东南方向也对蒋介石进行了干净、彻底的痛击，令蒋介石在东南的反攻行动血本无归。从10月1日到12月6日短短两个月的时间里，共歼美蒋特务172人，其中有七个特务纵队"司令"、14个"副司令"。击沉运送特务的机帆船3艘，缴获一批美制电台、手枪、冲锋枪等。蒋介石派出的九股特务除一股未敢登陆外，其余全部被歼。[②]1963年9月11日，蒋经国拜见肯尼迪，在被问及"最近骚扰行动的成功率"时也承认："作为军事行动，这些骚扰并不算成功"；在回答人员伤亡情况时，蒋经国承认："伤亡率为85%。"[③]尽管蒋经国提供的数字与大陆有出入，但其反攻行动遭到毁灭性的失败则是共认的事实。

蒋介石的登陆惨败使美蒋之间埋怨升级，1963年2月4日美国驻台"大使"柯克向肯尼迪总统汇报时说：蒋介石"埋怨美国使其倒台，我觉得他有朝一日回到大陆，也不会感激美国，而且会变得很难对付"；"我已很

---

① 1962年10月1日，执行"海威"计划的武装特务第五分队，又称"广东省反共救国军独立第二纵队"共14人，在海丰县遮浪屿偷渡登陆，"司令"陈正光以下全部被歼。10月7日，执行"海威"计划的武装特务第一分队，又称"广东省反共救国军独立第三纵队"全部被歼。10月8日，执行"海威"计划的武装特务第四分队，又称"广东省反共救国军独立一纵队"，全队14人在惠来县神泉偷渡登陆后被全歼。10月28日，执行"海威"计划的武装特务第三分队和第七分队，又称"广东省反共救国军"独立第五纵队和独立第六纵队，共22人，在电白县爵山公社偷渡登陆后全部被歼。11月2日，执行"班超"计划的武装特务"海龙队"，又称"广东省反共救国军先锋队"，全队33人，包括一、二、三分队和一个通讯队，在台山县蛇鼻湾偷渡登陆后全部被歼。运送特务的机帆船也被击沉。11月29日，执行"海威"计划的武装特务第六分队，又称"广东省反共救国军独立第七纵队"，共35人，在台山县荷仓岛偷渡登陆时全部被歼。运送特务的机帆船被击沉。12月4日，美国中央情报局驻台湾的特务机构"海军辅助通讯中心"（NACC）派出的中校特务李华常等，蒋介石当局派出电台台长张志君等，乘间谍收音机在阳江县石磊山区跳伞登陆后全部被歼。12月6日，台湾当局中的情报局"长风训练班"训练的武装特务"广东省反共救国军独立第二十三纵队"，以及负责指挥和护送登陆的特务共39人，在惠来县前詹偷渡登陆后全部被歼。运送船只被击沉。

② 资料来源：魏宏运、祁建民：《国史纪事本末·社会主义探索时期（下）》（第四卷），辽宁人民出版社2003年版，第151—152页。

③ "会谈备忘录"（1963年9月11日），陶文钊主编：《美国对华政策文件集1949—1972》（第3卷上），世界知识出版社2003年版，第378页。

难见到委员长，他总是敷衍我。觉得我不理解中国人，总是搬出条约来刁难他。我进一步说，委员长有时会要求来访者间接地将信息传递给肯尼迪总统，而这本应由美国大使来传递。这表明委员长不可能与我融洽相处，他想用其他的方法绕开我。这是中国式的老把戏。”[①]当肯尼迪知道蒋介石最近的反攻“特遣队”“全部9队人马都被俘虏”后，问柯克蒋介石“对印度怎么看，中共打得过印度吗”？柯克说：“委员长讲中共占有优势是不成问题的，印度人哪方面都不行。”[②]肯尼迪这句话言下之意就是：如果“印度人哪方面都不行”，那你蒋介石就更不行了。柯克向肯尼迪表示：

我本人强烈反对给予蒋介石总统任何余地，无论他怎么试图绕过他与美国签订的条约。

a. 我还认为目前有必要采取步骤让蒋介石明白，我们不会参与。b. 我认为，在不久的将来，我们可以适当地发表一些公开声明，即我们不打算背离我们公开宣布的我们将保卫台湾的立场，但我们将不支持现在在台湾的中国政府发动侵略。我认为，这样的一个步骤是一个可接受的方法，它介于（a）以一个简短的通知发出严厉的不要去做的警告，或(b)一旦总司令已经开始了入侵行动，就动用美国的军事力量去干涉。[③]

值得注意的是，柯克这个建议与过去不同的是，“动用美国的军事力量去干涉”的对象已不是中国大陆而是台湾蒋介石。这说明中印战争后，美国对台湾的“反攻计划”产生了蔑视和不耐烦。事实上，自1962年年底毛泽东的西南“亮剑”不仅使美国也使蒋介石集团内部对其军事干涉中国大陆政治的效果有了更加悲观的评估。

1963年9月6日至13日，蒋经国访问华盛顿。9月9日会晤了中央情报

① “会谈备忘录”（1963年2月4日），陶文钊主编：《美国对华政策文件集1949—1972》（第3卷上），世界知识出版社2003年版，第363页。

② 同上书，第362—363页。

③ “驻中华民国大使柯克致肯尼迪总统备忘录”（1963年3月29日），陶文钊主编：《美国对华政策文件集1949—1972》（第3卷上），世界知识出版社2003年版，第368页。

局台北站站长克莱恩，蒋经国向克莱恩传达了一个重要信息，即："蒋总统已经授权他声明，除非大陆出现反抗运动，否则在未来18个月内，台湾不打算发动军事进攻。"[①] 9月10日蒋经国与总统国家安全事务特别助理乔治·邦迪会谈，重申："国民党政府将承认美国的领导地位，允诺不会进行导致冒战争危险的行动。国民党愿意就削弱中共政权并最终推翻该政权的方式和方法进行讨论，认为解决该问题的方法必须更侧重于政治而不是军事。"[②]11月，国民党召开"九大"，修订了策略，确定了"反攻复国总体战"方略，即视大陆为主战场，台湾海峡为支战场，将反共斗争的方式从军事方面扩大到政治、经济和文化各个领域。[③]

1964年9月4日，总统国家安全事务特别助理麦克乔治·邦迪写信给副国务卿莱特说："与'蓝狮'[④]计划报告相关，我饶有兴致地看了你在发给我们的138号电中进一步阐述了有关光复大陆问题。你所发现的中华民国计划重点的转变是自然的，尽管我们对此不能完全响应。"[⑤]同时美国持续压缩台湾可能"反攻大陆"的战略空间，同一天（9月4日）美国国务院就"中华民国在泰国和缅甸的活动情况"致信美国驻台湾"大使馆"，要求明确告知台湾当局"中华民国在东南亚另有打算，在追求反对大陆的目标时，中华民国自然倾向于超出我们认定的谨慎限制，对我们不那么诚实"；美国"的确曾向缅甸人保证，反对再出现中国非正规军的问题"，美国"决定尽一切可能确保中华民国不采取过分和鲁莽的行动"。[⑥]

1965年11月6日，美参谋长联席会议就"中华民国关于登陆大陆中国"致信国防部长麦克纳马拉，建议"美国不应全面参与有关中华民国登陆大

① "会议记录稿"（1963年9月10日），陶文钊主编：《美国对华政策文件集1949—1972》（第3卷上），世界知识出版社2003年版，第374页。注释①。

② 同上书，第375页。

③ 苏格著：《美国对华政策与台湾问题》，世界知识出版社1998年版，第335页。

④ 1962年9月6日，柯克与蒋介石会谈中提议美台应通过两个组织来加强具体合作，一个是处理秘密情报的联合委员会，一个是研究公开作战的"420委员会"。后者发展为代号"蓝狮"的美台联合委员会，负责研究大陆一旦发生起义，台湾实施两栖作战的能力。

⑤ "邦迪致莱特"（1964年9月4日），陶文钊主编：《美国对华政策文件集1949—1972》（第3卷上），世界知识出版社2003年版，第383页。

⑥ "国务院致驻中华民国大使馆电"（1964年9月4日），陶文钊主编：《美国对华政策文件集1949—1972》（第3卷上），世界知识出版社2003年版，第384页。

陆中国构想的双边研究”，并通过“蓝狮”委员会“批评中华民国政府的单方面计划”；美台双方的“任何协商必须不会导致使美国承诺承担参与制定计划，支持中华民国登陆大陆的义务”。[①]1965年9月22日，蒋经国向麦克纳马拉递交了一份“国民党登陆大陆抢占西南5省的计划（代号为‘大火炬5号’）”，9月29日，蒋介石在12月29日也向美国惠勒将军递交了同样的建议。1966年1月24日，蒋介石得到美国国务院和国防部否定的答复。蒋经国对此的反应是“失望和恼怒”。[②]国务卿腊斯克也明确指示美国驻台北“使馆”：“在目前可预见的形势下，我们不能支持中华民国政府在大陆的登陆行动，并且不能同意任何针对大陆的军事行动。”[③]

1966年3月，美国在即将出台的对台“军援手册”中明确规定：“美国的军事援助将不刻意支持中华民国政府反攻大陆。”[④]

1967年3月，蒋介石想借美国在越战中的困难形势再次向美国提出“现在正是中华民国进攻和颠覆大陆中共政权的时候”，其结果得到的回答仍是：

> 蒋总统向戈登波格大使所倡导的路线与我们在越南问题上的政策相抵触。这种路线将把中华民国卷入危险和灾难，并且会导致规模更大的战争危险，给亚洲、美国和世界人民带来不可估量的后果。美国政府和人民不仅不会同意采取这种行动，而且会反对。[⑤]

此后，蒋介石反攻大陆已心有余而力不足，日渐式微。1968年4月30日美国国家安全委员会的詹金斯在给助理国务卿罗斯托的信中说“蒋介石已重新估价了他在历史上的地位，他可能接受了无法重返大陆的现实（尽管

---

① “参谋长联席会议致麦克纳马拉备忘录”（1965年11月16日），陶文钊主编：《美国对华政策文件集1949—1972》（第3卷上），世界知识出版社2003年版，第387页。

② “国务院致驻中华民国大使馆电”（1964年9月4日），陶文钊主编：《美国对华政策文件集1949—1972》（第3卷上），世界知识出版社2003年版，第384页。

③ “腊斯克致驻中华民国大使馆”（无日期），陶文钊主编：《美国对华政策文件集1949—1972》（第3卷上），世界知识出版社2003年版，第389页。

④ “国务院致驻中华民国大使馆电”（1966年3月9日），陶文钊主编：《美国对华政策文件集1949—1972》（第3卷上），世界知识出版社2003年版，第427页。

⑤ “国务院致驻中华民国大使馆电”（1967年3月16日下午3时43分），陶文钊主编：《美国对华政策文件集1949—1972》（第3卷上），世界知识出版社2003年版，第391页。

他不能这样说）”。①

六　1962：中国、美国、苏联三大国博弈及其后果的基本总结

现在看来，毛泽东当时在处理压力四逼的诸矛盾中充满高度的辩证和艺术的眼光。当时东南是蒋介石反攻，从形式上看是主要矛盾，但这个主要矛盾是长期的和战略性的，蒋介石对大陆的反攻是有限的，且属内战残余性质，其矛盾属敌我矛盾；从西南方向看，尼赫鲁对中国的蚕食是无时限、无止境的和入侵性质的，其矛盾却属第三世界国家内部的矛盾；从西北方向看，苏联在中国新疆制造的群众外逃事件是制造动乱并对中国施压的社会帝国主义性质，其中既有意识形态冲突的内容又有苏联霸权主义的内容。

这三方面的矛盾的共同点都是借中国的暂时困难制造国内政治动乱，动摇中国共产党的政权。通盘再看，东南的矛盾是不可调和的主要矛盾，但只是战略层面的主要矛盾；西南则是对中国危害最直接因而需要立即制止的主要矛盾，但它只是战术层面的主要矛盾。在这两种矛盾中，前一种在战术层面是有限的，在战略层面是无限的；后一种矛盾在战略层面是有限的，却在战术层面是无限的。为此，毛泽东采用虚实相兼的方法，即东南虚打，造国际声势；西南实打，一面讲理忍让，一面积极准备，等待后发制人且又易于控制战争规模的机会：开战的前提是不能有大国的介入。

恰好古巴导弹危机为中国解决西南矛盾提供了这样的机会。

1962年10月20日，就在美国宣布封锁古巴的当天，中国宣布对印反击战开始，其攻势之猛若排山倒海，摧枯拉朽。11月20日，肯尼迪宣布最后结束封锁，11月21日，苏联也对军队下了“解除”动员令。当天（11月21日）中国政府宣布在中印边界全线停火。此后，中国军队又静若处子。

一月之内这一动一静，保证了战争的有限性，也保证了反击战的战术性，最终还保证了对周边各种对中共政权不轨企图的震慑性。最重要的更是中国适时启合战机，既赢得了战争又赢得了和平；在国际舆论中既是胜

---

① “詹金斯致罗斯托备忘录”（1968年4月30日），陶文钊主编：《美国对华政策文件集1949—1972》（第3卷上），世界知识出版社2003年版，第435页。

利者又是和平的使者。

毛泽东全赢这场战争基于对东南两个方向力量对比的客观估计。1962年6月8月，他在听取杨成武、许世友等汇报蒋介石最近可能有在东南沿海进行军事冒险的动向时，就蒋介石反攻大陆能投入多少兵力说："敌人最多来十五万，再多也不可能。"毛泽东赞成对进犯之敌采取顶的方针。"必要时，可以把敌人进攻的作战计划公布。"同时毛泽东又表示，对于揭露蒋介石进犯东南沿海阴谋的新华社电讯稿，还要看一看，时间还来得及。①这里毛泽东将东南蒋介石来敌进犯的最大规模已作了"最多来十五万"的极限估计，尽管这在毛泽东看来也没什么了不起。但如果从东南、西南两个战场同时作战考虑，这也是尽量要避免的。

为此，毛泽东在东南、西南两方面战场中选择西南方面，同时又用再次启用1948年10月解放战争中用过以文退敌的巧计，②从心理上弱化美蒋大规模东南进犯的企图。6月24日，《人民日报》发表毛泽东审阅定稿的新华社电讯稿《全国军民要提高警惕准备粉碎蒋匪帮军事冒险》，6月27日美国总统肯尼迪就台湾海峡局势发表声明，表示不支持蒋介石进攻中国大陆。紧接着，英国、法国、苏联都对蒋介石反攻的计划施加了国际压力。

毛泽东东虚南实的策略收到出奇的效果。

在确认东南无虞后，毛泽东7月开始在西南认真布局。1962年10月毛泽东在一次军方高层会议结束时说：

> 中印两国开战，美苏两大国不用说，许多不明真相的国家也会站到他们一边，蒋介石也可能要搞点动作。我们是有点孤立了，我看，

---

① "毛泽东听取杨成武、许世友汇报时的指示记录"（1962年6月3日），转引自逄先知、金冲及主编：《毛泽东传1949—1976》（下），中央文献出版社2003年版，第1226页。

② 在解放战争中毛泽东也施用过同样的一纸文章巧脱危局的妙计。1948年10月，蒋介石得到密报：中共中央的所在地就在河北省平山县西柏坡，蒋介石即召集傅作义，并亲自部署，试图"乘冀中兵力空虚之际，以迅雷不及掩耳之势，突袭西柏坡"。当时毛泽东已将所有的兵力都调到辽沈和淮海战场，西柏坡几乎是一座"空城"。知道傅作义来袭的消息后，毛泽东即让新华社于10月25、27、30日连续发表由他起草的《蒋傅匪军妄图突击石家庄》、《华北各首长号召沿线人民准备迎击匪军进扰》、《评蒋傅军梦想偷袭石家庄》三篇文章。蒋知消息走漏，恐反遭伏击；责怪傅作义"行动迟缓"，遂悄然撤兵。参见刘杰诚：《毛泽东与斯大林会晤记实》，中共党史出版社1997年版，第48—51页。

> 不怕。只要前线打得好，我们就会处于主动地位。我还是那句话，与其跪着死，不如站着死。想要我们死，也不那么容易。这一仗不打则已，打，就打出威风，起码要保持30年的和平。[①]

结果毛泽东虚势于东南，调动了全局，在国际舆论中又孤立了美国，同时又出其不意“亮剑”西南，速张速合，既考虑到第三世界国家之间的有限矛盾性质，同时又在中国国内最困难的时候震慑了美苏企图干涉中国事务的各种试探。仔细研究，与20世纪50年代初出兵朝鲜相比，毛泽东西南对印度出手是手下留情的，此役与诸葛亮“七擒孟获”曲异而工同。在1950年毛泽东在东北方向是要与美帝国主义争打出新中国起码应有的战略地位，而1962年毛泽东在西南要的则是长时段的稳定与和平。

关于1962年中印战争，美国学者费正清在其主编的《剑桥中华人民共和国史》一书中以赞赏的口气评价道：

> 从战斗的特点看，中国的损失无疑小得多。许多印军小队在突然袭击下倒下，其余的逃走。在政治上，北京给新德里以最后的羞辱，不仅无偿归还全部东北边境特区，而且归还全部战俘以及开列出详细清单的卡车、大炮和弹药。最后的但并非最不重要的是，在同赫鲁晓夫处理古巴问题的暗中对比中，毛既不是“冒险主义”，也不是“投降主义”。他独一无二的结束战争行动的做法，排除了“帝国主义”或“修正主义”替尼赫鲁采取任何行动的可能，而同时保住了具有战略意义的阿克赛钦高原，新疆至西藏公路就从那里通过。[②]

反观赫鲁晓夫则整个一副“欲学鲲鹏无大翼”[③]的样子，没“金刚钻”

---

① 转引自王宏纬著《喜马拉雅山情结：中印关系研究》，中国藏学出版社1998年版，第230页。

② [美]R.麦克法夸尔、费正清主编：《剑桥中华人民共和国史》（上），谢亮生等译，中国社会科学出版社1998年版，第554—555页。

③ 1963年1月8日，毛泽东写作《满江红·和郭沫若同志》草稿中有“欲学鲲鹏无大翼，蚍蜉撼树谈何易”句，此句后改为“蚂蚁缘槐夸大国”。参见逄先知、金冲及主编《毛泽东传1949—1976》（下），中央文献出版社2003年版，第1268页。

却在古巴愣要"揽磁器活"，充好汉，结果弄得苏联在1962年年底的世界大国政治博弈中风头出尽后便是洋相十足。同期的国际政治，在赫氏手中玩成了外交包袱和国家耻辱，而在毛泽东的手中则玩出了艺术和哲学。1972年2月22日，在访华途中的美国总统尼克松说：毛和周都是"有哲学头脑的人物"，"他们是一些眼光看得很远的人"。[①]拿破仑三世在大国政治历史中似乎是一个活宝级人物，基辛格曾将拿破仑三世与俾斯麦作比较说：

> 拿破仑三世的可悲之处是他眼高手低；俾斯麦的遗憾是他的能力超出社会可接受的程度。拿破仑三世留给法国的是策略上的动弹不得；俾斯麦留给德国的则是难以企及的丰功伟业。[②]

马克思也曾将法国历史上的两个拿破仑皇帝作过类似的比较说：

> 老拿破仑习惯于占领现代世界的首都，而小拿破仑则满足于舞台式的大场面，把自己的军队分散到一些无关重要的国家，把自己的精锐部队塞进这么多死胡同里。[③]

尽管不太确切，从这个视角观察1962年的苏联外交和中国外交及其后果，我们也会得到启发。基辛格说"赫鲁晓夫在柏林、古巴两个事件上失败的最后结果是，苏联此后不再向美国直接挑战"。[④]更为重要的是，苏联1962年的外交还失去了社会主义国家的信任，赫鲁晓夫由此也失去了国内政治的支持并导致他1964年下台。从中国方面看，如果不计美、苏等国的"有几个苍蝇碰壁，嗡嗡叫"[⑤]外，毛泽东西南一次"亮剑"，不仅东南逼退了美蒋，西南也达到了"起码要保持30年的和平"的战略目标。

1962年，尤其是1964年中国核试验成功后，中国西南就只有战声而无战

---

① 转引自熊向辉著《我的情报与外交生涯》，中共党史出版社2006年版，第271页。

② [美]亨利·基辛格：《大外交》，顾淑馨、林添贵译，海南出版社1998年版，第116页。

③ 马克思："奥地利–普鲁士条约——5月29日的议会辩论"（1854年5月30日），《马克思恩格斯全集》第13卷，人民出版社1998年版，第314页。

④ [美]亨利·基辛格：《大外交》，顾淑馨、林添贵译，海南出版社1998年版，第543页。

⑤ 引自毛泽东1963年1月8日发表的《满江红·和郭沫若同志》。

事，东南美蒋只有进犯“贼心”而无“贼胆”，美国对台湾蒋介石“反攻”计划压制更加严厉。1963年6月，蒋介石又派六批武装人员登陆并遭全歼；1965年5月和8月，国共两次海战，蒋介石除了喊喊外，再没有大的军事行动。

20世纪美国“西藏计划”及其失败[①]

如果说朝鲜战争和越南战争是美国针对中国崛起进行的自北向南的军事围堵，美国拼凑的从东、南、西三面封锁中国的各式条约组织则是对中国崛起的经济政治双重遏制。在这铁桶似的“包围”中，美国还针对中国采取干涉、分离、制造动乱等政策，试图从内部瓦解新中国。如果说前两种是用于遏制中国的两条主要战线，那么后者属于配合前者的第三条战线，其中干涉西藏是美国配合东亚战场从西面侧翼牵制中国的重要举动。但20世纪美国干涉中国西藏事务“捣乱，失败，再捣乱，再失败”的结局告诉人们：西藏是美国永远不可能得手，因而也是永远不要插手的地方。

一

第二次世界大战结束后，美国将西藏地区与所谓“共产主义扩张”联系起来，开始注意西藏问题。一部分美国驻印大使馆官员就提醒美国政府注意西藏对于“遏制共产主义势力”的战略地位。

1949年1月，中国国共战场上的三大战役[②]基本结束，中国共产党取得

① 本文首发于“观察者网”，http://www.guancha.cn/zhang-wen-mu/2014_03_02_209577_4.shtml；刊发于《马克思主义文摘》2008年第4期。

② “三大战役”是指1948年9月至1949年1月，中国人民解放军同国民党军队进行的战略决战，包括辽沈、淮海、平津三个战略性战役。

了绝对的胜利，国民党政权面临土崩瓦解。美国驻新德里大使就提出报告，建议美国国务院“根据亚洲正在变动的情况重新审议美国对西藏的政策”，其理由认为：

> 1. 如果共产党控制了中国本部，西藏将是亚洲大陆仅存的为数不多的非共产主义堡垒之一。外蒙古已经独立。共产主义在缅甸的影响很大，而且正向新疆和内蒙古渗透。西藏因此将具有意识形态和战略上的双重重要性。
>
> 2. 如果西藏拥有抵御共产党渗透的能力——而驻新德里的使馆认为西藏似乎确有些能力，将西藏当作独立的实体，而不是继续当作已被共产党统治的中国的一部分符合我们的利益。
>
> 3. 西藏政府相对稳定。人民天性保守，笃信宗教，他们具有反对与佛教信条相冲突的共产主义的倾向。达赖喇嘛的权威远远超出了西藏之外，对信仰藏传佛教的尼泊尔、锡金、不丹、蒙古等地的人民也有号召力。
>
> 4. 中国政府现在无法断言享有对西藏事实上的有效管辖权——并且目前看来，它也不太可能再申张这种权威。
>
> 5. 西藏日益显示出同外部世界建立商贸及其他联系的兴趣。务必使他们同外部世界建立关系的努力面向西方而非东方，这符合我们的利益。[①]

4月12日，美国驻新德里大使亨德森致电国务卿艾奇逊提醒：“共产党对西藏控制的扩展反过来会影响美国对抗全球共产主义的全面立场。首先，共产党控制的西藏会对南亚尤其印度等非共产主义地区构成严重威胁。按照目前西藏和印度之间的条约安排，西藏人获准不需要任何旅行文件就可进入印度。因此，如果在西藏建立了共产党政府，这个地区将为共产党代理人渗透印度提供一个意义重大的基地。”[②]亨德森“实质上提议，假使共产党成功控制了整个中国，或者出现了具有同等重大影响的发展，

---

① “培根致石博思备忘录”（1949年4月12日），陶文钊主编：《美国对华政策文件集1949—1972》（第1卷上），世界知识出版社2003年版，第308—309页。

② “亨德森致艾奇逊”（1949年4月12日），陶文钊主编：《美国对华政策文件集1949—1972》（第1卷上），世界知识出版社2003年版，第315页。

我们实际上应当准备将西藏当作独立的实体对待”。[①]7月2日，美驻印大使亨德森再致电提醒艾奇逊：“由于当前中国和南亚的新发展，我们再次冒昧建议重新考虑我们对西藏的政策”并建议“（1）我们努力安排派往西藏的代表团不迟于9月1日到达拉萨；（2）这样的代表团应由重要而且外交经验丰富的美国人率领，随员应当外事经验丰富；如果代表团与西藏政府的关系发展顺利，代表团中少数人可以无限期留在拉萨”。[②]亨德森还向国务院申述了提出上述建议的如下理由：

> （1）共产主义在中国本部胜利以后，西藏的发展对于中国以外的亚洲大部分地区意义重大；因此，在拉萨派驻我们的观察员似乎是有利的；（2）我们认为，我们不应继续无视在亚洲将来事务中很可能扮演重要角色的国家和人民；（3）适当的观察员能够成功在西藏人中创造友好气氛，这种气氛在一定的时候也许非常有用；（4）现在正是我们努力维持与西藏的非正式关系的时候，因为通过已经不起作用的中国国民政府接近西藏政府显然是无意义的尝试，而且我们与其他政府没有关系。如果我们与有效控制中国本土的政府建立了关系，直接非正式地接近西藏政府将非常困难。[③]

在这里亨德森实际上是在暗示美国政府在国民党政府对西藏失控而共产党政府尚未接管西藏之际，迅速插手西藏并为将西藏从中国主权中分离出去做好准备。他提醒国务院注意“中国对西藏的‘主权’或‘宗主权’”的区别，认为“一般来说，与‘主权’相比，‘宗主权’暗指中国的管辖权较少，西藏自治权较大”[④]。1949年7月8日，美国驻华大使司徒雷登在即将离任回国前写信给艾奇逊说：“我们希望建议新德里使馆今夏向拉萨派出小型代

---

① “培根致石博思备忘录”（1949年4月12日），陶文钊主编：《美国对华政策文件集1949—1972》（第1卷上），世界知识出版社2003年版，第308页。

② “亨德森致艾奇逊”（1949年7月2日），陶文钊主编：《美国对华政策文件集1949—1972》（第1卷上），世界知识出版社2003年版，第316页。

③ 同上书，第317页。

④ “培根致石博思备忘录”（1949年4月12日），陶文钊主编：《美国对华政策文件集1949—1972》（第1卷上），世界知识出版社2003年版，第312页。

表团（国务院7月5日上午1时传阅电报信息）。广州政府对西藏的管辖权已经不存在了，我们赞成在同中国共产党政府建立关系之前，采取任何具有承认西藏自治地位的行动。”[①]7月28日，艾奇逊回复亨德森的第503号电文肯定了驻印度使馆的建议“做出的贡献”，称国务院目前正在考虑“暗地派出代表团的可能性，国务院会重视你们的讨论”[②]。此事后因“目前印度实质上垄断了西藏的对外关系”[③]，美国如派代表团赴藏，“情况将变得复杂”而作罢。尽管如此，美国国务院还在第889号电文中敦促美驻印度使馆“借机利用共产主义对西藏的威胁来强调来自共产党中国的危险危及了印度自身，对中国事态的发展持半超然的态度是不现实的”。[④]

鉴于美国、英国等将西藏从中国分裂出去的企图及西藏的政治形势，1949年9月7日，《人民日报》发表社论《中国人民一定要解放西藏》，向国际社会宣誓中国对西藏拥有主权地位。11月23日，毛泽东在出访莫斯科前夕[⑤]迅速致电并责成彭德怀等“西藏问题的解决应争取于明年秋季或冬季完成之”；毛泽东在电文中断定“解决西藏问题不出兵是不可能的”。[⑥]西藏当局于11月初、12月初分别向美国提出“援助”要求。1950年1月2日，毛泽东再次致电彭德怀等，强调“西藏人口虽不多，但国际地位极重要，我们必须占领”；同时敦促“如没有不可克服的困难，应当争取于今年四

---

① “司徒雷登致艾奇逊”（1949年7月8日），陶文钊主编：《美国对华政策文件集1949—1972》（第1卷上），世界知识出版社2003年版，第319页。

② “艾奇逊致亨德森”（1949年7月28日），陶文钊主编：《美国对华政策文件集1949—1972》（第1卷上），世界知识出版社2003年版，第319页。

③ “亨德森致艾奇逊”（1949年8月5日），陶文钊主编：《美国对华政策文件集1949—1972》（第1卷上），世界知识出版社2003年版，第320页。

④ “亨德森致艾奇逊”（1949年12月9日），陶文钊主编：《美国对华政策文件集1949—1972》（第1卷上），世界知识出版社2003年版，第325页。

⑤ 1949年12月6日，毛泽东登上北上的专列前往莫斯科，1950年2月17日结束访问，同周恩来等登上回国的专列。他在沿途参观了一些苏联城市和工厂。进入中国境内，又在哈尔滨、长春、沈阳视察。3月4日回到北京。毛泽东访苏随行人员有陈伯达（以教授的身份）、师哲（翻译）、叶子龙、汪东兴等。苏联方面由苏联驻华大使罗申、苏联援华专家总负责人柯瓦廖夫陪同。

⑥ 毛泽东：“责成西北局担负解放西藏的主要责任”（1949年11月23日），《毛泽东西藏工作文选》，中央文献出版社、中国藏学出版社2001年版，第4页。

月中旬开始向西藏进军，于十月以前占领全藏”。[①]

1950年3月1日，美国经过短暂的犹豫后，开始试探向印度提出“美国和/或英国与印度合作满足西藏的要求”，并致电美驻印使馆要求向印度表达“国务院希望印度能满足西藏有理由的防御需求，并相信印度最好在其能力范围内，继续承担援助西藏的基本责任”。[②]3月8日，亨德森致电艾奇逊披露，英国不断鼓励印度政府对西藏叛乱分子扩大军事援助，印度已向西藏叛乱分子提供可用半年的“满足西藏小型武器要求，不是什么实质上针对中国共产党的军事项目”。[③]

6月，朝鲜内战爆发美国旋即出兵朝鲜，7月22日，艾奇逊明确电告美驻印度使馆：“国务院现在便于向西藏保证美国将提供援助。”要求使馆通知西藏叛乱分子：“美国准备帮助西藏获得援助和资金。”如果印度愿意提供交通便利，“美国愿意帮助西藏”。[④]9月9日，西藏叛乱分子代表夏格巴等“拜见”美国驻印大使亨德森，表示“西藏政府已经采取了坚定的立场，使用武力对抗中国共产党的入侵”，并对“美国主动提出提供军事援助表示深深的感激”。夏格巴等向亨德森表达了“西藏想要的是独立”的迫切愿望。[⑤]在得知印度和英国政府对西藏“独立”持消极态度、“印度政府似乎在‘西藏问题上洗手不干了’”[⑥]的报告的第二天（10月27日），艾奇逊致电美驻印使馆“希望印度政府尽快知道，美国希望能对西藏局势有所帮助”，指示亨德森“拜会尼赫鲁，根据自己的判断告诉他，美国和

---

① “由西南局担负进军西藏和经营西藏的任务”（1950年1月2日），《毛泽东文集》第六卷，人民出版社1999年版，第36页。

② “艾奇逊致驻印使馆”（1950年3月1日），陶文钊主编：《美国对华政策文件集1949—1972》（第1卷上），世界知识出版社2003年版，第333页。

③ “亨德森致艾奇逊”（1950年3月8日），陶文钊主编：《美国对华政策文件集1949—1972》（第1卷上），世界知识出版社2003年版，第334页。

④ “艾奇逊致驻印使馆”（1950年7月22日），陶文钊主编：《美国对华政策文件集1949—1972》（第1卷上），世界知识出版社2003年版，第336、337页。

⑤ “亨德森致艾奇逊”（1950年9月10日），陶文钊主编：《美国对华政策文件集1949—1972》（第1卷上），世界知识出版社2003年版，第338、340页。

⑥ “亨德森致艾奇逊”（1950年10月26日），陶文钊主编：《美国对华政策文件集1949—1972》（第1卷上），世界知识出版社2003年版，第342页。

印度一样关注有关中华人民共和国入侵西藏的报道”；“美国希望以所有可能的方式同印度政府合作，美国相信中国征服西藏与绝大多数西藏人民的愿望和最大利益格格不入”。[①]10月31日，亨德森会见印度外长巴杰帕依得知印度不准备撤回在拉萨的印度代表团，尼赫鲁指示“给在印藏边界西藏一边向西藏军官提供军事训练的印度官员”，“继续他们的工作”；同时也告诉亨德森：“目前美国最好不要采取任何行动，美国的行动会给共产党中国提供机会重新指责大国对西藏不怀好意，让印度领导人感到美国正不遗余力地利用北京对西藏的进攻在共产党中国和印度之间制造分裂。”巴杰帕依告诉亨德森：“即使中国和印度之间有分裂，也显然来自事件的推动，不是来自外部大国的帮助。”[②]11月3日，亨德森拜见尼赫鲁“希望能做一些我们能做的有所助益的事情”。尼赫鲁再次明确告诉他：“美国现在什么都不做，少说一些话是最有帮助的事情。”[③]

10月24日，就在中国人民志愿军入朝参战的前一天，中国人民解放军在西藏昌都的战役胜利结束。此役共消灭藏军、争取起义人员5700余人，约占藏军总数三分之二，一举解放了藏东政治、经济中心昌都及其周围广大地区，打开了进军西藏的门户，并扩大了人民解放军在藏区的政治影响。

1951年5月23日中央政府与西藏地方政府正式签署了《中央人民政府和西藏地方政府关于和平解放西藏办法的协议》。5月24日，毛泽东主席在怀仁堂接见西藏和谈代表，并举行盛大宴会，庆祝签订和平解放西藏办法。中国人民解放军遵照毛泽东主席的指示，于1951年8、9月间，分路向西藏首府拉萨和平进军，先后进驻拉萨及日喀则、江孜等边防重镇，实现了中国大陆最后一个省区的和平解放。西藏和平解放粉碎了美国配合东亚朝鲜战场从中国西部地区牵制中国国家力量的企图。

---

① “艾奇逊致驻印使馆”（1950年10月27日），陶文钊主编：《美国对华政策文件集1949—1972》（第1卷上），世界知识出版社2003年版，第343页。

② “亨德森致艾奇逊”（1950年10月31日），陶文钊主编：《美国对华政策文件集1949—1972》（第1卷上），世界知识出版社2003年版，第345、346页。

③ “亨德森致艾奇逊”（1950年11月3日），陶文钊主编：《美国对华政策文件集1949—1972》（第1卷上），世界知识出版社2003年版，第347、348页。

二

但美国并未至此放弃颠覆新中国的目标。1951年5月17日，也就在中央政府与西藏地方政府签署《和平解放西藏办法的协议》前几天，美国国家安全委员会提交《美国在亚洲的政策和行动方针》（NSC48/5）认为：

> 在继续承认国民党政府是中国合法政府的同时，对于共产党中国，美国现在应该：
>
> a.继续努力通过联合国部队在朝鲜的作战，使中国军队遭受重创，以削弱中国共产党的政治、军事力量与威望。
>
> b.采取一切可以利用的手段，扩大和加强培养非共产党领导人物，并尽量影响在华的反对目前北平政权的领导人物和人民，使北平政权能改变方向或被取而代之。
>
> c. 扶持和帮助在中国国内和国外的反共力量，以便发展和扩大中国对北平政权统治的反抗，尤其是在中国南部。①

1954年4月7日，艾森豪威尔总统提出多米诺骨牌理论，此后美国对华遏制进一步升级。1958年，美国国家安全委员会重申“美国的国家安全将因共产主义对东南亚大陆地区的统治而陷于危殆”；“任何一个自由国家落入共产党人之手都会助长其余国家妥协退让的倾向”。②1954年，肯尼迪访问越南，在离开越南时，他已决心不让印度支那落入共产党之手，“肯尼迪决心要阻止对美国在该地区地位的侵害”。③1959年4月，艾森豪威尔在演说中首次公开承担了支持南越作为一个单一国家的义务。“这一行动，

---

① “美国在亚洲的目标政策和行动方针”（1951年5月17日）（NSC48/5），陶文钊主编：《美国对华政策文件集1949—1972》（第1卷上），世界知识出版社2003年版，第152页。

② 孔华润（Warren I. Cohen）主编：《剑桥美国对外关系史》（下），王琛等译，新华出版社2004年版，第374—375页。

③ 同上。

成为60年代美国大规模卷入越南战争的先导。”①

与1950年6月美国军事干涉朝鲜后突然全力支持“藏独”势力的原因一样，在美国即将大规模军事干涉印度支那前夕，美国再次启动那张并未停止②的“藏独”牌。解密档案表明，1958年9月，中央情报局决定秘密增加对叛乱者的资助，以扩大其反对中央政府的游击战。此决定得到艾森豪威尔总统的批准。③

1956年欧洲社会主义国家波兰和匈牙利出现动乱，蒋介石集团也受到鼓舞，1957年9月16日，蒋介石在与美国驻韩国大使会谈中承认：去年秋天以来，他“继续在新疆、西藏和内蒙古进行反共活动。中华民国政府对这些活动的发展保持密切的关注，但其他国家对此则很少注意。从5月份以来，这些反共活动几乎已成了既成事实，这促使共产党采取严厉手段”。④

与美国决心干涉越南的政策遥相呼应，1959年3月10日，西藏上层反动集团公然撕毁中央人民政府和西藏地方政府签订的关于和平解放西藏办法

① 刘绪贻主编：《美国通史》第6卷，人民出版社2002年版，第199页。

② 西藏和平解放后，美驻印使馆和中央情报局一直秘密与夏格巴等保持着密切接触。西藏地方的伪“人民会议”在1952年被取缔后，又一批分裂分子到达印度。达赖的兄长嘉乐顿珠和土登诺布经常往来于印美台之间，对达赖喇嘛及其周围官员颇有影响，成为分裂势力的骨干。据作为译员参与在印密谋的乔治·帕特森称，中央情报局、国民党特务和西藏分裂分子的联系从未中断。1953年，土登诺布与中央情报局接触，1955年，西藏大商人邦达昌又和美国代表见面，美国当时提出一个关于叛乱的十年计划，目的是破坏中国对西藏的治理。早在1951年，中央情报局就与嘉乐顿珠签订协议，最初请他收集情报，而后开始策划游击战。在此背景下，1956年2月底，分裂分子在甘孜大金寺首先发动叛乱，靠近中国的印度小城噶伦堡成了叛乱分子的指挥部。公布扎西等叛乱头目通过在噶伦堡的嘉乐顿珠，与中央情报局接上了头，在嘉乐顿珠的安排下，中央情报局于1957年从在印藏人中选拔六名青年，送往关岛接受识图、收发报、射击和跳伞训练，其中的两名于当年8月被空投到拉萨南面的桑日宗，使命是敦促达赖喇嘛向外国公开请求帮助以反对中国的统治。两人携电台潜入拉萨与公布扎西取得了联系，并通过他于1958年1月在罗布林卡与达赖喇嘛的副官长帕拉·土登为登密谈，5月，两人到达叛乱分子的山南总部，很快，美国就在哲古地区空投大批武器弹药，计有机枪20挺、迫击炮2门、步枪100支、手榴弹600枚、炮弹600发、子弹40000发。此外，美国还从尼泊尔和锡金偷运武器弹药给山南的叛匪。来源：“美国对1959年西藏叛乱的反应探析”，http://ckzl.net/Article_Print.asp?ArticleID=106465。

③ 资料来源：“美国对1959年西藏叛乱的反应探析”，http://ckzl.net/Article_Print.asp?ArticleID=106465。

④ “驻韩大使道林发给国务院的电报”（1957年5月27日），陶文钊主编：《美国对华政策文件集1949—1972》（第2卷下），世界知识出版社2003年版，第554页。

（即《十七条协议》），发动了以拉萨为中心的全区性武装叛乱，炮轰其驻地罗布林卡并诬是解放军所为，并于3月17日将达赖喇嘛劫出拉萨。达赖离开后，叛乱分子于3月20日凌晨向解放军发动全面进攻。解放军在击溃叛匪后迅速向山南挺进，年底平息了拉萨、山南及青藏和川藏公路沿线的叛乱，1960年年底，全区叛乱基本平息。

与1950年“藏独”分子阻碍中国人民解放军解放西藏的分裂活动是配合美国朝鲜半岛行动的有机组成部分的道理一样，1959年西藏叛乱也是美国即将大规模干涉印度支那行动、遏制中国政策的有机组成部分①，因此，叛乱期间，“藏独”分子一直得到美国或明或暗的支持。

1959年4月1日，美国中央情报局局长艾伦·韦什尔·杜勒斯告知艾森豪威尔总统：“鉴于西藏抵抗运动最近出现高潮，达赖喇嘛出逃印度导致西藏合法政府同中共政府彻底决裂，我们正在现行政策许可的范围内制订计划。”②4月23日，美国国家安全委员会第403次会议上中情局局长杜勒斯通报“看来康巴地区的起义力量已被完全击垮。拉萨的起义力量可能处于同样的境地”。③同日，达赖托转“请求美国承认自由西藏政府，并影响其他国家也这样做”的信。4月30日，代理国务卿狄龙向艾森豪威尔总统提出答复建议，告诉达赖美国“一接到他有关承认的要求，就立即开始了研究，并正在考虑我们和其他国家可以采取的措施”；同时还在内部保留了“承认似乎可作为一种实践措施，但只能是在举措会得到其他国家、包括亚洲国家的热切回应之后，才能加以实施”④的考虑。5月5日，就承认达赖“政府”问题远东事务助理饶伯森致国务卿赫脱的研究报告建议“我

---

① 这次叛乱也被蒋介石集团认为是“反攻大陆”行动的有机组成部分。1959年3月26日，蒋介石声明“一旦中共政权瓦解，他的政府将‘帮助西藏人民按照自决原则实现自己的政治愿望’。”3月29日，蒋介石发表讲话，“要求为大陆的革命运动、尤其是西藏起义增加援助。”参见陶文钊主编《美国对华政策文件集1949—1972》（第3卷上），世界知识出版社2003年版，第472、448页。

② “中央情报局局长杜勒斯致艾森豪威尔总统备忘录”（1959年4月1日），陶文钊主编：《美国对华政策文件集1949—1972》（第3卷上），世界知识出版社2003年版，第446页。

③ “备忘录”（1959年4月23日），陶文钊主编：《美国对华政策文件集1949—1972》（第3卷上），世界知识出版社2003年版，第449页。

④ “代理国务卿狄龙致艾森豪威尔总统备忘录”（1959年4月30日），陶文钊主编：《美国对华政策文件集1949—1972》（第3卷上），世界知识出版社2003年版，第451、452页。

们不应该鼓励达赖喇嘛提出承认要求，除非我们肯定这一要求将得到很好的回应”；美国“将给予他们的呼吁以同情的考虑，支持寻求自由世界其他国家的支持”。同时也提出“如果我们能争取到众多的自由世界国家包括亚洲国家的合作，就应该给予承认。如果得不到这种合作，我们应重新评估局势以决定采取何种方针”。[①]此后，美国对达赖的支持基本守此底线。在此基础上，美国政府也制订了长期计划，计划目标是“在西藏内部和外国，尤其是印度，支持西藏独立，并建立一个反共产党中国的抵抗力量”；[②]“在政治行动和宣传领域，西藏计划的目标是通过在西藏人和其他国家当中支持在达赖喇嘛领导下的西藏独立，削弱中国政权的影响和活动能力；形成能够阻止西藏内部可能出现的政治发展的抵抗力量；达到国家安全委员会5913/1号文件中最初确立的美国政策目标，遏制中国共产党的扩张”。[③]为此“中央情报局派出小组支持西藏抵抗运动”，同时也认为“西藏人继续有效的抵抗，不仅会给中共造成很大麻烦，还有助于在整个地区保持抵抗的火种”；“这不仅是出于对西藏的人道主义考虑，也是为自由世界的长远着想”。[④]1960年2月4日，白宫举行有总统艾森豪威尔参加的会议，在听取中央情报局局长杜勒斯关于“支持西藏抵抗运动”的计划执行汇报后，“总统批准按照预定方针继续执行该计划”。[⑤]

1964年起，约翰逊政府逐步将美国在越南的军事行动从“特种战争”升级为“局部战争”。与此相配合，1964年1月9日，美国中央情报局也加大实施“西藏计划”力度，每年所需经费173.5万美元，并认为“在可以预见的将来，除非中国及西藏的事态发生突然变化，这一有关西藏的长期

---

① “远东事务助理国务卿饶伯森致国务卿赫脱备忘录”（1959年5月5日），陶文钊主编：《美国对华政策文件集1949—1972》（第3卷上），世界知识出版社2003年版，第453、454页。

② “关于特别小组的备忘录”，陶文钊主编：《美国对华政策文件集1949—1972》（第3卷上），世界知识出版社2003年版，第476页。

③ “关于303委员会的备忘录”（1968年1月16日），陶文钊主编：《美国对华政策文件集1949—1972》（第3卷上），世界知识出版社2003年版，第479页。

④ “国家安全事务特别助理格雷为存档而做的备忘录”，（1960年2月4日）陶文钊主编：《美国对华政策文件集1949—1972》（第3卷上），世界知识出版社2003年版，第473页。

⑤ 同上书，第474页。

政治计划的开支预计不会超过这个数字”。[①]1966年，中国出现文化大革命风暴，“中国及西藏的事态”确实“发生突然变化”并对美国的“西藏计划”造成灾难性的影响。1968年年初，美国在越南战场遭到越南南方军民发动春节攻势，败局已定，[②]与此同时，由国务院、国防部和中央情报局等机构代表组成的、负责海外秘密行动的部际小组“303委员会”于1月16日提交的“关于西藏各项行动的情况报告”也对“西藏计划”作出极其悲观的评估，认为：

> 中国的文化大革命造成的巨大混乱蔓延到西藏，这包括内部交通、通讯、旅行的破坏，以及治安和秩序在很大程度上瓦解。不幸的是，没有明显的迹象表明西藏人民想利用这一内部混乱寻求进一步的自治。中国的安全状况并没有显示出恶化的迹象；而且他们对西藏的控制，不论是在政治方面还是在军事方面，仍像以往一样广泛深入。西藏领导层已经被清除。由于中国人直接控制当地的行政，大量的秘密财产被发现并被消除。[③]

越南战场的失败导致美国在东亚实行收缩政策，中央情报局逐渐取消了在美国国内对叛乱分子的训练计划，美国对“藏独”支持的年度预算被压缩到不足120万美元。[④]尼克松上台之后，美国针对西藏的计划被逐渐抛弃。

---

① “关于特别小组的备忘录”，陶文钊主编：《美国对华政策文件集1949—1972》（第3卷上），世界知识出版社2003年版，第478页。

② 1968年1月31日，越南南方军民发动春节攻势，历时45天，他们对36个省会、5个大城市、64个区府和50个战略村同时发动进攻，袭击了美国大使馆、西贡机场、“总统”府和南越“政府”总参谋部，并攻占古都顺化，歼敌15万人。世界为之震惊。3月，约翰逊政府被迫宣布部分停止轰炸。

③ “关于303委员会的备忘录”（1968年1月16日），陶文钊主编：《美国对华政策文件集1949—1972》（第3卷上），世界知识出版社2003年版，第479页。

④ “美国对1959年西藏叛乱的反应探析”，http://ckzl.net/Article_Print.asp?ArticleID=106465。

三

20世纪五六十年代，美国遏制中国的西藏政策是配合朝鲜及越南主战场的侧翼部分。其目的是想让新中国在西面分出力量以减轻美国在东部战场的压力。美国政府曾告诉达赖分子“美国的立场是一个非常关键的因素，但我们不应造成一种印象，即美国是为了冷战需要而在利用西藏的局势”。[①]事实上美国确实是为了冷战的需要才制造出所谓“西藏问题”。但历史经验表明，美国能在这条战线上可能取得的实际成效也几乎是微乎其微，或说根本不可能。曾对西藏最有野心，其失败经历也最为惨痛的英国反倒将问题看得明白。1950年6月30日，美国驻英大使道格拉斯在致艾奇逊的电文中披露的“英国驻华盛顿使馆就西藏问题进行的秘密谈话”认为：

> 西藏不容易进入的特点使得任何加强对中国进行军事抵抗的行动都不现实。西藏长期被认为不能进行除了名义上的任何抵抗。
>
> 英国过去在西藏的利益来自与西藏毗邻的印度。这些利益现在被印度继承下来了。英国不再继续向拉萨派驻代表。印度已经明确表示不可能给予西藏直接的军事支持。1950年1月印度与英国协商之后，印度决定给予西藏外交支持并提供数量有限的小型武器。
>
> 印度承认，如果中国决定占领西藏，没有什么能够阻止中国的占领。
>
> 任何干涉西藏的企图都是不明智的。英国对于在这个地区同中国纠缠没有足够兴趣，在任何情况下英国都不会抛开印度。[②]

英国人的这些看法基于这样的经历：西藏的地缘政治是重要的，但是西方国家若想劳师远征海拔4000米之上的高原雪域，在军事上是极难想象的，即使远征取得胜利，也不可能实施占领。1899年，寇松接任印度总督后对西

---

① “代理国务卿狄龙致艾森豪威尔总统备忘录”（1959年4月30日），陶文钊主编：《美国对华政策文件集1949—1972》（第3卷上），世界知识出版社2003年版，第451页。

② “道格拉斯致艾奇逊”，陶文钊主编：《美国对华政策文件集1949—1972》（第1卷上），世界知识出版社2003年版，第335、336页。

藏的政策从过去的“耐心等待”到“积极进取”。[①]此后就着手为控制西藏做政治和军事准备。1904年8月3日，英军曾攻陷拉萨。英军进入拉萨后大肆抢掠，但到9月严冬即将到来而不得不从拉萨撤退。英国人由此得到了“西藏不容易进入的特点使得任何加强对中国进行军事抵抗的行动都不现实”[②]的经验。这种经验对英国世界霸权的后继者美国来说也不是一点没有：1950年印度为西藏叛乱分子提供的为时半年的作战所需，由于“牲畜驮运是唯一实用的运送手段，上述弹药数量约需7000头骡子的运送。由于没有那么多的骡子可用，一部分或者全部的3英寸口径迫击炮和弹药可能无法运离印度”[③]，以至美国后来对达赖集团的支持“在很长的时期内需要相当巨大的经费”[④]。

其次，西方对中国西藏主权的干涉，无论如何不能绕开印度。1959年4月30日，美国代理国务卿狄龙在致艾森豪威尔的电文中提到这一点，认为“作为西藏的邻居，印度控制着通向西藏的主要通道，而且是达赖喇嘛的主人。印度是一个重要因素”。[⑤]因此，离开印度的帮助，美国对“藏独”的支持仅靠空投是无能为力的。而印度传统上是与英国外交接近而与美国疏远，又在北方与中国近邻，为了全力防务印度洋必须稳定北方，因而在西藏问题上不能随意表态。其次，刚刚独立不久的印度及其与英国有着密切政治联系的领导人尼赫鲁，对第二次世界大战中美国对英国落井下石的手段心知肚明，因此他们这一代领导人对美国保持着高度的防范心理，因此决不会让美国插手西藏问题。如果美国控制了西藏而在印度洋有了美国的基地，那印度的安全就处于南北受制于美国的境地。印度独立后首任驻新中国大使且与尼赫鲁保持良好的私人关系的潘尼迦对此看得清楚，他说：

> 二次大战结束后，美国成了至高无上的海军国。不错，它还没有

---

① 王宏纬：《喜马拉雅山情结：中印关系研究》，中国藏学出版社1998年版，第10页。

② 详见陶文钊主编《美国对华政策文件集1949—1972》（第1卷上），世界知识出版社2003年版，第335页。

③ 同上书，第334页。

④ “关于特别小组的备忘录”，陶文钊主编：《美国对华政策文件集1949—1972》（第3卷上），世界知识出版社2003年版，第478页。

⑤ “代理国务卿狄龙致艾森豪威尔总统备忘录”（1959年4月30日），陶文钊主编：《美国对华政策文件集1949—1972》（第3卷上），世界知识出版社2003年版，第452页。

> 能搞成世界海权国必备的一系列基地、油站、船坞等，但是从它在对日战争中所表现的海军联合作战规模之大，以及从它在海军建设中强调航空母舰的重要，都说明了美国海军可以远离基地作战，实际上是爱在哪里动手，就可以在哪里动手。它在太平洋上有珍珠港和马尼拉，又占领了从前日本手里的雅浦岛和关岛，真是不可一世。而对印度洋，美国战后确也搞了不少名堂。美国在阿拉伯、中东、巴林群岛的油权，表明了它同印度洋区域的联系正在大大增长。就是对伊朗的统一，阿富汗的建设，美国也是兴趣很浓。实际上，由于美国奉行到处“遏制”共产主义的政策，所以各国沿海，凡是共产主义可能插足的地方，此刻都成了对美国安全有关的地区。战后的世界形势给印度洋带来的对立局面如此，它很可能又一次把印度变成一个主要的战略性战场。①

印度独立后首任总理尼赫鲁在对印度共和国历史有深远影响的《印度的发现》一书中说：“印度以它现在所处的地位，是不能在世界上扮演二等角色的。要么就做一个有声有色的大国，要么就销声匿迹，中间地位不能引动我，我也不相信中间地位是可能的。”②对于长期受英国文化教育，并对英国地缘政治学说有深刻理解的尼赫鲁而言，他在这句话中所表达的是他对存在于世界地缘政治体系心脏海区即印度洋并拥有巨大版图的印度能否长期完整存在的前途的不安和忧虑，而造成不安和忧虑的真正原因正是继英国之后的美国的霸权活动。正因此，1949年12月，当美国驻印大使遵照艾奇逊指示“利用共产主义对西藏的威胁来强调来自共产党中国危险危及了印度自身”，挑拨印度政府“对中国事务的发展持半超然态度是不现实的”③，结果得到的却是“印度令人气馁的态度”④。后来的历史表明，尽管印度与中国在西藏问题的理解上有相当的距离，但它对美国介入西藏

---

① [印]潘尼迦著：《印度和印度洋——略论海权对印度历史的影响》，德隆等译，世界知识出版社1965年版，第83—84页。

② Jawaharlal Nehru，*The Discovery of India,* Teen Murti House，1999，p.56.

③ “艾奇逊致亨德森”（1949年12月9日）陶文钊主编：《美国对华政策文件集1949—1972》（第1卷上），世界知识出版社2003年版，第325页。

④ “亨德森致艾奇逊”（1950年1月20日），陶文钊主编：《美国对华政策文件集1949—1972》（第1卷上），世界知识出版社2003年版，第332页。

事务几乎是绝对的排斥，因为对印度而言，美国介入西藏比对中国危险更大；而如果没有印度的全力支持，美国在西藏问题上几乎就无所作为。这就决定了美国对达赖集团的支持及其效果只能是极为有限的。

中国的西藏问题研究者应对此予以足够的注意：既要高度警惕美国支持“藏独”势力对中国统一的破坏作用，又要明了这种作用的天然有限性。不管美国宣传机构怎么夸张，“藏独”活动最终只能是“有几个苍蝇碰壁”的闹剧而已。对此，就连达赖本人在尼克松访华后也明白了许多，他曾感叹世事炎凉，说：“美国自从70年代承认中共，就断绝了对西藏的支持——这证明了他们的援助只是反共政策的一环，而不是真心实意要恢复西藏独立。”①

其实，这一点美国人也不是不明白。1949年4月，就在新中国成立前夕，美国有识之士就对美驻印度使馆提出的干涉西藏的政策提出质疑，认为：

> 做出承认西藏的决定不仅仅涉及我们对西藏的政策，而且涉及我们重新考虑对中国的政策。我们所奉行的对华政策的一个基本原则向来是尊重中国的领土完整。这个原则阻滞、虽然没有完全阻止中国被逐渐瓜分，还帮助中国通过第二次大战确立了大国的地位。这种政策不应该放弃，除非清楚地看到中国将不可避免地长期陷入分崩离析的局面，而且西藏对于我们利害攸关。②
>
> 事实上，西藏意识形态和战略上的重要性非常有限。由于地处偏僻、其政府和社会的原始特征、与外部世界联系有限的特点，除非得到影响深远的实际的措施的支持，不能指望西藏长期在意识形态基础上倒向西方。如果我们不能采取这些实际措施，承认本身并不能使西藏与西方站在同一战壕里，实际上反而可能有悖于我们的长远利益。同样利用西藏战略价值的努力，例如，作为空军基地或火箭发射场，可能遭遇不仅是地形和天气方面可怕的难题，而且还有西藏人基于宗教立场对飞机飞越其领土的反对。除非在西藏发现稀有矿藏，军方认为西藏没有战略价值。
>
> 能否采取什么实际措施的答案很大程度上在于现在控制西藏沟通

---

① “培根致石博思备忘录”（1949年4月12日），陶文钊主编：《美国对华政策文件集1949—1972》（第1卷上），世界知识出版社2003年版，第309页。

② 同上。

西方通道的印度。如果印度与西方合作，西藏作为战略和意识形态意义上的重要性就会大大减弱。如果印度不与西方合作，利用西藏作为西方堡垒的困难就会大大增加。①

事实上，当年美国对其反华的“西藏计划”的有限性也不是不明白，只是由于有了朝鲜和越南战争的爆发，美国才强化了对达赖分离中国的活动支持力度，至于这种支持的有效性，由于配合主战场的需要，美国政府也只能是不可为而为之。1950年3月1日，艾奇逊还在发给美驻印使馆的192号电文中告诉亨德森“国务院希望印度能满足西藏有理由的防御需求，并相信印度最好在其能力范围内，继续承担援助西藏的基本责任”。3月8日，亨德森在给艾奇逊的第301号电文披露印度已向“藏独”势力提供“小型武器要求”，其提供的“军事援助在实质上应是更多地提高西藏的士气”，“而不是想象中的阻止全面入侵的措施”。②最让美国“令人气馁的”还是在艾奇逊在301号电文发出一个月之后，也就是4月1日，印度宣布与中华人民共和国建立外交关系。美国假手印度干涉西藏问题以配合东亚两场战争的企图，在印度的不信任和中国的不妥协斗争中最终化为泡影。

“雅尔塔秘密协定”框架下的中国反分裂斗争及其世界意义③

雅尔塔会议的意义并不仅在于欧洲，它对中国人来说也是一次撕心揪肺的会议。因为它不顾中国人民八年抗战为太平洋战场作出的巨大贡献，

---

① “培根致石博思备忘录”（1949年4月12日），陶文钊主编：《美国对华政策文件集1949—1972》（第1卷上），世界知识出版社2003年版，第310页。

② “亨德森致艾奇逊”（1950年3月8日），陶文钊主编：《美国对华政策文件集1949—1972》（第1卷上），世界知识出版社2003年版，第333、334页。

③ 本文刊发于《领导者》2009年10、11月号。

在中国人不知情的情况下，秘密做出了导致中国再次被瓜分和分裂的《雅尔塔协定》。

1945年2月8日，在三国首脑的第五次会议之前罗斯福先与斯大林私下会晤，协商立场。这次会晤对远东，尤其是中国命运至关重要。会谈从下午15点开始，16点结束。

罗斯福说，美国人打算在日本以南的波柠群岛（小笠原群岛）和福摩萨（台湾）附近诸岛建立空军基地。他认为，对日本进行大规模轰炸的时候已经到来了。他罗斯福不希望让美军登陆日本，如果可以不登陆的话，只有在极其必要的情况下，他才会让部队登陆日本。日本在列岛上有400万大军，登陆势必带来巨大损失。但是，如果对日本进行猛烈的轰炸，那就能指望把所有一切都摧毁。这样，就不同于在日本列岛登陆，从而可以拯救很多生命。①

斯大林先问了美国想在共青城②建立自己的空军基地要求的具体细节，然后直奔主题，问美国可以给苏联出兵远东的回报是什么。他说他希望知道，苏联加入对日作战的政治条件怎样。“这里指的是他（斯大林）在莫斯科同哈里曼谈过的那些政治问题”。③

罗斯福不是丘吉尔，他明白请人干活就得有回报。他答道，萨哈林岛和千岛群岛将交给苏联。至于暖水港，苏联可获得位于南满铁路终点的大连。他认为苏联利用这个港口，其办法有二：一是建为国际委员会监督的自由港；二是中国人把这个港口租借给苏联。但是，后一种办法同香港问题有关。他之所以希望避开租借，其原因在于，他期待着英国把香港交还给中国，然后香港可以成为向全世界——最重要是向美国——开放的自由港。丘吉尔对此可能会持强烈的反对态度，如果苏联在北方获得了港口租借权，也就难以说服丘吉尔。所以，他认为，把建立开放性港口作为第一

① “斯大林和罗斯福的谈话记录”（1945年2月8日），沈志华主编：《苏联历史档案选编》第18卷，社会科学文献出版社2002年版，第484页。

② 共青城，苏联哈巴罗夫斯克边疆区城市，阿穆尔河港口。

③ “斯大林和罗斯福的谈话记录”（1945年2月8日），沈志华主编：《苏联历史档案选编》第18卷，社会科学文献出版社2002年版，第484—485页。

步更为妥当。[①]斯大林在随后的谈话中表示“对苏联来说，国际监督是可以接受的”。[②]

斯大林问罗斯福“关于保持外蒙现状问题”的意见。罗斯福说，他还没有同蒋介石谈起这个问题，但是他认为“外蒙古的现状应予维持”。斯大林再问罗斯福对苏联租借中东铁路的考虑，罗斯福说，他暂时没有同蒋介石谈这件事，但是他相信可以就这个问题达成协议。要使这条铁路为苏联所用有两种办法。第一是俄中两国代表组成混合委员会，对铁路实行监督。斯大林不等罗斯福说出“第二”，就接过话茬说：

> 如果苏联的条件被接受的话，那末，苏联人民将会明白，苏联为什么参加对日战争。所以，重要的是有一项由总统、丘吉尔和他（斯大林）签署的文件，上面写上参加对日战争的目的。在这种情况下，就可将苏联加入对日作战问题提交苏联最高苏维埃主席团审议，在那里人们能够保守机密。[③]

罗斯福回答说，对保守雅尔塔的机密不可能有任何疑问。只是对中国人可能有些疑问。斯大林说，一旦苏联可从西线腾出20~25个师，并把这些师调到远东，就可以通知中国人了。宋子文将于4月底来莫斯科，他斯大林很希望会见他。罗斯福对斯大林接见宋子文表示高兴。[④]接下来在朝鲜实行托管制度，苏美双方达成共识后，罗斯福的话题又转向中国。说，对于中国，他正竭尽全力不让它灭亡。斯大林同意但批评中国国民政府：

> 中国将生存下去，但是，中国需要一些新的领导人。他们必须聚集在蒋介石周围。国民党人中间有一些优秀人物，但是，他（斯大

---

① “斯大林和罗斯福的谈话记录”（1945年2月8日），沈志华主编：《苏联历史档案选编》第18卷，社会科学文献出版社2002年版，第484—485页。

② 同上书，第487页。

③ 同上书，第486页。

④ 同上书，第487页。

林）不明白，为什么不提拔他们。[①]

罗斯福表示同意，但接着又将话题转向印度支那，试探苏联对英法在亚洲利益的考虑。他说，他想同斯大林交换一下意见。这就是印度支那问题。这是些落后国家。居住在印度支那的人同爪哇和缅甸居民相似。在法国的控制下，印度支那没有任何进步。中国不想夺取印度支那。他（罗斯福）希望对印度支那实行托管。英国人则想把印度支那交还给法国人。斯大林认为，这是一个重要的问题，值得加以研究，“总统的想法也许是正确的。”[②]

很快话题又回到中国。美国驻苏大使哈里曼问罗斯福：“让国务卿斯退丁纽斯和莫洛托夫讨论中国问题是否合适？”罗斯福答道：中国的政治形势确实复杂，美国驻华大使赫尔利和美国将军魏得迈正在进行各种努力以使北方的共产党人同国民党实现联合。对1927年国共两党分裂原因了如指掌的斯大林却说：“使这些力量为了抗日统一战线而联合，这很好。”[③]

这次谈话涉及三方面内容，一是东北亚的利益分割，结论是朝鲜托管，蒙古维持现状，苏联获得大连旅顺和中东铁路。也就是说，从蒙古到东北整个属于中国的地区可被苏联纳入势力范围，苏联获得千岛群岛、库页岛及邻近一切岛屿。二是印度支那实行托管，但实际被纳入美国势力范围。三是日本将台湾、澎湖群岛及满洲的主权交还中国。这实际上是将远东利益一分为二。值得注意并对中国思考未来台海统一战略有参考价值的是，罗斯福和斯大林同意交还中国的是离美国和苏联核心利益线较远，因而美国和苏联并不太看中却对日本南下有阻隔作用的台湾地区，而在接近苏联并对苏联有重要地缘利益的蒙古和东北地区，中国主权利益已被大打折扣。

2月10日，开始雅尔塔第七次全体会议，在此之前，莫洛托夫向哈里

---

① “斯大林和罗斯福的谈话记录”（1945年2月8日），沈志华主编：《苏联历史档案选编》第18卷，社会科学文献出版社2002年版，第488页。

② 同上。

③ 同上书，第489页。

曼递交一份“斯大林元帅关于苏联参加对日作战政治条件草案”，经斯大林、罗斯福两次修改后，即成为2月11日邀请丘吉尔共同签署的作为雅尔塔正式文件的《苏美英三国关于远东问题的协定》，文件不长，但对远东政治影响却至为深远。内容如下：

苏美英三大国领袖同意，在德国投降及欧洲战争结束后两个月或三个月内苏联将参加同盟国方面对日作战，其条件是：

1. 外蒙古（蒙古人民共和国）的现状须予维持。①

2. 由日本1904年背信弃义进攻所破坏的俄国以前权益须予恢复，即：

甲、库页岛南部及邻近一切岛屿须交还苏联；

乙、大连商港须国际化，苏联在该港的优越权益须予保证，苏联之租用旅顺港为海军基地须予恢复；

丙、对担任通往大连之出路的中东铁路和南满铁路应设立一苏中合办的公司以共同经营之；经谅解，苏联的优越权益须予保证而中国须保持在满洲的全部主权。

3. 千岛群岛须交予苏联。

经谅解，有关外蒙古及上述港口铁路的协定尚须征得蒋介石委员长的同意。根据斯大林大元帅的提议，美总统将采取步骤以取得该项同意。

三强领袖同意，苏联之此项要求须在击败日本后毫无问题地予以实现。苏联本身表示准备和中国国民政府签订一项苏中有友好同盟协定，俾以其武力协助中国达成自日本枷锁下解决中国之目的。②

具有讽刺意味的是，英外交部事先对这份协定并不知道。他们得到消

---

① 1945年7月7日，晚23时，斯大林与宋子文第三次会谈，斯大林坚持：今天的外蒙古事实上是一个“人民共和国”，所谓现状，就意味着独立。参阅刘彦章、项国兰、高晓惠编《斯大林年谱》，人民出版社2003年版，第678页。

② “苏美英三国关于日本的协定（雅尔塔协定）”（1945年2月11日），王绳祖、何春超、吴世民编选：《国际关系史资料选编》，法律出版社1988年版，第868页。

息只是美、苏正在就远东问题进行会谈。罗斯福和斯大林对丘吉尔也是先斩后奏。2月11日，丘吉尔被邀在自己事先不知道内容的协定上签字，丘吉尔后来回忆说，他曾明确表态：

> 虽然作为大不列颠的代表，我参加（签署）这一协定，但我和艾登都不曾参与制订这一文件。这被看作是美国的事，对他们的军事行动当然有重大利害关系。对我们来说，我们不要求制订它。总之，并没有同我们协商，只要我们同意。我们就这样做了。[①]

艾登也是签字时的当事人之一，他回忆说：

> 他（罗斯福）同斯大林达成有关远东问题的协定，既不通知他的英国同事，也不通知他的中国盟友。我看，这个文件乃是这次会议中一个自毁声誉的副产物。
>
> 当首相和我在会议的最后一天接到关于这个协定的通知时，我没有让他签字，他们也没有强迫我们签字，这时，丘吉尔先生和我当着斯大林、罗斯福的面，发生了一场争论。我们又把英国前任驻华大使亚历山大·卡多根爵士请来排难解纷。他跟我意见相同，即我们不应该参与这个协定。但首相觉得，不论我们是否喜欢这个协定，如果我们不在这个协定上签字，我们在远东的威信就势必受到影响，因而将失去今后参与讨论远东问题的资格。[②]

苏美双方一致同意对这个协定实行保密。直到1945年6月14日，杜鲁门才指令赫尔利将这一内容通知蒋介石。在此之前，美方除在场者及罗斯福私人顾问霍普金斯等少数人外，至于国务卿斯退丁纽斯，艾登说：“斯退丁纽斯对这事的详情根本一无所知，他同首相和我一样，可说完全蒙在鼓里。”[③]

---

① 转引自《战后世界历史长编》第1编第1分册，上海人民出版社1975年版，第68页。

② [英]安东尼·艾登著：《艾登回忆录·清算》，瞿同祖、赵曾玖译，商务印书馆1976年版，第896页。

③ 同上书，第897页。

但事情并没有到此为止。美国在20世纪三四十年代试图联合日本逐出英法，南北分割亚洲的设想，在此转为联合苏联得以实现。美国和苏联从对付欧洲的经验中知道，一个对等破碎的亚洲远比一个有主体板块从而有主体政治的亚洲更易控制。而肢解亚洲的关键，就是肢解中国——这实际上还是日本人“惟欲征服支那，必先征服满、蒙；欲征服世界，必先征服支那”[①]战略的翻版。分裂中国的关键是利用当时中国的内战，使各自都拥有强大武装的国共两党同时并存，使其在内耗中演变为以长城或长江为界的南北政权。从这个意义上说，当时美国和苏联在抗战胜利后力促国共和谈的表面下隐藏着南北肢解中国的目的。所以，当斯大林听到罗斯福说美国“正在进行各种努力以使北方的共产党人同国民党实现联合”，立即表示“这很好”[②]。

对1927年“四一二”事件记忆犹新的斯大林心里明白这样的结果将意味着什么。几个月后斯大林见到蒋经国就直言“只要你们中国能够统一，比任何国家的进步都要快”[③]，那么，阻止中国“进步”的终极手段，斯大林与美国人一样明白，那就是肢解中国并使中国政治破碎化，至少使中国政治置于印度议会或俾斯麦之前的德国议会那无休止的“议而不决”的无效行政之中。要实现第一个目标即肢解中国，美苏需要合作，美国通过约束中国国民党，苏联通过约束中国共产党实现中国的不统不合的局面——目前的台海两岸这“两个中心为‘患’”的现状就是当年美国这一策略的残存后果。要实现第二个目标，苏美就需要蒋介石配合，因为蒋介石的政权基础是官僚买办，依靠外国资本而不依靠本国人民，这样的政权统治中国的结果充其量也就是第二个印度——恐怕还不如印度。但不管怎样，既不能让中国在抗战灭亡，又不能让中国在抗战后强大，都是美苏不好意思直言的在中国的目标，在这个目标下，斯大林与罗斯福在雅尔塔会议上又开始联手。与分割欧洲是德黑兰会议上斯大林与罗斯福不能明言的目标一样，分割亚洲也是斯大林和罗斯福不愿言明而又隐藏在雅尔塔谈判以及后

---

① “田中奏折”（1927年7月25日），王绳祖、何春超、吴世民编选：《国际关系史资料选编》，法律出版社1988年版，第648页。

② “斯大林和罗斯福的谈话记录”（1945年2月8日），沈志华主编：《苏联历史档案选编》第18卷，社会科学文献出版社2002年版，第489页。

③ 参见梁之彦、曾景忠选编《蒋经国自述》，团结出版社2005年版，第112页。

来的美苏对华政策之中，却最终因共产党打过长江而没有实现的目标。

1945年5月8日，德国宣布投降。欧洲反法西斯战争胜利结束。接下的重建国际和平的任务便转到远东地区。7月1日起，美军开始从苏占区撤走，同时，美、苏、英、法军进入柏林的各自占领区。7月17日至8月2日，三大国首脑在柏林附近的波茨坦举行会议。会后发表了《中美英三国促令日本投降之波茨坦公告》。全文共十三条，前五条正告日必败无疑，唯无条件投降别无他途。后七条则是盟国设置的投降条件。其对中国影响最深远的是后七条，其中关键是第八款，即

> 开罗宣言之条件必将实施，而日本之主权必将限于本州，北海道、九州、四国及吾人所决定其他小岛之内。①

这一条如再结合《中美英三国开罗宣言》及1972年中日联合声明一起研读，我们还就会发现50多年后的今天中日矛盾的焦点所在。②

---

① 王绳祖、何春超、吴世民编选：《国际关系史资料选编》，法律出版社1988年版，第876页。

② 1943年12月1日的《开罗宣言》确定了日本必须放弃的领土，“满洲、台湾、澎湖群岛等，归还中华民国”，而1945年7月26日的《波茨坦公告》第八款则规定了日本的战后领土，“日本之主权必将限于本州、北海道、九州、四国及吾人所决定其他小岛之内”。1972年的《中日联合声明》，是中日三个文件中最基础性的文件，凡九条。关于中国和日本主权范围的确认，文件第二、第三条认为：“日本国政府承认中华人民共和国政府是中国的唯一合法政府”；“中华人民共和国政府重申：台湾是中华人民共和国领土不可分割的一部分。日本国充分理解和尊重中国政府的这一立场，并坚持遵循波茨坦公告第八条的立场”。

如果说，在中华人民共和国成立之前，日本“坚持遵循波茨坦公告第八条的立场”的说辞可以表达日本放弃在台湾权利的含义，但现在日本建交的对象是中华人民共和国政府而不再是《开罗宣言》中所说的“中华民国”，并且日方也承认“中华人民共和国政府是中国的唯一合法政府”，那么这时日本再以波茨坦第八条搪塞台湾主权归属问题，显然就不合逻辑了。尽管大平正芳代表日本政府宣布：“作为日中邦交正常化的结果，《日蒋条约》已失去了存在的意义，并宣告结束”，但日本方面在《中日联合声明》中还是刻意规避了台湾的法律地位。也就是说日本在1972年《中日联合声明》只是承认中华人民共和国政府是中国唯一合法政府，只是理解和尊重但并没有承认中国政府重申的“台湾是中华人民共和国领土不可分割的一部分”的立场。尽管日本与台湾当局实行了“断交”，但并不能由此推导出它法律上承认了“台湾是中华人民共和国领土不可分割的一部分”的原则。由此必然产生的逻辑是，日本方面“一个中国的原则”是不包括台湾的，日本与中国建交的主权关系只限于中国大陆，日本方面废除在1952

在波茨坦会议期间，美国原子弹试验成功。这对加速战争结束起到了巨大的作用。关于此，杜鲁门、丘吉尔和斯大林之间有一段很能反映三人性格差异的插曲。杜鲁门和丘吉尔本想以为有了可以讹诈斯大林的“绝对武器”，并以此逼迫斯大林在波茨坦会上服软，结果却是自讨没趣。美国陆军部长史汀生当天的日记对此有生动的记载：当丘吉尔得知这一消息后，史汀生发现首相“极有兴趣并大为振奋”，但他“强烈倾向于”反对将这消息告诉斯大林。[①]丘吉尔在回忆录中得意地说：

> 我们可以不需要苏联人了。日本战事的结束不再要依赖他们大部队的涌入，进行最后持久的屠杀。我们无须再乞求他们的恩惠。[②]

此时的丘吉尔大有一种想看斯大林难堪并由此得到快感的心理，他写道：

> 第二天，7月24日，在我们的全体会议结束之后，大家都从圆桌边站起来，并三三两两地站在一起准备离开。我看见总统走向斯大林，单独谈起来，只有翻译在边上。我离他们大概5码远。我密切注视着这个重要谈话，我知道总统要说什么，我要观察的是谈话对斯大林的效果。我现在想起来都像是昨天的事一样。斯大林看上去很高兴。一

年4月28日签署的《日台条约》，不与台湾发生正式的官方关系并不是基于中国政府关于“台湾是中华人民共和国领土不可分割的一部分的立场”而是基于“理解和尊重”中国立场的表态。关于此，当时与大平正芳共同签署《中日联合声明》的中国外长黄华在其回忆录中认为：日本承认中华人民共和国政府、充分理解尊重中国政府关于台湾问题的立场，坚持波茨坦公告第八条的立场是“以间接的方式承认台湾是中国领土”。笔者认为，日本方面只是“充分理解和尊重”，既没有直接承认，更没有“间接承认”中方关于“台湾是中华人民共和国领土不可分割的一部分”的立场，他只是承认了《开罗宣言》确定的“台湾、澎湖群岛等，归还中华民国”的立场。这实际是“两个中国”隐喻式表述。若一定要从积极意义上看，日方的这个表述只是明确承认了台湾不属于日本，日本放弃在《马关条约》中获得的对台湾的所有权利。但对于当时已为战败国的日本而言，这是一个没有意义但是必须有的法律表态。参阅张文木著《论中国海权》，海洋出版社2009年版，第135—136页。

① 转引自[美]W.艾夫里尔·哈里曼、伊利·艾贝尔著《哈里曼回忆录》，吴世民等译，东方出版社2007年版，第586页。

② [英]温斯顿·丘吉尔著，魏群、高虹译：《丘吉尔文集——二战回忆录》江苏人民出版社2000年版，第1163页。

种新的炸弹！威力特别大！可能对整个日本战争有决定性作用！多么幸运啊！这是我当时的印象，而且我深信他听到这个消息后并没有了解这件事的重要意义。在他紧张的辛劳和压力之中，原子弹显然并不占有什么位置。如果他对于正在进行的世界事务中的革命有一点了解的话，他就应该有明显的反应。他的回答最简单不过了："非常感谢你告诉我有关你们新型炸弹的事。当然，我没有技术上的知识。我能否派核科学方面的专家明天上午去拜访你们的专家呢？"但他的脸上还是那么愉快和亲切。这两个掌权人物的谈话很快就结束了。当我们在等汽车时，我发现杜鲁门就在我身边。我问他："事情进行得如何？"他回答说，"他始终没有提一个问题。"①

丘吉尔的记录与杜鲁门大体一致。杜鲁门在回忆录中记录道：

7月24日，我偶然对斯大林提到我们拥有一种破坏力特别巨大的新武器。俄国部长会议主席并没有表示异乎寻常的兴趣。他只是说，他听到这个消息很高兴，并希望我们"好好地运用它来对付日本"。②

时任远东事务主要顾问的波伦的观察与杜鲁门一致。他回忆说"斯大林的反应是那样随随便便，使我对总统的口风是否已达到目的有点怀疑"③。哈里曼回忆说："我们在谈论日本和原子弹时，莫洛托夫一面端详着我，脸上似笑非笑，一面说道：'你们美国人想保密就保密吧。'他说话的样子使我确信那根本就不是什么秘密了。"④丘吉尔对斯大林无动于衷而非常失望。他只能归因于处在"紧张的辛劳和压力之中"的斯大林"并没有了

① [英]温斯顿·丘吉尔著：《丘吉尔文集——二战回忆录》，魏群、高虹译，江苏人民出版社2000年版，第1168—1169页。

② [美]哈里·杜鲁门著：《杜鲁门回忆录》（上卷），李石译，东方出版社2007年版，第379页。

③ 转引自[美]W.艾夫里尔·哈里曼、伊利·艾贝尔著《哈里曼回忆录》，吴世民等译，东方出版社2007年版，第586页。

④ [美]W.艾夫里尔·哈里曼、伊利·艾贝尔著：《哈里曼回忆录》，吴世民等译，东方出版社2007年版，第586页。

解这件事的重要意义”。朱可夫对这段插曲做了重要的补充。他写道：

> 我记不清确切的日期，但是在一次政府首脑会议之后，杜鲁门向斯大林透露说，美国有一种威力异常大的炸弹，但他并未把它称为原子弹。据外国记者后来报道，在透露这一消息的瞬间，丘吉尔的两眼死盯着斯大林的面孔，观察着他的反应。然而斯大林并未显露丝毫异常的表情，而是装作未从杜鲁门的话语中发现任何特别的东西。以至丘吉尔和英美的其他许多作者后来都认为，斯大林大概的确没有懂得所透露给这一消息的重大意义。
>
> 实际上，当斯大林返回住所，就在我在场的情况下，跟B.M.莫洛托夫谈到与杜鲁门这次谈话的内容。B.M.莫洛托夫听到后说：“他们是想抬高身价。”斯大林笑着说：“让他们抬身价好了。应该告诉库尔恰托夫加快我们工作的进度。”我知道，他指的是原子弹。①

1945年4月5日，苏联通知日本，废除1941年4月13日签订的苏日中立条约，随即准备对日作战。8月6日，美国在日本广岛投下第一枚原子弹，8月9日，150万苏联红军在远东军总司令华西列夫斯基元帅的率领下，兵分四路向盘踞在东北的日本关东军发动全面进攻。当天，美国在长崎投下第二枚原子弹。8月15日，日本宣布投降。8月17日，华西列夫斯基元帅向日军发出通牒，要日军放下武器，全部投降。8月18日，关东军司令官山田乙三下令向苏军投降。8月20日，关东军开始向苏军缴械。至8月30日止，在中国东北和朝鲜北部的关东军全部解除武装，苏军对日作战结束。

事后，丘吉尔也意识到原子弹用于结束战争的作用并不像自己想象的那样大，他在回忆录中写道：

> 如果认为日本的命运已由原子弹决定了，那就错了。它的失败在第一颗原子弹投下之前已经注定了；压倒一切的海上威力注定了它的失败。仅是海上力量就让我们有可能夺取海洋上的基地，从那里发起

① [苏联]格·康·朱可夫著：《回忆与思考》，洪科译，三联书店1972年版，第1221—1222页。

最后的攻击，并能迫使它的京都军队不战而降。[①]

丘吉尔在此只说对了一半，他说对了日本命运败于美国那“压倒一切的海上威力”。1945年2至5月间日本也在国内实行了三次兵备动员，拼凑了40个师团共240万兵力。6月8日，日本“御前会议”通过今后应采取的指导战争的基本纲领，要求“坚持把战争进行到底，以期维护国体”。6月21日，日本政府公布了“战时紧急措施法”，规定政府在非常情况下“可不受其他任何法律的束缚而发布命令和进行处分”，次日，在第87次帝国议会上，又公布了“义勇兵役法”，规定“必要时”征集15～60岁的男子和17～40岁的妇女。紧接着，国内各地编给“义勇队”摆出“本土决战”的架势。[②]3、4月间，美国在硫黄岛和冲绳岛遇到日军的顽强抵抗。上任不久的杜鲁门说：“敌人曾顽强地防守冲绳和硫黄岛，我军生命的损失极为沉重”；“我们离日本本国的岛屿越近，敌人的抵抗也越加坚决和顽强”。[③]马歇尔将军告诉杜鲁门：“在日本本土使日本投降，估计要牺牲50万美国人的生命。”[④]杜鲁门说：“我们没有办法把军队运往中国，以便把日本人从中国大陆赶出去。我们一贯希望有足够的俄国军队开入满洲，把日本人驱逐出去。在这个时候这是唯一的办法。”[⑤]直到波茨坦会议期间，7月24日，美英两国参谋长拟订并经过杜鲁门和丘吉尔共同批准的对日作战部署报告，仍然认为“需要到1946年的深秋，才能使日本屈膝”。杜鲁门说：

这是一个庞大的计划，我们所有的人都充分认识到战斗将非常残酷，损失也很重大。我们希望要是俄国参战，日本一些部队将继续被

---

① [英]温斯顿·丘吉尔著：《丘吉尔文集——二战回忆录》，魏群、高虹译，江苏人民出版社2000年版，第1166页。

② 转引自《战后世界历史长编》第1编第1分册，上海人民出版社1975年版，第217、218页。

③ [美]哈里·杜鲁门著：《杜鲁门回忆录》（上卷），李石译，东方出版社2007年版，第263页。

④ 同上书，第381页。

⑤ 同上书，第263页。

牵制在中国，同时另外一些部队也将被阻，不能增援本土诸岛。[①]

哈里曼的考虑可能更接近实际，他认为：

虽然没有苏联的帮助也可以打败日本，但是无法阻止斯大林在最后的时刻宣战并派遣军队至满洲，从而（至少）重新取得俄罗斯帝国在1904—1905年日俄战争中丧失于日本的港口与铁路。[②]

正是出于上述考虑，即使在美国向日本广岛、长崎分别投下原子弹和日本宣布投降后，尽管美国代理国务卿格鲁曾准备“伙同陆、海军部改变雅尔塔协议”；麦克阿瑟在7月16日美国核试验成功后也认为“俄国的任何介入”对日作战“已无必要”，[③]杜鲁门尽管对苏联态度有所强硬，但对罗斯福与斯大林达成的雅尔塔秘密条约没有做出任何毁约的动作。

苏联和美国在太平洋战争中打败日本后，转过身来就对付昔日的英法盟友，将日本曾从英法手中夺取的在亚洲的殖民利益攫为已有。苏联按照雅尔塔秘密协定，将中国长城以北及东北亚地区转为苏联的势力范围，美国也将中国长城以南及南洋地区纳入美国的势力范围。这一时期的亚洲政治特点是欧洲殖民体系从亚洲退出，苏美关系从“热恋”向“冷战”转变。

第二次世界大战后亚洲出现殖民地国家纷纷独立的浪潮及随之带出一些国家的分裂。造成这种现象有四方面的原因：一是殖民地半殖民地国家人民有强烈的独立要求；二是美苏两大国为瓦解英法殖民帝国主义对英法殖民地独立要求的联袂支持；三是英国在帝国瓦解前出于地缘政治考虑对一些殖民地国家——比如印度——在撤离前的肢解；四是冷战因素，比如德国分裂、朝鲜半岛分裂等。其间，中国也面临美苏插手及由此产生的国家分裂的危险。

这时的远东问题，就是中国问题。中国的走向关系到苏联和美国各自

---

① [美]哈里·杜鲁门著，李石译：《杜鲁门回忆录》（上卷），东方出版社2007年版，第380页。

② [美]W.艾夫里尔·哈里曼、伊利·艾贝尔著，吴世民等译：《哈里曼回忆录》，东方出版社2007年版，第583页。

③ 转引自《战后世界历史长编》第1编第1分册，上海人民出版社1975年版，第228页。

的战后利益分配。罗斯福去世后，哈里曼从美苏当时僵持的“波兰问题”中看出这一点。他写给国务院乃至五角大楼细加陈述的意见认为“斯大林坚持要有一个由孱弱而易于控制的邻国组成的地带，这可能并不限于东欧”。他预见到苏联将介入中国形势，他说“一旦苏联控制了与其接壤的地区，它就可能要向随后与之毗邻的国家进一步渗透”。哈里曼说他“看不到拱手等待有什么好处，愈是靠东边的问题，愈要争个明白”。[①]

苏联在中国问题上关心的就是沿西伯利亚大铁路南侧即中国新疆、蒙古直至东北辽东半岛一线的控制权问题。1941年年底虽然欧洲和太平洋战争正在炽热地进行，苏联就开始对战后世界体制设计提前作出符合苏联利益的规划。12月26日，苏联副外交人民委员和苏联情报局副局长洛佐夫斯基就此致信斯大林，关于远东，他提醒斯大林：

现在就应当考虑涉及我国边界的全部问题。我们不能再忍受日本军舰在任何时候都能够把我们同太平洋和我们的港口切断并封锁拉彼鲁兹海峡（即宗谷海峡）、千岛群岛海峡、津轻海峡和对马海峡这样的局面。无论如何不能允许维持波罗的海和黑海的原状。应当从安全和交通自由的角度来考虑我国的陆地和海上边界问题。

我们也该准备未来和平了，即使是以初步的方式也好。由此我建议成立两个秘密的筹备委员会：

（1）财政—经济委员会，负责核算我们所遭受的损失，确定战败国如何从经济上对苏联作出赔偿。

（2）政治委员会，负责研究苏联的边界、德国及其盟国的边界以及这些国家的国家体制等问题。

理所当然的是，如果日本卷入与我们的战争，那么这两个委员会还必须考虑战后苏联同日本的关系，特别是我们的远东边界和苏联各港口同整个太平洋沿岸港口的自由通航问题。[②]

---

① [美]W.艾夫里尔·哈里曼、伊利·艾贝尔著：《哈里曼回忆录》，吴世民等译，东方出版社2007年版，第536页。

② “洛佐夫斯基就筹备欧洲国家战后国家体制安排方案委员会致斯大林的信函”（1941年12月26日），沈志华主编：《苏联历史档案选编》第16卷，社会科学文献出版社2002年版，第666—667页。

洛佐夫斯基的建议得到斯大林的高度重视，1942年1月28日，联共（布）中央政治局专门召开会议并作出《关于东欧、亚洲和世界其他地区国家战后体制安排方案委员会》的决议，委员会由莫洛托夫任主席。[①]1943年9月4日，联共（布）中央政治局作出《关于建立和约与战后安排问题委员会和建立停战问题委员会的决定》[②]。9月9日，李维诺夫把战后安排委员会将要研究的问题的清单提交斯大林，[③]1944年1月1日，苏联副外交人民委员迈斯基向莫洛托夫提交《未来和平的最佳基本原则》的长篇报告，就未来和平和战后世界政治安排提出建议。事后看来，这篇报告对斯大林关于欧洲和远东的战后考虑有较大的影响。关于中国，报告开篇“总的设想”部分，开宗明义：

为了勾勒出关于未来和平最佳条件的哪怕是一般性的设想，必须首先明确地表述出你所追求的具体目的，因为目的在很大程度上决定着所采取的手段。在我看来，我们在构建未来和平和战后秩序时的具体目的，应当是：造成一种局势，使得在长时期内，至少在欧洲和亚洲，苏联的安全得到保障，而和平得以维持。如何理解“长时期”这种提法？我把这个词理解为，足够用来完成以下事项的时间[④]：

---

① “联共（布）中央政治局会议《关于东欧、亚洲和世界其他地区战后国家体制安排方案委员会》的记录”（1942年1月28日），沈志华主编：《苏联历史档案选编》第16卷，社会科学文献出版社2002年版，第668—671页。

② “联共（布）中央政治局《关于建立和约与战后安排问题委员会和建立停战问题委员会的决定》的会议记录”（1943年9月4日），沈志华主编：《苏联历史档案选编》第16卷，社会科学文献出版社2002年版，第672—673页。

③ “李维诺夫就和约与战后安排委员会将要研究的问题致斯大林和莫洛托夫的信函”（1943年9月9日），沈志华主编：《苏联历史档案选编》第16卷，社会科学文献出版社2002年版，第674—683页。

④ 迈斯基对“长时期”具体解释说：“我的大约估算是：如果设想苏联需要花费10年左右的时间医治战争带给它的创伤，那么在消除这次战争的条件下我们所应争取的安全与和平的‘长时期’，应为至少30，至多50年。粗略地讲，约为两代人的日子。”“迈斯基给莫洛托夫的关于《未来和平的最佳基本原则》的报告”（1944年1月11日），沈志华主编：《苏联历史档案选编》第16卷，社会科学文献出版社2002年版，第685页。

1）使苏联得以强大到无论在欧洲或在亚洲发生的任何侵略都对它不构成危险。不仅如此，还要让欧洲、或亚洲的任何一个大国或集团甚至连这样的念头都不敢有。

2）使欧洲，至少欧洲大陆，得以成为社会主义的欧洲，从而根除在世界这个地区爆发战争的可能性。

关于中国，该报告认为要视中国对苏联的态度而定，迈斯基写道：

既然是讲到中国，那么一旦日本战败，我们对中国所追求的基本目的就将可以得到实现。今后，苏联应当力求尽可能深入地使苏联的影响进入中国，并同中国尽可能加强友好关系，但是，苏联把中国变为一个真正强国（在经济、政治和军事方面）的行动力度，基本上应当取决于中国内部发展的过程。如果这种发展的趋向有利于加强和巩固中国及其政府中真正民主的、民族进步的和同苏联友好的人士地位，那么我们的援助自然将比相反的情况下更为强化。另一种情况也是可以设想的，即，我们无意（至少在一定的时期内）促进中国的强大，因为在一定的情况下中国可能对苏联形成某种严重危险。①

这就是说，对中国援助的前提是中国是否接受“东欧化”即甘愿“在政治、经济、军事方面”做苏联的附庸，服从苏联发号施令这一前提。接着中国这一部分迈斯基就以东欧为例解释了所谓符合苏联利益的“真正民主的制度”，他在《敌对国家和目前敌占国家的国家体制》一节中说：

苏联希望战后上述国家的国体建立在按照人民阵线主张提出的广泛民主原则的基础之上。有理由认为，在挪威、丹麦、荷兰、比利时、法国、捷克斯洛伐克这样一些国家中，上述原则不须外来的任何压力即可相当彻底地得到实现。至于诸如德国、意大利、日本、匈牙利、罗马尼亚、芬兰、保加利亚、波兰、南斯拉夫、希腊、阿尔巴尼

---

① “迈斯基给莫洛托夫的关于《未来和平的最佳基本原则》的报告”（1944年1月11日），沈志华主编：《苏联历史档案选编》第16卷，社会科学文献出版社2002年版，第699页。

> 亚这些国家，情况就不同了。要在这些国家建立真正的民主制度，恐怕不得不从外部，也即首先是由苏联、美国和英国施加种种影响。在此种“干涉别国内部事务”面前不应当有所犹豫而止步不前，因为这些国家中民主的国家制度是维持和平的重要保证之一，而盟国在这场战争之后的基本任务应当是在欧洲（也包括欧洲以外）构建起新的更加有效的安全体系。当然，在每个国家内，都必须考虑到当地的条件和传统，并采用适合该国国情的、合乎分寸的影响方法，但是放弃这项任务是不行的。[①]

这就是说，未来苏联对中国的态度取决于“中国及其政府中真正民主的、民族进步的和同苏联友好的人士地位”，即苏联对中国的可控以及中国对苏联利益的让渡程度，而非中国与苏联政治制度一致的程度。迈基斯的这个报告中的相当部分与斯大林外交路线是一致的，或者说，斯大林采纳了其中相当的观点。1943年12月1日，斯大林在回答丘吉尔关于如何理解苏维埃早期政权提出的“不割地、不赔款的和平”的口号的问题时，斯大林半开玩笑地回敬丘吉尔：“我对您说过，现在我成了一名保守分子了。”[②]1944年10月14日，丘吉尔告诉斯大林：“欧洲的一些小国被布尔什维克的革命吓得要死。”斯大林明确告诉丘吉尔：“现在世界不会吓得发抖了。苏联不准备在欧洲发动布尔什维克革命。”[③]这时苏联对欧洲政策是如此，对亚洲当然也不例外。这时苏联外交目标已与十月革命时期有很大的不同，如果丘吉尔对此不明白的话，那么，当时身处英国人狱中的印度国大党主席的尼赫鲁反倒看得清楚，他在狱中写的《印度的发现》一书中说：

> 苏联的未来政策还是隐藏在神秘之中，但是也已经漏出了它的一

---

① “迈斯基给莫洛托夫的关于《未来和平的最佳基本原则》的报告”（1944年1月11日），沈志华主编：《苏联历史档案选编》第16卷，社会科学文献出版社2002年版，第699页。

② “美英苏三国首脑德黑兰第四次会议记录”（1943年12月1日），沈志华主编：《苏联历史档案选编》第17卷，社会科学文献出版社2002年版，第475页。

③ [俄]奥·阿·勒热舍夫斯基编：《斯大林和丘吉尔（1941~1945）》，王仲宣、齐仲、高春兴译，东方出版社2006年版，第522—523页。

些端倪。它的目的是要在邻近它边境得到许多友好的、附属的或半附属的国家，越多越好。虽然它为了建立某种世界性的组织而和其他国家合作，但它更有赖于在无懈可击的基础上建立起它自己的力量。①

战争结束前夕，斯大林为了巩固苏联在战争及谈判桌上获得的战后“红利”，四处劝说战后各国共产党放下武器参与资产阶级政府，以此使苏联避免卷入英美势力范围内的新冲突，因为这些新冲突将使苏联在谈判桌上得到的战后“红利”化为乌有。斯大林在同丘吉尔签订“百分比协议”后的第二个月，即1944年11月19日接见并建议法国共产党中央总书记多列士（1900～1964）说：

应当考虑到目前法国有着为盟国所承认的政府。在这种条件下共产党人很难拥有平行的武装力量。因为有正规军。人们可能会责问共产党人，他们为什么要有平行的武装力量。当没有临时政府时，当临时政府没有借以立身的后方时，存在这种武装还是有一定意义的。而现在，有了政府，政府又有了军队，为什么这样的武装还要存在呢？这只能成为共产党敌人的论据。这种论据可能说服中间层的法国人。因此，保留武装力量的共产党的地位是软弱的，将来也会是软弱的。要维护这种地位是困难的。因此，必须把武装力量改组为另一种组织，一种政治组织，而把武器收藏起来。②

随着欧战日近尾声，斯大林的目光日益转向远东。斯大林的沙文主义态度日益对中国共产党产生了重大压力，斯大林对法共的态度也用于观察中国共产党的命运。关于这一点，1946年1月3日斯大林在与蒋经国谈话时表达了自己的设想。在蒋经国问及“照斯大林的意见，共产党与国民党在未来的中国政府中成什么样的比例呢？”时斯大林说：

---

① [印]贾瓦拉哈尔·尼赫鲁（Jawaharlal Nehru）:《印度的发现》（*The Discovery of India*），世界知识出版社1956年版，第726页。

② “斯大林同多列士关于战后形势及法共路线问题的谈话”（1944年11月19日），沈志华主编：《苏联历史档案选编》第16卷，社会科学文献出版社2002年版，第730页。

在欧洲一个政党在政府中所拥有的部长职位通过与该党在议会中的代表数相一致。英美两国政府是由取得多数的政党的党员所组成。比如：工党在英国最近的大选中取了多数，他们建立了只有工党党员组成的政府。然而英国人和美国人却要求在其他国家，如罗马尼亚、保加利亚和波兰的政府要有反对党代表。他（斯大林同志）问英国人和美国人，为什么他们不允许反对党代表参加自己的政府，他们耸了耸肩膀。

在法国则是另一种情形。法国现行的组成政府的制度更加民主，参加政府的还有取得少数的政党代表。如果不允许反对党代表参加政府，那么反对党就会转入地下活动。如果允许反对党参加政府，他们会奉公守法。这是允许反对党代表参加政府的优点。

如果（中国）举行自由选举，共产党将存在，国民党也将存在。比如，苏联与美英帝国主义者和平共处，并未同他们打仗。国共两党更加应当和平共处。当然两党之间会有竞赛，不过国共两党都将存在。①

斯大林的战后“阶级合作”的看法并不仅仅针对中国，1946年5月23日，他在接见波兰政府代表团成员时说：波兰不需要无产阶级专政。你们这里没有无产阶级专政的基础。波兰应该建立的制度是民主制度，这是一种新型的民主制度，没有先例可循……你们的民主制度是特殊的。②9月，他给苏联远东部队作出指示：不要在朝鲜领土上建立苏维埃和其他苏维埃权力机关，不要在那里实行苏维埃的规则；要在所有抗日民主党派和组织的广泛联盟基础上，在朝鲜帮助建立一个资产阶级民主政权。③

斯大林的“阶级合作”思想不能不对中共党内产生影响。1945年4月24日毛泽东在中共七大所作的政治报告《论联合政府》对这种思潮作出正面

---

① “斯大林同志同蒋介石的私人代表蒋经国的会谈记录（1946年1月3日23时）”，参见[俄]A.M.列多夫斯基著：《斯大林与中国》，陈春华、刘存宽等译，新华出版社2001年版，第34、35页。

② 刘彦章、项国兰、高晓惠编：《斯大林年谱》，人民出版社2003年版，第698页。

③ 同上书，第704页。

回答。毛泽东说：

中国人民要自由，要统一，要联合政府，要彻底地打倒日本侵略者和建设新中国，没有一支站在人民立场上的军队，那是不行的。彻底地站在人民立场的军队，现在还只有解放区的不很大的八路军和新四军，还很不够。可是，国民党内的反人民集团却处心积虑地要破坏和消灭解放区的军队。一九四四年，国民党政府提出了一个所谓“提示案”，叫共产党“限期取消”解放区军队的五分之四。一九四五年，即最近的一次谈判，又叫共产党将解放区军队全部交给它，然后它给共产党以“合法地位”。

这些人们向共产党人说：你交出军队，我给你自由。根据这个学说，没有军队的党派该有自由了。但是一九二四年至一九二七年，中国共产党只有很少一点军队，国民党政府的“清党”政策和屠杀政策一来，自由也光了。现在的中国民主同盟和中国国民党的民主分子并没有军队，同时也没有自由。十八年中，在国民党政府统治下的工人、农民、学生以及一切要求进步的文化界、教育界、产业界，他们一概没有军队，同时也一概没有自由。难道是由于上述这些民主党派和人民组织了什么军队，实行了什么“封建割据”，成立了什么“奸区”，违反了什么“政令军令”，因此才不给自由的吗？完全不是。恰恰相反，正是因为他们没有这样做。

“军队是国家的”，非常之正确，世界上没有一个军队不是属于国家的。但是什么国家呢？大地主、大银行家、大买办的封建法西斯独裁的国家，还是人民大众的新民主主义的国家？中国只应该建立新民主主义的国家，并在这个基础之上建立新民主主义的联合政府；中国的一切军队都应该属于这个国家的这个政府，借以保障人民的自由，有效地反对外国侵略者。什么时候中国有一个新民主主义的联合政府出现了，中国解放区的军队将立即交给它。但是一切国民党的军队也必须同时交给它。[①]

① 毛泽东：“论联合政府”（1945年4月24日），《毛泽东选集》第3卷，人民出版社1991年版，第1072—1073页。

为创造中国人民的军队而奋斗，是全国人民的责任。没有一个人民的军队，便没有人民的一切。对于这个问题，切不可只发空论。[①]

这不仅是对蒋介石的回答，同时也似乎是对斯大林的回答。就在毛泽东七大讲话之后不久，斯大林告诉蒋经国：“在一个国家不能有两个政府和两支军队方面，他（蒋介石）是对的。”[②]与此同时，中共党内也有迎合斯大林阶级合作道路的思潮。1945年11月中旬至12月中旬毛泽东“因疲劳过度，患病住院”[③]。此间刘少奇同志主持工作。1946年2月1日，中共中央经过多次讨论并“经毛泽东修改审定”[④]后，正式向全党下发《中央关于目前形势与任务的指示》，认为：

重庆政治协商会议，经激烈争论之后，已获得重大结果。决定改组政府，并通过施政纲领，宪草原则，又决定召开立宪国民大会，整编全国军队，实行军党分立，军民分治，以政治军及议会制、内阁制、地方自治、民选省长等项原则。由于这些决议的成立及其实施，

---

① 毛泽东：“论联合政府”（1945年4月24日），《毛泽东选集》第3卷，人民出版社1991年版，第1074页。

② “斯大林同志同蒋介石的私人代表蒋经国的会谈记录（1945年12月30日21时）”，参见[俄]A.M.列多夫斯基著《斯大林与中国》，陈春华、刘存宽等译，新华出版社2001年版，第18页。

③ 中共中央文献研究室编：《毛泽东年谱》（下卷），中央文献出版社2002年版，第49页。

④ 引自中共中央文献研究室编《毛泽东年谱》（下卷），中央文献出版社2002年版，第55页。需要说明的是：尽管这份文件“经过毛泽东修改审定”，但在这之前，毛泽东基本没有参加中央会议，“没有参与中央决策”（杨奎松：《毛泽东与莫斯科的恩恩怨怨》，江西人民出版社1999年版，第255页。）但结合几个月前毛泽东《论联合政府》一文研读，很难认为毛泽东赞同1946年2月1日这份“指示”中表达的“军队国家化”的精神。毛泽东没有对此提出异议，很可能出于尊重此间主持中央工作同志的传统作风，至于其中的问题，可留待后面解决。1946年2月12日，即《指示》发布后的第11天，毛泽东自生病以来第一次主持召开中共中央政治局会议，讨论同国民党谈判的整军方案。毛泽东在会上对在中国走法共“阶级合作”道路的思潮婉转提出批评说：美国和蒋介石要以全国军队统一来消灭我们，我们要统一而不被消灭。军党分立还不是最危险的，合编分驻才是最危险的。全国军队统一，原则上我们只好赞成，实行步骤要看具体情况，这是我们与法国不同的。 参阅中共中央文献研究室编《毛泽东年谱》（下卷），中央文献出版社2002年版，第57页。

国民党一党独裁制度即开始破坏，在全国范围内开始了国家民主化。这就将巩固国内和平，使我们党及我党所创立的军队和解放区走上合法化。这是中国民主革命一次伟大的胜利。从此中国即走上了和平民主建设的新阶段。虽然一定还要经过许多曲折的道路，但是这一新阶段是已经到来了，政治协商会议的各项决议，现已陆续公布，望各地在党内外，特别在各大城市，分别进行适当的广大的宣传，举行庆祝大会，发出庆贺通电，要求政府立即实行决议；而在我们自己方面，则准备为坚决实现这些决议而奋斗。

关于今后军队与党的关系，《指示》表示：

我党即将参加政府，各党派亦将到解放区进行各种社会活动，以至参加解放区政权，我们的军队即将整编为正式国军及地方保安队、自卫队等。在整编后的军队中，政治委员、党的支部、党务委员会等即将取消，党将停止对于军队的直接指导（在几个月之后开始实行），不再向军队发出直接的指令，我党与军队的关系，将依照国民党与其军队的关系。

最后《指示》指出：

必须指出党内目前主要危险倾向，是一部分同志中的狭隘的关门主义。由于国民党的反动政策及十八年的国共尖锐斗争，党内党外均有许多人不相信内战真能停止，和平真能实现，不相信蒋介石国民党在各方面逼迫下，也能实行民主改革，并能继续与我党合作建国，不相信和平民主新阶段已经到来，因而采取怀疑态度，对于许多工作不愿实行认真的转变，不愿用心学习非武装的群众的与议会的斗争形式。因此各地党委应详细解释目前的新形势与新任务，很好的克服这些偏向。有些党外人士比党员还要左，我们应当好好说服他们。由于整个政治形势的发展，中央相信这种偏向是不难克服的，但在以后一个时期，国内和平民主新阶段更加确定，并为广大群众看清之后，在国民党实行若干重大改革之后，右倾情绪即可能生长起来，并可能成为主要危险倾向，那时我们就要注意克服右倾情绪。但在今天则应注意克服一部分群众中的左倾关门主义。[①]

当时，就连苏联大使都认为："没有可怕的危险"了，相信中共"应学习法国的经验，今后主要任务是争取群众"[②]。

斯大林曾支持的南斯拉夫共产党领袖铁托于1948年与斯大林反目[③]后，斯大林对中国共产党产生了深深的怀疑，在战后他更加将苏联利益作为绝对原则，对第二次世界大战结束后出现的国际共产主义运动高潮则日益淡漠，如果再考虑到中共党内的"和平民主"思潮，这些都对正处于中国命运大决战关键时刻的毛泽东形成巨大压力。

1944年3～4月间，中国战场发生了与同期希腊战场的类似形势，蒋介石在几个月内丢掉了豫、鄂、湘、粤等广大区域，中国共产党领导下的军队壮大到47万，民兵227万，根据地人口达到8000万。面对中国国共对垒的形势，6月，罗斯福派哈里曼返回莫斯科"同苏联领袖讨论中国问题"。6

① 中央档案馆编：《中共中央文件选集》（1945～1947），中共中央党校出版社1987年版，第318、319、321、322页。

② "重庆代表团致中央电"（1946年1月26日），转引自杨奎松著《毛泽东与莫斯科的恩恩怨怨》，江西人民出版社1999年版，第254页。

③ 1948年苏联与南斯拉夫党和国家之间发生意见冲突并导致两党关系破裂。苏、南两国共产党在第二次世界大战期间已存在分歧。苏联承认南流亡政府而对南共领导的临时政府不甚支持，未与南共商议与英、美就南斯拉夫有关问题达成协议。战后初期两国摩擦加深。苏共以领导党自居，干涉南内政，要求南照搬苏联模式，南共对此有所抵制。1948年3月中旬，苏联突然撤走在南斯拉夫的全部军事顾问和文职专家，两国关系急剧恶化。3—5月，两党交换信件，阐述各自观点。苏共指责南共反苏，背离马列主义，放弃党的领导作用，低估苏联经验，奉行机会主义理论，声称间谍内奸充斥于南党政机构内。南共进行反驳，表示了该党遵循马列主义，学习苏联的榜样，坚持独立自主，以略有不同的方式发展本国社会主义的立场。经苏联提议，6月20—28日欧洲共产党和工人党情报局于布加勒斯特举行会议，在南共拒绝出席的情况下，通过关于南斯拉夫的决议，严厉抨击南内外政策，宣布将其开除出情报局。1949年，苏联与东欧国家断绝与南斯拉夫的贸易关系，对南施加政治、经济和军事压力。同年11月，情报局再次作出决议，攻击南共是帝国主义的奴仆，号召南人民推翻南共领导人的领导。苏联及东欧国家完全断绝与南的关系。苏联的大党主义和大国主义是苏、南冲突的根本原因。1955年，苏共中央第一书记赫鲁晓夫访南，对苏、南关系遭到破坏表示遗憾。双方签署《贝尔格莱德宣言》，两党关系正常化。

月10日，哈里曼拜见斯大林。此前4天，英美军队在法国登陆成功，斯大林心情特别好，他对哈里曼说："战争史上从未见过如此辉煌的一次战役。拿破仑本人从未试一下。希特勒想到了，但他是个笨蛋，也从未真正试过。"[①]关于中国问题，哈里曼的译员爱德华·佩奇记录道：

> 哈里曼大使开始回顾了罗斯福曾在德黑兰说过的，即蒋介石是唯一能把中国合在一起的人。斯大林同意说，是这样。哈里曼接着说，总统认为，应该首先鼓励蒋介石同华北的共产党寻求一种解决办法，以便团结起来抗日；其次应该鼓励蒋介石把他的对内政策搞得开明一些。斯大林评论道："说比做要容易。"接着，斯大林进行了看来比通常更自由的谈话，他重申他的看法，即在目前情况下，蒋介石是最恰当的人，因而必须给予支持。但是，这个最恰当的人也是差劲的。他认为，在蒋领导下的中国，仗打得不好，并举出了一些或许公正或许不公正的例子。他有这个印象，即蒋介石周围不少人是骗子，甚至是汉奸，因为日本人似乎对重庆发生的每一件事都清楚。他抱怨蒋介石没有使用中国共产党人抗日，相反，由于意识形态的原因而跟他们发生争吵。他认为这是愚蠢的。因为，他说——记录说他笑着说，"中国共产党人不是真正共产党人，他们是'人造奶油'共产党人。尽管如此，他们是真正的爱国者，他们要跟日本作战"。

在斯大林看来，在中共党内，只有像王明这样的忠实于莫斯科路线的人才不是"'人造奶油'共产党人"。在斯大林那里，似乎中国共产党是不应当有自己的"祖国"的，从他对法共、希共、南共的态度看，似乎全世界各国共产党的"祖国"只能在莫斯科。莫斯科的安危才是他们"祖国"的安危。

> 哈里曼问斯大林，在他看来，美苏共同对华政策是什么？斯大林似乎把这个问题转给我们。他说，美国应该而且可以在这方面起领导

① [美]W.艾夫里尔·哈里曼、伊利·艾贝尔著：《哈里曼回忆录》，吴世民等译，东方出版社2007年版，第377—378页。

作用，因为大不列颠和苏联都不能做到这一点。他建议，美国可以对蒋介石施加更充分的影响，坚持要他去掉那些不诚实的助手，把权力授予愿意打仗的年轻些的人。在所有这些方面，美国的政策应该是灵活的，应随时准备支持那些一旦崛起的优秀的新人。接着，斯大林就最近在新疆与外蒙古发生的纠纷说了一段话。他说，虽然眼下那边局势已平静下来，不过，一旦这样情况再度发生，苏联将会感到有义务再一次给予外蒙古以武装支持。最后，他指责蒋介石周围那帮人，说他们散布苏联跟日本就中国问题进行秘密交易的流言蜚语。他说这些报告都是胡说八道。他重申，苏联对中国的立场，仍然是以1924年签订的中苏友好条约①为基础的。②

阅读斯大林外交谈话时不仅要看他表态，更要读出他在表态后又不直说出但他还所想要的东西。许多包括俄国人在内的学者在阅读斯大林谈话时，往往注意到斯大林明说的方面——斯大林明说的一般都是好话，但这些学者对于其中暗示的内容往往忽略。斯大林的谈判特点是在他承认你的利益的同时，却自己不说出而希望对方说出将对他有回报。在上面的讲话中，斯大林先肯定美国在中国问题上的主导作用，这是在暗示，那美国是否会承认苏联是其分割战后中国利益的伙伴呢？斯大林肯定蒋介石的法统地位，这同时在暗示除了他与罗斯福在德黑兰和次年雅尔塔会议上所要求的不冻港和中东铁路的利益外，蒋介石和美国应满足苏联将新疆、外蒙纳入苏联的势力范围的强烈要求。

1944年8月18日，美国陆军参谋长马歇尔与陆军部长史汀生推荐赫尔利以总统私人代表身份来华。赫尔利来华之前，先与美国战争物资生产局长纳尔逊于8月31日抵莫斯科，同莫洛托夫讨论“中国情况”。莫洛托夫尽力撇开苏联政府与中共的关系。据纳尔逊给美国务院的报告说：

虽然莫洛托夫说，苏联政府曾被不公正地认为对于近年在中国发

---

① 1924年5月31日，苏联与中华民国签订中苏友好条约，是日，双方制订并签署了中东铁路临时管理协定，苏中两国互换照会，建立外交关系。

② 转引自《战后世界历史长编》第1编第1分册，上海人民出版社1975年版，第354—355页。

> 生的种种事件应负责任，他却强调说，苏联政府对于中国内部的事件和发展，不负任何责任。莫洛托夫说到中国某些地区人民很贫困的情况，这些人民中，有人自称共产党人，但与共产主义不发生任何关系。只是对于他们的经济情况不满意的一种表示，一旦他们的经济情况改善，他们就会忘记这种政治倾向。[①]不应把苏联政府与这些“共产分子”联系起来，也不能因这种情况，而对苏联政府作任何谴责。全部情况的解决，是使中国政府为共同利益而努力完成当前的种种工作，并使中国的生活更趋于正常。莫洛托夫总结说，假若美国帮助中国人统一他们的国家，改进他们军事和经济的情况，并为这种工作选择最优秀的人物，苏联方面将至感高兴……莫洛托夫也阐明下列一点，即在蒋介石改变政策，设法增进中苏关系前，苏联政府对于中国政府事件不打算有任何的关心。[②]

莫洛托夫实则是在告诉美国人，苏联与中共没有什么实质关系，也不对他们的行为负责。我们欢迎美国介入中国事务，但前提是要看蒋介石给什么样的回报。莫洛托夫这里是在逼迫蒋介石同意斯大林在德黑兰向罗斯福要求的旅顺基地及中东铁路以及外蒙等要求。赫尔利得到苏联底牌后，于9月6日，到达重庆，并于次日即见蒋介石，声明罗斯福派他来的任务就是“维护中国国民政府的巩固，拥护委员长是中国的领袖”。当说到“领袖”二字时，赫尔利还“特别提高了嗓门”，乐得蒋介石笑眯了眼，“频频点首，表示感谢”。[③]9月30日，赫尔利接替高思任美驻华大使。

1945年2月，罗斯福与斯大林在雅尔塔会议上就远东问题达成协议。罗

---

① 这是莫洛托夫的一贯观点。1976年，莫洛托夫谈到毛泽东访苏期间，斯大林曾让他去看一下毛泽东“是个什么人”，莫洛托夫在与毛泽东谈完话后告诉斯大林：“值得接见他。他是个聪明人，农民领袖，中国的普加乔夫。当然，离马克思主义还很远，他向我承认，没有读过马克思的《资本论》。”费·丘耶夫著，王南枝等译：《同莫洛托夫的140次谈话》，新华出版社1992年版，第138页。

② 转引自《战后世界历史长编》第1编第1分册，上海人民出版社1975年版，第358—359页。

③ 同上书，第359页。

斯福基本满足了斯大林在中国的要求。[①]4月12日，罗斯福逝世。1945年4月15日，赫尔利深夜继哈里曼去年（1944年6月10日）拜访斯大林后，再次与斯大林面谈，以确定苏联支持蒋介石的立场是否变化。赫尔利在谈话后两天（4月17日）向美国务院提交的报告表明斯大林和莫洛托夫支持蒋介石的立场依旧。赫尔利写道：

我的分析简约如下："前次会谈中，莫洛托夫说，中国共产党事实上并非共产党。他们的目标在获得他们视为中国所必需而且适当改革。苏联并不支持中国共产党。苏联不愿中国内部意见分歧或发生内战。苏联政府愿意对中国有更密切和更和睦的关系……"莫洛托夫对于这个分析，表示同意。然后我为斯大林和莫洛托夫简约地叙述中国政府与中国共产党间现时存在的关系。我坦白地叙述，我曾经有助于促成中国共产党与中国政府间的会议与谈判。

我表明美国坚决主张中国置备它自己的领袖人才，决定它自己的事并对它自己的政策负责。根据这点，美国赞同中国建立一个自由、统一的政府的抱负并支持一切为统一中国武装军队的努力……为促进上项计划，决定支持蒋介石领导下的中国国民政府。斯大林坦白表示，苏联政府支持这个政策。他又说，他愿与美国英国合作，完成中国军队的统一。他称许蒋介石，并说，中国国民政府某些官员中虽曾有贪污发生，他知道蒋介石却是"不自私"的，而且是"一个爱国志士"，在过去苏联也曾对他友好。总之，斯大林在这次会谈中，对曾

① 1943年11月30日的德黑兰会上，斯大林向罗斯福诉苦说："苏联还被封闭在远东，因为苏联船只从任何港口都出不去，它们必须或经关门海峡或经对马海峡，而这些海峡任何时候都可能被日本人关闭。"罗斯福慷慨地对斯大林说："在远东，大连就可以成为这样的港口。"斯大林说："这是对的，但是，中国可能对这一点不满。"罗斯福越俎代庖，说："中国将完全同意这一点。"斯大林继续诉苦说："除了摩尔曼斯克，堪察加的彼得罗巴甫洛夫斯克是俄国唯一的不冻港。但这个不冻港，用起来不方便，因为既没有铁路，又没有其他良好的道路，所以，难以有效地把它当作港口利用。"罗斯福问："大连是不是不冻港？"斯大林答说："大连是不冻港，旅顺同样是不冻港。但旅顺口作海军基地比作商港更合适。"参阅"三国首脑早餐会时的谈话记录"（1943年11月30日），沈志华主编：《苏联历史档案选编》第17卷，社会科学文献出版社2002年版，第456、457页。

向他简约叙述的美国对华政策，无条件表示同意。[①]

为了对斯大林底牌有更准确的了解，更是为在7月召开的波茨坦会议上杜鲁门与斯大林的会面作准备，美方提升级别，于5月26日到6月6日霍普金斯以总统特别助理的身份在哈里曼陪同下与斯大林进行了六次会谈。其中大部分时间都花在波兰问题上。关于远东，哈里曼回忆说：

如果说朝鲜的未来斯大林只是一掠而过，对中国的前途他却显示出强烈的兴趣。这方面的讨论起因于霍普金斯的一个揭示：马歇尔将军和金将军上将急于了解苏联究竟于何时对日开战。在雅尔塔，斯大林曾许诺在德国投降后两至三个月内参战。现在作为对霍普金斯的回答，他说他在远东的部队到8月8日将各就各位。但开战的确实日期，他进而讲，将视他和罗斯福的秘密协定的执行情况而定——涉及这一协定也就需要蒋介石的同意。假使蒋接受他的政治要求，那么红军将在8月对日本采取行动。霍普金斯表示，就他回忆所及，先是罗斯福，今则杜鲁门，都一直在等待斯大林的信息然后去和蒋接洽。那不错，斯大林回答说。他们曾同意，苏军主力部队的调动进行之前，暂缓告知委员长。现在他想他将直接向中国的外交部长宋子文提出这个问题，因为可望他在旧金山会议后访问莫斯科。

霍普金斯说：赫尔利大使一直在做工作，使蒋的国民党政府跟中国共产党人和解；他欢迎斯大林就实现统一的途径发表见解。斯大林说，他没有什么具体的计划。大家都会同意，中国应成为一个完整的、稳定的国家，而不该像19世纪的德国那样成为许多分离的小邦的集合体。她将需要经济援助，而这只能来自美国。[②]

需要注意的是，这里斯大林说中国“不该像19世纪的德国那样成为许

① 转引自《战后世界历史长编》第1编第1分册，上海人民出版社1975年版，第373—374页。

② [美]W.艾夫里尔·哈里曼、伊利·艾贝尔著：《哈里曼回忆录》，吴世民等译，东方出版社2007年版，第562—563页。

多分离的小邦的集合体”，是在向美国表明，中国只能是苏联和美国的势力范围或说瓜分对象，而不能再像19世纪末那样是整个欧亚帝国主义国家参与瓜分的对象。斯大林接着再次重复6月10日向哈里曼表达的在中国重建中“美国应该而且可以在这方面起领导作用”即美国在中国可以占大头的意见。他告诉霍普金斯：

> 帮助中国自立，美国必然要起最大的作用；苏联会忙于自己国内的重建，而英国亦将陷身别的地方。①

有与斯大林谈判经验的政治家都明白，在听到斯大林告诉你“可以做什么”的时候，一定要听出和读出他暗含在其中的“凭什么”即斯大林所需要但又不明言的回报额度。当下的形势是美国急求于苏联而不是相反②，自然当斯大林说出前半句后，霍普金斯立即领会其中的含义，他向斯大林表示美国也不会独吞中国利益，他说，他“希望斯大林充分理解，我们在中国或远东没有独占性利益，也确实不想把任何其他国家排斥在外”。斯大林明白这“其他国家”并不是英国，而是苏联。斯大林还是将美国推到中国问题的主导地位。他回答道：

> 他充分理解这一点，但他所说的意思是，美国是唯一拥有资本和人才，在紧接着战事结束的这个时期内，能对中国真正有所帮助的国家。③

---

① [美]W.艾夫里尔·哈里曼、伊利·艾贝尔著：《哈里曼回忆录》，吴世民等译，东方出版社2007年版，第563页。

② 1945年4月30日，希特勒自杀，美国代理国务卿格鲁在写给海军部和陆军部的报告中提出在执行雅尔塔秘密协定中对苏联提出新条件的建议，这项建议为陆军部长史汀生和参谋长马歇尔否定，理由是“在决定是否参战问题上，苏联政府不会理会美国政府所采取的任何政治行动”，更重要的是“苏联参战在军事上将有很大的影响，几乎可以肯定，这将能大大缩短战争的时间”，而且“不管怎样，苏联在军事上有力量取得在雅尔塔所答应给予它的东西——除非美国准备发动战争来阻止它”。《战后世界历史长编》第1编第1分册，上海人民出版社1975年版，第375—376页。

③ [美]W.艾夫里尔·哈里曼、伊利·艾贝尔著：《哈里曼回忆录》，吴世民等译，东方出版社2007年版，第563页。

这里斯大林用“唯一”一词意在让美国放心，苏联只与美国而非其他国家分配中国利益。哈里曼接着探询苏联对满洲和中国其他地区的政治意图，斯大林重申：苏联对中国没有领土要求，甚至在新疆也没有。而且，比之中国共产党人，他倒宁愿准备和蒋介石打交道。据美方记录原文，斯大林表示：

> 至于委员长，元帅说，他对任何中国领导人都不大了解，但他觉得，蒋介石是中国领导人中最好的，并将成为统一中国的承当者。他说，他看不到任何其他领导人可能承当此任；并举例说，他并不以为中国共产党的领导人有蒋介石那样好，也不相信他们有能力完成中国的统一。①

哈里曼问：“当苏联军队开入满洲时，斯大林元帅是否打算让蒋介石组织民政工作？”斯大林毫不含糊地回答：

> 凡是苏联军队开入的地方，满洲也好，中国其他地方也好，中国行政机构都将由蒋介石建立。任何红军所在的地区，蒋介石都可以派代表建立其国民党政权。②

在确定斯大林在中国的底牌后，杜鲁门便于6月9日在华盛顿接见宋子文时将雅尔塔协定内容正式通知中国，要他在7月1日之前去莫斯科。6月15日，赫尔利在重庆通知蒋介石，美国政府将支持雅尔塔协定。

6月30日，宋子文到达莫斯科与斯大林谈判，主要争论焦点是外蒙古问题。宋向斯大林说：如果割让了外蒙古，从而放弃已经在1913年后来又在1924年得到俄国人承认的一项所有权，那么任何一个中国政府都不能继续存在下去。斯大林认为：外蒙古是苏联的一个“缓冲地带”，它将保护苏

---

① [美]W.艾夫里尔·哈里曼、伊利·艾贝尔著：《哈里曼回忆录》，吴世民等译，东方出版社2007年版，第563—564页。

② 《战后世界历史长编》第1编第1分册，上海人民出版社1975年版，第379—380页。

联远东的领土。而且“外蒙人民既不愿意加入中国，也不愿意加入苏联，因此应当独立”。[①]

随宋子文赴苏联谈判的还有蒋介石的大公子蒋经国。蒋经国在“7月4日以后”的某天[②]，曾以特殊的私人身份就外蒙古独立问题与斯大林透彻地交换看法。他告诉斯大林：“你应当谅解，我们中国七年抗战，就是为了要把失土收复回来，今天日本还没赶走，东北台湾还没有收回，一切失地，都在敌人手中；反而把这样大的一块土地割让出去，岂不失却了抗战的本意？我们国民一定不会原谅我们，会说我们‘出卖国土’；在这样情形之下，国民一定会起来反对政府，那我们就无法支持抗战；所以我们不能同意外蒙古归并给俄国。”斯大林也不将蒋经国当作一般的外交人员，干脆直接端出他常让别人体会而不言明的外交暗语，说：

> 你这段话很有道理，我不是不知道。不过，你要晓得，今天并不是我要你来帮忙，而是你要我来帮忙；倘使你本国有力量，自己可以打日本，我自然不会提出要求。今天，你没有这个力量，还要讲这些话，就等于废话！

蒋经国还是不理解斯大林的商业逻辑，继续问：“你为什么一定要坚持外蒙古‘独立’，外蒙古地方虽大，但人口很少，交通不便，也没有什么出产。”斯大林给蒋经国一个盎格鲁–撒克逊式的经典回答，说：

> 老实告诉你，我之所以要外蒙古，完全是站在军事的战略观点而要这块地方的。（他拿来出一张地图指着说）倘使有一个军事力量，从外蒙古向苏联进攻，西伯利亚铁路一被切断，俄国就完了。[③]

这时斯大林心中一定想到的是1905年俄国因西伯利亚运输缓慢而导致

① 转引自刘彦章、项国兰、高晓惠编《斯大林年谱》，人民出版社2003年版，第677页。

② 蒋经国在日记中记录为“1945年夏”，而刘彦章、项国兰、高晓惠编的《斯大林年谱》第677页则注为“7月4日以后”。判断是7月4日至斯大林离开莫斯科至柏林的7月16日期间。

③ 转引自梁之彦、曾景忠选编《蒋经国自述》，团结出版社2005年版，第111页。

俄国与日本在远东战争中的战败。1942年10月15日，斯大林曾向到访的英美客人（艾登和哈里曼）就远东作战准备介绍情况时说："第一次俄日战争时西伯利亚铁路的通过能力是每昼夜6对列车。当时的沙皇部长库罗帕特金曾为铁路通行能力增加到7对而祈祷。"[①]而此时，苏联再次远赴远东对日作战，兵源和资源的运输仍面临巨大的压力。据苏联方面估算，当时"西伯利亚铁路的通行能力是一昼夜36对列车，其中有10对必须用于满足经济需要。根据粗略估算，大约需要通过1000组列车才能在远东与日本兵力持平，或是稍有优势"。此外，"双轨的西伯利亚铁路无法运送35～40个师的给养，苏联还必须在远东建立起3～4个月的储备。"因此，实现对日作战计划"需要两个半月到三个月"。[②]为了保障这条铁路不被日本人拦腰切断，1939年苏联还与日本在诺门坎厮杀了三个多月，付出3000多士兵生命的代价。显然，西伯利亚铁路对此时和未来苏联命运具有着重大的意义。此外，斯大林后来告诉蒋经国，据宋子文对哈里曼的转述，苏联计划"在以后的五十年期间使西伯利亚工业化"，而"满洲工业产品对实行西伯利亚工业化是不可少的，否则西伯利亚工业化是不能完成的"。[③]1812年抗击拿破仑入侵的战争、1941年抵抗德国法西斯的卫国战争以及1905年和1945年俄罗斯人与日本交往的经验告诉斯大林，没有西伯利亚就没有俄国，没有西伯利亚工业化，俄国就守不住远东的利益，而没有西伯利亚大铁路，就不会有西伯利亚的工业化。

不仅如此，斯大林明白，外蒙独立就会在中国北方胸膛中间撕开一个大口子，有了这个口子，西可包抄新疆，东可控制东北，如果条件成熟还可促成这两个地区与中国的进一步分离——1949年2月4日，斯大林就委托米高扬转告毛泽东："应该让少数民族自治，而不是独立"[④]；更有甚者，

---

① "会议记录"（1942年10月15日22时），[俄]奥·阿·勒热舍夫斯基编：《斯大林和丘吉尔（1941～1945）》，王仲宣、齐仲、高春兴译，东方出版社2006年版，第532页。

② 同上书，第532—533页。

③ [美]W.艾夫里尔·哈里曼、伊利·艾贝尔著：《哈里曼回忆录》，吴世民等译，东方出版社2007年版，第644页。

④ 参阅俄罗斯联邦总统档案馆，全宗：39，目录：1，卷宗：31页，第54页。转引自[俄]A.M.列多夫斯基著《斯大林与中国》，陈春华、刘存宽等译，新华出版社2001年版，第85—86页。

如果中国若有不从，还可从外蒙古以最近的距离直插中国政治心脏北京。

这时的蒋经国的外交经验还成熟不到能体会出斯大林话的含义，他甚至不知道斯大林在说什么。他告诉斯大林："现在你用不着再在军事上有所忧虑，你如果参加对日作战，日本打败之后，他不会再起来；他再也不会有力量占领外蒙古，作为侵略苏联的根据地。你所顾虑从外蒙进攻苏联的，日本以外，只有一个中国；但中国和你订立'友好条约'，你说25年，我们再加5年，则30年内，中国也不会打你们；即使中国要攻击你们，也还没有这个力量，你是很明白的。"①斯大林回答说：

> 你这话说得不对。第一，你说日本打败后，就不会再来占领外蒙古打俄国，一时可能如此，但非永久如此。如果日本打败了，日本这个民族还是要起来的。天下什么力量都可以消灭，唯有"民族"的力量是不会消灭的；尤其是像日本这样的民族，更不会消灭。倘使日本交由美国人管理，5年以后就会起来。②

蒋经国问："倘使给你来管，又怎样的呢？"斯大林回答说："我来管，最多也不过多管5年。"③斯大林不耐烦地对这位少不足以与之谋事的蒋公子一语交底，说：

> 非要把外蒙古拿过来不可！我不把你当作一个外交人员来谈话，我可以告诉你：条约是靠不住的。再则，你还有一个错误，你说，中国没有力量侵略俄国，今天可以讲这话，但是只要你们中国能够统一，比任何国家的进步都要快。④

最后这句却是斯大林情急中直接说出的心里话，也道出了斯大林战后对华政策的底牌。

---

① 转引自梁之彦、曾景忠选编《蒋经国自述》，团结出版社2005年版，第111页。

② 同上书，第111—112页。

③ 同上书，第112页。

④ 同上。

7月7日，斯大林设宴招待乔巴山一行，斯大林举杯致辞说："为蒙古的领导人，为蒙古的独立干杯。"[①]这是变相在蒙古问题上给宋子文施压。晚23时，斯大林与宋子文第三次会谈，宋子文在得到蒋介石的授权后答复斯大林：中国可予以外蒙以高度自治，说这符合雅尔塔协定"保持外蒙现状"的精神。斯大林坚持：今天的外蒙古事实上是一个"人民共和国"，所谓现状，就意味着独立。双方争吵，致使斯大林两次说：谈判到此为止吧！两天后，在第四次会谈中，宋子文再次得到蒋介石授权，同意外蒙独立，但"交换条件"是：保持东北三省领土、主权及行政之完整，苏联今后不再支持中共，不再支持新疆"匪乱"。斯大林对此表示欢迎，立即同意蒋介石的要求。[②]

宋子文每次与斯大林谈话后，总是"逐日把他在克里姆林宫的谈话内容通知哈里曼"[③]。哈里曼埋怨说："宋一点也不关心那些令我担忧的事情，他认为，能使斯大林承认蒋介石的国民政府对满洲的主权即为一项巨大的成就。他远不像我们那样地关心是中国还是俄国军队护卫铁路或者是大连港港务局长一类细节问题。"[④]哈里曼知道，失去中东铁路的控制权，中国也就失去了东三省的主权。这时的宋子文其实也顾不上这些了，这些也正是斯大林同意支持蒋介石政权而又没有明说的交换条件，没有这些条件，斯大林前面的承诺是不会兑现的。7月11日，斯大林同宋子文举行第五次会谈，中方全面满足了斯大林的要求。中苏第一轮会谈结束。

8月7日，中华民国新外长王世杰在蒋经国随同下再赴莫斯科。当天宋子文抵达莫斯科与斯大林会谈。关于苏联参加对日作战、关于将库页岛南部和千岛群岛交给苏联问题，双方均无异议。在外蒙古边界问题上，中方让步同意"外蒙以现在边疆为界"。双方另就中长铁路、旅大港的经营和管理达成协议。苏联政府还同意只承认国民党中央政府，不干涉新疆事务，尊重中国对东北三省领土的主权完整。中苏于8月14日达成并签订了

① 刘彦章、项国兰、高晓惠编：《斯大林年谱》，人民出版社2003年版，第678页

② 同上书，第677—678页。

③ [美]W.艾夫里尔·哈里曼、伊利·艾贝尔著：《哈里曼回忆录》，吴世民等译，东方出版社2007年版，第563页。

④ 同上书，第577页。

《中苏友好同盟条约》[①]。据美国国务院事后发表的《美国与中国的关系》白皮书中说：

> 在换文时，苏联允诺把在精神上和军事上的全部援助给予“作为中国中央政府的国民政府”，并承认中国在满洲的主权；中国同意在战败日本后，如果经公民投票表决，根据外蒙古人民的愿望，将承认外蒙古独立。协定中关于大连的问题，使中国宣布为“自由港”，对各国商业和航运开放，并规定由中国管理该港，但以该港设备的一半，免费租借苏联使用，这一点规定超过了雅尔塔协定。此协定实际上并未生效。
>
> 协定中关于旅顺口，规定该地区由两国海军共同使用，并将该区域的界限扩大，虽然尚不及苏联所希望的1904年以前的界限，唯已超过美国所希望的界限。[②]

据哈里曼回忆说：“总的说来，宋博士办成了他认为重要的大部分事情。全世界都欢呼这个协议。”[③]在获得美苏支持后，蒋介石在与苏联达成协议的当天（8月14日），电邀毛泽东去重庆，称“事关国家大计，幸勿吝”[④]。这时已从蒋手中获得外蒙和东北利益的斯大林也与蒋介石前后脚地于8月20日、24日两次致电毛泽东称：中国不能再打内战，希望毛泽东赴重庆和谈，并担保毛泽东赴渝之安全。[⑤]美国驻苏大使馆9月10日致国务院的电报中说：“由于俄国的保证，中共讨价还价的地位和企图获得军事支持的基础无疑地大受削弱。”[⑥]

---

① 此次谈判除签订《中苏友好同盟条约》外，还就签约时达成的谅解和外蒙古独立问题交换了两个换文，就大连、旅顺、中长铁路、南满铁路等问题签订了六个协定、议定书和附件。具体内容可参见姜长斌著《中俄国界东段的演变》，中央文献出版社2007年版，第145—270页。

② 《战后世界历史长编》第1编第1分册，上海人民出版社1975年版，第386页。

③ [美]W.艾夫里尔·哈里曼、伊利·艾贝尔著：《哈里曼回忆录》，吴世民等译，东方出版社2007年版，第593页。

④ 《毛泽东文集》第4卷，人民出版社1996年版，第3页，注释2。

⑤ 参见沈志华主编《中苏关系史纲》（1917～1991），新华出版社2007年版，第84页。

⑥ 《战后世界历史长编》第1编第1分册，上海人民出版社1975年版，第387页。

可以说，1945年8月苏联与蒋介石签订“友好同盟条约”后的中共真正碰到了“黑云压城城欲摧”的艰难形势；此时的中国，在苏美的合谋和蒋介石的出卖下只剩下一个“主权”空壳。中国事实上已遭到美国和苏联的南北分割。1956年9月24日，毛泽东同参加中国共产党第八次全国代表大会的南斯拉夫共产主义者联盟代表团谈话时回忆说：“日本投降以后，斯大林和罗斯福、丘吉尔开会，决定把中国全部都给美国，给蒋介石。当时从物质上和道义上，尤其是道义上，斯大林都没有支持我们共产党，而是支持蒋介石的。决定是在雅尔塔会议上作出的。”[①]事后多年逐渐披露出来的档案文献也证实了毛泽东的话并不是情绪的宣泄。在整理俄罗斯解禁档案文献方面做了大量工作的沈志华教授证实：“实际上，苏联也正是从1948年夏天以后才开始向中共提供军事援助的。在目前为止披露的俄国档案文件中，没有发现苏联在此之前向中共提供军事援助的证据。”[②]

这里需要说明的是，即使苏联与美国这时留给中国的“主权”空壳，也是在特定背景下出现的。19世纪初美国希望中国主权保持完整的原因是当时美国不够强大，[③]当时中国的分裂只能对欧洲列强有益，而美国不会从中获得足够的利益，而20世纪苏联与美国留给中国的“主权”空壳，则是苏联和美国想利用由他们主导的中国统一的政府将英国排除在外，用斯大林的话说就是“美国是唯一拥有资本和人才，在紧接着战事结束的这个时期内，能对中国真正有所帮助的国家”[④]。

此时的英国已迅速衰落，因此，它只有从中国的完全分裂中才能获取更多的利益。丘吉尔早在1942年10月21日在致艾登的信中，明白无误地反对美国的对华政策。他说：“至于中国，我不认为重庆政府代表一个世

① 毛泽东：“吸取历史教训，反对大国沙文主义”(1956年9月24日)，中华人民共和国外交部、中共中央文献研究室编：《毛泽东外交文选》，中央文献出版社、世界知识出版社1994年版，第253—254页。

② 沈志华著：《毛泽东、斯大林与朝鲜战争》，广东人民出版社2003年版，第75页。

③ 1900年8月28日美国西奥多·罗斯福总统在给德国驻美大使施特恩贝格的信中写道：“我愿意看到日本占有朝鲜。它将对牵制俄国起作用，而俄国由于它的作为，应该接受这种报应。但是我诚挚地希望不要分割中国。这样做最终将对任何人都不好。”参见阎广耀、方生选译《美国对华政策文件选编》，人民出版社1990年版，第425页。

④ [美]W.艾夫里尔·哈里曼、伊利·艾贝尔著：《哈里曼回忆录》，吴世民等译，东方出版社2007年版，第563页。

界大国。在美国想搞掉不列颠的海外企图中，它肯定会因此买到一张选票。”[①]曾任美国驻苏联大使的戴维斯早在1939年9月就把英国的对华政策概括为“防止中国成为一个大国，削弱俄国（在华）力量”。[②]赫尔利来华后不久，也怀疑英国在中国的一些活动，他在1943年11月3日和英国驻华大使会谈后写给国务院的报告中指出：“迹象表明英国军事援助团的唯一目的是提高英国的战后地位”，“正在破坏美国促进团结的意图，从而企图使中国保持衰弱和分裂”。1944年11月间，英国驻华大使又在拜访赫尔利时谈道，“企图使中国的军事机构统一起来，可能是一个错误”。他认为，中国过去作为一个分裂的国家一直过得蛮好；促使其不和也许是一个好的见解，因为一个统一的中国只会在东方“引起麻烦”。英国大使说：“统一中国取得成功，将会意味着在未来的年代里帝国主义在东方被消灭，而白人对东方的统治将随之丧失。”[③]

1945年4月18日，国务卿斯退丁纽斯呈给总统杜鲁门关于赫尔利同丘吉尔和艾登的谈话备忘录。赫尔利电告国务院：

> 丘吉尔和艾登同意支持美国为统一中国境内的一切抗日部队和建立自由独立的中国政府所作的努力。但是，丘吉尔把美国对中国的长远政策污辱为“伟大的美国幻想”，他不赞成美国为了稳定它自己在中国的军事地位而从缅甸和印度撤出物资。在提到香港时，他宣称英帝国不准备放弃任何东西，而且认为英国不受大西洋宪章条款的约束。[④]

其实斯大林和罗斯福何尝不知中国统一的后果，斯大林就明确告诉蒋经国：“只要你们中国能够统一，比任何国家的进步都要快。”[⑤]斯大林和罗斯福为了排斥英国需要为中国留一个“主权”空壳（实质上就是半殖民

---

① 转引自《战后世界历史长编》第1编第1分册，上海人民出版社1975年版，第370页。

② 同上。

③ 同上书，第370—371页。

④ [美]哈里·杜鲁门著：《杜鲁门回忆录》（上卷），李石译，东方出版社2007年版，第65页。

⑤ 转引自梁之彦、曾景忠选编《蒋经国自述》，团结出版社2005年版，第112页。

地），这有利于操纵中国排除欧洲的在华利益，实现苏美利益的最大化。时任美国驻苏大使馆参赞的乔治·凯南对此看得透彻，他就斯大林1945年4月15日接见赫尔利并作出支持蒋介石统一中国的承诺，写给哈里曼和国务院的报告给杜鲁门留下深刻的记忆。据杜鲁门回忆：

> 凯南并不怀疑（赫尔利）所引述的斯大林的话是正确的，但是他提请注意一个事实，即这些话对俄国人来说有着不同的意义。斯大林准备接受统一中国军队和统一中国的原则，因为他知道这些条件只有在中国共产党人能够接受的情况下才能实行。斯大林也准备同意建立一个自由民主的中国的主张，因为对他来说，一个自由的中国，意味着除俄国的影响外其他国家的影响要降到最低限度。凯南深信，俄国政策的目的仍然是尽最少的责任而取得最大的权益，并将在各个不同的地区施用压力。[①]

美国人看透了斯大林，但此时美国人的在华目的与斯大林比只有“五十步笑百步”的区别。

但是，美国和苏联利用蒋介石分裂中国的图谋遭到了以毛泽东为代表的中国共产党人和团结在中国共产党周围的中国人民的实质性抵制，同样，这种抵制又招致苏美联手对国共两党统一力量实施的更大的压力。具体表现是美国限制蒋介石全面“剿共”政策，而另一面斯大林则劝中共走法共道路，放下武器，成为议会党派。

8月14日，日本宣布无条件投降。当天，蒋介石公开致电邀毛泽东赴渝谈判。8月15日，美国总统杜鲁门发布接受日军投降的“一号命令”，规定除中国东北的日军向苏联军队投降外，其他所有在中国和越南十七度线以北的日本军队，均向蒋介石投降。但此时“蒋介石的权力只及于西南一隅”，据杜鲁门判断，“华南和华东仍被日本占领着。长江以北则连任何一种中央政府的影子也没有”。[②]魏德迈在给麦克阿瑟和尼米兹的电报中

① [美]哈里·杜鲁门著：《杜鲁门回忆录》（上卷），李石译，东方出版社2007年版，第93页。

② 转引自《战后世界历史长编》第1编第1分册，上海人民出版社1975年版，第388页。

说："在中国战区内接受大量日本军队的投降，并维护日本占领区目前的法律和秩序的问题，取决于迅速地把中央政府的军队调往各战略地区。"[①]

1945年12月20日，马歇尔以总统特使身份来华，"调停"中国内战。马歇尔的"出山"让斯大林欢欣鼓舞。12月23日，斯大林接见美国国务卿贝尔纳斯，面对这位新上任的国务卿"总是千方百计地要斯大林重申苏联支持美国的对华政策"[②]，并为美对华政策喋喋不休而又不着要领地作着政策申辩，斯大林在会见结束时对贝尔纳斯感叹道："如果有什么人能解决（中国）这个形势的话，那就是马歇尔将军，马歇尔是仅有的几个既是政治家又是军人中的一个。"[③]

在马歇尔来华前一天（12月19日），莫洛托夫向美国国务卿贝尔纳斯重申："支持蒋介石是苏联的政策，他们遵循着这项政策。他们应中国的要求在满洲留着他们的部队，以便蒋介石的军队争取时间进驻沈阳和长春。"[④]这是给马歇尔发出的信号，暗示美国：这是一个历史机会，美苏同样也可用分割欧洲的方式解决中国的问题——就在5个多月前，斯大林在情急之下向蒋经国道出真情，他说"只要你们中国能够统一，比任何国家的进步都要快。"[⑤]而阻止中国进步的真正方式，如果不能将中国撮合成一个在国民党领导下的唯苏美是从的软弱政府，那还不如南北肢解中国。斯大林相信，目前在美国政客中只有马歇尔能与斯大林在这方面形成战略默契。因为罗斯福去世后，只有马歇尔明白雅尔塔秘密协定及其对于苏美未来的全部内涵。

沈志华主编《中苏关系史纲》一书的分析是有道理的：

---

① [美]哈里·杜鲁门著：《杜鲁门回忆录》（上卷），李石译，东方出版社2007年版，第415页。

② 转引自《战后世界历史长编》第1编第2分册，上海人民出版社1975年版，第328—329页。

③ *Foreign Relations of the United States*, Diplomatic Papers, 1945, Vol.7, *The Far East: China*,p.848，转引自《战后世界历史长编》第1编第2分册，上海人民出版社1975年版，第329页。

④ 转引自《战后世界历史长编》第1编第2分册，上海人民出版社1976年版，第326—327页。

⑤ 转引自梁之彦、曾景忠选编《蒋经国自述》，团结出版社2005年版，第112页。

很显然，斯大林相信，按照雅尔塔协定的规定，中国也应该照此办理。即以长城为界，长城以外的东北地区属于苏联的势力范围，长城以内的中国其他地区属于美国的势力范围。苏联只需要确保它势力范围以内的权益，决不在长城以内制造麻烦；美国也不要把手伸到长城以外来。为了取得美国的合作，斯大林不希望看到长城以内的国共两党发生内战①，主张按照美国人的意愿支持在蒋介石领导下建立统一的中国政府。他出面劝告毛泽东停止武装斗争，到重庆去和蒋介石谈判和平，随后赞同美国总统特使马歇尔到中国直接调处国共两党关系，但自己不参加，也不同意把长城以外的中国东北列入调处范围之中，就是基于这样一种认识。②

马歇尔对斯大林的意图心领神会，他一到重庆就造访苏联驻华使馆，据时任苏联驻华使馆秘书的列多夫斯基回忆：

马歇尔讲述了他赴华使命的目标：继续和争取顺利结束赫尔利已着手进行的工作，也就是争取使对立的国民党和共产党最终达成一致意见，在国内建立和平。马歇尔强调说，这符合美国和苏联的利益，他相信，我们两大国在中国的利益是一致的。因此他期望在执行自己十分复杂的繁重的使命时能得到苏联大使的合作。③

12月23日，美国海军开始运送东北保安司令杜聿明部，前往东北“武装接收”。为了掩护配合杜聿明的进攻，蒋介石密令孙连仲部星夜前进抢占战略要地，限期攻占承德、赤峰一线，切断华北中共军队进入东北的陆上交通。自1946年1月至6月美国装备了国民党军队25个师，连同抗战末期装备的国民党军队达45个师之多，并且美国还为国民党训练了包括陆、海、空及其辅助人员15万人；当年前半年美国对蒋介石的物资援助达13.3亿

① 笔者认为，这时发生中国内战可能会打破国共两党的军事平衡，从而导致中国统一。

② 沈志华主编：《中苏关系史纲（1917～1991）》，新华出版社2007年版，第85页。

③ [俄]A.M.列多夫斯基著：《斯大林与中国》，陈春华、刘存宽等译，新华出版社2001年版，第241页。

美元，“是抗战期间援华物资的两倍”。[①]至1946年3月底，美军已运送国民党五个军进入东北，4月，又续加两个军，这使蒋介石在短期内完成了关外的军事部署。

与此同时，苏联军队也给予蒋介石接受东北的部队积极配合。苏军原定于1945年12月1日从中国东北撤退完毕，但国民党军队尚未准备就绪，苏军表示愿意延缓撤军至次年2月，承诺等到蒋介石军队有能力维持秩序后再撤退。据此，苏联方面与国民党再度达成协议，苏军撤退的最后期限，将延期到1946年2月1日，此间，苏联要求中共军队退出30里以外，“以免再被国民党方面抓住把柄”。[②]12月27日，苏美英三国外长会议结束，在最后发表的公报中苏联用文件的形式给予蒋介石以国际承认，称：“三国外长重申不干涉中国内政的政策”；三国外长“一致同意，必须在国民政府之下建立一个团结而民主的中国”，“并且内战必须停止”。[③]

但是，苏联在对国民党接收东三省提供的保障是有不言自明的条件的，这些条件在1945年12月30日斯大林通过蒋经国明确告诉蒋介石，斯大林说：

你们中国人要明白：美国人想要利用中国作为满足他的利益的工具，他必要的时候，是会牺牲你们的！苏联愿意把本国生产的机器、汽车，以及中国所没有的东西供给中国；同时，也希望中国能把自己出产的矿物、农产品供给苏联。苏联又可以帮助中国在东北建立重工业，并发展新疆的经济；但是，我再三声明，也是我最大的一个要求：你们决不能让美国有一个兵到中国来，只要美国有一个兵到中国来，东北问题就很难解决了。

我的经济顾问最近会到长春去的，我要他和你见面；我并且告诉他：只要国民政府能保证今后美国不在东北得到利益，我们苏联一定可以作必要的让步。

---

① 王文泉、刘天路主编：《中国近代史：1840～1949》，高等教育出版社2001年版，第532—533页。

② 沈志华主编：《中苏关系史纲（1917～1991）》，新华出版社2007年版，第86页。

③ 转引自《战后世界历史长编》第1编第1分册，上海人民出版社1975年版，第330页。

> 苏联并不反对中国和美国建立关系，因为美国也可能帮助中国作经济上的建设，但是，希望你们千万不能信赖他。[①]

斯大林的话有三方面的含义，一是要求蒋介石实际承认并绝对保证从新疆到东北是苏联的势力范围；二是不反对蒋介石接受美国在经济上的帮助，但坚决反对美国军事介入中国事务，即“决不能让美国有一个兵到中国来”；第三，希望蒋介石在政治上“千万不要信赖”美国。言下之意，苏联是值得蒋介石信赖的国家。据宋子文在向哈利曼逐日汇报中说：当斯大林说他要做中国的朋友时，宋子文回答说：中国的政策就是要和苏联、美国都是友好的。斯大林则直截了当地表示：“你们要么和我们在一起，要么就反对我们。”这就是说，国民党中国必须在莫斯科和华盛顿之间作出选择。[②]

1946年风云突变的世界形势是由丘吉尔“铁幕演说”开始的，而在中国则是美苏在国共之间“调停”不成的情况下，斯大林与马歇尔再度将分割欧洲的方式十分默契地应用于中国，将中国推向南北分治的政治格局。

1946年1月3日，蒋经国再次访苏，斯大林在会谈中再次表达了相同的意思，并再次绵里藏针地强调：“如果中国同意奉行门户开放政策，苏联政府不会反对，但苏联政府不要求中国开放任何门户。”[③]这是在威胁蒋介石，意思是：你如果真要倒向美国，我不反对，但你别将美国引入我的即从新疆到东三省的势力范围。临别时，斯大林还特托蒋经国转交蒋介石私

---

① 梁之彦、曾景忠选编：《蒋经国自述》，团结出版社2005年版，第113页。关于这天蒋经国与斯大林的谈话档案记录，可参阅 “斯大林同志同蒋介石的私人代表蒋经国的会谈记录（1946年12月30日21时）”，参见[俄]A.M.列多夫斯基著《斯大林与中国》，陈春华、刘存宽等译，新华出版社2001年版，第15～28页。另外还可参阅刘彦章、项国兰、高晓惠编《斯大林年谱》，人民出版社2003年版，第691页。比较苏方档案和蒋经国本人的记录，苏方档案更符合当时真实，但内容表达得也更分散；而蒋经国的记录表达的思想集中明确，也没有歪曲，但较片面，带有感情色彩。

② [美]W.艾夫里尔·哈里曼、伊利·艾贝尔著：《哈里曼回忆录》，吴世民等译，东方出版社2007年版，第644页。

③ “斯大林同志同蒋介石的私人代表蒋经国的会谈记录（1946年1月3日23时）”，参见[俄]A.M.列多夫斯基著《斯大林与中国》，陈春华、刘存宽等译，新华出版社2001年版，第38页。

人信件[1]，试探蒋对苏的态度。信不长，但话软中带硬：

大元帅先生：

1945年12月30日，贵公子蒋经国先生面交我一封您盛情的来信，谨向您表示谢意。

我与他的会谈涉及一系列苏中关系问题和其他一些中苏两国感兴趣的问题。我希望我们两国关系将按照苏中条约发展，今后我将经常注意此事。

不久前在莫斯科结束的三国外长会议[2]已取得有益的结果，应当特别指出：此次会议有助于解决对中苏两国均具有如此重要意义的战后远东问题。

大元帅先生，请接受我最崇高的敬意和最良好的祝愿。

约·斯大林

1946年1月4日于莫斯科

1946年1月，丘吉尔应邀访美。3月5日，他在美国总统杜鲁门陪同下抵达密苏里州富尔顿市，在杜鲁门的母校威斯敏斯特学院发表了题为“和平砥柱”的演说。丘吉尔在演说中公开攻击苏联“扩张”，宣称“从波罗的海的什切青到亚得里亚海边的里雅斯特，一幅横贯欧洲大陆的铁幕已经降落下来”，苏联对“铁幕”以东的中欧、东欧国家进行日益增强的高压控制。对苏联的扩张，不能采取“绥靖政策”。美国正高踞于世界权力的顶峰，应担负起未来的责任。主张英、美结成同盟，英语民族联合起来，制止苏联的“侵略”。3月6日夜间，斯大林就得到苏联驻华盛顿大使馆报送

---

① “苏联外交人民委员部第一远东司司长通金面交蒋经国先生的（斯大林给蒋介石的）信件”，[俄]A.M.列多夫斯基著：《斯大林与中国》，陈春华、刘存宽等译，新华出版社2001年版，第41页。

② 1945年12月16—26日，苏、美、英三国外长在莫举行会议，会议就缔结对意、罗、保、匈、芬和约的准备工作、日本问题、朝鲜问题、罗、保两国政府的扩大问题和向联合国大会建议设立原子能管制委员会等问题达成协议。关于中国，三国外长一致同意，应在中国实现统一与民主，国民政府各部门应有民主人士广泛参加，中国内战必须停止，苏、美等外国军队应迅速撤离中国，三国应遵守不干涉中国内政的政策。

的讲话内容。[①]

接踵而至的事件加重了斯大林对苏联战后安全环境的忧虑。

1945年5月19日，伊朗政府要求外国军队提前撤出伊朗。8月2日苏美英三国在柏林签订《波茨坦会议议定书》，其中第十四款规定“盟国军队应立即从德黑兰撤退”[②]，美英表示将于1946年年初撤出在伊朗的军队，苏联则在有意拖延的同时积极支持亲苏的阿塞拜疆左翼力量发动起义，于12月12日成立“阿塞拜疆自治共和国”，共产国际活动家比雪华里出任总理。三天后（12月15日），西阿塞拜疆的库尔德民主党的领袖们“当着许多苏联军官的面”[③]宣布脱离阿塞拜疆成立“库尔德人民共和国”。伊朗政府动用军队进行干预遭苏联驻军阻拦。1946年1月19日，伊朗将撤军问题提交联合国安理会。3月2日，美英撤出在伊朗的部队。苏联陷于被动。4月23日，在苏联扶持下成立的两个左翼政权签订了军事和友好同盟条约。英美对苏联军队在伊朗滞留提出抗议并使安理会重新讨论这一问题；美国国务卿贝尔纳斯威胁要“使用军事力量”迫使苏联撤军，美国总统杜鲁门也发出措辞强硬的信件。[④]面对苏美冲突一触即发的形势，这时的斯大林突然来了个华丽转身，迅速抛弃自己刚刚扶起的两个“共和国”，于3月26日宣布同意在六个星期内撤军，条件是安理会不再讨论伊朗问题。4月4日，苏联和伊朗达成协议，苏联在协议第一条中同意“红军撤出伊朗”，由此换来第二条规定，即“成立苏伊石油公司，伊朗议会必须在3月24日以后六个星期以内批准公司章程”。至于伊朗与那两个由苏联刚刚扶持起来的“共和国”的关系，协议则规定：“伊朗政府和阿塞拜疆直接进行谈判”。[⑤]5月，苏联从伊朗撤军。美英立即支持伊朗政府军开进阿塞拜疆地区，比华雪里判断苏联不会坐视不管，其大量援助也将迅速到达，遂下令进行抵抗，结果他

---

① 刘彦章、项国兰、高晓惠编：《斯大林年谱》，人民出版社2003年版，第695页。

② 王绳祖、何春超、吴世民编选：《国际关系史资料选编》，法律出版社1988年版，第891页。

③ [法]让-巴蒂斯特·迪罗塞尔著：《外交史（1919—1978）》（下），李仓人等译，上海译文出版社1982年版，第48页。

④ 潘光主编：《当代国际危机研究》，中国社会科学出版社1989年版，第69页。

⑤ [法]让-巴蒂斯特·迪罗塞尔著：《外交史（1919—1978）》（上），李仓人等译，上海译文出版社1982年版，第49页。

们在苏联的冷漠中生生遭到有美国支持的伊朗政府军的残酷镇压。法国历史学家迪罗塞尔写道：

> 12月14日，共产党政府崩溃了。许多部长被逮捕，并立即枪决。比雪华里逃到巴库，但过了不久因发生意外事故丧生。库尔德运动就这样被压下去了。很难解释这一次苏联为什么袖手旁观。也许是希望这样有助于伊朗批准石油协定。①

即使这样，斯大林的“出卖”也没有得到什么好回报。1947年10月22日，伊朗议会拒绝批准伊朗与苏联签订的石油协定。1948年2月17日，伊朗议会却批准美国与伊朗签订的军需品供应的协定。“苏联赔了夫人又折兵，在这次危机中几乎一无所获。”②

在巴尔干地区的，依靠自己力量已接近取得全国政权的希腊共产党也同样因没有得到苏联支持而功败垂成并遭残酷镇压。当时希腊共产党在希腊已造成了1912年列宁在《巴塞尔宣言》中所指出的那种利用战争造成的“经济和政治危机”来“加速资本主义的崩溃”的形势③，发动民主民族革

---

① [法]让-巴蒂斯特·迪罗塞尔著：《外交史（1919—1978）》（上），李仓人等译，上海译文出版社1982年版，第50页。

② 潘光主编：《当代国际危机研究》，中国社会科学出版社1989年版，第69页。

③ 此指1912年第二国际非常代表大会《巴塞尔宣言》中提出的“利用战争给各国政府造成的困难和群众的愤慨来进行社会主义革命”的政治形势。第一次世界大战爆发前夕，1912年11月24—25日在瑞士巴塞尔举行的第二国际非常代表大会通过的《国际局势和反对战争的统一行动宣言》。出席大会的有德、俄、英、法等22个国家的555名代表，集中讨论了反对战争威胁的问题，并一致通过了反战的《巴塞尔宣言》。宣言明确宣布，对于以大国的帝国主义掠夺政策为基础、“为了资本家的利润和王朝的利益”而进行的这种战争，是不能以任何人民的利益作为借口来为它辩护的。宣言明确宣布，战争“对各国政府”（毫无例外）是危险的，指出各国政府都害怕“无产阶级革命”，非常明确地列举了1871年巴黎公社和俄国1905年10月至12月事件即革命和国内战争的例子。因此，巴塞尔宣言正是针对当时即将到来的战争制定了各国工人在国际范围内进行反对自己的政府的革命斗争策略，制定了无产阶级革命的策略。巴塞尔宣言重申斯图加特决议的主张，认为战争一旦爆发，社会党人就应当利用战争造成的“经济和政治危机”来“加速资本主义的崩溃”，也就是利用战争给各国政府造成的困难和群众的愤慨来进行社会主义革命。在代表大会期间，列宁参加了军国主义和国际冲突问题委员会的工作，对宣言的决议形成起到了关键作用。

命，希腊人民在共产党的领导下，于1944年解放全国。同年10月，希腊流亡政府在英军护送下回到雅典。就在双方剑拔弩张之际，丘吉尔来到莫斯科求助于斯大林并得到与当年《巴塞尔宣言》精神完全相反并曾为列宁激烈谴责的“不准备在欧洲发动布尔什维克革命”的承诺。丘吉尔得到这个承诺后，即对希腊共产党大开杀戒，12月初，希腊共产党领导的民族解放阵线发动了反政府的示威游行和总罢工，遭到英国军队和希腊政府的武装镇压。随后，英军与人民解放军在雅典发生军事冲突。1945年2月12日民族解放阵线同政府签订了瓦尔基扎协定。根据该协定，希腊人民解放军被解散，武器交给了政府机关。1946年2月13日，希腊共产党在七届二中全会上决定重新开展武装斗争，到1947年已控制了除雅典和萨洛尼卡等大城市以外的大部分地区。12月24日，希腊共产党领导的民主军宣布成立希腊临时民主政府。按照斯大林与丘吉尔的战时协定，希腊属于英国的势力范围。但此时，衰落的英帝国已无力控制希腊的局势，于是不得不请求美国的帮助。1947年11月美希联合参谋部成立，以范弗里特为首的250多名美国军官组成了援助希腊顾问团。到1949年希腊政府军计有18万人，且装备精良，武器先进，还有空军和海军的大力支援，而希腊共产党领导的民主军则缺乏粮食、弹药，也没有得到来自苏联阵营的援助，终被镇压，不得不将游击队撤入阿尔巴尼亚境内，希腊内战结束。

1949年希腊共产党全军覆没的命运，其实早在1944年10月丘吉尔、斯大林的“百分比协议”中就确定了。希腊共产党和伊朗左翼力量的命运差别仅在于，前者“交易”发生在事前，后者则发生在事后。这样的结局，不能不对包括中国蒋介石国民党在内的英美势力是一个鼓舞，同时也让包括毛泽东中国共产党及铁托南斯拉夫共产党在内的一切国际共产主义力量对斯大林的大国沙文主义态度有所警惕，这大概也是后来南斯拉夫、阿尔巴尼亚、中国等抵制苏联在国际共产主义运动中大国沙文主义的政策——而不是所谓的“苏联模式”——的重要原因。

1946年4月2日，南斯拉夫联邦议会发表外交政策，表示愿意承担原南政府同美国所订条约的义务。美国政府据此于4月18日宣布承认铁托领导的南斯拉夫政府。这使斯大林隐约感到对俄战略地位有重要意义的巴尔干有了脱离苏联的危机。在远东地区，也是最现实的因素是，中共在接收东北于4月19日占领长春后，却又于5月在四平守卫战中——尽管有苏联在物资方面的大力支援——严重失利，以至不得不放弃对整个战局有重大战略意义的四平。这大大动摇了斯大林对毛泽东（是否有能力守住苏联在东北的利益）的信心[①]并加剧了斯大林在蒋经国回国后对蒋介石倒向苏联的期盼心情。从蒋经国的回忆录中可以看到当时斯大林对蒋介石的期盼是非常急迫的。蒋经国写道：

> 俄方洽请父亲与斯大林会晤一事，经过情形是这样的。三十五年（1946年）五月中旬[②]，一位苏联驻华大使馆的武官，名叫罗逊[③]的，声言有事，到处找我。我当时就约期同他会面，一见面，他就说："你到底到什么地方去了？"我说："到北平去了。"他说："这几天是我一生最着急的日子，到处找你，都没找到。"他同时拿出一个电报来给我看，内容是说："苏联政府欢迎蒋委员长到莫斯科去，同斯大林元帅见面；倘使蒋委员长认为在莫斯科见面不妥当，斯大林同意指定苏联国境以内的任何地方见面。"我立即回答他说："我要当面报告委员长。"他说："你报告以后，委员长对这个问题是怎样答复，请你马上告诉我！"他说话时态度非常焦急。我回来报告父亲之后，父亲说："慢慢答复他。"当天罗逊像热锅上的蚂蚁一样，竟一连打了七次电话给我，催问这事，当他打第七次的电话时，已是深夜了；我就用很轻松的口吻推托说："朋友！我要睡觉了，明天再谈好不好？"他说："到底委员长怎样呢？"我说："委员长还没有说什么。"到了第二天，父亲召我去，并指示我说："你去告诉罗逊，几个月之内，我很忙，不能离开自己的国土。"父亲又指示我说："关于这种事，你就答复他这几句好了，不必多说。"我奉命后，就直接去找罗逊，遵照父亲的意旨行事，把上述的几句话，告诉了他。他说："还有什么话要说的没有？"我回答说："再没有别的话。"事

---

① 1945年12月23日，斯大林接见美国国务卿贝尔纳斯，斯大林说："所有的中国人都是牛皮大王，他们既夸大自己的力量，也夸大对手的力量。"Byrnes，James F.:*Speaking Frankly*，p.228. 转引自《战后世界历史长编》第1编第2分册，上海人民出版社1976年版，第329页。

② 蒋介石日记记录这天为1946年5月11日。张秀章编著：《蒋介石日记揭秘》（下），团结出版社2007年版，第756—757页。

③ 中国大陆译名为"罗申"。

实的经过，就是如此。[①]

丘吉尔“铁幕演说”以及发生在伊朗和希腊的有利于西方的形势变化，也影响着同期的中国国共两党领导人对形势的判断。

蒋介石经过权衡后，下决心放弃苏联迅速倒向美国并得到美国的呼应。[②]1946年6月28日，美国政府批准新的军事援助蒋介石的协定，延长对其租借法案期限。8月30日，蒋介石同美国政府又签订《中美剩余物资购买合约》，根据合约，美国向国民党政府廉价出售军用物资；11月4日和12月20日，国民党政府与美国签订《中美友好通商航海条约》和《中美航空协定》。

就在铁托刚与美国建交后的两个月，蒋介石又突然采取向美国“一边倒”政策，丘吉尔“铁幕”讲演后在欧洲和远东发生的这一系列重大事变严重挫伤了斯大林对蒋介石的期盼，自1927年“四一二”后，斯大林再次体会到了蒋介石翻脸不认人的政客做派。作为报复，斯大林迅速调整原来的支持国民党接收东三省的政策。

9月16日，苏联军代表尼德涅夫中将向中共中央转达了莫斯科的重要建议，这一建议经八路军晋绥军区转告延安：依据《中苏友好同盟条约》，蒋介石反对苏军进入东北三省以外的地区，他们必须撤退出目前占领的察绥地区。因此，莫斯科坚决要求八路军主力火速北开前往接收，包括他们不久后将要撤出的东北地区。这位将军强调，这样做的目的是确保中共同苏联和外蒙之间的交通，以免将来国民党军队占领这些地区会再度切断双方的联系。尼德涅夫将军表示，八路军务必全力控制这些地区，如果八路军需要，他们可以秘密地提供武器；即使将来八路军在抵抗国民党军队进攻时受挫，也可以靠近外蒙边界，甚至撤到外蒙去。但条件是“战略重心千万不能南移”。[③]几乎与此同时，苏联驻中国大使彼得罗夫在重庆直接向毛泽东和周恩来提出，根据莫斯科的意见，中共应当“确保张家口、古北

① 梁之彦、曾景忠选编：《蒋经国自述》，团结出版社2005年版，第114页。

② 1946年1月3日与斯大林会见后，蒋经国说：“我们对斯大林这种中、苏经济关系的建议，及其离间中、美关系的阴谋，彻底地予以拒绝了。”梁之彦、曾景忠选编：《蒋经国自述》，团结出版社2005年版，第114页。

③ 杨奎松著：《毛泽东与莫斯科的恩恩怨怨》，江西人民出版社1999年版，第243页。

口、山海关线，防蒋进攻”。[1]与此相配合，毛泽东和中共中央早在重庆谈判期间就作出了战略重心整个向北移，“向南防御，向北发展”的重要决策。1945年9月19日，刘少奇主持中央书记处开会，并取得当时在重庆的毛泽东、周恩来的赞同，向全党发出了“向南防御，向北发展”[2]的指示。与此相应，中央要求撤退长江南北分散孤立的八个解放区，集中兵力加强长江以北的阵地，接替江苏、山东中共主力北上后的防区，准备抵抗国民党在南线的进攻，掩护中央扩大和巩固东北根据地战略。[3]“当国民党部队北出山海关时，我已拥有大军20多万人。短短的几个月时间，就完成了先机进入东北的战略部署”。[4]

必须说明，“向南防御，向北发展”的战略对中共与对斯大林的意义是不一样的。对前者来说，收缩战线，将拳头收拢于有苏联保护的东北，有利于抵御蒋的全面进攻，也有利于再次伸出拳头打击蒋介石。但对后者来说，斯大林则希望中共可以为他守住其在中东铁路和旅顺基地的“雅尔塔红利”，同时也可用东北地区消化中共的主力使其淡化南下统一全国的愿望。

当中共确定固守华北的战略后，斯大林对中共的支持，随美国对华干涉加深进一步加大。1946年9月30日，美军北上天津登陆，10月1日，又北上秦皇岛登陆。11月4日和12月20日，国民党政府与美国签订《中美友好通商航海条约》和《中美航空协定》。这对已完成从东北撤军的苏联是重大刺激，这又促使斯大林急迫需要中共在东北快速扩张以抵御美国的对东北介入。10月13日，一位未透露姓名的苏共中央军委委员，特意接待了中共中央东北局负责人彭真，特意转达斯大林的话：“中国共产党是勇敢的、聪明的、成熟了的，我们很有信心。”在得知中共中央准备夺取全东北时，斯大林表示“你们气魄很大”。但他不同意中共中央关于让开南满，争取背靠苏蒙朝鲜的东西北满的军事部署，认为应该在山海关方面部署15

---

① 袁南生著：《斯大林、毛泽东与蒋介石》，湖南人民出版社2005年版，第461页。

② 《刘少奇年谱》（上卷），中央文献出版社1996年版，第496页。

③ 徐元冬、马晴波、丛笑难、蒋杰：《中国共产党历史讲话》，中国青年出版社1981年版，第317页。

④ 同上书，第318页。

万主力部队，在沈阳周围地区部署10万兵力，他说“你把南边，特别是山海关方向抓住（长春路是商办，谁若运兵需要交涉），北面自然是你们的。东三省人力、财富主要在南边，又是门户，把这里掌握了，北面还有什么要紧。”①

不久，“东北局从苏军手里得到了一个大队的飞机、50辆坦克和上百门各种炮，以及南满日军武器库中可以装备十几万人的枪支弹药”。②此后，中共的军事胜利越来越多。

当时斯大林放手中共占领东北，尤其是支持中共控制山海关方向，首先是为了保证苏联在辽东半岛的旅顺大连港的战略利益。1945年12月23日，贝尔纳斯告诉斯大林天津有60万共产党军队，斯大林对此报之一笑，说：“所有的中国人都是牛皮大王。他们既夸大自己的力量，也夸大对手的力量。”③显然斯大林认为：仅占领东北的任务就可用尽中共的军力并使之无力南顾。

1947年，解放战争全线展开，战场形势也日见明朗。2月20～30日，华东野战军发动莱芜战役，歼国民党军7万多人，占领13座城市。5月，中共中央改变原先的“向南防御，向北发展”的战略方案，转而提出“大举出击，经略中原”的战略计划。6月，中共军队粉碎国民党军队的重点进攻，从防御作战转入局部反攻。6月20日，刘伯承、邓小平率晋冀鲁豫野战军强渡黄河，进入国统区。7～8月，刘邓大军挺进大别山。8月20日沙家店战役胜利，中共西北野战军转入战略进攻。10月10日，中国人民解放军提出“打倒蒋介石，解放全中国”口号。11月12日，石家庄解放，歼国民党军2.4万。毛泽东断定蒋介石国民党败局已定。

与此同时，蒋介石倒向美国的力度也越来越大。12月8日，国民党政府与美国签订《海军协定》。

值得玩味的是，就在共产党军队在战场上节节胜利，而蒋介石与美国勾结日益紧密的时候，斯大林反与毛泽东拉开了距离，尤其是在1946年8月

---

① 参阅并转引袁南生著《斯大林、毛泽东与蒋介石》，湖南人民出版社2005年版，第461—362页。

② 袁南生著：《斯大林、毛泽东与蒋介石》，湖南人民出版社2005年版，第462页。

③ Byrnes，James F.:*Speaking Frankly*，p.228. 转引自《战后世界历史长编》第1编第2分册，上海人民出版社1976年版，第329页。

31日蒋介石请苏联驻华大使彼得罗夫向斯大林转达"一旦中国国内政局稳定，我想亲自去见他"[①]的请求后，以及1947年4月24日斯大林接见马歇尔后，[②]斯大林开始对解放军的南向攻势加大限制。

1947年年初，中共向斯大林提议毛泽东访问苏联，获斯大林同意，但要求此事绝对保密。但到6月15日，斯大林又致电以医生身份与中共联络的阿·雅·奥尔洛夫，要他

> 转告毛泽东，苏联共产党（布）中央委员会认为他不宜就莫斯科之行走露任何风声。如果毛泽东也认为应该这样做，那么我们觉得以通过哈尔滨为佳，届时若需要，我们可以派一架飞机迎接。望电告同毛泽东谈话的结果和他的愿望。[③]

这份文件反映了当时斯大林既想见毛泽东，想摸摸中共党对蒋战略的底牌，同时又怕因见毛泽东而最终失去蒋介石的矛盾心情。然而过了两个星期，斯大林决定暂时拉开与毛泽东的距离，7月1日，斯大林向奥尔洛夫拍发电报说：

> 鉴于即将举行的战役，鉴于毛泽东若离开，会对战事发生不良影响，我们认为以暂时推迟毛泽东的出行为宜。[④]

1948年4月16日，毛泽东致电斯大林，表达访苏的愿望：

> 我决定提早动身赴苏联。拟于月初从河北省石家庄北100公里处阜

---

① 据俄罗斯联邦外交档案馆全宗（0100，目录40a，卷宗21，文件253号，第98页）A.A.彼得罗夫同蒋介石的谈话记录，转引自[俄]A.M.列多夫斯基著，陈春华、刘存宽等译：《斯大林与中国》，新华出版社2001年版，第245页。

② 1947年4月24日，斯大林设宴招待前来参加外长会议的英国外交大臣贝文、美国国务卿马歇尔和法国外长皮杜尔。

③ 俄罗斯联邦总统档案馆，全宗：39，目录：1，卷宗：31，页24。转引自[俄]A.M.列多夫斯基著《斯大林与中国》，陈春华、刘存宽等译，新华出版社2001年版，第54页。

④ 俄罗斯联邦总统档案馆，全宗：39，目录：1，卷宗：31，页23。转引自[俄]A.M.列多夫斯基著《斯大林与中国》，陈春华、刘存宽等译，新华出版社2001年版，第54页。

平县出发，在军队的掩护下过平张铁路……可能于6月初或中旬到达哈尔滨。然后从哈尔滨到贵国……我将就政治、军事、经济和其他重要问题同苏联共产党中央委员会的同志们……此外，如果可能，我还想往东欧和东南欧国家一行，考察人民阵线工作和其他工作形式。

（毛泽东在讲了随行人员名单后说）如您同意此计划，那我们照此办理；若您不同意，那就只有一条出路——我只身前来。①

面对毛泽东情意恳切的电报，斯大林先是同意，但到5月10日，又给毛泽东发了一封电报称：

鉴于您所在地区的事态发展，尤其是傅作义已经开始进攻蔚县，也就是说，您来苏途中拟经过的三个地区都在火线上。我们担心，您的出行会影响事态的进程，况且您路上也不太平。有鉴于此，不知您是否应推迟来苏。您若决定不推迟动身，请通知我们并请告知何时向何处派飞机接迎。盼复。②

毛泽东接电后表示同意推迟访问，7月4日，毛泽东电告斯大林要求访苏，口气已有怨意：

与前两个月相比，我的健康状况大为好转。我拟近期动身前往贵国。有三条路线可去：陆海空。但不管怎样，我们务必经过哈尔滨，因我要同东北的一些负责同志商谈。望派飞机于本月25日前后到蔚县……如果您决定接我们走海路，望在本月底派船赴指定海口……如果我们不能乘飞机，也不能乘船，那我们无论如何本月15日前后也要动身北上。③

---

① 俄罗斯联邦总统档案馆，全宗：39，目录：1，卷宗：31，页30—31。转引自[俄]A.M.列多夫斯基著《斯大林与中国》，陈春华、刘存宽等译，新华出版社2001年版，第54页。

② 俄罗斯联邦总统档案馆，全宗：39，目录：1，卷宗：31，页34。转引自[俄]A.M.列多夫斯基著《斯大林与中国》，陈春华、刘存宽等译，新华出版社2001年版，第55页。

③ 俄罗斯联邦总统档案馆，全宗：39，目录：1，卷宗：31，页35—36。转引自[俄]A.M.列多夫斯基著《斯大林与中国》，陈春华、刘存宽等译，新华出版社2001年版，第54页。

毛泽东可能不知道此间南斯拉夫铁托正在遭到斯大林的清算。6月28日，苏联共产党情报局第三次会议通过了《关于南斯拉夫共产党情况的决议》。7月14日，左右为难的斯大林请人转去复电：

> 杰列宾[①]转。请转告毛泽东下列内容：鉴于征粮工作已经开始，从8月份起领导同志要分赴各地，至11月方回。所以苏联共产党（布）中央委员会请毛泽东同志把来莫斯科的时间安排到11月底。俾能同所有同志见面。[②]

毛泽东听到斯大林的意见后对转信的苏联同志说："难道苏联把征米看得这么重要，乃至党中央的领导人都要出去参加吗？"1948年9月28日，毛泽东继续致电莫斯科称：

> 务必就一系列问题向苏联共产党（布）和大老板亲自汇报。（为得到）指示，我打算据上一封电报所示的时间到莫斯科去。现在暂时先把上述内容做一笼统汇报，请您向苏联共产党（布）中央委员会和大老板转达。真心希望他们给予我们指示。[③]

11月28日，毛泽东致电莫斯科称自己忙于战事，要求将赴莫斯科的行期改至1949年12月底。[④]然而1949年1月14日的苏共中央政治局讨论会仍作出推迟毛泽东访苏的决定。

1948年9月至1949年1月，中国人民解放军同国民党军队进行战略决战，包括辽沈、淮海、平津三个战略性战役，历时142天，共争取起义、投

---

① 杰列宾，当时密码中使用的奥尔洛夫的化名。奥尔洛夫以医生身份掩护在延安为毛泽东和斯大林提供无线电联系保障。

② 俄罗斯联邦总统档案馆，全宗：39，目录：1，卷宗：31，页37。转引自[俄]A.M.列多夫斯基著《斯大林与中国》，陈春华、刘存宽等译，新华出版社2001年版，第55页。

③ 俄罗斯联邦总统档案馆，全宗：39，目录：1，卷宗：31，页42。转引自[俄]A.M.列多夫斯基著《斯大林与中国》，陈春华、刘存宽等译，新华出版社2001年版，第57页。

④ 转引自[俄]A.M.列多夫斯基著《斯大林与中国》，陈春华、刘存宽等译，新华出版社2001年版，第57页。

诚、接受和平改编与歼灭国民党正规军144个师，非正规军29个师，合计共154万余人。国民党赖以维持其反动统治的主要军事力量基本上被消灭。三大战役的胜利，奠定了人民解放战争在全国胜利的巩固基础。此后，中国形成南北划江而治的格局。

就在斯大林反复拒绝毛泽东访苏、中国人民解放战争取得重大胜利的时候，斯大林又反复暗示毛泽东不要南进。

1948年8月，斯大林给中共中央发来电报说：你党应维持国内和平，中国不能再打内战，若再打内战，中华民族就有毁灭的危险。[①]

1949年伊始，就在毛泽东准备一鼓作气打过长江的时候，1月10日、11日、14日、15日，斯大林反复打电报给毛泽东建议与国民党继续和谈，建立和平，称“如果中国共产党直接拒绝与南京和谈，则向世人宣布它主张继续进行内战”。[②]1月底，苏联驻华大使罗申同刚刚上台的代总统李宗仁达成苏联调停国共内战的三项条件，张治中告诉司徒雷登的私人秘书傅径波说，罗申向他表示莫斯科“希望结束目前的内战，并在委员长的领导下恢复和平。他们承认委员长是能够实现这一目标的唯一领袖”[③]；他认为：“中共决心继续打下去并不是由于苏联的关系，盖苏联只劝告他们沿着长江停止进军。”[④]就在罗申与张治中谈话两天后，即被紧急召回莫斯科。蒋介石的秘书告诉司徒雷登：“在罗申启程的前夕，中国的情报机构截获了苏联发给驻南京大使馆的电报，并已破译。”据说，“这份电报指示改变（苏联）对华政策，努力在国共之间作出某些安排。”[⑤]1月30日至2月8日，斯大林派政治局委员米高扬秘密到西柏坡与毛泽东及其他中央领导人就新

---

① 参见袁南生著《斯大林、毛泽东与蒋介石》，湖南人民出版社2005年版，第440页。关于斯大林这份电报还可参阅 [韩] 金东吉著《关于斯大林是否劝阻中共渡江问题再分析》、张金才著《读关于斯大林是否劝阻中共渡江问题再分析》两文，载于《中共党史研究》2006年第4期、第5期。

② 参见袁南生著《斯大林、毛泽东与蒋介石》，湖南人民出版社2005年版，第474、475、476页。另可参阅刘彦章、项国兰、高晓惠编《斯大林年谱》，人民出版社2003年版，第723、724页。

③ 《战后世界历史长编》第1编第5分册，上海人民出版社1976年版，第208页。

④ 转引自袁南生著《斯大林、毛泽东与蒋介石》，湖南人民出版社2005年版，第479页。

⑤ 《战后世界历史长编》第1编第5分册，上海人民出版社1976年版，第208页。

中国成立有关问题广泛交换意见。米高扬最关心是中共对待外蒙独立、苏联在旅大港的权利等方面主张，以及中共过江的决心和措施。[①]此间，即2月19日，美国驻北平总领事克拉布也向国务院马歇尔报告，罗申在回国述职前曾表示“如果国民党人愿意下令停止内战，苏联愿意在这方面予以协助。他可以保证，中国共产党人也会停止战斗”[②]。与此同时，苏联驻华大使馆按照蒋介石政府的要求随其迁往广州，这“看起来像是莫斯科方面对蒋介石政府的一种极为关切的表示”。[③]而蒋介石的盟友美国的使馆却在8月才离开南京。

这样在上海即将解放前夕，中国历史就出现这样奇特的现象：一方面，曾反对中共的美、英、法等国都留在南京并考虑要不要同中国共产党领导的新政权建立某种关系，美国大使司徒雷登也留在南京准备与中共接触；[④]另一方面，支持中国共产党的苏联在派出苏联部长会议第一副主席、苏共中央政治局委员米高扬到西柏坡“了解情况”的同时，其驻华大使也随同国民党南下广州。2月1日，周恩来请求米高扬对此予以说明。

现在，让我们再将目光从长江北岸移向南岸。

在这里，与苏联阻止中共南下企图相呼应，马歇尔也在紧锣密鼓地利用蒋介石的军事失败不惜以“换马”的方式逼着国民党与共产党在长城，继而在长江划界，以此将中国北南划分为苏联的势力范围和美国的势力范围——这是罗斯福与斯大林雅尔塔密谋的实质。

1946年年初，也就是马歇尔来中国前后，美国国务院已有保持“一个

---

① 参阅“米高扬就1949年1~2月的中国之行向苏联共产党中央委员会主席团提交的报告”，[俄]A.M.列多夫斯基著：《斯大林与中国》，陈春华、刘存宽等译，新华出版社2001年版，第58—72页。

② 《战后世界历史长编》第1编第5分册，上海人民出版社1976年版，第208页。

③ [俄]A.M.列多夫斯基著：《斯大林与中国》，陈春华、刘存宽等译，新华出版社2001年版，第75页。

④ 西方海权国家对中国南京有着特别的“感情”。1900年马汉在《亚洲的问题》一文中对入侵中国的列强出谋划策说：“对海上强国来说，也有一个明显的不利因素，即中国首都的位置。由于自身力量的特点，海上强国无力进行领土扩张，它们只能通过中国人来发展中国，只能激励而不能取代现存的统治权威。因此，它们希望中国政府的所在地能迁往长江流域，且就在长江沿岸，从而使后者成为中国发展的中枢地带。”马汉著：《海权论》，萧伟中、梅然译，中国言实出版社1997年版，第235页。

分治的中国”的想法。据哈里曼回忆，他与同僚讨论时表示：

> 我认为蒋没有能力用战争来消灭共产党的军队和重新控制满洲。我以为我所能希望的最好结果是一个分治的中国，共产党占领中国北部，蒋控制中国南部。我想象蒋能存在下去，并认为我是低估了共产党人。具有讽刺意味的是，促使我相信共产党无力接管整个中国的人是斯大林本人。[①]

为此，美国帮助蒋介石向华北运送兵力。但需要说明的是，此时美国帮助蒋介石运送兵力的目的并不主要是帮助蒋介石收回东三省，而是需要蒋介石军队帮助美国落实罗斯福与斯大林在雅尔塔谋划而又为国民党政府默认的以长城北南为界的各自势力范围。至于蒋介石如何实现东北主权，只要不损害美国长城以南的利益，那是蒋介石与斯大林的事，美国并不介意。

1945年12月30日，斯大林与蒋经国谈话，蒋经国向斯大林转达了蒋介石的保证：“在未来的国际事务中，中国将预先同苏联商量，并就发表共同的观点同苏联政府达成一致”；“东北永远不会成为反苏基地。中国军队开赴东北只是为了维持那里的秩序。中国政府本不愿意在中苏边境驻军”；蒋介石准备“在苏联与东北的边境建立像美国与加拿大边境那样一种制度”；在东三省经济方面，坚持门户开放政策，但依然保持苏联在经济方面的主导作用。斯大林说：“苏联不谋求优势地位”。蒋经国答道：“中国愿意向苏联提供这种地位。”斯大林表示感谢，在蒋经国做了“美军一完成自己的使命就撤走”的表示后，斯大林说“苏联政府不希望美军进入东北。这是苏联的地区。好像美军并不想进入东北。无论美军，英军和其他外国军队均不应当允许进入东北”。蒋经国表示：“美国不会进入东北，并且再次重申：他们一完成自己的使命，就全部撤出中国。”[②]为了

---

① [美]W.艾夫里尔·哈里曼、伊利·艾贝尔著：《哈里曼回忆录》，吴世民等译，东方出版社2007年版，第643页。

② “斯大林同志同蒋介石的私人代表蒋经国的会谈记录（1945年12月30日21时）”，参见[俄]A.M.列多夫斯基著《斯大林与中国》，陈春华、刘存宽等译，新华出版社2001年版，第22、23、27页。

保证对苏联势力范围的“尊重”，1946年1月5日，国民党政府承认外蒙古独立。

这次“亲苏”谈话内容很可能为美国了解，1946年年初马歇尔赴华伊始给蒋介石的第一个下马威就是通过美国国务院照会国民党政府声称：中苏两国政府对于中国东北工业问题的谈判，被美国政府认为将会“违反门户开放原则”，对于企求参加中国东北工业开发权利的美国人将会形成“明显的歧视”①。蒋介石当然明白其中的含义：在美国与苏联之间，他只能二者必居其一。为了东北，他必须倒向苏联，而为了打败共产党，巩固其统治权力，他又必须倒向美国。丘吉尔3月铁幕演说和苏联5月全部撤离中国东北后，蒋介石再次玩起1927年曾玩过的“翻脸不认人”把戏，全面倒向美国并为此很快获得美国“延长对国民党政府租借法案期限”的保证，并与美国签订《中美剩余物资购买合约》。根据“合约”，美国向国民党政府廉价出售军用物资。

但蒋介石根本不知道——如果他了解英美苏在德黑兰关于第二战场地点的争论及其意义，就会理解——马歇尔对华方案的真实意图，只是在促成中国统一的幌子下，让蒋军队为美国守住长城以南的势力范围，这正如斯大林在长城以北支持中共军队的目的是让他们为苏联守住其关外势力范围的目的一样。

蒋介石倒向美国，也促使斯大林在退出东北之前快速将东北交与中共军队。1946年4月18日，中共一举拿下长春。当天马歇尔从美国回到中国，立即当面对蒋介石收回东北的想法施以“声色俱厉”②的高压。面对蒋介石的军事危机，马歇尔冷冰冰地告诉蒋介石“国民政府不可能亦不应再往北进”③，蒋介石表示除非共产党撤出长春，不然他决不签署或同意任何解决办法。马歇尔则埋怨蒋介石错过利用和平手段控制东北的机会。他批评蒋

① 卫林等编：《第二次世界大战后国际关系大事记》，中国社会科学出版社1991年版，第21页。

② 蒋介石在1946年4月24日向马歇尔提出东北停战条件，蒋介石认为这“只不过是要对当初业已达成的协议再加认定而已”，可是“马歇尔这回却声色俱厉地表示不同意见，要求政府单方面让步”。张秀章编著：《蒋介石日记揭秘》（下），团结出版社2007年版，第755页。

③ “美国与中国的关系”，转引自《战后世界历史长编》第1编第2分册，上海人民出版社1976年版，第361页。

介石战线过长，兵力分散，[①]暗示蒋应向南收缩战线。4月19日，马歇尔会见蒋介石，“主张应与共军妥协”，蒋介石气愤地连续几日在日记中对“愤其不争”的马歇尔充满怨意。蒋介石在4月19日的日记中说，他决定：

> 当直告非先改变其（马歇尔）对共党之态度与方针，决不能达成调解之目的；唯有美方坚持积极协助我政府之政策，方能达成消极“容共”之目的。若仍采取过去对共党怀柔与妥协之方针，则将贻误大计，必至根本失败而后已。[②]

蒋介石认为，只要给马歇尔晓之以理，“美国必反对俄国垄断东北”，“而愿协助我政府收复东北主权”。他写道：“如马歇尔果有卓见，则应以客观态度认识俄、共绝无诚意者。”（蒋介石1946年4月21日日记）。但到第二天（1946年4月22日）蒋介石无论如何也没想到马歇尔也直告他：“如果不与共军妥协，则美国将停止对运输政府军前往东北的支援。”[③]当天（4月22日），蒋介石在日记中写道：

> 我中央军须由美军代为运输，一切计划皆受其牵制，且彼时以撤退其海军、中止其运输以为胁迫，使我不能不迁就彼对共党妥协之建议；殊不知此时对共党妥协，实无异对俄国屈服，当共党气焰嚣张之时，其要求条件之苛刻决难忍受。故应对马歇尔直说之，促其觉悟也。[④]

蒋介石实则不明白：这时马歇尔所谓实现“停战”的潜台词已是让蒋介石放弃东北，中共不要南下。前一任务由他马歇尔完成，后一任务，他知道斯大林自然会与他保持默契。蒋介石哪里知道马歇尔“反共”只是为了实现美国的国家利益的幌子，其4月返华的真正目的，是与斯大林合唱

① 《战后世界历史长编》第1编第2分册，上海人民出版社1976年版，第361页。

② 张秀章编著：《蒋介石日记揭秘》（下），团结出版社2007年版，第754页。

③ 同上书，第755页。

④ 同上。

南北分裂中国的双簧戏。马歇尔秉承罗斯福美国国家利益高于意识形态争执的原则，利用第二次世界大战打倒欧洲并实现了美国对世界的主导权战略。在远东，马歇尔与斯大林试图实现对远东，首先是对中国的战略红利的分配。美国反共与否取决于国家利益而非意识形态的需要。因此马歇尔不容许蒋介石与中共最后摊牌，因为马歇尔只需要蒋军守住美国在中国关内的利益。关于这一点，在苏联驻华使馆工作的列多夫斯基倒看得明白。他写道：

> 众所周知，美国拒绝参加国民党在满洲同中共军队的作战行动，马歇尔制止蒋介石进攻北满，以避免同苏联发生严重冲突。美国人建议蒋介石放弃掌握满洲的企图，因为这是苏联的势力范围。苏联希望满洲像新疆一样成为它的安全缓冲区，因此苏联不把满洲交给国民党，而交给莫斯科更信赖的共产党。美国人（除了有名的“鹰派”）建议蒋介石不要为满洲白费力气，而要集中同共产党在华北作斗争，以不使他们占领全部中国领土。①

此时的蒋介石却显得天真至极，他在4月28日的日记中写道：

> 近察马歇尔之心理及其态度，及极以对共交涉之破裂或停顿为虑，时现恐惧与无法应付之情态，其精神几已完全为共党所控制，一唯共党之要求是从，无敢或违，几与共党心理抵触之条件，皆不敢自共方试谈，其畏共之心理竟至如此，余不得不加以剀切开导。若美国不改变以往之消极政策，而以实力积极支持我政府，则美国在东亚之声望，亦半因此丧失殆尽，无法挽回矣！马歇尔果有政治眼光与国际主义，明辨其美国自身之利害，当能领悟余言之不谬也。②

4月29日，马歇尔向蒋介石报告其与共产党代表周恩来交涉经过。蒋介

---

① [俄]A.M.列多夫斯基著：《斯大林与中国》，陈春华、刘存宽等译，新华出版社2001年版，第248页。

② 张秀章编著：《蒋介石日记揭秘》（下），团结出版社2007年版，第755—756页。

石又就马歇尔的“南辕”方针，苦口婆心地诉说着他的“北辙”方案的重要性：

> 美国对东北之政策与对俄、共之态度，必须重加考虑，且须从速决定。以此实为美国对东亚整个问题之关键；消极退出，抑或积极参加与领导，应有所抉择也。切不可再蹈过去“九一八”时代覆辙，以致酿成第二次世界大战之祸患。如果当时美、英对日能稍用压力，表示积极行动，则日本当不致如此猖獗，战祸自可消除矣。今日俄、共在东北之形势，亦复如是。此时对共党既非宣言所能制止，唯有准备实力，积极行动——协助我政府并明示其决心；则俄、共皆将慑服。否则，美国在东亚领导之声望决难维持，而第三次大战亦必以此为起因矣。[①]

如果这时换成丘吉尔，他立马就知道马歇尔真实意图，可只出卖过别人而自己则尚未经历被“同一战壕战友”出卖之痛的蒋介石还真的不知道：正是第二次世界大战并在大战中与苏联联手，才使美国成为现在这样一个即将主导世界的超级大国。大概只有等到蒋介石到台湾之后，特别是1972年尼克松访华并与毛泽东握手后才能体悟出丘吉尔刚走过的那段“天路历程”[②]的酸痛心情。蒋介石对马歇尔真有点“恨铁不成钢”，他在8月3日的日记中自问而不知其所以然：

> 美国民族性之直率，乃至令人难解；以马歇尔如此重要人物，竟为共党所欺侮，而不自悟。甚至美军在平津道上遭受共军袭击，大损其国誉与军威，亦不之顾；而反于我政府在直接间接有形之中，施以压力，彼以为唯有如此，方能达成其调解之目的；殊不知共党与俄国

① 张秀章编著：《蒋介石日记揭秘》（下），团结出版社2007年版，第756页。

② 《天路历程》是英国作家约翰·班扬（1628～1688年）的作品，被誉为“英国文学中最著名的寓言”。17世纪英国清教徒约翰·班扬因不信奉国教，被关押在狱12年之久。《天路历程》作为他狱中心血凝成的杰作，被译成多种文字，在世界各地不断再版，家喻户晓的程度仅次于《圣经》。该作品讲述了一个坚韧的基督徒为寻求永生而踏上荆棘遍布的漫漫长旅，充满危险，诱惑与灾难的尘世被他一步步抛弃，最终实现灵魂在天国升华的人生目标。

决不容许其调解之成功也。[①]

读不懂马歇尔的蒋介石，当然也读不懂斯大林。其实此时的斯大林真的是在盼望马歇尔“调解之成功”，马歇尔与斯大林在分工合作以期瓜分中国。蒋尽管对马歇尔愤恨，但对美国仍坚贞不二。5月11日，蒋介石接到苏驻华使馆邀其访苏的迫切请求。他在当天的日记中表达了其对美国的忠心：

斯大林邀余访俄，此乃离间中、美关系之最大阴谋。斯惯玩弄他人，而余则不受其欺诈也。唯此事婉拒后，彼将以所谋不遂，恼羞成怒，盖可断言。[②]

对美虽忠心如此，又有当月20日四平攻坚战的胜利，蒋还是没有换回马歇尔的“回心转意”，更令他意想不到的是“马歇尔将军和杜鲁门总统都强烈要求蒋介石接受斯大林的邀请”。[③]蒋公此时很可能将马歇尔的“强烈要求”当作对他忠心的试探，1946年5月31日他在日记中透露出内心“海枯石烂心不变”的痴情：

此次婉拒斯大林邀约赴俄会议，为我外交成败之重大关键。若以马歇尔最近对余之态度而言，诚令人绝望，然余深知俄国扶助中共赤化中国之一贯政策，决不能因余之赴约而有所转移，且徒增马歇尔之疑忌，是适中斯大林离间中、美之阴谋耳。故对美、对俄之外交政策，决不能以马歇尔个人一时之好恶而变更我基本国策。[④]

6月7日，国共两军宣布休战15天，6月26日，蒋介石决定摆脱马歇尔的“调停”，撕毁停战协议，大举围攻中原解放区。7月4日，蒋介石“国民

---

① 张秀章编著：《蒋介石日记揭秘》（下），团结出版社2007年版，第762页。

② 同上书，第756—757页。

③ 同上书，第758页。

④ 同上书，第757页。

政府”通过“戡乱方针”，7月5日，又颁布了“总动员令”。7月7日，中国共产党发表《“七七”九周年纪念宣言》，谴责美国“马歇尔、魏德迈采取武装干涉政策”，要求美国“撤退在华驻军”。对此，蒋介石以极复杂的“闺怨”心情写道：

> 马歇尔因中共发表“七七宣言”，颇受刺激，彼明知欲使共党接受其调处，已无希望，但仍一意对共党迁就，并不断对我施用压力，始终坚持其不用武力之主张，而置我国存亡绝续于不顾。至可痛惜也！①

时隔半个多世纪后的今天，客观地说，蒋介石拒绝马歇尔“调停”与毛泽东在1949年过江前夕不听从斯大林的“劝阻”的性质是一样，目的都是要避免中国出现“南北朝”局面，尽管他与毛泽东分别代表的阶级之间势不两立，但在国家统一的问题上，他们两人都表现出与美苏霸权主义不妥协的勇气。两个人在中国统一问题上的差别只在于他们代表国内不同的阶级利益及由此带来的不同的中国前途。今天不难假设，如果当年蒋介石取胜，他的政府带给中国的前途只能是尼赫鲁带给印度的那种“拉美化”的中国。而毛泽东领导的共产党则带给中国的是一个有独立国民经济体系支撑的独立自主的国家。毛泽东曾评价蒋介石说，“他这个人是亲美派，但是亲美亲到要把他那点东西搞垮，他就不赞成”，“美国人力图把蒋介石的‘中华民国’变成附庸国甚至托管地，蒋介石拼死也要保持自己的半独立性”。②

然而，即使蒋介石的这点“半独立性”马歇尔也不允许，马歇尔要求的是中国事实上的南北“分治”（实质就是南北分裂！）。马歇尔在当月写给杜鲁门的信中作出为实现美国在华利益不惜“换马”的暗示。杜鲁门在回忆录中说：

---

① 张秀章编著：《蒋介石日记揭秘》（下），团结出版社2007年版，第761页。

② 转引自逄先知、金冲及主编《毛泽东传1949—1976》（上），中央文献出版社2003年版，第879、883页。

> 当我阅读马歇尔报告时，国民党和共产党双方都有一些人愿意根据一个和平解决方案来共同工作。但是双方也都有一些极端分子不要谈判，决定拿武力来解决他们国家的命运。[①]蒋介石委员长自己则似乎介于这两类人之间。在今年春季，他周围的温和派的影响无疑是占了上风，他同意做些让步，尽管表现出了不十分甘心情愿的样子。然而，现在看来好像是极端的军队集团得势，他不再愿意再听取马歇尔的忠告了。[②]

在得到马歇尔同意后，杜鲁门决定亲自向蒋介石施加更大的压力。8月10日，杜鲁门让中国驻美大使将一封长信转交蒋介石。在信的结尾处，杜鲁门威胁道：

> 除非在和平解决中国国内问题上，确保在短期内有着真正的进展，否则就不能期望美国舆论会继续以无私的态度来对付你们的国家。而且我有对美国人民重新说明和解释美国立场的必要。
>
> 我真诚地希望能在最近的将来，得到阁下的令人鼓舞的好消息，以期促成我们共同宣布的目标。[③]

全信读后给人的感觉似乎是杜鲁门在给蒋介石下逐客令，意即如不能“在最近的将来”停止内战，美不仅将重新考虑对华援助，而且美国不惜“换马”也要达到“停战”的目的。[④]此时，杜鲁门“停战”的潜台词与马歇尔一样，就是让蒋介石放弃东北，与共产党以长城为界形成南北朝。

---

① 在国民党方面已出现以李宗仁为首的和谈派，在共产党方面当时也存在“和平民主建设新阶段”的思潮。1948年5月14日，美驻华大使司徒雷登在写给美国务卿马歇尔报告中说：“由李宗仁打头阵的运动将公开向委员长挑战，并团结国民党内部的不满分子和有公益精神的非共党分子。”肯尼斯·雷、约翰·布鲁尔编：《被遗忘的大使：司徒雷登驻华报告（1946—1949）》，尤存、牛军译，江苏人民出版社1990年版，第210页。

② [美]哈里·杜鲁门著：《杜鲁门回忆录》（下卷），李石译，东方出版社2007年版，第101页。

③ 同上书，第102页。

④ 同上书，第101—102页。

8月14日，蒋介石再次要求军队“国家化”，8月18日，美国停止对蒋支援军火。蒋介石在8月30日日记中痛心疾首地称：“美国务院对我以现款购买其军火事，竟拒绝发给出口证，此乃马歇尔对我更进一步之压力；可知美国对华政策已因马歇尔之调解不成，更趋恶化。果尔，则马歇尔纵容共党，其将不仅有害我国，而适足以自害美国矣。”[①]但生气归生气，美国的支持还是不能丢。为了赢得美国的支持，11月4日，蒋介石政府与美国签订《中美友好通商航海条约》。这个条约连同与美国签订的其他条约，据司徒雷登说就是：“全中国领土均向美国商人开放。”[②]美国《世界报道》杂志披露，蒋介石在获得美国剩余物资之后不久，“已允许美国军舰在30年内可以在中国沿海船坞中修理”。[③]美国军舰可以据此自由出入、使用并实际占领中国的一切港口。8月31日，蒋介石又与陈纳德订立合同，授权其组织空运队在中国各地任意飞行。[④]

安抚好美国后，11月11日，国民党军队占领共产党解放区的张家口。12月1日，马歇尔拜访蒋介石。在回答蒋提出的“一旦争取共产党合作的努力最终失败，该怎么办”的问题时，马歇尔直告蒋介石，他坚信“不能以军事方式解决共产党问题，因为长此以往，不久就会使国家陷入财政困境”[⑤]。言下之意，就是你再与共产党打下去，将得不到美国的继续支持。蒋介石则不以为然地说，据他的经验，只要政府占优势，俄国就会基于现实而不援助中共——尤其鉴于现在俄国全神贯注于其西部边境问题。蒋介石告诉马歇尔，他自信在今后9～10个月内可以粉碎共产党的军事力量。[⑥]

鉴于蒋介石的不妥协，1947年1月29日，美国宣布退出中国内战的“调停”。杜鲁门哀叹道：

---

① 张秀章编著：《蒋介石日记揭秘》（下），团结出版社2007年版，第762页。

② 转引自徐元冬、马晴波、丛笑难、蒋杰编《中国共产党历史讲话》，中国青年出版社1981年版，第340页。

③ 转引自《战后世界历史长编》第1编第2分册，上海人民出版社1975年版，第383页。

④ 同上。

⑤ 转引自肯尼斯·雷、约翰·布鲁尔编：《被遗忘的大使：司徒雷登驻华报告（1946—1949）》，尤存、牛军译，江苏人民出版社1990年版，第40页。

⑥ 同上。

> 1947年年初，马歇尔将军是承认失败了。他说两方面都不愿意执行协议。蒋介石没有倾听这个历史上最伟大的战略家之一的忠告，他是输给共产党了。[①]

其实，杜鲁门这是借酒说胡话。明眼人——比如北面的斯大林——一看就知道是怎么回事。1957年4月11日毛泽东在一次谈话中曾说，“直到1949年，我们眼看就要过长江的时候，还有人阻止，据说千万不要过长江，过了就会引起美国出兵，中国可能出现‘南北朝’。我们没有听他的。我们过了长江，美国没有出兵，中国也没有出现‘南北朝’。如果听了他的话，中国倒真可能出现‘南北朝’”[②]。如果这句话稍改一下就是：蒋介石如果听了马歇尔的话，中国倒也真可能出现“南北朝”。

在中国东北问题上，并不是所有的在华美国人都像马歇尔那样只站在美国立场考虑中国问题。蒋介石坚持军事占领东北，除了国共内战的因素外，还有地缘政治的考虑。1941年12月2日，罗斯福总统的并兼蒋介石政府的政治顾问拉铁摩尔（Owen Lattimore，1900～1989）[③]曾对苏联大使披露：“华盛顿和伦敦在考虑，或把东北留给日本，或把东北变成‘缓冲地带’，以便（在任何情况下）保障远东的均势。”拉铁摩尔告诉这位大使，“他同蒋介石讨论过东北问题，他只好说服他不要放弃东北，不要

---

① [美]哈里·杜鲁门著：《杜鲁门回忆录》（下卷），李石译，东方出版社2007年版，第109页。

② 引自刘杰诚著《毛泽东与斯大林会晤纪实》，中共党史出版社1997年版，第140页。

③ 欧文·拉铁摩尔，东方学家。生于华盛顿特区，幼随父前往中国。1915年就学于英国坎伯兰圣·比斯学校，4年后回中国。1920年在上海的报馆工作。1922年起在北平和天津阿诺德公司任职，会汉语、蒙语、俄语。1924年从事对中国的调查和著述工作。1926～1927年在中国东北、内蒙古和新疆等地广泛旅行和考察。后定居北京。1937年到过苏区，同年返美。1938年执教于约翰·霍普金斯大学佩奇国际关系学院，次年任院长。1941年奉富兰克林·罗斯福总统之命出任蒋介石的政治顾问。次年返美后在战时情报局供职，负责太平洋战区工作。1945年被杜鲁门总统任命为驻日经济代表团团长的特别经济顾问。同年出版《亚洲问题的解决》，主张帮助亚洲国家确立其在世界中应有的地位。1963年至1975年期间任英国利兹大学中国问题教授，1972年任该大学中国研究院院长。麦卡锡主义时期曾受到调查，并被诋毁为“苏联间谍”。著有《通往土耳其斯坦的荒漠道路》、《满洲——冲突的摇篮》、《现代中国的形成》、《中国的历史和革命》等。

‘注销’东北，而设法使东北与中国重新统一。”[①]蒋介石不听马歇尔“建议”，坚持占领东北大概就是听了拉铁摩尔“不要放弃东北”忠言后的具体行动。

1947年蒋介石率先打破国内“冷战”僵局。3月，国民党重点进攻陕北、山东解放区。3月19日，占领延安。由此，国共两军全线开战。至年底，中国共产党军队共歼敌75万人。从此改变了中国战场形势，共产党由战略防御转入战略进攻。毛泽东认为：

> 中国人民的革命战争，现在已经达到了一个转折点。这即是中国人民解放军已经打退了美国走狗蒋介石的数百万反动军队的进攻，并使自己转入了进攻。还在1946年7月至1947年6月此次战争的第一个年头内，人民解放军即已在几个战场上打退了蒋介石的进攻，这迫使蒋介石转入防御地位。而从战争第二年的第一季，即1947年7月至9月间，人民解放军即已转入了全国规模的进攻，破坏了将战争继续引向解放区，企图彻底破坏解放区的反革命计划。现在，战争主要地已经不是在解放区内进行，而是在国民党统治区内进行了，人民解放军的主力已经打到国民党统治区域里去了。中国人民解放军已经在中国这一块土地上扭转了美国帝国主义及其走狗蒋介石匪帮的反革命车轮，使之走向覆灭的道路，推进了自己的革命车轮，使之走向胜利的道路。这是一个历史的转折点。[②]

军事上的败退，再次给美国在中国推行导致中国南北分治的“马歇尔计划”提供了“换马”的机会。美国准备物色在中国利益的新的代理人以

---

① 参见俄罗斯联邦对外政策档案馆：全宗：0100，目录：29，案卷：11：“苏联大使潘友新1941年12月2日与拉铁摩尔谈话记录”。转引自[俄]A.M.列多夫斯基著《斯大林与中国》，陈春华、刘存宽等译，新华出版社2001年版，第280、369页。事实上，即使到了1945年11月20日，驻华美军司令魏德迈向美国政府提出关于中国问题的报告，还提议由国民党政府集中力量控制华北，而把中国东北交由国际托管。参见卫林等编《第二次世界大战后国际关系大事记》，中国社会科学出版社1991年版，第2页。

② 毛泽东：“目前形势和我们的任务”，《毛泽东选集》第4卷，人民出版社1991年版，第1243—1244页。

取代多少还有点“半独立性”的蒋介石。1946年10月11日蒋介石攻占石家庄后的第二天宣布召开国民大会，11月15日，国民大会开幕。12月25日大会闭幕，大会通过了《中华民国宪法》。1948年3月19日，蒋介石当选总统。但围绕副总统一职，各派争夺激烈。其中李宗仁的实力最强。3月31日，司徒雷登向马歇尔汇报说：

> 大家越来越感到军事上战胜共产党是不可能的，而且如果要避免共产党控制全中国，便须另找解决办法，甚至委员长也了解到老的办法不行，需要新的方法。我们认为，现在他们正诚恳地寻求有效的新方法，但还没有找到这种药方。似乎对于采取走向和平的积极行动，每个人都希望由他人发起。那些处于能影响委员长采取积极和有效措施的地位的人怕冒犯委员长，因而不愿提出他们的改革主张。他周围需要更勇敢的顾问，也许改组后的政府能应他之需。[①]

当天（3月31日）在同一批呈送报告中[②]，司徒雷登还向马歇尔提交了两份对比鲜明的报告。一份是蒋介石的“主要动向摘要”，总意是蒋派“独立于美国”的立场，他透露：

> 从马歇尔离华到魏德迈使华：军队的同志感到兴高采烈，因为这一时期美国的影响缩小了，被人们认为是强烈亲美的宋氏家族的影响也缩小了。这些军队同志除了上面提到的陈诚和胡宗南外，还包括于志石（中华民国政府军事事务局局长）和顾祝同（中国陆军司令长

① “司徒致国务卿”（南京，1948年3月31日），肯尼斯·雷、约翰·布鲁尔编：《被遗忘的大使：司徒雷登驻华报告（1946～1949）》，尤存、牛军译，江苏人民出版社1990年版，第179页。

② 文件编号为“893.00/3~3148”。同天呈报此编号的文件有三份，在《被遗忘的大使：司徒雷登驻华报告（1946—1949）》一书的文献编号为：文献24、文献25、文献26三份。这三份间的逻辑关系是，24号文件汇报国民党内部的改革呼声，25号文件汇报蒋介石拒绝改革，26号文件是李宗仁宴请司徒雷登时表白的最接近马歇尔中国计划的政策主张。

官），以及其他一些在德国受过教育的人。[①]

这些对美国有“独立于美国”感情的人士中，就是没有李宗仁。在同批报告中，司徒雷登向马歇尔递上李宗仁宴请他并向司徒雷登表白的政策主张。结合上面两份报告，此份报告让人读起来大有一种司徒雷登向马歇尔“隆重推荐”亲美才俊的感觉。报告说：

阁下，我有幸引用我和李宗仁元帅（蒋介石北平行营指挥官和副总统候选人）谈话备忘录中如下关于目前政治形势的部分，国务院也许对此感兴趣。

3月27日晚，李元帅宴请我，并详细讨论了他作为副总统候选人及有关的事务。他希望能与蒋介石私下会谈，但因为几天前才到这里，他只见到他一次，当时是被邀请与其他候选人进餐，即孙科（立法院院长）和陈诚（蒋介石汉口行营指挥官）。唯一与选举有关的是委员长声明，党没有进一步提名，选举将是公开投票。他认为这给了他一个较好的机会。他描述他参加选举的目的是由于认识到蒋介石需要某种影响，这种影响可以抵销他（蒋介石）的专横、固执己见，以及总的来说是不民主的方法。他认为能比其他候选人更好地做到这一点，这是他能提供服务的最有效的方法。必须以某种方式做这件事，否则目前的政治体制会崩溃。他谈了他长期协助蒋介石最不幸的缺点，即蒋非常执拗和不妥协，后一点是他的优点也是缺点，最严重的缺点是蒋拒绝与其他人讨论问题，固执己见，专断地发布命令。非常愿意承担责任，但考虑到自己的身体和国家的幸福，这一点他做得过度了。蒋应该摆脱他周围的小集团，引进青年人和更进步的人。李宗仁同意我的看法，即在适当的条件下，可以说服蒋介石改变他的方式。

关于总的形势，他认为镇压共产党会是一个缓慢的过程，他以太平天国反叛为例，镇压它用了18年。镇压白朗叛首也用了8年。这不能

① 引文中有的人名可能有误，原文如此。“司徒致国务卿”（南京，1948年3月31日），肯尼斯·雷、约翰·布鲁尔编：《被遗忘的大使：司徒雷登驻华报告（1946—1949）》，尤存、牛军译，江苏人民出版社1990年版，第181—182页。

仅靠军事手段，而且要求政治改革。[①]

李宗仁选择的表态似乎最接近马歇尔的中国方案。4月23日，司徒雷登密报回国即被任命为国务卿的马歇尔：

接近李宗仁的消息来源一再报告说，李宗仁与委员长已经完全决裂。他计划如果竞选副总统失败，便采取某种“行动”，至于是何种行动，则未具体指出。其他资格较低的人士猜测，可能是地方军事反叛的方式。南京四郊大部分是两广军队，我们不知道他们忠于李还是忠于委员长。根据目前的消息，我们认为军事政变虽然可以想象，然而却很渺茫。李宗仁也许会由于认为在委员长那里受到冷遇和国民党机构拒绝他在目前危机中为国效劳而感到失望，于盛怒之下会干出事来。我们认为，如果有行动的话，那也是以后才会发生；也许可能和香港和华南一些意见不和者联合起来，确有李与他们联系密切的迹象。副总统选举或许要到6月24日或25日才能结束。[②]

仅就这一条“莫须有”的消息就足以抓住马歇尔的眼球。但更大的用于赢得马歇尔垂爱的关于李宗仁的报告又摆在马歇尔面前。司徒雷登4月27日密报，李宗仁在竞选中又摆出为和平“我不下地狱，谁下地狱”的劲头，告诉记者说他“愿意放弃竞选，今日即飞北平”。[③]在此之前，李宗仁已让下属放风，“李将不参加竞选，正计划回到北平去”。[④]这实则是在给马歇尔递话：蒋介石不愿与共产党谈判，我可一定是您在国共两党间“调

① “司徒致国务卿”（南京，1948年3月31日），肯尼斯·雷、约翰·布鲁尔编：《被遗忘的大使：司徒雷登驻华报告（1946—1949）》，尤存、牛军译，江苏人民出版社1990年版，第183页。

② “司徒致国务卿”（南京，1948年4月23日），肯尼斯·雷、约翰·布鲁尔编：《被遗忘的大使：司徒雷登驻华报告（1946—1949）》，尤存、牛军译，江苏人民出版社1990年版，第192页。

③ “司徒致国务卿”（南京，1948年4月27日），肯尼斯·雷、约翰·布鲁尔编：《被遗忘的大使：司徒雷登驻华报告（1946—1949）》，尤存、牛军译，江苏人民出版社1990年版，第197页。

④ 同上。

停”政策的坚定拥护者和践行者。

最终还是李宗仁摸准了马歇尔的心理。两天后（4月29日），李宗仁就被高票选为副总统。这为美国以“换马”压迫蒋介石的政策做好了必要的前期准备。可能是司徒雷登大学教授的经历，使他对“开明”的李宗仁偏爱有加。①5月3日，司徒雷登高兴地向马歇尔报告：

> 不管李宗仁将来实际表现如何，他在竞选中成了不满分子和进步分子的象征及核心。这些人对现政府领导失去信心，他们要求新的人选和新的更有效的政策。与丧失信誉缺乏成就的现当权集团相比，李代表着有效政府的要求。在缺乏经验和组织的情况下，他的拥护者向国民党组织挑战并获得胜利。②

司徒雷登认为如果李宗仁取代蒋介石，则可以落实马歇尔在中国方案。他在报告结束时写道：

> 应予以注意的另一派是在香港的国民党革命委员会。该委员会宣称，委员长从政坛消失指日可待。现在知道该会与宋子文已遥送秋波，这种不相称的结合有时是有用的。该委员会称，近数月来与李宗仁保持着密切联系。如果这些话属实，那么所称的“指日可待”可能是有根据的，在大会中的斗争只是委员长、CC系、黄埔系和李及其合作者的生死斗争的第一回合而已。如果内战和经济恶化继续使目前的不幸发展，李及其合作者似乎的确可获得最后的成功。李或是自愿、

① 在1948年5月7日司徒雷登写给马歇尔的报告中承认，在他与蒋介石会谈时，“他（蒋）的表情似乎看出我已倾向于李宗仁了。”“司徒致国务卿”（南京，1948年5月7日），肯尼斯·雷、约翰·布鲁尔编：《被遗忘的大使：司徒雷登驻华报告（1946—1949）》，尤存、牛军译，江苏人民出版社1990年版，第203页。

② “司徒致国务卿”（南京，1948年5月3日），肯尼斯·雷、约翰·布鲁尔编：《被遗忘的大使：司徒雷登驻华报告（1946—1949）》，尤存、牛军译，江苏人民出版社1990年版，第201页。

或是为形势所迫与共产党达成谅解，这种可能性日益增长。[①]

李宗仁当选副总统后，司徒雷登——似乎在给李宗仁“接班”铺路——给马歇尔的报告中总是“捷报频传”。5月13日，司徒雷登致电马歇尔：“李宗仁的主要顾问甘介侯在最近去北平作短期旅行前的谈话中声明，李和他的追随者正为中国准备一项改革计划”，甘声明，“他们完全希望通过和平方式达到他们的目的”。[②]5月14日，司徒雷登同时呈报两份报告给马歇尔。一份是说蒋介石“他已经没有能力认识中国最近的发展，并使自己适应这些发展、变化”，而“我们认为，以李宗仁为核心的改革运动已达到了不可否认的程度，特别是如果李准备给予必要的领导——表明他的决心，并能博得民众的支持”；“在我们看来，委员长的这种盲目和固执只会意味着他通过这样或那样的方式将从政治舞台上消失，他将被他正要扼杀的那些力量剪除”。[③]另一份则对中国形势发展作出蒋介石可能下台，中国划江而治的预测：

（1）蒋委员长开始戴上新头衔，由于更民主和进步的措施加强了宪法，这给了他唯一的机会来抵销增长的不满，并领导得到民众支持的反共运动。

（2）由李宗仁打头阵的运动将公开向委员长挑战，并团结国民党内部的不满分子和有公益精神的非共党分子。蒋可能被允许保持他的新职务，但所有紧急权力则被剥夺。这可以导致与共产党的和谈：（a）一个联合政府；（b）区域分割；（c）在美国的和国际保护下，

---

① “司徒致国务卿”（南京，1948年5月30日），肯尼斯·雷、约翰·布鲁尔编：《被遗忘的大使：司徒雷登驻华报告（1946—1949）》，尤存、牛军译，江苏人民出版社1990年版，第202页。

② “司徒致国务卿”（南京，1948年4月27日），肯尼斯·雷、约翰·布鲁尔编：《被遗忘的大使：司徒雷登驻华报告（1946—1949）》，尤存、牛军译，江苏人民出版社1990年版，第207页。

③ “司徒致国务卿”（南京，1948年5月14日），肯尼斯·雷、约翰·布鲁尔编：《被遗忘的大使：司徒雷登驻华报告（1946—1949）》，尤存、牛军译，江苏人民出版社1990年版，第208页。

共产党被承认是合法的。

（3）无论是委员长还是李副总统都将不能立即有效地阻止中央政府的崩溃。只有地方派首领和共产党成为国内强大的决定性因素。现政府可以退到长江以南，在广东恢复力量，发起另一场革命。①

5月22日，司徒雷登向马歇尔继续推荐李宗仁，他告诉马歇尔，当上副总统的李宗仁怀才不遇，"他曾私下说，他现在不知道该做什么，因为委员长控制着军队、政府的财政和国民党组织"，李宗仁还婉转表达对美国的向往，司徒雷登报告说："有一段时期他甚至考虑前往美国，因为他在美国会比在此地更能有所成就。"②两天后，司徒雷登报告马歇尔，说他拜会了蒋介石，当面警告蒋介石："李宗仁代表的改革运动代表了中国一种不可扑灭的力量。现在正是改革之机，委员长如不作此事，有人会作的。"③

6月11日，司徒雷登借他的秘书傅泾波之口间接地表达要"找一个强有力的总理"以接替蒋介石权力的意见。他告诉马歇尔：

大使的私人秘书傅泾波对我们说，他仔细地观察了委员长两年，觉察到他明显地衰老。即使委员长在谈话中不断用笔记下别人讲话的要点，但仍不能像过去那样迅速作出决断；他越来越不知道他的指示贯彻得如何，越来越健忘。傅认为，委员长已变成一个疲乏的老人，不能有效地应付事务，日趋丧失威信，不可避免地迟早会被解除职务。

---

① "司徒致国务卿"（南京，1948年5月14日），肯尼斯·雷、约翰·布鲁尔编：《被遗忘的大使：司徒雷登驻华报告（1946—1949）》，尤存、牛军译，江苏人民出版社1990年版，第210—211页。

② "司徒致国务卿"（南京，1948年5月22日），肯尼斯·雷、约翰·布鲁尔编：《被遗忘的大使：司徒雷登驻华报告（1946—1949）》，尤存、牛军译，江苏人民出版社1990年版，第217页。

③ "司徒致国务卿"（南京，1948年5月26日），肯尼斯·雷、约翰·布鲁尔编：《被遗忘的大使：司徒雷登驻华报告（1946—1949）》，尤存、牛军译，江苏人民出版社1990年版，第218页。

虽然如此，傅同意假如委员长下台的话，国家将会重陷分裂的看法。他建议采取适当的方法，劝委员长放弃国民大会赋予的紧急权力，找一个强有力的总理实行必要的领导。[①]

6月14日，司徒雷登为未来李宗仁“接班”后的军事支持着想，向马歇尔再提“任命何应钦将军为国防部长，真正赋予他指挥军事行动的权力”；同时又抱怨蒋介石，“他好像决心按宪法对他的新职务规定的原则办事，但实际上他办事方式很少改变”。[②]

换掉蒋介石也需要对中国形势，尤其是要对苏联在中国的政治需求有一个基本评估，即“有必要试着用克里姆林宫的观点来评估一下中国”[③]。9月7日，曾任美驻苏使馆公使衔参赞，后任美国国务院政策设计室主任的乔治·凯南提交国务卿一份对苏联对华战略目标的评估报告，认为苏联对中国的索求是有限的，报告认为：

就经济方面而言，克里姆林宫肯定渴望得到满洲和华北的自然资源，一则不使它们落入日本之手，二则用于苏联远东地区的开发。至于中国的其他广大地区，克里姆林宫可能只视之为一个巨大的贫民区，避免承担任何责任。

也没有任何理由相信，克里姆林宫里那些没有浪漫色彩的人会对中国的潜力抱有任何幻想；在可以预见的将来发生的任何战争中，往好里说，中国是一个软弱的盟友，往最坏处说，中国是一个微不足道的敌人。然而，在某些情况下，中国的部分地区，特别是满洲和新疆，可能会成为第三国进攻苏联的通道。因而，对边界极其敏感的克

---

① “司徒致国务卿”（南京，1948年6月11日），肯尼斯·雷、约翰·布鲁尔编：《被遗忘的大使：司徒雷登驻华报告（1946—1949）》，尤存、牛军译，江苏人民出版社1990年版，第224—225页。

② “司徒致国务卿”（南京，1948年6月14日），肯尼斯·雷、约翰·布鲁尔编：《被遗忘的大使：司徒雷登驻华报告（1946—1949）》，尤存、牛军译，江苏人民出版社1990年版，第225页。

③ “政策设计室备忘录”（1948年9月7日），陶文钊主编：《美国对华政策文件集1949—1972》（第1卷上），世界知识出版社2005年版，第5页。

> 里姆林宫肯定会把满洲和新疆视为其防御缓冲区的突破口。[①]

报告同时也认为，如有可能，苏联也会“尽量扩大其在华影响，并最终控制中国的所有领土”，因为“从更现实的方面说，获得中国意味着获得了一个人口众多的缓冲区，可由此向东亚的其他地区发起政治攻势”。[②]但同时凯南也判断：

> 即使中国共产党的所有部门都受到克里姆林宫控制，毛现在对克里姆林宫极为忠诚，小心翼翼，莫斯科仍然不可能对形势感到满意。中国地域太广，人口太多。甚至毛和他的战友们也不可能最终得到整个中国——这种诱惑对他们来说也许太大了，特别是在他们已经依靠民族主义的狂热取得部分权力的情况下。如果有可能，克里姆林宫是不会在这种事情上冒险的。[③]

关于国民党的前途，凯南得出结果说：“国民党和国民政府已江河日下，走到了在与中国共产党的长期斗争中彻底失败的边缘。”[④]由此，凯南提出“国民政府消亡”的可能性。他写道：

> 我们必须面对这样一种可能性：国民政府消亡。正如我们现在所知道的，这只是一个时间问题。这个局面究竟会怎样发生，目前难以预料。它也许会因下述因素中的一种或几种促成：
>
> （1）蒋介石死亡、退休或被赶下台；
>
> （2）发生政变；
>
> （3）政府要员的叛变；
>
> （4）出现一个分离主义政权；
>
> （5）共产党获得一系列重大胜利；

---

① “政策设计室备忘录”（1948年9月7日），陶文钊主编：《美国对华政策文件集1949—1972》（第1卷上），世界知识出版社2005年版，第5页。

② 同上。

③ 同上。

④ 同上书，第9页。

（6）接受共产党提出的建立联合政府的建议。

不管这一变化进行得多么顺利，都会出现不稳定的混乱局面，即使李宗仁副总统迅速接替蒋的职位，国民政府的现有结构大体保持不变，情况也会是如此。战争也许会继续下去。也有可能实现休战，因为整个中国都渴望和平。不论出现哪种局面，新的权力斗争都会随即在政治层面上展开。[①]

凯南作出上面推论的理由是：认为中共统一中国是可以预见的，但由于各派军阀的存在，会有相当的难度，“内战也许会继续下去”。他告诉马歇尔说：

在这场争夺中，最强大的势力显然（至少在开始阶段）是共产党，其他势力将是：一些民族主义军事领袖，如傅作义等；原地方军阀，如龙云等；桂系；奉（满洲）系；以李济深为核心的国民党改革派；为数不少的、现在仍与国民党政府关系密切的政治领袖。

我们不应做出这样的预测：在这场斗争中，非共产党的各派势力仍然会处于四分五裂的状态。当然，这种情况有可能出现。但更大的可能性是，离心力将被倾向于整合大多数非共产党力量的那种压力（特别是共产党持续不断的压力）所压倒。

我们也不应假定，非共产党的各派势力会迅速屈从于共产党。当然，他们也许会如此。但他们中的一些人，特别是很少或根本没有得到南京支援的傅作义和宁夏、甘肃的穆斯林，表现出了在局部地区对付共产党的能力。如果这些势力在强有力的领导下联合起来，他们在“坚守阵地方面”做得可能比国民党政府更好些。他们能否击退共产党，则是另外一个大问题。

至于共产党，国民政府的垮台并不意味着他们的种种麻烦都消除了，即使他们得到了他们想要的东西——一个全民联合政府。内战也

① “政策设计室备忘录”（1948年9月7日），陶文钊主编：《美国对华政策文件集1949—1972》（第1卷上），世界知识出版社2005年版，第10页。

许会继续下去。正如现在已经表现的。[①]

10月16日，辽沈战役中中共方面的胜利已成定局，司徒雷登看到国民党政府垮台的可能性，便给马歇尔写信，哀叹道："现时的国民党领导已再也不能充当美国努力阻止中国共产主义扩展（实则是阻止中国统一——引者注）的有效工具了。"鉴于此，他更甚于凯南，极端地建议"用典型的中国式"即致中国再陷军阀割据方式引导中国分裂。他写道：

> 鉴于这种情况，我们必须构想某种典型的中国式处理方式，让委员长引退，并组成联合政府，由张治中与马家（五马将军：马鸿逵、马步芳、马步青、马鸿实、马占祥）节制西北，四川、云南、贵州也分别由各省主席控制，这样就可免受共产党干扰，这在联合政府初期是完全可能的。同样，共产党在联合政府的名义下会加紧巩固其北部地区，而宋子文则会在华南获得喘息之机。这期间，美国必须保持政策的灵活性。无论谁统治中国，都需要外援，而美国是目前唯一可以依赖的外援提供者。由此出发，我们就能在美国利益所在的地区的局势更为明朗的时候，利用我们的这种地位左右形势。[②]

在面临美国在华利益即将失去的时候，司徒雷登就撕下了美国"和平使者"的面纱，不仅要置中国于20世纪初的那种军阀割据局面之中，而且还要在这种割据中实现美国的主导作用。但比较而言，凯南的判断更接近于马歇尔的思路。[③]马歇尔也不希望中国大乱。他的首要目的就是保住与斯

---

① "政策设计室备忘录"（1948年9月7日），陶文钊主编：《美国对华政策文件集1949—1972》（第1卷上），世界知识出版社2005年版，第10—11页。

② 引文中有的人名可能有误，原文如此。"司徒致国务卿"（南京，1948年10月16日），肯尼斯·雷、约翰·布鲁尔编：《被遗忘的大使：司徒雷登驻华报告（1946—1949）》，尤存、牛军译，江苏人民出版社1990年版，第252页。

③ 马歇尔"在战时曾两次见过凯南，当时这位年轻的外交官为了亚速尔群岛和欧洲占领区问题而前往五角大楼。凯南对苏联和中国的分析，给了马歇尔很深的印象"。[美]福雷斯特·C.波著：《马歇尔传（1945—1959）》，施旅译，世界知识出版社1991年版，第209页。

大林分割出来的美国在中国关内——至少是中国江南——的利益，马歇尔觉得“换马”一事不能再拖。在马歇尔看来，只要有斯大林介入，中共就不会向南走得太远，而只要蒋介石下台，国民党就会遵循他的腹案与中共出现事实上划江而治的结果。

11月6日，淮海战役开始。11月10日，司徒雷登建议加快“换马”，他告诉马歇尔：“在这种形势下，我们认为问题的关键是，国家权力是否能有秩序地从现政府移交给新政府。主和派显然无法使其愿望变成现实，除非发动军事政变取代委员长。”[①]12月中原野战军及华东野战军一部，歼灭黄维兵团11万人。华东野战军主力在杜聿明指挥的徐州国民党军3个兵团25万人向西突围时，将这股敌人合围于永城东北的陈官庄地区，并歼灭其中的孙元良兵团约4万人。面对日益无奈的战场形势，司徒雷登一方面加速“换马”工作，劝蒋介石让位给李宗仁，美国也通过对正在访美的宋美龄冷淡态度向蒋传递要蒋下台的明确信息。12月24日，坐镇汉口，拥兵30万的白崇禧向蒋介石发出通电要求停止国共间的军事行动，并邀请美、苏、英三国出面调停，随后，李宗仁、长沙绥靖公署主任并湖南省主席程潜、河南省主席并第五绥靖区司令张轸及湘、鄂、豫、桂四省参议会议长也相继通电蒋介石下野，接受和谈。1949年1月，美国“换马”成功：蒋介石“引退”，李宗仁任代总统。

李宗仁上台后，忠实地贯彻马歇尔分割中国的思路，继续推动“和平运动”，公开致电毛泽东以同意中共八项条件为基础，“就地停战”、“隔江而治”进行和谈。[②]

另一方面，司徒雷登也寄希望斯大林约束中共入关后止步于长江以北。12月1日，他致电马歇尔：

> 时局的发展非常有可能出现停战，并恢复和谈。据未证实的消息，苏联大使到时将在国民党控制华南、共产党控制华北以及美国承

① “司徒致国务卿”（南京，1948年11月10日），肯尼斯·雷、约翰·布鲁尔编：《被遗忘的大使：司徒雷登驻华报告（1946—1949）》，尤存、牛军译，江苏人民出版社1990年版，第259页。

② 王文泉、刘天路主编：《中国近代史：1840—1949》，高等教育出版社2001年版，第583页。

认俄国在满洲的权利的条件下出面调停。[①]

司徒雷登的情报并不是空穴来风。与司徒雷登在江南“换马”工作似乎是在同步运作，斯大林，很可能受到朝鲜半岛于1948年8、9月间分裂为南北朝鲜的形势鼓舞，于1948年12月转给毛泽东一封蒋介石国民党政府请求苏联居中调停国共之争的请求信。其意不言自明，就是要求毛泽东接受苏联出面接续马歇尔的“调停”，步朝鲜金日成后尘建立偏安政权。

但怀有雄才大略的毛泽东在民心所向且坐拥百万雄师的时候是不可能就此止步的，他于12月30日写就并以“新年献词”形式发表《将革命进行到底》，以回应那些“国际上有的朋友”[②]企图接替马歇尔调停的暗示。毛泽东写道：

中国人民将要在伟大的解放战争中获得最后的胜利，这一点现在甚至我们的敌人也不怀疑了。[③]

现在摆在中国人民、各民主党派、各人民团体面前的问题，是将革命进行到底呢，还是使革命半途而废呢？如果要使革命进行到底，那就是用革命的方法，坚决彻底干净全部地消灭一切反动势力，不动摇地坚持打倒帝国主义，打倒封建主义，打倒官僚资本主义，在全国范围内推翻国民党的反动统治，在全国范围内建立无产阶级领导的以工农联盟为主体的人民民主专政的共和国。这样，就可以使中华民族来一个大翻身，由半殖民地变为真正的独立国，使中国人民来一个大

---

① “司徒致国务卿”（南京，1948年12月1日），肯尼斯·雷·约翰·布鲁尔编，尤存、牛军译：《被遗忘的大使：司徒雷登驻华报告（1946～1949）》，江苏人民出版社1990年版，第262页。值得注意的是，就在毛泽东拒绝斯大林劝说中共不要南下过江的同时，蒋介石也断然拒绝了美国“不要攻击黄河以北的中共，也不要向西追逐中共”的建议。参阅1963年2月4日肯尼迪与美驻台“大使”柯克的“会谈备忘录”，陶文钊主编：《美国对华政策文件集1949—1972》（第3卷上），世界知识出版社2003年版，第363页。

② 1949年3月下旬，毛泽东说，国际上有的朋友，对我们解放战争的胜利也半信半疑，劝我们就此止步，和蒋介石以长江为界，搞“南北朝”。参阅袁南生著《斯大林、毛泽东与蒋介石》，湖南人民出版社2005年版，第480页。

③ 毛泽东：“将革命进行到底”，《毛泽东选集》第4卷，人民出版社1991年版，第1372页。

解放，将自己头上的封建的压迫和官僚资本（即中国的垄断资本）的压迫一起掀掉，并由此造成统一的民主的和平局面，造成由农业国变为工业国的先决条件，造成由人剥削人的社会向着社会主义社会发展的可能性。如果要使革命半途而废，那就是违背人民的意志，接受外国侵略者和中国反动派的意志，使国民党赢得养好创伤的机会，然后在一个早上猛扑过来，将革命扼死，使全国回到黑暗世界。现在的问题就是一个这样明白地这样尖锐地摆着的问题。两条路究竟选择哪一条呢？中国每一个民主党派，每一个人民团体，都必须考虑这个问题，都必须选择自己要走的路，都必须表明自己的态度。中国各民主党派、各人民团体是否能够真诚地合作，而不致半途拆伙，就是要看它们在这个问题上是否采取一致的意见，是否能够为着推翻中国人民的共同敌人而采取一致的步骤。这里是要一致，要合作，而不是建立什么“反对派”，也不是走什么“中间路线”。[①]

关于是否过江问题，毛泽东对斯大林“先斩后奏”，明确宣布：

一九四九年中国人民解放军将向长江以南进军，将要获得比一九四八年更加伟大的胜利。

一九四九年我们在经济战线上将要获得比一九四八年更加伟大的成就。我们的农业生产和工业生产将要比过去提高一步，铁路公路交通将要全部恢复。人民解放军主力兵团的作战将要摆脱现在还存在的某些游击性，进入更高程度的正规化。

一九四九年将要召集没有反动分子参加的以完成人民革命任务为目标的政治协商会议，宣告中华人民共和国的成立，并组成共和国的中央政府。这个政府将是一个在中国共产党领导之下的、有各民主党派各人民团体的适当的代表人物参加的民主联合政府。

这些就是中国人民、中国共产党、中国一切民主党派和人民团体在一九四九年所应努力求其实现的主要的具体的任务。我们将不怕任何困难团结一致地去实现这些任务。

① 毛泽东：“将革命进行到底”，《毛泽东选集》第4卷，人民出版社1991年版，第1375页。

几千年以来的封建压迫，一百年以来的帝国主义压迫，将在我们的奋斗中彻底地推翻掉。一九四九年是极其重要的一年，我们应当加紧努力。[①]

毛泽东写的这篇新年献词直言中国共产党的目的并不是要偏安一隅，也不是要与国民党平分天下，而是要建立一个强大统一的人民共和国！

这一目标不仅使马歇尔，同样也使斯大林坐不住了。斯大林亲自从幕后走向前台，在美国在南方无力“推盘”后，以前所未有的关注度对北方毛泽东施加高频压力，以继续推动马歇尔未竟的“事业”。

1949年1月10日，斯大林以菲利波夫为化名打电报给毛泽东，谈国共谈判问题。斯大林转告说，南京国民党政府于1月9日发来照会，建议苏联政府充当南京政府与中国共产党之间的停战和签订和约的调停人。斯大林通报了苏联政府对南京政府的答复，即苏联政府赞成在中国结束战争，实现和平，但在同意担当调停人之前，苏联政府希望能征得另一方的同意。同时还向中共提供了苏方草拟的答复国民党和平建议的具体方案，即中国共产党同意与国民党进行谈判，但是不能容许那些发动中国内战的战争罪犯参加谈判并主张在没有任何外国调停人参加的情况下与国民党直接谈判。对于毛泽东的访苏计划，斯大林再次建议暂时推迟。[②]

1月11日，斯大林仍以菲利波夫为化名追加电报给毛泽东，对前电苏联草拟的中共对国民党的建议的答复方案进行解释，电报说：苏方说答复方案的意图实际上“破坏”与国民党的和谈，因为“没有任何外国大国调停特别是没有美国居间”和“没有蒋介石及其他战犯参加”，“国民党绝对不会同意举行和谈”。[③]

---

① 毛泽东：“将革命进行到底”，《毛泽东选集》第4卷，人民出版社1991年版，第1379—1380页。

② 刘彦章、项国兰、高晓惠编：《斯大林年谱》，人民出版社2003年版，第723页。关于斯大林电报具体内容，也可参见[俄]A.M.列多夫斯基著《斯大林与中国》，陈春华、刘存宽等译，新华出版社2001年版，第64页。

③ “米高扬就1949年1～2月的中国之行向苏联共产党中央委员会主席团提交的报告”，[俄]A.M.列多夫斯基著：《斯大林与中国》，陈春华、刘存宽等译，新华出版社2001年版，第62页。同时可参照刘彦章、项国兰、高晓惠编《斯大林年谱》，人民出版社2003年版，第723—724页。

斯大林电报中的要求遭到毛泽东婉拒。1月12日，毛泽东回电称，对于南京政府的照会，苏联政府应该告诉国民党政府："苏联政府一向希望现在也希望看到一个和平、民主、统一的中国。然而，通过什么样的道路达到中国的和平、民主与统一——这是中国人民自己的事。苏联政府根据不干涉别国内政的原则，认为在中国内战交战双方之间调停是不可取的。"毛泽东直率告诉斯大林"眼下中国阶级力量的对比已经发生了根本变化，国际舆论同样不利于南京政府，而中国人民解放军今年夏季就能过江，直捣南京。我们似乎不需要再次采取什么迂回的政治手段。在当前形势下，再采取这样的迂回的政治手段利少弊多"。[①]

1月14日，斯大林出席联共（布）中央政治局会议，讨论毛泽东访苏问题。政治局同意斯大林推迟毛泽东访苏的意见。斯大林在会上口授了一封给毛泽东的电报，仍以菲利波夫为化名，表示中共应该接受和谈建议，使中共以和平的面目出现。当天毛泽东复电斯大林说："我们与贵方在基本方针（破坏同国民党的和谈，把革命战争继续到底）上是完全一致的。"[②]为此，中共还发表了与国民党和谈的八项条件。

需要说明的是，毛泽东这里说的"和谈"内涵与斯大林完全不同：斯大林的意思是要真谈，毛泽东的意思是不能真谈。所以毛泽东提出的是国民党既不可能接受也不可能做到的条件。1月15日，斯大林化名菲利波夫从自己的角度理解（实际上强加）复电毛泽东，说他从毛泽东上封电报中"看得很清楚，我们之间已经就南京方面和平建议问题取得了一致的看法，中国共产党已经开始了'和平'运动，也就是说，这个问题可以认为是彻底解决了"。[③]斯大林知道毛泽东的底线后，最终放弃了直接出面"调

---

① "米高扬就1949年1～2月的中国之行向苏联共产党中央委员会主席团提交的报告"，[俄]A.M.列多夫斯基著：《斯大林与中国》，陈春华、刘存宽等译，新华出版社2001年版，第63页。

② 斯大林电报及毛泽东回电详细内容可参阅"米高扬就1949年1～2月的中国之行向苏联共产党中央委员会主席团提交的报告"，[俄]A.M.列多夫斯基著：《斯大林与中国》，陈春华、刘存宽等译，新华出版社2001年版，第63—64页。

③ "米高扬就1949年1～2月的中国之行向苏联共产党中央委员会主席团提交的报告"，[俄]A.M.列多夫斯基著：《斯大林与中国》，陈春华、刘存宽等译，新华出版社2001年版，第64页。同时可参照刘彦章、项国兰、高晓惠编《斯大林年谱》，人民出版社2003年版，第724页。

停”中国内战的想法。1月18日，苏联政府复照南京政府，指出中国国家统一事业是“中国人民自己的事情”，这种统一只能通过中国内部的力量，首先是双方在没有外来干涉的情况下直接谈判来取得。[①]

第二天（1月19日），毛泽东在审阅中共中央关于外交问题的指示稿时特别加上下面指示：

> 最后，也是最重要的一项，不允许任何外国及联合国干涉中国内政。因为中国是独立国家，中国境内之事，应由中国人民及人民的政府自己解决。如有外国人提到外国政府调解中国内战等等，应完全拒绝之。[②]

毛泽东在这里特别提到的“任何外国”，当然包括苏联在内。如果说蒋介石对马歇尔“调停”中的分裂中国的企图是在本能抵制的话，这份文献则说明毛泽东对斯大林的“调停”则有着高度警觉。

尽管苏联没有直接出面“调停”，但实际上仍没有放弃马歇尔的“工作”。1月21日国民党政府决定南迁广州，斯大林命令苏联驻华使馆随国民党政府南下，在苏联驻华大使罗申的一路“调停”下，月底“罗申同刚刚上台的代总统李宗仁达成苏联调停国共内战的三项条件，实际上支持李宗仁‘划江而治’搞‘南北朝’的企图”[③]。

在摆平国民党方面后，斯大林又派苏联政治局委员米高扬秘密到达中共中央驻地河北省平山县西柏坡了解毛泽东等中共领袖的底牌。除了关心毛泽东是否决意过江之外，斯大林最关心的是如果中共获胜是否还保留苏联在雅尔塔秘密条约中获得的利益。会谈中，毛泽东提出外蒙问题，毛泽东借用国民党左派人士的话说，“他们认为必须让苏联实现两个条件：苏联把它占有的中国长春铁路的那一半财产无偿地归还给中国；同意把蒙古

---

① 参见刘彦章、项国兰、高晓惠编《斯大林年谱》，人民出版社2003年版，第724—725页。

② 毛泽东：“不允许任何外国及联合国干涉中国内政”(1949年1月19日)，中华人民共和国外交部、中共中央文献研究室编：《毛泽东外交文选》，中央文献出版社、世界知识出版社1994年版，第77页。

③ 袁南生著：《斯大林、毛泽东与蒋介石》，湖南人民出版社2005年版，第478页。

人民共和国合并到中国来”。[①]毛泽东说，只有苏联实现这些条件，国民党左翼才同意同蒋介石决裂，并同共产党建立反蒋联盟。[②]由于米高扬未被授权解释此类问题，米高扬只有向斯大林汇报。2月5日斯大林就此致电毛泽东：

> 中国共产党人掌权后，形势就根本改变了，苏联政府已经有取消这个不平等条约[③]决议，并且一旦同日本签订和约，苏联就从旅顺撤军，自然美国也将从日本撤军。然而，如果中国共产党认为苏联军队以立即撤出旅顺为宜，那么苏联愿意使中国共产党如愿以偿。[④]

在当时中共还离不开驻扎在旅顺基地的苏联海军提供的安全保障的情况下，斯大林这时提出“苏联军队立即撤出旅顺”，与其说是为了“使中国共产党如愿以偿”，不如说是在将毛泽东的军。毛泽东当然明白，此时斯大林命令苏联驻华使馆随国民党政府南下广州的举动对中共所暗含的压力，毛泽东告诉米高扬说：“中国有共产党人，苏联也有共产党人，可这并不排除而完全允许把苏联在旅顺的军事基地保留下来。”[⑤]米高扬告诉斯大林，所以“他们，中国的共产党人，主张保留这个军事基地。美帝国主义在中国是为了施行压迫，而苏联在旅顺口是为了保卫它，防范日本军国主义。待到中国十分强盛，有能力抵御日本的侵略了，那时苏联本身也就

---

① 转引自袁南生著《斯大林、毛泽东与蒋介石》，湖南人民出版社2005年版，第481页。同时可参照“米高扬就1949年1～2月的中国之行向苏联共产党中央委员会主席团提交的报告”，[俄]A.M.列多夫斯基著：《斯大林与中国》，陈春华、刘存宽等译，新华出版社2001年版，第67页。

② 袁南生著：《斯大林、毛泽东与蒋介石》，湖南人民出版社2005年版，第481页。

③ 此指1945年8月14日国民党政府同苏联政府签订的友好同盟条约。

④ “米高扬就1949年1～2月的中国之行向苏联共产党中央委员会主席团提交的报告”，[俄]A.M.列多夫斯基著，陈春华、刘存宽等译：《斯大林与中国》，新华出版社2001年版，第67页。

⑤ “米高扬就1949年1～2月的中国之行向苏联共产党中央委员会主席团提交的报告”，[俄]A.M.列多夫斯基著，陈春华、刘存宽等译：《斯大林与中国》，新华出版社2001年版，第67页。

不再需要旅顺基地了”。[①]这给斯大林留下的印象是：在相当时期内，苏联在雅尔塔秘密条约中获得的旅顺基地在毛泽东这里可以得到保障。

关于外蒙，米高扬向斯大林汇报说：“毛泽东说，他认为外蒙古和内蒙古可以统一起来，归入中国的版图。”[②]对此，斯大林致电毛泽东婉转拒绝他提出的外蒙古回归中国的要求，电文说：

> 外蒙古领导人主张在独立的旗帜下将中国的所有蒙古地区同外蒙古地区合并成为统一的蒙古国。苏联政府反对这个计划，虽然这个计划并没有威胁到苏联的利益，但却将把一些地区从中国划出去。我们也不想让外蒙古放弃独立，而在中国版图内实行自治，即使所有蒙古地区都联合为一个自治单位也是如此。可见，此事的决定权在于外蒙古自己。[③]

毛泽东得知这一电报内容后表示“他会考虑这个电报”。[④]

在得到毛泽东在这些关键问题上的态度后，斯大林开始考虑毛泽东建国后的中苏关系，为此给毛泽东提议及早“成立革命政府”。鉴于1月底苏联驻华大使罗申已与李宗仁达成实际支持“划江而治”的“停止国共内战的三项条件”，因而斯大林这时头脑中的中共“革命政府”管辖的范围更多的是长江以北的中国。米高扬在“就1949年1～2月的中国之行向苏联共产党中央委员会主席团提交的报告”中就说“遵循我党中央的指示，我劝毛泽东不要拖延成立中国革命政府一事，要尽快在联合的基础上成立革命

---

① “米高扬就1949年1～2月的中国之行向苏联共产党中央委员会主席团提交的报告”，[俄]A.M.列多夫斯基著：《斯大林与中国》，陈春华、刘存宽等译，新华出版社2001年版，第67页。

② “米高扬就1949年1～2月的中国之行向苏联共产党中央委员会主席团提交的报告”，[俄]A.M.列多夫斯基著：《斯大林与中国》，陈春华、刘存宽等译，新华出版社2001年版，第68页。

③ [俄罗斯]《远东问题》1995年第2期，转引自刘彦章、项国兰、高晓惠编《斯大林年谱》，人民出版社2003年版，第726页。

④ “米高扬就1949年1～2月的中国之行向苏联共产党中央委员会主席团提交的报告”，[俄]A.M.列多夫斯基著：《斯大林与中国》，陈春华、刘存宽等译，新华出版社2001年版，第69页。

政府，这是有好处的。比如说，在拿下上海之后就立即宣布新革命政府的成立”[①]。斯大林这时的“中国”概念在米高扬与中共领袖谈话中尽管未明说但也能让毛泽东感觉得到。米高扬在西柏坡给毛泽东留下不好的印象，毛泽东后来回忆说：“我们对米高扬不满意。他摆老资格，把我们看作儿子。他摆架子，可神气了。一九四九年他第一次来西柏坡的时候，架子就很大，后来又来了几次，都是这样。”[②]在米高扬离开西柏坡不久的3月下旬，毛泽东说，国际上有的朋友，对我们解放战争的胜利也半信半疑，劝我们就此止步，和蒋介石以长江为界，搞“南北朝”。[③]

3月底，斯大林明知不可为而为之，仍以菲利波夫的化名就苏联得到的“美国利用核打击制定的发动第三次世界大战的‘亚洲方案’的绝密计划”复电科瓦廖夫并通过他转述中共，表示：苏联“不怕原子弹”，“但历史上是有一些不正常的人的，我们准备反击”。[④]这其实是婉转对毛泽东施压，即中共如果打过江南可能要——尽管苏联表示不怕——引发世界大战。

4月上旬，人民解放军已彻底扫清长江北岸的残敌，中国历史上规模最大的一次横渡长江的战役已经迫在眉睫。就在中国人民解放军发起渡江战役前夕，斯大林又给毛泽东发来长电，再次“提醒毛泽东注意帝国主义可能发动的军事干涉”。[⑤]斯大林强调，尽管中国人民解放军已取得了辉煌胜利，但无论如何不能认为蒋介石的战争即将结束。斯大林认为，英国、法国和美国害怕中国人民解放军逼近同中国接壤的国家边界，以及在蒋介石仍然占领一些岛屿上会出现革命形势。所以西方国家为了保卫这些岛屿和亚洲，会采取一切措施。例如，进行封锁，甚至同中国发生武装冲突。斯

---

① 参见[俄]A.M.列多夫斯基著《斯大林与中国》，陈春华、刘存宽等译，新华出版社2001年版，第66页。1949年8月14日，刘少奇在离苏前，在谈及中国打算何时宣布成立中央政府问题时，斯大林对刘少奇强调说：“解决重大问题时固然要稳妥，要掌握时机，但更重要的是不可错过时机。”（刘彦章、项国兰、高晓惠编：《斯大林年谱》，人民出版社2003年版，第731页。）

② 毛泽东：“同苏联驻华大使尤金的谈话”(1958年7月22日)，中华人民共和国外交部、中共中央文献研究室编：《毛泽东外交文选》，中央文献出版社、世界知识出版社1994年版，第324页。

③ 参阅袁南生著《斯大林、毛泽东与蒋介石》，湖南人民出版社2005年版，第480页。

④ 转引自刘彦章、项国兰、高晓惠编《斯大林年谱》，人民出版社2003年版，第728页。

⑤ 袁南生著：《斯大林、毛泽东与蒋介石》，湖南人民出版社2005年版，第481页。

大林指出，英美军队在中国人民解放军向南方进军的主力部队后方登陆的危险性增长了。因此，斯大林提出三点建议：第一，中国人民解放军不要急于认真准备向南方推进，逼近同邻国的边界；第二，从南方进攻的中国人民解放军主力部队中，抽出两个精锐军团，把它们部署在港口地区，加以补充，并使之处于战略状态，以防御敌军采取行动；第三，暂时不要缩减解放军部队。①

斯大林这么说，并非是空穴来风。因为他于2月底就收到并于4月中旬再次核实了的美军将撤离南朝鲜的情报。②他几乎断定美军会将撤离的部队调往中国帮助蒋介石加强长江以南的防御。但如果将1945年斯大林与罗斯福达成“雅尔塔秘密协定”以来苏联对华政策联系起来考察，不能不让人认为斯大林这个电报的三点建议中的核心思想是第一点，即希望“中国人民解放军不要急于认真准备向南方推进，逼近同邻国的边界”，这本质上还是在借题发挥以达到让中共“和蒋介石以长江为界，搞‘南北朝’”的目的。

为什么这样说呢？因为斯大林这样反复劝阻毛泽东做法并非真的害怕美国“发动第三次世界大战”，也不是对毛泽东领导的共产党信心不足，而是真的不想看到中国的统一。其实，斯大林早在1948年年初已不得不承认毛泽东“是正确的”。1948年2月，在与保加利亚、南斯拉夫领导人会谈中，在回答南斯拉夫领导人爱德华·卡德尔提出希腊“游击队在数个月内成功的希望如何”问题时，斯大林就以中国为例鼓励他们说：

---

① 《国外中共党史研究动态》1992年第2期，袁南生著：《斯大林、毛泽东与蒋介石》，湖南人民出版社2005年版，第481—482页。同时可参照刘彦章、项国兰、高晓惠编《斯大林年谱》，人民出版社2003年版，第728页。

② 1949年2月23日“关于美军撤离南朝鲜等问题致什特科夫电”称：“好像美军正在撤出朝鲜，而且大部分已经撤出；驻朝美军司令官在东京；在朝鲜只留一名准将，领导负责南朝鲜军事训练的军官组，同时指挥当地撤军。” 1949年4月17日“维辛斯基关于核实美军撤出南朝鲜等问题致什特科夫电”称：“根据现有情报，预计美军于5月撤出南朝鲜，移驻日本附近岛屿，以便给南朝鲜军队行动自由，与此同时，联合国委员会也将离开朝鲜。4月和5月，南朝鲜将把自己的兵力集结在三八线一带。6月，他们会突然袭击北方，以便在8月以前消灭北方军队。4月10日南方已在开城地区集结了约8000人（步兵旅），在议政府地区集结了10000人（估计是第三步兵旅）。4月10日还在东豆川里站台卸下了3辆坦克。”沈志华编：《朝鲜战争：俄国档案馆的解密文件》（上册），台湾“中央研究院”近代史研究所2003年版，第154、170页。

好，请稍等。或许，你是正确的。我也曾怀疑中国人是否能够胜利，我建议他们同蒋介石达成临时协议。他们形式上同意我们的建议，而实际上继续干自己的——动员中国人民的力量。之后，他们公开提出问题：我们将继续战斗，人民支持我们。我们对他们讲，好吧，如果你们需要的话。显然，他们那里基础非常好。他们是正确的，而我们是不正确的。①

这里人们不禁要问：既然在1948年年初斯大林就已认识到毛泽东“他们是正确的，而我们是不正确的”，那为什么都到了1949年4月份，斯大林还在马歇尔不厌其烦地劝阻蒋介石不要出关的努力失败并因此扶持搞分裂的李宗仁接替蒋介石后，还要不厌其烦地阻止毛泽东过江南下呢？结论只能是斯大林在对待中国解放战争态度上的错误不仅仅是认识问题，而是为了苏联战略利益在揣着明白装糊涂。

这里又出现第二个问题：为什么斯大林没有在中共早期就扼杀其“统一全中国”的雄心，这也是由于斯大林压根就没有料到中国这些被斯大林称为“人造奶油”式的共产党人②和“牛皮大王”的中国人③有能力取得全国性的胜利。不要说抗日战争时期，就是到了1948年年初，斯大林还将毛泽东领导的人民解放军与阿尔巴尼亚共产党——它在1946年1月建国之初仅

① “科拉罗夫关于苏、保、南领导人会谈的笔记”（1948年2月10日），沈志华主编：《苏联历史档案选编》第24卷，社会科学文献出版社2002年版，第231页。

② 1944年6月10日，斯大林对哈里曼说，“中国共产党人不是真正共产党人，他们是‘人造奶油’共产党人。尽管如此，他们是真正的爱国者，他们要跟日本作战”。转引自《战后世界历史长编》第1编第1分册，上海人民出版社1975年版，第354页。

③ 1945年12月23日，斯大林接见美国国务卿贝尔纳斯，贝尔纳斯在《直率的话》一书中回忆说：会谈中他拿出几根火柴摆在桌子上，代表华北铁路沿线日军、中国共产党军队和国民党军队的位置。对此，“斯大林很感兴趣，询问天津地区有多少共军，我回答说，共产党领袖毛泽东声称有60万人。斯大林对此报之一笑。他指着代表华北地区的国民党政府军队（我说这支军队有4万人）的那根火柴问我说，蒋介石那支据说拥有150万人的军队情况怎样了？我告诉他说，我们的海、陆军还未曾看到他们。斯大林大笑起来，说所有的中国人都是牛皮大王，他们既夸大自己的力量，也夸大对手的力量”。Byrnes，James F.:*Speaking Frankly*，p.228. 转引自《战后世界历史长编》第1编第2分册，上海人民出版社1976年版，第329页。

有约12000名党员[①]——领导的游击队放在同一水平看待。在上面同一次会谈中，他对保加利亚领导人季米特洛夫反问说："看看在中国发生的战争呢，那里没有我们的一卒一兵，难道阿尔巴尼亚人不如中国人？"[②]当时参加谈话的南斯拉夫领导人吉拉斯注意到"斯大林所说的，中国人，而不是苏联同志"[③]。直到1950年年初毛泽东访苏期间，斯大林还相信莫洛托夫的评价，认为毛泽东只不过是一位"聪明人，农民领袖，中国的普加乔夫"[④]。既然如此，中共在斯大林眼皮下从一个不起眼的"丑小鸭"，终长成为一个"白天鹅"并让斯大林——尤其是在1953年朝鲜战争胜利之后——为自己的无知而尴尬，也就不足为奇了。铁托对斯大林和莫洛托夫"门缝里看人"的大党大国沙文主义作风与中国人有同样的感受。他回忆说："苏联领导人和西方最喜欢称我们为'游击队'，就是不称我们为军队。"[⑤]

现在我们还是将目光拉回到1949年来。对于斯大林的这些"建议"，毛泽东洞若观火，不仅没有理睬，而且以"独有英雄驱虎豹，更无豪杰怕熊罴"的气概，于4月21日即国民党政府拒绝中共代表团提交的《国内和平协定最后修正案》后的第二天，联名朱德共同发出《向全国进军的命令》，号令全军坚决、彻底、干净、全部地歼灭中国境内的一切敢于抵抗的国民党反动派，解放全中国。中国人民解放军百万大军在东起江苏江阴、西至江西湖口的1000余里的战线上渡过长江。4月20日，解放军首先

---

① "目前，阿尔巴尼亚共产党员约12000名，州党组织10个，地区党组织53个。基层党组织按照地区生产部门的原则建立。目前正在制定党章。"，引自"曼奇哈关于阿尔巴尼亚之行的报告"（1946年5月14日），沈志华主编：《苏联历史档案选编》第24卷，社会科学文献出版社2002年版，第152页。

② "科拉罗夫关于苏、保、南领导人会谈笔记"（1948年2月10日），沈志华主编：《苏联历史档案选编》第24卷，社会科学文献出版社2002年版，第227页。

③ "吉拉斯关于苏、保、南代表会谈给南共中央的报告"（1948年2月10日），沈志华主编：《苏联历史档案选编》第24卷，社会科学文献出版社2002年版，第240页。

④ 1950年年初，莫洛托夫拜会毛泽东后，对斯大林说："值得接见他。他是个聪明人，农民领袖，中国的普加乔夫。当然，离马克思主义者还很远，他向我承认，没有读过《资本论》。"[俄]费·丘耶夫著：《同莫洛托夫的140次谈话》，王南枝等译，新华出版社1992年版，第138页。

⑤ [南]佩·达姆扬诺维奇等编：《铁托自述》，达洲等译，新华出版社1984年版，第267页。

遇到英国舰只“紫石英号”的挑衅。人民解放军予以坚决打击，“紫石英号”被重创后逃出长江口。4月26日，丘吉尔在英国下院以老牌海权大国的傲慢，要求英国政府派两艘航空母舰“实行武力报复”。艾德礼也在当天表示：英国有权开动军舰进入中国的长江。[①]4月30日，毛泽东为中国人民解放军总部发言人起草关于“英国军舰暴行”的声明，声明说：

> 我们斥责战争贩子丘吉尔的狂妄声明。4月26日，丘吉尔在英国下院，要求英国政府派两艘航空母舰去远东，“实行武力的报复”。丘吉尔先生，你“报复”什么？英国的军舰和国民党的军舰一道，闯入中国人民解放军的防区，并向人民解放军开炮，致使人民解放军的忠勇战士伤亡252人之多。英国人跑进中国境内做出这样大的犯罪行为，中国人民解放军有理由要求英国政府承认错误，并执行道歉和赔偿。难道你们今后应当做的不是这些，反而是开动军队到中国来向中国人民解放军进行“报复”吗？艾德礼首相的话也是错误的。他说英国有权开动军舰进入中国的长江。长江是中国的内河，你们英国人有什么权利将军舰开进来？没有这种权利。中国的领土主权，中国人民必须保卫，绝对不允许外国政府来侵犯。[②]

4月23日中国人民解放军占领南京。至此，马歇尔、斯大林合演的将中国南北肢解的“东方马歇尔计划”终成南柯一梦。为此，毛泽东作《七律·人民解放军占领南京》：

> 钟山风雨起苍黄，百万雄师过大江。
> 虎踞龙盘今胜昔，天翻地覆慨而慷。
> 宜将剩勇追穷寇，不可沽名学霸王。

---

① 转引自中华人民共和国外交部、中共中央文献研究室编《毛泽东外交文选》，中央文献出版社、世界知识出版社1994年版，第613页，注释41、42。

② “中国人民解放军总部发言人为英国军舰暴行发表的声明”（1949年4月30日），中华人民共和国外交部、中共中央文献研究室编：《毛泽东外交文选》，中央文献出版社、世界知识出版社1994年版，第84—85页。

天若有情天亦老，人间正道是沧桑。[①]

毛泽东在这首诗中既是言情，又在言志，更是对斯大林与马歇尔合伙上演的使中国划江而治的战略默契的冷眼蔑视。1964年郭沫若在对这首诗评论时说“就在解放南京战役的前后，国内外有一些好心的朋友主张中国南北分治，适可而止，不要惹起帝国主义特别是美帝国主义的干涉”。[②]

北面是百万雄师豪迈过江，南面是李宗仁“小朝廷”向隅而泣。南京失守后，5月5日，李宗仁写信给杜鲁门以家奴的口气乞求说：

中国的形势现在确实已进入非常严峻的时期，已在中国所有阶层引起普遍的忧虑。我认为，这也是阁下严重关切之事。如果不采取加强中国政府地位的任何措施以使其能够遏制共产主义潮流的渗透，如果有一天我们必须撤离长江流域——国民政府的最后一道防线，不但整个中国会置于共产党控制之下，远东的所有国家也将很快落入共产党和共产党情报局的铁幕之后——这是后果极其严重的一种结局。[③]

美国人的朋友历来是打不败的对手。李宗仁的乞怜并不能换来美国人的同情。就在李宗仁派代表团在美国游说的同时，曾极力支持李宗仁的司徒雷登却翻脸向马歇尔建议，“鉴于国民党政府行将失败，甚至可能灭亡”，美国政府就考虑与共产党政权“予以法律上承认的可行条件。诸如保护美国人的生命和利益、条约义务，等等”。[④]这时的司徒雷登似乎忘记了李宗仁的存在，坚持驻守南京并与中共代表黄华商谈相互外交承认的途

---

① 吕祖荫著：《毛泽东诗词解读》，同心出版社1999年版，第95页。

② 转引自袁南生著《斯大林、毛泽东与蒋介石》，湖南人民出版社2005年版，第208页。

③ 陶文钊主编：《美国对华政策文件集1949—1972》（第1卷上），世界知识出版社2005年版，第35页。

④ “司徒致国务卿”（南京，1949年5月31日），肯尼斯·雷、约翰·布鲁尔编《被遗忘的大使：司徒雷登驻华报告（1946—1949）》，尤存、牛军译，江苏人民出版社1990年版，第296—297页。

径，并极乐意接受黄华传达的“毛泽东和周恩来的口信”[①]以及希望他访问燕京大学的邀请。他致电马歇尔说：

> 此行将是迈向相互谅解的一步，并会加强中共内部比较倾向自由主义的反苏分子。它将为美国官员提供一个绝无仅有的机会：同最高一级的中国共产党人非正式会谈。机不可失。它将表明美国对中国动荡的政治潮流的坦率态度，并有可能对未来中美关系产生有益的影响。[②]

李宗仁及其支持者就这样被美国忽悠而起，在其无用后又被迅速抛弃，成了无家可归的弃儿。蒋家王朝被赶到台湾岛后，中国基本实现了统一。

1949年4月毛泽东领导的中国共产党在面临巨大压力下果断作出渡江的决策对中国命运的影响是巨大和深远的。与19世纪60年代林肯统一国家南北的意义一样，1949年以后中国经济的高速发展以及由这种发展产生强大国力，不仅仅基于毛泽东建立的社会主义制度，而且更是这种制度基于中国的统一。如果没有1949年毛泽东顶住巨大的压力挥师过江的决定，那么中国的社会主义制度只有限于长江以北，并且最多只能落得东欧那种依附于苏联的地位；同样，江南的蒋介石资本主义制度最多也只能成为依附于美国的亚洲版的“拉美”式国家。若果真如此，那么，今天中国就是一个任何帝国主义国家都可以耀武扬威地任意出入的国家，今天中国的整体地位必将远远地落后于印度。斯大林对此洞若观火，1945年他告诉前去谈判的蒋经国说：“只要你们中国能够统一，比任何国家的进步都要快。”[③]

对于当时所谓“划江而治”舆论，毛泽东更是明察秋毫。1948年12月雷洁琼先生在西柏坡见到毛泽东，她问毛泽东怎样看待“划江而治”？她回忆说：

---

① “司徒致国务卿”（南京，1949年6月30日），肯尼斯·雷、约翰·布鲁尔编：《被遗忘的大使：司徒雷登驻华报告（1946—1949）》，尤存、牛军译，江苏人民出版社1990年版，第306页。

② 同上书，第307页。

③ 参见梁之彦、曾景忠选编《蒋经国自述》，团结出版社2005年版，第112页。

毛主席笑了，笑声很大，很鼓励人。毛主席笑着说，美国和苏联立场虽然不同，但在这个问题上都是站在他们各自的利益上给我们增加压力，用军事实力政治实力形成了一种国际国内舆论，一种暂时性表面化的社会基础。这就是从表面上看、暂时性看问题，不顾一切代价追求“和平”，而不管这种和平能不能长久。决定国家大事，应该从国家和人民的长远利益根本利益考虑问题。为了一个统一的新中国，我们中国共产党必须透过现象看本质，放弃暂时抓长远，将革命进行到底。如果不是这样，搞什么划江而治，将后患无穷。在中国历史上每一次分裂，再次统一都要很长时间，人民会付出好多倍的代价！事关举国长远大计，我们共产党一定要站在人民的立场，看得远一点，不受其他国家的影响。①

1948年印度和中国都面临着有外来支持的国家分裂的危险。结果是受着西式“民主”熏陶的尼赫鲁放走了巴基斯坦；而毛泽东则在1949年挥师打过长江，1950年年初又一气拿下西藏。年底又入朝参战击退美国人。不同的领袖，不同的结果：现在印度原来的版图上立着两颗互为目标的原子弹，而在中国则是统一使用管理的核武器和刚刚飞上世界屋脊的青藏铁路。对此，我们应当感谢毛泽东同志，尤其应当感谢毛泽东同志顶着巨大压力带领全党为中华民族做出的“打过长江去，解放全中国”的决策。

同样，1949年4月毛泽东领导的中国共产党在面临巨大压力下果断作出渡江的决策对亚洲继而世界命运的影响是巨大和深远的。历史表明，大规模国际战争较少，文明并因此保留较久的地区，是像亚洲、美洲这样一些具有主体地理板块的地区。1949年中国的统一又使亚洲——较之欧洲而言——从欧洲式对称型破碎的地缘政治劣势转为以中国为主体板块的地缘政治优势。中国在亚洲的主体国家地理板块，使亚洲有了稳定的地缘政治条件，这又反过来加强了世界和平的保障力量。

与亚洲的历史进程正好相反，自从公元843年欧洲查理大帝的三个孙子

---

① 《“公者千古，私者一时”—— 雷洁琼访谈录》，载《党的文献》2011年第3期，第108页。

一纸《凡尔登条约》将欧洲一分为三之后，欧洲大陆的地缘政治就被植入了一个极难修复的破碎性的根基，欧洲的破碎性又导致欧洲大陆成了两次世界大战的主战场，而这一切又反过来为处于欧洲大陆边缘的小岛国——英国最终成长为世界大国提供了天然的地缘政治条件。正是亚洲拥有了中国这样一个巨大而统一的亚洲主体板块，才使欧洲、美国乃至当时的苏联失去了随心所欲支配亚洲事务的条件并为亚洲独立的意识提供了政治根基；有了中国这个主体板块的地缘政治根基，中国周边国家才有可以向美国讨价还价的条件，包括中国在内的东亚国家在美国的眼中才有了“亚太”而不仅仅是“远东”的概念。

对此，我们中国人应为我们曾拥有毛泽东这样的领袖而感到幸运，我们应对毛泽东那一代共产党人表示永远的敬意。

1949年6月中共夺取全国胜利在即，当月15日至19日，中国人民政治协商会议筹备会第一次全体会议在北平召开，筹备建国诸事宜。6月30日，毛泽东发表《论人民民主专政》。有趣的是，就在中国共产党高歌猛进的同时，苏美两方都开始为他们各自中国政策的失败而检讨。7月27日，斯大林在孔策沃别墅设宴招待刘少奇和在苏联休养的江青。斯大林对中国革命给予高度的评价，说中国革命将马克思主义的一般原则应用到实际中去，中国有许多经验值得苏联学习。斯大林还对他在1945年支持蒋介石的做法作了自我批评，说“我们是妨碍过你们的”。[①]美国方面，美国驻华大使司徒雷登于8月2日不得不离开中国，8月5日，美国国务院发表《美国与中国的关系》白皮书，将丢掉中国的责任一股脑地推到“腐败无能”的蒋介石头上。[②]比较而言，斯大林的检讨——尽管这对中国人民来说是远远不够的——更有些“自我批评”精神。

后来毛泽东对斯大林在对华政策上的“小九九”作了深刻的总结式的批评。1958年7月22日，毛泽东对苏联驻华大使尤金说：“斯大林在最紧要的关头，不让我们革命，反对我们革命。在这一点上，他犯了很大的错误”；“第三国际都解散了”，斯大林“还下命令，说你们不与蒋介石讲

---

① 参见刘彦章、项国兰、高晓惠编《斯大林年谱》，人民出版社2003年版，第731页。

② 关于《美中关系白皮书》的编制和出版前后的背景可参考陶文钊主编《美国对华政策文件集1949—1972》（第1卷上），世界知识出版社2005年版，第47—65页。

和、打内战的话，中国民族有灭亡的危险。然而我们并没有灭亡”。[①]

读史至此，读者会问，难道斯大林“建议”抗战后的中共走法共参与政府的道路，及随后苏联与美国北南相互呼应的“调停”，让中国少些牺牲，这难道错了吗？

问题不在于这种“调停”的形式，而在于它的本质不符合中国人民的最高利益，却符合苏美在远东的最高利益。

我们知道，斯大林在雅尔塔会议上就表示支持蒋介石政府，但这时的表态还不是最终表态，因为这个表态转为政策的前提是蒋介石是否接受斯大林和罗斯福在雅尔塔会议上达成的北南分割中国的默契。1945年8月14日，蒋介石国民政府在与苏联签订《中苏友好同盟条约》中承认并保证了苏美间达成的在中国的利益分配，由此才换回苏联对国民党政府的支持，以及苏联向中共提出走法共道路，交枪后以反对党的身份参加政府的要求。如果这个目的得逞，那中国还是一个半殖民地的社会，只不过是从英法为主导转为以苏美为主导罢了。这对在“二战”中承受巨大牺牲并获得胜利的中国人民而言是不公平的，对中国的前途更是灾难性的。1946年2月毛泽东同志及时阻止了中共党内的“和平民主建设新阶段”的选择，并不是因为和平道路本身有什么问题，而是它事关中国前途命运即建设一个独立自主的新中国还是再回到半殖民地旧中国的大问题。在这个问题上，中共拒绝斯大林的“建议”，继续向蒋介石作斗争当然是最符合中国人民根本利益的正确选择。

难道中共不能作为一个反对党在国民政府内发挥建设性的作用吗？

当然不能。

这是因为蒋介石战后国民政府是通过出卖国家利益而获得外国而非本国人民支持存在的，这样它就失去了接纳“反对党”的资格。中共也自然不能以“反对党”的身份与其共事，不然，它就不是中国人民利益的维护者而是出卖人民利益的同谋者。这样的“反对党”当然不能干。

除此之外，这时的国共两党的内战已不同于一般的军阀混战，它与美

① 毛泽东：“同苏联驻华大使尤金的谈话”（1958年7月22日），中华人民共和国外交部、中共中央文献研究室编：《毛泽东外交文选》，中央文献出版社、世界知识出版社1994年版，第324、326页。

国19世纪60年代内战时“合家之乱”形势大体相似，已是具有国家统一性质的军事行为。1858年7月10日，林肯说：

“家不和则不立”，我相信这个政府不可能永久地维持半奴隶制半自由制的局面。我并不希望联邦分裂，也不希望房子倒塌；但我的确希望停止它分裂。它或者将完全变成一种东西，或者将完全变成另一种东西：不是反对奴隶制的人制止奴隶制度进一步扩展，并使公众相信它正处于消亡过程中，就是拥护奴隶制的人将把它向前推进，直到它在所有的州——不论是老州还是新州，北部还是南部——都同样成为合法时为止。这两者必舍其一。①

林肯的上述演说词中的“奴隶制”换成“半殖民地社会”，似乎就是1945年后中国内战性质的说明书。1945年4月23日，毛泽东在中共七大的开幕词《两个中国之命运》一文中，对当时中国面临的“两个前途”也做了类似阐述。毛泽东说在日本被打败后：

在中国人民面前摆着两条路，光明的路和黑暗的路。有两种中国之命运，光明的中国之命运和黑暗的中国之命运。现在日本帝国主义还没有被打败。即使把日本帝国主义打败了，也还是有这样两个前途。或者是一个独立、自由、民主、统一、富强的中国，就是说，光明的中国，中国人民得到解放的新中国；或者是另一个中国，半殖民地半封建的、分裂的、贫弱的中国，就是说，一个老中国。一个新中国还是一个老中国，两个前途，仍然存在于中国人民的面前，存在于中国共产党的面前，存在于我们这次代表大会的面前。

既然日本现在还没有被打败，既然打败日本之后，还是存在着两个前途，那末，我们的工作应当怎样做呢？我们的任务是什么呢？我们的任务不是别的，就是放手发动群众，壮大人民力量，团结全国一切可能团结的力量，在我们党领导之下，为着打败日本侵略者，建设

① 林肯：“两者必舍其一”，艾捷尔编：《美国赖以立国的文本》，赵一凡、郭国良主译，海南出版社2003年版，第255页。

一个光明的新中国，建设一个独立的、自由的、民主的、统一的、富强的新中国而奋斗。我们应当用全力去争取光明的前途和光明的命运，反对另外一种黑暗的前途和黑暗的命运。我们的任务就是这一个！这就是我们大会的任务，这就是我们全党的任务，这就是全中国人民的任务。①

正如美国南北战争时期代表性质根本相反的两个方向的政党是无法弥合在一起的情形一样，试想如果当时欧洲列强对林肯时期美国南北内战的“调停”成功，其结果必是美国更加分裂——美国的适度分裂当然符合欧洲的利益；同样的道理，1945年到1949年中国国共内战期间的“调停”如果成功，其结果也必是中国更加分裂——中国的适度分裂当然符合美苏的利益。己所不欲，勿施于人。既然美国人不愿意分裂，那为什么就不能理解中国人统一国家的心情呢？今天看来，蒋介石南拒马歇尔“调停”与毛泽东北拒斯大林“劝阻”的目的是一致的，都是为了促成中国的统一。蒋介石与毛泽东不同的地方仅在于他们要带领中国的方向不同：前者是拉美式的依附于美国的旧中国，后者——正如我们后来所看到的那样——则是一个独立自主的新民主主义和社会主义新中国。对于蒋介石和毛泽东在这一特殊时期对中国历史所产生的关键作用，后来美国人也看得明白，美国外交史学者孔华润先生主编的《剑桥美国对外关系史》一书认为：

战争末期，蒋介石政权失去了华盛顿的同情，它已经证明是一个不俯首听命的盟友。但是，战争期间与毛泽东的共产党之间的同志情谊也迅速让位给对他们与莫斯科之间关系的担忧。正如在其他任何地区那样，美国人希望按照他们自己的形象重新塑造中国，通过创建一个国民党与共产党“稳健派”的联盟来实践他们的使命意识，这就是在中国实行的新政。显而易见，与诸如蒋介石和毛泽东那样难以驾驭的爱国者打交道，美国所期待的与中国的一种“恩主扈从”关系是不

---

① 毛泽东：“两个中国之命运”，《毛泽东选集》第3卷，人民出版社1991年版，第1025—1026页。

会轻易地实现的。[①]

蒋介石之后被美国推举出来的“稳健派”李宗仁，1949年年初上台后的“和谈”，则要另当别论。因为李宗仁“和谈”的要害在变相落实“雅尔塔秘密协定”，不同的只是，他从秘密协定中的以长城划界退到以长江划界。隔江而治，这本质上就是分裂中国，置中国于事实上的“南北朝”形势之中，如果真如此，今天的“台海两岸”分离状态就会变成“长江两岸”的分裂状态，中华民族由此也就坠入了万劫不复的深渊。关于此，李宗仁本人后来在其回忆录中也作了深深的悔罪。他说：

> 我从未料到华盛顿的最高决策人竟会是一群目光短浅的政治家。当共产党卷地毯似地征服大陆时，他们甚至连声都没吭。就在这时，共党占领中国后，共党集团变得异常强大，而北朝鲜的共产党人又变得如此大胆，竟在第二年开始了朝鲜战争。
>
> 但在今天回顾那时的情况，我不禁不寒而栗了。我今天感到庆幸的是：当年与我打交道的美国方面的领袖人物都是一些没有经验的人。这些人在现状不变的局势下指导世界事务是能干的，但处理起严重的国际危机时，则肯定是无能为力。如果他们要像约瑟夫·斯大林那样冷酷和精明，像他一样善于抓住时机，中国肯定是会完了。如果美国人全力支持我，使我得以沿长江和毛泽东划分中国，中国就会陷入像今天的朝鲜、德国、老挝和越南同样悲惨的局面了。南部政府靠美国生存，而北部政府也只能仰苏联鼻息，除各树一帜，互相残杀外，二者都无法求得真正之独立。又因中国是六亿人的大国，这样一来，她就会陷于比前面提到过的三个小国家更为深重的痛苦之中，而民族所受的创伤则恐怕几代人也无法治好了。如果这种事情真的发生了，在我们敬爱祖国的未来历史上，我会成为什么样的罪人呢？[②]

---

① [美]孔华润（Warren I. Cohen）主编：《剑桥美国对外关系史》（下），王琛等译，新华出版社2004年版，第282页。

② 李宗仁口述，唐德刚撰写：《李宗仁回忆录》，广西人民出版社1980年版，第949—950页。

读到这段文字，令人心酸。当年满口“公开透明”和代表“改革运动”力量的李宗仁，这时才知道说大话易而落实大话却是何等之难；不仅如此，空话有时还会给民族造成难以承受的灾难。这使人联想起中共党内的满嘴大话空话而又无力落实的左右人物如陈独秀、王明等，及苏共党内的叶利钦、戈尔巴乔夫等。好在中共方面有毛泽东和邓小平纠正了他们的错误，而苏共方面则无力纠正他们的错误终至苏联解体。曾参与解体苏联并成为俄罗斯联邦第一任总统的叶利钦在世纪末的最后一天，主动辞职并怀着内疚的心情也向俄罗斯人民发出了与上述李宗仁同样的忏悔。他说：

我要求你们的原谅。原谅我们分享的许多梦想没实现这个事实。原谅本对我们似乎简单的事情，结果却困难得使人痛苦这一事实。对于那些相信我们以举手投足之劳，就可以从灰暗、停滞的极权过去，一跃而进入光明、富裕、文明的未来的人，我要求他们原谅我不为他们的一些希望而辩护。我自己相信过这点，即举手之劳就可以克服任何事。结果发现我在一些事情上太天真了。在某些地方，问题看来非常复杂。我们是在错误和失败中强行前进，很多人在这困难时期遭受到冲击。我要让你们知道，我以前从未说过这是件容易的事。今天重要的是把如下的话告诉你们。你们每一个人的痛苦都引起我内心的痛苦。多少无眠的夜晚，担心地忧虑着，到底需要怎么做，才能使人民生活得更好。我没有比这个更重要的任务。现在我要离开了。我已经尽我所能，不仅是我健康的所能，而是在所有难题的基础上尽了我的所能。①

书生切莫空议论，头颅掷处血斑斑。②若再联想到大宋和大明王朝覆亡的教训，我们便知道实事求是，力戒空谈，是中华民族实现伟大复兴的关

① *Yeltsin's resignation speech*，Friday, 31 December, 1999, 10:40 GMT，http://news.bbc.co.uk/2/hi/world/monitoring/584845.stm。

② 此借邓拓诗《过东林书院》并反其意而用之。1960年5月邓拓参观东林书院时有感而发：“东林讲学继龟山，事事关心天下间；莫谓书生空议论，头颅掷处血斑斑。”参见张帆著：《才子邓拓》，海天出版社1999年版，第325页。

键所在。

1952年9月19日，斯大林在会见中国总理周恩来时，就东西德统一问题说：“看来美国人并不赞同德国统一。他们掠夺了德国，如果西德人与东德人统一了，就掠夺不成了。”[①]这话如果反推中国，如果1949年中国没有“将革命进行到底”，没有实现国家统一，那么德国被掠夺的命运也就是中国的命运。如果看看今天台湾每几年就要拼着用仅有一点的发展成果从美国购买天价的武器，我们就不会对这个推测表示任何怀疑。

现在回首来看，在周边国家，比如印度、朝鲜、越南都被大面积肢解的背景下，中国却能在美苏两大国直接插手阻止的艰难条件下实现国家统一，并使中国走上一条独立自主的社会主义道路。为此，我们就不能不感谢在中国这场统一战争中起到关键作用的毛泽东同志，并为我们中国人民在最困难的时候有了我们的领袖毛泽东而感到幸运，我们应对毛泽东那一代共产党人表示永远的敬意。

---

① “斯大林与周恩来会谈档案”，[俄]A.M.列多夫斯基著，陈春华、刘存宽等译：《斯大林与中国》，新华出版社2001年版，第201页。

知 新 篇

中印缘何成了两条道上的车[①]

在经济全球化进程中，存在自主性与依附性“两条道路”的斗争。虽然中国和印度经济发展的起点相同，由于两者选择了不同的道路，导致中国和印度的经济发展出现了截然不同的后果。

中国与印度最实质的差别在于中国经过了彻底的社会主义性质的革命

中印两国发展之争实际上是制度之争。1949年之前，中国国民党蒋介石集团走的道路就是依附性发展道路，最后导致的后果是：外资冲击中国农村，农民整个劳动收入远不足补偿生产支出，致使农民的农业生产也难以为继，随之而来的就是农业的萎缩和农村的解体。蒋介石集团的依附性发展道路为中国革命铺好了干柴，大量外资又为这干柴浇上了燃油，以致共产党到哪里，哪里就有大批的农民起来闹革命。这段历史让共产党人明白：依附性经济没有出路。中国人民在20世纪50年代选择了独立自主的社

① 本文刊发于2009年8月27日《环球时报》。

会主义发展道路。

而印度的近代发展道路恰恰相反。印度是英国的殖民地，英国根据自己的成功经验，不仅不允许印度有自主创新能力，而且还千方百计地摧毁印度的自我选择能力，更遑论其革命的能力。20世纪40年代，尼赫鲁在英国的支持下和平取得了政权并使印度获得了独立，其负面影响则是庞大的私有产权被保留了下来。而所有制越复杂、产权继承的历史越长、分割关系越细密，国家发展的产权包袱就越重：为了发展，就必须补偿庞大的产权利益，并为此必然严重依赖外部资金，这就严重削弱了印度国家的独立自主和自我创新的能力。

中国与印度最实质的差别在于中国经过了彻底的革命，而且是社会主义性质的革命。这一革命使中国整个社会的所有制关系大为简化。土地集中到了国家和农村集体手中，这大大降低了国家发展的成本。1978年以后，中国转入市场经济，建立了具有中国特色的市场经济体系，中国参与经济全球化，其经济显示出远远强于印度的强劲发展势头。

依附性严重阻碍了印度的经济发展

几乎是同时建国（印度1947年建国，新中国1949年成立）的印度与中国，其两者之间的差距始于中国1952年土改完成，到1978年中国改革开放后迅速拉大。

印度经济的依附性严重阻碍了其生产力的发展。最能反映印度经济对外依附程度的是对外贸易领域。印度为了外汇大量出口技术含量较低的商品以购回高附加值的商品，结果就是出口量越多贸易赤字就越大，从而形成“利润逆循环”现象。从1949年到2003年这长达50多年的历史中，印度外贸竟然只有两年顺差。印度外贸如雪崩一般越滚越大的赤字是其经济对西方技术和资本绝对依附关系带来的恶果。

即使在美誉有加的信息技术产业领域，依然可见依附性对印度发展的阻碍作用。印度IT产业并不是由印度民族经济自主推动而是由国际，尤其是由资本中心国家的经济需求拉动的。在所有出口项目中，西方从印度进口需求最小的是战略性IT产品，需求量最大的则集中于低附加值的配件型产品。这表明，国际资本中心国对印度IT产品的需求对提高印度IT产业的技术，尤其是有利于巩固国家安全的核心技术的进步，不会有太大的帮助。而造成IT产业这种依附性发展的原因又在于长期处于萎缩状态的印度民族市场，30%左右的贫困人口大大限制了IT产品国内市场的购买力和IT技术的国内培育与开发条件。

如果中国顺利实现第三次经济飞跃，印度将无法与中国竞争

根据上述对印度结构式的考察和理论分析，笔者对印度和中国的未来发展前景做出如下评估：

第一，英国在印度的殖民统治断送了印度中世纪文明的发展进程，却没有给印度人带来自主型的——相对于拉美式的——资本主义的近代发展进程。除了主权归属不同，印度独立后所建立的只不过是殖民地时期金字塔利润分配结构的变形。这种结构既断送了印度在第二次世界大战后进入苏联、中国等国家自主型社会主义道路的可能，也断送了印度在全球化时代进入英美等西方国家自主型资本主义道路的可能。经过五十多年的痛苦挣扎性选择，当代印度实际上已不情愿和半推半就地滑入依附于国际资本的拉美式的发展惯性之中。印度已成为拉美模式在亚洲的另存形式。

第二，印度独立以来形成的社会结构既阻碍了生产力可持续性发展，也削弱了印度国家发展的可持续潜力。如果将印度的国家发展潜力分为表现为存量的自然资源潜力和表现为变量的高效利用这些资源的能力潜力，那么在与中国比较时，印度的国家发展潜力只具有自然资源存量优势，而缺乏高效利用这些资源的国家能力的变量优势。中国相对于印度的发展优势主要体现在后一方面。由于中国拥有良好的运用其自然资源的政治经济结构及由此产生的高效能力，在可见的将来印度要赢得相对于中国的发展优势是不可能的。

第三，上述两点结论的确定是有条件的，即只有在当代中国已确定的社会主义制度参照系和当代印度已确定拉美模式的坐标系中，上述对印度的评估结论才是成立的。鉴于印度自然资源尚未大规模开发，并对中国保持着相当的后发优势，如果未来中国发展自觉或不自觉地走上具有拉美特

征的印度发展道路，并由此形成拉美式的社会经济结构，那么，中国的发展将会落伍于印度。

第四，对印度国家发展潜力的评估不能不考虑议会体制对印度未来的影响。这一点使目前在“印度热”中的所谓自由派人士甚为乐观，而笔者的评估结论则是非常悲观的。从“减震”的角度考虑，尼赫鲁留给印度的“民主体制”不仅使政府失去了效能，同时也使“人民革命”失去效能。这种体制的“减震”作用既留给了印度政府解决问题的时间，同时也增加了印度政府解决问题的难度。从这个意义上说，如无“猛药”根治，议会制度的“减震”作用对具有结构性危机的印度产生的后果不会是迅速崩溃，而只能是缓慢衰落，乃至瓦解，并且是在不知不觉中瓦解。

第五，今天中国用本国的资源支撑本国经济快速发展的后劲已十分有限了。中国政府已经意识到自主创新道路的重要性、提出“统筹国内国际两个大局”思想。目前，中国经济发展将面临着第三次的飞跃。第一次飞跃的时候是从社会主义革命进入社会主义建设，第二次飞跃是从改革开放进入小康社会，第三次将是从“统筹国内国际两个大局”中推动中国经济增长。如果我们能顺利实现这次飞跃的话，印度与中国的竞争就会失去起码的前提。

南海：印度凑热闹，日本很危险[①]

近来日本和印度都摆出了全面介入南海的姿态。10月14日，日本外相玄叶光一郎在雅加达与印度尼西亚外交部长马蒂会谈，“双方就有必要构建多边框架解决南海纷争达成了共识”。双方计划在11月印度尼西亚巴厘岛召开的东亚峰会上提出该主张[②]。印度不顾中国的反对，也频繁与东盟国

---

① 本文刊发于2011年10月17日《环球时报》。

② 《日本与印尼就南海纷争达成共识 日媒称或意在牵制中国》，http://world.huanqiu.com/roll/2011-10/2085333.html。

家接触，执意卷入南海事务[①]。日本和印度进军南海的企图得到菲律宾、越南等国的实际呼应。9月27日，菲律宾总统阿基诺三世与日本首相野田佳彦举行会晤并发表联合声明，双方同意加强两国海军联系，以应对所谓中国“日益强硬的领土主张”。此外，阿基诺和野田还重申了他们在南海拥有“重大利益”[②]。10月12日，印度与越南签署了相关的海上油气开发协议[③]。

比较而言，日本在南海拥有的何止是“重大利益”，简直是生死利益。日本位于东北亚一个相对封闭的区域，就其政治关系而言，日本在北方与俄罗斯在北方四岛的问题上悬而未决；西边跟韩国和朝鲜都有难以解决的历史遗留的领土争议和由日本侵略造成的民族情感问题；在中国方面，日本不仅与中国在东海有地缘战略利益矛盾，而且在中国的核心利益即台湾问题上日本至今也不肯明确承认“台湾是中华人民共和国领土不可分割的一部分”的主权立场。在东面，尽管日本反复强调与美国的战略同盟关系，但美国毕竟是世界上唯一对日本投放原子弹的国家，双方从未建立起真正的信任。与其他国家矛盾表现不同的只是，日本对美的戒备情绪一直处在自我抑制的潜隐状态，这一点美国人也一直保持着高度戒备。从地缘政治看，日本是一个资源极端匮乏而又对资源，首先是南中国海区域的油气资源有绝对依赖的工业国家，如果再考虑到南海是日本走向世界的必经之地，那么，南海对日本而言就有着远比中国更为重大的战略利益需求。重大的战略需求才会产生结构性的战略矛盾。正因此，日本在20世纪40年代发动了太平洋战争。历史发展到今天，尽管世界形势发生了巨大变化，但日本所处的这种地缘政治困境和日本摆脱这种困境的企图及其实现路径仍未改变。

现在日本借口遏制中国“强硬主张”要再次进入南中国海并得到菲律宾的呼应，这对南海国家，首先对菲律宾而言，无异于“引狼入室”。谁都知道，日本要进入南海的前提条件是需要一系列岛屿做跳板，而台湾就是其中的第一站。为此，长期以来日本并没放弃对台湾的觊觎。在1972年

---

① 《印度密集与东盟国家接触引关注，外媒渲染背后中国因素》，http://world.huanqiu.com/roll/2011-10/2088106.html。

② 《菲日签联合声明 重申在南海拥有所谓“重大利益”》，http://world.huanqiu.com/roll/2011-09/2041143.html。

③ 《越印签署南海争议海域油气开采协议 中方曾多次反对》，http://world.huanqiu.com/roll/2011-10/2077522.html。

《中日联合公报》中，日本只承认台湾不是日本的，但没有承认台湾是中华人民共和国的[①]。这实际上是日本为再进南海预埋伏笔。假设未来日本在台湾立住了脚，那接下来必争的第二块海上跳板就是菲律宾。当年偷袭珍珠港——这当然也是美国自19世纪90年代怂恿日本南下冲击英法的必然结果——并由此挑起“太平洋战争”后的第二天（1941年12月10日），日本就端着刺刀杀入菲律宾，次年1月便入侵新加坡、印度尼西亚、新几内亚和所罗门群岛等。在这些岛屿为日本人连接占领后，东南亚的石油资源便为日本所掌握，由此日本也就接近实现其控制东亚的“大东亚共荣圈”。

现在日本又来到南中国海，具有讽刺意味的是，为这次日本南行拉开南海之门的恰恰就是当年太平洋战争中的第一个受害的亚洲国家菲律宾。现在菲律宾要与日本建立准同盟关系，只要头脑正常的人，就会知道这无异于开门揖盗。日本遏制中国的目的是重新实现对台湾的控制。菲律宾等一旦帮着日本实现这一目标，让日本踩上台湾这块跳板，殷鉴并不遥远，接下遭灾的就只能是菲律宾。台、菲一旦不存，整个南中国海国家面临的就只能是类似1942年那样的无助形势。

第二次世界大战后在远东建立的雅尔塔体系，对东南亚国家来说是一个和平保障体系。在这个体系中，除将南千岛群岛、冲绳岛留给苏联和美国占领外，它将台湾主权交还中国，其作用也正是用于遏制日本进入南海的战略企图。因此台湾归属大陆中国是保障远东雅尔塔和平体系的关键环节，而日本的和平宪法则是远东雅尔塔和平体系中的核心环节。现在日本的和平宪法已近名存实亡，而部分东南亚国家又采取机会主义外交主动为日本拉开南海之门。由此而来的逻辑结果就是在保证远东地区和平的雅尔塔体系上打开了缺口，这对东南亚国家来说，无异于自掘坟墓。目前要阻止这一恶果发生的唯一出路就是东南亚国家与远东雅尔塔体系的支柱国家即中国、俄罗斯和美国的协调与合作，支持中国在台湾问题上的主权原则，抵制至今不肯承认其侵略罪行的日本插手南海事务并由此共同维护雅尔塔和平体系在远东的稳定

---

① 2010年7月26日，即将赴任的日本新任驻中国大使丹羽宇一郎在东京记者会上一改往日含混口吻，直白表示，1972年《中日联合声明》中有关“台湾是中国不可分领土的一部分”的主张，日本的立场只是“理解并予尊重”，并未直接承认，今后日本对此问题仍然坚持同样的态度。27日晚间，日本驻华使馆的一位新闻官向环球网记者郑重表示：日本政府在台湾问题上的一切态度都以1972年《中日联合声明》为基础，此一立场从未改变过。《日本使馆回应新大使‘从未承认台湾是中国领土’言论》，http://taiwan.huanqiu.com/liangan/2010-07/963520.html。

存在。正如香港回归中国对东亚已产生的积极作用一样，可以相信，台湾主权回归中国不仅不会损害而且有助于东亚国家在整个21世纪的和平发展。

最近印度和越南签署南海油气开发协议，这在国际上引起了广泛的关注。相对于日本来说，印度介入南海事务充其量只是在凑热闹。20世纪60年代初印度驻华大使潘尼迦曾说："从近三百年的历史来看，任何强国，只要掌握住绝对制海权，又有力量打得起陆战，就可以控制印度帝国。"近代亡国于失控印度洋的惨痛经验告诉印度的政治家，印度洋而非南中国海才是印度国家安全的命根子。看一眼印度洋地图及其中的美国迪戈加西亚海军基地，再看看世纪初阿富汗、伊拉克战争的结局就明白，目前印度不管从国力还是从实际控制力都远未达到控制印度洋的地步；更不用说，印度在北方还受到陆地国家力量的牵制。在这种情况下，印度高调介入南海，充其量只是1902年英国拉拢日本牵制俄国的外交策略的拙劣模仿，目的是从东部牵制中国，其本身对南海政治没有实际的战略价值。很难理解，在家门口守着波斯湾的印度会舍近求远对南中国海的油气资源有特殊的需求。相比之下，日本——且不说美国——整个生命线依托于南海，如果日本力量来到南海——且不说印度洋——接踵而至的将是整个东亚的灾难。如果能够领悟19世纪中叶美国南北统一后，俄国迅速退出阿拉斯加的原因①，印度政治家就会明白，今天印度高调染指南海，在战略上是没有实质意义的。

伊朗高原：中国西陲安全的"桥头堡"②

伊朗高原国家与中国西陲被"扎格罗斯—兴都库什—喜马拉雅"战略屏障紧密地联系在一起，这样，位于屏障最西端的伊朗高原国家，实际上

① 1904年，地缘政治学的奠基人哈·麦金德从"力量的局限性"解释俄国人当年出售阿拉斯加的原因："任何可能的社会变革，似乎都不会改变它和它的生存的巨大地理界线之间的基本关系。它（俄国）的统治者明智地看到它的力量的局限性，所以放弃了阿拉斯加，因为对俄国来说，不在海外占有领土，和英国必须拥有海上优势一样，是一条政策的守则。"[英]哈·麦金德著：《历史的地理枢纽》，林尔蔚、陈江译，商务印书馆1985年版，第68页。

② 本文刊发于2013年4月16日《中国国防报》。

成为中国西陲安全的第一道“防火墙”。

对中国西陲安全有重大关联度的是以伊朗为前沿的高原国家：在历史上，伊朗高原国家成功地抵御了罗马帝国的东扩，削弱了英国、沙皇俄国和美国的扩张，今天仍在抵抗和消耗着“北约东扩”。

伊朗是伊朗高原的前沿国家，它位于亚洲西南部，中北部紧靠里海、南靠波斯湾和阿拉伯海。伊朗东邻巴基斯坦和阿富汗，东北部与土库曼斯坦接壤，西北与阿塞拜疆和亚美尼亚为邻，西界土耳其和伊拉克。伊朗国土绝大部分在高原上，属高原国家，海拔一般在900～1500米之间。西部和西南部是宽阔的扎格罗斯山山系，约占国土面积一半。中部为干燥的盆地，形成许多沙漠，有卡维尔荒漠与卢特荒漠，仅西南部波斯湾沿岸与北部里海沿岸有小面积的冲积平原。

保障亚洲大陆的天然战略屏障

在西南亚地缘政治中最具历史意义现象的是，扎格罗斯山脉往东与兴都库什山、继而与印度北面的喜马拉雅山连为一体，与伊朗高原、青藏高原一道形成世界最壮伟的、由西而东保障亚洲大陆“枢纽地带”的“扎格罗斯—兴都库什—喜马拉雅”天然战略屏障。正是有了这道战略屏障，除中世纪阿拉伯人统治时期外，伊朗在古代和近代已被肢解为多个伊朗高原国家（包括伊朗全部及阿富汗、巴基斯坦部分地区等），但这些国家最终还是成功地抵抗了西方列强的侵犯，并使其避免了印度那样完全被殖民地的厄运。印度由于被屏蔽在这道战略屏障之外，并在近代被英国长期殖民，最终沦落为宗主国英国抛在南亚的“雾都孤儿”。

伊朗所处的地缘政治位置和态势对中国西陲安全具有极大的“桥头堡”意义。历史上中国西陲安全长期面临欧洲强势东扩的压力，如古希腊时代的亚历山大东征、罗马帝国的东扩、欧洲中世纪的十字军东征以及近现代欧洲、沙俄、苏联乃至进入21世纪的美国等，都对伊朗高原国家进行过强势入侵，这些外来列强的入侵无一例外地被拒阻于伊朗高原之外，或被大量消耗在伊朗高原之中。

中国西陲安全的第一道“防火墙”

不仅如此，伊朗高原国家与中国西陲被“扎格罗斯—兴都库什—喜马拉雅”战略屏障紧密地联系在一起，这样，位于屏障最西端的国家伊朗，实际上成为中国西陲安全的第一道“防火墙”，它们抵抗西方列强斗争的命运与中国西陲安全唇齿相依：如果伊朗被压垮，那么或海或陆由此东进的西方强势力量，就会沿着途经伊朗高原的古丝绸之路（在此地理基础上形成今天的“欧亚大陆桥”）倒逼中国，并对中国西陲造成重大威胁。

中国汉朝时期，罗马帝国东扩的力量被拒止于安息帝国西部边陲，这大大缓解了中国西部边陲的战略压力；大概也是出于同样的战略需求，汉武帝派出的西域特使张骞，于公元前119年特意派其副手访问安息（帕提亚，即今天伊朗地区）帝国，安息王竟激动地派出两万骑兵远迎中国使者。这说明当时安息国与中国已有互为依存的战略需求。

同样也由于近代阿富汗人民借助兴都库什山的险峻地形，对英国殖民者实行了极顽强的抵抗，使英国无法北上接近，遑论深入中国西陲的薄弱地带即新疆西境，勾结阿古柏伪政权祸乱中国；而世界最高峰喜马拉雅山的阻隔更使英国在占领印度的一百多年中，无力从印度北境有效介入中国西藏政治：1904年8月3日，英国曾攻陷拉萨，但到了冬天，英国人因熬不过高寒天气被迫撤回印度。英国人由此得到了“西藏不容易进入的特点，使得任何加强对中国进行军事抵抗的行动都不现实”的经验。

这种经验对英国世界霸权的后继者美国来说也不是一点没有：1950年，美国人曾想为西藏叛乱分子提供为时半年的作战装备，由于“牲畜驮运是唯一实用的运送手段，上述弹药数量约需7000头骡子的运送。由于没有那么多的骡子可用，一部分或者全部的3英寸口径迫击炮和弹药可能无法运离印度”，以致美国后来也意识到，对达赖集团的支持“在很长的时期内需要相当巨大的经费”。

“扎格罗斯—兴都库什—喜马拉雅”山系形成的对中国西陲的大纵深防护带，使得近代西方即使占领印度后仍不能有效地从西南陆上牵制中国，而不得不沿海路绕道进入东海，推行其强力控制中国的目的。换言之，这条防护屏障不仅大大推迟了西方自罗马帝国以来对中国全面入侵的时间，而且减弱了——与印度相比——其影响中国的力度。同样的道理，正是当年从中国新疆居高临下西进的匈奴人，由于一路上没有这样的高原屏障，才有可能率先——与罗马东进速度相比——西进欧洲，并迫使可能东进的日耳曼人南下，并最终压垮了罗马帝国。

伊朗高原国家正抵抗和消耗着“北约东扩”

比较而言，处于上述“扎格罗斯—兴都库什—喜马拉雅”屏护之外，且地势低缓的印度则较容易受到外来侵犯。印度平原约占全国总面积的2/5强，山地只占1/4，高原占1/3，但这些山地、高原大部分海拔不超过1000米。低矮平缓的地形在全国占有绝对优势，不仅交通方便而且富饶。低海拔的平缓地形大大弱化了印度人抵御外敌入侵的能力，并因此受到外族的长期占领。

值得中国边疆史研究者注意的是，不管是曾打入印度的亚历山大大帝，还是在中世纪继而近代占领印度的蒙古人和英国人，乃至1962年早已获国家独立的印度人，在高耸的喜马拉雅山脚下都不能也不曾撼动中国的西南部边陲。

这样的历史经验支持我们得出结论，对中国西陲安全有重大关联度的是以伊朗为前沿的高原国家而非印度：昨天伊朗高原国家而非印度成功地抵御了罗马帝国的东扩，今天是它们而非印度正在抵抗和消耗着“北约东扩”。

由此，伊朗高原国家而不仅仅是印度的反霸斗争对中国国家安全有着重大而深远的意义，如果再考虑到中国对伊朗高原国家原油进口有着巨大依赖性需求，伊朗高原国家的安全——当然，这一判断成立的前提是中亚没有出现中世纪阿拉伯帝国那样的历史条件——较之印度对中国更具唇亡齿寒的战略价值。

石油美元的困境[①]

地缘政治问题实质上是资源政治问题，对美国而言，地缘政治的实质是石油美元问题。1897年，威尔逊向西奥多·罗斯福提出“外交就是管理国际商务”。理解这句话也就理解了美国及其命运。石油关乎美元，进而关乎美国的命运。

美国总统尼克松为美利坚民族做出的最卓越的贡献是，成功使美国摆脱越战并与中国修好，但他为此付出的代价也是巨大的，对美利坚民族而言也许是致命的：他宣布放弃美元的金本位而将美元直接与国际石油挂钩。于是，原来可以支持美元坚挺的美国工业——哪怕是军工产品，径直变成了脱离国民劳动且远离本土的资源产品即国际石油。这样，美元的坚挺就要靠国际大宗消费品石油的采购以美元结算来保证。从劳动形态上说，今后支持美元的就不是国民劳动而是国家对外战争。由于美国不是把重心建立在国民劳动的基础上，它也就只有听凭华尔街国际资本设置的一次次“财政悬崖”的摆布了。

美国对世界石油控制的关键是确保石油标价和结算只能使用美元。由此美元从黄金本位被推入石油本位时代。支撑美元的基础也从本国产品转移到中东石油。由此可以解释为什么尼克松之后的美国外交日益向中东集结以及石油价格在几十年间迅速严重偏离其价值的原因。

尼克松之后，美国外交的重点是要保证国际石油采购以美元结算。对于那些不愿以美元而以其他币种进行石油结算的国家，美国不惜用军事手段予以惩罚。就这样，石油美元使美国从一个依靠实体生产的国家异化为一个寄生在“石油美元”上的国家，这时“美国生产”依靠的不再是国民劳动而是对外战争，“美国制造”的不再是民生产品而是美元和各式有价证券。这时的美国已由华盛顿的美国蜕化为华尔街的美国。

一般来说，主权国家的不动产是国家货币价值的承担者，在此之上的

---

① 本文刊发于《社会观察》2014年第17期。

劳动产品的价值是其货币增值的前提。美国曾主要以军事工业生产提升美元的价值，但与世界石油比，美国军工这时毕竟还是国民劳动的产品。尼克松将美元直接与世界石油挂钩，美元在军工之外又多了世界石油这个新支柱。这样，美国金融集团便有了双轮滚动出的利润：军事胜利既拉动了军工又保证了国际石油以美元结算，美元结算造成美元坚挺；美元坚挺又有助于军事持续胜利并反作用于美元的坚挺地位。但保证这一切的前提就是美国为控制世界富油区而必须进行持续不断而且必须胜利的战争。现在回头来看，尼克松在挽救美国的同时却又更深地伤害了美国：他使人民离劳动更远，离战场更近；为华尔街国际资本而不是为美利坚民族利益到世界各地打仗成了美国国家的“生产方式”和美国国民的“生存方式”。

将国家生存和发展的基础不放在国内产品而是放在海外石油，这等于将美国的安全基点从本土移至中东，这样，华尔街国际财团就将超负荷的国防任务强加于美利坚民族并使之自越南战争后再次透支了它的国力。2007～2009年间，美国国防支出占美国联邦财政总支出的20%左右，而同期军费支出却占国防支出96%左右，国防支出基本没有“浪费”，都用于军费了。其间的关系是，国家财政依赖华尔街金融，华尔街金融依赖军工和能源的扩张；军工能源扩张又必须以对外战争拉动，战争胜利再反哺财政。战争成了国家财政增长的“推土机”，而成本越来越高的战争又进一步透支了国家财政。如此恶性循环，致使美国发生了迄今尚不见尽头的危机，而危机又恰恰以战争的失败或难以为继为先导。

《诗》曰：“永言配命，自求多福。”那么，美国求福的道理何在呢？在节制。与身体保养同理，国力来自节制而非透支。现在治愈美国“肾虚”重病的有效“药方”是“迈开腿，管住嘴”，即对内加强民族产业，对外少搞侵略扩张，用发展民族工业的方式“强身健体”。这样美国国力就可以休养生息，得到恢复并会再次以新的姿态步入世界。目前看来，这对美国而言是最不可能的选择。因为没有石油，美元大厦就会坍塌，这是目前的华尔街，甚至相当多的美国人都无法在感情上接受的。

本书附图

附录一：印度地势

印度地形

张文木根据《世界地形》（星球出版社2011年修订版）拍摄

附录二：俯瞰中亚地形

中亚地形俯瞰图

张文木根据《世界地形》（星球出版社2011年修订版）拍摄

附录三：从西印度洋看印度和中国

从西印度洋俯瞰印度和中国

张文木根据《世界地形》（星球出版社2011年修订版）拍摄